Jochem

Datenbasiertes Qualitätsmanagement

Roland Jochem

Datenbasiertes Qualitätsmanagement

Mit Datenanalyse und KI-Methoden zur Digital Quality

HANSER

MIX
Papier aus verantwortungsvollen Quellen
FSC® C083411

Print-ISBN: 978-3-446-48185-5
E-Book-ISBN: 978-3-446-48216-6
E-Pub-ISBN: 978-3-446-48356-9

Bibliografische Information der Deutschen Nationalbibliothek:
Die Deutsche Nationalbibliothek verzeichnet diese Publikation in der Deutschen Nationalbibliografie; detaillierte bibliografische Daten sind im Internet unter http://dnb.d-nb.de abrufbar.

Kolbergerstraße 22 | 81679 München | info@hanser.de
www.hanser-fachbuch.de
Lektorat: Lisa Hoffmann-Bäuml
Herstellung: le-tex publishing services GmbH, Leipzig
Covergestaltung: Max Kostopoulos
Titelmotiv: © stock.adobe.com/Yuriy
Satz: Eberl & Koesel Studio, Kempten
Druck: CPI Books GmbH, Leck
Printed in Germany

Inhalt

0 Datenbasiertes Qualitätsmanagement

Roland Jochem

Qualität linear so weiterzudenken wie bisher, wird nicht die Antworten liefern, die bei den zukünftigen Herausforderungen wie knappe Ressourcen, Klimawandel und Fachkräftemangel benötigt werden. Ein erweitertes, wenn nicht sogar neues Verständnis von Qualität ist erforderlich, das neue Aufgaben wie Nachhaltigkeit, Ressourceneffizienz und Fachkräftequalifizierung mit dem Schlüssel der Digitalisierung und Machine Learning (ML) berücksichtigt und zu einem intelligenten Qualitätsmanagement (QM) vereint.

Durch die Digitalisierung und Vernetzung der Produktion und die damit verbundene Zunahme von Daten kommt dem Qualitätsmanagement in Zukunft eine noch bedeutendere Rolle zuteil. Das Buch zeigt auf, wie diese Datenzunahme im Qualitätsmanagement genutzt werden kann. Dafür werden zunächst mathematisch-statistische Grundlagen sowie Methoden der Datenanalyse und Künstlichen Intelligenz (KI) vorgestellt, mit deren Hilfe Informationen bzw. Qualitätswissen aus den Daten erzeugt werden. Danach wird dargestellt, wie diese Methoden in verschiedenen Bereichen des Qualitätsmanagements angewendet werden können, beispielsweise in der Prozesssteuerung, im Risikomanagement und bei der Erfüllung von Kundenbedürfnissen, um so eine Entscheidungsunterstützung zu bieten. Anschließend verdeutlichen Beispiele aus der Industrie, wie Qualitätsmanagement in der Praxis umgesetzt wird.

0.1 Einleitung

Die Märkte, vor allem im globalen Kontext, werden zunehmend komplexer und wandeln sich tiefgreifender und schneller. Unternehmen reagieren auf den gestiegenen Wettbewerbsdruck mit kürzeren Innovationszeiten und Produktlebenszyklen. Parallel sind neue Technologien wie beispielsweise für die Elektromobilität einzuführen und abzusichern. Dabei müssen Unternehmen nicht nur den ökonomischen und technischen, sondern auch den politischen und ökologischen Anforderungen gerecht werden, die den Kern der hohen Dynamik und Diskontinuität der heutigen Marktstrukturen ausmachen. Darüber hinaus führt die zunehmende Produktvariantenvielfalt zu einer gesteigerten Komplexität der mit der Entwicklung, Produktion und Logistik verbundenen Prozesse bis hinein in die Lieferketten. Die Folge sind zumeist kleinere Losgrößen, die einen höheren Aufwand bei Qualitätsplanung, -steuerung und -verbesserung nach sich ziehen. Die permanent von den Unternehmen erwartete schnelle Reaktionsfähigkeit stellt neue Anforderungen an Qualitätsmanagement und Qualitätssicherung in Unternehmen.

Dabei spielen auf dem Markt nicht nur die technische Produktqualität und die Prozessqualität eine entscheidende Rolle. Qualität beinhaltet auch Innovationen, die darauf abzielen, den Kundennutzen spürbar zu steigern. Neben der Schnelligkeit sind weitere qualitätstreibende Handlungsfelder wie erweiterte und sich stetig ändernde Kundenanforderungen aufgrund von neuen Nutzungsbedingungen und Nutzungsprofilen von „globalen Kunden“, höherer Anteil von Software im Produkt und dem Produkt zugeordnete Dienstleistungen, welche zusammen als „Hybride Leistungsbündel“ vermarktet werden, sowie Nachhaltigkeitsanforderungen und Umweltschutzstandards entlang der Wertschöpfungskette hinzugekommen, die Überprüfbarkeit, Transparenz, Robustheit und Absicherung erfordern. Qualität muss das Handeln der Gesamtorganisation umfassen bis hin zum Management der Zuliefernetzwerke (Jürgen 2022).

0.2 Digitalisierung und Industrie 4.0

In großen produzierenden Unternehmen ist die Umsetzung von Digitalisierung bis hin zu Industrie 4.0 oft schon weit fortgeschritten. Die grundlegende Infrastruktur mit der dazugehörigen Sensorik und Vernetzung ist geschaffen und die so verfügbaren Daten werden in vielfältiger Weise genutzt. Kollaborative Roboter unterstützen die Arbeit in ganz neuer Weise, digitale Assistenzsysteme helfen dem Personal unter Einsatz von Augmented Reality – auch Industrial Metaverse genannt. Dadurch eröffnen sich völlig neue Methoden zur Reduktion von Energieverbrauch und des CO_2-Fußabdrucks. Künstliche Intelligenz trägt zur effizienten Nutzung von Rohstoffen bei, wodurch neue nachhaltige Geschäftsmodelle entstehen.

Trotz aller Fortschritte bleiben noch viele Herausforderungen, vor allem bei der Implementierung und Nutzbarkeit. Zum einen müssen diese Anwendungen von Industrie 4.0 in die Breite getragen werden und auch in kleineren Unternehmen zum Einsatz kommen. Der wirtschaftliche Nutzen in Form geringerer Kosten und/oder zusätzlicher Umsätze muss dabei für sie unmittelbar erkennbar sein. Die zunehmende

Bedeutung von Nachhaltigkeit für die Unternehmensbewertung ist ein weiterer Anreiz für die Unternehmen, um Industrie 4.0 einzusetzen und so ihre CO_2-Emissionen zu reduzieren.

Die horizontale Integration von Unternehmen in Wertschöpfungsnetzwerken ist in Industrie 4.0 eine wesentliche Zielsetzung, deren Umsetzung erst jetzt durch die Schaffung der nötigen Voraussetzungen in den Unternehmen möglich wird. Beispiele der Vernetzung wie Catena-X in der Automobilwirtschaft oder Manufacturing-X im verarbeitenden Gewerbe eröffnen neue Möglichkeiten auch zur Steigerung der Nachhaltigkeit, vor allem für die Kreislaufwirtschaft.

Ein digitaler Produktpass und Transparenz über den gesamten Lebenszyklus eines Produkts ermöglichen durch genaue Informationen über Bestandteile und verwendete Materialien sowie Demontageanleitungen nicht nur ein neues Niveau der Rohstoffwiedergewinnung, sondern fördern auch die höherwertige Zweitnutzung etwa in Form von Upcycling, Refurbishing, Remanufacturing, Re-Use oder gar Second Life (acatech 2024a) (acatech 2024b).

0.3 Daten als Treiber von Optimierung und Innovationen

Die Datennutzung innerhalb von Unternehmen nimmt stark zu. Während anfänglich Daten eher zufallsgesteuert gesammelt und nicht zielgerichtet verwertet wurden, finden nun in immer mehr Bereichen Auswertungen statt. Diese schaffen nicht nur ein Echtzeitbild des Unternehmens, sondern ermöglichen beispielsweise durch den Einsatz Künstlicher Intelligenz Energieeinsparungen, ein neues Niveau der Flexibilität in der Produktion, die Steigerung der Ressourceneffizienz und auch neue Fertigungsverfahren (acatech 2024b) (acatech 2024c).

Hierbei werden meist auf Zeitreihen ausgerichtete Visualisierungswerkzeuge eingesetzt, die Ähnlichkeitssuchen aus Zeitverläufen, Abhängigkeitsanalysen und ähnliche fortgeschrittene Funktionalität anbieten.

Auf der Basis von Daten können neue Angebote bis hin zu einem neuen Geschäftsmodell geschaffen werden. Wenn ein Unternehmen jederzeit den Zustand seiner Produkte kennt, die bei Kunden im Einsatz sind, werden neue Servicegarantien möglich. Servicetechniker können idealerweise schon vor Ort sein, bevor eine Maschine ausfällt, und haben dann alle benötigten Ersatzteile dabei. Es werden aber auch neue Vertriebsmodelle möglich, bei denen Geräte nicht mehr verkauft, sondern den Kunden zur Nutzung bereitgestellt und nach tatsächlicher Nutzungshäufigkeit oder auch nach Auslastung oder Lastprofile abgerechnet werden (Pay per Use, Pay per X) (acatech 2024c) (Jürgen 2022).

Diese Option für neue Geschäftsmodelle wird allerdings bei vielen Unternehmen noch nicht genutzt. Schließlich kann ein Produkt auch während der Nutzung (gegen Zahlung) neue Funktionen bekommen, die sich für den jeweiligen Kunden auf Basis seiner Nutzung des Produkts anbieten.

0.4 Datenanalyse und Einsatz von KI-Methoden im QM

Daten sind heute zu einer der kostbarsten Ressourcen unserer Zeit geworden. Sie bilden das Fundament, auf dem moderne Unternehmen aufbauen und gedeihen. Die Fähigkeit, Daten nicht nur zu sammeln, sondern auch zu verstehen, zu analysieren und aus ihnen wertvolle Erkenntnisse zu gewinnen, ist zu einem entscheidenden Wettbewerbsvorteil geworden, der über Erfolg und Misserfolg auf dem Markt entscheiden kann.

Daten sind weit mehr als nur Zahlen und Fakten; sie sind das Bindeglied zwischen den Rohinformationen und den strategischen Entscheidungen eines Unternehmens. Die Fähigkeit, diese Daten zu dekodieren und in wertvolle Einblicke umzuwandeln, ist zu einer Kernkompetenz geworden, die Führungskräfte und Fachkräfte gleichermaßen beherrschen müssen.

KI und ML haben bereits eine transformative Wirkung in verschiedenen Bereichen entfaltet und ihr Potenzial zur Veränderung ist noch längst nicht ausgeschöpft. Von der Fertigungsindustrie, wo sie die Effizienz und Qualität der Produktion verbessern, bis hin zur Kundenservicebranche, wo sie personalisierten Support bieten, sind die Anwendungen von Künstlicher Intelligenz und maschinellem Lernen vielfältig und tiefgreifend.

Sie sind in der Lage, Menschen anstrengende und vor allem repetitive Arbeiten abzunehmen, sodass diese sich in ihrer persönlichen Entwicklung in Zukunft viel stärker auf anspruchsvollere, strategische oder zwischenmenschliche Aufgaben konzentrieren können (Jürgen 2022).

0.5 Handlungsfelder und Entwicklungspfade für das Qualitätsmanagement von morgen

Die Qualität von Produkten und Dienstleistungen hat sich zu einem strategischen Wettbewerbsfaktor entwickelt. Dabei sind nicht nur die Produktion, sondern auch die Bereiche der Produktentstehung mit Entwicklung, Fertigungsplanung, Beschaffung, Instandhaltung und Vertrieb sowie Kundendienst in die Betrachtungen einzubeziehen, bis hin zur gesamtheitlichen, umfassenden Qualitätsbetrachtung des Unternehmens mit seinen Kunden- und Lieferantenbeziehungen.

Zukünftig werden die Bewertung und Sicherstellung der kundenrelevanten und vom Kunden wahrgenommenen Qualitätsmerkmale (Perceived Quality) bei der Entwicklung neuer Qualitätstechniken im Vordergrund stehen. Fehlerquellen und Problemstellungen müssen frühzeitig erkannt, bewertet und beseitigt werden. Der Produktreifegrad über den Produktentstehungsprozess hinweg muss messbar und transparent dargestellt werden. Dazu sind Methoden und Techniken zu entwickeln, die in den einzelnen Prozessabschnitten einfach und zielführend einsetzbar sind. Ein zunehmender Komplexitätsgrad der Produkte, die Entwicklung in global (räumlich und organisatorisch) verteilten Strukturen und der Einsatz virtueller Methoden in sich ständig verkürzenden Prozessen sind einerseits Herausforderungen an die Qualitätswissenschaft, die neue Lösungsansätze in Datenanalyse, Problemlösungstechniken und Qualitätspraktiken erfordern (Bild 0.1). Andererseits sind diese Lösungsansätze auch auf komplexe, zunehmend global verteilte Wertschöpfungsprozesse anzupassen (Jochem 2019a).

Die Digitalisierung der Qualitätsarbeit wird zum Enabler für das Qualitätsmanagement der Zukunft. Dabei entstehen folgende Handlungsfelder, die von der Digitalisierung profitieren werden:

- **Prävention** statt Reaktion – Frontloading zur Erhöhung der Produkt- und Prozessqualität
  - Beschleunigte Entwicklung durch systematisches Requirements Engineering
  - Frühzeitigere Validierung durch Simulationen
- **Kooperation** – Zulieferqualität ist entscheidend
  - Weniger Ausfälle und geringere Gewährleistungskosten durch Assistenzsysteme zur Steuerung der Supply Chain (Kollaborationsplattform mit Q-Cockpit zur Kommunikation und Verbesserung der Informationslogistik)
- Qualität erfordert **Transparenz** – Zusammenhänge und Wechselwirkungen erkennen zur Verbesserung der Reaktions- und Entscheidungsfähigkeit
  - Mehr Transparenz durch kontinuierliches Monitoring über Cockpits und Bewertung der Wirtschaftlichkeit von Qualität
  - Transparentere Entscheidungen durch kontextbasierte, situative intelligente Analyse- und Prognosemodelle („Digitaler Schatten")
- **Schnelligkeit** – systematische Problemlösung beschleunigt Fehleridentifikation und Ursachenbehebung um bis zu 30 %
  - Höhere Reaktionsfähigkeit durch Frühwarnsysteme
  - Echtzeit-Mustererkennung und Diagnosesysteme bei Ausfällen/Fehlern
  - Ursachenanalyse/-behebung unter Nutzung von Expertensystemen

- **Kundenorientierung** – besseres Verständnis von Kundenprozessen und -wünschen durch verstärkte Kundenintegration
  - Höhere Produktqualität durch besseres Verständnis der Kundenprozesse und Integration von Social-Media-Daten und Innovationsplattformen
  - Bessere Qualität durch Qualifizierung der Mitarbeiter

Bei der Gestaltung der digitalisierten Arbeit muss zunächst mit höheren Kosten gerechnet werden. Des Weiteren ist zu berücksichtigen, dass sich der Nutzen für ein Unternehmen erst mit einer zeitlichen Verzögerung einstellt. Langfristig ist jedoch die Realisierung des gleichen Nutzens ohne Digitalisierung nicht möglich.

Mit der nun verfügbaren Datenbasis ist es möglich, Qualitätsprozesse in der Produktion besser zu verstehen und durch gezielte Analysen und Auswertung dieser Daten zu optimieren. Die systematische Erfassung und Darstellung von Sensor-, Produktions- und Qualitätsdaten in einem sog. „Digitalen Zwilling" sind Grundlage dafür, wobei Methoden aus dem Bereich von KI bzw. ML unterstützen können, Muster und Korrelationen zu erkennen, die mit existierenden, beispielsweise statistischen Methoden nur unzureichend beurteilt werden können. So kann nicht nur eine Absicherung der Qualität erfolgen, sondern es können bereits prädiktive Aussagen zu Qualität von Produkt und Prozess erfolgen, beispielsweise zum zukünftigen Zustand von Anlagen und der Qualität von Produktionsprozessen (Jochem 2019a).

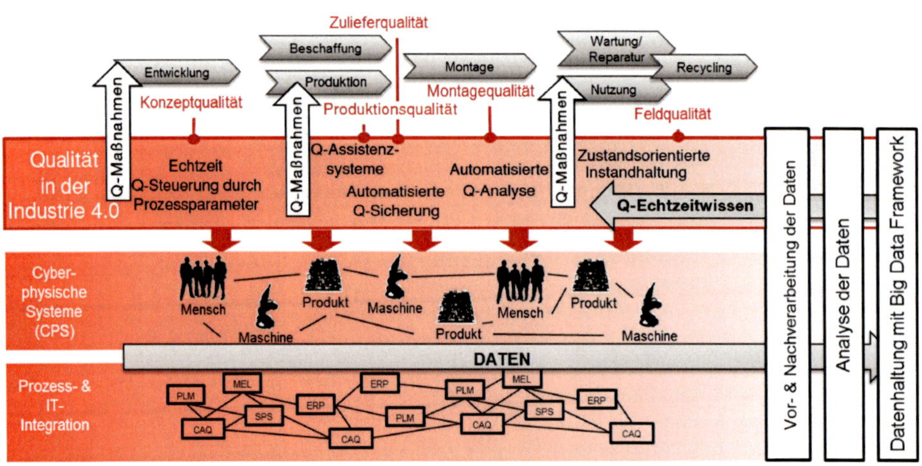

Bild 0.1 Digital Quality: Daten als Schlüsselfaktor für die Qualität in der Industrie 4.0

Für diese Handlungsfelder der Digitalisierung der Qualitätsarbeit wurde vom Institut für Werkzeugmaschinen und Fabrikbetrieb (IWF) der TU Berlin auf der Grundlage von „Standard-Use-Cases" ein Lösungsansatz zur Unterstützung des Qualitätsmanagers der Zukunft entwickelt: eine „integrierte Qualitätsplattform" mit unterschiedlichen, die Qualitätsaufgaben in den genannten Handlungsfeldern unterstützenden

Applikationen (Apps). Diese ermöglichen es Ihnen einerseits, basierend auf den aufbereiteten bzw. analysierten Echtzeitdaten aus der Produktion „Qualitätswissen“ zu generieren (Bild 0.2). Andererseits unterstützen sie bei der systematischen Ableitung von Qualitätsmaßnahmen entlang der gesamten Wertschöpfungskette.

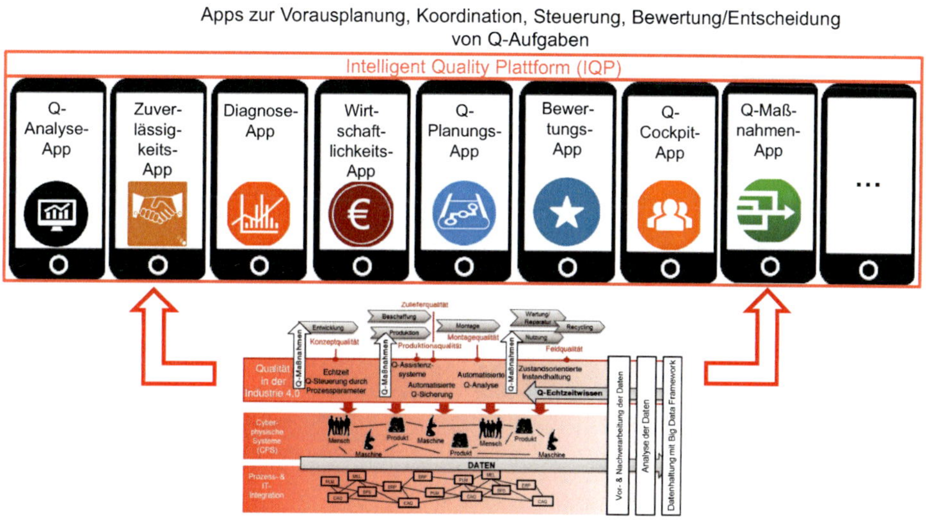

Bild 0.2 Intelligente Qualitätsplattform

Es geht dabei nicht mehr vorrangig darum, den Ist-Zustand in einem QM-System zu beschreiben, sondern darum, diesen zu verstehen, zukünftige Entwicklungen daraus abzuleiten sowie Prozesse und Qualitätsmaßnahmen vorauszuplanen, d.h. qualitätsdenkende und autonom qualitätshandelnde Systeme zu entwickeln bzw. im Unternehmen zu etablieren. Für die in der Abbildung dargestellten Phasen werden folgende Methoden der Statistik und der Künstlichen Intelligenz eingesetzt (Bild 0.3):

- **Descriptive Analytics:** Visualisierungen (Histogramme, Verteilungsfunktionen, Pareto-Plots etc.), statistische Kennzahlen, Zufallsstreubereiche, Konfidenzintervalle, Schätzfunktionen, Hypothesentests
- **Explorative Analytics:** Regression, Varianzanalyse
- **Predictive Analytics:** Weibull-Analysen, Clustering, Regression, Decision Trees, Assoziationsregeln
- **Prescriptive Analytics:** Decision Trees, Deep Learning, evolutionäre Verfahren, Assoziationsregeln

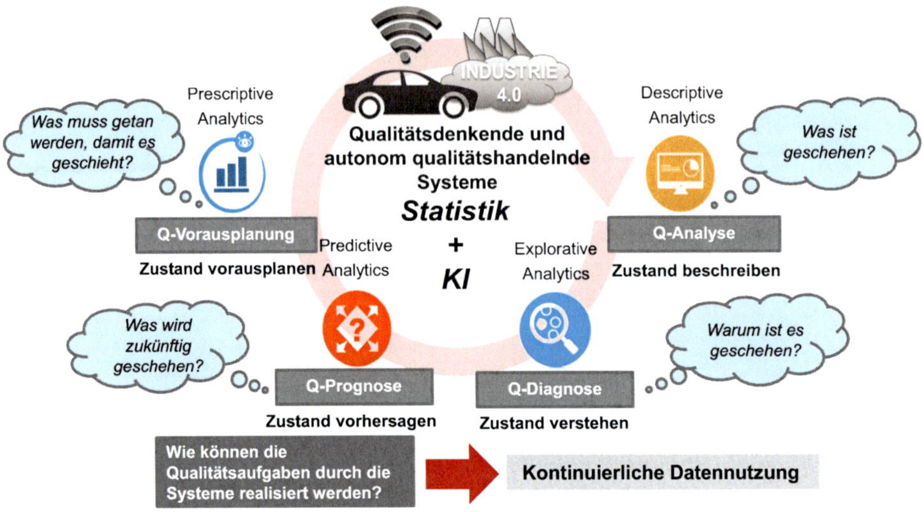

Bild 0.3 Entwicklung der Datenanalyse in der Qualitätsarbeit: Potenziale der statistischen Qualitäts- und Zuverlässigkeitsanalysen

Im Einzelnen erfolgt Unterstützung bei den folgenden Aufgaben:

- relevante Informationen und Prozessbeteiligte verknüpfen,
- verteiltes, implizites Qualitätswissen zusammenführen und nutzen,
- „geführtes“ Erkennen von Fehlerschwerpunkten und Lernen aus Fehlern durch Assistenzsysteme und dynamische Fehlerkataloge,
- systematischer Fehlerabstellprozess durch integrierte Qualitätsmethoden,
- systematisches Lernen aus gesammelten Daten.

Wesentlich bei der Digitalisierung wird aber sein, wie neben Daten, Algorithmen und Künstlicher Intelligenz etc. das Zusammenspiel zwischen Mensch und Maschine bzw. Computer partnerschaftlich gestaltet werden kann, da Mensch und Maschine nicht aufeinander reduziert werden können. Der Ersatz des Menschen, d. h. die Automatisierung von Prozessen über Künstliche Intelligenz, wird in Zukunft weiter zunehmen, speziell da, wo die Stärke der Maschinen überwiegen und es die Natur der Problemstellung ermöglicht. Ein Übermaß an Automatisierung bedeutet aber einen Verlust an Autonomie auch im Qualitätsmanagement und damit die Gefahr, komplexe Fragestellungen unterkomplex zu behandeln. Menschen verfügen zwar nicht über die Fähigkeiten der Maschinen, haben aber Wissen über den sozialen Kontext und können über Heuristiken oft viel schneller und effektiver lernen und auch mit Nichtwissen lösungsorientiert umgehen (Jochem & Menrath 2019).

Aufgrund der zukünftigen Online-Beziehung zwischen Kunden, Produkten und Dienstleistungen muss die Vielzahl der anfallenden Daten über ein entsprechendes

Know-how in Data-Engineering und Data Science analysiert und interpretiert werden, um ein präventives bzw. prädiktives, transparentes, schnelles und damit kundenorientiertes Qualitätsmanagement zu ermöglichen (Bild 0.4). Denn erst die Entwicklung echtzeitfähiger Analysemethoden ermöglicht den proaktiven Eingriff in die Informationsprozesse und kann damit als Basis für neue digitale Geschäftsmodelle dienen.

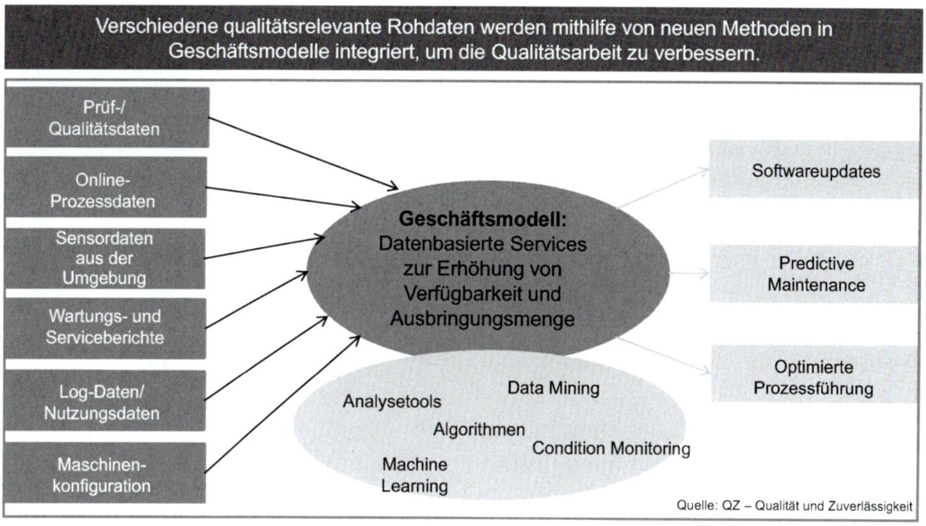

Bild 0.4 Datenbasierte Services

Bereits während der Produktion kann durch Echtzeitauswertung der Prozessparameter Wissen über die Qualität des Produkts generiert werden. Lernende Algorithmen stimmen automatisiert den Prozessablauf auf ein ideales Ergebnis ab, Abweichungen werden frühzeitig erkannt und Ausschuss minimiert. Daneben ergeben sich über Langzeitanalysen und Mustererkennung Aussagen über den Zustand der Anlage, Ausfälle können durch rechtzeitiges Eingreifen gezielt verhindert werden (Jochem 2019b).

Die Umsetzung eines datengetriebenen QM steht und fällt mit der Qualität und Zuverlässigkeit der Daten, die von Sensoren erfasst, von Algorithmen in Systemen ausgewertet/analysiert und von Menschen zur Entscheidungsunterstützung genutzt werden.

0.6 Anforderungen an Personal und Qualifikation

Qualität findet vor allem in den Köpfen der Mitarbeiterinnen und Mitarbeiter statt. Jede einzelne Person sollte für den Erfolg des Unternehmens und für die Qualität seiner Produkte und Dienstleistungen begeistert werden. Deshalb gehört es zur Managementaufgabe auch, eine an Qualität ausgerichtete Unternehmenskultur zu etablieren. Sie fördert die Bereitschaft, in innovative Produkte und Prozesse zu investieren. Sie zeichnet sich aus durch Kreativität in Strategie und Planung, Leidenschaft für die Lösung von Aufgaben und Präzision in der Ausführung.

Andererseits werden sich für die Umsetzung der digitalisierten Qualitätsarbeit vor allem auch die Anforderungen an die Qualifikation von Personal im Qualitätsmanagement verändern müssen. Das Erfordernis, Informationsflüsse und den potenziellen Wert von Daten zu verstehen und unter Berücksichtigung des fachlichen Wissens auswerten zu können, schafft teilweise völlig neue Tätigkeitsfelder (Datenanalyse und Virtualisierung/Augmented Reality bis hin zur App-Entwicklung) für betreffende Mitarbeiter im Qualitätsmanagement (Jochem 2019b).

Qualitätsmanager und Qualitätsmanagerinnen der Zukunft werden aus Analysen von Echtzeitdaten die relevanten Qualitätsdaten für Risikobetrachtungen und Entscheidungen in der Produktionsplanung und -entwicklung gewinnen, ebenso für Prüfpläne, Test- und Abnahmekriterien.

Daher müssen sich die Mitarbeiter neue Fähigkeiten aneignen oder bestehende Kompetenzen weiterentwickeln, um digitale Methoden und hochkomplexe Datensätze verstehen und anwenden zu können.

Um ein solches intelligentes Qualitätsmanagement zu etablieren, muss sich der „Berufsstand"/die Unternehmensposition Qualitätsmanager/Qualitätssicherungsmitarbeiter emanzipieren und weiterentwickeln. Normen und Standards bilden eine der Grundlagen für Excellence und gehören zu den Kernaufgaben des Qualitätsmanagements. Darüber hinaus müssen Qualitätsmanagerinnen und Qualitätsmanager ihr Selbstverständnis und ihre Kompetenzfelder erweitern und sich in die Lage versetzen, über die Methodenkompetenz hinaus auch den Strategie- und den Kulturfaktor Qualität voranzutreiben. Damit wächst ihre Bedeutung im Unternehmen.

0.7 Struktur dieses Buchs

Dieses Buch gliedert sich in die Teile *A „Grundlagen für die Erzeugung von Qualitätswissen"*, *B „Intelligente Methoden und Lösungen für das digitale Qualitätsmanagement"* sowie *C „Zukünftige Entwicklung des Qualitätsmanagements"*.

Nach einer Einführung in das Datengetriebene QM erfolgt in Teil A die Darstellung der mathematisch-statistischen Grundlagen, die bei der Datenanalyse, dem Einsatz von Künstlicher Intelligenz und den Lösungen für das digitale QM als Basiswissen notwendig sind. Anschließend folgen die Beschreibung der Kategorien und Typen der Datenanalyse und die Erläuterung der dabei vorrangig eingesetzten Methoden. Im darauffolgenden Kapitel werden die wichtigsten Methoden der KI und des ML dargestellt, die bei den in Teil B vorgestellten Lösungen für das digitale QM Anwendung finden. Abgerundet wird der Teil A mit der Beschreibung des im Kontext des digitalen QM bedeutenden Themenbereichs Datenräume. Dabei werden die Anforderungen an die Datenqualität und internationale Initiativen zum unternehmensübergreifenden Datenaustausch bzw. zur Datennutzung auf der Grundlage von gemeinsamen, standardisierten Datenräumen vorgestellt.

Teil B beinhaltet intelligente Methoden und Lösungen, die unter Einsatz von Datenanalyse und KI-Methoden Wege zum digitalen QM aufzeigen. Dabei geht es einerseits um entsprechende spezifische Ontologien für das QM als Grundlage für den Einsatz von KI in der Produktion als auch um die Fragestellung, wie die Datenanalyse systematisch in den Produktentstehungsprozess integriert werden und durch Assistenzsysteme sinnvoll unterstützt werden kann. Andererseits geht es um KI-basierte prädiktive Methoden für Prozesskontrolle und Zuverlässigkeitsprognosen.

Da der Mitarbeiter trotz Unterstützung durch KI auch zukünftig eine bedeutende Rolle im QM haben wird, werden hier auch Methoden zu mitarbeiterorientierten Q-Regelkreisen im Bereich Fehlermanagement, der automatisierten Charakterisierung von Fehlerbildern bis hin zu einem gesamtheitlichen „Fingerprint of Quality" von Produktionsprozessen sowie ein kognitives Assistenzsystem zur Nutzung von Erfahrungswissen im Qualitätsmanagement vorgestellt. Ergänzt wird die Darstellung von intelligenten, digitalen Lösungen durch Beiträge aus der Automobilindustrie zu KI-basiertem Komplexitätsmanagement am Beispiel des automobilen Konfigurationsmanagementprozesses und zur datenbasierten Qualitätssicherung von Fahrerassistenzsystemen aus Kundenperspektive. Abgerundet wird der Teil B durch Beiträge zur datenbasierten Planung und Prüfung der Qualität von Dienstleistungen und zur ganzheitlichen Planung der Qualitätsorganisation in produzierenden Unternehmen.

Zukünftige Entwicklungen und einen Ausblick gibt der Teil C mit der empirisch fundierten Darstellung der Synergiepotenziale zwischen Innovations- und Qualitätsfunktion im Unternehmen sowie der Beschreibung der Herausforderungen hinsichtlich Qualitätskultur und Nachhaltigkeit der Qualität von morgen.

Literatur

acatech (2024a): Forschungsbeirat der Plattform Industrie 4.0/acatech – Deutsche Akademie der Technikwissenschaften (Hrsg.): *Themenfelder Industrie 4.0 – Forschungs- und Entwicklungsbedarfe zur erfolgreichen Umsetzung von Industrie 4.0*, 2. überarbeitete Fassung, DOI: 10.48669/fb40_2022-04.

acatech (2024b): Forschungsbeirat Industrie 4.0/acatech – Deutsche Akademie der Technikwissenschaften (Hrsg.): *Aufbau, Nutzung und Monetarisierung einer industriellen Datenbasis*, DOI: 10.48669/fb40_2022-06.

acatech (2024c): Forschungsbeirat der Plattform Industrie 4.0/acatech – Deutsche Akademie der Technikwissenschaften (Hrsg.): *Künstliche Intelligenz und industrielle Arbeit – Perspektiven und Gestaltungsoptionen*, DOI: 10.48669/fb40_2024-1.

Jürgen, F. (2022): *Datenbasierte Optimierung des Business Management Systems*, Hanser Verlag.

Jochem, R. (2019a): „Predictive Quality: Aktueller Hype oder künftig eine operative Notwendigkeit", in: *QZ Qualität und Zuverlässigkeit*, 64(11), S. 98.

Jochem, R. (2019b): „Digitalization in Quality Assurance", in: Dimitrov, Dimiter; Hagedorn-Hansen, Devon; von Leipzig, Konrad (Hrsg.): *International Conference on Competitive Manufacturing COMA*. Stellenbosch, Südafrika: Department of Industrial Engineering, University of Stellenbosch, 2019, S. 35 – 38.

Jochem, R. & Menrath, M. (2019): „Warum in Zukunft Qualität mehr als Qualität sein muss", in: Robert H. Schmitt (Hrsg.): *Potenziale Künstlicher Intelligenz für die Qualitätswissenschaft*. Heidelberg: Springer, S. 127 – 144.

Teil A – Grundlagen für die Erzeugung von Qualitätswissen

1 Mathematische und statistische Grundlagen

In diesem Kapitel findet sich eine Übersicht über die mathematischen und statistischen Grundlagen, die für die Datenanalyse und Data Science unerlässlich sind. Dieses Kapitel soll eine Auffrischung der grundlegenden Konzepte bieten und deren Anwendung und Relevanz im Bereich der Data Science hervorheben. Es richtet sich an Personen, die bereits mit den zugrunde liegenden mathematischen Prinzipien vertraut sind, und zielt darauf ab, ihr Verständnis zu vertiefen, indem es verschiedene Themen auf eine kurze, aber umfassende Weise zusammenführt.

Der erste Teil behandelt wichtige mathematische Konzepte, einschließlich der praktischen Anwendung und Visualisierung von Funktionen, Linearer Algebra, Analysis und den Grundlagen der Wahrscheinlichkeitstheorie. Diese mathematischen Grundlagen sind entscheidend für das Verständnis und die Durchführung verschiedener Data-Science-Aufgaben, von der Datenmanipulation bis hin zum Modellaufbau und zur Optimierung.

Der zweite Teil befasst sich mit den statistischen Aspekten und konzentriert sich auf Wahrscheinlichkeitsverteilungen und andere wesentliche Themen im Zusammenhang mit der Datenanalyse. Dazu gehört das Verständnis verschiedener Datentypen, statistische Inferenz, Hypothesentests und mehr. Indem diese statistischen Prinzipien mit ihren praktischen Anwendungen in der Data Science verknüpft werden, soll dieser Abschnitt den Leser mit den notwendigen Werkzeugen ausstatten, um Daten effektiv zu analysieren und zu interpretieren.

Zusammen bieten diese Abschnitte eine solide Grundlage in den mathematischen und statistischen Konzepten, die das Fundament der Data Science bilden.

In diesem Kapitel erfahren Sie mehr über:

- Lineare Gleichungen
- Vektoroperationen
- Matrizen und lineare Transformation
- Wahrscheinlichkeit
- Daten und Stichproben
  - Grundgesamtheit und Stichprobe
  - Merkmalstypen und Skalen
- Maßzahlen
  - Lagemaß und Streuungsmaß
- Grafische Darstellung von Daten
  - Häufigkeitsverteilungen und Diagrammtypen
- Wahrscheinlichkeiten und Zufallsvariablen
  - Wahrscheinlichkeitstheorie, Kombinatorik, Zufallsgrößen und -variablen
  - Erwartungswert und Varianz
- Wahrscheinlichkeitsverteilungen
  - Diskrete und stetige Verteilungen

1.1 Mathematische Grundlagen

Can Çağıncan

1.1.1 Lineare Gleichungen

Lineare Gleichungen sind grundlegend für viele Bereiche der Mathematik, insbesondere für die lineare Algebra, die in der Ingenieurwissenschaft, Datenanalyse und im maschinellen Lernen von entscheidender Bedeutung ist. Eine lineare Gleichung ist eine algebraische Gleichung, bei der jeder Term entweder eine Konstante oder eine Variable ist. Die allgemeine Form einer linearen Gleichung in zwei Variablen x und y lautet:

$$ax + by = c$$

wobei a, b und c Konstanten sind. Die Gleichung wird als linear bezeichnet, weil die höchste Potenz der Variablen eins ist. Hat eine Variable einen Exponenten größer als eins, wird daraus eine polynomiale Gleichung.

Funktionen können durch Gleichungen dargestellt werden, wobei die Funktion beschreibt, wie ein Eingang (unabhängige Variable) in einen Ausgang (abhängige Variable) umgewandelt wird. Zum Beispiel definiert die Gleichung:

$$y = x^2$$

eine Funktion, bei der y (der Ausgang) durch Quadrieren von x (dem Eingang) bestimmt wird. Im Wesentlichen drückt eine Gleichung, die eine Funktion beinhaltet, die spezifische Regel aus, durch die Eingaben innerhalb des Kontexts dieser Funktion in Ausgaben umgewandelt werden. Wenn wir diese Funktionen in einem kartesischen Koordinatensystem darstellen, können wir ihr Verhalten und ihre Eigenschaften visualisieren. Zum Beispiel werden in Bild 1.1 lineare Funktionen mit einer Eingabevariablen dargestellt. Lineare Gleichungen mit einer Eingabevariable können grafisch als gerade Linien im kartesischen Koordinatensystem dargestellt werden. In Bild 1.1 stellt die horizontale Achse die Änderungen der x-Variable dar, während y die vertikale Achse ist. Der Ursprung ist der Punkt, an dem sich die beiden Achsen schneiden, wobei beide null sind. Die Gleichung $ax + by = c$ kann als Funktion in der Steigungs-Abschnitts-Form umgeschrieben werden:

$$y = mx + c$$

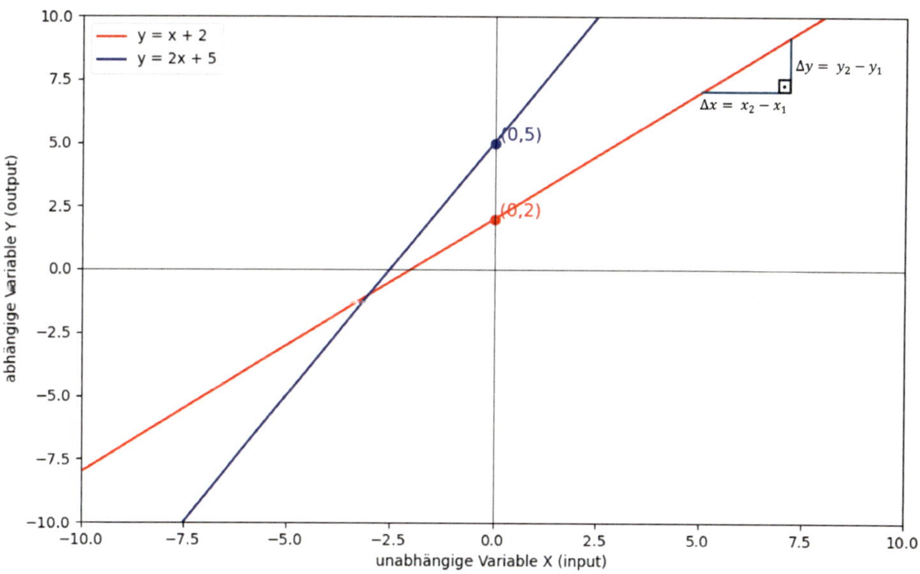

Bild 1.1 Zwei lineare Funktionen mit positiven Steigungen

Hierbei ist x die unabhängige Variable, y die abhängige Variable und c die Konstante, auch bekannt als der y-Achsenabschnitt. Dies ist der Punkt, an dem die lineare Linie die y-Achse schneidet, wenn $x = 0$. Die Steigung (m) ist ein grundlegendes Konzept in der Mathematik und stellt die Änderungsrate der abhängigen Variablen in Bezug auf die unabhängige Variable dar. Die Steigung gibt an, wie stark sich y für eine Änderung um eine Einheit in x ändert. Die Steigung kann wie folgt berechnet werden:

$$m = \frac{\Delta y}{\Delta x} = \frac{y_2 - y_1}{x_2 - x_1}$$

Mit dieser Methode kann die Gleichung einer Funktion bestimmt werden, indem Änderungen gemessen werden, ohne die gesamte Funktion zu kennen. Zum Beispiel wird in Bild 1.1 die Funktion $y = x + 2$ als rote Linie dargestellt. Die Gleichung kann durch Berechnung der Steigung der Funktion und Identifizierung des Schnittpunkts bei $x = 0$ bestimmt werden:

$$m = \frac{\Delta y}{\Delta x} = \frac{9-7}{7-5} = 1$$

$c = 2$ (bei $x = 0$)

Wie erwartet, lautet die entsprechende Gleichung:

$$y = x + 2$$

In Bild 1.1 ist die blaue Kurve steiler, was auf eine größere Änderung in y für jede Einheit Änderung in x hinweist, was bedeutet, dass m größer ist als bei der roten Kurve.

Eine lineare Funktion kann auch mehr als eine unabhängige Variable umfassen, aber meistens können lineare Funktionen die Komplexität der natürlichen Phänomene zwischen Variablen nicht vollständig erklären. Höhergradige Funktionen können nichtlineare Beziehungen beschreiben und bieten verschiedene Formen von Funktionen, die komplexere Korrelationen zwischen den Variablen besser erklären. Eine Polynomfunktion n-ten Grades für eine unabhängige Variable kann wie folgt geschrieben werden:

$$y = mx^n + c$$

In Bild 1.2 ist eine Polynomfunktion zweiten Grades (quadratisch) mit unterschiedlichen Parametern gezeichnet. Quadratische Funktionen haben eine parabolische Form und die Steigung variiert an verschiedenen Positionen entlang der Funktion. Die Steigung kann positiv, negativ oder null sein, was auf zunehmende, abnehmende oder konstante Beziehungen hinweist. Eine positive Steigung deutet darauf hin, dass mit dem Anstieg einer Variablen auch die andere zunimmt, während eine negative Steigung auf eine umgekehrte Beziehung zwischen den Variablen hinweist. Eine Steigung von null bedeutet ein Plateau, was darauf hinweist, dass keine Änderung in einer Variablen trotz Änderungen in der anderen erfolgt.

Die Größe der Steigung erläutert weiter die Natur dieser Beziehung, wobei eine größere Größe eine steilere Änderung und eine kleinere Größe einen allmählicheren Übergang anzeigt. Diese Unterscheidung ist in verschiedenen Bereichen von entscheidender Bedeutung, da die Interpretation der Änderungsrate und -richtung Einfluss auf Entscheidungsfindungen und Prognosen haben kann. Das Vorzeichen und die Größe der Steigung sind besonders wichtig in Optimierungsproblemen, da sie helfen, minimale Werte zu identifizieren, indem lokale oder absolute Minima in Fehlerfunktionen gefunden werden. Änderungen der Steigung in verschiedenen Teilen einer Funktion können darauf hinweisen, ob ein Minimum erreicht wird, ein Prinzip, das zentral für gradientenbasierte Optimierungsmethoden ist.

Zum Beispiel verringert sich in Bild 1.2 von rechts nach links mit abnehmenden x-Werten die Größe der Steigung. Man kann diese Messung schnell an mehreren Punkten vornehmen und die Änderungsrate der Steigung berechnen, indem man die Ableitung der Steigung in Bezug auf x nimmt. Nahe dem Ursprung nimmt die Änderungsrate der Steigung drastisch zu, obwohl die Größe gegen null geht. Diese Methoden, die auf der Steigung basieren, um iterativ die optimale Lösung zu finden, sind grundlegend für das Training von Machine-Learning-Modellen und die Verfeinerung von Algorithmen für eine bessere Leistung.

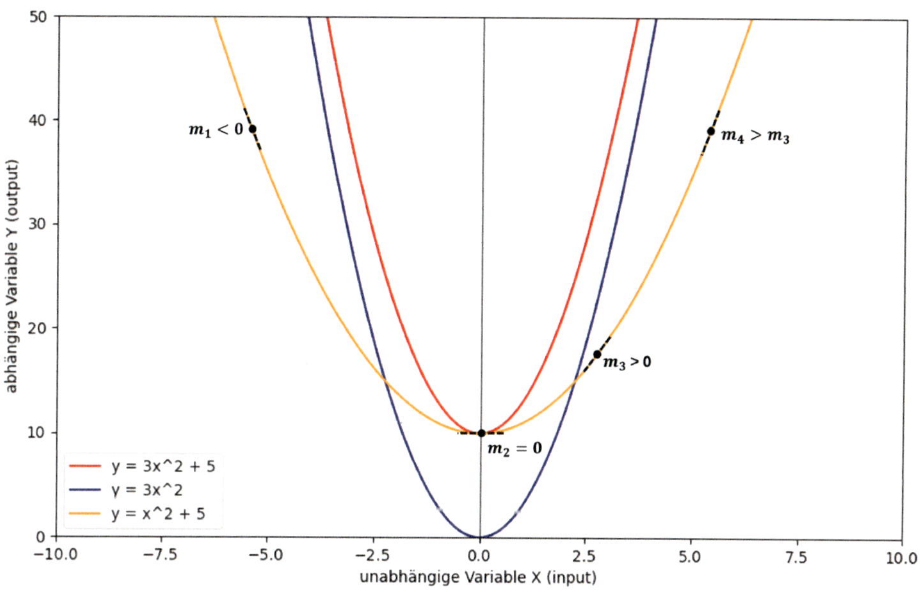

Bild 1.2 Drei quadratische Polynomfunktionen mit unterschiedlichen Konstanten

Exponential- und logarithmische Funktionen

Exponential- und logarithmische Funktionen spielen aufgrund ihrer einzigartigen Eigenschaften und der Einblicke, die sie in verschiedene Arten von Datenbeziehungen bieten, eine entscheidende Rolle in der Datenanalyse. Logarithmen und Exponentialfunktionen sind grundlegend miteinander verknüpft, wobei Logarithmen als Umkehrung von Exponentialfunktionen dienen. Eine Exponentialfunktion der Form:

$$y = a\,e^{bx}$$

modelliert schnelles Wachstum oder Zerfall, wobei die Änderungsrate proportional zum aktuellen Wert ist. Dadurch sind sie unerlässlich, um Phänomene wie Bevölkerungswachstum oder radioaktiven Zerfall zu beschreiben. Im Gegensatz dazu wachsen logarithmische Funktionen, geschrieben als:

$$y = log_b(x)$$

viel langsamer und sind nur für positive reelle Zahlen definiert. Sie werden verwendet, um große Wertemengen zu skalieren und multiplikative Prozesse in additive umzuwandeln. Dies spielt eine entscheidende Rolle in Bereichen wie der Informatik zur Analyse der Komplexität von Algorithmen sowie in verschiedenen wissenschaftlichen und technischen Anwendungen, in denen sie helfen, exponentielle Beziehungen zu interpretieren und zu handhaben. Beide Funktionstypen sind unverzichtbar für die Modellierung von realen Szenarien und die Lösung komplexer Probleme in zahlreichen Disziplinen.

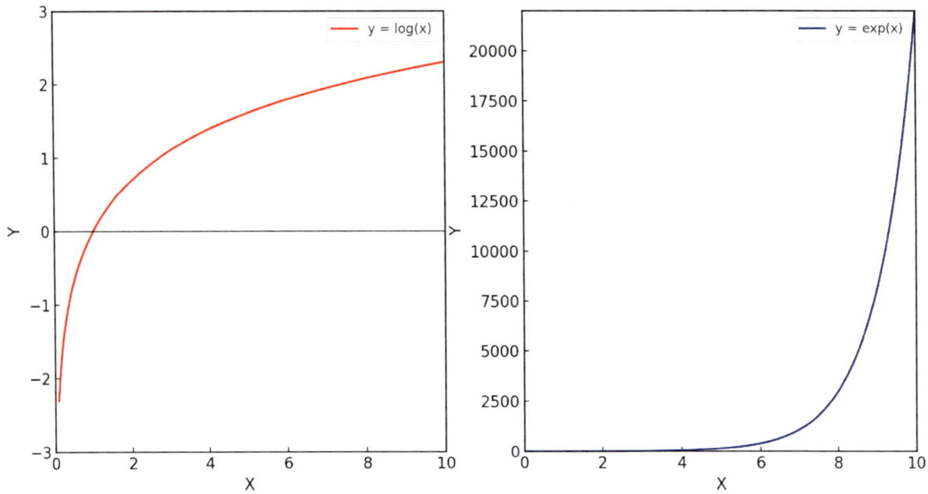

Bild 1.3 Die Exponentialfunktion (links) und die Logarithmusfunktion (rechts)

Beim Untersuchen einer Funktion können einige Trends hinter einem exponentiellen Anstieg verborgen sein, da dieser erheblich zur Gleichung beiträgt. Bei der visuellen Inspektion auf einer normalen Skala könnten diese anderen Trends möglicherweise nicht erkannt werden. Die Verwendung einer logarithmischen Skala kann diese versteckten Muster aufdecken, da sie exponentielles Wachstum linearisiert und eine einfachere Identifikation aller beitragenden Trends ermöglicht. Auf einer logarithmischen Skala wird durch das Nehmen des Logarithmus beider Seiten die Exponentialfunktion in eine lineare Form umgewandelt:

$$y = a\, e^{bx}$$

$$log(y) = log(a) + bx$$

Dies zeigt, wie die logarithmische Transformation Exponentialfunktionen linearisiert und damit die Analyse und Interpretation erleichtert.

1.1.2 Vektoroperationen

Ein Vektor ist eine mathematische Entität, die sowohl eine Größe als auch eine Richtung hat. Im Gegensatz zu Skalaren, die nur eine Größe besitzen, werden Vektoren oft verwendet, um Größen darzustellen, die eine Richtungskomponente haben, wie Kraft, Geschwindigkeit und Verschiebung. Vektoren können als Pfeile visualisiert werden, die von einem Punkt zu einem anderen zeigen, wobei die Länge des Pfeils die Größe und die Richtung des Pfeils die Richtung des Vektors darstellt (Bild 1.4).

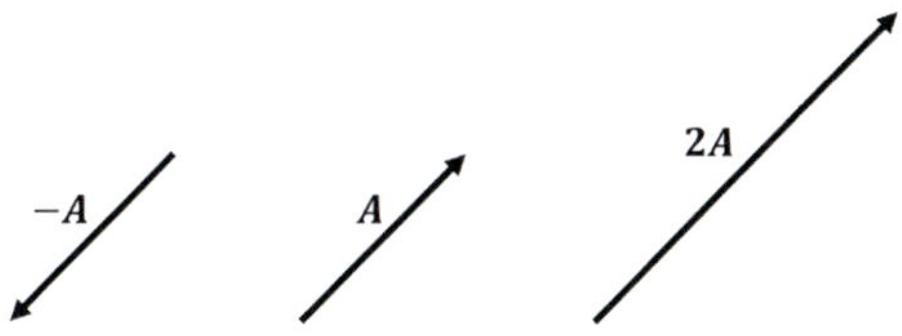

Bild 1.4
Vektoren im zweidimensionalen Raum

Vektoren werden typischerweise mit einem Pfeil obendrauf dargestellt, wie z.B. $\vec{A}$. Die Größe eines Vektors $|\overrightarrow{A}|$ ist ein positiver Skalar, der die Länge des Pfeils darstellt (siehe Bild 1.4).

Operationen mit Vektoren

- **Skalare Multiplikation:** Die Multiplikation eines Vektors mit einem Skalar c ergibt einen neuen Vektor $c|\overrightarrow{A}|$ mit einer Größe von $c|\overrightarrow{A}|$. Ist der Skalar negativ, zeigt der resultierende Vektor in die entgegengesetzte Richtung. Zum Beispiel ist $-\vec{A} = -1 \cdot \vec{A}$ ein Vektor mit der gleichen Größe wie $\vec{A}$, aber in der entgegengesetzten Richtung.
- **Vektoraddition:** Die Addition von zwei Vektoren $\vec{A} + \vec{B}$ ergibt einen dritten Vektor $\vec{C}$. Um zwei Vektoren zu addieren, platziert man sie Kopf an Schwanz; der resultierende Vektor beginnt am Schwanz des ersten Vektors und endet am Kopf des zweiten Vektors (siehe Bild 1.5). Die Vektoraddition ist kommutativ und distributiv:

  $$\vec{A} + \vec{B} = \vec{B} + \vec{A}$$

  $$c\left(\vec{A} + \vec{B}\right) = c\vec{B} + c\vec{A}$$

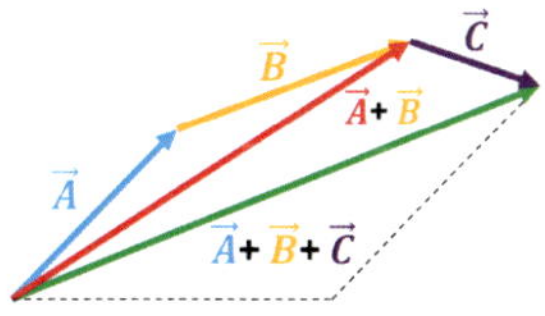

Bild 1.5
Vektoraddition im zweidimensionalen Raum

- **Vektorsubtraktion:** Die Subtraktion von zwei Vektoren kann als die Addition eines Vektors und des Negativen des anderen geschrieben werden:

$$\vec{A} - \vec{B} = \vec{A} + \left(-\vec{B}\right)$$

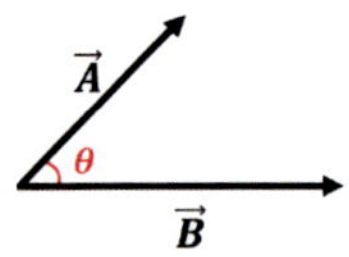

Bild 1.6
Zwei Vektoren mit einem Winkel von θ Grad dazwischen, die im Skalarprodukt verwendet werden

- **Skalarprodukt (Punktprodukt):** Das Skalarprodukt von zwei Vektoren $\vec{A}$ und $\vec{B}$ ist ein Skalar, definiert als:

$$\vec{A} \cdot \vec{B} = |A| \ |B| \ \cos\theta$$

wobei θ der Winkel zwischen den Vektoren ist (siehe Bild 1.6). Wenn zwei Vektoren senkrecht zueinanderstehen, ist $\theta = 90^{\circ}$ und $\cos 90^{\circ} = 0$, daher:

$$\vec{A} \cdot \vec{B} = 0$$

Diese Eigenschaft ist nützlich, um Senkrechtstellung im n-dimensionalen Raum zu bestimmen. Das Skalarprodukt eines Vektors mit sich selbst ist:

$$\vec{A} \cdot \vec{A} = |\vec{A}^2|$$

Das Skalarprodukt ist kommutativ und distributiv:

$$\vec{A} \cdot \vec{B} = \vec{B} \cdot \vec{A}$$

$$\vec{A} \cdot \left(\vec{B} + \vec{C}\right) = \vec{A} \cdot \vec{B} + \vec{A} \cdot \vec{C}$$

Vektorkomponenten und Einheitsvektoren

In einem kartesischen Koordinatensystem kann ein Vektor in seine Komponenten entlang der x-, y- und z-Achsen zerlegt werden:

$$\vec{A} = \vec{A}_x + \vec{A}_y + \vec{A}_z$$

Die Größe eines Vektors in drei Dimensionen ist:

$$A = \sqrt{{A_x}^2 + {A_y}^2 + {A_z}^2}$$

Einheitsvektoren, die als $\hat{\boldsymbol{i}}$, $\hat{\boldsymbol{j}}$, und $\hat{\boldsymbol{k}}$ bezeichnet werden, haben eine Größe von eins und geben eine Richtung ohne Angabe der Größe an. Jeder Vektor kann in Form von Einheitsvektoren ausgedrückt werden:

$$\vec{A} = \vec{A}_x + \vec{A}_y + \vec{A}_z = A_x\hat{\boldsymbol{i}} + A_y\hat{\boldsymbol{j}} + A_z\hat{\boldsymbol{k}}$$

Zum Beispiel (siehe Bild 1.8b):

$$\vec{A} = -3\,\hat{\boldsymbol{i}} + 2\,\hat{\boldsymbol{j}} + 4\,\hat{\boldsymbol{k}}$$

Die Normalisierung ist der Prozess, einen Vektor in einen Einheitsvektor umzuwandeln, wobei seine Richtung beibehalten wird. Um einen Vektor zu normalisieren, teilt man jede Komponente durch seine Größe:

$$\vec{r} = \frac{\vec{A}}{A}$$

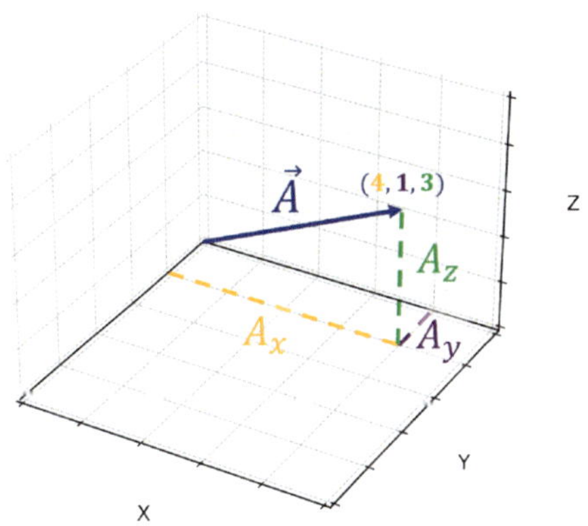

Bild 1.7
Ein Vektor und seine Komponenten im dreidimensionalen Raum

Vektorkalkül

- **Addition und skalare Multiplikation:** Beim Addieren von Vektoren oder bei der Multiplikation mit Skalaren in Komponentenform:

$$\vec{A} + \vec{B} = (A_x + B_x)\,\hat{\boldsymbol{i}} + (A_y + B_y)\,\hat{\boldsymbol{j}} + (A_z + B_z)\,\hat{\boldsymbol{k}}$$

$$c\vec{A} = (cA_x)\,\hat{\boldsymbol{i}} + (cA_y)\,\hat{\boldsymbol{j}} + (cA_z)\,\hat{\boldsymbol{k}}$$

- **Vektoren als Funktionen:** Vektoren können Funktionen einer oder mehrerer unabhängiger Variablen sein. Wenn $\vec{A}$ eine Funktion von t ist, dann hängt jede Komponente auch von t ab:

$$\vec{A}(t) = A_x(t)\,\hat{\boldsymbol{i}} + A_y(t)\,\hat{\boldsymbol{j}} + A_z(t)\,\hat{\boldsymbol{k}}$$

Die Ableitung einer Vektor-Funktion ist:

$$\frac{d\vec{A}}{dt} = \frac{dA_x}{dt}\,\hat{\boldsymbol{\imath}} + \frac{dA_y}{dt}\,\hat{\boldsymbol{\jmath}} + \frac{dA_z}{dt}\,\hat{\boldsymbol{k}}$$

Für eine skalare Funktion $f(t)$ und Vektorfunktionen $\vec{A}\,(t)$ und $\vec{B}\,(t)$:

$$\frac{d}{dt}\left(f\vec{A}\right) = f\frac{d\vec{A}}{dt} + \vec{A}\frac{df}{dt}$$

$$\frac{d}{dt}\left(\vec{A}\cdot\vec{B}\right) = \vec{A}\cdot\frac{d\vec{B}}{dt} + \vec{B}\cdot\frac{d\vec{A}}{dt}$$

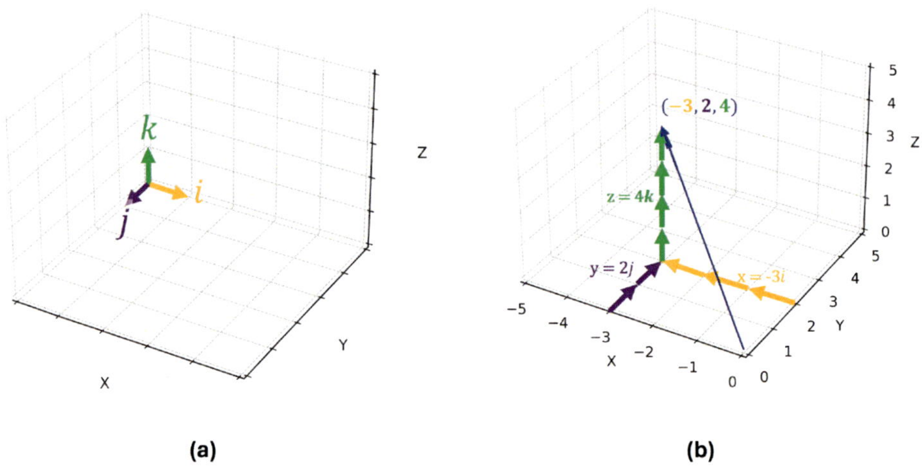

Bild 1.8 Einheitsvektoren im 3D-Raum (links), ein Vektor in Bezug auf diese Einheitsvektoren (rechts)

Skalarfelder und Gradient

In Bereichen wie der Temperaturverteilung in einem Raum $T(x, y, z)$ gibt die Temperatur $T(x, y, z)$ einen Skalarwert an jeder Position (x, y, z) an. Skalarfelder können visualisiert werden, indem Punkte verbunden werden, an denen der Skalarwert konstant ist, wodurch Konturlinien entstehen (siehe Bild 1.9a). Vektorfelder werden durch Pfeile dargestellt, die die Richtung und Größe der Vektoren an verschiedenen Punkten anzeigen (siehe Bild 1.9b).

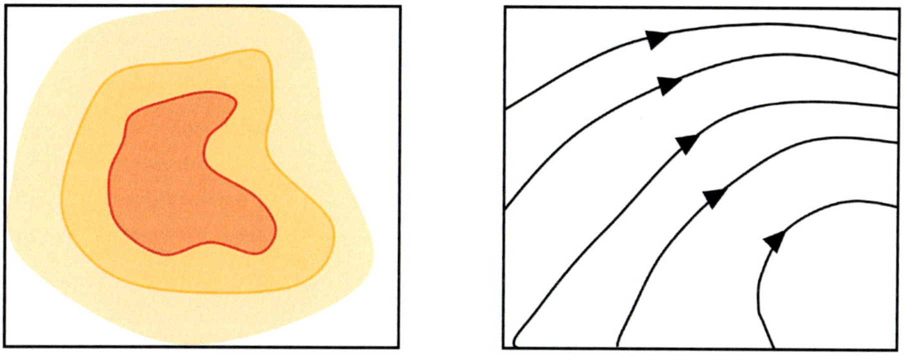

(a) (b)

Bild 1.9 Ein Skalarfeld (links) und ein Vektorfeld (rechts)

Der Gradient eines Skalarfelds $\varphi(r)$ an einer Position $\vec{r} = x\,\hat{\boldsymbol{\imath}} + y\,\hat{\boldsymbol{\jmath}} + z\,\hat{\boldsymbol{k}}$ ist:

$$\vec{\nabla}\varnothing = \frac{d\varnothing}{dx}\hat{\boldsymbol{\imath}} + \frac{d\varnothing}{dy}\hat{\boldsymbol{\jmath}} + \frac{d\varnothing}{dz}\hat{\boldsymbol{k}}$$

Der Nabla-Operator $\vec{\nabla}$ ist ein Vektordifferentialoperator:

$$\vec{\nabla} = \frac{d}{dx} + \frac{d}{dy} + \frac{d}{dz}$$

Der Gradient ist ein Vektor, der sowohl die Richtung als auch die Rate des steilsten Anstiegs einer Funktion angibt. Stellen Sie sich vor, Sie stehen auf einer Klippe, wobei die Funktion die Erhöhung des Geländes darstellt. Der Gradient an Ihrer Position zeigt in die Richtung, die Sie am schnellsten bergauf führt, und seine Länge zeigt, wie steil dieser Anstieg ist. Wenn Sie in diese Richtung gehen, erhöht sich Ihre Höhe am schnellsten. Wenn die Größe des Gradienten groß ist, ist der Hang steil; wenn er klein ist, ist der Hang sanft. An Punkten, an denen der Gradient null ist, befinden Sie sich entweder am Gipfel, am Boden oder an einem flachen Sattelpunkt, an dem der Hang in alle Richtungen null ist.

Der Gradient ist in den Ingenieurswissenschaften und im Bereich des maschinellen Lernens von entscheidender Bedeutung, weil er Optimierungsprozesse steuert. Im Ingenieurwesen hilft er bei der Optimierung von Designs und Prozessen, indem er die Richtung des steilsten Anstiegs anzeigt, was zu verbesserter Leistung und Effizienz führt. Im maschinellen Lernen verwenden Algorithmen wie der Gradientabstieg den Gradienten, um Verlustfunktionen zu minimieren, indem sie die Modellparameter so anpassen, dass sie besser zu den Daten passen. Diese Optimierung ist entscheidend für das Training von Modellen, die Reduzierung von Fehlern und die Verbesserung der Vorhersagegenauigkeit, wodurch der Gradient ein fundamentales Instrument in beiden Bereichen ist.

1.1.3 Matrizen und lineare Transformation

Eine Matrix ist ein rechteckiges Array von Zahlen, das in Zeilen und Spalten angeordnet ist und als grundlegendes Element der linearen Algebra dient, welche für Anwendungen in Ingenieurwesen und maschinellem Lernen von entscheidender Bedeutung ist. In diesen Bereichen werden Matrizen verwendet, um Daten darzustellen und zu manipulieren, Systeme zu modellieren und Gleichungen effizient zu lösen. Sie ermöglichen Operationen wie Transformationen, Rotationen und Skalierungen in Vektorräumen, die für das Verständnis und die Implementierung von Algorithmen im maschinellen Lernen unerlässlich sind. Matrizen vereinfachen Vektorberechnungen, indem sie die prägnante Darstellung und Manipulation mehrerer Gleichungen gleichzeitig ermöglichen. Diese Fähigkeit ist essenziell für Aufgaben wie das Lösen von linearen Gleichungssystemen, das Durchführen von Eigenwertzerlegungen und das Ausführen verschiedener Optimierungsalgorithmen und unterstreicht somit ihre Bedeutung in der Datenwissenschaft und im Qualitätsingenieurwesen.

Vektoren können auch in Matrixform als geordnetes Tripel von Zahlen in drei Dimensionen dargestellt werden, entsprechend ihren Koordinaten entlang der Achsen. Zum Beispiel betrachten wir einen Vektor:

$$\vec{A} = \begin{bmatrix} A_x \\ A_y \\ A_z \end{bmatrix} = \begin{bmatrix} -3 \\ 2 \\ 4 \end{bmatrix}$$

Hierbei sind x, y und z die Koordinaten des Vektors entlang der x-, y- und z-Achsen. Diese Darstellung erleichtert die Anwendung von Matrixoperationen auf Vektoren und unterstützt die Umsetzung von Transformationen und anderen linearen Operationen in vielfältigen Anwendungsgebieten.

Die beiden Darstellungsformen, Vektor- und Matrixform, bieten unterschiedliche Perspektiven und Nutzungsmöglichkeiten. Die Nützlichkeit der linearen Algebra liegt in der Übersetzung zwischen Vektoren und Matrizen, was eine bequeme Möglichkeit bietet, Zahlenlisten als Vektoren zu konzeptualisieren. In Matrixform sind Berechnungen einfacher durchzuführen, während die Vektorform ein klares visuelles Verständnis ermöglicht.

Matrixoperationen

In Matrixform werden Vektoraddition, -subtraktion und -multiplikation mit einem Skalar wie folgt durchgeführt:

- **Addition:**

$$\vec{A} + \vec{B} = \begin{bmatrix} A_x + B_x \\ A_y + B_x \\ A_z + B_x \end{bmatrix}$$

- **Subtraktion:**

$$\vec{A} - \vec{B} = \begin{bmatrix} A_x - B_x \\ A_y - B_x \\ A_z - B_x \end{bmatrix}$$

- **Skalare Multiplikation:**

$$c\vec{A} = c \begin{bmatrix} A_x \\ A_y \\ A_z \end{bmatrix} = \begin{bmatrix} cA_x \\ cA_y \\ cA_z \end{bmatrix}$$

- **Matrixmultiplikation:** Die Matrixmultiplikation ist eine grundlegende Operation in der linearen Algebra, bei der zwei Matrizen kombiniert werden, um eine dritte Matrix zu erzeugen. Gegeben seien zwei Matrizen A (der Größe $m \times n$) und B (der Größe $n \times p$), so ist ihr Produkt C eine Matrix der Größe $m \times p$. Das Element in der i-ten Zeile und der j-ten Spalte von C wird als das Skalarprodukt der i-ten Zeile von A und der j-ten Spalte von B berechnet.

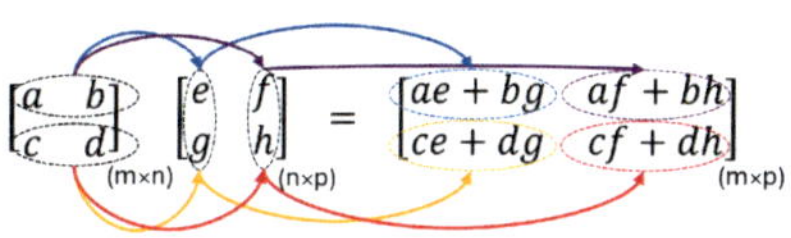

Bild 1.10 Matrixmultiplikation

Formal wird das Element c_{ij} in der resultierenden Matrix wie folgt berechnet:

$$c_{ij} = \sum_{k=1}^{n} a_{ik} \cdot b_{kj}$$

Das bedeutet, um c_{ij} zu berechnen, multiplizieren Sie jedes Element der i-ten Zeile von A mit dem entsprechenden Element der j-ten Spalte von B und summieren diese Produkte.

Eigenschaften der Matrixmultiplikation

Assoziativität	$(AB)\,C = A(BC)$
Distributivität	$A(B + C) = AB + AC$
Nicht-Kommutativität	$AB \neq BA$

Diese Operation ist entscheidend in verschiedenen Anwendungen, wie dem Lösen von linearen Gleichungssystemen, dem Durchführen von linearen Transformationen und in zahlreichen maschinellen Lernalgorithmen, bei denen Daten in Matrixform dargestellt werden, wie zum Beispiel in neuronalen Netzwerken.

Lineare Transformation

Eine lineare Transformation ist eine Abbildung zwischen zwei Vektorräumen, die die Operationen der Vektoraddition und Skalarmultiplikation erhält. Formal gilt, wenn T eine lineare Transformation vom Vektorraum V zum Vektorraum W ist, dann für beliebige Vektoren $\vec{u}, \vec{v} \in V$ und einen beliebigen Skalar c:

$$T\left(\vec{u}+\vec{v}\right) = T\left(\vec{u}\right) + T\left(\vec{v}\right)$$

$$T\left(c\vec{u}\right) = c\,T\left(\vec{u}\right)$$

Die Eigenschaften linearer Transformationen umfassen die Möglichkeit, durch Matrizen dargestellt zu werden, was komplexe Transformationen rechnerisch machbar macht. Eine lineare Transformation T kann durch eine Matrix A dargestellt werden, sodass für jeden Vektor $\vec{x} \in V$:

$$T\left(\vec{x}\right) = A\,\vec{x}$$

Man kann sich den Vektorraum W als den Raum vorstellen, der alle möglichen Transformationen von V unter T enthält. Diese Transformationen sind im Ingenieurwesen und maschinellen Lernen entscheidend für Aufgaben wie Rotationen, Skalierungen und Translationen geometrischer Objekte sowie zur Datenumwandlung für algorithmische Verarbeitungen. Im maschinellen Lernen werden lineare Transformationen bei Operationen wie Merkmalskalierung und Dimensionsreduktion verwendet.

Beispiel einer Skalierungstransformation: Eine Skalierungstransformation streckt oder komprimiert Vektoren gleichmäßig in alle Richtungen. Eine Skalierungstransformation, die beide Achsen um den Faktor 2 streckt, kann durch eine Diagonalmatrix dargestellt werden, wobei der Skalierungsfaktor auf beide Dimensionen angewendet wird:

$$T\,(x, y) = T\,(2x, 2y)$$

Dies kann durch folgende Matrix dargestellt werden:

$$T\left(\vec{v}\right) = \begin{bmatrix} \mathbf{2} & \mathbf{0} \\ \mathbf{0} & \mathbf{2} \end{bmatrix} \begin{bmatrix} x \\ y \end{bmatrix} = \begin{bmatrix} 2x \\ 2y \end{bmatrix}$$

Die erste Spalte der Transformationsmatrix zeigt, wohin der Einheitsvektor $\hat{\boldsymbol{\imath}}$ nach der Transformation gelangt, und die zweite Spalte zeigt die Endposition des Einheitsvektors $\hat{\boldsymbol{\jmath}}$:

$$\begin{bmatrix} x \\ y \end{bmatrix} \rightarrow \begin{bmatrix} 2x \\ 2y \end{bmatrix}$$

Die Bedeutung der Matrixdarstellung in linearen Transformationen liegt darin, dass nur die Endpositionen der Einheitsvektoren erforderlich sind, um die Transformation zu beschreiben. Wenn mehrere Transformationen auf einen Vektor angewendet werden, können alle Transformationen als eine Komposition der Transformationen dargestellt werden, was dem Produkt der entsprechenden Matrizen entspricht. Zum Beispiel kann das Anwenden einer Rotation (blau) und einer Scherung (rot) auf einen Vektor mit einer einzigen Kompositionsmatrix (grün) dargestellt werden:

$$\begin{bmatrix} 1 & 1 \\ 0 & 1 \end{bmatrix} \left(\begin{bmatrix} 0 & -1 \\ 1 & 0 \end{bmatrix} \begin{bmatrix} x \\ y \end{bmatrix} \right) = \begin{bmatrix} 1 & -1 \\ 1 & 0 \end{bmatrix} \begin{bmatrix} x \\ y \end{bmatrix}$$

Ein lineares Gleichungssystem besteht aus zwei oder mehr linearen Gleichungen mit denselben Variablen. Diese Systeme umfassen unbekannte Variablen und eine Liste von Gleichungen, die diese Variablen miteinander in Beziehung setzen. Jede Variable wird mit einer Konstanten skaliert.

Lineare Gleichungssysteme können in Matrixform als Matrixmultiplikation geschrieben werden:

$$\begin{aligned} a_1x + b_1y + c_1z &= d_1 \\ a_2x + b_2y + c_2z &= d_2 \\ a_3x + b_3y + c_3z &= d_3 \end{aligned}$$

$$\underbrace{\overbrace{\begin{bmatrix} a_1 & b_1 & c_1 \\ a_2 & b_2 & c_2 \\ a_3 & b_3 & c_3 \end{bmatrix}}^{A}}_{\text{Koeffizient}} \underbrace{\overbrace{\begin{bmatrix} x \\ y \\ z \end{bmatrix}}^{\vec{x}}}_{\text{Variable}} = \underbrace{\overbrace{\begin{bmatrix} d_1 \\ d_2 \\ d_3 \end{bmatrix}}^{\vec{v}}}_{\text{Konstante}}$$

In linearen Gleichungssystemen kann die Koeffizientenmatrix als eine lineare Transformation angesehen werden, die auf einen Vektor angewendet wird:

$$A\vec{x} = \vec{v}$$

Das Verständnis linearer Transformationen und ihrer Matrixdarstellungen ist von entscheidender Bedeutung. Diese Konzepte ermöglichen eine effiziente Datenmanipulation, Transformation und das Lösen komplexer Probleme, wodurch diese die Basis vieler moderner computergestützter Techniken bilden.

1.1.4 Wahrscheinlichkeit

Die Wahrscheinlichkeit ist ein grundlegendes Konzept in der Statistik, das ein Rahmenwerk zur Quantifizierung von Unsicherheit und zur fundierten Vorhersage bietet. Im Kern befasst sich die Wahrscheinlichkeit mit der Wahrscheinlichkeit verschiedener Ergebnisse in unsicheren Situationen. Ein Ereignis ist ein spezifisches Ergebnis oder eine Menge von Ergebnissen eines Zufallsprozesses, während der Ereignisraum die Menge aller möglichen Ergebnisse darstellt.

Wahrscheinlichkeitsregeln

- **Wahrscheinlichkeit eines Ereignisses *P* (*E*):** Die Wahrscheinlichkeit, dass ein Ereignis *E* eintritt, liegt zwischen 0 (unmögliches Ereignis) und 1 (sicheres Ereignis).

  Beispiel: Beim Werfen eines fairen sechsseitigen Würfels besteht der Ereignisraum aus sechs möglichen Ergebnissen: {1, 2, 3, 4, 5, 6}. Jedes Ergebnis stellt ein Ereignis dar, wie z.B. eine 3 zu würfeln. Die Wahrscheinlichkeit eines einzelnen Ereignisses, wie z.B. einer 3, wird berechnet, indem die Anzahl der günstigen Ergebnisse (1 in diesem Fall) durch die Gesamtzahl der möglichen Ergebnisse (6) geteilt wird, was zu einer Wahrscheinlichkeit von $1/6$ führt.

  Beim Werfen von zwei sechsseitigen Würfeln kann die Wahrscheinlichkeit, bestimmte Summen zu erhalten, berechnet werden, indem alle möglichen Ergebnisse berücksichtigt werden. Um die Wahrscheinlichkeit einer Summe von 7 zu bestimmen, identifizieren wir die Paare von Ergebnissen, die diese Summe ergeben: (1,6), (2,5), (3,4), (4,3), (5,2), und (6,1), insgesamt sechs günstige Ergebnisse. Somit beträgt die Wahrscheinlichkeit, eine Summe von 7 zu würfeln, $6/36$ (siehe Bild 1.11):

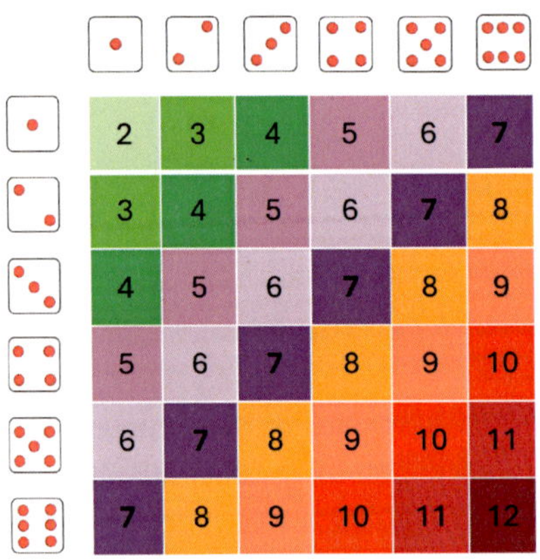

Bild 1.11
Alle möglichen Ergebnisse beim zweimaligen Würfeln

- **Komplementärregel:** Die Wahrscheinlichkeit, dass ein Ereignis *E* nicht eintritt, ist 1 minus der Wahrscheinlichkeit, dass es eintritt:

  $$P(E') = 1 - P(E)$$

  Die Wahrscheinlichkeit, keine 3 zu würfeln, kann mit der Komplementärregel berechnet werden. Da die Wahrscheinlichkeit, eine 3 zu würfeln, $1/6$ beträgt, ist die Wahrscheinlichkeit, keine 3 zu würfeln:

  $$P(\neq 3) = 1 - P(3) = 1 - \frac{1}{6} = \frac{5}{6}$$

- **Additionsregel für disjunkte Ereignisse:** Wenn zwei Ereignisse, A und B, nicht gleichzeitig eintreten können (sie sind disjunkt), ist die Wahrscheinlichkeit, dass entweder A oder B eintritt,

  $$P(A \cup B) = P(A) + P(B)$$

  Die Wahrscheinlichkeit, bei zwei Würfen eines Würfels eine 3 zu würfeln, kann mit der Additionsregel berechnet werden:

  $$P\,(3) = \frac{1}{6} + \frac{1}{6} = \frac{2}{6}$$

- **Unabhängigkeit:** Zwei Ereignisse A und B sind unabhängig, wenn das Eintreten des einen Ereignisses das Eintreten des anderen nicht beeinflusst. Mathematisch sind A und B unabhängig, wenn:

  $$P(A \cap B) = P(A) \cdot P(B)$$

  Das Ergebnis eines Würfels beeinflusst nicht das Ergebnis des anderen Würfels, wodurch die Ereignisse unabhängig sind. Zum Beispiel beträgt die Wahrscheinlichkeit, beim ersten Würfel eine 3 zu würfeln, $^1/_6$, und die Wahrscheinlichkeit, beim zweiten Würfel eine weitere 3 zu würfeln, bleibt gleich.

- **Bedingte Wahrscheinlichkeit:** Die Wahrscheinlichkeit eines Ereignisses A, gegeben, dass Ereignis B eingetreten ist, ist definiert als:

  $$P\,(A \mid B) = \frac{P(A \cap B)}{P(B)}$$

  vorausgesetzt $P(B) \neq 0$

1.2 Statistische Grundlagen

Lennart Frederik Müller-Stein

In diesem Kapitel werden die grundlegenden Konzepte der Statistik vorgestellt, die für das Verständnis und die Anwendung statistischer Methoden unerlässlich sind. Diese Grundlagen bilden das Fundament für weiterführende statistische Analysen und Anwendungen. Mithilfe von Verfahren der Datengewinnung, Datenauswertung und Dateninterpretation sollen rationale und objektive Entscheidungen getroffen werden. Die Statistik wird in die Teilbereiche deskriptive Statistik und inferenzielle oder induktive Statistik unterteilt.

Die deskriptive Statistik befasst sich mit der Sammlung, Darstellung und Zusammenfassung von Daten. Typische Techniken sind Tabellen, Grafiken und Kennzahlen wie Mittelwert, Median, Modus, Varianz und Standardabweichung.

Die explorative Statistik ist ein Teilgebiet der deskriptiven Statistik. Ihr Hauptziel ist es, Datenmuster, -beziehungen und -strukturen zu entdecken und zu verstehen, ohne dabei vorgefasste Hypothesen zu haben. Die explorative Datenanalyse verwendet hauptsächlich visuelle und summarische Techniken, um einen ersten Überblick über die Daten zu gewinnen und um Hypothesen für weiterführende Analysen zu entwickeln.

Die inferenzielle Statistik beschäftigt sich mit der Ziehung von Schlussfolgerungen aus Stichprobendaten auf das Ganze. Dazu gehören Schätzverfahren, Hypothesentests und Konfidenzintervalle.

Daten werden in der Regel als Stichprobe mit einem Umfang von n erhoben. Das bedeutet, dass an n Einheiten ein (univariates) oder mehrere (multivariate) Merkmale gemessen wurden. Im einfachsten Fall besteht diese Stichprobe aus einer Liste aller n beobachteten Werte. Die Einheiten der Stichprobe werden nach bestimmten Kriterien ermittelt und durch Zufallsauswahl ausgewählt, um eine repräsentative Teilmenge der Grundgesamtheit darzustellen. Die Grundgesamtheit umfasst alle möglichen Einheiten, die eine bestimmte Eigenschaft teilen, beispielsweise alle Werkstücke einer bestimmten Maschine.

Bild 1.12 zeigt den Zusammenhang zwischen der Datenerzeugung aus der Grundgesamtheit N, der deskriptiven Statistik und der Datenerzeugung über eine Stichprobe n mit bestimmten Wahrscheinlichkeiten, der induktiven Statistik.

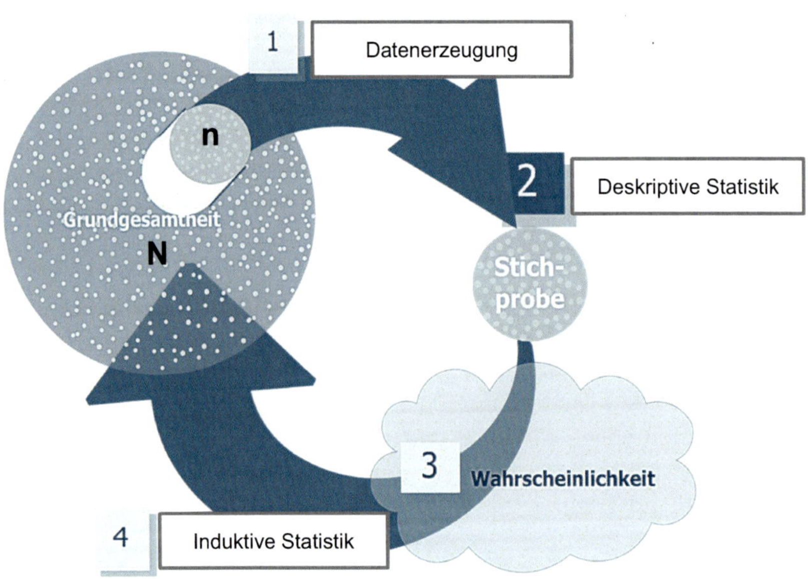

Bild 1.12 Teilbereiche der klassischen Statistik

1.2.1 Daten und Stichproben

Daten sind Informationen, die gesammelt, gemessen, beobachtet oder aufgezeichnet werden, um Erkenntnisse zu gewinnen oder Entscheidungen zu treffen. Sie können in verschiedenen Formen vorliegen, wie Zahlen, Texte, Bilder oder Messwerte. Daten bilden die Grundlage für jede statistische Analyse und ermöglichen es, Muster, Zusammenhänge oder Trends zu erkennen. Stichproben sind in der Statistik entscheidend, da sie eine praktische Möglichkeit bieten, Daten zu analysieren und Hypothesen zu testen.

1.2.1.1 Grundgesamtheit und Stichprobe

Die Grundgesamtheit und die Stichprobe sind zentrale Konzepte in der Statistik, die bei der Datenanalyse und -erhebung eine wichtige Rolle spielen. Die Beziehung zwischen Grundgesamtheit und Stichprobe ist fundamental für statistische Analysen, da die Qualität und Repräsentativität der Stichprobe direkten Einfluss auf die Aussagekraft der daraus gewonnenen Ergebnisse haben.

Grundgesamtheit

Die Grundgesamtheit, auch als Population bezeichnet, umfasst alle relevanten Beobachtungseinheiten, die für eine bestimmte statistische Untersuchung von Interesse sind. Sie bildet die Basis für die Erhebung und Analyse von Daten, wobei eine repräsentative Stichprobe aus dieser Gesamtheit gezogen wird, um verlässliche und generalisierbare Ergebnisse zu erzielen. Eine klar definierte Grundgesamtheit ist entscheidend, da sie die Vielfalt und Eigenschaften der gesamten Population widerspiegelt und somit die Genauigkeit der statistischen Aussagen sicherstellt. Beispiele für Grundgesamtheiten können alle Einwohner einer Stadt, alle Kunden eines Unternehmens oder alle produzierten Einheiten eines bestimmten Produkts umfassen.

Stichprobe

Eine Stichprobe ist eine Teilmenge der Grundgesamtheit, die untersucht wird, um Rückschlüsse auf die gesamte Population zu ziehen. Man unterscheidet dabei zwischen verschiedenen Auswahlverfahren: Zufallsauswahlverfahren, bei denen jedes Element der Grundgesamtheit die gleiche Wahrscheinlichkeit hat, in die Stichprobe aufgenommen zu werden, und bewussten Auswahlverfahren, wie das Quotenauswahlverfahren oder das Abschneideverfahren, bei denen spezifische Kriterien zur Auswahl der Elemente angewendet werden (Benesch 2013). Bewusste Auswahlverfahren führen jedoch nicht immer zu einer repräsentativen Stichprobe, daher kann die Verallgemeinerbarkeit der Ergebnisse eingeschränkt sein. Eine repräsentative Stichprobe bildet die Grundgesamtheit möglichst genau ab, um genaue und verlässliche Schlussfolgerungen zu ermöglichen.

1.2.1.2 Merkmalstypen und Skalen

Merkmale in der Statistik werden nach ihrem Skalen- oder Messniveau klassifiziert, was wichtig für die Auswahl der Analysemethoden ist. Es gibt quantitative und qualitative Merkmale. Qualitative Merkmale können ein nominales Skalenniveau haben, bei dem nur Gleichheit oder Ungleichheit festgestellt wird (z. B. Geschlecht), oder ein ordinales Skalenniveau, bei dem eine Rangfolge gebildet, aber keine Abstände gemessen werden können (z. B. Schulnoten). Quantitative Merkmale haben oft ein metrisches Skalenniveau, bei dem sowohl Rangfolgen als auch Abstände verglichen werden können (z. B. Länge, Gewicht). Diese Unterscheidung beeinflusst die mathematischen Operationen und grafischen Darstellungen, die sinnvoll angewendet werden können. Quantitative Merkmale werden weiter in stetige und diskrete Merkmale unterteilt. Von stetigen Merkmalen kann durch Klassenbildung ein diskretes Merkmal erzeugt werden.

Merkmale eines Produkts oder Prozesses, die Kundenanforderungen erfüllen, sind Qualitätsmerkmale. Qualitätsmerkmale müssen operationalisiert werden, um sie messbar zu machen und somit das Management der Qualität zu ermöglichen. Messen ist die Bestimmung einer Merkmalsausprägung an einem Merkmalsträger, wobei der Merkmalsausprägung ein Wert auf einer Skala zugeordnet wird.

Bild 1.13 zeigt Skalierungsarten von Merkmalen. Qualitative Merkmale werden in nominal und ordinal aufgeteilt, quantitative Merkmale in diskret und stetig. Der Informationsgrad sowie die Empfindlichkeit gegenüber Messfehlern steigen über die Skalierungsarten an. Für jede Skalierungsart wird der Informationswert angegeben.

	Qualitativ		Quantitativ	
	Nominal	Ordinal	Diskret	Stetig
Informationswert	$A = B, A \neq B$	$A = B$, $A \neq B$, $A > B > C$	$A = B$, $A \neq B$, $A > B > C$, A > B	$A = B$, $A \neq B$, $A > B > C$, A > B
Hinweise	Klassifizierung	Geordnete Werte/ Rangfolge	Abzählbar unendlich $\mathbb{Z}$	Überabzählbar unendlich $\mathbb{R}$
Informationsgrad	Gering → Hoch			
Empfindlichkeit gegenüber Messfehlern	Gering → Hoch			

Bild 1.13 Skalierungsarten von Merkmalen in Anlehnung an (Rinne & Mittag 1991)

Statistische Einheit

Eine statistische Einheit, auch als Merkmalsträger bezeichnet, ist die kleinste Einheit, an der interessierende Eigenschaften direkt beobachtet oder gemessen werden. Beispiele für statistische Einheiten sind Produkte, Fertigungsschritte, Unternehmen, Maschinen oder Lieferanten. Jede dieser Einheiten kann eine Vielzahl von Merkmalen aufweisen, wie z. B. Maße, Funktionsfähigkeit, Fehlerrate, Abweichungen oder Zuverlässigkeit. Diese Merkmale können verschiedene Ausprägungen haben, die in der statistischen Analyse erfasst und ausgewertet werden.

Variablen

Variablen sind grundlegende Bausteine der Statistik, die verschiedene Merkmale oder Eigenschaften einer statistischen Einheit repräsentieren. Diese Merkmale können sich in ihrer Natur und Skalierung unterscheiden und werden daher in verschiedene Typen klassifiziert.

Es gibt kategoriale Variablen, die Merkmalsausprägungen in Form von Kategorien darstellen, wie z. B. die Fehlerkategorie oder die Qualitätsbewertungsstufen. Diese Variablen können bei der statistischen Auswertung oft codiert werden, um sie für numerische Analysen nutzbar zu machen. Zudem gibt es metrische Variablen, die durch Zählen, Messen oder Wiegen ermittelt werden. Diese benötigen keine Kodierung, da ihre Werte direkt interpretiert werden können. Metrische Variablen, auch als Messmerkmale bezeichnet, besitzen eine Maßeinheit, die ihre Werte definiert. Unterschiede bestehen in der Art der metrischen Skalen (Intervallskala vs. Verhältnisskala), die je nach Anwendungsfall relevant sein können (Benesch 2013).

Operationalisierung

Operationalisierung ist der Prozess, bei dem abstrakte Konzepte oder theoretische Konstrukte in messbare und beobachtbare Variablen umgewandelt werden. Dieser Prozess ist essenziell in der empirischen Forschung und Statistik, da er sicherstellt, dass die zu untersuchenden Konzepte klar definiert und quantifiziert werden können. Durch die Operationalisierung werden theoretische Ideen greifbar gemacht, indem sie in konkrete Indikatoren und Messmethoden überführt werden.

Qualitative Merkmale

Qualitative Merkmale sind Merkmale, die nicht in Zahlen ausgedrückt werden können. Sie werden in verschiedene Kategorien oder Klassen eingeordnet. Ein Beispiel für qualitative Merkmale ist z. B. Fehlerart. Diese Merkmale unterscheiden sich durch ihre Art und Weise der Beschreibung und Klassifizierung. Qualitative Merkmale können weiter in Nominalskalen und Ordinalskalen unterteilt werden. Eine Nominalskala unterscheidet lediglich zwischen verschiedenen Kategorien ohne eine bestimmte Reihenfolge (z. B. Fehlerarten). Eine Ordinalskala hingegen ordnet die Kategorien in einer bestimmten Reihenfolge (z. B. Schulnoten).

Quantitative Merkmale

Quantitative Merkmale sind Merkmale, die in Zahlen gemessen werden können. Sie ermöglichen eine genaue Messung und Analyse und können entweder diskret oder kontinuierlich sein. Beispiele für quantitative Merkmale sind die Körpergröße (gemessen in Zentimetern oder Metern) oder das Körpergewicht (gemessen in Kilogramm) (Benesch 2013).

Quantitative Merkmale werden in verschiedene Skalen unterteilt, wie die Intervallskala, die Verhältnisskala. Eine Intervallskala misst Abstände zwischen Werten, jedoch ohne einen absoluten Nullpunkt, wie die Temperatur in Celsius. Die Verhältnisskala misst Verhältnisse zwischen Werten und hat einen absoluten Nullpunkt, wie bei Körpergröße und Gewicht.

Skalentypen

Skalentypen sind verschiedene Messniveaus, auf denen Merkmale erfasst werden können. Sie bestimmen, welche mathematischen Operationen und statistischen Analysen auf die Daten angewendet werden können. Die vier Haupttypen von Skalen sind die Nominalskala, die Ordinalskala, die Intervallskala und die Verhältnisskala.

Die Nominalskala klassifiziert Daten in Kategorien ohne Reihenfolge, wie Geschlecht oder Beruf. Die Ordinalskala ordnet Daten in eine Reihenfolge, jedoch ohne gleiche Abstände zwischen den Ausprägungen, wie z. B. Zufriedenheitsbewertungen. Die Intervallskala hat gleiche Abstände zwischen den Werten, jedoch keinen absoluten Nullpunkt, wie z. B. die Temperatur in Grad Celsius. Die Verhältnisskala besitzt einen absoluten Nullpunkt, wie z. B. Gewicht oder Alter.

Klassenbildung

Klassenbildung ist ein zentrales Verfahren in der Statistik, bei dem Daten in übersichtliche Gruppen oder Klassen unterteilt werden. Grundlage hierfür ist häufig die Verteilung der Merkmalsausprägungen und die Definition von sinnvollen Klassengrenzen, die in der Regel durch Intervalle angegeben werden.

Es ist wichtig, dass die gebildeten Klassen disjunkt und vollständig sind. Das bedeutet, dass sich die Klassen nicht überlappen und alle möglichen Werte abgedeckt werden. So wird sichergestellt, dass jeder Datenpunkt nur in eine Klasse fällt und keine Werte unberücksichtigt bleiben. Das Ergebnis der Klassenbildung wird häufig in Tabellenform dargestellt, die die Häufigkeiten der jeweiligen Klassen angeben. Diese Methode erleichtert die Datenanalyse und hilft, Muster und Trends in den Daten zu erkennen (Benesch 2013).

1.2.2 Maßzahlen

Maßzahlen dienen dazu, die Vielfalt von Daten zu reduzieren, wichtige Eigenschaften der Daten zu beschreiben und den Vergleich zwischen Datensätzen zu ermöglichen. Die Auswahl der passenden Maßzahl hängt von der Art der Daten, der gewünschten Aussage und der logischen Angemessenheit ab. Maßzahlen sind wichtige Werkzeuge in der Statistik zur Beschreibung und Interpretation von Datensätzen.

1.2.2.1 Lagemaße

Der Mittelwert ist eine zentrale Maßzahl in der Statistik, die oft als Indikator für die zentrale Tendenz der Daten verwendet wird. Es gibt mehrere Arten von Mittelwerten, die jeweils unterschiedliche Aspekte der Daten hervorheben und in verschiedenen Kontexten nützlich sind.

Modus

Der Modus, auch als Modalwert bezeichnet, ist der Wert, der in einem Datensatz am häufigsten vorkommt. Diese Maßzahl wird häufig verwendet, um die häufigste Kategorie oder den häufigsten Wert innerhalb einer Datenmenge zu identifizieren. Der Modus ist besonders nützlich für kategoriale Daten, bei denen andere Maße wie der Mittelwert oder Median weniger sinnvoll sind. Wenn in einem Datensatz mehrere Werte gleich häufig auftreten, kann es auch mehrere Modi geben, was auf eine bimodale oder multimodale Verteilung hinweist.

Median

Der Median ist eine Maßzahl, die die zentrale Tendenz eines Datensatzes beschreibt, indem sie den mittleren Wert identifiziert. Er teilt einen geordneten Datensatz in zwei Hälften, sodass 50 % der Werte unterhalb und 50 % der Werte oberhalb des Medians liegen.

Der Median (der Wert in der „Mitte") ist unempfindlich gegenüber Ausreißern, was bedeutet, dass er eine robuste Maßzahl ist. Diese Robustheit macht ihn ideal für Datensätze, die ungewöhnlich hohe oder niedrige Werte enthalten. Bei einer ungeraden Anzahl von Datenpunkten ist der Median der mittlere Wert des geordneten Datensatzes. Bei einer geraden Anzahl von Datenpunkten wird der Median als Durchschnitt der beiden mittleren Werte berechnet. Jedoch ist der Median für mehrgipfelige Histogramme ungeeignet, da er nur den zentralen Wert und nicht die Verteilung der Daten auf beiden Seiten des Medians darstellt (Benesch 2013).

Arithmetisches Mittel

Das arithmetische Mittel, auch bekannt als Durchschnitt, ist eine zentrale Maßzahl zur Beschreibung der zentralen Tendenz eines metrisch skalierten Merkmals. Es wird berechnet, indem die Summe aller Beobachtungswerte durch die Anzahl der Werte geteilt wird. Mathematisch ausgedrückt ist das arithmetische Mittel $\overline{x}$ gegeben durch:

$$\overline{x} = \frac{1}{n} \cdot \sum_{i=1}^{n} x_i$$

$\overline{x}$ = arithmetisches Mittel
$x_1, x_2, \ldots, x_n$ = Beobachtungswerte
n = Anzahl der Beobachtungen

Das Konzept des arithmetischen Mittels basiert auf der Idee, dass diese Zahl als repräsentativer Wert für alle aufgetretenen Daten dient. Sie entsteht durch die gleichmäßige Aufteilung der Summe aller Daten (Merkmalsumme) auf die Beobachtungseinheiten.

Das arithmetische Mittel ist jedoch empfindlich gegenüber extremen Werten (Ausreißer), was bedeutet, dass es durch sehr hohe oder sehr niedrige Werte stark beeinflusst werden kann. Daher ist es für mehrgipfelige und sehr schiefe Histogramme nicht geeignet. In solchen Fällen kann das arithmetische Mittel ein verzerrtes Bild der zentralen Tendenz geben (Benesch 2013).

Geometrisches Mittel

Das geometrische Mittel ist eine Maßzahl, die insbesondere bei Daten mit multiplikativen Effekten verwendet wird, wie zum Beispiel bei Wachstumsraten oder prozentualen Veränderungen. Es gibt den zentralen Tendenzwert einer Datenreihe an, indem es das Produkt der Werte betrachtet und die n-te Wurzel dieses Produkts berechnet. Mathematisch ausgedrückt ist das geometrische Mittel $\overline{x}_g$ gegeben durch:

$$\overline{x}_g = \left(\prod_{i=1}^{n} x_i \right)^{\frac{1}{n}}$$

$\overline{x}_g$ = geometrisches Mittel
$x_1, x_2, \ldots, x_n$ = Beobachtungswerte
n = Anzahl der Beobachtungen

Das geometrische Mittel wird häufig verwendet, um Wachstumsraten, Prozentsätze und Verhältnisse zu berechnen, insbesondere in Fällen, in denen das arithmetische Mittel nicht geeignet ist. Eine wichtige Eigenschaft des geometrischen Mittels ist seine Fähigkeit, die zentrale Tendenz von Verhältniszahlen zu beschreiben.

Quantile

Quantile sind statistische Kennzahlen, die einen Datensatz in gleich große Anteile unterteilen. Ein Quantil gibt den Wert an, unterhalb dessen ein bestimmter Prozentsatz der Daten liegt. Zum Beispiel teilt das 0,5-Quantil, auch als Median bekannt, die Daten in zwei gleich große Hälften, wobei 50 % der Datenwerte unterhalb und 50 % oberhalb dieses Wertes liegen.

Es gibt verschiedene Arten von Quantilen, je nachdem, wie der Datensatz unterteilt wird. Die häufigsten sind die Quartile, die den Datensatz in vier gleiche Teile teilen: das erste Quartil (0,25-Quantil), das zweite Quartil (0,5-Quantil oder Median) und das dritte Quartil (0,75-Quantil). Weitere wichtige Quantile sind das 0,1-Quantil (unteres Dezil) und das 0,9-Quantil (oberes Dezil), die jeweils die unteren und oberen 10 % der Daten markieren.

Quantile sind nützlich, um die Verteilung von Daten zu beschreiben, insbesondere um die Streuung und die Tendenzen innerhalb des Datensatzes zu analysieren. Sie bieten eine robuste Möglichkeit, den zentralen Trend und die Verteilungseigenschaften eines Datensatzes darzustellen, selbst in Anwesenheit von Ausreißern oder einer asymmetrischen Verteilung.

1.2.2.2 Streuungsmaß

Streuungsmaße, auch Dispersionsmaße genannt, charakterisieren die Variabilität von Beobachtungswerten. Sie nehmen den Wert 0 an, wenn alle Werte identisch sind, und steigen mit zunehmender Abweichung der Werte voneinander. Zu den absoluten Streuungsmaßen zählen die Spannweite, die als Differenz zwischen dem größten und kleinsten Wert definiert ist, und der Interquartilsabstand. Relative Streuungsmaße wie der Variationskoeffizient setzen die Streuung ins Verhältnis zu einem Lagemaß und sind dimensionslos, wodurch sie zum Vergleich von Datenreihen mit unterschiedlichen Einheiten oder Größenordnungen geeignet sind (Benesch 2013).

Spannweite

Die Spannweite ist ein grundlegendes Maß der Streuung in der Statistik. Sie gibt die Differenz zwischen dem größten und dem kleinsten Wert einer Datenreihe an und wird wie folgt berechnet: $R = x_{max} - x_{min}$.

Dieses Maß bietet eine einfache und schnelle Bewertung der Bandbreite der Verteilung eines Datensatzes. Zwar liefert die Spannweite hilfreiche erste Informationen über die Verteilung der Daten, doch hat sie aufgrund ihrer Sensibilität gegenüber Ausreißern auch ihre Grenzen. Ein einziger Ausreißer kann den Bereich deutlich vergrößern und damit den Wert dieser Methode einschränken.

Interquartilsabstand (IQR)

Der Interquartilsabstand (IQR) ist ein statistisches Streuungsmaß, das die Spannweite der mittleren 50 % der Daten in einem Datensatz beschreibt. Er wird berechnet, indem das erste Quartil (Q1), das den unteren 25 %-Punkt der Daten markiert, vom dritten Quartil (Q3), das den oberen 75 %-Punkt markiert, subtrahiert wird: $IQR = Q3 - Q1$

Der IQR ist besonders nützlich, da er weniger empfindlich gegenüber Ausreißern ist als die Spannweite, indem er sich nur auf den mittleren Bereich der Verteilung konzentriert. Diese Eigenschaft macht den IQR zu einem robusten Maß für die Streuung, insbesondere in asymmetrischen Verteilungen oder in Datensätzen mit extremen Werten. Der Interquartilsabstand ist häufig ein zentraler Bestandteil in Boxplot-Diagrammen, wo er verwendet wird, um die Verteilung der Daten visuell darzustellen und potenzielle Ausreißer zu identifizieren.

Varianz und Standardabweichung

Die Varianz und die Standardabweichung sind zentrale Maßzahlen der Streuung in der Statistik, die die Variabilität einer Datenreihe beschreiben.

Die Varianz misst die Streuung der Datenpunkte um das arithmetische Mittel und ist in der Einheit des Merkmals quadriert. Sie wird berechnet als:

$$s^2 = \frac{1}{n}\sum_{i=1}^{n}\left(x_i - \overline{x}\right)^2$$

s^2 = Varianz
$\overline{x}$ = Stichprobenmittelwert
x_i = Merkmalswert
n = Anzahl der Beobachtungen

Die Standardabweichung ist die Quadratwurzel der Varianz und wird berechnet als:

$$s = \sqrt{\frac{1}{n}\sum_{i=1}^{n}\left(x_i - \overline{x}\right)^2}$$

Die Standardabweichung zeigt den Grad der Streuung der Datenwerte um den Stichprobenmittelwert in denselben Einheiten wie die Originaldaten an. Sie bietet ein anschaulicheres Maß für die Streuung als die Varianz.

1.2.3 Grafische Darstellung von Daten

Die grafische Darstellung von Daten ist ein wesentlicher Bestandteil der Datenanalyse und -kommunikation. Sie ermöglicht es, komplexe Informationen auf eine intuitive und leicht verständliche Weise zu präsentieren. Durch die Visualisierung von Daten können Muster, Trends und Zusammenhänge, die in reinen Zahlenmengen schwer erkennbar wären, auf einen Blick erfasst werden.

1.2.3.1 Häufigkeitsverteilungen

Eine Häufigkeitsverteilung ist eine Methode zur Darstellung, wie oft bestimmte Merkmalswerte in einem Datensatz auftreten. Diese Verteilung kann in Form einer Tabelle oder Grafik dargestellt werden, seltener auch als mathematische Funktion. Um eine Häufigkeitsverteilung zu erstellen, wird für jeden Merkmalswert die Anzahl seiner Vorkommen gezählt. Diese Anzahl wird als absolute Häufigkeit bezeichnet.

Der Begriff „Häufigkeit" bezieht sich auf die Anzahl der Ereignisse oder beobachteten Werte innerhalb einer bestimmten Klasse. Um Vergleiche zwischen verschiedenen Datensätzen oder Stichproben zu ermöglichen, insbesondere wenn diese unterschiedliche Stichprobenumfänge haben, ist es oft sinnvoll, relative Häufigkeiten anzugeben. Relative Häufigkeiten beziehen sich auf den Anteil der absoluten Häufigkeit im Verhältnis zur Gesamtzahl der Beobachtungen in der Stichprobe.

1.2.3.2 Diagrammtypen

Die Datenvisualisierung hilft dabei, Informationen schnell und effektiv zu vermitteln. Sie unterstützt Entscheidungsträger dabei, fundierte Entscheidungen zu treffen, indem sie Daten in einer klaren und prägnanten Form darstellt. Gut gestaltete Grafiken können komplexe Daten vereinfachen und einem breiten Publikum zugänglich machen, auch wenn diese nicht über tiefer gehende statistische Kenntnisse verfügen. Folgende Diagrammtypen sind wichtige Werkzeuge der Qualitätswissenschaft.

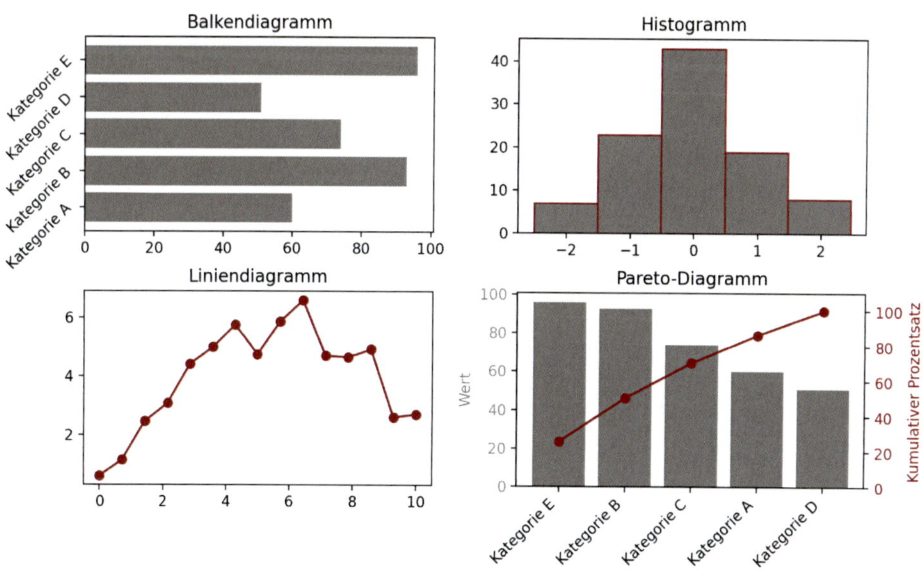

Bild 1.14 Ausgewählte Diagrammtypen

Histogramme

Ein Histogramm ist eine modifizierte Form eines Balkendiagramms, die verwendet wird, um die Verteilung von stetigen Merkmalen darzustellen. Bei stetigen Daten ist es oft nicht sinnvoll, ein Balkendiagramm für jeden einzelnen Merkmalswert zu erstellen, da diese meist einzigartig sind und die absolute Häufigkeit oft eins ist. Stattdessen werden die Daten in Klassen unterteilt und die Häufigkeit innerhalb jeder Klasse wird visualisiert. Die Höhe der Balken im Histogramm repräsentiert die absolute oder relative Häufigkeit der Daten in den jeweiligen Klassen, wobei die Flächeninhalte der Balken proportional zu den Klassenhäufigkeiten sind. Histogramme sind besonders nützlich, um die Verteilung, Schwerpunkte und Streuung der Daten zu erkennen und relevante Muster in Datensätzen zu identifizieren. Ein eindimensionales Streudiagramm unterhalb des Histogramms kann zusätzlich die Lage der einzelnen Merkmalswerte innerhalb der Klassen anzeigen. Bild 1.14 zeigt oben rechts beispielhaft ein Histogramm.

Balkendiagramme

Das Balkendiagramm ähnelt dem Säulendiagramm, unterscheidet sich jedoch dadurch, dass die Balken horizontal statt vertikal ausgerichtet sind. Balkendiagramme bieten eine klare und übersichtliche Darstellung, die es dem Betrachter ermöglicht, Unterschiede zwischen den Daten schnell zu erkennen. Sie eignen sich besonders gut für die Darstellung von Umfragedaten, Budgetvergleichen oder anderen Datensätzen, bei denen die Kategorien in keiner speziellen Reihenfolge stehen. Durch die horizontale Ausrichtung der Balken können lange Kategoriennamen besser dargestellt werden, ohne den Lesefluss zu stören. Insgesamt sind Balkendiagramme ein wertvolles Werkzeug in der Datenvisualisierung und finden breite Anwendung in vielen Bereichen der Datenpräsentation und -analyse. Bild 1.14 zeigt oben links beispielhaft ein Balkendiagramm.

Liniendiagramme

Ein Liniendiagramm, auch als Kurvendiagramm bekannt, ist ein häufig verwendetes grafisches Werkzeug in der Datenvisualisierung, das den Verlauf von Datenpunkten im Zeitverlauf oder über eine kontinuierliche Variable hinweg darstellt. Es besteht aus einer Reihe von Punkten, die durch Linien miteinander verbunden sind, wobei die x-Achse typischerweise die Zeit oder eine andere unabhängige Variable darstellt und die y-Achse die abhängige Variable.

Liniendiagramme sind besonders nützlich, um Trends, Muster und Veränderungen in den Daten zu erkennen. Sie ermöglichen eine einfache Visualisierung, wie sich die Daten im Laufe der Zeit entwickeln, und helfen dabei, saisonale Schwankungen, Wachstumsraten oder andere wichtige Tendenzen zu identifizieren. Bild 1.14 zeigt unten links beispielhaft ein Liniendiagramm.

Pareto-Diagramme

Ein Pareto-Diagramm ist ein spezielles Balkendiagramm, das die Häufigkeit oder Bedeutung verschiedener Ursachen eines Problems visualisiert. Es basiert auf dem Pareto-Prinzip, auch bekannt als 80/20-Regel, die besagt, dass 80 % der Auswirkungen durch 20 % der Ursachen hervorgerufen werden. Im Pareto-Diagramm werden die Ursachen in absteigender Reihenfolge ihrer Häufigkeit oder Bedeutung dargestellt, wobei die häufigste oder bedeutendste Ursache ganz links angeordnet ist.

Das Diagramm besteht aus Balken, die die einzelnen Ursachen repräsentieren, und einer Linie, die den kumulierten Anteil der Ursachen anzeigt. Diese Darstellung ermöglicht es, die wichtigsten Ursachen eines Problems schnell zu identifizieren und Prioritäten für Verbesserungsmaßnahmen zu setzen. Bild 1.14 zeigt unten rechts beispielhaft ein Pareto-Diagramm.

Boxplots

Ein Boxplot, auch Kastengrafik oder Box-and-Whisker-Plot genannt, ist ein statistisches Diagramm, das die Verteilung und Streuung von Daten sowie mögliche Ausreißer kompakt darstellt. Die mittleren 50 % der Daten liegen innerhalb der Box, die durch das untere und obere Quartil (Q1 und Q3) begrenzt ist. Der Median, der die Stichprobe in zwei gleich große Hälften teilt, wird durch einen Strich in der Box markiert (Q2). Die sogenannten Whisker erstrecken sich normalerweise bis zum kleinsten und größten Wert innerhalb einer festgelegten Reichweite (oft definiert als 1,5-mal der Interquartilsabstand), während Werte außerhalb dieser Reichweite als Ausreißer gesondert dargestellt werden. Boxplots sind besonders nützlich für den Vergleich verschiedener Gruppen und bieten eine übersichtliche Darstellung der wichtigsten Kennzahlen eines Datensatzes. Bild 1.15 zeigt beispielhaft einen Boxplot.

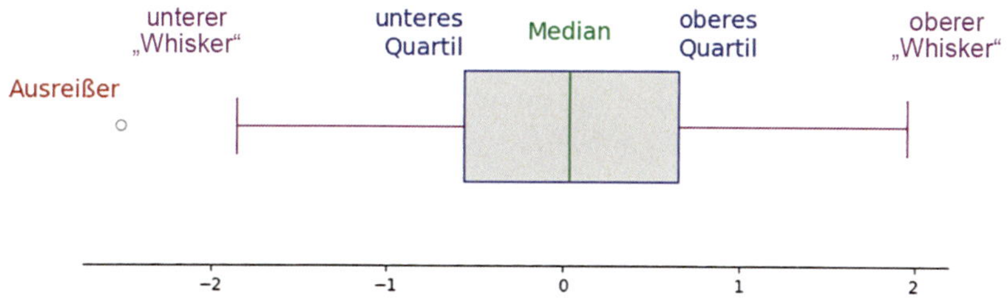

Bild 1.15 Boxplot

Streudiagramme

Ein Streudiagramm, auch als Scatterplot bekannt, ist ein grafisches Werkzeug zur Darstellung der Beziehung zwischen zwei Variablen. In einem Streudiagramm werden Datenpunkte auf einem zweidimensionalen Koordinatensystem abgebildet, wobei jeder Punkt ein Wertepaar darstellt. Dies ermöglicht es, Muster, Korrelationen und

Ausreißer in den Daten zu erkennen. Streudiagramme sind besonders nützlich in der explorativen Datenanalyse, da sie helfen, Zusammenhänge visuell zu erfassen und Hypothesen über die Beziehung zwischen Variablen zu generieren. Durch die Verwendung von Farben und Symbolen können zusätzliche Dimensionen hinzugefügt werden, um verschiedene Kategorien oder Gruppen innerhalb der Daten zu unterscheiden, was die Analyse weiter erleichtert und verfeinert. Bild 1.16 zeigt drei Streudiagramme. Links ist eine Punktwolke zu sehen und in der Mitte dieselben Wertepaare mit einer Regressionsgeraden. Rechts ist eine andere Verteilung zu sehen, für welche eine Einteilung in drei Cluster vorgenommen wurde.

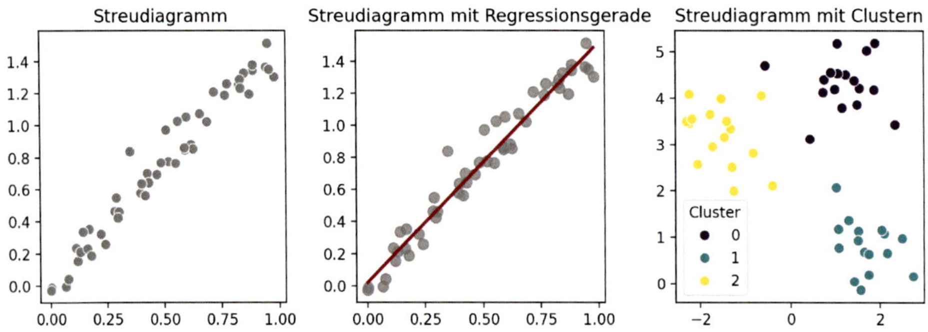

Bild 1.16 Streudiagramm

1.2.4 Wahrscheinlichkeit und Zufallsvariablen

Das Ziel der deskriptiven Statistik ist es, die in den Stichproben enthaltenen Informationen möglichst übersichtlich darzustellen. Dies erfolgt durch tabellarische Darstellung, grafische Aufbereitung und Kennzahlen. Besonders wichtig ist dabei die Häufigkeitsverteilung der Stichprobe, die angibt, wie oft jeder Merkmalswert auftritt. Solche auf Stichproben basierenden Häufigkeitsverteilungen werden als empirische Verteilungen bezeichnet. Es gibt jedoch auch theoretische Verteilungen, die ebenfalls angeben, wie häufig jeder Merkmalswert auftritt, jedoch als mathematisches Modell einer Grundgesamtheit interpretiert werden. Diese theoretischen Verteilungen sind im Wesentlichen durch eine geringe Anzahl von Parametern, wie etwa den Erwartungswert und die Varianz, definiert.

1.2.4.1 Wahrscheinlichkeitstheorie

Die Wahrscheinlichkeitstheorie ist ein Teilgebiet der Mathematik, das sich mit der Analyse von zufälligen Ereignissen befasst. Sie bietet die theoretische Grundlage für das Verständnis und die Modellierung von Unsicherheit und Zufall in verschiedensten Bereichen wie der Statistik, der Physik, der Wirtschaft und vielen anderen. In der

Wahrscheinlichkeitstheorie werden Zufallsexperimente untersucht, deren Ergebnisse nicht deterministisch, sondern unsicher sind.

Ein zentrales Konzept ist die Wahrscheinlichkeit, die einem möglichen Ergebnis eines Zufallsexperiments eine Zahl zwischen 0 und 1 zuordnet. Diese Zahl gibt an, wie wahrscheinlich es ist, dass dieses Ergebnis eintritt, wobei 0 für Unmöglichkeit und 1 für Sicherheit stehen. Wahrscheinlichkeiten werden häufig mit Zufallsvariablen verknüpft, die zufällige Ereignisse durch numerische Werte beschreiben.

Wichtige Sätze und Konzepte der Wahrscheinlichkeitstheorie umfassen das Gesetz der großen Zahlen, das beschreibt, wie sich relative Häufigkeiten von Ereignissen bei wiederholten Zufallsexperimenten dem wahren Wahrscheinlichkeitswert annähern, und den Zentralen Grenzwertsatz, der zeigt, dass die Summe einer großen Anzahl unabhängiger, identisch verteilter Zufallsvariablen eine Normalverteilung annimmt, unabhängig von der ursprünglichen Verteilung der Variablen. Die Wahrscheinlichkeitstheorie bildet die Grundlage für viele statistische Methoden und ist unerlässlich für das Verständnis von Risiko und Unsicherheit in der realen Welt.

1.2.4.2 Kombinatorik

Die Kombinatorik beschreibt die Methode zur Berechnung und Analyse von Permutationen und Kombinationen von Elementen einer endlichen Menge. In der Kombinatorik sind Permutation und Kombination zwei zentrale Konzepte. Permutationen beziehen sich auf die Neuanordnung aller Elemente einer Menge. Beispielsweise beträgt die Anzahl der unterschiedlichen Anordnungen der Elemente einer Menge von n Elementen n Fakultät ($n!$). Wenn einige Elemente der Menge identisch sind, muss die Berechnung der Permutationen angepasst werden, um doppelte Zählungen zu vermeiden. Kombinationen beziehen sich auf die Auswahl von Teilmengen aus einer gegebenen Menge, ohne die Reihenfolge der Elemente zu berücksichtigen. Zum Beispiel kann die Anzahl der Kombinationen, bei denen k Elemente aus n Elementen ausgewählt werden, durch den Binomialkoeffizienten $\binom{n}{k}$ dargestellt werden, dessen Berechnungsformel $\binom{n}{k} = \frac{n!}{k!(n-k)!}$ lautet. Diese Kombinationen können weiter in solche mit und ohne Wiederholung unterteilt werden (Holland & Holland 2021).

1.2.4.3 Zufallsgrößen und Zufallsvariablen

Wenn bei zufällig ausgewählten Einheiten der Wert des Merkmals X ermittelt wird, kann X als Zufallsvariable interpretiert werden. Diese Zufallsvariable ordnet den aus einer Grundgesamtheit zufällig ausgewählten Einheiten Merkmalswerte zu, welche Elemente der reellen Zahlen sind. Der Zweck besteht darin, die zufälligen Ergebnisse in eine mathematisch handhabbare Form zu überführen. Formal ausgedrückt ist $x = X(\omega)$, wobei X die Zufallsvariable, x der Merkmalswert und ω die Einheit ist.

Diese Zufallsvariable wird durch eine Wahrscheinlichkeits- und Verteilungsfunktion beschrieben. Die Wahrscheinlichkeitsfunktion gibt die Wahrscheinlichkeit des Auftretens eines bestimmten Merkmalswerts an, während die Verteilungsfunktion die Wahrscheinlichkeit für das Auftreten dieses Merkmalswerts oder kleinerer Werte angibt.

Zufallsvariablen können entweder diskret oder stetig sein. Eine diskrete Zufallsvariable kann endlich oder abzählbar unendlich viele Werte annehmen, wie zum Beispiel die Anzahl der geworfenen Zahlen bei einem Münzwurf. Eine stetige Zufallsvariable hingegen kann jeden Wert innerhalb eines bestimmten Intervalls annehmen.

Bei einer Zufallsgröße $(X, Y, \ldots)$ ist der Wertebereich bekannt, aber unbekannt ist, welche Werte sie im Einzelfall zufällig annehmen wird: $X\colon \Omega \rightarrow X(\omega)$. Ein Beispiel für eine Zufallsgröße ist ein einfacher Münzwurf, bei dem die Zufallsgröße die Seite der Münze ist und die Ergebnismenge $\Omega = \{Kopf, Zahl\}$ umfasst. Ein weiteres Beispiel ist das Werfen eines idealen Würfels, wobei die Zufallsgröße die Würfelseite ist und die Ergebnismenge $\Omega = \{1, 2, 3, 4, 5, 6\}$ umfasst.

Zufallsgrößen, deren Wertebereich die reellen Zahlen sind, heißen Zufallsvariablen (ZV). Sie ordnen jedem möglichen Ereignis eine reelle Zahl zu: $X\colon \Omega \rightarrow \mathbb{R}$. Eine ZV heißt diskret, wenn sie endlich oder abzählbar-unendlich viele verschiedene Werte annehmen kann. Ein Beispiel für eine diskrete Zufallsvariable ist ein zweifacher Münzwurf, bei dem die Ergebnismenge $\Omega = \{(Kopf, Kopf), (Kopf, Zahl), (Zahl, Kopf), (Zahl, Zahl)\}$ umfasst und die Zufallsvariable die Anzahl der geworfenen Zahlen ist, mit einem Wertebereich von $\{0, 1, 2\}$. Eine ZV heißt stetig, wenn sie jeden Wert innerhalb eines bestimmten Intervalls annehmen kann.

Diskrete Zufallsvariable

Eine diskrete Zufallsvariable X liegt vor, wenn X lediglich endlich viele oder abzählbar unendlich viele Werte $x_1, x_2, x_3, \ldots$ annehmen kann. Dies bedeutet, dass die möglichen Werte der Zufallsvariablen aus einer abzählbaren Menge stammen. Ein klassisches Beispiel für eine diskrete Zufallsvariable ist die Anzahl der Erfolge in einer Serie von unabhängigen Bernoulli-Experimenten, was durch die Binomialverteilung beschrieben werden kann.

Ein Beispiel aus der Qualitätskontrolle ist die Anzahl defekter Teile in einer Produktionscharge (diskrete Zufallsvariable). Unter der Annahme, dass die Wahrscheinlichkeit für ein defektes Teil p beträgt und n Teile unabhängig voneinander untersucht werden, ist die Anzahl der defekten Teile X binomialverteilt mit den Parametern n und p. Mathematisch ausgedrückt ist dies $X \sim B(n, p)$.

Stetige Zufallsvariable

Eine stetige Zufallsvariable liegt vor, wenn sie überabzählbar viele Werte innerhalb eines Intervalls annehmen kann. Im Gegensatz zu diskreten Zufallsvariablen ist die Wahrscheinlichkeit, dass eine stetige Zufallsvariable genau einen bestimmten Wert annimmt, gleich null. Stattdessen werden Wahrscheinlichkeiten für Intervalle berechnet, in denen die Zufallsvariable Werte annimmt. Die Wahrscheinlichkeitsfunktion für stetige Zufallsvariablen wird als Dichtefunktion (PDF) bezeichnet, die den Dichtewert an einer bestimmten Stelle angibt, aber keine direkte Wahrscheinlichkeit darstellt.

Stetige Zufallsvariablen treten häufig bei Messungen auf, die über ein Kontinuum verteilt sind, wie zum Beispiel die Eindringtiefe bei der Härteprüfung von Stahl, die Geschwindigkeit eines Autos oder die Sauerstoffsättigung im Blut. Die Wahrscheinlichkeitsdichtefunktion beschreibt, wie Wahrscheinlichkeiten über die möglichen Werte verteilt sind. Die Fläche unter der Dichtefunktion in einem Intervall entspricht der Wahrscheinlichkeit, dass die Zufallsvariable einen Wert innerhalb dieses Intervalls annimmt. Ein klassisches Beispiel für eine stetige Zufallsvariable ist die Normalverteilung, die häufig in der Statistik und im Ingenieurwesen verwendet wird.

1.2.4.4 Erwartungswert und Varianz

Zufallsvariablen können durch ihre Wahrscheinlichkeitsdichte- und Verteilungsfunktion sowie durch den Erwartungswert und die Varianz beschrieben werden. Der Erwartungswert gibt die Lage der Verteilung an, während die Varianz die Streuung der Verteilung misst.

Der Erwartungswert einer Zufallsvariable X, bezeichnet als $E(X)$ oder μ, ist der durchschnittliche Wert, der sich bei wiederholtem Durchführen des Experiments ergibt. Die Varianz des arithmetischen Mittels ist um den Faktor n geringer, vorausgesetzt, die Zufallsvariablen sind unabhängig und identisch verteilt. Das bedeutet, dass der Mittelwert tendenziell näher am Erwartungswert liegt als eine einzelne Beobachtung, was darauf hinweist, dass die Streuung von Mittelwerten geringer ist als die Streuung einzelner Werte.

Messfehler folgen oft einer Normalverteilung, die durch die Parameter μ (Erwartungswert) und σ (Standardabweichung) eindeutig bestimmt wird. Mit zunehmender Stichprobengröße n lässt sich der wahre Wert immer genauer eingrenzen, sodass er sich mit hoher Wahrscheinlichkeit (z. B. 95 %) in einem bestimmten Bereich befindet. Durch das Messen verschiedener Einheiten einer Grundgesamtheit können Aussagen über den Erwartungswert und die Varianz der zugrunde liegenden Verteilung getroffen werden.

Zufallsstreubereiche

In der Wahrscheinlichkeitsrechnung stellt sich die Frage, in welchem Wertebereich (Zufallsstreubereich) die Werte einer Grundgesamtheit liegen, wenn die Parameter μ (Mittelwert) und σ (Standardabweichung) bekannt sind. Die Grenzwerte dieses Wertebereichs werden durch die entsprechenden Quantile bestimmt und hängen von der gewählten Irrtumswahrscheinlichkeit α ab. Ein Quantil ist ein Wert, unter dem ein bestimmter Prozentsatz der Daten liegt, während die Irrtumswahrscheinlichkeit α das Risiko darstellt, dass der wahre Wert außerhalb des geschätzten Bereichs liegt.

Es gibt drei Szenarien, die unterschiedliche Fragestellungen und Berechnungen umfassen:

1. Mit welcher Wahrscheinlichkeit überschreitet die Zufallsvariable einen bestimmten Wert nicht?

   Hierbei wird nach einem oberen Grenzwert x_{ob} gesucht, unterhalb dessen ein bestimmter Prozentsatz der Verteilung liegt. Mathematisch ausgedrückt wird der Wert x_{ob} gesucht, für den gilt $P(X \leq x_{ob}) = 1 - \alpha$. Dieses Szenario wird häufig in der Qualitätskontrolle verwendet, um sicherzustellen, dass ein bestimmtes Merkmal eines Produkts, wie die z.B. Schadstoffemission eines Motors, unter einem zulässigen Grenzwert bleibt.

2. Mit welcher Wahrscheinlichkeit unterschreitet die Zufallsvariable einen bestimmten Wert nicht?

   In diesem Fall wird ein unterer Grenzwert x_{un} gesucht, oberhalb dessen ein bestimmter Prozentsatz der Verteilung liegt. Mathematisch wird der Wert x_{un} gesucht, für den gilt: $(X \geq x_{un}) = 1 - \alpha$. Dieses Szenario ist nützlich, wenn ein Hersteller garantieren möchte, dass die Lebensdauer eines Produkts, wie z.B. einer Glühlampe, eine bestimmte Mindestanzahl von Stunden nicht unterschreitet.

3. Mit welcher Wahrscheinlichkeit liegt die Zufallsvariable zwischen zwei Grenzen?

   Hier wird nach den Werten x_{un} und x_{ob} gesucht, zwischen denen die Zufallsvariable mit einer bestimmten Wahrscheinlichkeit liegt. Mathematisch wird nach den Werten gesucht, für die gilt: $P\ (x_{un} \leq X \leq x_{ob}) = 1 - \alpha$. Dieses Szenario ist nützlich, wenn man den Bereich bestimmen möchte, in dem der Großteil der Daten einer Verteilung liegt, wie z.B. die Dicke einer aufgetragenen Zinkschicht bei einem Galvanisierungsprozess.

Zusammenfassend lassen sich Zufallsstreubereiche, basierend auf den bekannten Parametern μ und σ sowie unter Berücksichtigung der gewünschten Wahrscheinlichkeit α, berechnen. Diese Bereiche sind ein wichtiges Werkzeug in der statistischen Analyse und Qualitätskontrolle, um sicherzustellen, dass Produkteigenschaften innerhalb akzeptabler Grenzen bleiben.

1.2.5 Wahrscheinlichkeitsverteilungen

Wahrscheinlichkeitsverteilungen sind ein grundlegendes Konzept in der Statistik und der Wahrscheinlichkeitstheorie. Sie beschreiben, wie die möglichen Werte einer Zufallsvariable verteilt sind, und geben an, mit welcher Wahrscheinlichkeit diese Werte auftreten. Eine Wahrscheinlichkeitsverteilung stellt somit die Verbindung zwischen der Theorie der Wahrscheinlichkeit und realen Daten oder Ereignissen her. Es gibt zwei Haupttypen von Wahrscheinlichkeitsverteilungen: diskrete und stetige Verteilungen.

1.2.5.1 Diskrete Verteilungen

Diskrete Verteilungen beschreiben die Wahrscheinlichkeitsverteilung einer diskreten Zufallsvariable, die eine abzählbare Anzahl möglicher Werte annehmen kann. Diese Werte können entweder endlich oder abzählbar unendlich sein. In der Praxis können viele Sachverhalte durch diskrete Verteilungen wie die Binomial- und Poisson-Verteilung gut beschrieben werden.

Binomialverteilung

Die Binomialverteilung ist eine wichtige diskrete Wahrscheinlichkeitsverteilung, die die Anzahl der Erfolge in einer festen Anzahl von unabhängigen Bernoulli-Experimenten beschreibt. Ein Bernoulli-Experiment ist ein Zufallsexperiment mit nur zwei möglichen Ergebnissen: Erfolg und Misserfolg. Die Binomialverteilung wird durch zwei Parameter charakterisiert: die Anzahl der Versuche (n) und die Erfolgswahrscheinlichkeit (p) pro Versuch.

Die Wahrscheinlichkeitsfunktion (PMF) der Binomialverteilung gibt die Wahrscheinlichkeit an, dass die Zufallsvariable (X) genau k Erfolge in n Versuchen aufweist und ist definiert als:

$$P(X = k) = \binom{n}{k} p^k (1 - p)^{n-k}$$

Dabei ist $\binom{n}{k} = \frac{n!}{k!(n-k)!}$ der Binomialkoeffizient.

Poisson-Verteilung

Die Poisson-Verteilung ist eine diskrete Wahrscheinlichkeitsverteilung, die die Anzahl der Ereignisse in einem festen Intervall (z. B. Zeit, Raum) modelliert, wobei die Ereignisse mit einer konstanten durchschnittlichen Rate auftreten und unabhängig voneinander sind. Diese Verteilung wird durch den Parameter λ charakterisiert, der die durchschnittliche Anzahl der Ereignisse pro Intervall darstellt.

Die Wahrscheinlichkeitsfunktion (PMF) der Poisson-Verteilung gibt die Wahrscheinlichkeit an, dass die Zufallsvariable X genau k Ereignisse in einem Intervall beobachtet, und ist definiert als:

$$P(X = k) = \frac{\lambda^k}{k!} e^{-\lambda}$$

Hierbei bezeichnet λ die Rate, mit der die Ereignisse eintreten. Die Poisson-Verteilung findet breite Anwendung in verschiedenen Bereichen, wie z. B. die Anzahl der Anrufe, die in einer Telefonzentrale pro Minute eingehen oder die Anzahl der Fahrzeuge, die pro Stunde eine bestimmte Brücke befahren (Kurt 2020).

1.2.5.2 Stetige Verteilungen

Eine stetige Verteilung ist eine Art von Wahrscheinlichkeitsverteilung, bei der die Zufallsvariable kontinuierliche Werte annehmen kann, d. h., sie kann jeden Wert innerhalb eines bestimmten Intervalls annehmen. Im Gegensatz zu diskreten Verteilungen, bei denen die möglichen Werte abzählbar sind, sind bei stetigen Verteilungen die möglichen Werte unendlich viele und nicht abzählbar.

Normalverteilung

Die Normalverteilung, auch Gauß-Verteilung genannt, ist eine fundamentale, stetige Wahrscheinlichkeitsverteilung in der Statistik. Sie beschreibt eine Zufallsvariable X, die durch die Parameter $\mu \in R$ und $\sigma^2 > 0$ charakterisiert ist. Die Wahrscheinlichkeitsdichtefunktion der Normalverteilung ist gegeben durch:

$$f(x) = \frac{1}{\sqrt{2\pi\sigma^2}} \cdot e^{\frac{-(x-\mu)^2}{2\sigma^2}}$$

Bei $\mu = 0$ und $\sigma^2 = 1$ wird von der Standardnormalverteilung gesprochen, deren Dichtefunktion durch folgende Formel gegeben ist:

$$f(x) = \frac{1}{\sqrt{2\pi}} \cdot e^{\frac{-x^2}{2}}$$

Eine normalverteilte Zufallsvariable X wird als $X \sim N(\mu, \sigma^2)$ notiert (Kurt 2020). Da das Integral der Normalverteilungsdichte analytisch nicht lösbar ist, sind die Werte der Standardnormalverteilung tabelliert.

Normalverteilung spielt eine zentrale Rolle in der Statistik, da viele natürliche und soziale Phänomen normalverteilt sind oder näherungsweise als normalverteilt angesehen werden können. Beispiele sind die Streuung von stetigen Merkmalen gefertigter Bauteile und Produkte und die Streuung von Messwerten mit zufallsbedingten Messabweichungen. Die Ursache hierfür kommt aus dem zentralen Grenzwertsatz.

Zentraler Grenzwertsatz

Der zentrale Grenzwertsatz ist ein grundlegender Satz in der Statistik, der besagt, dass unabhängig von der Verteilung der Grundgesamtheit die Summe oder der Mittelwert einer großen Anzahl unabhängiger und identisch verteilter Zufallsvariablen $X_1, X_2, \ldots, X_n$ annähernd normalverteilt ist, wenn die Stichprobengröße n ausreichend groß ist. Diese Annäherung ist in der Regel bereits bei einer Stichprobengröße von $n \geq 30$ relativ genau, hängt jedoch von der Verteilung der Originaldaten ab.

Gemäß dem zentralen Grenzwertsatz nähert sich die Summe $Y = X_1 + X_2 + \cdots + X_n$ unabhängiger und identisch verteilter Zufallsvariablen allmählich einer Normalverteilung an. Obwohl Y selbst anderen Verteilungen wie der Binomialverteilung folgen kann, nähert sich ihre Wahrscheinlichkeitsdichtefunktion mit zunehmender Stichprobengröße n einer Normalverteilung. Ebenso wird die Verteilung des Stichprobenmittelwerts, unabhängig von der ursprünglichen Verteilungsform der Grundgesamtheit, bei ausreichender Stichprobengröße n annähernd normalverteilt.

Die Voraussetzungen für die Anwendung des zentralen Grenzwertsatzes sind eine ausreichend große Stichprobengröße n und eine endliche Varianz der ursprünglichen Zufallsvariablen. Für die Binomialverteilung gilt, dass die Normalapproximation gut ist, wenn $n \cdot p \geq 5$ und $n \cdot (1 - p) \geq 5$. In der Praxis sind Zufallsvariablen oft das Ergebnis des Zusammenwirkens vieler unabhängiger Einflussfaktoren, sodass unter bestimmten Bedingungen die Grundgesamtheiten durch entsprechende Normalverteilungen beschrieben werden können. Dies verleiht der Normalverteilung in der Statistik eine besondere Bedeutung, da die Verteilung vieler Zufallsvariablen das Ergebnis des additiven Zusammenwirkens vieler unabhängiger Faktoren ist.

Zusammenfassend lässt sich sagen, dass der zentrale Grenzwertsatz in der statistischen Inferenz und Datenanalyse von großer Bedeutung ist. Er gewährleistet, dass viele statistische Größen bei großen Stichprobenumfängen annähernd normalverteilt sind, was den statistischen Analyseprozess vereinfacht. Unabhängig von der Verteilung der ursprünglichen Grundgesamtheit werden die Verteilungen des Stichprobenmittelwerts und der Summe der Zufallsvariablen annähernd normal verteilt, wenn die Stichprobengröße ausreichend groß ist. Durch diese Eigenschaft können Forscher die Eigenschaften der Normalverteilung in vielen praktischen Anwendungen nutzen, um verschiedene statistische Schlussfolgerungen und Hypothesentests durchzuführen, was die statistische Analyse erleichtert und effektiver macht.

Der zentrale Grenzwertsatz beschreibt das Phänomen, dass unter bestimmten Bedingungen die Summe einer großen Anzahl unabhängiger und identisch verteilter Zufallsvariablen gegen eine Normalverteilung konvergiert. Formal lautet der Satz:

Sei X_i eine Folge von unabhängigen, identisch verteilten Zufallsvariablen auf einem Wahrscheinlichkeitsraum (Ω, P), mit $E[X_1] = \mu, V(X_1) = \sigma^2 \in (0, \infty)$, dann gilt für alle $x \in R$:

$$\lim_{n \to \infty} P\left(\frac{1}{\sqrt{n}} \sum_{i=1}^{n} \frac{X_i - \mu}{\sigma} \leq x\right) = \Phi_{0,1}(x)$$

Dabei ist $\Phi_{0,1}$ die Verteilungsfunktion der Standardnormalverteilung (Kurt 2020).

Dieser Satz bildet die theoretische Grundlage für viele statistische Verfahren und erklärt, warum die Normalverteilung in der Praxis so häufig auftritt. Dies erleichtert die Anwendung statistischer Methoden und die Interpretation komplexer Daten erheblich.

Logarithmische Normalverteilung

Die logarithmische Normalverteilung ist eine statistische Verteilung, die auf Zufallsvariablen angewendet wird, die durch null begrenzt sind, aber sehr große Werte annehmen können. Sie ist asymmetrisch und positiv schief. Typische Anwendungen umfassen die Verteilung des Gewichts von Erwachsenen, die Konzentration von Mineralien, die Dauer von Krankheitstagen und die Vermögensverteilung. Diese Verteilung entsteht, wenn der natürliche Logarithmus der Zufallsvariable normalverteilt ist.

Die Hauptparameter sind der Median m und die Standardabweichung σ des logarithmierten Werts. Die Wahrscheinlichkeitsdichtefunktion wird durch folgende Formel beschrieben:

$$f(x; m, \sigma) = \frac{1}{x\sigma\sqrt{2\pi}} \exp\left(-\frac{\left(\ln\left(\frac{x}{m}\right)\right)^2}{2\sigma^2}\right)$$

Die Log-Normalverteilung ist nützlich für Daten mit starker Schiefe (Forbes et al. 2010a).

Exponentialverteilung

Die Exponentialverteilung ist eine wichtige stetige Wahrscheinlichkeitsverteilung, die häufig zur Modellierung der Zeit zwischen unabhängigen Ereignissen verwendet wird, die mit einer konstanten durchschnittlichen Rate auftreten. Charakterisiert durch den Parameter $\lambda > 0$, hat die Verteilung die Wahrscheinlichkeitsdichtefunktion:

$$f_\lambda(x) = \begin{cases} 0, x < 0 \\ \lambda \cdot e^{-\lambda x}, x \geq 0 \end{cases}$$

Ein herausragendes Merkmal der Exponentialverteilung ist ihre Gedächtnislosigkeit, was bedeutet, dass die Wahrscheinlichkeit eines zukünftigen Ereignisses unabhängig von der bereits verstrichenen Zeit ist.

Die Exponentialverteilung findet breite Anwendung in verschiedenen Bereichen. Beispiele sind die Zeit für den radioaktiven Zerfall und die Wartezeiten zwischen zwei Anrufen in einem Callcenter (Kurt 2020). Ihre einfache mathematische Form und nützlichen Eigenschaften machen sie zu einem wertvollen Werkzeug in vielen Bereichen der statistischen Analyse und der Modellierung stochastischer Prozesse.

Weibull-Verteilung

Die Weibull-Verteilung ist eine flexible statistische Verteilung, die oft zur Analyse von Lebensdauern und Zuverlässigkeit verwendet wird. Sie wird durch zwei Hauptparameter definiert: den Skalenparameter η (charakteristische Lebensdauer) und den

Formparameter β, der die Form der Verteilung bestimmt. Je nach Wert von β kann die Verteilung verschiedene Ausfallraten modellieren: $\beta < 1$ zeigt eine abnehmende Ausfallrate, $\beta = 1$ eine konstante Ausfallrate und $\beta > 1$ eine zunehmende Ausfallrate.

Die Verteilungsfunktion der Weibull-Verteilung lautet:

$$F(x) = 1 - e^{\left(-\left(\frac{x}{\eta}\right)^{\beta}\right)}$$

für $0 \leq x < \infty$

Die Dichtefunktion wird wie folgt beschrieben:

$$f(x) = \frac{\beta x^{\beta-1}}{\eta^{\beta}} e^{\left(-\left(\frac{x}{\eta}\right)^{\beta}\right)}$$

für $0 \leq x < \infty$

Die Weibull-Verteilung ist besonders nützlich in der Zuverlässigkeitstechnik und Lebensdaueranalyse, da sie hilft, Ausfallmuster zu analysieren, Wartungsstrategien zu planen und die Lebensdauer von Produkten zu schätzen. Eine Erweiterung der Weibull-Verteilung ist die dreiparametrische Weibull-Verteilung, die einen Lageparameter γ einführt, um die Mindestlebensdauer zu modellieren (Forbes et al. 2010b).

Literatur

Benesch, T. (2013): *Schlüsselkonzepte zur Statistik*. Spektrum Akademischer Verlag, *https://doi.org/10.1007/978-3-8274-2772-4*.

Forbes, C., Evans, M., Hastings, N. & Peacock, B. (2010a): „Lognormal Distribution", in: C. Forbes, M. Evans, N. Hastings & B. Peacock (Hrsg.): *Statistical Distributions*. Wiley, S. 131 – 134.

Forbes, C., Evans, M., Hastings, N. & Peacock, B. (2010b): „Weibull Distribustion", in: C. Forbes, M. Evans, N. Hastings & B. Peacock (Hrsg.): *Statistical Distributions*. Wiley, S. 193 – 201.

Holland, H. & Holland, D. (2021): „Kombinatorik", in: H. Holland & D. Holland (Hrsg.), *Mathematik im Betrieb*. Springer Fachmedien Wiesbaden, S. 305 – 321, *https://doi.org/10.1007/978-3-658-34783-3_11*.

Kurt, N. (2020): *Stochastik für Informatiker*. Springer Berlin Heidelberg, *https://doi.org/10.1007/978-3-662-60516-5*.

Rinne, H. & Mittag, H.-J. (1991): *Statistische Methoden der Qualitätssicherung*, 2., bearb. Aufl., München: Hanser.

2 Data Analytics

Lennart Frederik Müller-Stein

In diesem Kapitel erfahren Sie mehr über:

- Den Datenanalyseprozess
- Die Methoden der Datenanalyse – von deskriptiver zu präskriptiver Analyse
- Den Data-Mining-Prozess
- Statistische Verfahren der deskriptiven und explorativen Analyse
  - Korrelationsanalyse
  - Clusteranalyse
- Statistische Verfahren der inferenziellen Analyse
  - Schätzverfahren
  - Hypothesentest
  - Regressionsanalyse
  - Kausalanalyse
- Statistische Verfahren der multivariaten Analyse
  - Dependenzanalyse
  - Interdependenzanalyse

Data Analytics hat sich zu einem unverzichtbaren Werkzeug im Qualitätsmanagement entwickelt. Die Fähigkeit, große Mengen an Daten zu analysieren und daraus wertvolle Erkenntnisse zu gewinnen, ermöglicht es Unternehmen, ihre Prozesse, Produkte und Dienstleistungen kontinuierlich zu verbessern. Sie kann in verschiedenen Bereichen eingesetzt werden.

In der Prozessüberwachung und -steuerung können Produktionsprozesse in Echtzeit überwacht und gesteuert werden. Durch die kontinuierliche Erfassung und Analyse von Prozessdaten können Abweichungen frühzeitig erkannt und korrigiert werden. Dies führt zu einer stabileren Produktion und reduziert die Anzahl der fehlerhaften Produkte.

In der Fehler- und Ursachenanalyse können Qualitätsprobleme mithilfe der Datenanalyse systematisch untersucht werden. Sie ermöglicht es, tiefgehende Einblicke in Fehlerdaten zu erhalten und Zusammenhänge und Muster zu erkennen. Die gewonnenen Erkenntnisse tragen dazu bei, die zugrunde liegenden Ursachen von Problemen zu identifizieren und dauerhafte Lösungen zu implementieren.

In der prädiktiven Wartung kann der Wartungsbedarf durch die Analyse historischer Daten und die Anwendung von Modellen des maschinellen Lernens vorhergesagt werden. Prädiktive Wartung reduziert Ausfallzeiten und Wartungskosten, indem Wartungsmaßnahmen vorausschauend geplant werden, bevor es zu einem Ausfall kommt.

Durch die Analyse von Kundendaten und -feedback können Unternehmen besser verstehen, welche Anforderungen an ihre Produkte gestellt werden und welches Verbesserungspotenzial existiert. Mithilfe von Data Analytics können Trends und Muster identifiziert und gezielte Verbesserungsstrategien implementiert werden. Dies trägt zu einer erhöhten Kundenzufriedenheit und gestärkten Kundenbindung bei.

Das grundlegende Vorgehen wird in Bild 2.1 gezeigt. Merkmalswerte oder auch Qualitätsmerkmale (siehe Abschnitt 1.2.1) werden im Unternehmen gemessen. Wenn der Ist- dem Soll-Zustand entspricht, besteht kein Handlungsbedarf. Falls nicht, besteht ein Problem und die Daten müssen weiter analysiert werden. Erst wenn die Ursachen für die Abweichung gefunden und abgestellt werden, kann das Problem gelöst werden. Für die nachhaltige Problemlösung gibt es in der Qualitätswissenschaft verschiedene Problemlösungsprozesse wie den PDCA-Zyklus, Six Sigma und 8D-Reports. Alle haben gemein, dass sie eine strukturierte und aufeinander aufbauende Methodenanwendung beschreiben.

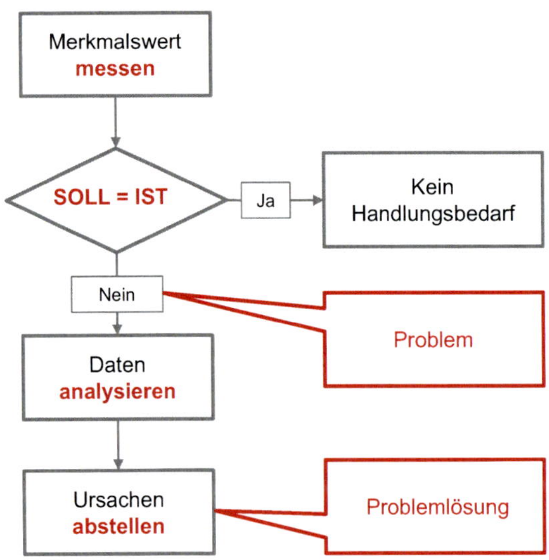

Bild 2.1 Datenanalyse zum Vergleich der Soll- und Ist-Beschaffenheit

Data Analytics stellt ein wichtiges Werkzeug dar, um Unternehmen in allen Bereichen objektive und quantifizierbare Daten zur fundierten Entscheidungsfindung bereitzustellen. Die Fähigkeit, große Datenmengen zu analysieren und daraus wertvolle Erkenntnisse zu gewinnen, ist eine Grundlage für einen kontinuierlichen Verbesserungsprozess, führt zu einer höheren Kundenzufriedenheit, reduziert Kosten und stärkt die Wettbewerbsfähigkeit. Daher stellt die Data Analytics ein essenzielles Werkzeug des modernen Qualitätsmanagements dar.

2.1 Datenanalyseprozess

Der Datenanalyseprozess ist ein systematischer Ansatz zur Extraktion aussagekräftiger Informationen aus Daten. Er läuft iterativ ab, da zu Beginn meist noch unbekannte Muster in den Datensätzen neue Fragestellungen aufwerfen können. Der Prozess ist manuell geprägt und erfordert gute Kenntnisse der Methoden und Techniken der Datenanalyse, wie der statistischen Analyse, der Visualisierung und der einfachen Modellierung. Ziel ist es, Daten zu untersuchen und zu interpretieren.

Der Prozess umfasst in der Regel mehrere Schritte, von denen jeder eine wichtige Rolle im Rahmen der Datenanalyse spielt. Der gesamte Prozess kann in Datenimport, Datenbereinigung, Datenverständnis und Kommunikation unterteilt werden. Das Datenverständnis ist ein iterativer Block, bestehend aus der Transformation, Visualisierung und Modellierung der Daten. Bild 2.2 zeigt das Data-Analytics-Modell für die statistische Qualitäts- und Zuverlässigkeitsanalyse. Das Modell beginnt und endet mit den Datenquellen, welche beispielhaft APIs, Datenbanken und CSV-Dateien sein können. Ausgehend davon werden die Bestandteile des Datenanalyseprozesses vom Datenimport über die Datenbereinigung und den Block Datenverständnis mit den iterativen Schritten Transformation, Visualisierung und Modellierung zur abschließenden Kommunikation der Erkenntnisse durch interaktive Elemente und Berichterstattung an Management sowie Ingenieurinnen und Ingenieure für Qualitätsanalyse gezeigt. Die Programmierung dient dabei als Werkzeug für den gesamten Prozess. Die dabei importierten und verarbeiteten Daten können in einem Data Lake gespeichert werden. Dieser dient als zentraler Ort zum Speichern, Verarbeiten und Sichern der Daten in ihrem nativen Format. Dabei können strukturierte und unstrukturierte Daten unabhängig von Größenbeschränkungen verarbeitet werden. Als Abschluss des Datenverständnisses und Übergangs von der digitalen Qualität in die physische Qualität wird der Schritt Planen gezeigt. Gefolgt von der Umsetzung mittels Aktuatoren und dem Prüfen mittels Sensoren werden die Erkenntnisse aus dem Datenanalyseprozess umgesetzt und nach der Überprüfung als neue Datenpunkte in den Datenquellen abgelegt. Im Folgenden wird der Datenanalyseprozess detailliert beschrieben.

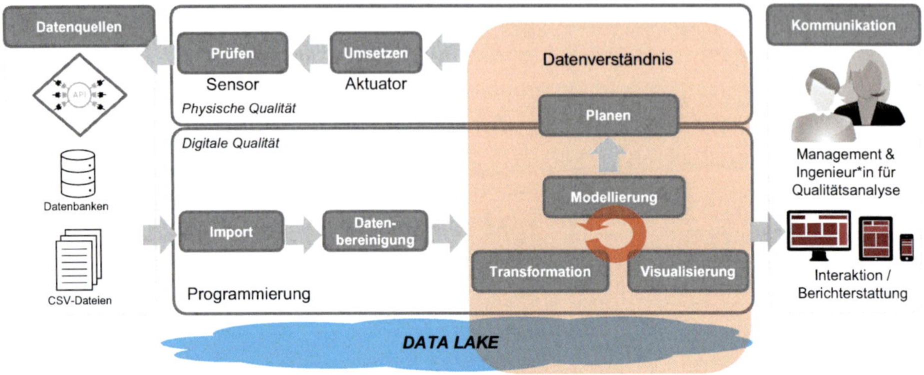

Bild 2.2 Data-Analytics-Modell für die statistische Qualitäts- und Zuverlässigkeitsanalyse. In Anlehnung an den Datenanalyseprozess von Wickham et al. (2023)

2.1.1 Datenimport

Die Datenerfassung und der Datenimport sind der erste Schritt der Datenanalyse. Eine effektive Datenerfassung und Datenimport bilden die Grundlage für die nachfolgende Analyse und sichern die Vollständigkeit und Genauigkeit der Daten.

Datenerfassung

Die Datenerfassung ist der Prozess der Sammlung von Rohdaten aus einer Vielzahl möglicher Quellen. Die Qualität der Datenerfassung hat direkte Auswirkungen auf die Effektivität der Datenanalyse.

Um zu bestimmen, welche Daten gesammelt werden müssen, sollten zunächst die Ziele und Anforderungen der geplanten Datenanalyse festgelegt werden. Klare Kriterien und ein Verständnis für die benötigten Daten ermöglichen nachfolgende Analysen und erhöhen die Nutzbarkeit und Relevanz der erhobenen Daten. Im nächsten Schritt ist eine Auswahl geeigneter Datenquellen auf Grundlage der Anforderungen zu treffen. Die eigentliche Erfassung der Daten kann auf verschiedene Weise erfolgen. Dabei können automatisierte Tools wie Webcrawler oder Programmierschnittstellen (APIs) zum Einsatz kommen, es können Daten aber auch manuell erfasst werden (Gehrau et al. 2022).

Datenimport

Der Datenimport ist der Prozess des Ladens von Daten aus einer Datenquelle in die Analyseumgebung. Dieser Schritt ist entscheidend, da er sicherstellt, dass die Daten für die anschließende Analyse und Verarbeitung effektiv genutzt werden können.

Der erste Schritt beim Datenimport ist die Bestimmung der Art der Datenquelle. Zu den üblichen Datenquellen gehören unter anderem Datenbanken, Excel-Tabellen, CSV-Dateien und Online-APIs. Unterschiedliche Datenquellen und Speichermethoden können zu einer Vielfalt von zu importierenden Datenformaten führen. Damit die Daten in der Analyseumgebung korrekt geladen und verwendet werden können, müssen während des Datenimports Daten in verschiedenen Formaten verarbeitet und konvertiert werden. In der heutigen Datenanalyse werden häufig Programmierwerkzeuge wie Python und R für den Datenimport verwendet.

Die sorgfältige Durchführung des Datenerfassungs- und -importprozesses stellt die Integrität und Qualität der Daten sicher und bildet damit die Grundlage für eine erfolgreiche Datenanalyse.

2.1.2 Datenbereinigung

Die Datenbereinigung ist der zweite Schritt der Datenanalyse. Sie stellt Attribute der Datenqualität wie Genauigkeit, Konsistenz und Integrität sicher. Nach Köstner (2022) zeichnen sich fehlerhafte Daten durch fehlende Werte, fehlerhafte Angaben und sonstige Auffälligkeiten aus. Diese Kriterien können die Ergebnisse der Datenanalyse und die Zuverlässigkeit darauf basierender Entscheidungen erheblich beeinträchtigen.

Es gibt eine Vielzahl von Methoden und Tools für die Datenbereinigung. Die Auswahl ist jeweils fallspezifisch zu treffen und hängt von der Art der Daten und dem erforderlichen Bereinigungsbedarf ab. Programmiersprachen wie Python und R ermöglichen den Zugriff auf eine Vielzahl von Bibliotheken, die zur effizienten Datenbereinigung verwendet werden können. Datenbanken können mittels der Structured Query Language (SQL) angesprochen werden. Damit können Daten bspw. gefiltert oder aktualisiert werden.

Die Datenbereinigung ist ein kontinuierlicher Prozess während des gesamten Datenanalyseprozesses und bildet die Grundlage für die Qualität und Zuverlässigkeit der Daten und damit den Erfolg der Datenanalyse.

2.1.3 Datenverständnis

In der Phase des Datenverständnisses werden die Daten untersucht, um einen Einblick in ihre Eigenschaften und Struktur zu erhalten. Diese Phase ist entscheidend in der Datenanalyse sowie für das Training von Modellen des maschinellen Lernens. Das Verständnis wird über einen iterativen Prozess der Datentransformation, Visualisierung und Modellierung gebildet.

Transformation

Die Transformation der Daten dient als Vorbereitung für die weitere Visualisierung und Modellierung. Dazu gehören die Konvertierung von Datentypen, das Zusammenführen von Datensätzen und die Aggregation von Daten.

Die Konvertierung von Datentypen ermöglicht die Anzeige und Nutzung der Daten auf eine andere Weise. Bei der Zusammenführung von Daten handelt es sich um die Kombination von Datensätzen aus verschiedenen Quellen zu einem einzigen Datensatz. Dies ist wichtig, um verteilte Daten zu integrieren und einen vollständigen Überblick über die Daten zu erhalten. Bei der Aggregation von Daten werden die Daten nach bestimmten Kriterien zusammengefasst, bspw. durch Gruppierung und Berechnung von Durchschnittswerten oder Summen innerhalb bestimmter Kategorien.

Visualisierung

Bei der Visualisierung werden die Daten in Form von Diagrammen und Grafiken dargestellt, welche ein besseres Verständnis und eine weitergehende Analyse der Daten ermöglichen. Übliche Visualisierungen sind Balkendiagramme, Histogramme, Streudiagramme, Liniendiagramme, Boxplots und Pareto-Diagramme (siehe Abschnitt 1.2.3).

Die Bedeutung der Visualisierung von Daten liegt in der verbesserten Verständlichkeit komplexer Datensätze, der Unterstützung der Entscheidungsfindung, der Bereicherung der Kommunikation der Daten, der schnellen Erkennung von Anomalien, der Erleichterung der Datenexploration und der verbesserten Modellinterpretation. Die Visualisierung von Daten ist ein essenzielles Werkzeug für die erfolgreiche Datenanalyse.

Modellierung

Die Modellierung ist der Prozess der Analyse und Prognose von Daten mithilfe von statistischen Methoden und Algorithmen des maschinellen Lernens. Gängige Modellierungsmethoden sind unter anderem Korrelationsanalyse, Regressionsanalyse, Klassifizierung, Entscheidungsbäume und Clustering. Die Modellierung ermöglicht es, Zusammenhänge in Daten zu identifizieren und macht damit wertvolle Informationen in den Daten verfügbar, welche zur faktenbasierten Entscheidungsfindung beitragen können.

2.1.4 Kommunikation

Der letzte Schritt im Datenanalyseprozess ist die Kommunikation der Ergebnisse. Diese erfolgt in Unternehmen oft gegenüber dem Management und kann dazu dienen, eine fundierte und datenbasierte Grundlage zur Unterstützung der Entscheidungsfindung bereitzustellen, könnte aber auch bspw. zur Präsentation gewonnener

Erkenntnisse gegenüber einem Fachpublikum dienen. Durch die Erstellung detaillierter Analyseberichte und Präsentationsdokumente und die Nutzung von Diagrammen und interaktiven Visualisierungen kann die Berichterstattung unterstützt werden. Darüber hinaus wird durch das Sammeln von Feedback eine iterative Verbesserung ermöglicht, was zu einem besseren Verständnis der Analyseergebnisse und damit zu einer fundierteren Grundlage für die Entscheidungsfindung und Maßnahmenableitung führt.

2.2 Methoden der Data Analytics

Die Methoden der Datenanalyse umfassen verschiedene Ansätze, um aus Daten Erkenntnisse zu gewinnen und basierend darauf fundierte Entscheidungen zu treffen. Die Data Analytics können nach Maoz (2013) in vier Stufen eingeteilt werden. Die niedrigste Stufe ist die deskriptive Analyse, welche eine Zustandsbeschreibung mit einer Übersicht über vergangene Ereignisse und Muster in den Daten liefert. Sie liefert mit der Beantwortung der Frage „Was ist geschehen?“ die Grundlage für die Qualitätsanalyse. Auf dieser Grundlage untersucht die diagnostische Analyse die Ursachen dieser Ereignisse, um tiefere Einblicke und ein besseres Verständnis der Zusammenhänge zu ermöglichen. Sie erforscht, warum etwas geschehen ist, und dient der Qualitätsdiagnose. Die prädiktive Analyse geht einen Schritt weiter, indem sie statistische Modelle und Algorithmen nutzt, um zukünftige Ereignisse vorherzusagen und potenzielle Entwicklungen zu antizipieren. Damit untersucht sie, was zukünftig geschehen wird, und dient der Qualitätsprognose. Schließlich bietet die präskriptive Analyse Handlungsempfehlungen, um die bestmöglichen Entscheidungen zu treffen und Prozesse zu verbessern. Mit der Klärung der Frage, was getan werden muss, damit etwas geschieht, bietet sie die Grundlage der Qualitätsvorausplanung. Mit jedem Schritt steigt sowohl die Komplexität der Anforderungen an die Datenqualität und die Anwendung der Methoden als auch der Mehrwert der Analyse. Von der einfachen Datenbeschreibung über das Verständnis und die Prognose gelangt man zur tiefgreifenden Entscheidungsunterstützung. Bild 2.3 veranschaulicht die Entwicklung der Datenanalyse in der Qualitätsarbeit von der Zustandsbeschreibung hin zur operativen Prozessvorausplanung.

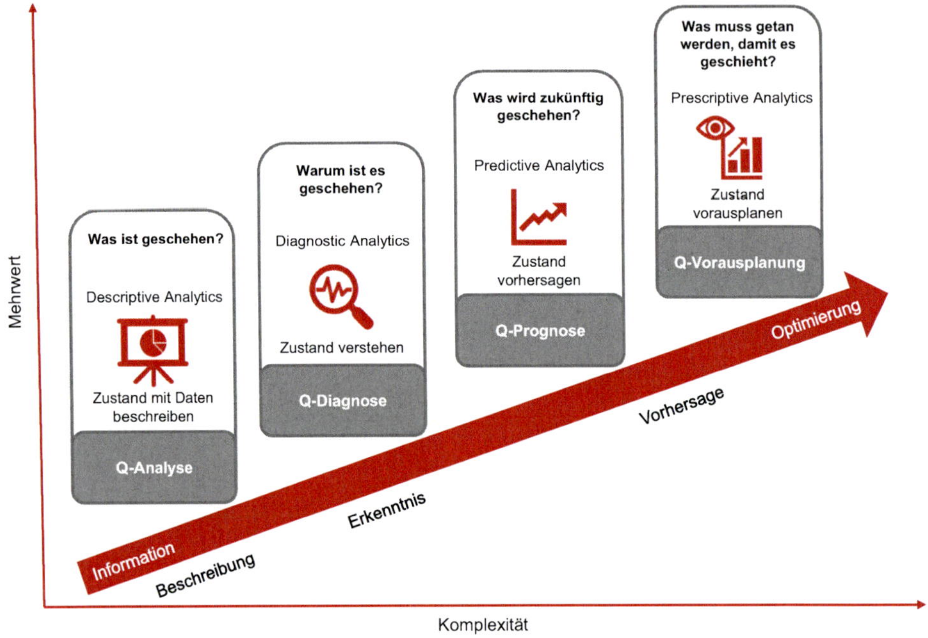

Bild 2.3 Stufen der Datenanalyse in der Qualitätsarbeit. In Anlehnung an Maoz (2013).

2.2.1 Descriptive Analytics

Die deskriptive Analyse ist ein grundlegender Ansatz zur Datenanalyse, der darauf abzielt, Daten auf verständliche Weise darzustellen und wichtige Muster und Trends hervorzuheben. Sie behandelt die Frage, was geschehen ist.

In der deskriptiven Analyse werden verschiedene Methoden verwendet, um strukturierte Daten zu analysieren. In vielen Unternehmen werden Business-Intelligence-Werkzeuge genutzt und Leistungskennzahlen (KPIs) ermittelt und in Berichten dargestellt oder in interaktiven Cockpits und Dashboards grafisch visualisiert. Genutzte Methoden sind bspw. Datenaggregation, Datenvisualisierung, statistische Analysen und Zeitreihenanalysen.

Deskriptive Analysen werden in vielen Bereichen von Unternehmen eingesetzt. Beispiele aus dem Qualitätsmanagement sind Analysen von Kundenreklamationen oder Fehlerberichten aus Produktion und Zulieferkette. Sie bieten eine Grundlage für weitergehende Untersuchungen und die Entscheidungsfindung, indem sie dabei helfen, Daten zu interpretieren und zu verstehen.

2.2.2 Diagnostic Analytics

Die diagnostische Analyse konzentriert sich auf die Identifizierung der Ursachen und Zusammenhänge hinter bestimmten Ereignissen oder Trends in Daten. Sie behandelt die Frage, warum etwas geschehen ist, und zielt auf die Analyse der Grundursachen ab. Genutzte Methoden sind bspw. Hypothesentests, Korrelationsanalysen und Regressionsanalysen. Diese können helfen, ein tieferes Verständnis der Daten zu gewinnen und kausale Beziehungen aufzudecken, welche für eine fundierte Entscheidungsfindung und Problemlösung unerlässlich sind.

Die Lösung von Problemen und deren Grundursachen, welche mithilfe der Qualitätsdiagnose ermittelt wurden, kann den Einsatz von systematischen Problemlösungsmethoden, wie bspw. der 8D-Methode oder dem PDCA-Zyklus, zur systematischen Identifikation und Einführung von Abstellmaßnahmen erforderlich machen.

2.2.3 Predictive Analytics

Die prädiktive Analyse ist eine Methode der Datenanalyse, die darauf abzielt, zukünftige Ereignisse oder Trends basierend auf historischen und aktuellen Daten vorherzusagen. Sie behandelt die Frage: „Was wird zukünftig geschehen?“ Für diese prädiktiven Analysen werden neben historischen auch Echtzeitdaten verwendet und verschiedene statistische Methoden und Algorithmen des maschinellen Lernens genutzt, um Muster in den Daten zu erkennen und Vorhersagen zu treffen. In der prädiktiven Analyse werden häufig Methoden wie Regressionsanalyse, künstliche neuronale Netze, Zeitreihenanalyse und Entscheidungsbäume verwendet (Seyedan & Mafakheri 2020). Diese Techniken helfen dabei, Beziehungen zwischen Variablen zu identifizieren und zukünftige Entwicklungen vorherzusagen.

Ein wichtiges Einsatzgebiet ist die präventive Instandhaltung von Maschinen und Anlagen, aber auch Prognosen zur Zuverlässigkeit und Ausfallwahrscheinlichkeit von Bauteilen können auf der Basis von prädiktiven Analysen erstellt werden.

2.2.4 Prescriptive Analytics

Präskriptive Analyse ist ein fortgeschrittener Bereich der Datenanalyse, der darauf abzielt, nicht nur Vorhersagen über zukünftige Ereignisse zu treffen, sondern auch konkrete Handlungsempfehlungen zu geben. Im Gegensatz zur deskriptiven, diagnostischen und prädiktiven Analyse beantwortet die präskriptive Analyse die Frage, was getan werden sollte und warum dies die beste Vorgehensweise ist.

Hierbei werden meist historische Daten sowie Daten in Echtzeit und geeignete Modelle verwendet, um möglichst präzise Vorhersagen treffen zu können. Techniken und Methoden der Künstlichen Intelligenz ermöglichen es, Modelle mit einem hohen Genauigkeitsgrad zu erstellen, Echtzeitdaten zu verarbeiten und automatisiert Anpassungen vorzunehmen. Damit kann beispielsweise mit geeigneten Maßnahmen in den Produktionsprozess eingegriffen werden, bevor sich die Produktionsqualität verschlechtert.

Durch die Integration von Methoden wie probabilistischen Modellen, maschinellem Lernen, statistischer Analyse, evolutionärer Algorithmen und Simulation können optimale Entscheidungen getroffen werden, die die Effizienz und Effektivität in verschiedenen Anwendungsbereichen steigern (Roy et al. 2022).

Die Mehrzahl der Unternehmen nutzt derzeit Methoden aus den Stufen der deskriptiven und diagnostischen Analyse (Beckschulte et al. 2023). Zukünftig wird die Bedeutung prädiktiver und präskriptiver Analysemethoden jedoch weiter steigen und deren Einsatz zur Identifikation und Nutzung von Potenzialen für Qualitätsverbesserungen in Produkten und Prozessen weiter an Bedeutung gewinnen.

2.3 Data-Mining

Data-Mining ist der Prozess der Extraktion von nutzbaren Informationen, Zusammenhängen und Mustern aus großen Datenmengen mithilfe von speziellen Algorithmen und Methoden. Dieser interdisziplinäre Bereich kombiniert Techniken der Statistik, des maschinellen Lernens, der Datenbanken und der Informatik, um wertvolle Erkenntnisse aus Daten zu gewinnen. Im Gegensatz zum allgemeineren Datenanalyseprozess, welcher ein breites Spektrum von Techniken und Anwendungen umfasst, die auf die Untersuchung und Interpretation von Daten abzielen, fokussiert sich das Data-Mining auf die automatisierte Entdeckung von Mustern und Beziehungen in großen Datensätzen.

2.3.1 Data-Mining-Prozess

Der Data-Mining-Prozess wird in mehrere Schritte unterteilt, die je nach Prozessmodell variieren. Zu den bekanntesten Modellen gehören Knowledge Discovery in Databases (KDD), der Cross-Industry Standard Process for Data Mining (CRISP-DM) und Sample, Explore, Modify, Model, and Assess (SEMMA) von SAS (Ghavami 2019).

Der CRISP-DM wurde 1996 von Daimler-Benz, SPSS (heute IBM) und NCR vorgeschlagen und wird hier exemplarisch für Data-Mining-Prozesse vorgestellt. Bild 2.4 zeigt das CRISP-DM-Prozessmodell mit den einzelnen Prozessschritten, welche iterativ durchlaufen werden. Der erste Schritt Business Understanding besteht darin, die Projektziele und -anforderungen zu verstehen und zu definieren. Darauf aufbauend wird im Schritt Data Understanding die Datenbasis akquiriert, untersucht und die Datenqualität verifiziert. Im Schritt Data Preparation werden die zugrunde liegenden Daten für die Analyse vorbereitet, indem sie bereinigt und transformiert werden. Bei der Modellierung im Schritt Modeling werden geeignete Algorithmen ausgewählt, um Muster zu erkennen und Wissen zu generieren. Die Genauigkeit und der Nutzen des Modells werden daraufhin bewertet. Anschließend wird im Schritt Evaluation das Modell noch gründlicher evaluiert und determiniert, inwieweit die Ergebnisse nutzbar sind. Im letzten Schritt, dem Deployment, werden die gewonnenen Erkenntnisse in die Praxis umgesetzt. Dazu gehören die Dokumentation und die Überwachung implementierter Lösungen.

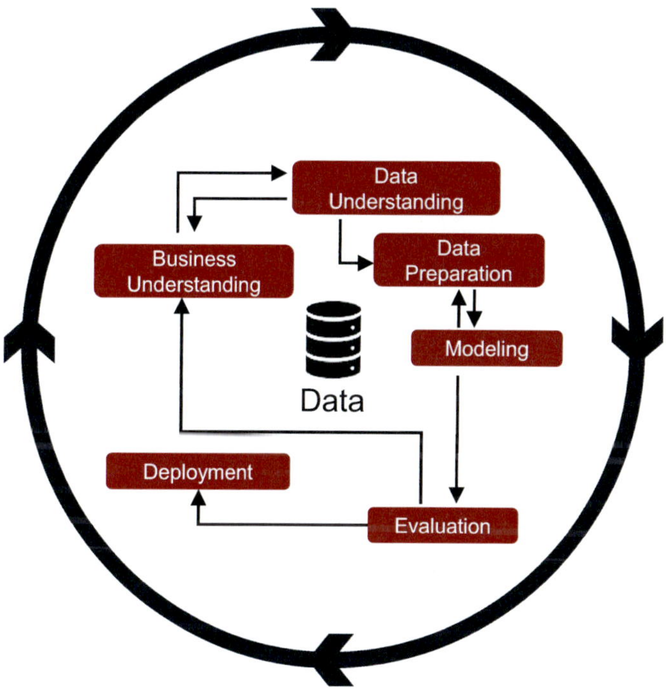

Bild 2.4 CRISP-DM-Prozessmodell. In Anlehnung an Chapman et al. 2000.

2.3.2 Data-Mining-Techniken

Data-Mining-Techniken sind Werkzeuge, um Informationen aus großen Datenmengen zu extrahieren. Sie haben sich seit den 1960er-Jahren zu einem Zweig der angewandten künstlichen Intelligenz entwickelt. Die Bearbeitung von Datensätzen erfolgt mittels verschiedener Techniken wie Clustering, Klassifikation, numerische Vorhersage und Assoziationsanalyse (Cleve und Lämmel 2020).

Bei großen Mengen unbekannter Daten kann Clustering verwendet werden, um die Daten basierend auf ihrer Ähnlichkeit zu gruppieren. Dabei werden keine vordefinierten Kategorien verwendet und Algorithmen wie k-Means und hierarchisches Clustering finden Anwendung. Dies kann bspw. dazu genutzt werden, Muster in Produktionsdaten zu erkennen und Teilmengen aufgrund von Ähnlichkeiten zu bilden.

Klassifizierungsmethoden ordnen neue Daten vordefinierten Klassen zu und nutzen Algorithmen wie k-Nearest-Neighbour, Entscheidungsbäume, Support Vector Machines und künstliche neuronale Netze. Dies kann bspw. zur Identifikation defekter Produkte eingesetzt werden.

Wenn Beziehungen zwischen Attributen des Datensatzes identifiziert werden sollen, eignet sich die Assoziationsanalyse. Sie nutzt Algorithmen wie den Apriori-Algorithmus und Frequent Pattern Growth. Damit können bspw. Zusammenhänge zwischen Produktionsparametern und Qualitätsmerkmalen hergestellt werden.

Diese und weitere Techniken können zur Analyse und Interpretation großer Datensätze verwendet werden und unterstützen eine fundierte Entscheidungsfindung in einer Vielzahl von Anwendungsbereichen.

2.3.3 Data-Mining-Spezialisierungen

Das Data-Mining kann in verschiedene Teilgebiete unterteilt werden. Eine gängige Unterteilung erfolgt anhand der Beschaffenheit des Datensatzes nach unstrukturierten, semistrukturierten und strukturierten Daten (Cleve und Lämmel 2020). Im Folgenden werden Text-Mining, Web-Mining, Process-/Task-Mining und die Zeitreihenanalyse vorgestellt.

2.3.3.1 Text-Mining

Text-Mining ist der Prozess der Extraktion nutzbarer Informationen aus großen Mengen unstrukturierter oder halbstrukturierter Textdaten (VijayGaikwad et al. 2014). Es umfasst eine Vielzahl von Methoden und Techniken zur Identifizierung relevanter Muster oder Erkenntnisse aus Textdokumenten. Die Relevanz von Text-Mining beruht auf der Vielzahl von Informationen in Unternehmen, Behörden und anderen Organisationen, die in Textform vorliegen. Eine der größten Herausforderungen beim Text-Mining ist die Komplexität der natürlichen Sprache. Homonymie (mehrere Bedeutungen eines Wortes) und Synonymie (mehrere Wörter mit der gleichen Bedeutung) erschweren die Extraktion von Informationen. Zusätzlich müssen Abkürzungen erkannt und irrelevante Wörter (stop words) herausgefiltert werden. Nach erfolgter Vorverarbeitung kann mit der reduzierten Menge an Wörtern (bag of words) die eigentliche Datenanalyse stattfinden (Cleve und Lämmel 2020).

Es gibt verschiedene Ansätze zur Verarbeitung und Analyse der Textdaten. Die Term Based Method (TBM) führt eine Dokumentenanalyse auf Basis einzelner Terme durch, weist jedoch Schwächen in Bezug auf Homonymie und Synonymie auf. Die Phrase Based Method (PBM) verwendet Phrasen zur Analyse, um umfassendere semantische Informationen zu erfassen, leidet jedoch unter statistischen Nachteilen. Die Concept Based Method (CBM) analysiert Terme auf Satz- und Dokumentenebene, um die semantische Struktur zu erfassen. Im Gegensatz dazu analysiert die Pattern Taxonomy Method (PTM) Dokumente anhand von Mustern, die innerhalb einer Taxonomie organisiert sind, und überwindet Herausforderungen wie niedrige Häufigkeit und Fehlinterpretationen (VijayGaikwad et al. 2014).

Zusätzlich existieren spezifische Techniken wie die Informationsextraktion, die darauf abzielt, Schlüsselinformationen aus Texten zu extrahieren, sowie die Textkategorisierung, welche Texten automatisch Kategorien zuweist. Das Clustering gruppiert ähnliche Dokumente ohne die Notwendigkeit vordefinierter Kategorien, und die Visualisierung fördert das Verständnis durch visuelle Darstellungen von Textdaten. Die Textzusammenfassung reduziert die Länge eines Dokuments, wobei die wesentlichen Inhalte erhalten bleiben.

2.3.3.2 Web-Mining

Web-Mining ist ein Bereich des Data-Minings, welcher sich auf die Extraktion nützlicher Informationen aus großen Mengen von Webdaten konzentriert. Es handelt sich dabei um semistrukturierte Daten. Es umfasst verschiedene Techniken, um Daten aus dem World Wide Web zu extrahieren, zu analysieren und zu interpretieren. Nach Mughal (2018) wird Web-Mining in drei Hauptkategorien unterteilt: Web Content Mining, Web Structure Mining und Web Usage Mining.

Web Content Mining konzentriert sich auf die Extraktion von Informationen aus den Inhalten von Webseiten, einschließlich der Texte, Bilder und Videos. Durch Techniken wie Informationsextraktion und Textkategorisierung wird es ermöglicht, relevante Daten aus unstrukturierten Inhalten zu gewinnen.

Web Structure Mining analysiert die Struktur von Webseiten durch die Untersuchung von Hyperlinks und deren Beziehungen untereinander. Diese Methode nutzt Techniken wie Linkanalyse und Clustering, um Muster in der Struktur von Webseiten zu erkennen.

Web Usage Mining untersucht das Nutzerverhalten durch die Analyse von Protokolldateien der Webserver. Diese Techniken umfassen unter anderem die Assoziationsanalyse sowie die Untersuchung von häufig besuchten Seiten und typischen Navigationspfaden.

2.3.3.3 Process-/Task-Mining

Process- und Task-Mining sind Techniken im Bereich des Data-Minings, die auf das Extrahieren sinnvoller Muster und Informationen aus den von Informationssystemen erfassten Ereignis- und Protokolldaten abzielen. Diese Techniken bieten Unternehmen einen ausführlichen Einblick in ihre Geschäftsprozesse.

Process-Mining dient dabei der Prozessentdeckung, Konformitätsprüfung und Prozessverbesserung, während Task-Mining die Aufgabenerkennung, Leistungsanalyse und Automatisierungspotenziale betrachtet. Die Anwendung von Process- und Task-Mining bietet zahlreiche Vorteile, einschließlich der Erhöhung der Transparenz von Geschäftsprozessen und der Identifizierung von Verbesserungspotenzialen. Diese Techniken ermöglichen faktenbasierte Analysen und tragen somit zur Verbesserung der Qualität und Effizienz von Prozessen bei. Durch die Kombination mit modernen Technologien wie maschinellem Lernen und robotergesteuerter Prozessautomatisierung (RPA) können Unternehmen Prozesse weiter optimieren und Echtzeit-Analysen durchführen, was zu schnelleren Reaktionszeiten und einer kontinuierlichen Verbesserung der Prozessqualität führt (Reinkemeyer 2020).

Diese Technologien spielen eine entscheidende Rolle bei der digitalen Transformation von Unternehmen, indem sie eine datengetriebene Entscheidungsfindung unterstützen und eine Grundlage für strategische Verbesserungen bieten. Process-Mining und Task-Mining ermöglichen es Unternehmen, ihre Prozesse detailliert zu verstehen und gezielt Maßnahmen zur Optimierung zu ergreifen. Dies führt zu einer signifikanten Steigerung der Effizienz und Innovationsfähigkeit moderner Organisationen (Reinkemeyer 2020).

2.3.3.4 Zeitreihenanalyse

Die Zeitreihenanalyse spielt im Data-Mining eine bedeutende Rolle, da sie darauf abzielt, Muster und Informationen aus chronologisch geordneten Beobachtungen zu extrahieren. Zeitreihendaten zeichnen sich durch ihre numerischen Werte und ihre Kontinuität aus und werden in der Regel als Ganzes analysiert. Im Kontext des Data-Minings umfasst die Zeitreihenanalyse mehrere Aspekte. Erstens sind die Repräsentation und Indexierung von Zeitreihen grundlegende Schritte, um hochdimensionale Daten in niedrigdimensionale Daten zu transformieren. Durch Verfahren zur Dimensionsreduktion können diese schnell abgerufen und verarbeitet werden. Zweitens wird das Ähnlichkeitsmaß verwendet, um den Grad der Ähnlichkeit zwischen Zeitreihen zu bewerten. Dies bildet den Kern vieler Data-Mining-Verfahren, einschließlich der Mustererkennung und des Clustering. Darüber hinaus unterstützen die Segmentierung von Zeitreihen und das Clustering dabei, die Zeitreihen in mehrere sinnvolle Segmente zu unterteilen und ähnliche Segmente zusammenzufassen (Fu 2011).

Ziel der Analyse ist die Mustererkennung mit der Identifizierung von Trends und Saisonalitäten, die Vorhersage mit der Prognostizierung zukünftiger Werte, basierend auf historischen Daten, die Modellierung mit der Entwicklung von Modellen, die die Struktur der Zeitreihe beschreiben, und die Anomalieerkennung mit der Detektion von Ausreißern oder ungewöhnlichen Werten, die auf besondere Ereignisse oder Fehler hinweisen.

2.4 Statistische Verfahren

Die Datenanalyse umfasst verschiedene statistische Verfahren, um aus Rohdaten Informationen und Erkenntnisse zu gewinnen. Diese Analysemethoden lassen sich in mehrere Kategorien einteilen.

Zunächst wird auf die deskriptive Analyse und die explorative Analyse eingegangen. Danach folgt die Betrachtung der inferenziellen oder auch induktiven Analyse. Anschließend wird die multivariate Analyse vorgestellt.

2.4.1 Deskriptive Analyse

Die deskriptive Analyse ist ein Ansatz der Datenanalyse, der darauf abzielt, Daten auf leicht verständliche Weise darzustellen und wichtige Muster und Trends hervorzuheben.

In der deskriptiven Analyse werden verschiedene Methoden verwendet. Maßzahlen der zentralen Tendenz, wie Mittelwert, Median und Modus, beschreiben den zentralen Punkt der Daten. Diese Kennzahlen geben einen ersten Überblick über die Verteilung der Daten (Thompson 2009).

Die deskriptive Analyse spielt eine zentrale Rolle in der Qualitätswissenschaft, indem sie dazu beiträgt, umfangreiche Datenmengen zu verstehen und zu interpretieren. Durch die Anwendung statistischer Methoden wie Mittelwertberechnungen, Streuungsmaße und Häufigkeitsverteilungen können Qualitätsingenieure und -manager detaillierte Einblicke in die Leistungsfähigkeit von Prozessen und Produkten gewinnen. Diese Analysen ermöglichen es, Muster und Trends in den Qualitätsdaten zu erkennen, die wiederum als Grundlage für fundierte Entscheidungen dienen. Zudem hilft die deskriptive Analyse bei der Identifikation von Abweichungen und Anomalien, die auf potenzielle Qualitätsprobleme hinweisen könnten. Insgesamt trägt sie maßgeblich zur kontinuierlichen Verbesserung und Sicherstellung hoher Qualitätsstandards in Produktionsprozessen und Dienstleistungen bei.

2.4.1.1 Korrelationsanalyse

Die Korrelationsanalyse ist eine statistische Methode, die verwendet wird, um die Stärke und Richtung der linearen Beziehung zwischen zwei Merkmalen zu messen. Die Zusammenhänge werden durch statistische Kennzahlen quantifiziert, die Auskunft über die Art, die Richtung und die Stärke des Zusammenhangs geben.

Die Stichprobenkovarianz ist eine Maßzahl für den linearen Zusammenhang zwischen zwei statistischen Variablen. Das Vorzeichen der Kovarianz gibt dabei die Richtung des Zusammenhangs an, es wird aber keine Aussage über die Stärke des Zusammenhangs getroffen.

$$s_{xy} = \frac{1}{n} \cdot \sum_{i=1}^{n} (x_i - \overline{x}) \cdot (y_i - \overline{y})$$

s_{xy} = Kovarianz der Variablen x und y
x_i = Beobachtungswert der Variable x
y_i = Beobachtungswert der Variable y
$\overline{x}$ = arithmetisches Mittel aller Werte von x
$\overline{y}$ = arithmetisches Mittel aller Werte von y
n = Anzahl der Beobachtungen

Durch die Normierung der Kovarianz wird eine Vergleichbarkeit der linearen Zusammenhänge erreicht. Hierbei wird die Kovarianz durch das Produkt der Standardabweichungen der beiden Variablen geteilt.

$$r_{xy} = \frac{s_{xy}}{\sqrt{s_x^2 \cdot s_y^2}} = \frac{s_{xy}}{s_x \cdot s_y}$$

r_{xy} = Korrelationskoeffizient der Variablen x und y
s_x = Standardabweichung der Variable x
s_y = Standardabweichung der Variable y

Der Pearson-Korrelationskoeffizient ist das am häufigsten verwendete Maß in diesem Kontext und kann Werte zwischen –1 und 1 annehmen. Bei $|r| < 0,4$ spricht man von einem schwachen linearen Zusammenhang, bei $0,4 \leq |r| < 0,8$ von einem mittleren linearen Zusammenhang und bei $|r| \geq 0,8$ von einem starken linearen Zusammenhang. Diese Werte können je nach Anwendungs- und Fachgebiet variieren. Gerade bei niedrigen Korrelationskoeffizienten ist eine Aussage über Wechselwirkungen zwischen den Variablen unpräzise und sollte durch einen Test auf Signifikanz der Korrelation geprüft werden. Ein Wert von $r = 1$ zeigt eine perfekte positive Korrelation an, $r = -1$ eine perfekte negative Korrelation und $r = 0$ bedeutet, dass keine lineare Korrelation besteht.

Bei zweidimensionalen Streudiagrammen können folgende vier Abhängigkeiten unterschieden werden:

- Es existiert kein linearer Zusammenhang.
- Es existiert ein positiver linearer Zusammenhang.
- Es existiert ein negativer linearer Zusammenhang.
- Es existiert ein nichtlinearer Zusammenhang.

Bild 2.5 zeigt Richtung und Stärke linearer Zusammenhänge für verschiedene Korrelationskoeffizienten. Es wird mit $r = -0,8$ ein starker negativer linearer Zusammenhang, mit $r = -0,4$ ein mittlerer negativer linearer Zusammenhang, mit $r = 0$ kein linearer Zusammenhang, mit $r = 0,2$ ein schwacher positiver linearer Zusammenhang, mit $r = 0,6$ ein mittlerer positiver linearer Zusammenhang und mit $r = 1$ ein perfekter positiver linearer Zusammenhang gezeigt. Bei perfekter Korrelation liegen alle Wertepaare auf der Ausgleichsgeraden.

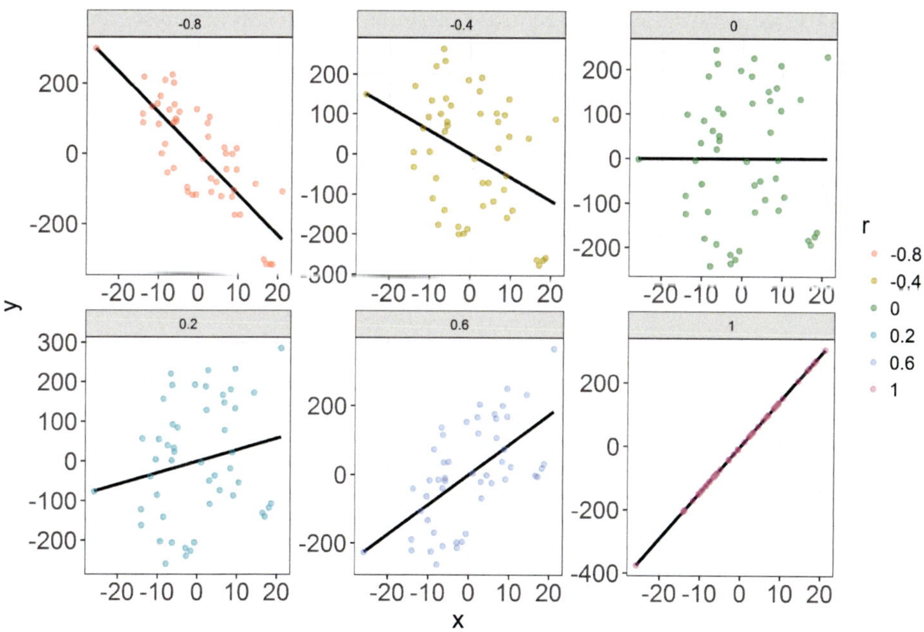

Bild 2.5 Richtung und Stärke linearer Zusammenhänge

Die Korrelationsanalyse bietet zwar wertvolle Einblicke, hat aber bestimmte Grenzen. Eine hohe Korrelation bedeutet nicht zwangsläufig Kausalität. Externe Faktoren oder Zufälle können hohe Korrelationswerte ohne Ursache-Wirkung-Beziehung verursachen. Zudem misst der Pearson-Korrelationskoeffizient nur lineare Beziehungen, sodass nicht lineare Zusammenhänge unentdeckt bleiben könnten. Allgemeine Probleme mit Zusammenhangsmaßen sind inkonsistente Daten, wie nicht erfasste Änderungen in den Faktoren Mensch, Maschine, Material, Umwelt, die Begrenzung der Bandbreite der Einflussgrößen durch das Prozessfenster, also zu kleine Einstellgrenzen der Einflussgrößen im Prozess, um Abhängigkeiten zu erkennen, dass es nicht möglich ist, Einflussgrößen von der Einstellung anderer Größen im Prozess zu trennen, und Scheinabhängigkeiten. Scheinabhängigkeiten treten auf, wenn zwei Variablen statistisch korrelieren, obwohl zwischen ihnen keine kausale Beziehung besteht. Dies kann verschiedene Ursachen, wie dritte Variablen, die beide beobachteten Variablen beeinflussen, zufällige Zusammenhänge, Autokorrelation, Datenmanipulation oder latente Variablen haben. Trotz dieser Einschränkungen bleibt die Korrelationsanalyse ein grundlegendes Werkzeug in der Datenanalyse und dient oft als Ausgangspunkt für weiterführende Untersuchungen.

2.4.2 Explorative Analyse

Die explorative Analyse ist eine zentrale Methode in der Datenanalyse, die darauf abzielt, die grundlegende Struktur, Muster und Anomalien in Datensätzen zu entdecken. Sie gehört zur deskriptiven Analyse, da sie wie die Korrelationsanalyse zum Ziel hat, Daten zu beschreiben und zu verstehen, unterscheidet sich aber in ihrem Ansatz und ihrer Anwendung.

Im Gegensatz zur konfirmatorischen Analyse, die spezifische Hypothesen testet, arbeitet die explorative Analyse ohne vorab festgelegte Annahmen. Diese Methode ermöglicht es, wichtige Merkmale und Zusammenhänge in den Daten zu identifizieren, indem sie eine Vielzahl von Techniken und Werkzeugen einsetzt.

Laut Beyer (1981), einem Pionier auf diesem Gebiet, ist die explorative Analyse vergleichbar mit detektivischer Arbeit, da sie darauf abzielt, unerwartete Muster und Zusammenhänge in den Daten zu entdecken. Zu den Hauptwerkzeugen der explorativen Analyse gehören deskriptive Statistik und Visualisierungstechniken. Visualisierungen wie Streudiagramme, Boxplots und Histogramme helfen dabei, komplexe Datenmuster auf einfache Weise darzustellen und zu interpretieren. Diese Techniken sind besonders effektiv, da sie die kognitiven Fähigkeiten des menschlichen Gehirns nutzen, um Muster und Anomalien schnell zu erkennen.

Die explorative Analyse hat mehrere Ziele: Sie vereinfacht die Datenbeschreibung, um sie leichter handhabbar zu machen, und untersucht tieferliegende Strukturen und Abhängigkeiten in den Daten. Durch die Untersuchung der Daten auf verschiedene Weisen können Forscher Hypothesen generieren und die Grundlage für weiterführende konfirmatorische Analysen schaffen.

Clusteranalyse

Die Clusteranalyse ist eine fortgeschrittene statistische Methode, die zur Gruppierung von Objekten in homogene Gruppen oder Cluster dient. Ziel ist es, möglichst ähnliche Objekte innerhalb eines Clusters zu vereinen und möglichst große Unterschiede zwischen den Clustern zu erreichen. Diese Methode wird häufig eingesetzt, um Muster und Strukturen in großen Datensätzen zu identifizieren. Beispielsweise kann die Clusteranalyse verwendet werden, um Konsumverhalten oder demografische Profile zu klassifizieren.

Die Clusteranalyse ermöglicht die Entdeckung verborgener Zusammenhänge und Trends in den Daten, was zu Erkenntnissen und besseren Entscheidungsgrundlagen führt. Es gibt verschiedene Verfahren der Clusteranalyse, wie hierarchische, partitionierende und probabilistische Methoden, die je nach Datenstruktur und Analyseziel angewandt werden können (Bacher et al. 2010). Diese Verfahren unterstützen dabei, komplexe Daten auf eine verständliche und interpretierbare Weise zu strukturieren und zu analysieren.

2.4.3 Inferenzielle Analyse

Die inferenzielle Analyse, auch als schließende oder induktive Analyse bezeichnet, wird verwendet, um Schlussfolgerungen und Vorhersagen über eine größere Menge von Variablen auf der Grundlage von Stichproben zu ziehen. Sie basiert auf Wahrscheinlichkeitsverteilungen und ermöglicht es, signifikante Unterschiede oder Beziehungen zwischen Variablen zu identifizieren. Inferenzstatistik hilft dabei, Hypothesen zu testen, Schätzungen zu erstellen und Generalisierungen von einer Stichprobe auf die gesamte Population vorzunehmen.

Ein zentrales Element der inferenziellen Analyse ist der Hypothesentest, der bestimmt, ob ein beobachteter Effekt in einer Stichprobe auch in der gesamten Population besteht oder ob er zufällig ist. Ein weiteres wichtiges Konzept ist das Konfidenzintervall, das den Bereich angibt, in dem der wahre Populationsparameter mit einer bestimmten Wahrscheinlichkeit liegt. Parametrische Tests wie der t-Test und die Varianzanalyse (ANOVA) werden verwendet, wenn die Daten normalverteilt sind, während nichtparametrische Tests wie der Mann-Whitney-U-Test bei nicht normalverteilten Daten angewendet werden (Marshall & Jonker 2011).

Die Anwendung dieser Methoden erfordert sorgfältige Überlegungen zur Auswahl der Stichprobe, zur Sicherstellung der Zufälligkeit und zur Wahl des geeigneten statistischen Tests, um verlässliche und generalisierbare Ergebnisse zu erzielen.

2.4.3.1 Schätzverfahren

Die Idee des Schätzens besteht darin, anhand weniger Daten, die mittels einer Stichprobe erhoben wurden, Rückschlüsse auf die unbekannten Verteilungsparameter der Grundgesamtheit zu ziehen. Ein Parameter ist eine numerische Kennzahl, die eine bestimmte Eigenschaft der Population beschreibt, wie zum Beispiel der Mittelwert, die Varianz oder der Anteil. Eine Stichprobe vom Umfang n wird zufällig aus der Grundgesamtheit gezogen. Gute Stichproben stellen dabei einen repräsentativen Ausschnitt der betrachteten Grundgesamtheit dar. Dies wird durch spezielle Stichprobenauswahlverfahren und Zufallsauswahl erreicht. Diese Vorgehensweise wird auch als indirekter Schluss der inferenziellen Statistik bezeichnet. Es wird in Punktschätzungen und Intervallschätzungen unterschieden.

Punktschätzung

Eine Punktschätzung liefert einen einzelnen Wert als Schätzung eines Populationsparameters. Dieser Wert wird aus den Daten der Stichprobe berechnet und dient als beste Annäherung an den unbekannten Populationsparameter. Dazu wird eine Schätzfunktion verwendet. Dies ist eine mathematische Funktion, die aus Stichprobendaten eine Schätzung für einen unbekannten Parameter einer Population liefert.

Intervallschätzung

Die Intervallschätzung ist eine Methode, die für einen unbekannten Parameter einer Population ein Intervall bestimmt, innerhalb dessen dieser Parameter mit einer bestimmten Wahrscheinlichkeit liegt. Im Gegensatz zur Punktschätzung, die nur einen einzelnen Schätzwert liefert, gibt die Intervallschätzung auch Auskunft über die Genauigkeit und Zuverlässigkeit der Schätzung.

Ein Konfidenzintervall ist ein statistischer Bereich, der den wahren Wert eines Populationsparameters mit einer bestimmten Wahrscheinlichkeit, dem sogenannten Konfidenzniveau, enthält. Es wird verwendet, um die Unsicherheit der Stichprobenschätzung zu quantifizieren. Ein häufig verwendetes Konfidenzniveau ist 95 %. Das Konfidenzniveau gibt an, mit welcher Wahrscheinlichkeit das Konfidenzintervall den wahren Parameter enthält. Ein Konfidenzniveau von 95 % bedeutet beispielsweise, dass in 95 von 100 unabhängigen Stichproben das berechnete Konfidenzintervall den wahren Parameter einschließt. Dies hilft bei der Beurteilung der Genauigkeit und Zuverlässigkeit der Schätzungen.

Die Berechnung eines Konfidenzintervalls hängt von verschiedenen Faktoren ab, wie von der Art der Stichprobe, der Verteilung der Stichprobenwerte und der zu schätzenden Parameter.

Betrachtet man den Schätzwert einer Punktschätzung, so ist nichts über die Genauigkeit der Schätzung bekannt. Eine Aussage zur Genauigkeit der Schätzung kann durch die Angabe der Stichprobenstandardabweichung erfolgen. Die Stichprobenstandardabweichung berechnet sich wie folgt:

$$s = \sqrt{s^2} = \sqrt{\frac{1}{n-1}\sum_{i=1}^{n}(x_i - \overline{x})^2}$$

s = Stichprobenstandardabweichung
s^2 = Stichprobenvarianz
$\overline{x}$ = Stichprobenmittelwert
x_i = Beobachtung
n = Anzahl der Beobachtungen

Die Berechnung des Standardfehlers erfolgt durch $SE = \frac{s}{\sqrt{n}}$. Der kritische Wert Z oder t wird aus den jeweiligen Verteilungen abgeleitet. Dies erfolgt über Tabellen oder mittels einer Statistik-Software. Die z-Verteilung wird üblicherweise bei $n > 30$ oder bekannter Populationsstandardabweichung angenommen und die t-Verteilung bei $n \leq 30$ und unbekannter Populationsstandardabweichung. Die Fehlerspanne berechnet sich aus kritischem Wert und Standardfehler: $MOE = z \cdot SE$. Das Konfidenzintervall ist dann in folgenden Grenzen definiert: $\left[\overline{x} - MOE; \overline{x} + MOE\right]$.

Stichprobenverteilungen

Stichprobenverteilungen sind die Wahrscheinlichkeitsverteilungen von Stichprobenstatistiken, wie bspw. Mittelwerte oder Anteile, die aus vielen verschiedenen Stichproben gleicher Größe aus derselben Population berechnet werden. Sie zeigen, wie eine Stichprobenstatistik um den wahren Populationsparameter streut. Ein zentrales Konzept dabei ist der zentrale Grenzwertsatz, der besagt, dass die Verteilung der Stichprobenmittelwerte einer ausreichend großen Stichprobe annähernd normalverteilt ist, unabhängig von der Form der Populationsverteilung. Stichprobenverteilungen sind entscheidend für statistische Inferenz, da sie es ermöglichen, Aussagen über die Unsicherheit und Variabilität von Schätzungen zu treffen, Konfidenzintervalle zu konstruieren und Hypothesentests durchzuführen.

Ein Konfidenzintervall für den Erwartungswert einer Normalverteilung bei bekannter Varianz gibt einen Bereich an, in dem der wahre Populationsmittelwert mit einer bestimmten Wahrscheinlichkeit liegt. Die Berechnung des Standardfehlers erfolgt mit bekannter Varianz σ^2. Folgendes Konfidenzintervall ergibt sich damit: $\left[\overline{x} - z_{1-\frac{\alpha}{2}} \cdot \frac{\sigma}{\sqrt{n}}; \overline{x} + z_{1-\frac{\alpha}{2}} \cdot \frac{\sigma}{\sqrt{n}}\right]$.

Typische Standardabweichungen zu Quantilen der Standardnormalverteilung sind in Tabelle 2.1 zu finden.

Tabelle 2.1 Typische Standardabweichungen zu Quantilen der Standardnormalverteilung

Quantil	z-Wert
80 %-Quantil	0,84
95 %-Quantil	1,64
97,5 %-Quantil	1,96
99 %-Quantil	2,33
99,5 %-Quantil	2,58

Für kleine Stichproben und ein normalverteiltes Merkmal mit unbekannter Varianz ergibt sich ein Konfidenzintervall $\left[\overline{x} - t_{\left(1-\frac{\alpha}{2};n-1\right)}\frac{s}{\sqrt{n}}; \overline{x} + t_{\left(1-\frac{\alpha}{2};n-1\right)}\frac{s}{\sqrt{n}}\right]$. Die t-Verteilung wird durch die Anzahl der Freiheitsgrade charakterisiert. Freiheitsgrade sind als Stichprobenumfang n minus der aus der Stichprobe geschätzten Parameter p definiert. Mit zunehmenden Freiheitsgraden. Für $n > 30$ kann das Quantil der t-Verteilung näherungsweise durch das entsprechende Quantil der Standardnormalverteilung ersetzt werden (Montgomery und Runger 2014).

Bild 2.6 zeigt die t-Verteilungen für 1, 2, 5 und 10 Freiheitsgrade sowie die Standardnormalverteilung. Es ist zu sehen, dass, je höher die Freiheitsgrade der t-Verteilung sind, desto mehr nähert sie sich der Standardnormalverteilung an.

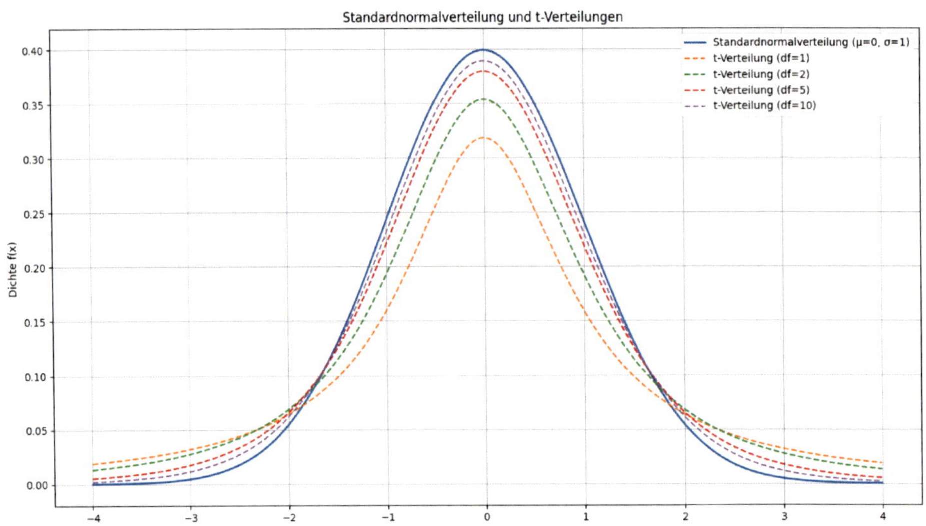

Bild 2.6 Standardnormalverteilung und t-Verteilungen

Ein Konfidenzintervall für den Parameter p der Binomialverteilung gibt einen Bereich an, in dem der wahre Wert der Erfolgswahrscheinlichkeit p mit einer bestimmten Wahrscheinlichkeit liegt. Die Binomialverteilung beschreibt die Anzahl der Erfolge in einer festen Anzahl von unabhängigen Versuchen, wobei jeder Versuch genau zwei mögliche Ausgänge hat: Erfolg oder Misserfolg. Bei der Schätzung von p aus einer Stichprobe wird der Stichprobenanteil $\hat{p}$ als Punktschätzer verwendet. Ein gängiger Ansatz zur Berechnung des Konfidenzintervalls für p ist die Verwendung der Normalapproximation, insbesondere wenn die Stichprobengröße n groß genug ist. Das 95 %-Konfidenzintervall kann als $\hat{p} \pm z \cdot \sqrt{\frac{\hat{p}(1-\hat{p})}{n}}$ berechnet werden, wobei z der kritische Wert aus der Standardnormalverteilung ist (siehe Tabelle 2.1). Dieses Intervall berücksichtigt die Unsicherheit bei der Schätzung von p und liefert eine Aussage über die Genauigkeit der Schätzung. Bei kleinen Stichproben oder wenn die Normalapproximation nicht angemessen ist, können alternative Methoden wie das Clopper-Pearson-Intervall oder das Wilson-Intervall verwendet werden.

2.4.3.2 Hypothesentest

Ein Hypothesentest in der inferenziellen Statistik ist ein Verfahren, das verwendet wird, um auf Basis von Stichprobendaten Rückschlüsse auf eine Population zu ziehen. Ziel des Hypothesentests ist es, zu bestimmen, ob die in der Stichprobe beobachteten Effekte auch in der gesamten Population existieren oder ob sie durch Zufall entstanden sind. Dies geschieht durch die Formulierung zweier konkurrierender Hypothesen. Eine Hypothese trifft eine Annahme über die Verteilung (oder die verteilungsspezifischen Parameter) einer Zufallsvariablen. Die Nullhypothese und Alternativhypothese sind dabei spezifische Annahmen über diese Parameter. Diese Annahme kann stimmen oder nicht, weshalb man die beiden Zustände in der Nullhypothese (H_0), die annimmt, dass kein Effekt oder Unterschied besteht, und der Alternativhypothese (H_1), die einen Effekt oder Unterschied postuliert, verbalisiert. Der Hypothesentest trifft anhand von Beobachtungen eine begründete Entscheidung über die Gültigkeit einer Hypothese. Die Wahrscheinlichkeit, dass man sich fälschlicherweise gegen den vermuteten Zustand entscheidet (man lehnt diesen ab, obwohl er gilt), wird durch das Signifikanzniveau vorgegeben.

Durch die Anwendung von Hypothesentests werden statistisch fundierte Aussagen getroffen und die Wahrscheinlichkeit von Fehlern minimiert, indem systematisch geprüft wird, ob die beobachteten Unterschiede signifikant sind oder nicht. Hypothesen sind nicht absolut verifizierbar, d.h., die Korrektheit der Hypothese kann nicht bewiesen werden. Aufgrund der Stichprobe wird entschieden, ob die Hypothese beibehalten wird oder nicht.

Der Testablauf läuft dabei in den folgenden Schritten ab:

1. Aufstellen von statistischen Hypothesen (Vermutungen, Vorwissen, Deduktion)

   I. Formulierung der Nullhypothese (H_0)

   Die Nullhypothese trifft eine Aussage über einen Parameter der Verteilung, z. B. über den Erwartungswert μ einer normalverteilten Grundgesamtheit. In der Nullhypothese wird die Gleichheit formuliert (≤, =, ≥). Sie enthält eine Aussage über den zu testenden Wert, welcher enthalten ist.

   > H_0: $\mu = \mu_0$ (Unter der Nullhypothese ist der Parameter μ gleich dem vermuteten Parameter μ_0).
   >
   > H_0: $\mu \leq \mu_0$ (Unter der Nullhypothese ist der Parameter μ kleiner gleich dem vermuteten Parameter μ_0)

   II. Formulierung der Alternativhypothese (H_1)

   Die Alternativhypothese verneint die Nullhypothese H_0. In der Alternativhypothese wird keine Gleichheit formuliert (<, ≠, >), der zu testende Wert ist also nicht enthalten. Bei einem einseitigen Test spricht man von einem gerichteten Testproblem. Die Alternativhypothese trifft dann eine Annahme über die Richtung der Abweichung. Bei einem zweiseitigen Test spricht man von einem ungerichteten Testproblem. Die Alternativhypothese trifft in diesem Fall keine Annahme über die Richtung der Abweichung.

   > H_1: $\mu \neq \mu_0$ (Unter der Alternativhypothese ist der Parameter μ ungleich dem vermuteten Parameter μ_0. → Zweiseitige Alternative (d. h., μ ist kleiner oder größer als μ_0))
   >
   > H_1: $\mu > \mu_0$ (Unter der Alternativhypothese ist der Parameter μ größer als der vermutete Parameter μ_0. → Einseitige Alternative)

2. Festlegen des Signifikanzniveaus, auf dem der Test durchgeführt wird

   Datenerhebung (Art und Umfang der Stichprobe festlegen und erheben)

Da Hypothesen nie mit absoluter Wahrscheinlichkeit angenommen oder abgelehnt werden können, gibt es vier Entscheidungsmöglichkeiten, die in Tabelle 2.2 dargestellt werden.

Tabelle 2.2 Fehlerfälle bei Hypothesentests

Entscheidung/Realität	H_0 wahr	H_1 wahr
H_0 angenommen	Sicherheit 1. Art	Fehler 2. Art β-Fehler
H_1 angenommen	Fehler 1. Art α-Fehler	Sicherheit 2. Art

Im Fall, dass H0 angenommen wird, können zwei Fälle auftreten, H0 ist wahr oder H0 ist falsch. Im Fall, dass H0 wahr ist, spricht man von Sicherheit 1. Art.

$[H_0 \; angenommen | \; H_0 \; wahr] \rightarrow$ berechtigte Beibehaltung von $H_0 \cong 1 - \alpha$

Im Fall, dass H_0 falsch ist, also H_1 wahr ist, spricht man von Fehler 2. Art oder auch β-Fehler. Diese Wahrscheinlichkeit lässt sich nicht kontrollieren und ist abhängig von der Art des Tests und des Signifikanzniveaus α.

$[H_0 \; angenommen | \; H_1 \; wahr] \rightarrow$ unberechtigte Beibehaltung von $H_0 \cong \beta$

Im Fall, dass H_1 angenommen wird, kann der Fall auftreten, dass H_1 wahr ist. Hier spricht man von Sicherheit 2. Art.

$[H_1 \; angenommen | \; H_1 \; wahr] \rightarrow$ berechtigte Verwerfung von $H_0 \cong 1 - \beta$

Im Fall, dass H_1 falsch ist, also H_0 wahr ist, spricht man von Fehler 1. Art oder auch α-Fehler. Die Wahrscheinlichkeit, einen Fehler 1. Art zu begehen, heißt Irrtumswahrscheinlichkeit oder Signifikanzniveau.

$[H_1 \; angenommen | \; H_0 \; wahr] \rightarrow$ unberechtigte Verwerfung von $H_0 \cong \alpha$

Bild 2.7 zeigt die Fehler 1. Art und Fehler 2. Art bei einem Signifikanzniveau α = 0,05 im Vergleich.

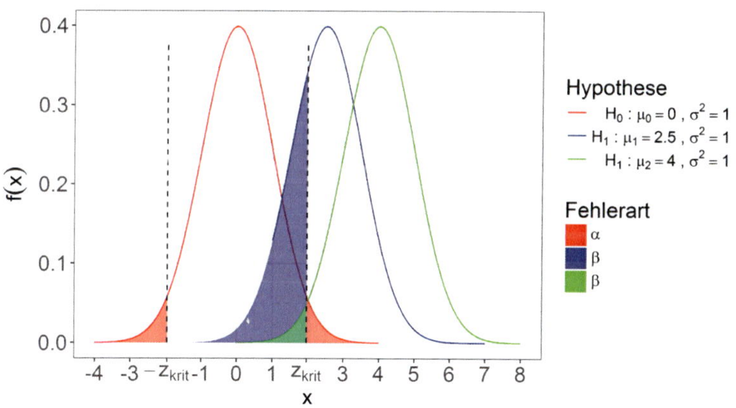

Bild 2.7 Vergleich Fehler 1. Art und Fehler 2. Art auf einem Signifikanzniveau α = 0,05

3. Wahl einer geeigneten Prüfgröße und Prüfgrößenverteilung bestimmen

   Berechnung der Teststatistik

Die Wahl der geeigneten Prüfgröße hängt von der Nullhypothese und der zugrunde liegenden Verteilung ab. Für die Berechnung der Testgröße spielen Parameter wie Mittelwert und Varianz der Stichprobe eine Rolle. Es wird eine Stichprobenfunktion $\hat{\theta}$ gesucht, die sich zum Testen der Hypothesen eignet.

Für einen Test auf den Parameter μ eignet sich die Stichprobenfunktion $\hat{\theta} = \overline{X} = \frac{1}{n} \sum_{i=1}^{n} X_i$.

Prüfgrößenverteilung: $\overline{X} \sim N\left(\mu; \frac{\sigma^2}{n}\right)$

Aus der Prüfgröße lässt sich durch Transformation eine Teststatistik berechnen. Da sie mit der Prüfgröße in Zusammenhang steht, ist sie ebenfalls eine Zufallsvariable. Die Verteilung der Teststatistik heißt Testverteilung. Bekannte Testverteilungen sind die Standardnormalverteilung, die t-Verteilung t_f mit f Freiheitsgraden, die X_f^2-Verteilung mit f Freiheitsgraden und die F-Verteilung.

$\overline{X}$ ist unter H_0: $N\left(\mu; \frac{\sigma^2}{n}\right)$

Teststatistik: $Z = \frac{\overline{X}-\mu_0}{\frac{\sigma}{\sqrt{n}}}$ ist unter H_0: $N(0; 1)$

4. Bestimmung des kritischen Werts und Vergleich mit Teststatistik

In Abhängigkeit von H_0 und α wird der kritische Wert ermittelt. Wenn die Testgröße den kritischen Wert überschreitet, wird H_0 verworfen. Typische Werte für das Signifikanzniveau α sind 0,01 sowie 0,05 und 0,1. Je nach Kontext und erforderlicher Genauigkeit werden auch andere Werte verwendet. Ein Signifikanzniveau von 0,01 bedeutet, dass in 1 % aller Fälle die Nullhypothese fälschlicherweise verworfen wird. Die Ermittlung des kritischen Werts geschieht durch Ablesen aus entsprechenden Tabellen oder durch eine Statistik-Software. Bild 2.8 zeigt die Teststatistik Z unter H_0 als Standardnormalverteilung N(0,1) mit kritischen Werten bei α = 0,05. Der Annahmebereich für die Teststatistik liegt bei $\left\{z | -z_{1-\frac{\alpha}{2}} \leq z \leq z_{1-\frac{\alpha}{2}}\right\}$, der Verwerfungsbereich liegt bei $\left\{z | z < -z_{1-\frac{\alpha}{2}} \text{ oder } z > z_{1-\frac{\alpha}{2}}\right\}$.

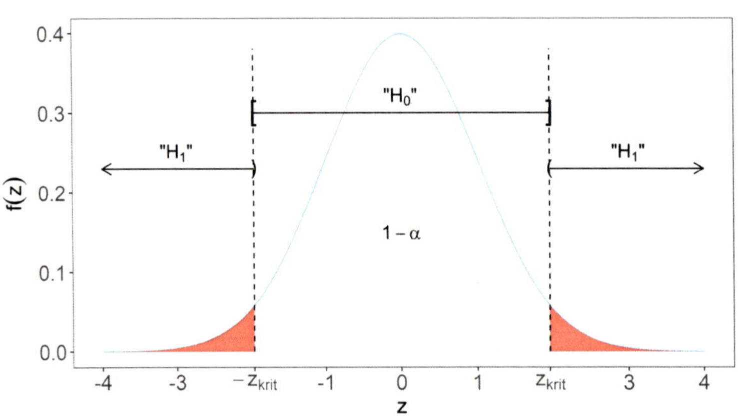

Bild 2.8 Teststatistik unter H_0 mit kritischen Werten bei α = 0,05

Der Annahmebereich für die Prüfgröße liegt bei $\left\{\overline{x}|\mu_0 - z_{1-\frac{\alpha}{2}}\frac{\sigma}{\sqrt{n}} \leq \overline{x} \leq \mu_0 + z_{1-\frac{\alpha}{2}}\frac{\sigma}{\sqrt{n}}\right\}$ und der Verwerfungsbereich bei $\left\{\overline{x}|\overline{x} < \mu_0 - z_{1-\frac{\alpha}{2}}\frac{\sigma}{\sqrt{n}}\ oder\ \overline{x} > \mu_0 + z_{1-\frac{\alpha}{2}}\frac{\sigma}{\sqrt{n}}\right\}$.

5. Testentscheidung

Die Testentscheidung kann anhand des Vergleichs des Werts der Prüfgröße mit dem kritischen Wert erfolgen. Überschreitet die Prüfgröße den kritischen Wert, wird H_0 zugunsten von H_1 verworfen. Die Ablehnung der Nullhypothese bei einem Signifikanzniveau von $\alpha = 0{,}05$ bedeutet, dass mit einer Wahrscheinlichkeit von 5 % die Entscheidung fälschlicherweise aufgrund einer schlechten Stichprobe zustande gekommen ist.

Die Testentscheidung kann über das Konfidenzintervall herbeigeführt werden. Die Nullhypothese kann nur dann nicht abgelehnt werden, wenn der in der Nullhypothese postulierte Parameter vom Konfidenzintervall überdeckt wird. Da hierbei eine große Abhängigkeit von der Wahl des Signifikanzniveaus α besteht, hat sich folgende in Tabelle 2.3 gezeigte Bewertungssystematik für Testentscheidungen entwickelt.

Tabelle 2.3 Bewertungssystematik für Testentscheidungen

Wenn das Testkriterium bei:	Dann ist die Abweichung:
α = 5 % nicht zum Verwerfen von H_0 führt	zufällig
α = 5 % zum Verwerfen von H_0 führt aber α = 1 % nicht zum Verwerfen von H_0 führt	indifferent, bedingt signifikant
α = 1 % zum Verwerfen von H_0 führt, aber α = 0,1 % nicht zum Verwerfen von H_0 führt	signifikant
α = 0,1 % zum Verwerfen von H_0 führt	hoch signifikant

Alternativ kann die Testentscheidung auch mittels p-Wert getroffen werden. Der p-Wert ist der Wert des Signifikanzniveaus α, bei dem die Nullhypothese im Grenzfall gerade nicht verworfen wird. Der Wert ist die Wahrscheinlichkeit, eine Teststatistik zu erhalten, die größer gleich bzw. kleiner gleich ist als die berechnete Teststatistik unter der Voraussetzung, dass H_0 zutrifft. Der p-Wert berechnet sich wie folgt:

Rechtsseitiger Test: $p - Wert = P(Z \geq z_{Test})$

Linksseitiger Test: $p - Wert = P(Z \leq z_{Test})$

Zweiseitiger Test: $p - Wert = P(Z \geq |z_{Test}|)$

Gütefunktion

Zur Definition der Güte eines Tests wird die Gütefunktion verwendet. Sie gibt in Abhängigkeit vom zu schätzenden Parameter ϑ alle Ablehnungswahrscheinlichkeiten des Tests an.

Die berechtigte Ablehnungswahrscheinlichkeit ist $P(H_{1,\text{angenommen}} \mid \vartheta \in H_1)$. Die unberechtigte Ablehnungswahrscheinlichkeit ist $P(H_{1,\text{angenommen}} \mid \vartheta \in H_0)$. Daraus ergibt sich die Gütefunktion:

$$g(\vartheta) = P\left(H_{1,angenommen}|\vartheta\right) = \begin{cases} P\left(H_{1,angenommen}|\vartheta \in H0\right) = \alpha_{(\vartheta)} \\ P\left(H_{1,angenommen}|\vartheta \in H1\right) = 1 - \beta_{(\vartheta)} \end{cases}$$

Die Güte des Tests beschreibt die Trennschärfe des Tests, also wie gut H_0 von H_1 unterschieden werden kann. Sie hängt vom wahren Wert des Parameters in der Grundgesamtheit, vom Signifikanzniveau α und vom Stichprobenumfang n ab. Bild 2.9 zeigt die Gütefunktion für einen zweiseitigen Test mit einem Konfidenzniveau von $\alpha = 0{,}05$ für verschiedene Stichprobengrößen. Die Begriffe Power oder Teststärke beziehen sich auf die Fähigkeit eines statistischen Tests, tatsächliche Effekte oder Unterschiede zu erkennen. Die Power eines statistischen Tests ist die Wahrscheinlichkeit, dass der Test die Nullhypothese ablehnt, wenn die Alternativhypothese tatsächlich wahr ist. Für n = 8 ergibt sich für eine Abweichung von $\Delta\mu = 1$ eine Power von ca. 30 %. Wenn die Stichprobengröße erhöht wird, steigt die Power. Für n = 30 ergibt sich für eine Abweichung von $\Delta\mu = 1$ eine Teststärke/Power von ca. 77 %.

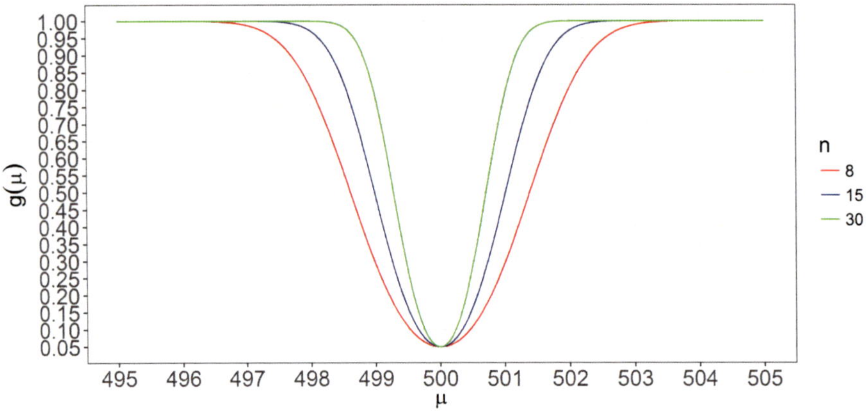

Bild 2.9 Gütefunktion für einen zweiseitigen Test mit verschiedenen Stichprobengrößen und $\alpha = 0{,}05$

Operationscharakteristik

Die Operationscharakteristik spielt eine wichtige Rolle bei der Überprüfung von Losen, dem Führen von Qualitätsregelkarten sowie bei der Durchführung von Tests in der Industrie. Sie wird zur Analyse des Risikos verwendet, wobei das Alpha-Risiko oder auch Herstellerrisiko die Wahrscheinlichkeit beschreibt, dass eine gute Charge fälschlicherweise abgelehnt wird. Das Beta-Risiko oder auch Käuferrisiko beschreibt die Wahrscheinlichkeit, dass eine schlechte Charge fälschlicherweise akzeptiert wird.

Die OC-Kurve β ist eine Funktion des zu schätzenden Parameters und gibt alle Annahmewahrscheinlichkeiten des Tests an. Sie stellt die Beziehung zwischen der Annahmewahrscheinlichkeit eines Tests und verschiedenen Werten eines zu schätzenden Parameters dar. Die OC-Kurve visualisiert, wie gut ein Test zwischen der Nullhypothese (H_0) und der Alternativhypothese (H_1) unterscheiden kann. Bild 2.10 zeigt eine OC-Kurve für einen zweiseitigen Test mit dem Konfidenzniveau α = 0,05 und einer Stichprobengröße n = 8. Für eine Abweichung von $\Delta\mu$ = 1 ergibt sich eine Annahmewahrscheinlichkeit von ca. 70 %.

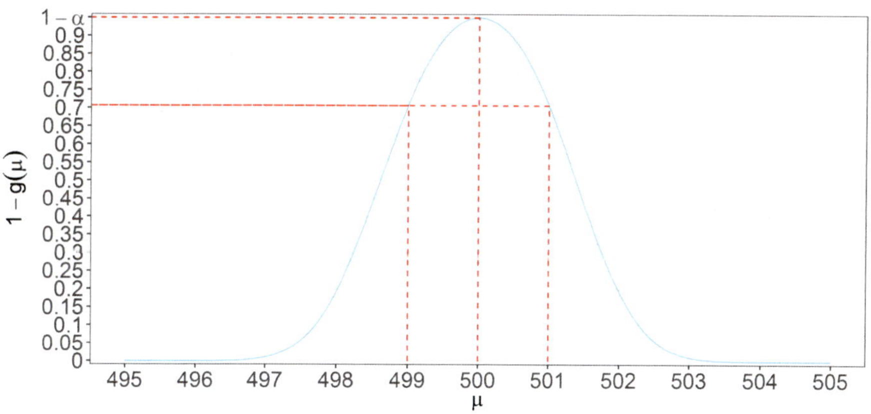

Bild 2.10 OC-Kurve für einen zweiseitigen Test mit α = 0,05 und n = 8

Aus den Stichprobenwerten wird ein Wert mittels einer Stichprobenfunktion (wie arithmetischer Mittelwert, empirische Varianz oder relative Häufigkeit) berechnet. Dieser Wert wird anschließend so normiert, dass er mit einer bekannten Verteilung, die unter der Nullhypothese vermutet wird, vergleichbar ist. Das Ergebnis dieser Normierung ist eine Teststatistik, die mit einem kritischen Wert verglichen wird. Der kritische Wert entspricht dem spezifischen Quantil der verwendeten Verteilung. Dabei ist α das Signifikanzniveau, auch bekannt als Irrtumswahrscheinlichkeit.

t-Test

Der t-Test ist ein statistisches Verfahren, das verwendet wird, um Hypothesen über den Mittelwert einer Population zu testen. Er basiert auf der t-Verteilung und wird angewendet, wenn die Daten aus einer annähernd normalverteilten Population stammen und die Varianz der Grundgesamtheit unbekannt ist. Es gibt verschiedene Arten von t-Tests, wie den Ein-Stichproben-t-Test, den unabhängigen Zwei-Stichproben-t-Test und den gepaarten t-Test. Mit dem t-Test können Hypothesen geprüft werden, ob der Mittelwert einer Stichprobe einem bestimmten Wert entspricht (Ein-Stichproben-t-Test) oder ob die Mittelwerte zweier Gruppen unterschiedlich sind (zweiseitiger t-Test) bzw. ob ein Mittelwert größer oder kleiner als ein anderer ist (einseitiger t-Test). Voraussetzung für den t-Test sind unabhängige und identisch verteilte Zufallsvariablen sowie die Existenz der Varianz.

F-Test

Der F-Test ist ein statistisches Verfahren, das verwendet wird, um die Varianzen von zwei oder mehr Gruppen zu vergleichen und festzustellen, ob sie signifikant unterschiedlich sind. Der Test basiert auf der F-Verteilung, benannt nach dem Statistiker Sir Ronald Fisher. Der F-Test prüft als Nullhypothese, dass die Varianzen der Gruppen gleich sind. Dabei wird die Teststatistik als Verhältnis der Varianzen berechnet. Ein hoher F-Wert deutet darauf hin, dass die Varianz zwischen den Gruppen größer ist als die Varianz innerhalb der Gruppen, was auf signifikante Unterschiede hinweist. Ist der F-Wert kleiner als der kritische Wert aus der F-Tabelle, wird die Nullhypothese nicht verworfen. Ist der F-Wert größer, wird die Nullhypothese verworfen, was bedeutet, dass die Gruppenvarianzen signifikant unterschiedlich sind. Es ist wichtig zu beachten, dass der F-Test oft als Bestandteil der Varianzanalyse (ANOVA) verwendet wird.

Varianzanalyse (ANOVA)

Die Varianzanalyse (ANOVA) ist eine statistische Methode, um die Mittelwerte von drei oder mehr Gruppen zu vergleichen und festzustellen, ob es signifikante Unterschiede zwischen diesen Gruppen gibt. Die ANOVA ist besonders nützlich für komplexe Experimente, da sie im Gegensatz zum t-Test mehr als zwei Gruppen gleichzeitig analysieren kann. Sie teilt die Gesamtvarianz der Daten in die Varianz zwischen den Gruppen und die Varianz innerhalb der Gruppen auf. Zu den Voraussetzungen der ANOVA gehören die Normalverteilung der Daten, die Homogenität der Varianzen und die Unabhängigkeit der Beobachtungen. Es gibt verschiedene Varianten der ANOVA, wie die Einfaktor-ANOVA und die Mehrfaktor-ANOVA.

Binomial-Test

Der Binomial-Test ist eine statistische Methode, um festzustellen, ob die Anzahl der Erfolge in einer Stichprobe mit einer vorgegebenen Erfolgswahrscheinlichkeit übereinstimmt. Solche Tests werden häufig verwendet, wenn die Daten binomialverteilt sind, d.h., sie bestehen aus einer Reihe von unabhängigen Experimenten mit jeweils zwei möglichen Ergebnissen (Erfolg oder Misserfolg). Der Test berechnet die Wahrscheinlichkeit, dass die beobachtete Anzahl an Erfolgen unter der Nullhypothese, dass die Erfolgswahrscheinlichkeit einen bestimmten Wert hat, auftritt. Der Binomialtest kann verwendet werden, um zu prüfen, ob ein beobachteter Erfolg oder Misserfolg signifikant von einer erwarteten Erfolgsrate abweicht.

2.4.3.3 Regressionsanalyse

Die Regressionsanalyse untersucht die Beziehungen zwischen einer abhängigen Variable (Zielgröße oder Regressand) und einer oder mehreren unabhängigen Variablen (Einflussgrößen oder Regressoren), um Vorhersagen zu treffen und die Stärke der Einflüsse zu quantifizieren. Dabei wird versucht, die Einflussgrößen als Erklärung für die Werte der Zielgröße zu validieren. Die Regressionsanalyse setzt keine kausale Ursache-Wirkungs-Beziehung voraus, sondern untersucht primär statistische Zusammenhänge.

Das Vorgehen bei der Regressionsanalyse ist ein iterativer Prozess und umfasst mehrere Schritte. Zunächst wird die Modellart bestimmt und die Regressionsfunktion geschätzt. Danach werden die Regressionsfunktion und die Regressionskoeffizienten überprüft und zuletzt werden die Modellannahmen validiert.

Bei der Modellformulierung wird die Kenntnis der Daten vorausgesetzt. Streudiagramme können dabei Anhaltspunkte für mögliche Beziehungen bieten. Das Modell sollte die vermutete Beziehung zwischen den Variablen vollständig abbilden. Es wird zunächst zwischen einfacher und multipler Regression unterschieden, abhängig von der Anzahl der Einflussgrößen, sowie zwischen linearer und nichtlinearer Regression, abhängig von der vermuteten Form der Beziehung.

Auf Basis der vorhandenen Daten wird die Regressionsfunktion geschätzt. Dazu können Programmiersprachen wie Python, R und MATLAB oder Statistik-Software wie Minitab, SPSS und Stata genutzt werden. Die Schätzung der Regressionsfunktion erfolgt häufig mittels der Methode der kleinsten Quadrate (OLS), die die Summe der quadrierten Abweichungen minimiert.

Die Überprüfung des Modells erfolgt über die Analyse der Residuen. Die Residuen sollten normalverteilt sein und einen Erwartungswert von 0 haben. Zudem sollte es keine Abhängigkeit der Varianz von der Ausprägung der Variablen geben (Homoskedastizität). Auch Multikollinearitäten, also Korrelationen zwischen unabhängigen Variablen, können die Aussagekraft des Modells negativ beeinflussen.

Die Güte der Regressionsfunktion wird anhand globaler (gesamtes Modell) und lokaler (einzelne Variablen) Gütemaße überprüft. Zu den globalen Gütemaßen gehören die F-Statistik, die den empirischen F-Wert mit dem theoretischen vergleicht und über Hypothesentests einen Zusammenhang bestätigt, sowie das Bestimmtheitsmaß R^2. Zu den lokalen Gütemaßen gehören Hypothesentests der einzelnen Koeffizienten, die darüber Auskunft geben, ob diese signifikanten Einfluss haben.

Einfache lineare Regression

Die einfache lineare Regression untersucht die Beziehung zwischen einer einzelnen unabhängigen Variable und einer abhängigen Variable. Diese Beziehung wird durch die Regressionsgleichung dargestellt, welche die quantitative Beschreibung der abhängigen Variable y durch die unabhängige Variable x darstellt. Der Regressionskoeffizient β_1 gibt an, um wie viel sich die abhängige Variable y im Durchschnitt ändert, wenn sich die unabhängige Variable x um eine Einheit erhöht. β_0 gibt den Achsenabschnitt an und ε den Fehlerterm, der die Abweichungen der Datenpunkte von der Regressionslinie beschreibt (Montgomery et al. 2021). Da in der Realität einfache lineare Zusammenhänge aufgrund von Störeinflüssen nicht beobachtet werden, wird dies mit dem zufällig verteilten und nicht beobachtbaren Fehlerterm berücksichtigt, welcher die Differenz zwischen geschätzter und realer Zielgröße darstellt. Die Regressionsgleichung für die einfache lineare Regression lautet:

$$y = \beta_0 + \beta_1 x + \varepsilon$$

y = abhängige Variable
x = unabhängige Variable
β_0 = Achsenabschnitt
β_1 = Regressionskoeffizient
ε = Fehlerterm

Der Achsenabschnitt β_0 und der Regressionskoeffizient β_1 für die geschätzten Gerade $\hat{y} = \hat{\beta}_0 + \hat{\beta}_1 x$ werden über die Methode der kleinste Quadrate ermittelt. Die Residuen sind der Abstand der durch die geschätzte Regressionsgerade vorhergesagten Werte zu den tatsächlich beobachteten Werten und werden mit $\hat{u}_i = y_i - \hat{y}_i$ angegeben. Die Analyse der Residuen ist ein wichtiger Schritt in der Beurteilung der Angemessenheit und Qualität des gewählten Modells.

Eine zentrale Annahme in der linearen Regression ist, dass die Residuen normalverteilt sind. Dies kann durch visuelle Inspektion von Histogrammen oder Q-Q-Plots der Residuen überprüft werden. Wenn die Residuen nicht normalverteilt sind, könnten die statistischen Inferenzmethoden (z. B. Konfidenzintervalle und p-Werte) ungültig sein. Residuen sollten einen Mittelwert von 0 und eine konstante Varianz aufweisen.

Die Residuen können gegenüber den Einflussgrößen dargestellt werden. Eine weitere Annahme der linearen Regression ist, dass die Beziehung zwischen den Prädiktorvariablen und der Zielvariable linear ist. Wenn die Residuen gegenüber den Prädiktorvariablen geplottet werden, sollten keine systematischen Muster erkennbar sein. Die Residuen sollten unsystematisch um die Nullachse streuen. Wenn jedoch ein Muster oder eine gekrümmte Form sichtbar wird, könnte dies darauf hinweisen, dass die Beziehung nicht linear ist und möglicherweise eine Transformation der Prädiktorvariable oder die Anwendung eines nicht linearen Modells erforderlich ist. Bild 2.11 zeigt auf der linken Seite oben die Verteilung der Residuen gegenüber der Einflussgröße. Die Summe und der Mittelwert der Residuen sind 0. Es ist aber ein systematisches Muster bei der Fluktuation um 0 sichtbar (umgedrehte U-Form). Dies ist ein Indiz für ein nicht lineares, eher quadratisches Modell. Auf der linken Seite unten ist das transformierte quadratische Modell zu sehen. Hier folgen die Residuen keinem systematischen Muster mehr, sie fluktuieren um 0. Dies ist ein Indiz dafür, dass das quadratische Modell den Zusammenhang gut beschreibt.

Wenn die Residuen gegenüber den Beobachtungsnummern dargestellt werden, können sichtbare Muster oder Trends Rückschlüsse auf unberücksichtigte Störgrößen zulassen, wie bspw. Änderungen der Umgebungstemperatur oder Werkzeugverschleiß.

Die Darstellung der Residuen gegenüber der geschätzten Zielgröße kann genutzt werden, um die Modellspezifikation zu prüfen. Liegt ein systematischer Verlauf in der Differenz zwischen Zielgröße und geschätzter Zielgröße vor, sollte das Modell angepasst werden. Eine weitere Annahme der linearen Regression ist die Homoskedastizität, d.h., die Varianz der Residuen sollte konstant sein und nicht von der Zielgröße abhängen. Wenn die Residuen gegen die Zielgröße geplottet werden und ein Muster wie ein Fächer oder eine Trichterform auftritt, deutet dies auf Heteroskedastizität hin. Dies bedeutet, dass die Streuung der Residuen mit den Werten der Zielgröße variiert, was die Effizienz der Schätzungen und die Validität der Inferenz beeinträchtigen kann. Bild 2.11 zeigt auf der rechten Seite oben die Verteilung der Residuen gegenüber der geschätzten Zielgröße. Es ist zu erkennen, dass die Varianz der Residuen nicht konstant ist. Die Varianzhomogenität ist nicht gegeben. Auf der rechten Seite unten sind die Residuen gegenüber der geschätzten Zielgröße für das transformierte quadratische Modell aufgetragen. Eine konstante Streuung ist anzunehmen.

Ein Normal-Q-Q-Diagramm (Quantil-Quantil-Diagramm) der Residuen ist ein grafisches Werkzeug, das verwendet wird, um zu beurteilen, ob die Residuen eines Regressionsmodells einer Normalverteilung folgen. Weichen die Werte stark von der Linie ab, ist das Modell schlecht angepasst. Eine Transformation der Daten kann dieses Problem beheben.

Beschreibt das lineare Modell den Zusammenhang zwischen den Variablen nur unzureichend, können mathematische Transformationen verwendet werden, um nichtlineare Beziehungen in eine lineare Form zu bringen. Es kommen Transformationen der Einfluss- oder Zielgröße oder beider Variablen in Betracht. Die Linearität der Koeffizienten des Modells wird dabei erhalten. Die quadratische Transformation wurde bereits angesprochen. Auch logarithmische, Potenz- und andere Transformationen sind möglich.

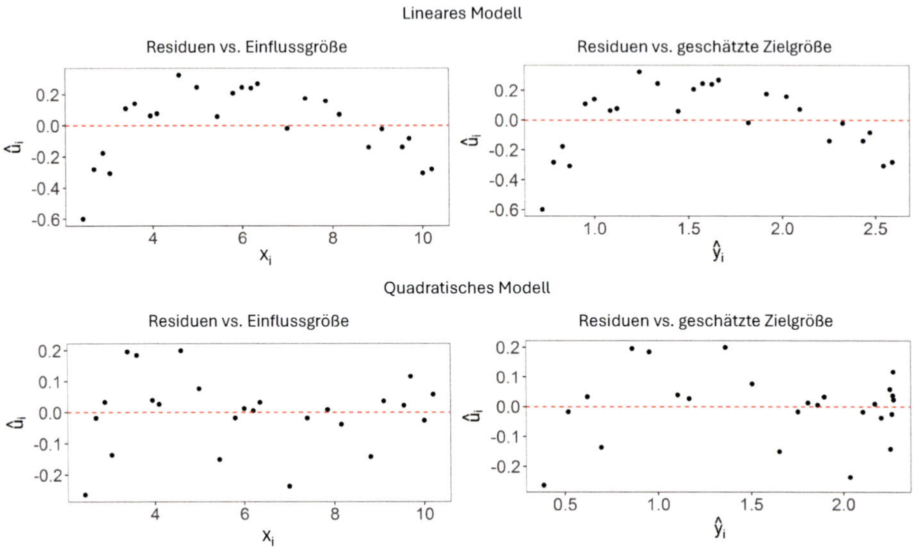

Bild 2.11 Darstellung der Residuen gegenüber Einflussgröße und geschätzter Zielgröße für das lineare Modell und das quadratische Modell

Im nächsten Schritt muss eine Beurteilung der Modellgüte vorgenommen werden. Dabei werden folgende Streuungskomponenten betrachtet:

- Gesamtstreuung: $SST = \sum_{i=1}^{n} \left(y_i - \overline{y}\right)^2 = SSM + SSE$
- Erklärte Streuung: $SSM = \sum_{i=1}^{n} \left(\hat{y}_i - \overline{y}\right)^2$
- Unerklärte Streuung: $SSE = \sum_{i=1}^{n} (y_i - \hat{y}_i)^2 = \sum_{i=1}^{n} \hat{u}_i^2$

Bild 2.12 zeigt die Komponenten Gesamtstreuung SST, die erklärte Streuung SSM und die unerklärte Streuung SSE anschaulich.

Das Bestimmtheitsmaß R^2 gibt den Anteil der Gesamtvarianz an, der durch das Modell erklärt werden kann. Das Bestimmtheitsmaß kann Werte von 0 bis 1 annehmen.

$$R^2 = \frac{\sum_{i=1}^{n} \left(\hat{y}_i - \overline{y}\right)^2}{\sum_{i=1}^{n} \left(y_i - \overline{y}\right)^2} = \frac{SSM}{SST} = 1 - \frac{SSE}{SST}$$

$R^2 = 0$ gibt an, dass das Modell keine Varianz der abhängigen Variable erklärt. $R^2 = 1$ bedeutet, dass das Modell die gesamte Varianz der abhängigen Variable erklärt. Ein höherer R^2-Wert bedeutet eine bessere Anpassung des Modells an die Daten.

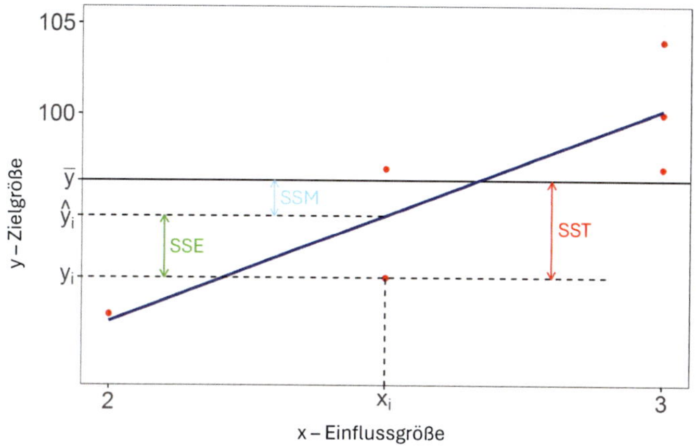

Bild 2.12 Streuungszerlegung

Polynomiale Regression

Es ist nicht immer möglich, den Zusammenhang zwischen Ziel- und Einflussgrößen zu modellieren. In diesem Fall wird versucht, ein anderes interpretierbares Modell zu finden. Polynomiale Regression ist eine Erweiterung der linearen Regression, bei der die Beziehung zwischen der unabhängigen Variable x und der abhängigen Variable y durch ein Polynom höherer Ordnung modelliert wird. Diese Methode eignet sich besonders gut, wenn die Daten eine nichtlineare Beziehung aufweisen, die mit einer linearen Funktion nicht adäquat beschrieben werden kann. Ein quadratisches Modell wurde in Bild 2.11 verwendet. Die Regressionsgleichung für die polynomiale Regression lautet:

$$y = \beta_0 + \beta_1 x + \beta_2 x^2 + \beta_3 x^3 + \ldots + \beta_n x^n + \varepsilon$$

y = abhängige Variable
x = unabhängige Variable
β_0 = Achsenabschnitt
$\beta_1, \beta_2, \ldots, \beta_n$ = Regressionskoeffizienten
ε = Fehlerterm

Multiple Lineare Regression

Die multiple lineare Regression erweitert die einfache lineare Regression, indem sie die Beziehung zwischen einer abhängigen Variablen und mehreren unabhängigen Variablen analysiert. Die Regressionsgleichung für die multiple Regression lautet:

$$y = \beta_0 + \beta_1 x_1 + \beta_2 x_2 + \ldots + \beta_n x_n + \varepsilon$$

y = abhängige Variable
$x_1, x_2, \ldots, x_n$ = unabhängige Variablen
β_0 = Achsenabschnitt
$\beta_0, \beta_1, \beta_2, \ldots, \beta_n$ = Regressionskoeffizienten
ε = Fehlerterm

Die multiple lineare Regression ist besonders nützlich in komplexen Szenarien, in denen viele Variablen interagieren. Sie bietet eine umfassendere Analyse als die einfache Regression und ist ein wichtiges Werkzeug für Vorhersagemodelle und Entscheidungsfindung.

2.4.3.4 Kausalanalyse

Die Kausalanalyse ist eine Methode der Datenanalyse, die kausale Beziehungen zwischen Variablen identifiziert und quantifiziert. Dabei wird untersucht, ob und in welchem Ausmaß eine Variable eine andere beeinflusst, und es werden Verfahren wie Pfadanalyse und Strukturgleichungsmodellierung (SEM) verwendet, um komplexe kausale Beziehungen zu modellieren und direkte sowie indirekte Auswirkungen zu ermitteln. Ein zentrales Konzept der Kausalanalyse ist die Kausal-Markov-Annahme, die statistische Methoden nutzt, um kausale Strukturen in Daten zu identifizieren und die Richtung von Kausalbeziehungen zu bestimmen. Neue Entwicklungen, insbesondere in der Analyse von Zeitreihen, haben die Anwendung der Kausalanalyse in verschiedenen Forschungsfeldern erweitert und bieten ein besseres Verständnis komplexer Systeme und ihrer kausalen Zusammenhänge (Spirtes & Zhang 2016).

Mechanistische Analyse

Die mechanistische Datenanalyse ist eine Methode, die in den Natur- und Ingenieurwissenschaften angewendet wird, um komplexe Systeme zu untersuchen und ein Verständnis der zugrunde liegenden physikalischen, biologischen oder chemischen Mechanismen zu erlangen. Diese Methode ermöglicht durch präzise Datenkontrolle und Variablenmessung genaue Vorhersagen über das Verhalten von Systemen. Der Schlüssel zur erfolgreichen Anwendung der mechanistischen Datenanalyse liegt in einem tiefgreifenden Verständnis der grundlegenden Mechanismen, die die Daten erklären. Daher ist diese Methode anspruchsvoll und erfordert spezialisiertes Wissen und umfangreiche praktische Erfahrung.

2.4.4 Multivariate Analyse

Die multivariate Analyse gehört zu den fortgeschrittenen statistischen Analysetechniken und wird in verschiedenen Kontexten angewendet, um Daten zu verstehen, Muster zu erkennen und Hypothesen zu testen. Sie kann sowohl in der deskriptiven, der explorativen als auch in der inferenziellen Analyse eingesetzt werden, je nach spezifischer Methode und Ziel.

Dependenzanalyse

Die Dependenzanalyse befasst sich mit der Identifizierung und Quantifizierung von Abhängigkeiten zwischen Variablen. Zu den wichtigsten Methoden gehören die Korrelationsanalyse und die Regressionsanalyse sowie spezifische statistische Tests.

Interdependenzanalyse

Die Interdependenzanalyse ist eine statistische Methode zur Untersuchung von Abhängigkeiten und Wechselwirkungen zwischen mehreren Variablen in einem Datensatz, ohne zwischen abhängigen und unabhängigen Variablen zu unterscheiden. Sie zielt darauf ab, komplexe Datenstrukturen zu identifizieren und zu verstehen, indem sie Muster und Zusammenhänge aufdeckt, ohne kausale Richtungen vorzugeben. Zu den wichtigsten Methoden gehören die Hauptkomponentenanalyse und die Faktorenanalyse.

Die wichtigsten Punkte in Kürze

- Der Datenanalyseprozess kann in Datenimport, Datenbereinigung, Datenverständnis und Kommunikation der Daten eingeteilt werden.
- Die Methoden der Data Analytics können in die Stufen Descriptive Analytics, Diagnostic Analytics, Predictive Analytics und Prescriptive Analytics unterteilt werden. Jede Stufe steigt in Komplexität der Anwendung, aber auch im Mehrwert der gewonnenen Erkenntnisse.
- Es existieren mehrere Prozessmodelle für das Data-Mining. Spezialisierungen sind Test-, Web-, Process- und Task-Mining sowie Zeitreihenanalyse.
- Verschiedene statistische Verfahren werden zur Datenauswertung genutzt. In der deskriptiven Analyse gibt es u. a. die Korrelationsanalyse und in der explorativen Analyse u. a. die Clusteranalyse. In der inferenziellen Analyse werden Methoden wie Schätzverfahren, Hypothesentest, Regressionsanalyse und Kausalanalyse verwendet. Die multivariate Analyse nutzt Methoden wie Dependenzanalyse und Interdependenzanalyse.

Literatur

Bacher, J., Pöge, A., Wenzig, K. (2010): *Clusteranalyse. Anwendungsorientierte Einführung in Klassifikationsverfahren*, München: Oldenbourg Wissenschaftsverlag.

Beckschulte, S., Padrón Hinrichs, M., Pirrone, L., Grothkopp, M., Sohnius, F., Schmitt, R., Friedli, T. (Hrsg.) (2023): *Manufacturing data analytics study 2023. Empirical industry study*, Apprimus Verlag. Aachen: Apprimus Verlag.

Beyer, H. (1981): „Tukey, John W.: Exploratory Data Analysis. Addison-Wesley Publishing Company Reading, Mass. – Menlo Park, Cal., London, Amsterdam, Don Mills, Ontario, Sydney 1977, XVI, 688 S.", in: *Biometrical J* 23(4), S. 413 – 414. DOI: 10.1002/bimj.4710230408.

Chapman, P., Clinton, J., Kerber, R., Khabaza, T., Reinartz, T., Shearer, C., Wirth, R. (2000): *CRISP-DM 1.0. Step-by-step data mining guide*.

Cleve, J., Lämmel, U., (2020): *Data Mining*. 3. Auflage. Berlin, Boston: De Gruyter (De Gruyter Studium).

Fu, T. (2011): „A review on time series data mining“, in: *Engineering Applications of Artificial Intelligence* 24(1), S. 164 – 181. DOI: 10.1016/j.engappai.2010.09.007.

Gehrau, V., Maubach, K., Fujarski, S. (2022): „Datenerfassung“, in: Dies. (Hrsg.): *Einfache Datenauswertung mit R*, Wiesbaden: Springer Fachmedien Wiesbaden, S. 39 – 58.

Ghavami, P. (2019): „Data Analytics Process“, in: Ders. (Hg.): *Big Data Analytics Methods*, Berlin: De Gruyter, S. 49 – 62.

Köstner, H. (2022): *Empirische Forschung in den Wirtschafts- und Sozialwissenschaften klipp & klar*, Wiesbaden: Springer Fachmedien Wiesbaden.

Maoz, M. (2013): *How IT should deepen big data analysis to support customer-centricity*, Gartner Research.

Marshall, G., Jonker, L. (2011): „An introduction to inferential statistics: A review and practical guide“, in: *Radiography* 17(1), e1–e6. DOI: 10.1016/j.radi.2009.12.006.

Montgomery, D. C., Peck, E. A., Vining, G. G. (2021): *Introduction to linear regression analysis*, Sixth edition. Hoboken, New Jersey: Wiley (Wiley series in probability and statistics).

Montgomery, D. C., Runger, G. C. (2014): *Applied statistics and probability for engineers*. 6. ed., SI Version. Hoboken, NJ: Wiley.

Mughal, M. J. H. (2018): „Data Mining: Web Data Mining Techniques, Tools and Algorithms: An Overview“, in: *ijacsa* 9(6). DOI: 10.14569/IJACSA.2018.090630.

Reinkemeyer, L. (2020): *Process Mining in Action*, Cham: Springer International Publishing.

Roy, D., Srivastava, R., Jat, M., Karaca, M. S. (2022): „A Complete Overview of Analytics Techniques: Descriptive, Predictive, and Prescriptive“, in: P. Mary Jeyanthi, Tanupriya Choudhury, Dieu Hack-Polay, T. P. Singh und Sheikh Abujar (Hrsg.): *Decision Intelligence Analytics and the Implementation of Strategic Business Management*, Cham: Springer International Publishing (EAI/Springer Innovations in Communication and Computing), S. 15 – 30.

Seyedan, M., Mafakheri, F. (2020): „Predictive big data analytics for supply chain demand forecasting: methods, applications, and research opportunities“, in: *J Big Data* 7(1). DOI: 10.1186/s40537-020-00329-2.

Spirtes, P., Zhang, K. (2016): „Causal discovery and inference: concepts and recent methodological advances“, in: *Applied informatics* 3, S. 3. DOI: 10.1186/s40535-016-0018-x.

Thompson, C. B. (2009): „Descriptive data analysis“, in: *Air medical journal* 28(2), S. 56 – 59. DOI: 10.1016/j.amj.2008.12.001.

VijayGaikwad, S., Chaugule, A., Patil, P. (2014): „Text Mining Methods and Techniques“, in: *IJCA* 85(17), S. 42 – 45. DOI: 10.5120/14937-3507.

Wickham, H., Çetinkaya-Rundel, M., Grolemund, G. (2023): *R for data science. Import, tidy, transform, visualize, and model data*, 2nd edition. Beijing, Boston, Farnham, Sebastopol, Tokyo: O'Reilly.

3 KI und Maschinelles Lernen

Can Çağıncan

Der Begriff „Industrie 4.0" erregte erstmals 2011 in Deutschland öffentliche Aufmerksamkeit (Klingenberg 2017) und wurde bald darauf ein viel diskutiertes Thema unter Wissenschaftlern und Praktikern weltweit (Schwab 2016) (Porter, Heppelmann et al. 2014). Zunächst als technologiegetriebene „Renaissance der Fertigung" präsentiert (Mosconi 2015) (Lasi, Fettke et al. 2014), hat sich das Konzept der Industrie 4.0 im Laufe der Zeit erheblich weiterentwickelt (Livesey 2012) (Hartmann, Ogden et al. 2017). Heute repräsentiert es ein visionäres Ziel für die Zukunft der Industrie, auch wenn eine klare, allgemein akzeptierte Definition weiterhin schwer fassbar ist (Kowalikova, Polak & Rakowski 2020) (Rupp, Schneckenburger et al. 2021). Eine Studie aus dem Jahr 2020 untersuchte die Verwendung des Begriffs „Industrie 4.0" sowohl in akademischen als auch in nichtakademischen Quellen und analysierte seine Anwendung in der Fertigung und anderen Sektoren. Die Ergebnisse zeigten, dass die Hälfte der Veröffentlichungen Industrie 4.0 außerhalb des Fertigungssektors referenzierten (Culot, Nassimbeni et al. 2020). Dies ist zu erwarten, da Industrie 4.0 kein fertiges Produkt oder eine Einheitslösung ist. Stattdessen umfasst es maßgeschneiderte Lösungen, die die Technologien hinter Industrie 4.0 nutzen und auf spezifische Probleme zugeschnitten sind.

Das Konzept Industrie 4.0 fasst eine Vielzahl an innovativen Technologien zusammen, darunter Künstliche Intelligenz (KI) und Maschinelles Lernen (ML), Cloud-Computing, Edge-Computing, Cyber-Physische Systeme (CPS), das Internet der Dinge (IoT), Cybersicherheit und mehr (Erboz 2017) (Rüßmann, Lorenz et al. 2015). Technologien wie Sensoren und das Internet der Dinge (IoT) ermöglichen eine umfassende Datenerfassung und fördern die Generierung von Big Data. Big Data ist dann entscheidend für fortschrittliche Entscheidungsprozesse. Cloud- und Edge-Computing, kombiniert mit verbesserter Cybersicherheit, bieten eine Grundlage für KI-Anwendungen, um diese Daten effektiv zu verarbeiten und zu analysieren. Diese KI-Anwendungen unterstützen Entscheidungsprozesse und optimieren die Effizienz und Nutzung von

Technologien wie CPS, Augmented Reality (AR) usw., wodurch sich neue technische Möglichkeiten ergeben, die vor einigen Jahren noch unerreichbar erschienen.

Der steigende Wettbewerb und die zunehmende Komplexität von Produkten und Projekten sowie neue Geschäftsmodelle wie individualisierte Produkte und verbesserte interdisziplinäre oder zwischenbetriebliche Zusammenarbeit machen zeitgenössische industrielle Prozesse komplexer denn je (Meissner, Jacobs et al. 2021) (Tibazarwa 2021). Angesichts dieser Komplexität erfordern die Implementierung und der Betrieb einer Reihe maßgeschneiderter Technologien eine Automatisierung in der Entscheidungsfindung, was die entscheidende Rolle von KI und Maschinellem Lernen unterstreicht. Industrie 4.0 bietet leistungsstarke Instrumente, die das Qualitätsmanagement von Organisationen erheblich verbessern (Zaidin, Diah & Sorooshian 2018) (Foidl & Felderer 2015). Es stellt jedoch auch eine Herausforderung für das Qualitätsmanagement dar, indem es die Komplexität von Prozessen erhöhen kann und neue Kennzahlen für die Messung von Qualität eingeführt werden müssen (Santhanam 2020) (Shaheen 2021).

KI-gestützte Analysen sind besonders wertvoll bei der Identifizierung von Mustern und Anomalien in Produktionsprozessen, die durch menschliche Beobachtung nicht leicht zu erkennen sind. Diese präventive Identifizierung hilft, potenzielle Qualitätsprobleme zu adressieren, bevor sie eskalieren (Monostori 2014). Durch die Integration von KI in anderen Technologien wie CPS können innerhalb der Industrie höhere Automatisierungs- und Präzisionsniveaus erreichen. In Referenz (Monostori 2014) wird betont, dass die Kombination von CPS und KI menschliche Fehler erheblich reduzieren und die Produktkonsistenz verbessern kann. AR spielt auch eine entscheidende Rolle in Industrie 4.0, indem es Schulungs- und Wartungsverfahren verbessert. AR-Anwendungen überlagern kritische Informationen auf physische Umgebungen und verbessern dadurch die Genauigkeit und Effizienz von Qualitätsinspektionen und -reparaturen. In Referenz (Mourtzis, Zogopoulos & Vlachou 2017) wird gezeigt, dass AR die Ausfallzeiten und Fehlerquoten durch Bereitstellung kontextsensitiver Echtzeitinformationen für Bediener reduzieren kann.

KI verbessert die Qualität erheblich und senkt die Kosten, indem sie Aufgaben automatisiert, die traditionell menschliches Eingreifen erfordern (Paliukas & Savanevičienė 2018). KI-Systeme, insbesondere solche, die auf Maschinellem Lernen basieren, lernen und passen sich im Laufe der Zeit ohne manuelle Updates an und verarbeiten komplexe Muster in Daten, die herkömmliche Algorithmen übersehen. Diese Fähigkeit ist entscheidend in Bereichen wie Bilderkennung, Verarbeitung natürlicher Sprache und prädiktiver Analyse (Santhanam 2020). KI verarbeitet Daten schnell und bietet wertvolle Unterstützung bei der Entscheidungsfindung, insbesondere in risikoreichen Umgebungen wie der Notfallplanung (Wamba-Taguimdje, Wamba et al. 2020). Sie reduziert Fehler durch menschliche Ermüdung bei sich wiederholenden Aufgaben, gewährleistet Präzision in der Qualitätskontrolle der Fertigung und personalisiert Benutzererfahrungen durch Empfehlungssysteme (Guo 2023). Zudem hilft KI im

Risikomanagement, indem sie große Datenmengen analysiert, um potenzielle Risiken zu identifizieren und Gegenmaßnahmen vorzuschlagen. Die effiziente Identifizierung und Verwaltung von Risiken können Verluste verhindern und die Ergebnisse verbessern (Sravanthi, Sobti et al. 2023). KI steigert die betriebliche Agilität, ermöglicht schnelle Reaktionen auf Marktveränderungen und bietet Skalierbarkeit, um große Datenmengen effizient zu handhaben, was in der Big-Data-Ära unerlässlich ist.

In der Industrie wird KI eingesetzt, um die Effizienz zu steigern, Prozesse zu optimieren und die Qualität durch prädiktive Wartung, Echtzeitüberwachung und Automatisierung zu verbessern. Diese Anwendungen von KI können zu erheblichen betrieblichen Verbesserungen führen, wie z. B. reduzierte Ausfallzeiten, optimierte Ressourcenzuweisung und verbesserte Produktqualität. Die Implementierung von KI in der Industrie steht jedoch vor mehreren Herausforderungen, darunter hohe Anfangskosten, die Komplexität der Integration von KI-Systemen in bestehende Prozesse und die Notwendigkeit erheblicher Mengen hochwertiger Daten zur Schulung von KI-Modellen. Darüber hinaus sind Datenschutz- und Sicherheitsbedenken weit verbreitet, da KI-Systeme häufig umfangreiche Datensammlungen erfordern, was das Risiko von Datenverletzungen und Missbrauch erhöht. Die Sicherstellung der Sicherheit dieser Daten ist entscheidend, um Vertrauen zu bewahren und die Einhaltung von Vorschriften zu gewährleisten. Außerdem besteht das Potenzial für Entscheidungen, die durch Bias beeinflusst sind, wenn KI-Algorithmen mit voreingenommenen Datensätzen trainiert werden. Dies kann bestehende Vorurteile in Entscheidungsprozessen aufrechterhalten und sogar verstärken. Die Bewältigung dieser Vorurteile erfordert sorgfältige Datenkuratierung und kontinuierliche Überwachung der KI-Systeme, um sicherzustellen, dass sie ordnungsgemäß funktionieren, jedoch ist die Rückverfolgbarkeit nicht in allen KI-Algorithmen möglich.

Der Schlüssel zur effektiven Integration von KI-Anwendungen in Qualitätsmanagementsysteme liegt in einer sorgfältigen Qualitätsplanung. Dies beinhaltet die Definition messbarer Qualitätskennzahlen, die mit den verfügbaren Daten und dem spezifischen Anwendungsfall übereinstimmen. Durch die strategische Kombination geeigneter Instrumente des Maschinellen Lernens mit fortschrittlichen Technologien können Organisationen die Qualität erheblich verbessern, z. B. durch Fehlererkennung oder Prozesskontrolle. Während die anfänglichen finanziellen Kosten für die Implementierung einer KI-Infrastruktur erheblich sein können, können die langfristigen Vorteile und Effizienzgewinne erhebliche Renditen auf die Investition bieten. Das Hauptziel besteht darin, ein Gleichgewicht zwischen der Aufrechterhaltung hoher Qualitätsstandards und der Kostenoptimierung durch den Einsatz von KI und Maschinellem Lernen zu finden.

Dieses Kapitel führt in die grundlegenden Prinzipien der KI und des Maschinellen Lernens ein, wobei der Schwerpunkt auf der Rolle von KI und Maschinellen Lernens innerhalb der Qualitätswissenschaft liegt. Die Diskussion erstreckt sich auf die Integration von KI in Qualitätsmanagementsystemen in der Praxis und wird durch anschauliche Beispiele ergänzt. Diese Beispiele werden die Vorteile und Anwendungsmöglichkeiten von KI zur Verbesserung der Qualitätsmanagementpraktiken, zur Optimierung von Prozessen und zur Verbesserung der Gesamtproduktqualität darstellen. Am Ende dieses Kapitels werden Sie ein grundlegendes Verständnis dafür haben, wie KI effektiv eingesetzt werden kann, welche Chancen damit verbunden sind, um die Standards und die Effizienz des Qualitätsmanagements in Organisationen zu erhöhen.

3.1 Einführung von KI

Künstliche Intelligenz (KI) ist ein Konzept von Maschinen oder Systemen, die mit der Fähigkeit ausgestattet sind, Aufgaben auszuführen, die typischerweise menschliche Intelligenz erfordern würden. Mit anderen Worten handelt es sich um Maschinen, die menschliche Intelligenz simulieren. Dazu gehört die Nachahmung von Fähigkeiten wie logischem Denken, Lernen, Problemlösung, Wahrnehmung, Sprachverständnis und sogar die Kreativität durch generative KI.

Das Konzept der Künstlichen Intelligenz (KI) wurde erstmals 1950 von dem renommierten Alan Turing eingeführt, der in seinem bahnbrechenden Papier „Computing Machinery and Intelligence“ vorschlug, dass Maschinen mathematische Argumentation simulieren könnten. In diesem Papier schlug er auch den berühmten Turing-Test als Maß für maschinelle Intelligenz vor (Turing 1950). Diese revolutionäre Idee legte den Grundstein für das Gebiet der KI. Im Jahr 1956 wurde auf der Dartmouth-Konferenz die KI erstmals als formale Disziplin anerkannt. Diese Konferenz katalysierte zahlreiche Forschungsinitiativen und formulierte ehrgeizige Ziele zur Schaffung intelligenter Maschinen. Ab diesem entscheidenden Moment wurden KI-Anwendungen in verschiedenen Bereichen erforscht, mit bedeutenden Fortschritten ab Ende der 1950er-Jahre (McCarthy, Minsky et al. 2006) (Ledley & Lusted 1959). In den Anfängen konzentrierte sich die KI hauptsächlich darauf, menschliches Denken durch schrittweise, regelbasierte logische Prozesse zu imitieren. In den 1970er-Jahren erlebten wissensbasierte Expertensysteme einen Aufschwung, die durch fortschrittliche Argumentationstechniken in der Lage waren, komplexe Probleme zu lösen. Diese Systeme nutzten große Mengen an domänenspezifischem Wissen, um fundierte Entscheidungen zu treffen, und bewiesen die kommerzielle Viabilität von KI-Technologien. Diese Systeme erzielten in den 1980er-Jahren kommerziellen Erfolg und führten zu einem erneuten Interesse und Investitionen in die KI-Forschung (Gill 1995) (Aikins 1993).

Ein bedeutender Meilenstein in der Entwicklung der KI war die Einführung des Maschinellen Lernens (ML) im Jahr 1959 durch Arthur Samuel. Er entwickelte ein selbstlernendes Dame-Spiel-Programm, das das Potenzial von ML demonstrierte, sich durch Erfahrung zu verbessern (Samuel 1959). Samuels bahnbrechende Arbeiten verdeutlichten die transformative Kraft von ML und legten den Grundstein für zukünftige Fortschritte auf diesem Gebiet (Bowling, Fürnkranz et al. 2006). ML ist ein Teilbereich der KI, der es Systemen ermöglicht, aus ihren eigenen Erfahrungen zu lernen, sodass sie Probleme ohne explizite Programmierung lösen können. Diese Fähigkeit, zu lernen und sich anzupassen, hat neue Horizonte in der KI eröffnet und es ermöglicht, Herausforderungen anzugehen, die selbst die Experten, die die Systeme trainiert haben, manchmal nicht vollständig verstehen.

Künstliche Neuronale Netze (KNNs) stellen einen bedeutenden Zweig des Maschinellen Lernens dar, der darauf abzielt, die Struktur und Funktion biologischer neuronaler Netze im Gehirn nachzuahmen. Dieser Ansatz lässt sich von der Art und Weise inspirieren, wie Neuronen kommunizieren und zusammenarbeiten, und folgt Prinzipien wie dem Hebb'schen Lernen (Minsky & Papert 1969). Die Anwendung neuronaler Netze in der KI-Forschung begann bereits in den 1950er-Jahren. Trotz zahlreicher vielversprechender Studien und der Entwicklung von Feedforward-Neuronalen Netzen (FNNs) in den 1960er-Jahren entdeckten Forscher, dass diese frühen Modelle nicht in der Lage waren, den Exklusiv-Oder-(XOR)-Schaltkreis zu verarbeiten. Außerdem war die damalige Rechenleistung nicht ausreichend, um effektive neuronale Netze zu trainieren (Minsky & Papert 1969). In den 1980er-Jahren wurden bedeutende Fortschritte in der KI erzielt, einschließlich der Einführung der Fehlerrückführung und des Aufkommens früher Convolutional Neural Networks (CNNs) (Fukushima 1980) (Rumelhart, Hinton & Williams 1986). Diese Fortschritte legten den Grundstein für zukünftige Entwicklungen. In den 1990er-Jahren nahm das Interesse an neuronalen Netzen jedoch aufgrund von Rechenbeschränkungen und des Aufstiegs einfacherer, effizienterer Algorithmen des Maschinellen Lernens wie Support Vector Machines ab (Collobert & Bengio 2004). Im letzten Jahrzehnt hat die Landschaft der KI-Forschung eine bemerkenswerte Transformation erfahren. Verbesserte Rechenleistung, technologische Fortschritte und eine florierende Forschungsgemeinschaft haben das Feld vorangetrieben und ermöglichen heute komplexere und leistungsfähigere KI-Modelle als je zuvor (Kaur, Vikas & Rekha 2022) (Annoni, Benczúr et al. 2018). Dieses Feld wurde erheblich durch die grundlegende Arbeit von Hinton et al. über Deep-Learning-Architekturen vorangebracht (Hinton, Osindero & Teh 2006) und ist zu einem Schwerpunkt der modernen KI-Forschung geworden. Die Fähigkeit des Deep Learning, komplexe Muster und Repräsentationen zu modellieren, hat zu Durchbrüchen in verschiedenen Bereichen geführt, darunter Computer Vision, Verarbeitung natürlicher Sprache und Spracherkennung, und unterstreicht seine zentrale Rolle in der Entwicklung von KI-Technologien. Bild 3.1 zeigt den unterschiedlichen Ansatzpunkt von KI, Maschinellem Lernen und Deep Learning.

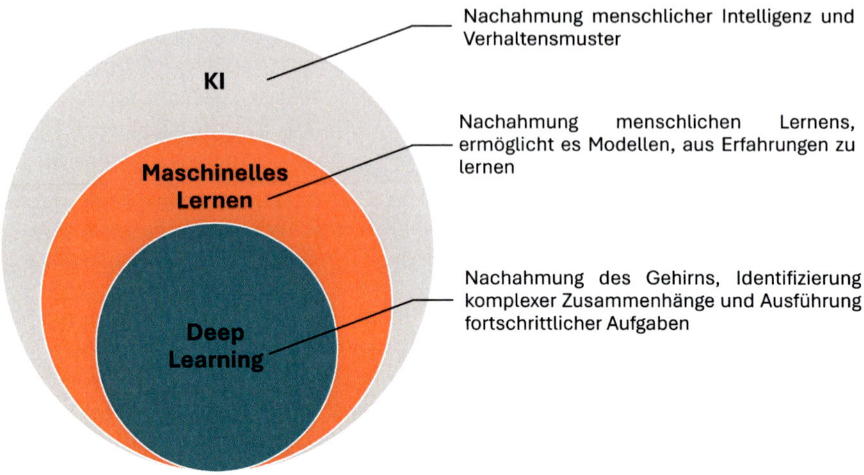

Bild 3.1 Der Unterschied zwischen KI, Maschinellem Lernen und Deep Learning

3.2 Maschinelles Lernen

KI bezieht sich auf Algorithmen, die menschliche Intelligenz simulieren. Ein grundlegender Aspekt der Intelligenz ist das Lernen, das aus zwei Hauptkomponenten besteht: Wissen und Erfahrung. Diese Komponenten sind sowohl für menschliche als auch für KI-Lernprozesse essenziell. Unabhängig davon, ob sie mit einem anfänglichen Training beginnen oder nicht, interagieren KI-Algorithmen mit ihrer Umgebung, lernen aus den Rückmeldungen dieser Interaktionen und generalisieren, um Entscheidungen zu treffen.

Aus technischer und mathematischer Perspektive beinhalten KI-Lernprozesse die Analyse eines Satzes von Eingabe-Ausgabe-Paaren, um Ausgaben für neue Eingaben vorherzusagen. Bild 3.2 veranschaulicht den Unterschied zwischen klassischen Algorithmen und Anwendungen des Maschinellen Lernens. In klassischen, nicht adaptiven Systemen werden Eingaben nur auf Grundlage der anfänglich konfigurierten Parameter verarbeitet. Bei maschinellen Lernalgorithmen hingegen passt sich das System an seine Aufgabe an, indem es seine Parameter durch das Lernen aus Rückmeldungen, die durch Interaktion mit der Umgebung gewonnen werden, optimiert. Diese adaptiven Fähigkeiten ermöglichen es dem Modell, seine Leistung im Laufe der Zeit kontinuierlich zu verbessern. Darüber hinaus kann Maschinelles Lernen neue Korrelationen identifizieren, die oft für das menschliche Auge unsichtbar sind.

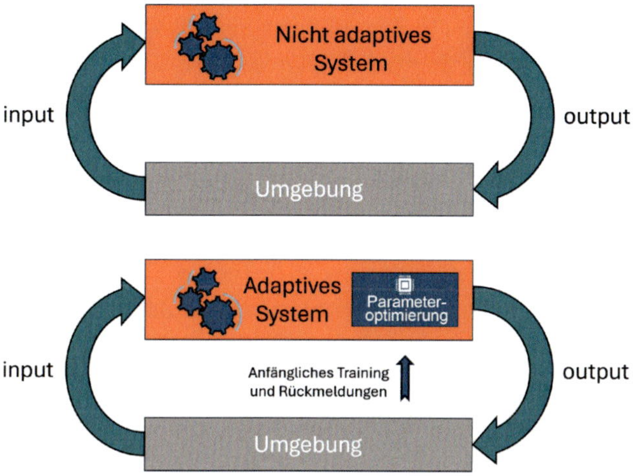

Bild 3.2
Den Unterschied verstehen: Klassisches Codieren vs. Maschinelles Lernen

Maschinelles Lernen stützt sich auf zwei Komponenten: Training und Rückmeldungen aus der Umgebung. Zu Beginn kann Wissen als beschriftete Daten an Modelle übertragen werden und die Modellleistung verbessert sich im Laufe der Zeit durch kontinuierliche Rückmeldungen. Das Daten-Labeling beinhaltet das Zuweisen eines oder mehrerer Labels zu jedem Rohdateneintrag, wie Texten, Bildern, PDFs, Videos oder Excel-Tabellen. Beschriftete Daten sind schwerer zu speichern und zu erwerben, da dieser Prozess oft die Teilnahme von echten Personen erfordert, sog. „Human-in-the-loop (HITL)"-Prozesse, zusätzlich zu maschineller Unterstützung. Beschriftete Daten verbessern die Gesamtqualität, Genauigkeit und Nutzbarkeit von maschinellen Lernmodellen erheblich. Genau zugewiesenes Labeling sorgt für eine bessere Sicherung der Qualität innerhalb der maschinellen Lernalgorithmen und bietet Vorteile für das überwachte Lernen im Vergleich zu anderen unüberwachten Methoden.

Lernmodelle werden in vier Hauptgruppen kategorisiert: überwachtes, unüberwachtes, semi-überwachtes und bestärkendes Lernen. Diese Klassifizierung vereinfacht die Komplexität realer KI-Lernmodelle und -Techniken und bietet einen nützlichen Rahmen, um die unterschiedlichen Ansätze des Maschinellen Lernens zu verstehen.

3.2.1 Überwachtes Lernen

Überwachtes Lernen verwendet beschriftete Daten und ist äußerst effektiv für Aufgaben wie Klassifikation und Regression (Bild 3.3). Das anfängliche Wissen wird aus den beschrifteten Daten abgeleitet, die zur Modellschulung verwendet werden. Beispielsweise liefern bei einer Bildklassifizierungsaufgabe die Labels Informationen über den Inhalt der Fotos. Eine bekannte Demonstration hierfür ist die Aufgabe „Chihuahua oder Muffin?", bei der ein Modell mit Fotos trainiert wird, die entweder als Chihuahua oder als Muffin beschriftet sind. Durch die Trainingsdaten lernt das Modell, Eingaben mit Ausgaben zu verknüpfen und kann die Wahrscheinlichkeit vorhersagen, ob ein neues Foto einen Hund oder einen Muffin zeigt.

Überwachtes Lernen basiert auf der Korrelation zwischen Eingabe und Ausgabe. Bei der Regression kann dies als lineare oder nichtlineare Gleichungen betrachtet werden, die die Korrelation zwischen unabhängigen Eingaben und abhängigen Ausgaben beschreiben. Die Konstanten und Gewichte in diesen Gleichungen sind die zu optimierenden Parameter. Alle überwachten Algorithmen beginnen mit einem zufälligen Anfangszustand, bei dem alle Parameter zufällig zugewiesen werden. Nach dem Training mit beschrifteten Daten werden die Parameter optimiert, um den Fehler zwischen der Zielausgabe (beschriftete Daten) und der berechneten Ausgabe zu minimieren. Somit kann eine Funktion definiert werden, die die Korrelationen in der Trainingsprobe mit minimaler Abweichung am besten erfasst. Ähnlich ist es bei Klassifikationsaufgaben, bei denen das Ziel darin besteht, die Fehlklassifikationsrate oder den Fehler zu minimieren.

Regression und Klassifikation sind wesentliche Bestandteile des Ingenieurwesens und werden in der Qualitätswissenschaft, insbesondere in der Qualitätskontrolle und der prädiktiven Wartung im Fertigungssektor, intensiv genutzt. Durch das Trainieren von Modellen mit Daten, die bereits vorab generiert wurden, die dann Beispiele für sowohl normale als auch defekte Produkte enthalten, können diese Algorithmen Defekte in Echtzeit genau klassifizieren und erkennen. Dieses Vorgehen gewährleistet eine gleichbleibende Produktqualität. Für die prädiktive Wartung analysieren überwachte Lernmodelle historische Wartungsaufzeichnungen und Sensordaten, um Geräteausfälle vorherzusagen, bevor sie auftreten. Dies ermöglicht rechtzeitige Eingriffe, reduziert Ausfallzeiten und Wartungskosten und verbessert die Gesamtanlageneffektivität.

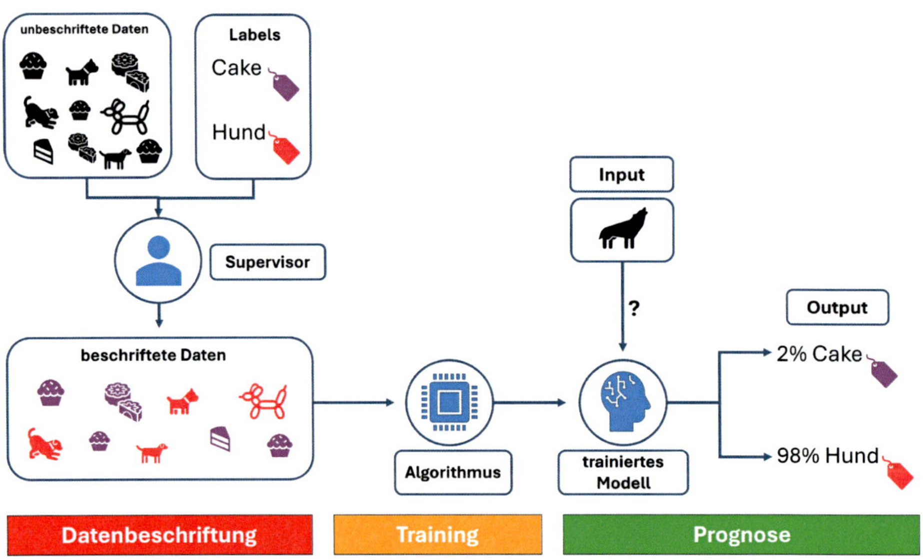

Bild 3.3 Wie das überwachte Lernen funktioniert

3.2.2 Unüberwachtes Lernen

Unüberwachtes Lernen verwendet unbeschriftete Daten, bei denen Modelle versuchen, versteckte Muster oder intrinsische Strukturen in den Eingabedaten ohne anfängliches Training zu finden (Bild 3.4). Zu den gängigen Techniken gehören Clustering und Dimensionsreduktion. Beim Clustering ist das Ziel, ähnliche Datenpunkte zu gruppieren, um die Ähnlichkeit innerhalb jedes Clusters zu maximieren. Bei der Dimensionsreduktion besteht das Ziel darin, Ähnlichkeiten zwischen Merkmalen zu identifizieren und nicht informative Merkmale durch Transformation zu reduzieren, wodurch der Datensatz vereinfacht wird, während wichtige Informationen erhalten bleiben. Dies steht im Gegensatz zum überwachten Lernen, das darauf abzielt, den Fehler zwischen Ausgaben und Zielwerten zu minimieren. Beim unüberwachten Lernen liegt der Fokus auf der Maximierung der Ähnlichkeiten innerhalb des Datensatzes, um die zugrunde liegende Struktur der Daten zu enthüllen.

Unüberwachte Lernmethoden werden in der Qualitätswissenschaft üblicherweise für Anomalieerkennung und Clustering verwendet. Anomalieerkennungsalgorithmen identifizieren ungewöhnliche Muster oder Ausreißer in den Daten, die auf Defekte oder Unregelmäßigkeiten im Herstellungsprozess hinweisen können. Dies ist entscheidend für die frühzeitige Erkennung potenzieller Qualitätsprobleme. Clustering-Techniken gruppieren hingegen ähnliche Datenpunkte, was zur Identifizierung von Mustern und Korrelationen innerhalb der Produktionsdaten verwendet werden kann. Beispielsweise kann Clustering helfen, gemeinsame Merkmale fehlerhafter Produkte zu identifizieren, was zu Erkenntnissen über die Ursachen von Qualitätsproblemen führen kann.

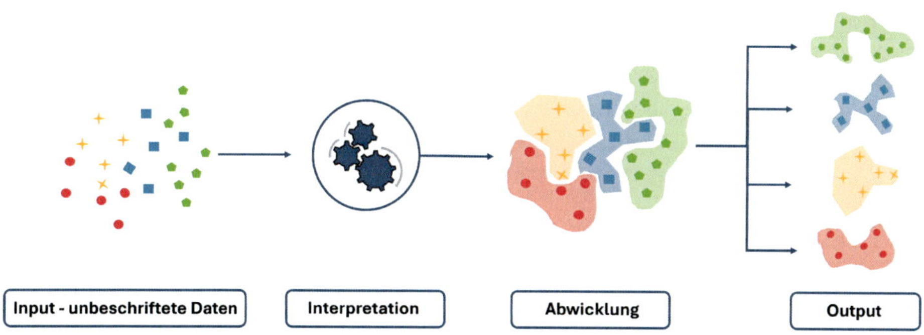

Bild 3.4 Wie unüberwachtes Lernen funktioniert

3.2.3 Semi-überwachtes Lernen

Semi-überwachtes Lernen kombiniert sowohl überwachtes als auch unüberwachtes Lernen (Bild 3.5). Es verwendet eine kleine Menge beschrifteter Daten zusammen mit einer großen Menge unbeschrifteter Daten, um die Lerngenauigkeit zu verbessern. Beschriftete Daten werden genutzt, um unbeschriftete Daten automatisch durch Lernen zu labeln. Da es oft eine große Menge unbeschrifteter Daten gibt und das Erhalten von beschrifteten Daten teuer ist, ist semi-überwachtes Lernen eine perfekte Lösung. Der maschinelle Lernalgorithmus lernt von den beschrifteten Daten, indem er den Fehler zwischen deren Ziel-Labels und den berechneten Labels minimiert, und lernt von den unbeschrifteten Daten basierend auf deren Ähnlichkeiten, wobei er überwachte und unüberwachte Lernmethoden kombiniert.

Semi-überwachtes Lernen ist in Szenarien vorteilhaft, in denen beschriftete Daten knapp oder mit finanziell hohem Aufwand zu erhalten sind. Zum Beispiel wird bei der Qualitätsinspektion oft nur ein kleiner Teil der Produkte mit Qualitätsinformationen beschriftet, während ein großes Volumen an unbeschrifteten Daten verfügbar ist. Semi-überwachte Lernalgorithmen nutzen die kleine Menge beschrifteter Daten zusammen mit dem großen unbeschrifteten Datensatz, um die Genauigkeit und Robustheit der Qualitätsinspektionsmodelle zu verbessern. Dieser Ansatz erhöht die Möglichkeit, Defekte zu erkennen und hohe Qualitätsstandards mit minimalem Labeling-Aufwand zu gewährleisten. Zusätzlich wird Datenerweiterung verwendet, bei der künstlich generierte Daten zum Training der Modelle eingesetzt werden.

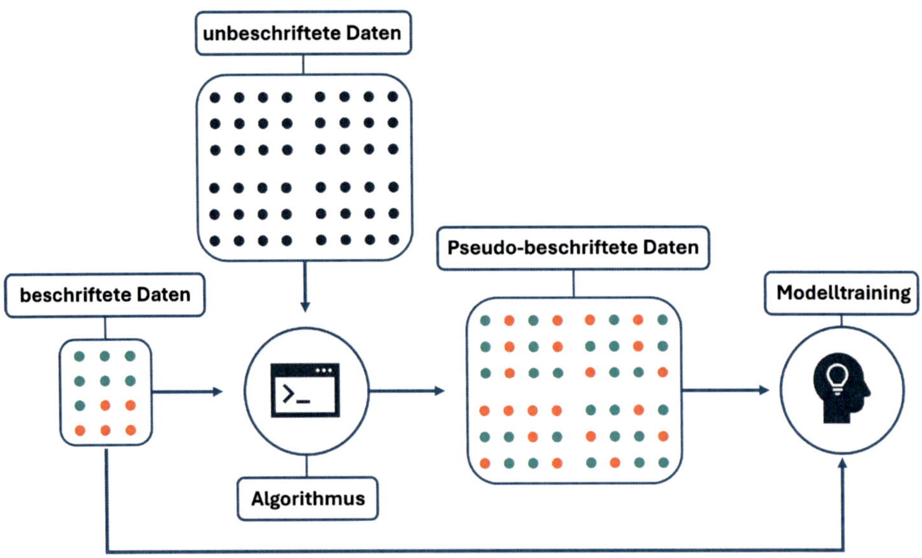

Bild 3.5 Wie semi-überwachtes Lernen funktioniert

3.2.4 Bestärkendes Lernen

Bestärkendes Lernen ist ein anderer Ansatz, bei dem das Lernen als Interaktion zwischen einer Umgebung und einem lernenden Agenten betrachtet wird (Bild 3.6). Anstatt vorab erworbene Daten zu verwenden, werden eine Abfolge von Entscheidungen, die von einem Agenten getroffen werden, und die Reaktion der Umgebung als Feedback genutzt, um zu lernen. Das Feedback wird von der Umgebung in Form von Belohnungen für erwünschtes Verhalten und Strafen für unerwünschtes Verhalten bereitgestellt. Hier kommen die Eingaben aus der Umgebung und die Ausgaben erfolgen in Form von Aktionen. Die Parameter eines Agenten werden optimiert, indem Belohnungen maximiert und Strafen minimiert werden.

Der Prozess beginnt damit, dass der Agent Eingaben (Wahrnehmungen) von der Umgebung erhält. Als Reaktion wird eine Aktion entweder zufällig oder nach vordefinierten Anweisungen ausgeführt. Die Interaktion dieser Aktionen mit der Umgebung generiert Belohnungen oder Strafen. Erwünschte Ausgaben werden durch Belohnungen verstärkt, während unerwünschte Ausgaben aktualisiert werden. Der lernende Agent passt seine Aktionen basierend auf dem Feedback an, um die zukünftige Leistung zu verbessern. Verschiedene Szenarien und Ergebnisse werden untersucht, wobei das Hauptziel darin besteht, eine optimale Politik oder Strategie für die Entscheidungsfindung zu erlernen, indem die kumulativen Belohnungen maximiert und die Strafen minimiert werden. Bestärkendes Lernen beinhaltet das Gleichgewicht zwischen Erkundung (Ausprobieren neuer Aktionen) und Ausnutzung (Verwendung bekannter Aktionen, die hohe Belohnungen bringen), was ein einzigartiger Aspekt dieser Algorithmen ist.

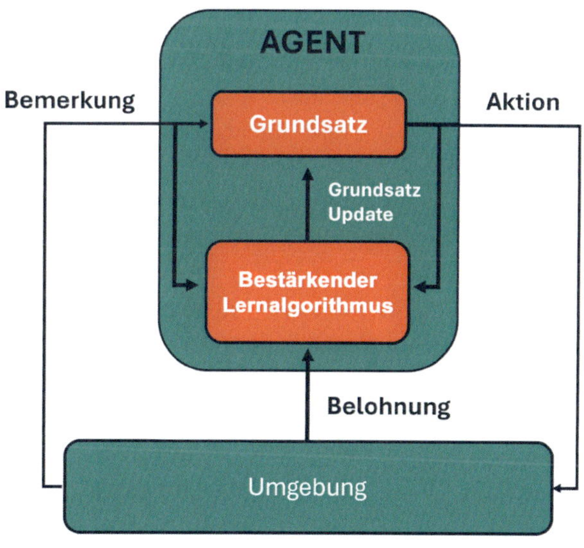

Bild 3.6 Wie bestärkendes Lernen funktioniert

Diese Art des Lernens ist besonders nützlich in dynamischen Umgebungen, in denen die Labels nicht konstant sind und der Agent seine Strategie im Laufe der Zeit anpassen und optimieren muss. Bestärkendes Lernen wird angewendet, um Fertigungsprozesse zu optimieren, indem Agenten darauf trainiert werden, eine Abfolge von Entscheidungen zu treffen, die Leistungskennzahlen wie Produktionseffizienz, Energieverbrauch oder Ertragsrate maximieren. Der bestärkende Lernagent interagiert mit der Fertigungsumgebung, lernt aus den Ergebnissen seiner Aktionen durch Belohnungen und Strafen und verbessert kontinuierlich seine Entscheidungsstrategie. Dies führt zu optimierten Produktionsprozessen, die effizienter, kostengünstiger und anpassungsfähiger an sich ändernde Bedingungen sind. Andere Anwendungen in verschiedenen Bereichen umfassen autonome bewegliche Agenten, autonome Handelsagenten im Finanzwesen oder stochastische Klassifikation, bei der die Ziel-Labels nicht festgelegt sind und im Laufe der Zeit variieren, was eine Anpassung an sich ändernde Bedingungen erfordert.

3.3 Aufgaben des Maschinellen Lernens

Der Einsatz von maschinellen Lernmodellen ist weit verbreitet. Sie können in der deskriptiven Analyse verwendet werden, wie beispielsweise in der diagnostischen und kausalen Analyse zur Untersuchung von Ursache-Wirkungs-Beziehungen, in der prädiktiven Analyse zur Vorhersage zukünftiger Ergebnisse basierend auf historischen Daten oder in der präskriptiven Analyse zur Empfehlung von Maßnahmen auf Grundlage der prädiktiven Analyse, um gewünschte Ergebnisse zu erzielen. Deskriptive Analysen betreffen die Vergangenheit, während prädiktive und präskriptive Analysen die Zukunft betreffen. Die Entscheidung, regelbasierte klassische Codierungsalgorithmen oder Methoden des Maschinellen Lernens zu verwenden, hängt von der Komplexität des Problems und dem Bedarf an Anpassungsfähigkeit ab. Aufgaben, die von Menschen ausgeführt werden, und solche, die über die menschlichen Rechenfähigkeiten hinausgehen, wie das Analysieren und Verstehen großer und komplexer Datenmengen sowie das Anpassen an die Umgebung, sind zu kompliziert für traditionelle Codierungen, können jedoch von maschinellen Lernmodellen bewältigt werden.

Die Aufgaben des Maschinellen Lernens lassen sich zusammenfassen als Regression, Klassifikation, Clustering, Dimensionsreduktion oder das Training eines Agenten zur Ausführung einer Aufgabe (Bild 3.7). Um eine Aufgabe auszuführen, können maschinelle Lernalgorithmen allein oder in Kombination mit anderen verwendet werden. Diese Modelle arbeiten mit beschrifteten und/oder unbeschrifteten Daten. Der Einsatz von Maschinellem Lernen bei einer realen Aufgabe hängt vollständig von der Perspektive und der Modellierung eines Problems ab. Eine Aufgabe kann auf verschiedene Weise definiert werden. Zum Beispiel kann eine Anomalieerkennungsaufgabe durch Clustering oder Klassifikation erreicht werden, wobei jede Methode ihre Stärken und unterschiedlichen Anforderungen hat. Eine Regressionsaufgabe kann als Klassifikation definiert werden, indem Klassen auf Zahlenintervalle zugewiesen werden, usw. Während dieser Übergänge von Daten zwischen kontinuierlichen, ordinalen oder nominalen Merkmalen nimmt das Informationsniveau, gemäß der grundlegenden Natur der Daten, entsprechend ab,.

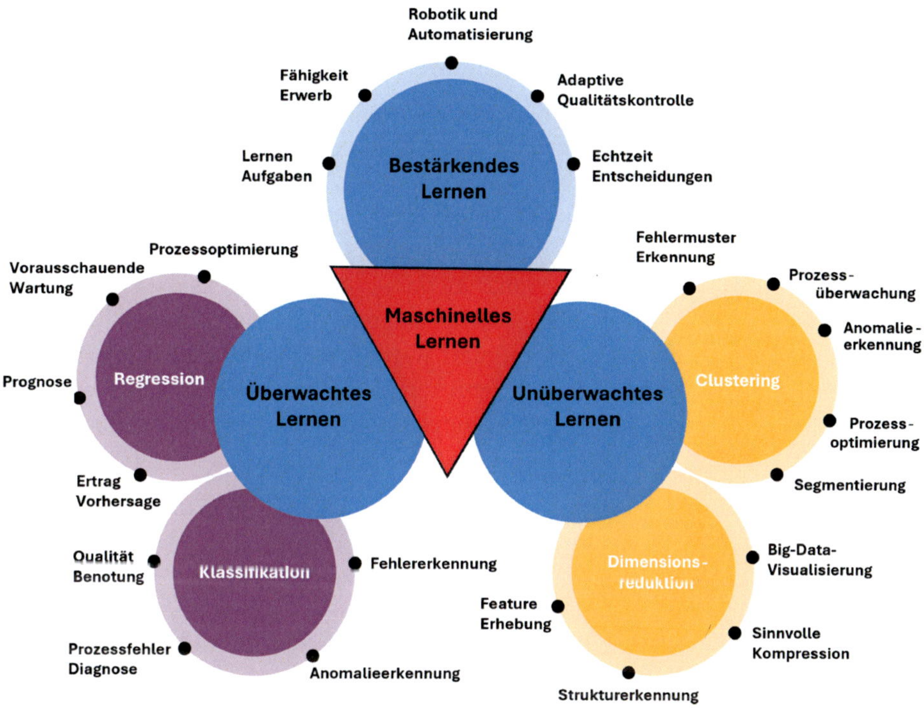

Bild 3.7 Maschinelles Lernen: Aufgaben und Anwendungen

3.3.1 Regressionsaufgabe

Die Regressionsanalyse wird hauptsächlich für zwei Zwecke verwendet: Vorhersagen und Prognosen. Bei der Regression besteht das Ziel darin, einen kontinuierlichen Ausgabewert basierend auf mehreren Faktoren zu schätzen, im Gegensatz zur Klassifikation, bei der die Ausgabe eine diskrete Variable ist. Die Korrelation zwischen Eingangs- und Ausgangsvariablen wird durch lineare und nichtlineare Gleichungen beschrieben. Durch die Optimierung der Parameter in einer Gleichung wird der Fehler zwischen der Ausgabe und den ursprünglichen Trainingsdaten minimiert, um genaue Vorhersagen zu treffen. Regressionsaufgaben können einen einzelnen Ausgabewert (univariat) oder mehrere Ausgabewerte (multivariat) schätzen, wobei multivariate Regression in unabhängige univariate Regressionen zerlegt werden kann. Die Zeitreihenprognose, die auf früheren und aktuellen Messungen basiert, kann kausale Beziehungen zwischen abhängigen und unabhängigen Variablen ableiten. Traditionelle Ansätze umfassen Autoregression, gleitende Durchschnitte und ARMA, die weitgehend durch künstliche neuronale Netze und Support Vector Machines (SVMs) ersetzt wurden.

3.3.2 Klassifikationsaufgabe

Die Klassifikation beinhaltet das Zuweisen einer oder mehrerer vordefinierter Kategorien zu jedem Element. Dies kann eine binäre Klassifikation sein, bei der es nur zwei Kategorien gibt (positiv oder negativ), oder eine mehrfache Klassifikation, bei der es mehr als zwei Kategorien gibt. Zum Beispiel bedeutet das Identifizieren eines Fehlers in der Produktion mittels binärer Klassifikation, dass festgestellt wird, ob ein Produkt defekt ist oder nicht, wie in Bild 3.8 dargestellt. Mehrfache Klassifikation bestimmt die Klasse des Fehlers oder ob kein Fehler vorliegt. Kategorien sollten durch den gesunden Menschenverstand definiert werden, wie zum Beispiel durch Merkmalskennungen. Die Kategorisierung kann komplex sein, wie beispielsweise die themenbasierte Textkategorisierung, Bildkategorisierung oder verschachtelte Kategorien innerhalb einer bestimmten Kategorie in der hierarchischen Klassifikation.

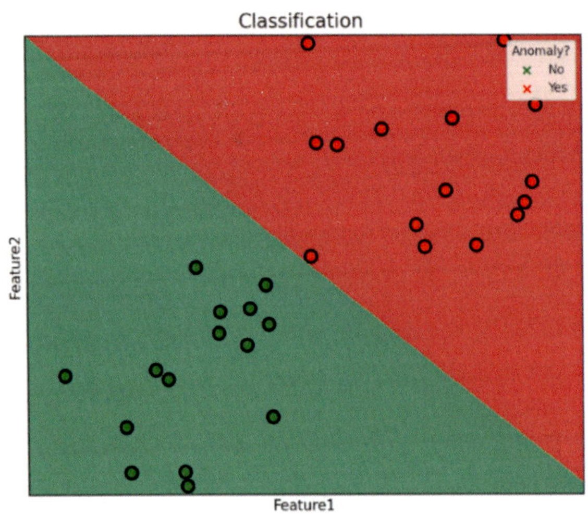

Bild 3.8 Eine Klassifizierungsaufgabe

Die Klassifikation kann auch soft sein, was bedeutet, dass jedem Eintrag mehr als eine Kategorie zugewiesen werden kann, wie zum Beispiel das Taggen eines Bilds mit mehreren Tags. Beispielsweise ermöglicht das Filtern von Parametern nach Bewertung und Marke auf einer E-Commerce-Webseite mehrere Kategoriesysteme, um die Flexibilität und Anpassungsfähigkeit von Klassifikationsaufgaben zu erhöhen. Mehrfache Klassifikationsaufgaben werden oft in einzelne binäre Klassifikationen für jede Kategorie zerlegt, um die Aufgabe in handlichere Teile aufzuteilen.

3.3.3 Clusteraufgabe

Clustering umfasst die Segmentierung einer Gruppe von Einträgen in Untergruppen basierend auf Ähnlichkeiten, wobei unbeschriftete Daten verwendet werden. Klassifikation und Clustering sind grundsätzlich ähnliche Aufgaben, unterscheiden sich jedoch hauptsächlich durch die Anforderung an beschriftete Daten. Die Klassifikation umfasst das Zuweisen von Einträgen zu vordefinierten Kategorien basierend auf dem Training. Im Gegensatz dazu gruppiert Clustering Einträge in Cluster, wobei weder die Cluster noch die Anzahl der Cluster vordefiniert sind; stattdessen werden natürliche Gruppierungen in den Daten basierend auf Ähnlichkeitsmaßen identifiziert, ohne beschriftete Daten zu verwenden. Die Ähnlichkeitsmetrik ist für das Clustering entscheidend, da sie definiert, wie die Ähnlichkeit zwischen den Einträgen gemessen wird, was sinnvoll und messbar sein sollte. Die Automatisierung der Sammlung beschrifteter Beispiele ist oft in die Klassifikation zur Datenorganisation integriert.

Wie bei der Klassifikation ist auch beim Clustering eine weiche Clusterbildung möglich, bei der sich Cluster überlappen dürfen. Beim harten Clustering dürfen Einträge nicht Teil verschiedener Cluster sein. Clustering kann binär oder multipel sein, wobei binäres Clustering zwei Untergruppen umfasst und multiples Clustering mehr als zwei Untergruppen. Der Prozess beginnt typischerweise mit der zufälligen Auswahl eines Eintrags, anschließend werden ähnliche Einträge berechnet, um Gruppen zu erstellen. Alternativ können zwei Einträge als initiale Clusterprototypen ausgewählt werden, wodurch andere Einträge entsprechend gruppiert werden können. Beim multiplen Clustering werden Einträge in mehr als zwei Untergruppen unterteilt. Der Prozess umfasst die Auswahl eines zufälligen Eintrags als initiales Clusterzentrum und das Anordnen anderer Einträge basierend auf der Ähnlichkeit zu den Clusterzentren. Der K-Means-Algorithmus ist ein typischer häufig verwendeter Ansatz für diese Methode. Multiple Clustering-Aufgaben können in binäre Cluster zerlegt werden, wobei jede Untergruppe iterativ weiter unterteilt wird. Clustering führt entweder zu einer hierarchischen Struktur oder einer flachen Liste unbenannter Cluster. Die Benennung und Beschreibung der Cluster sind zusätzliche Aufgaben und können mit der Klassifikation integriert werden, um die vordefinierte Kategoriezuweisung und die Probensammlung zu automatisieren, um die Datenklassifikation zu erleichtern.

3.3.4 Hybridaufgaben

Hybridaufgaben beinhalten eine Kombination aus Klassifikations-, Clustering- und Regressionsaufgaben. Hybridaufgaben können die prädiktive Wartung und Qualitätskontrolle erheblich verbessern, indem sie verschiedene maschinelle Lerntechniken integrieren, was zu effizienteren und zuverlässigeren Abläufen führt. Im Bereich des Qualitätsmanagements ist ein bemerkenswertes Beispiel das dynamische Dokumentenorganisationssystem, das von Jo et al. im Jahr 2006 implementiert wurde. Dieses System beginnt damit, unbeschriftete Einträge basierend auf ihren Ähnlichkeiten zu clustern. Die geclusterten Einträge werden dann verwendet, um einen Klassifikator zu trainieren, der die anschließende Klassifikation neuer Einträge ermöglicht. Dieser Prozess generiert effektiv Trainingsproben durch Clustering und verbessert so die Genauigkeit und Effizienz des Klassifikators.

Das Konzept der Hybridaufgaben kann durch eine Kombination aus Klassifikation und Regression erweitert werden. In diesem Szenario werden kategorische Bewertungen Intervallen kontinuierlicher Werte zugewiesen, wobei die Klassifikation verwendet wird, um Schätzfehler zu reduzieren. Zum Beispiel kann in der industriellen Wartung die Klassifikation den Status der Maschine bestimmen (wie betriebsbereit oder wartungsbedürftig), während die Regression die verbleibende Lebensdauer der Maschine vorhersagt. Dieser hybride Ansatz gewährleistet rechtzeitige Wartung, reduziert unerwartete Ausfallzeiten und hält hohe Produktionsstandards aufrecht. Durch die Optimierung der Ressourcenzuweisung erhöht er die Zuverlässigkeit industrieller Abläufe.

3.3.5 KI-Agententraining

Ein Agent kann für jede Entscheidungsaufgabe trainiert werden, die die Interaktion mit einer sich verändernden Umgebung umfasst. Dies ist besonders relevant bei der automatisierten Qualitätsinspektion auf einer Fertigungslinie. Zum Beispiel können hochauflösende Bilder von elektronischen Komponenten analysiert werden, um den Status jeder Komponente als „Bestanden", „Nicht bestanden" oder „Erneut inspizieren" zu klassifizieren.

Für solche Aufgaben wird ein Agent durch die Interaktion mit der Umgebung trainiert, um die kumulativen Belohnungen zu maximieren und die Strafen zu minimieren. Der Agent erhält eine Belohnung für die korrekte Klassifizierung des Status einer Komponente und erleidet eine Strafe für Fehlklassifikationen. Fehlklassifikationen können entweder falsch-positiv (das Bestehen eines defekten Artikels) oder falsch-negativ (das Durchfallen eines guten Artikels) sein. Die Größe der Belohnungen und Strafen kann variieren, wie zum Beispiel eine kleinere Strafe für die Auswahl von „Erneut inspizieren", um effiziente Entscheidungsfindungen zu fördern.

Um die Inspektionsgenauigkeit zu verbessern, sind nur anfängliche Aktionen und Anpassungen, wie das Anpassen der Kamerawinkel oder der Lichtbedingungen, erforderlich. Traditionelle Inspektionsmethoden könnten häufige manuelle Überprüfungen oder vordefinierte automatisierte Systeme beinhalten, die unflexibel und langsam in der Anpassung an neue Defektarten oder sich ändernde Produktionsbedingungen sein können. Im Gegensatz dazu kann ein trainierter Agent seine Aktionen dynamisch basierend auf der Umgebung anpassen, was zu genaueren und effizienteren Inspektionen führt.

3.4 Maschinelle Lernalgorithmen

3.4.1 Regressionsmethoden

Regressionsalgorithmen verwenden einen statistischen Ansatz zur Vorhersage kontinuierlicher Variablen und zur Schätzung von Beziehungen zwischen Variablen. Sie werden häufig für Vorhersagen und Prognosen eingesetzt. Die Kernidee besteht darin, eine Beziehung zwischen der abhängigen (Ziel-)Variablen Y und einer oder mehreren unabhängigen Variablen X_i herzustellen, indem eine lineare oder nichtlineare Gleichung an die beobachteten Daten angepasst wird.

Regressionsmodelle gehen von mehreren Annahmen aus. Erstens sollten die Beobachtungen unabhängig voneinander sein. Zusätzlich sollte die Varianz der Fehler über alle Stufen der unabhängigen Variablen hinweg konstant sein, eine Bedingung, die als Homoskedastizität bekannt ist. Darüber hinaus sollten die Residuen (Fehler) normalverteilt sein. Schließlich sollten bei der multiplen Regression, bei der mehr als eine unabhängige Variable existiert, die unabhängigen Variablen nicht zu stark miteinander korreliert sein, eine Bedingung, die als Multikollinearität bezeichnet wird.

3.4.1.1 Lineare und polynomiale Regression

Lineare Regression ist ein Fall, bei dem die Anpassungsfunktion oder die Beziehung zwischen den abhängigen (Y) und unabhängigen (X_i) Variablen linear ist (Bild 3.9). Es ist der einfachste Fall der polynomialen Regression. Im einfachsten Fall der linearen Regression gibt es nur eine unabhängige Variable:

$$Y = a_0 + a_1 \cdot X_1 + \epsilon$$

Hierbei ist a_0 der Achsenabschnitt, der den Wert von Y darstellt, wenn X_1 null ist. a_1 ist die Steigung der Linie, die die Änderung von Y bei einer Änderung von X_1 um eine Einheit angibt. Der Term ϵ stellt den Fehlerterm dar, der die Differenz zwischen den beobachteten und den vorhergesagten Werten ist.

In der multiplen linearen Regression wird das Modell erweitert, um mehrere unabhängige Variablen einzubeziehen, was die Gleichung komplexer macht:

$$Y = a_0 + a_1 \cdot X_1 + a_2 \cdot X_2 + \ldots + a_n \cdot X_n + \epsilon$$

Bei der polynomialen Regression wird die Beziehung zwischen den unabhängigen Variablen X_i und der abhängigen Variable Y als Polynomgleichung n-ten Grades modelliert:

$$Y = a_0 + a_1 \cdot X + a_2 \cdot X^2 + \ldots + a_n \cdot X^n + \epsilon$$

Hierbei sind $X, X^2, \ldots, X^n$ Polynomterme derselben unabhängigen Variablen. Polynomiale Funktionen ermöglichen es dem Modell, nichtlineare Beziehungen zu beschreiben, was für bestimmte Datentypen eine bessere Anpassung bietet als lineare Gleichungen. Hochgradige Polynome können jedoch das Modell überanpassen, was zu erhöhter Komplexität führt, die schwerer zu interpretieren ist und mehr Rechenressourcen erfordert.

Das in Bild 3.9 dargestellte Streudiagramm zeigt die Beziehung zwischen der Eingabe- und der Ausgabevariablen, mit einer angepassten linearen Regressionslinie. Jeder Punkt stellt eine Beobachtung dar und veranschaulicht, wie die Variablen korrelieren. Die lineare Funktion bietet eine Best-Fit-Linie, die die Summe der quadrierten Unterschiede zwischen den beobachteten X-Werten und den vorhergesagten Y-Werten minimiert. Dieser Ansatz wird in der Qualitätswissenschaft und Industrie häufig für Aufgaben wie die Vorhersage der Produktqualität basierend auf Prozessparametern, die Analyse der Auswirkungen verschiedener Faktoren auf die Produktionseffizienz und die Identifizierung von Trends in Qualitätskontrollmetriken verwendet. Das lineare Regressionsmodell hilft dabei, die Beziehung zwischen Schlüsselvariablen zu verstehen und zu quantifizieren, was datenbasierte Entscheidungsfindung und Prozessoptimierung erleichtert.

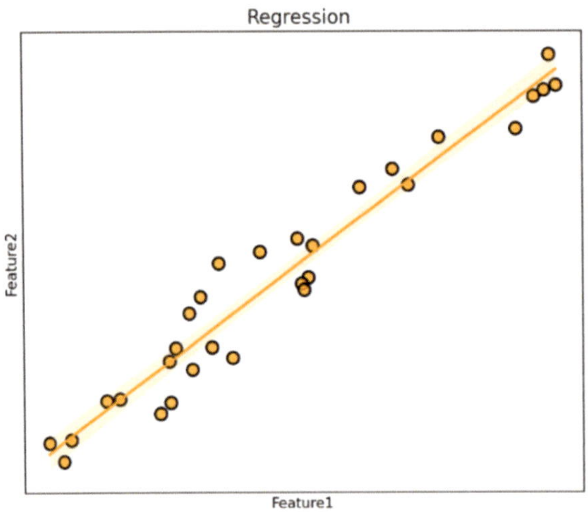

Bild 3.9
Eine Regressionsaufgabe

Verlustfunktion und Fehlerminimierung

Eine Verlustfunktion, auch als Kosten- oder Fehlerfunktion bekannt, ist ein mathematisches Werkzeug zur Messung, wie gut die Vorhersagen eines Modells mit den tatsächlichen Ergebnissen übereinstimmen. Sie quantifiziert den Unterschied zwischen den vorhergesagten Werten und den tatsächlichen Werten. Das primäre Ziel beim Trainieren eines Modells ist es, diese Verlustfunktion zu minimieren und somit die Genauigkeit der Vorhersagen zu verbessern. Typischerweise wird der mittlere quadratische Fehler (Mean Squared Error, MSE) als Verlustfunktion in der Regression verwendet. Dieser misst den durchschnittlichen quadratischen Unterschied zwischen den beobachteten tatsächlichen Ergebnissen und den vom Modell vorhergesagten Ergebnissen:

$$J\left(a_0, a_1, \ldots, a_n\right) = \frac{1}{n} \sum_{n=1}^{n} \left(y_i - \hat{y}_i\right)^2$$

Hierbei ist $J\left(a\right)$ die Verlustfunktion n die Anzahl der Beobachtungen, y_i der tatsächliche Wert und $\hat{y}_i$ der vorhergesagte Wert. Andere Fehlermetriken wie der mittlere absolute Fehler (Mean Absolute Error, MAE), der quadratische Mittelwertfehler (Root Mean Squared Error, RMSE) und das Bestimmtheitsmaß (R^2) können ebenfalls zur Fehlerberechnung verwendet werden, abhängig von der Verteilung der Variablen und derjenigen Metrik, die den Fehler am besten erklärt. Die Verlustfunktion definiert das Maß des Fehlers als Summe der quadrierten Residuen (Sum of Squared Residuals, SSR), wobei Residuen die Differenzen zwischen vorhergesagten und beobachteten Werten für jeden Datenpunkt sind. Das Ziel ist es, diesen Wert zu minimieren:

$$SSR = \sum_{i=1}^{n} \left(y_i - \hat{y}_i\right)^2$$

Um die Verlustfunktion zu minimieren, wird die Methode der kleinsten Quadrate (Ordinary Least Squares, OLS) verwendet, um die optimalen a_i Konstanten zu berechnen, die die SSR minimieren. Bei OLS werden die partiellen Ableitungen von $J(a_0, \ldots, a_i)$ bezüglich $a_0, \ldots, a_i$ auf null gesetzt. Diese Gleichungen können vereinfacht und gelöst werden, um die Werte $a_0, \ldots, a_i$ zu finden, die die Verlustfunktion minimieren.

Neben OLS werden mehrere alternative Methoden zur Minimierung der Verlustfunktion verwendet. Diese Methoden sind besonders nützlich für große Datensätze oder komplexe Modelle, bei denen OLS möglicherweise nicht praktikabel oder effizient ist. Eine gängige Methode ist der Gradientenabstieg (Gradient Descent), ein iterativer Parameteroptimierungsalgorithmus, der verwendet wird, um das Minimum der Verlustfunktion zu finden. Im Gegensatz zu OLS verwendet der Gradientenabstieg rechnergestützte Kalkulationen. Anfangs werden kleine zufällige Parameter ‚*a*' zugewiesen. Der Gradient der Verlustfunktion bezüglich jedes Parameters wird berechnet und die Parameter werden in die entgegengesetzte Richtung des Gradienten aktualisiert. Die Lernrate (Learning Rate) ist ein Hyperparameter im Gradientenabstieg, der die Größe des Schritts bestimmt, den der Algorithmus in Richtung Minimum der Verlustfunktion macht. Große Lernraten führen zu schnellerem Training, bergen jedoch das Risiko, das Minimum zu überschreiten oder Instabilitäten zu verursachen. Kleine Lernraten bieten hohe Präzision und Stabilität, konvergieren jedoch sehr langsam und können in lokalen Minima oder flachen Bereichen der Verlustfunktion stecken bleiben. Der Prozess wird fortgesetzt, bis die Verlustfunktion auf ein Minimum konvergiert.

Regressionsregularisierung: Ridge, Lasso and Elastic Net

Die Ridge- und Lasso-Methoden sind Regularisierungstechniken, die verwendet werden, um Überanpassung in Regressionsmodellen zu verhindern, indem ein Strafterm zur Verlustfunktion hinzugefügt wird. Diese Methoden modifizieren die Methode der kleinsten Quadrate (Ordinary Least Squares, OLS), um die Koeffizienten weniger wichtiger Merkmale zu schrumpfen, was zu einfacheren und interpretierbareren Modellen führt. Ridge-Regression wird verwendet, wenn viele Merkmale existieren, um Überanpassung zu verhindern, ohne unbedingt eine Merkmalsauswahl durchzuführen, während Lasso verwendet wird, wenn viele korrelierte Merkmale existieren, um eine Merkmalsauswahl durchzuführen.

Ridge-Regression fügt einen L2-Strafterm hinzu, der die Summe der Quadrate der Koeffizienten beinhaltet:

$$\mathrm{L2} = \lambda \sum_{j=1}^{p} \left(a_j\right)^2$$

Je größer der Koeffizient, desto größer die Strafe. Diese Strafe minimiert die Entfernung der Koeffizienten vom Ursprung im Parameterraum im euklidischen Sinn. Die L2-Strafe entmutigt große Koeffizienten, indem sie diese gegen null schrumpft, jedoch nicht genau auf null. Dies hilft, die Varianz des Modells zu reduzieren, ohne Merkmale vollständig zu eliminieren. Die L2-Strafe ist besonders effektiv im Umgang mit Multikollinearität, bei der Prädiktoren hoch korreliert sind. Sie stabilisiert die Regressionsschätzungen, indem sie eine Verzerrung hinzufügt. Der Hyperparameter λ steuert die Stärke der Regularisierung und balanciert den Kompromiss zwischen der guten Anpassung der Daten (Minimierung der Residualsumme der Quadrate) und dem Kleinhalten der Koeffizienten (Minimierung der L2-Strafe). Ein größeres λ führt zu einer stärkeren Schrumpfung der Koeffizienten:

$$J(a) = \sum_{n=1}^{n} \left(y_i - \hat{y}_i\right)^2 + \lambda \sum_{j=1}^{p} \left(a_j\right)^2$$

Methoden wie OLS und Ridge-Regression haben geschlossene Lösungen, die aus mathematischen Prinzipien abgeleitet sind. Im Gegensatz dazu verwenden Methoden wie der Gradientenabstieg rechnerische Techniken, bei denen iterative Algorithmen Lösungen annähern. Lasso und Elastic Net kombinieren mathematische Regularisierungsterme mit rechnerischen Optimierungstechniken.

Lasso-Regression fügt der Kostenfunktion einen L1-Strafterm hinzu, der die Summe der absoluten Werte der Koeffizienten ist:

$$L1 = \lambda \sum_{j=1}^{p} |a_j|$$

Die Verlustfunktion mit Lasso-Regularisierung lautet:

$$J(a) = \sum_{n=1}^{n} (y_i - \hat{y}_i)^2 + \lambda \sum_{j=1}^{p} |a_j|$$

Lasso-Regression führt effektiv eine Merkmalsauswahl durch ihre Strafe durch, die einige Koeffizienten auf null setzen kann. Es erzeugt sparsame Modelle mit weniger Prädiktoren und bewältigt Multikollinearität, indem es einen Prädiktor aus einer Gruppe korrelierter Prädiktoren auswählt.

Elastic Net kombiniert sowohl L1- als auch L2-Strafen, was besonders nützlich ist, wenn es viele korrelierte Merkmale gibt. Die L1-Strafe hilft bei der Merkmalsauswahl, während die L2-Strafe zur Stabilität beiträgt. Die Verlustfunktion für Elastic Net lautet:

$$J(a) = \sum_{n=1}^{n} (y_i - \hat{y}_i)^2 + \lambda_1 \sum_{j=1}^{p} (a_j)^2 + \lambda_2 \sum_{j=1}^{p} |a_j|$$

Sowohl Ridge als auch Lasso fügen der Verlustfunktion eine Strafe hinzu, um die Komplexität zu kontrollieren, Überanpassung zu verhindern und die Modellverallgemeinerung zu verbessern. Beide verwenden einen Regularisierungsparameter λ, um die Stärke der Strafe zu steuern. Der Hauptunterschied besteht darin, dass Ridge eine L2-Strafe verwendet, die die Koeffizienten kontinuierlich schrumpfen lässt, während Lasso eine L1-Strafe verwendet, die einige Koeffizienten genau auf null schrumpfen lassen kann. Lasso führt eine Merkmalsauswahl durch das Nullsetzen einiger Koeffizienten durch, während Ridge dies nicht tut. Elastic Net ist wertvoll, wenn es viele korrelierte Merkmale gibt und ein Gleichgewicht zwischen Ridge- und Lasso-Regularisierung erforderlich ist.

3.4.1.2 Logistische Regression

Trotz ihres Namens wird die logistische Regression zur binären Klassifikation verwendet. Sie modelliert die Beziehung zwischen einer oder mehreren kontinuierlichen unabhängigen Variablen und einer binären abhängigen Variablen, die nur zwei mögliche Kategorien annimmt, wie zum Beispiel Wahr oder Falsch, oder Positiv oder Negativ. Die logistische Regression modelliert die Wahrscheinlichkeit einer Klassenbeschriftung unter Verwendung einer logistischen Funktion. Im Kern bildet die Sigmoid-Funktion, die auch im Deep Learning weit verbreitet ist, kontinuierliche Eingaben auf binäre Ausgaben ab, wodurch sie sich zur Wahrscheinlichkeitsschätzung eignet. Die Sigmoid-(logistische) Funktion ist definiert als:

$$\sigma(x) = \frac{1}{1 + e^{-x}}$$

Die logistische Funktion ist eine S-förmige Kurve, die sich 0 annähert, wenn x kleiner wird, und sich 1 annähert, wenn x größer wird. Die Ausgabe liegt immer zwischen 0 und 1. Die Funktion ist symmetrisch um den Punkt $x = 0$, wo die Ausgabe $\sigma(x) = 0{,}5$ ist. Die Variable z ist eine lineare oder polynomiale Kombination der Eingangsmerkmale:

$$z = a_0 + a_1 \cdot X_1 + a_2 \cdot X_2 + \ldots + a_n \cdot X_n$$

Hier sind $X_1, X_2, \ldots, X_n$ die unabhängigen Variablen. Die Ausgabe des logistischen Regressionsmodells ist die Wahrscheinlichkeit, dass eine gegebene Eingabe zu einer bestimmten Klasse gehört, normalerweise mit der Klassenbeschriftung 1 bezeichnet:

$$P(Y = 1|X) = \sigma(z) = \frac{1}{1 + e^{-(a_0 + a_1 \cdot X_1 + a_2 \cdot X_2 + \ldots + a_n \cdot X_n)}}$$

Das Ergebnis der logistischen Funktion liegt zwischen 0 und 1. Eine Entscheidungsgrenze ist ein Schwellenwert, der die Klasse bestimmt. Typischerweise wird ein Schwellenwert von 0,5 verwendet:

- Wenn $P(Y = 0 | X) < 0{,}5$, dann wird als Klasse 0 vorhergesagt.
- Wenn $P(Y = 1 | X) \geq 0{,}5$, dann wird als Klasse 1 vorhergesagt.

Log-Loss, auch bekannt als binäre Kreuzentropie, wird als Verlustfunktion in der logistischen Regression verwendet:

$$J(a) = \frac{1}{n} \sum_{i=1}^{n} [y_i \log(h_a(x_i) + (1 - y_i)) \log(1 - h_a(x_i))]$$

Hierbei ist n die Anzahl der Trainingsbeispiele, y_i das tatsächliche Label des i-ten Trainingsbeispiels und $h_a(x_i)$ die vorhergesagte Wahrscheinlichkeit für das i-te Trainingsbeispiel. Um die Verlustfunktion zu minimieren, wird typischerweise der Gradientenabstieg verwendet.

Zusätzlich können Ridge- und Lasso-Regularisierungen verwendet werden, um Überanpassung zu verhindern. Zur Modellevaluation werden in der Klassifikation häufig verwendete Metriken wie Genauigkeit, Präzision, Recall, F1-Score, ROC-Kurve und AUC verwendet, die in den folgenden Abschnitten erläutert werden.

3.4.2 Entscheidungsbaum-basierte Methoden

Entscheidungsbäume sind eine nichtparametrische Methode des überwachten Lernens, die sowohl für Klassifikation als auch für Regression verwendet wird. Das Modell sagt den Wert einer Zielvariablen voraus, indem es einfache Entscheidungsregeln aus den Datenmerkmalen lernt. Es imitiert den Entscheidungsprozess, indem es die Daten an Entscheidungsknoten aufteilt, was letztlich zu einer Entscheidung an einem Blattknoten führt.

Entscheidungsbäume bieten erhebliche Vorteile in der Rückverfolgbarkeit der KI, da ihre Entscheidungen visualisiert und leicht von Menschen verstanden werden können. Sie können sowohl numerische als auch kategoriale Daten verarbeiten und erfordern keine anfängliche Normalisierung oder Standardisierung. Allerdings haben Entscheidungsbäume auch Nachteile: Sie können sehr komplex werden. Außerdem sind sie instabil, da kleine Änderungen in den Daten zu einem völlig anderen Baum führen können, und sie können voreingenommen sein, wenn einige Klassen dominieren.

Der oberste Knoten eines Entscheidungsbaums ist der Wurzelknoten, der den gesamten Datensatz repräsentiert. Das Aufteilen beginnt hier und bei jedem Schritt werden die Daten basierend auf einem bestimmten Merkmal in zwei oder mehr Entscheidungsknoten aufgeteilt. Letztendlich führt der Prozess zu Blattknoten, die terminale Knoten darstellen und das endgültige Ergebnis (Klasse oder Wert) repräsentieren, siehe Bild 3.10.

An jedem Knoten wählt der Entscheidungsbaumalgorithmus ein Merkmal und einen Schwellenwert aus, der die Daten am besten in homogene Mengen aufteilt. Die Kriterien für die Aufteilung sind üblicherweise die Gini-Unreinheit oder Entropie für Klassifikationsbäume und Varianzreduktion oder mittlerer quadratischer Fehler für Regressionsbäume.

- **Gini-Unreinheit:** Misst die Häufigkeit, mit der ein Element des Datensatzes falsch klassifiziert würde.
- **Entropie:** Wird im Informationsgewinn verwendet und misst die Unreinheit oder Zufälligkeit im Datensatz.

Der Algorithmus teilt weiter auf, bis eines der Abbruchkriterien erfüllt ist:

- Ein Knoten erreicht eine maximale Tiefe.
- Eine minimale Anzahl von Proben für eine Aufteilung wird erreicht.

- Kein weiterer Informationsgewinn ist möglich.
- Alle Proben in einem Knoten gehören zu einer einzigen Klasse.

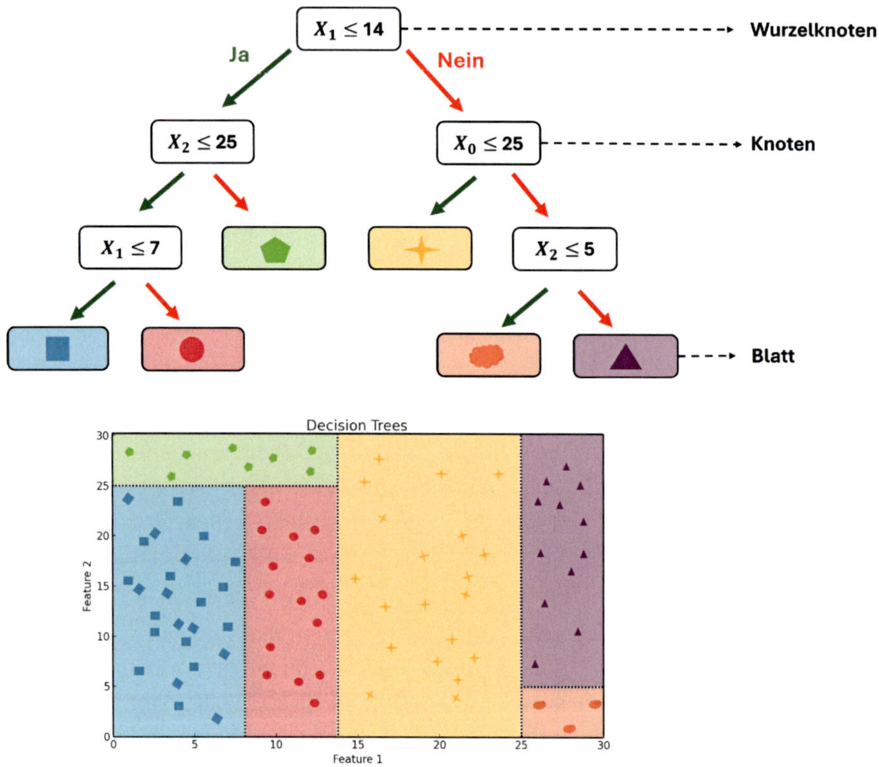

Bild 3.10 Eine Illustration eines entscheidungsbaum-basierten Regressionsverfahrens

Der Prozess zur Erstellung eines Entscheidungsbaums umfasst die Auswahl des besten Merkmals mithilfe der Aufteilungskriterien, das Aufteilen der Daten in Teilmengen basierend auf dem Merkmal und das rekursive Wiederholen dieses Prozesses für jede Teilmenge, bis die Abbruchkriterien erfüllt sind. Pruning (Beschneiden) wird verwendet, um die Größe des Baums zu reduzieren und Überanpassung zu bekämpfen. Dies kann auf zwei Arten erfolgen:

- **Pre-Pruning:** Festlegen von Einschränkungen wie maximale Tiefe, minimale Probenanzahl pro Blatt usw.
- **Post-Pruning:** Entfernen von Ästen von einem vollständig gewachsenen Baum basierend auf der Leistung auf Validierungsdaten

Verschiedene Evaluationsmetriken werden für Entscheidungsbäume verwendet, wie Genauigkeit, Präzision, Recall und F1-Score für Klassifikation sowie MSE oder andere Metriken für Regression.

Fortgeschrittenere Ensemble-Methoden, die auf Entscheidungsbäumen basieren, sind einerseits Random Forest und andererseits Boosting.

- **Random Forest** ist ein Ensemble von Entscheidungsbäumen, bei dem jeder Baum auf zufälligen Teilmengen von Daten und Merkmalen aufgebaut wird. Dies hilft, die Vorhersagegenauigkeit zu verbessern und Überanpassung zu reduzieren. Random Forest nutzt das Prinzip des Bagging (Bootstrap Aggregating), um die Varianz zu reduzieren und robuste Modelle zu erstellen.
- **Boosting** baut sequenziell Bäume auf, wobei jeder neue Baum versucht, die Fehler der vorherigen Bäume zu korrigieren. Beispiele für Boosting-Algorithmen sind AdaBoost und Gradient Boosting:
  - **AdaBoost (Adaptive Boosting):** Beginnt mit einem einfachen Basislernalgorithmus (z. B. ein Entscheidungsbaum) und passt die Gewichtung der falsch klassifizierten Instanzen an, sodass nachfolgende Bäume sich stärker auf diese Fehler konzentrieren.
  - **Gradient Boosting:** Baut ebenfalls sequenziell Bäume auf, optimiert jedoch den Verlust durch Gradientenabstieg. Jeder neue Baum wird darauf trainiert, die negativen Gradienten (Fehler) der Verlustfunktion des vorherigen Modells zu approximieren.

3.4.3 Clustering-Methoden

Clustering ist eine unüberwachte Methode des Maschinellen Lernens, die Datenpunkte anhand spezifischer Metriken in Cluster gruppiert. Punkte im selben Cluster sind einander ähnlicher als Punkte in anderen Clustern. Die Auswahl geeigneter Merkmale und mathematischer Metriken zur Definition von Ähnlichkeiten ist entscheidend. Zu den gängigen Metriken gehören der euklidische Abstand, der Manhattan-Abstand und die Kosinus-Ähnlichkeit. Wenn Beispiele nur wenige Merkmale aufweisen, sind die Visualisierung und Messung der Ähnlichkeit einfach. Mit zunehmender Anzahl der Merkmale wird das Kombinieren und Vergleichen der Merkmale jedoch weniger intuitiv und komplexer.

Clustering-Algorithmen variieren und umfassen gängige Typen wie zentroidbasierte Methoden, hierarchische Methoden, dichtebasierte Methoden, distributionsbasierte Methoden und gitterbasierte Methoden, bei denen das Modell den Datenraum in eine endliche Anzahl von Zellen unterteilt, die eine Gitterstruktur bilden, und dann das Clustering auf diesen Zellen durchführt.

Bei zentroidbasierten Methoden teilt das Modell nach Festlegung der Anzahl der Cluster auf k die Daten in k Gruppen, wobei jede Gruppe einen nichthierarchischen Cluster darstellt. Methoden wie k-means und k-medoids finden die k Cluster-Zentren und weisen Objekte dem nächstgelegenen Cluster-Zentrum zu, um die quadratischen

Abstände von den Clustern zu minimieren. Zwar sind zentroidbasierte Clustering-Algorithmen effizient, aber sie sind empfindlich gegenüber den Anfangsbedingungen und Ausreißern. Sie erfordern auch, dass der Benutzer die Anzahl der Zentroiden *k* definiert, und funktionieren am besten mit Clustern von ungefähr gleicher Größe. Der Algorithmus beginnt mit halbzufällig ausgewählten initialen Zentroiden. Jeder Datenpunkt wird dann dem nächstgelegenen Zentrum zugewiesen (siehe Bild 3.11). Neue Zentroiden werden als Mittelwert der den Clustern zugewiesenen Datenpunkte berechnet. Dieser Prozess wiederholt sich, bis sich die Zentroiden nicht mehr signifikant ändern und Konvergenz erreicht ist.

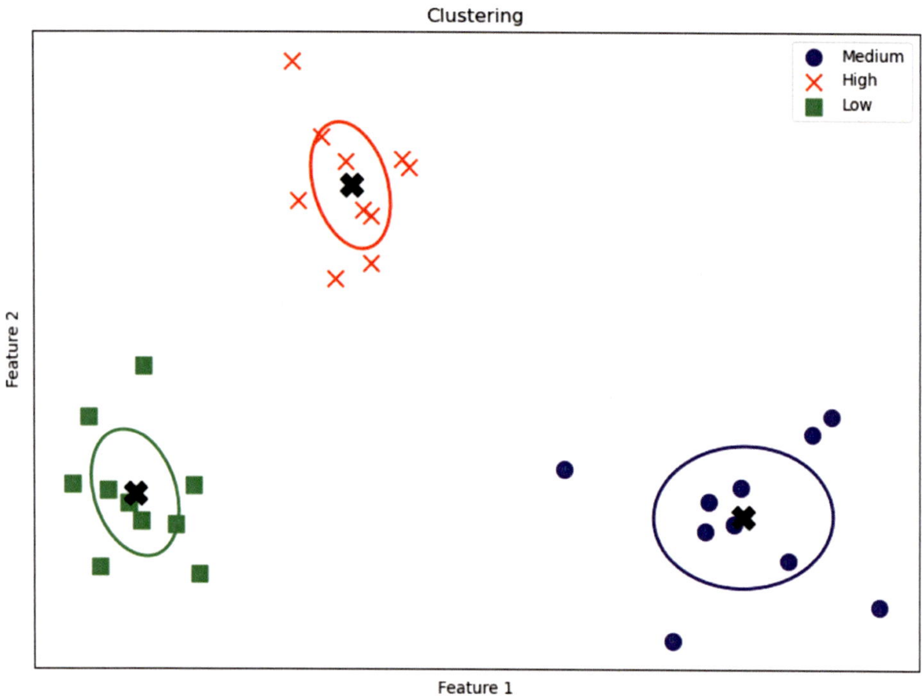

Bild 3.11 Eine Illustration der k-means-Clustering-Methode

Hierarchische Methoden bauen eine Hierarchie von Clustern auf der Annahme auf, dass nahe Objekte einander ähnlicher sind als weit entfernte Objekte. Der Abstand zwischen Datenpunkten wird verwendet, um Cluster zu bilden, und unterschiedliche Abstände resultieren in verschiedenen Clustern. Dendrogramme stellen die auf unterschiedlichen Abstandsleveln gebildeten Cluster dar. Es gibt zwei Ansätze:

- **Agglomeratives Clustering:** Beginnt mit jedem Punkt als Einzelcluster und fusioniert iterativ die nächstgelegenen Cluster.
- **Divisives Clustering:** Beginnt mit allen Punkten in einem Cluster und teilt diese iterativ auf.

Dichtebasierte Methoden gruppieren Punkte, die sich in einem gegebenen Raum nahe beieinander befinden, basierend auf der Dichte der Datenpunkte. Dies ermöglicht die Entdeckung von Clustern beliebiger Anzahl und Form, wobei Ausreißer nicht zu Clustern zugewiesen werden. Diese Algorithmen haben jedoch Schwierigkeiten mit Clustern unterschiedlicher Dichte und hochdimensionalen Daten. DBSCAN (Density-Based Spatial Clustering of Applications with Noise) identifiziert Cluster basierend auf dichten Regionen von Punkten und ermöglicht Cluster beliebiger Form und die Behandlung von Rauschen in den Daten.

Distributionsbasierte Methoden gehen davon aus, dass Daten aus probabilistischen Verteilungen wie der Gaußschen Verteilung bestehen. Die Beziehung zwischen Abstand und Ähnlichkeit ist mehr als linear; mit zunehmendem Abstand vom Zentrum der Verteilung nimmt die Wahrscheinlichkeit, dass ein Punkt zur Verteilung gehört, entsprechend der zugrunde liegenden Verteilung ab.

Vor dem Clustering sollten Daten vorverarbeitet, skaliert, normalisiert und möglicherweise in der Dimensionalität reduziert werden. Verschiedene Datensätze erfordern unterschiedliche Clustering-Algorithmen, um die besten Ergebnisse zu erzielen. Einige Algorithmen erfordern, dass die Anzahl der Cluster im Voraus definiert werden. Die Qualität der Cluster sollte anhand verschiedener Metriken bewertet werden. Interne Evaluationsmetriken umfassen den Sum of Squared Errors (SSE), der die Kompaktheit der Cluster misst, und den Silhouette-Score, der misst, wie ähnlich ein Datenpunkt seinem eigenen Cluster im Vergleich zu anderen Clustern ist. Externe Evaluationsmetriken, die verwendet werden, wenn die Daten beschriftet sind, umfassen den Adjusted Rand Index (ARI), der die Ähnlichkeit zwischen dem Clustering-Ergebnis und der Ground-Truth misst, und die Normalized Mutual Information (NMI), die die gegenseitige Abhängigkeit zwischen dem Clustering-Ergebnis und der Ground-Truth misst.

3.4.4 Bayesianische Methode

Der Satz von Bayes ist ein grundlegendes Konzept in der Wahrscheinlichkeitstheorie und Statistik, das im bayesianischen Modellieren verwendet wird, um die vorherige Wahrscheinlichkeitsverteilung eines Ereignisses (Hypothese) nach dem Vorliegen neuer Beweise oder Beobachtungen zu aktualisieren. Der Satz wird mathematisch wie folgt ausgedrückt:

$$P(H|E) = \frac{P(E|H) \cdot P(H)}{P(E)}$$

- **$P(H|E)$ ist die Posterior-Wahrscheinlichkeit:** die Wahrscheinlichkeit, dass Ereignis H eintritt, gegeben, dass E wahr ist.
- **$P(E|H)$ ist die Likelihood:** die Wahrscheinlichkeit, dass Ereignis E eintritt, gegeben, dass H wahr ist.

- **$P(H)$ ist die Prior-Wahrscheinlichkeit:** die anfängliche Wahrscheinlichkeit, dass Ereignis H eintritt, bevor irgendwelche Beweise berücksichtigt werden.
- **$P(E)$ ist die marginale Wahrscheinlichkeit:** die Gesamtwahrscheinlichkeit, dass Ereignis E eintritt.

Wenn es eine Hypothese und eine zugehörige Wahrscheinlichkeit gibt, dass die Hypothese wahr ist, möchte man nach erneuten Beobachtungen wissen, wie diese neuesten Beobachtungen die Wahrscheinlichkeit der Hypothese verändern. Daher wird der Satz von Bayes häufig von Wissenschaftlerinnen und Wissenschaftlern verwendet, um zu analysieren, inwieweit neue Daten Modelle validieren oder invalidieren. Im Maschinellen Lernen wird er verwendet, um explizit und numerisch Modellparameter zu modellieren. Der Satz von Bayes ist von entscheidender Bedeutung, da er die letzte Beobachtung nicht direkt als Wahrscheinlichkeitsverteilung für die Wahrheit einer Hypothese nimmt, sondern basierend auf der vorherigen Wahrscheinlichkeit das Modell mit den neuesten Beobachtungen aktualisiert.

Bayesianisches Modellieren wird häufig im überwachten und unüberwachten Lernen verwendet. Obwohl es im Reinforcement Learning weniger verbreitet ist, gibt es dennoch Anwendungen. Bayesianische Methoden werden für verschiedene Aufgaben des Maschinellen Lernens eingesetzt, einschließlich Klassifikation, Regression und Parameterschätzung. Bei der Klassifikation verwenden bayesianische Klassifikatoren, den Satz von Bayes, um Datenpunkte basierend auf ihren Merkmalswerten zu klassifizieren. In der Regression bieten bayesianische lineare Regressionsmodelle eine probabilistische Interpretation der Regressionsparameter. Bei der Modellauswahl können die Methoden verwendet werden, um verschiedene Modelle zu vergleichen, indem ihre marginalen Wahrscheinlichkeiten berechnet werden. Zur Unsicherheitsquantifizierung integrieren bayesianische Modelle von Natur aus Unsicherheit in ihre Vorhersagen und bieten glaubwürdige Intervalle anstelle von Punktvorhersagen.

Bild 3.12 zeigt den bayesianischen Lernzyklus, der den iterativen Prozess der Integration von Vorwissen, Vorhersagen, Datensammlung, Auswertung des Vorhersagefehlers und Aktualisierung des Wissens umfasst. In diesem bayesianischen Ansatz wird neue Information genutzt, um altes Wissen zu aktualisieren, wodurch das Modell anpassungsfähig wird. Der Zyklus beginnt mit Vorwissen, das die Basis für anfängliche Vorhersagen bildet. Diese Vorhersagen werden dann mit neuen Daten verglichen und die resultierenden Vorhersagefehler werden analysiert. Diese Analyse führt zu einer Aktualisierung der Wissensbasis, die das Vorwissen verfeinert und zukünftige Vorhersagen verbessert. Der kontinuierliche Zyklus stellt sicher, dass das Modell mit der Zeit immer genauer und zuverlässiger wird, indem es neue Informationen in das bestehende Rahmenwerk integriert.

Bild 3.12 Der bayesianische Lernzyklus

Bayesianische Methoden haben mehrere Vorteile. Sie integrieren Vorwissen und ermöglichen die Verwendung von Expertenmeinungen oder früheren Studien beim Modellieren. Sie bieten eine probabilistische Interpretation der Modellparameter und liefern glaubwürdige Intervalle sowie ein Maß für Unsicherheit. Bayesianische Modelle können auch inkrementell aktualisiert werden, sobald neue Daten verfügbar sind, wodurch sie flexibel und anpassungsfähig sind.

In der Industrie haben bayesianische Methoden verschiedene Anwendungen, wie z. B. die Risikobewertung, bei der die Wahrscheinlichkeit von Defekten in einer Produktionslinie berechnet werden kann, oder in der prädiktiven Wartung. Trotz ihrer Vorteile können bayesianische Methoden rechnerisch intensiv sein und erfordern ein gutes Verständnis der vorherigen Verteilungen.

Der erste Schritt im bayesianischen Modellieren besteht darin, eine Prior-Verteilung auszuwählen, die die Überzeugungen über den Parameter vor dem Betrachten der Daten widerspiegelt. Dies könnte auf früheren Studien, Expertenwissen oder nichtinformativen Priors basieren, wenn keine Vorinformationen verfügbar sind. Als Nächstes sollte eine Likelihood-Funktion basierend auf den Daten und dem Modell formuliert werden. Die Posterior-Verteilung kann dann durch Kombination der Prior- und Likelihood-Funktion berechnet werden. Vorhersagen können gemacht oder Parameter mit der Posterior-Verteilung aktualisiert werden, was die Berechnung des Erwartungswerts, der Varianz oder anderer zusammenfassender Statistiken der Posterior-Verteilung beinhalten kann.

3.4.5 Deep Learning

Deep Learning, ein Teilbereich des Maschinellen Lernens, verwendet künstliche neuronale Netze (ANNs), die die biologischen Neuronen im Gehirn nachbilden. Künstliche Neuronen sind in Schichten organisiert und miteinander verbunden. Jedes Neuron verfügt über eine Aktivierungsfunktion, mit der die Eingabe verarbeitet und die Ausgabe an nachfolgende verbundene Neuronen weitergeleitet wird. Neuronen werden schichtweise aktiviert und erfassen komplexe Beziehungen zwischen Eingabe- und Ausgabeschichten, ähnlich wie das Gehirn funktioniert.

Deep-Learning-Techniken werden für fortgeschrittene Anwendungen wie Bilderkennung, Verarbeitung natürlicher Sprache und Zeitreihenanalyse verwendet. Die Fähigkeit von Deep-Learning-Modellen, Merkmale aus Rohdaten automatisch zu extrahieren, ohne umfangreiche manuelle Vorverarbeitung, macht sie zu leistungsstarken Werkzeugen zur Lösung komplexer Probleme und zum Gewinnen tieferer Einblicke aus großen Datenmengen. Allerdings benötigen Deep-Learning-Modelle große Datenmengen und funktionieren als Blackbox, die alle Informationen als Parameter nichtlinearer Funktionen speichern, ohne dass nachverfolgt werden kann, wie das Modell Entscheidungen trifft.

In einem ANN gibt es mehrere Schichten, um komplexe und hochdimensionale Daten zu analysieren: eine Eingabeschicht, die die Anfangsdaten empfängt, verborgene Schichten, die Daten zwischen Eingabe- und Ausgabeschichten verarbeiten, und eine Ausgabeschicht, die die endgültige Ausgabe des Netzwerks erzeugt. Der einfachste Typ eines neuronalen Netzwerks ist ein Feedforward-Netzwerk, bei dem die Verbindungen zwischen Neuronen keinen Zyklus bilden und die Informationen strikt von links nach rechts fließen (siehe Bild 3.13).

In einem Feedforward-Neuronalen Netzwerk ist jedes Eingabeneuron X_i mit jedem Neuron in der versteckten Schicht j verbunden, wobei jeder Verbindung ein Gewicht w_{ji} zugewiesen ist. Jedes Neuron hat auch einen Bias-Term b_j, der zu der gewichteten Summe der Eingaben des Neurons hinzugefügt wird und es der Aktivierungsfunktion ermöglicht, horizontal verschoben zu werden. Diese Anpassung hilft dem Neuron, komplexere Beziehungen zu modellieren, indem sie Flexibilität bietet und das Neuron auch dann aktiv sein kann, wenn die Eingabe null ist. Für das erste versteckte Neuron kann die Eingabe als lineare Kombination geschrieben werden, wie in Bild 3.13 dargestellt:

$$z_1 = w_{11}X_1 + w_{12}X_2 + b_1$$

Das Signal, das von dem ersten Neuron der versteckten Schicht empfangen wird, ist z_1, das von der zugewiesenen Aktivierungsfunktion f. Die Ausgabe eines Neurons der versteckten Schicht a_j ist:

$$a_j = f(z_j)$$

Die Linearität zwischen den Schichten ermöglicht es, die Operationen des neuronalen Netzwerks in Matrizenform zu transformieren, wodurch Berechnungen effizienter und skalierbarer werden:

$$\begin{bmatrix} w_{11} & w_{12} \\ w_{21} & w_{22} \\ w_{31} & w_{32} \end{bmatrix} \begin{bmatrix} X_1 \\ X_2 \end{bmatrix} + \begin{bmatrix} b_1 \\ b_2 \\ b_3 \end{bmatrix} = \begin{bmatrix} z_1 \\ z_2 \\ z_3 \end{bmatrix}$$

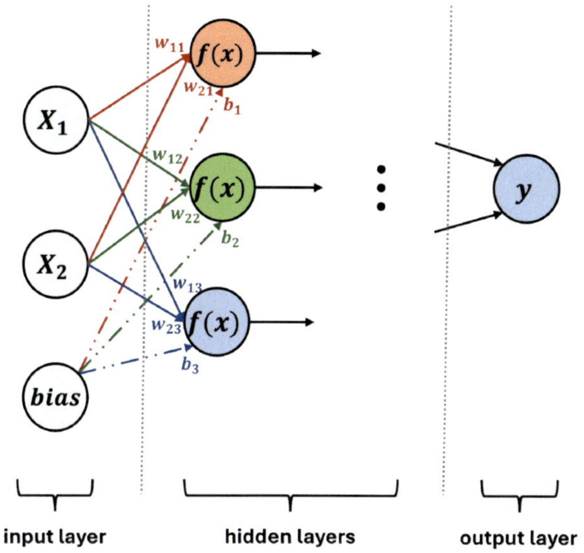

Bild 3.13 Eine Illustration der künstlichen neuronalen Netze

Jedes Neuron in einer Schicht verwendet denselben Typ von Aktivierungsfunktion, was Nichtlinearität in das Netzwerk einführt und es ihm ermöglicht, komplexe Datenmuster zu lernen und zu modellieren. Ohne nichtlineare Aktivierungsfunktionen würde ein neuronales Netzwerk wie ein lineares Regressionsmodell funktionieren, unabhängig von der Anzahl der Schichten. Die Wahl der Aktivierungsfunktion hängt von der spezifischen Aufgabe und Schicht innerhalb eines neuronalen Netzwerks ab. Zu den gängigen Aktivierungsfunktionen gehören Sigmoid, Tanh, ReLU und Softmax. Für versteckte Schichten wird häufig ReLU verwendet, da es effizient ist und das Problem des verschwindenden Gradienten mindert, während Leaky ReLU das „Absterben“ von Neuronen verhindern kann. Bei binären Klassifikationsproblemen sind Sigmoid-Funktionen für die Ausgabeschicht geeignet, während Softmax ideal für Mehrklassenklassifikation ist, da es Wahrscheinlichkeiten ausgibt, die sich zu 1 summieren. Tanh, das Werte zwischen –1 und 1 ausgibt, wird oft gegenüber Sigmoid für versteckte Schichten bevorzugt, da es zentriert ist und eine schnellere Konvergenz ermöglicht. Die Wahl der Aktivierungsfunktion beeinflusst die Trainingsdynamik und die endgültige Leistung des Netzwerks.

Beim Training künstlicher neuronaler Netzwerke ist Backpropagation, kurz für „rückwärtige Fehlerausbreitung", ein grundlegender Algorithmus. Es beinhaltet einen zweistufigen Prozess: Forward Pass und Backward Pass. Während des Forward Pass werden Eingabedaten durch das Netzwerk geleitet, um eine Ausgabe zu erzeugen. Der Fehler, also der Unterschied zwischen der tatsächlichen und der vorhergesagten Ausgabe, wird dann berechnet. Im Backward Pass wird dieser Fehler schichtweise rückwärts durch das Netzwerk propagiert, wobei die Kettenregel der Analyse zur Berechnung der Gradienten verwendet wird. Diese Gradienten geben an, wie stark jedes Gewicht im Netzwerk angepasst werden muss, um den Fehler zu minimieren. Durch iterative Anpassung der Gewichte mithilfe dieser Gradienten, typischerweise über einen Optimierungsalgorithmus wie Gradientenabstieg, lernt das Netzwerk, seine Vorhersagen im Laufe der Zeit zu verbessern.

ANNs können durch überwachte Lernverfahren trainiert werden, bei denen beschriftete Trainingsdaten Beispieleingaben und entsprechende Ausgaben bereitstellen. Der Forward Pass beginnt mit zufällig ausgewählten Gewichten und Biases, und im Laufe der Zeit wird der Fehler zwischen vorhergesagten und tatsächlichen Ausgaben minimiert, indem die Gewichte des Netzwerks angepasst werden. Für das Training von ANNs mit unbeschrifteten Daten werden unüberwachte Lerntechniken verwendet. Autoencoder komprimieren und rekonstruieren Daten, um den Rekonstruktionsverlust zu minimieren, während Generative Adversarial Networks (GANs) einen Generator verwenden, um Daten zu erstellen, und einen Diskriminator, um diese zu bewerten. Selbstüberwachtes Lernen generiert Pseudo-Labels, indem Teile der Daten aus anderen Teilen vorhergesagt werden, was es dem Netzwerk ermöglicht, sinnvolle Repräsentationen aus den Daten zu lernen, ohne explizite Labels.

Transfer Learning in neuronalen Netzwerken beinhaltet die Nutzung eines vortrainierten Modells für eine neue, aber verwandte Aufgabe. Anstatt ein Netzwerk von Grund auf neu zu trainieren, beginnt Transfer Learning mit einem auf einem großen Datensatz trainierten Modell und verfeinert es auf einem kleineren, aufgabenspezifischen Datensatz. Dieser Ansatz reduziert die benötigten Rechenressourcen und die Trainingszeit erheblich und kann zu besseren Leistungen führen, insbesondere wenn der neue Datensatz begrenzt ist. Häufig verwendet in Bild- und Sprachverarbeitungsaufgaben, nutzt Transfer Learning die von dem vortrainierten Modell erlernten Merkmalsrepräsentationen und passt sie an die neue Aufgabe an, wobei die wertvollen Merkmale aus dem ursprünglichen Training erhalten bleiben.

3.5 KI und qualitätswissenschaftliche Methodik

Die traditionelle Qualitätswissenschaft konzentriert sich auf systematische Ansätze, um sicherzustellen, dass Produkte oder Dienstleistungen die festgelegten Anforderungen erfüllen und zuverlässig, langlebig und effizient sind. Zu den wichtigsten Methoden und Werkzeugen gehören die statistische Prozesskontrolle (SPC), Six Sigma, Total Quality Management (TQM), die Fehlermöglichkeits- und Einflussanalyse (FMEA), die Ursachenanalyse (RCA). SPC verwendet statistische Methoden zur Überwachung und Kontrolle eines Prozesses, während Six Sigma ein Rahmenwerk ist, das darauf abzielt, Prozesse durch die Beseitigung von Fehlern zu verbessern und sich stark auf die Datenerfassung und statistische Analyse stützt. TQM betont die Verwendung von Daten zur fundierten Entscheidungsfindung auf allen Organisationsebenen und konzentriert sich auf die Kundenzufriedenheit. FMEA und RCA werden verwendet, um potenzielle Fehler und die zugrunde liegenden Ursachen von Problemen zu identifizieren.

All diese traditionellen Qualitätsmethoden sind datengesteuert und basieren auf quantitativen und qualitativen Daten, um Probleme zu identifizieren, Entscheidungsprozesse zu lenken, die Leistung zu überwachen und kontinuierliche Verbesserungen voranzutreiben. Ähnlich verwenden auch KI-Anwendungen Methoden, die im Wesentlichen ähnlich sind, da beide auf logischem Denken und statistischen Methoden wie inferentieller, deskriptiver und explorativer Statistik beruhen. Inferentielle Statistik verallgemeinert Aussagen über eine Population anhand einer Stichprobe, eine gängige Praxis sowohl in der traditionellen Qualitätskontrolle als auch in maschinellen Lernmodellen. Deskriptive Statistik fasst Qualitätsmetriken einer Stichprobe zusammen und beschreibt sie, um die Prozessleistung zu verstehen, und in der KI, um Daten vorzubereiten und Muster zu identifizieren. Explorative Statistiktechniken werden eingesetzt, um neue Beziehungen und Erkenntnisse aus Daten zu entdecken, was sowohl für Qualitätsverbesserungsinitiativen als auch für die Entwicklung von KI-Modellen entscheidend ist.

Es gibt signifikante Parallelen zwischen KI-Projekten und traditionellem Qualitätsmanagement. In Bild 3.14 sind die bekannten Qualitätsmethoden-Zyklen – PDCA und Six Sigma DMAIC – neben dem maschinellen Lernprojektzyklus dargestellt. All diese Methoden zielen auf eine nachhaltige Problemlösung ab.

Die KI bringt transformative Fähigkeiten in das Qualitätsmanagement, die über den Umfang traditioneller Methoden und Instrumente hinausgehen. Durch den Einsatz fortschrittlicher Analytik, Echtzeit-Datenverarbeitung und Maschinellem Lernen ermöglicht KI proaktivere, präzisere und umfassendere Ansätze zur Sicherstellung und Verbesserung der Qualität in verschiedenen Branchen. Dieser Wandel verbessert nicht nur die Effektivität des Qualitätsmanagements, sondern fördert auch Innovation und Effizienz in Produktionsprozessen.

PDCA	DMAIC		Machine Learning		
Plan	Define	◦ Definition von Projektziel und -umfang	Define	Business Understanding	◦ Problemstellung definieren ◦ Projekt verstehen ◦ Projektplan erstellen
		◦ Vertiefung des Prozessverständnisses		Domain Knowledge	◦ Sammlung des erforderlichen Fachwissens
		◦ Analyse der Anforderungen der Stakeholder		Analytic Approach	◦ Übersetzen des Problems in den Kontext statistischer und ML-Techniken
				Data Requirement	◦ Ableitung von Datenanforderungen und Erhebungsmethoden
	Measure	◦ Sammeln von Daten	Data	Data Collection	◦ Sammeln von Daten
		◦ Daten auswerten		Exploratory Data Analysis	◦ Überprüfung der Datenqualität ◦ Erste Hypothesen bilden
		◦ Messsystem analysieren		Data Labelling	◦ Datenkennzeichnung
		◦ Erste Hypothesen bilden		Data Preparation	◦ Datenbereinigung
	Analyse	◦ Ermitteln von Ursachen und Faktoren	Model	Feature Engineering	◦ Durchführung von Operationen zwischen Spalten, um neue aussagekräftige Daten zu erhalten, die neue Erkenntnisse liefern
		◦ statistische Beziehungen analysieren		Model Selection and Training	◦ Auswahl des geeigneten Modells, das am besten zur Aufgabe passt, und Modelltraining
Do	Improve	◦ Überprüfung der Wirksamkeit		Model Evaluation	◦ Auswertung und Validierung der Modellergebnisse ◦ Vergleich mit dem Projektziel
		◦ Erstellung eines detaillierten Implementierungsplans		Parameter Optimization	◦ Kontinuierliche Wiederholung der vorherigen Schritte, bis eine zufriedenstellende Punktzahl erreicht ist
		◦ Umsetzung der Verbesserungen			
Check	Control	◦ Bewertung der Prozessstabilität	Deploy	Deploy in Production	◦ Modelle in die Produktion bringen
Act		◦ Sicherstellung der Nachhaltigkeit		Monitor and Maintain System	◦ Nutzer-Feedback sammeln ◦ Wiederholung der Modellverfeinerung bis zur Fertigstellung

Bild 3.14 Ein Vergleich von PDCA-, DMAIC- und Machine-Learning-Methoden

Die Integration traditioneller Methoden der Qualitätswissenschaft mit KI erhöht deren Effektivität erheblich. Während traditionelle Methoden eine robuste Grundlage zur Sicherstellung der Qualität bieten, bringt die Integration von KI-Technologien Fortschritte in Effizienz, Genauigkeit und prädiktiven Fähigkeiten. Diese Synergie schafft einen leistungsstarken Ansatz zur Aufrechterhaltung und Verbesserung der Qualität in verschiedenen Branchen. Zum Beispiel hilft die Integration von SPC mit maschinellen Lernmodellen bei der Echtzeitüberwachung und -kontrolle von Prozessen mit größerer Präzision. Traditionelle Methoden verlassen sich oft auf periodische Stichproben und verzögertes Feedback, was zu langsameren Reaktionszeiten und einem erhöhten Risiko von Defekten führen kann. KI-Systeme können kontinuierlich Daten aus Fertigungsprozessen analysieren, Qualitätsprobleme identifizieren, sobald sie auftreten, und sofortige Anpassungen vornehmen, um diese zu korrigieren. Ebenso kann die Verbesserung von Six-Sigma-Projekten durch KI-Analysen die Analyse großer Datensätze und die Identifizierung von Hauptursachen für Abweichungen beschleunigen. Traditionelle statistische Methoden können Schwierigkeiten mit der Komplexität und dem Umfang der für genaue Vorhersagen erforderlichen Daten haben und sind oft nicht in der Lage, komplexe Muster und Beziehungen zu identifizieren. KI kann TQM unterstützen, indem sie Erkenntnisse und Empfehlungen für kontinuierliche Verbesserungen liefert, Routinetätigkeiten wie die Sentiment-Analyse von Kundenfeedback automatisiert und bessere Entscheidungsfindung erleichtert.

Einer der bedeutendsten Vorteile der KI ist ihre Adaptivität. KI-Systeme können kontinuierlich lernen und sich ohne menschliches Eingreifen an neue Bedingungen anpassen, wodurch Qualitätskontrollprozesse auf der Grundlage von Echtzeitdaten und sich entwickelnden Mustern optimiert werden. Traditionelle Codierungs- und Qualitätssysteme erfordern oft manuelle Neukonfigurationen und Anpassungen, um sich an neue Bedingungen anzupassen, was zeitaufwendig sein kann und weniger reaktionsfähig auf Veränderungen ist.

3.6 Neue Chancen der Praxisintegration

Verbesserungen in der Rechenleistung und die Verfügbarkeit großer Datenmengen haben den Einsatz von KI für Datenanalyse und Entscheidungsfindung vorangetrieben, wodurch Praktikerinnen und Praktiker neue Methoden in bestehende Arbeitsabläufe integrieren können. Neue KI-Tools werden neben traditionellen Methoden eingesetzt, um die Gesamteffizienz zu steigern, anstatt sie zu ersetzen. Dies ist auf die unterschiedlichen Möglichkeiten der Implementierung von KI in aktuellen Anwendungsfällen zurückzuführen und nicht auf die Begrenzungen der KI-Modelle selbst. Obwohl die derzeitige KI-Technologie, die als „schwache KI" klassifiziert wird, nur in der Lage ist, spezifische Aufgaben auszuführen, für die sie entwickelt wurde, wird sie dennoch heute weit verbreitet und erfolgreich eingesetzt. „Starke KI" oder künstliche allgemeine Intelligenz, die wie Menschen lernen, denken und sich an verschiedene Aufgaben anpassen kann, ist derzeit noch nicht realisierbar.

KI fungiert als Erweiterung bestehender Instrumente und entwickelt den sog. Werkzeugkasten des Qualitätsmanagements um neue Methoden zur Datenanalyse, proaktiver Instandhaltung, Prozessoptimierung und mehr weiter. Bei der proaktiven Instandhaltung bzw. Wartung analysieren KI-Algorithmen Daten von Sensoren, um potenzielle Qualitätsprobleme vorherzusagen, bevor sie auftreten, indem sie Muster und Trends in historischen und Echtzeitdaten untersuchen. Dies reduziert Ausfallzeiten und verlängert die Lebensdauer von Geräten. Zur Prozessoptimierung kann KI komplexe Daten aus Fertigungsprozessen analysieren, um Ineffizienzen zu identifizieren und Verbesserungen vorzuschlagen. KI-Modelle können in Echtzeit Anomalien erkennen und ungewöhnliche Muster in Daten identifizieren, wodurch schnelle Reaktionen auf Qualitätsprobleme ermöglicht werden. Dies hilft, hohe Standards aufrechtzuerhalten, indem Ausreißer identifiziert werden, die auf Probleme hinweisen könnten. Traditionelle statistische Prozesskontrollmethoden sind möglicherweise nicht in der Lage, subtile oder komplexe Anomalien zu erkennen, insbesondere in Umgebungen mit hoher Variabilität oder großen Datenmengen. Im Lieferkettenmanagement kann KI das Qualitätsmanagement über die gesamte Lieferkette hinweg integrieren, indem Daten über mehrere Stufen hinweg analysiert und systemische Probleme identifiziert werden, die die Qualität beeinflussen. KI optimiert die gesamte

Lieferkette, indem sie die Nachfrage vorhersagt, Bestände verwaltet und Lieferunterbrechungen prognostiziert, um die rechtzeitige Lieferung qualitativ hochwertiger Materialien und Produkte sicherzustellen. Traditionelle Methoden sind möglicherweise nicht in der Lage, Daten nahtlos über verschiedene Stufen der Lieferkette hinweg zu integrieren und zu analysieren, was zu isolierten Erkenntnissen und suboptimalem Qualitätsmanagement führt.

KI hat mehrere neue Qualitätsmethoden und -instrumente eingeführt, die die Fähigkeiten traditioneller Qualitätsmodelle und -instrumente in verschiedener Hinsicht übertreffen. Beispielsweise ermöglicht die Computervision in der Qualitätskontrolle und -inspektion, dass maschinelle Lernmodelle und Computervisionssysteme Produkte mit hoher Präzision und Konsistenz auf Defekte untersuchen, auch bei hohen Geschwindigkeiten. Dies gewährleistet eine gleichbleibende Qualität und reduziert die Abhängigkeit von menschlichen Inspektionen, da manuelle Inspektionen zeitaufwendig sind, menschlichen Fehlern unterliegen und möglicherweise nicht für Produktionslinien mit hohen Stückzahlen geeignet sind. Traditionelle automatisierte Systeme können die Flexibilität und Genauigkeit KI-gesteuerter Lösungen nicht erreichen. Eine weitere innovative Nutzung von KI ist die Verarbeitung natürlicher Sprache (NLP), beispielsweise bei der Analyse von Kundenfeedback. NLP kann Kundenfeedback mit Sentiment-Analyse analysieren, um positive und negative Kommentare zu identifizieren und so Trends und Verbesserungsbereiche aufzudecken. Dies liefert Erkenntnisse zur Kundenzufriedenheit und Produktqualität aus großen Mengen unstrukturierter Daten. Chatbots können weit verbreitet eingesetzt werden, um sofort auf Wissen zuzugreifen, Testberichte zu lesen oder Daten aus alten Berichten zu extrahieren, während sie Probleme diagnostizieren oder Ursachen identifizieren. Traditionelle Methoden haben Schwierigkeiten mit dem Volumen und der unstrukturierten Natur von Textdaten, was es schwierig macht, effizient sinnvolle Erkenntnisse zu gewinnen.

Die Implementierung einfacher KI-Anwendungsfälle kann kontinuierliche Verbesserungen und Kosteneinsparungen vorantreiben, indem Unternehmen sich darauf konzentrieren können, tatsächliche Defekte zu identifizieren und zu beheben und so die Produktqualität zu verbessern. Durch die Integration maschineller Lernmodelle in die Maschinensteuerung können Unternehmen Abfall erheblich reduzieren, Transportkosten eliminieren und die Linienauslastung verbessern. Mit fortschreitender KI-Implementierung entwickeln Mitarbeitende höhere Qualifikationen durch die Arbeit an KI-gesteuerten Lösungen, was ihre Fähigkeiten verbessert und die Entwicklung von „Citizen Data Scientists" fördert – Mitarbeitende, die regelmäßig KI-Methoden anwenden. ML-basierte Lösungen können Fehler an Prüfständen während des Betriebs erkennen und lokalisieren, während die kontinuierliche Überwachung von Messprozessen unnötige Eingriffe eliminiert. Dieser proaktive Ansatz hilft, Abfall durch falsche Entscheidungen zu vermeiden, Flüchtigkeitsfehler zu verhindern und Kundenbeschwerden zu reduzieren, was ein effizienteres und effektiveres Qualitätsmanagementsystem fördert. Darüber hinaus kann die Nutzung von KI für vorausschauende Wartung und Echtzeit-Datenanalyse Erkenntnisse liefern, die weitere Prozessoptimierungen und Innovationen vorantreiben.

Ein kritisches Problem bei KI-Anwendungen ist die Rückverfolgbarkeit, die sich auf die Fähigkeit bezieht, den Entscheidungsprozess von KI-Systemen nachzuvollziehen. KI kann in symbolische und sub-symbolische Systeme unterteilt werden. In symbolischen Systemen sind die Regeln und Beziehungen für Menschen verständlich. Im Gegensatz dazu sind sub-symbolische Systeme Blackboxes, die für Menschen nicht leicht verständlich sind, wobei Informationen als Modellparameter gespeichert werden, die durch Rückpropagation optimiert werden. Ein Beispiel für ein symbolisches System ist das Filtern von Einträgen anhand von charakteristischen Werten unter Verwendung etablierter Regeln, während ein Beispiel für ein sub-symbolisches System die Verwendung von Support Vector Machines (SVM) oder künstlichen neuronalen Netzen zur Klassifikation ist. Symbolische Systeme bieten Transparenz und Verständlichkeit, während sub-symbolische Systeme komplex und weniger transparent sind. Die Wahl des Systems hängt vom Anwendungskontext und den regulatorischen Anforderungen ab.

Eine klare Differenzierung und Auswahl geeigneter KI-Methoden zur Erfüllung von Transparenz- und Regulierungsanforderungen sind entscheidend. Der AI-Act der Europäischen Union (EU) stellt einen umfassenden Ansatz zur Regulierung von KI dar, der Innovation fördern und gleichzeitig eine ethische und sichere KI-Einführung gewährleisten soll. Diese Vorschriften kategorisieren Anwendungsfälle in minimal kritisch, mittel kritisch und hoch kritisch, wobei in einigen Fällen Einschränkungen und Verbote gelten. Zum Zeitpunkt der Erstellung dieser Übersetzung befinden sich diese Vorschriften noch in der Entwicklung. KI-Modelle in der EU müssen diesen neuen Vorschriften entsprechen und die stufenweise Anwendung der Bestimmungen des Gesetzes berücksichtigen. Darüber hinaus gibt es die ISO 42001 und ISO 42006 Standards für künstliche Intelligenz Managementsysteme, die Leitlinien zur Implementierung und Verwaltung von KI auf nachvollziehbare und transparente Weise bieten.

Das Qualitätsmanagement hat relativ niedrige Eintrittsbarrieren für KI-Technologien, was den Einstieg im Vergleich zu anderen Bereichen erleichtert. Dennoch erfordert eine erfolgreiche Implementierung mehrere entscheidende Elemente, darunter gründliche Prozessplanung, ausreichende Datenverfügbarkeit, ordnungsgemäße Datenkennzeichnung, strukturierte Daten, robuste IT-Infrastruktur, qualifizierte Mitarbeitende, Datenschutz, Autorisierungs- und Rückverfolgbarkeitsmaßnahmen. Das Management spielen in diesem Prozess eine entscheidende Rolle. Investitionen in KI-Schulungen, die Auswahl der richtigen Fähigkeiten und die Förderung von Offenheit sind entscheidend für eine erfolgreiche KI-Integration im Qualitätsmanagement. Qualifiziertes Personal ist nicht nur für die Implementierung, sondern auch für die effiziente Nutzung der implementierten KI-Systeme unerlässlich. Viele KI-Anwendungen können mit minimaler oder keiner Schulung genutzt werden, da viele Qualitätsspezialisten bereits über die grundlegenden analytischen Fähigkeiten verfügen, die für den Übergang zu KI-Anwendungen erforderlich sind. Komplexere KI-Anwendungen erfordern jedoch möglicherweise zusätzliche Schulungen, eröffnen aber neue Möglichkeiten mit höherem Einsparungspotenzial. Die Investition in KI-Qualifikation ist letztendlich unvermeidlich und führt langfristig zu größeren Einsparungen.

Die Einführung benutzerfreundlicher KI-Tools wie Online-Chatbots und Low-Code/No-Code-Lösungen senkt die Eintrittsbarriere für Mitarbeitende, mit KI zu arbeiten. Diese Tools ermöglichen es Unternehmen, erhebliche Anfangsinvestitionen und Zeitaufwendungen zu vermeiden, was den Übergang reibungsloser und kostengünstiger macht. Durch den Einsatz dieser Technologien können Unternehmen KI leichter in ihre Qualitätsmanagementprozesse integrieren, was die Effizienz und Effektivität verbessert. Es kann jedoch Herausforderungen geben, wie das Navigieren durch Datenschutz- und Sicherheitsbedenken, die Einhaltung von Branchenvorschriften und das Überwinden von Anpassungs- und Integrationshürden mit bestehenden Systemen. Darüber hinaus müssen Unternehmen potenzielle Kosten, Zuverlässigkeitsprobleme und die Notwendigkeit des Aufbaus von Nutzervertrauen managen. Diese Faktoren erschweren zusammen die erfolgreiche Implementierung und Nutzung kommerzieller KI-Systeme in einem Unternehmensumfeld.

Eine gut durchdachte Implementierungsstrategie ist dennoch entscheidend für die erfolgreiche Einführung von maschinellen Lernwerkzeugen. Die vielfältigen Methoden und Technologien hinter der KI erfordern eine sorgfältige Planung, um den Projekterfolg sicherzustellen. Die Vielfalt und Qualität der verfügbaren Daten sind von größter Bedeutung. Eine klare Definition der Ziele und eine analytische Formulierung der Aufgabe sind entscheidende erste Schritte für ein erfolgreiches KI-Projekt. KI-Projekte sollten darauf abzielen, reale Probleme zu lösen, anstatt bestehende Lösungen an Probleme anzupassen. Die besten Ideen für KI-Anwendungsfälle kommen oft aus der Kreativität der Mitarbeitenden selbst, getrieben durch aktive betriebliche Bedürfnisse und Bedarfe. Die Fähigkeiten von KI-Anwendungen sind während der Modellbildung und Trainingsphasen durch Fachexpertise begrenzt. Die Genauigkeit und Qualität der Datenkennzeichnung, die oft Fachwissen erfordert, beeinflusst die Gesamtqualität erheblich. Häufig ist multidisziplinäre Expertise neben der Datenwissenschaftskompetenz erforderlich.

Es ist wichtig sicherzustellen, dass die verfügbaren Daten und die IT-Infrastruktur ausreichen, um das Projekt abzuschließen, und das Projekt sollte erst beginnen, wenn die technische Machbarkeit bewiesen ist. Der Hauptfaktor, der den Erfolg der KI-Implementierung bestimmt, ist das Gleichgewicht zwischen Kosten und Nutzen der KI. Projektziele und -methoden sollten entsprechend gestaltet werden. Die richtige Kombination aus KI und traditionellen Methoden, beschrifteten und unbeschrifteten Daten sowie Kosten-Nutzen-Analyse wird die optimale Lösung schaffen.

KI-Tools sind keine magischen Lösungen; auch wenn sie weniger Fehler machen als eine gewöhnliche Person, müssen sie verantwortungsbewusst und effizient eingesetzt werden. Kritisches Denken ist in diesem Zusammenhang entscheidend. Es sollten durch die Organisation die von KI generierten Qualitätsprüfergebnisse reflektiert werden, anstatt der Quelle blind zu vertrauen. Kreativität und Problemlösungsfähigkeiten sind nach wie vor stark gefragt; während KI Qualitätsprobleme identifiziert, müssen Lösungen von Menschen geschaffen werden. Laterales Denken ist für kontinuierliche Verbesserungen unerlässlich. Die Komplexität der Prozesse erfordert häufig eine effektive Zusammenarbeit zwischen multidisziplinären und diversen Teams. Kommunikation und Wissenstransfer sind der Schlüssel zur Lösungsfindung.

> Es ist wichtig, ML-Tools nicht blind zu verwenden, sondern KI-Kompetenz in der Belegschaft zu entwickeln und zu verstehen, wie diese Tools im Hintergrund funktionieren. Digitale Reife ist notwendig für den sinnvollen Einsatz von Technologie im Qualitätsmanagement. Durch die Förderung eines tiefen Verständnisses für KI und die Aufrechterhaltung eines kritischen Ansatzes können Unternehmen die Stärken der KI nutzen und gleichzeitig potenzielle Risiken mindern.

Literatur

Aikins, J. S. (1993): „Prototypical Knowledge for Expert Systems: A Retrospective Analysis", in: *Artificial Intelligence*, Vol. 59, S. 207 - 211.

Annoni, A., Benczúr, P. and others (2018): *Artificial Intelligence: A European Perspective*.

Bowling, M., Fürnkranz, J., Graepel, T. & Musick, R. (2006): „Machine learning and games", in: *Machine Learning*, Vol. 63, S. 211 - 215.

Collobert, R. & Bengio, S. (2004): *Links between perceptrons, MLPs and SVMs, Proceedings of the twenty-first international conference on Machine learning*.

Culot, G., Nassimbeni, G., Orzes, G. & Sartor, M. (2020): „Behind the definition of Industry 4.0: Analysis and open questions", in: *International Journal of Production Economics*, Vol. 226, p. 107617.

Erboz, G. (2017): *How to Define Industry 4.0: Main Pillars Of Industry 4.0*.

Foidl, H. & Felderer, M. (2015): „Research Challenges of Industry 4.0 for Quality Management", in: *Innovation and Future of Enterprise Information Systems*, S. 121 - 137.

Fukushima, K. (1980): „Neocognitron: A self-organizing neural network model for a mechanism of pattern recognition unaffected by shift in position", in: *Biological Cybernetics*, Vol. 36, S. 193 - 202.

Gill, T. G. (1995): „Early Expert Systems: Where are They Now?", in: *MIS Q.*, Vol. 19, S. 51 - 81.

Guo, W. (2023): „Exploring the Value of AI Technology in Optimizing and Implementing Supply Chain Data for Pharmaceutical Companies", in: *Innovation in Science and Technology*.

Hartman, P. L., Ogden, J. A., Wirthlin, J. R. & Hazen, B. T. (2017): „Nearshoring, reshoring, and insourcing: Moving beyond the total cost of ownership conversation", in: *Business Horizons*, Vol. 60, S. 363 - 373.

Hinton, G. E., Osindero, S. & Teh, Y. W. (2006): „A Fast Learning Algorithm for Deep Belief Nets", in: *Neural Computation*, Vol. 18, S. 1527 - 1554.

Kaur, M., Vikas, S. & Rekha A G (2022): „Tracing the Advancements in Artificial Intelligence: Drawing Lessons for Tomorrow", in: *Towards Excellence*, S. 1883 - 1896.

Klingenberg, C. (2017): *Industry 4.0: what makes it a revolution?*

Kowalikova, P., Polak, P. & Rakowski, R. (2020): „The Challenges of Defining the Term ‚Industry 4.0'", in: *Society*, Vol. 57, S. 631 - 636.

Lasi, H., Fettke, P., Kemper, H.-G., Feld, T. & Hoffmann, M. (2014): „Industry 4.0", in: *Business & Information Systems Engineering*, Vol. 6, S. 239 - 242.

Ledley, R. S. & Lusted, L. B. (1959): „Reasoning Foundations of Medical Diagnosis“, in: *Science*, Vol. 130, S. 9 – 21.

Livesey, F. (2012): „The Need for a New Understanding of Manufacturing and Industrial Policy in Leading Economies“, in: *Innovations: Technology, Governance, Globalization*, Vol. 7, S. 193 – 202.

McCarthy, J., Minsky, M., Rochester, N. & Shannon, C. (2006): „A Proposal for the Dartmouth Summer Research Project on Artificial Intelligence, August 31, 1955“, in: *AI Magazine*, Vol. 27, S. 12 – 14.

Meissner, M., Jacobs, G., Jagla, P. & Sprehe, J. (2021): „Model based systems engineering as enabler for rapid engineering change management“, in: *Procedia CIRP*, Vol. 100, S. 61 – 66.

Minsky, M. & Papert, S. (1969): *Perceptrons: An Introduction to Computational Geometry*, MIT Press.

Monostori, L. (2014): „Cyber-physical Production Systems: Roots, Expectations and R&D Challenges“, in: *Procedia CIRP*, Vol. 17, S. 9 – 13.

Mosconi, F. (2015): *The New European Industrial Policy: Global Competitiveness and the Manufacturing Renaissance*.

Mourtzis, D., Zogopoulos, V. & Vlachou, K. (2017): „Augmented Reality Application to Support Remote Maintenance as a Service in the Robotics Industry“, in: *Procedia CIRP*, Vol. 63, S. 46 – 51.

Paliukas, V. & Savanevičienė, A. (2018): „Harmonization of rational and creative decisions in quality management using AI technologies“, in: *Economics and Business*, Vol. 32, S. 195 – 208.

Porter, M. E., Heppelmann, J. E. & others (2014): „How smart, connected products are transforming competition“, in: *Harvard Business Review*, Vol. 92, S. 64 – 88.

Rumelhart, D. E., Hinton, G. E. & Williams, R. J. (1986): „Learning representations by back-propagating errors“, in: *Nature*, Vol. 323, S. 533 – 536.

Rupp, M., Schneckenburger, M., Merkel, M., Boerret, R. & Harrison, D. (2021): „Industry 4.0: A Technological-Oriented Definition Based on Bibliometric Analysis and Literature Review“, in: *Journal of Open Innovation: Technology, Market, and Complexity*, Vol. 7, p. 68.

Russell, S. & Norvig, P. (2021): *Artificial Intelligence: A Modern Approach, Global Edition*, Pearson Deutschland.

Rüßmann, M., Lorenz, M., Gerbert, P., Waldner, M., Justus, J., Engel, P. & Harnisch, M. (2015): „Industry 4.0: The future of productivity and growth in manufacturing industries“, in: *Boston Consulting Group*, Vol. 9, S. 54 – 89.

Samuel, A. L. (1959): „Some Studies in Machine Learning Using the Game of Checkers“, in: *IBM Journal of Research and Development*, Vol. 3, S. 210 – 229.

Santhanam, P. (2020): „Quality Management of Machine Learning Systems“, in: *ArXiv*, Vol. abs/2006.09529.

Schwab, K. (2016): *The Fourth Industrial Revolution*, World Economic Forum.

Shaheen, M. (2021): „AI in Healthcare: medical and socio-economic benefits and challenges“, in: *SSRN Electronic Journal*.

Sravanthi, J., Sobti, R., Semwal, A., Shravan, M., Al-Hilali, A. & Alazzam, M. B. (2023): „AI-Assisted Resource Allocation in Project Management“, in: *2023 3rd International Conference on Advance Computing and Innovative Technologies in Engineering* (ICACITE), S. 70 – 74.

Tibazarwa, A. (2021): „Strategic Integration for Hardware and Software Convergence Complexity“, in: *IEEE Engineering Management Review*, Vol. 49, S. 92 – 102.

Turing, A. (1950): „Computing Machinery and Intelligence“, in: *Mind*, Vol. LIX, S. 433 – 460.

Wamba-Taguimdje, S.-L., Wamba, S., Kamdjoug, J. R. K. & Wanko, C. (2020): „Influence of artificial intelligence (AI) on firm performance: the business value of AI-based transformation projects“, in: *Business Process Management Journal*, Vol. 26, S. 1893 – 1924.

Zaidin, N. H. M., Diah, M. N. M. & Sorooshian, S. (2018): „Quality management in industry 4.0 era“, in: *Journal of Management and Science*, Vol. 8, S. 182 – 191.

4 Datenräume – Basis der digitalisierten Qualitätsarbeit im Wertschöpfungsprozess

Roland Jochem

> Im Zeitalter der Digitalisierung hängt die datenbasierte Wertschöpfung von globalen Datenräumen ab, die Datenhoheit, -sicherheit und -integrität gewährleisten und die zukünftige Wertschöpfung in der industriellen Fertigung und Produktion beschleunigen.

4.1 Datenraum Industrie 4.0: Grundlage für die Qualitätsabsicherung in der multilateralen Zusammenarbeit von Wertschöpfungspartnern

Geschäftlicher Mehrwert in der Produktions- und Fertigungsindustrie wird derzeit vornehmlich im Rahmen von globalen Produktionsnetzwerken erzeugt. Diese basieren hauptsächlich auf multilateralen Geschäftsbeziehungen zwischen Organisationen in einem Wertschöpfungssystem, das hochkomplex und weltweit vernetzt ist und zahlreiche Stakeholder und Interessengruppen (z. B. OEMs, Lieferanten, Dienstleister usw.) umfasst. Sie arbeiten über verschiedene Regionen, Märkte und zunehmend auch Branchen hinweg zusammen.

Derzeit werden aber Wertschöpfungsketten häufig innerhalb eines Produktionsnetzwerks auf der Grundlage lediglich bilateraler Vereinbarungen aufgebaut, um gemeinsame Geschäftsziele zu erreichen. Ein solcher bilateraler Charakter unterbindet jedoch meist die integrative Zusammenarbeit der verschiedenen Partner entlang der gesamten Wertschöpfungskette und genügt daher den Anforderungen moderner Geschäftsmodelle und Regularien nicht mehr. Beispiele, wie die effiziente Rückverfolgbarkeit von Qualitätsmerkmalen in der Lieferkette oder die nachhaltige CO_2-neutrale

Kreislaufwirtschaft, die von vollständiger digitaler Transparenz und einem integriertem „souveränen Datenfluss“ innerhalb des gesamten Wertschöpfungssystems abhängen, sind Anwendungsfälle mit hoher wirtschaftlicher und gesellschaftlicher Bedeutung. Sie sind nur erfolgreich umsetzbar mit einer starken Fokussierung auf einer umfassenden digitalen Transparenz und einem integrierten Datenfluss innerhalb des gesamten sog. „Datenökosystems“ (Plattform Industrie 4.0 2024).

Um die Realisierung dieser Anwendungsfälle zu ermöglichen, wird ein grundlegender Paradigmenwechsel im globalen Produktionssystem erforderlich sein, d. h. um zukünftige Geschäftsanforderungen abbilden zu können, müssen Organisationen ihre Geschäftsbeziehungen entlang der gesamten Wertschöpfungskette bis hin zu den unterschiedlichen Stufen der Lieferantenstruktur optimieren.

In den meisten Fällen beschränken sich diese Geschäftsbeziehungen derzeit auf einzelne Beziehungen auf der oberersten Stufe entlang der Wertschöpfungskette. Für eine multilaterale Zusammenarbeit ist ein Datenraum Industrie 4.0 notwendig, der einen umfassenden Datenaustausch in einem vollständig interoperablen und souveränen datenorientierten Wertschöpfungssystem ermöglicht (Plattform Industrie 4.0 2024) (Bild 4.1).

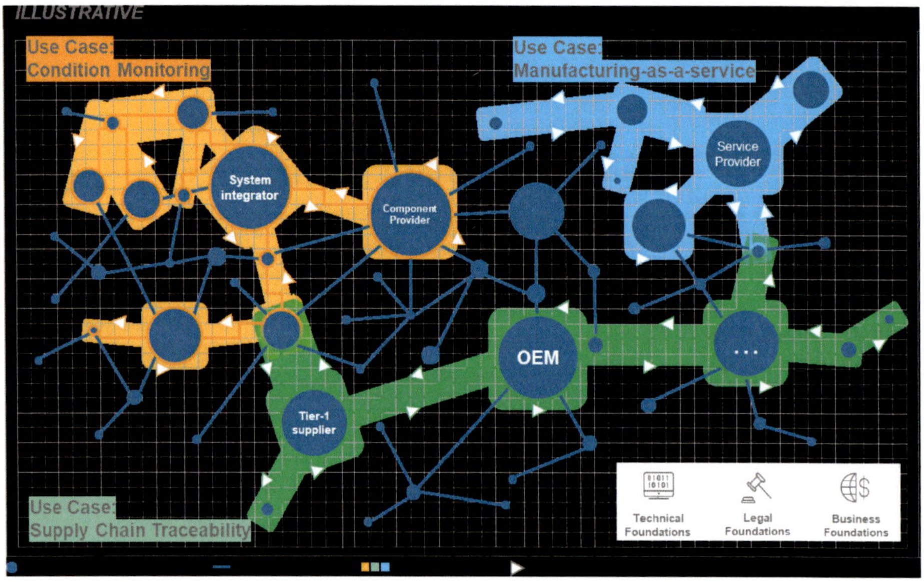

Bild 4.1 Datenraum Industrie 4.0 (Plattform Industrie 4.0 2024)

Eine solche grundlegende skalierbare Struktur für den kollaborativen Datenaustausch ermöglicht nicht nur aktuelle Geschäftsprozesse, wie beispielsweise das kollaborative Qualitätsmanagement, entlang der Wertschöpfungskette zu optimieren, sondern bietet auch die Grundlage für die Entwicklung neuer Geschäftsmodelle. Davon profitieren bestehende Organisationen genauso wie aufstrebende Start-ups im Produktionsumfeld, wenn sie z. B. Datenmarktplätze verwenden (Plattform Industrie 4.0 2024).

Der Datenraum Industrie 4.0 ist die gemeinsame Basis, die multilaterale Zusammenarbeit und den Datenaustausch auf der Grundlage von Vertrauen, Integrität, Sicherheit und individueller Souveränität ermöglicht. Dieses „kollaborative Netz" für das Wertschöpfungssystem der digitalen Produktion wird durch die Vereinbarung vorwettbewerblicher Grundlagen geschaffen. Auf ein solches Netz können sich die beteiligten Wertschöpfungspartner stützen, um ihre multilaterale Zusammenarbeit und den Datenaustausch aufzubauen bzw. zu beschleunigen. Die Struktur des Netzes besteht aus mindestens drei Dimensionen der Produktionslandschaft: geschäftliche, rechtliche und technische Grundlagen (Plattform Industrie 4.0 2024).

Daher ist der Datenraum Industrie 4.0 einerseits durch die Definition gemeinsamer Grundlagen beschrieben, auf die sich alle Beteiligten in einem vorwettbewerblichen Rahmen geeinigt haben. Andererseits gibt der Datenraum Industrie 4.0 keine einzelnen Geschäftsprozesse, spezifischen Technologien oder Anwendungsfälle vor, sondern stellt als Grundlage des Datenraums lediglich Frameworks, Routinen, Standards und Richtlinien zur Verfügung, die als Ausgangspunkt genutzt werden können, um eine effiziente wertschöpfungsorientierte Zusammenarbeit und einen umfassenden souveränen Datenaustausch aufzubauen (Plattform Industrie 4.0 2024).

Um die Entwicklung von solchen Datenräumen voranzubringen, haben sich zahlreiche Initiativen gegründet, darunter die International Data Spaces Association (IDSA), Gaia-X Association for Data and Cloud (AISBL) und spezialisierte Datenräume wie das Catena-X Automotive Network, Manufacturing-X, der Mobility Data Space und EONA-X. Auch Koordinierungsprojekte wie das von der EU unterstützte Data Spaces Support Centre (DSSC) sind Teil eines strukturierten Gesamtsystems mit einem übergeordneten Ziel: Aufbau einer fairen Datenökonomie in Europa durch eine gemeinsame Dateninfrastruktur für Datenräume (Plattform Industrie 4.0 2024).

Dazu sind die folgenden Voraussetzungen zu erfüllen (Lindow 2023):

Datennormierung und -standardisierung: Datenqualität gewährleisten

Bei der Datennormierung geht es darum, Daten in einem einheitlichen Format zu strukturieren und zu organisieren, sodass sie in den entsprechenden Datenräumen leicht ausgetauscht und verarbeitet werden können. Die Standardisierung von Datenmodellen bezieht sich auf die Vereinheitlichung der Strukturen, damit produzierende Unternehmen Daten über verschiedene Datenräume hinweg in unterschiedlichen Prozessen verwenden können. Der Anstoß für Aktivitäten zur Standardisierung kommt derzeit häufig von der Europäischen Union, wie zum Beispiel beim Digitalen Produkt Pass (DPP), der ab 2030 Pflicht werden soll, oder des spezifischen Batteriepasses, der ab dem Jahr 2026 die technischen Standards für alle neu angeschafften Batterien in Fahrzeugen, stationären Speichern und größeren Industriebatterien beinhalten soll. Diese Datenmodelle werden dann auf nationaler Ebene mit der sog. Verwaltungsschale und standardisierten Submodellen für deutsche Unternehmen konkretisiert. Hierbei unterstützen das Deutsche Institut für Normung (DIN) oder Organisationen wie die Plattform Industrie 4.0 und die Industrial Digital Twin Association (IDTA).

Ziel von Normierung und Standardisierung ist es daher, die Datenqualität so zu gestalten, dass die Daten konsistent über Datenräume und die darin genutzten Applikationen hinweg verarbeitet werden können. Daten, die in einem einheitlichen Format vorliegen, sind aber auch besser für maschinelles Lernen und die Auswertung vernetzter Daten nutzbar. So können wertschöpfungsstufenübergreifend Analysen und Berechnungen durchgeführt werden, beispielsweise zur Prädiktion von Ausfallwahrscheinlichkeiten von Produkten oder um regulatorische Anforderungen einzuhalten (Lindow 2023).

Datensouveränität: Kontrolle über die eigenen Daten ausüben

Zentrale Eigenschaft der Daten ist, dass diese weiterverarbeitet werden. Damit Unternehmen beispielsweise beim Datenaustausch oder bei der Verwertung ihrer Daten die Bestimmung darüber behalten können, was damit passiert, gibt es im Rahmen von Gaia-X das Prinzip der Datensouveränität, d. h. den selbstbestimmten Umgang mit den eigenen Daten, wobei dies die Kontrolle der Erhebung, Speicherung, Nutzung und Verarbeitung umfasst. Damit verbunden ist meist auch die digitale Souveränität, also die informationelle Selbstbestimmung im digitalen Zeitalter. Um diese erfolgreich umzusetzen, ist die Integration digitaler Konzepte und Technologien sicherzustellen. Dies soll u. a. durch die Initiativen Gaia-X, Catena-X und Manufacturing-X ermöglicht werden (Lindow 2023).

Datendurchgängigkeit: Nahtlos Daten fließen lassen

Datendurchgängigkeit bezieht sich auf die nahtlose und konsistente Nutzbarkeit von Daten über verschiedene Datenquellen und Anwendungen hinweg. Die Quellen sind IT-Systeme, Plattformen oder Datenbanken und finden sich entlang des gesamten Wertschöpfungsprozesses. Beispiele sind hier ERP-Systeme in der Auftragsabwicklung, CAQ-Systeme in der Produktion, Logistik-Systeme im Vertrieb und Service-Plattformen aus der Nutzungsphase. Zu den Schlüsselaspekten der Datendurchgängigkeit zählen folgende Aspekte (Lindow 2023):

- Integration vielfältiger Datenquellen, z. B. Daten von unterschiedlichsten IT-Systemen entlang einer Wertschöpfungskette,
- Mapping verschiedener Daten, z. B. Mapping von Qualitätsdaten der Fertigung in CAD-Modelle der Produktentwicklung,
- Zugriff auf Realdaten oder Echtzeitdaten, z. B. Überwachung der Qualitätsparameter von 3D-Druckprozessen,
- einheitliche Datenformate und Standards, z. B. Interoperabilität zwischen Qualitätsanalyse-Systemen und Produktionssystemen,
- Managen von Änderungen, z. B. Festlegung von technischen und zeitlichen Gültigkeiten von Qualitätsdaten.

Eine nahtlose Datendurchgängigkeit wird durch einen nahtlosen Datenfluss in Unternehmen und auch unternehmensübergreifend geschaffen. Der Datenfluss wird dabei durch die vereinheitlichten Datenformate und -modelle erreicht, wie auch durch die notwendigen Schnittstellen zwischen den IT-Systemen (Lindow 2023).

Datenbasierte Geschäftsmodelle: Wert aus Daten schöpfen

Anhand der von Sensoren und vernetzten Maschinen erhobenen Echtzeitdaten können Produktionsabläufe und Maschinenzustände genau überwacht werden. So können Engpässe oder Störungen frühzeitig erkannt und behoben werden. Darüber hinaus ermöglichen Datenanalysen Prädiktionen für Ausfallwahrscheinlichkeiten, Instandhaltungsplanung sowie Wartungsbedarfe. Das führt zu weniger Fehlern und einer verbesserten Effizienz der gesamten Produktionsanlage bei gleichzeitig sinkenden Betriebs- sowie Qualitätskosten.

Dem Unternehmensmanagement können gewonnene Daten einerseits hilfreich sein bei der kundenorientierten Gestaltung neuer Produkte, andererseits können sie als Grundlage für neue Geschäftsmodelle dienen. Produzierende Unternehmen können Datenlösungen als eigenständiges Produkt anbieten oder mit Partnerunternehmen kooperieren, um neue Leistungsangebote am Markt zu platzieren. So können sie beispielsweise ihr Know-how in der Datenanalyse monetarisieren und damit neue Einnahmequellen erschließen. Auch in der Personalisierung von Produkten und Services liegen Potenziale für datenbasierte Geschäftsmodelle. Durch die Auswertung von Kunden- und Nutzungsdaten können Unternehmen individuelle Lösungen anbieten, die auf die Bedürfnisse und Vorlieben ihrer Kundinnen und Kunden zugeschnitten sind. Dadurch steigt nicht nur die Kundenzufriedenheit, sondern es eröffnen sich auch neue Umsatzmöglichkeiten durch maßgeschneiderte Produkte und Serviceleistungen (Lindow 2023).

Ein wesentliches Merkmal von Datenräumen ist das Souveränitätsprinzip, mit dem sichergestellt wird, dass Unternehmen in einer Wertschöpfungskette jederzeit die Kontrolle über ihre Daten haben und selbst entscheiden können, wer diese jeweils wann, wofür, warum und unter welchen Bedingungen nutzen darf. Im Datenraum selbst oder in vernetzten Datenräumen können Daten zwischen den Beteiligten sicher geteilt und verwaltet werden. Beispielsweise können mit Partnern in der Lieferkette Qualitätsdaten innerhalb der Entwicklungs- oder Produktionsprozesse geteilt werden oder es können die Kunden Daten aus der Qualitätsanalyse von Produkten, Maschinen und Anlagen zur Qualitätsabsicherung der Lieferkette zur Verfügung stellen. So können produzierende Unternehmen Zeit und Kosten sparen, ihre Zusammenarbeit effizienter gestalten und tatsächlich durchgängigen Datenaustausch in der Wertschöpfungskette gewährleisten.

4.2 Gaia-X

Im Kern ist das Ziel von Gaia-X, den vertrauensvollen Datenaustausch zwischen Wertschöpfungspartnern auf eine standardisierte Basis zu stellen, eine Infrastruktur dafür bereitzustellen und damit die gemeinsame Datennutzung und den Datenaustausch zu ermöglichen bzw. zu erleichtern (Lindow 2023). Gaia-X hat auch Initiativen wie Catena-X inspiriert (siehe Abschnitt 4.3). Mit Manufacturing-X entsteht ein weiteres großes Vernetzungsvorhaben für die vernetzte Industrie, das auf Gaia-X basiert. Datenräume – auch Data Spaces genannt – sind virtuelle Umgebungen oder Plattformen, in denen Daten gespeichert, verwaltet oder ausgetauscht werden können. Sie dienen als sichere und vor allem auch dezentrale Speicherplätze für verschiedene Arten von produkt-, prozess-, organisations- und qualitätsbezogenen Daten. Das sind beispielsweise Materialdaten von Produkten, Qualitätsdaten aus Fertigungsprozessen oder aber Controlling-Daten zum Nachweis der Wirtschaftlichkeit eines Unternehmens (Lindow 2023).

Zusammengefasst ist Gaia-X ein europäisches Vorhaben zum Aufbau sicherer und vernetzter Dateninfrastrukturen, welche die geltenden Gesetze einerseits und die Ansprüche an Souveränität andererseits berücksichtigen. Dabei werden einerseits grundlegende Funktionalitäten bereitgestellt, die Daten verfügbar machen, Datenmodelle standardisieren bzw. standardisierte Datenformate ermöglichen, und andererseits grundlegende Services, beispielsweise zur Authentifizierung angeboten. Der Einsatz dieser grundlegenden Struktur erfolgt in zahlreichen Gebieten, von der öffentlichen Verwaltung über industrielle Branchen und Mobilitätsdienste bis hin zur Medizin. In der Gaia-X-4-Future-Mobility-Projektfamilie werden beispielsweise Datenversorgungen automatisierter Fahrzeuge, Systemverbünde von Fahrzeugen, Produktlebenszyklen und Digitale Zwillinge für das automatisierte Fahren betrachtet (Gaia-X: Gaia-X European Association for Data and Cloud AISBL 2022).

4.3 Catena-X Automotive Network

Catena-X greift die Grundprinzipien von Gaia-X auf. Dabei können Partner in der Wertschöpfungskette mittels sog. „Policies“ den Zugriff auf ihre Daten nur speziellen, ausgewählten anderen Partnern gewähren oder der Zugriff hängt davon ab, ob Partnerunternehmen eine bestimmte Rollenfunktion in der Wertschöpfungskette durch ein Zertifikat nachweisen können. Unternehmen, die keinen Zugriff erhalten haben, erfahren dabei nicht einmal unbedingt, dass die Daten existieren. Neben dem Zugriff können über die Policies zusätzlich die Bedingungen für die Nutzung der Daten definiert werden, beispielweise, dass Daten nur in bestimmten Regionen oder für bestimmte Zeitintervalle eingesetzt werden dürfen. Damit kann beispielsweise gewährleistet werden, dass zugelassene bzw. zertifizierte bei der Herstellung eines Fahrzeugs entstandene Qualitätsdaten in der Lieferkette für Auswertungszwecke, falls erforderlich, eingesehen werden dürfen, Wettbewerber diese Daten jedoch nicht einsehen können (Catena-X Automotive Network 2023).

4.4 Manufacturing-X: Eine Zukunftsinitiative für die Industrie

Das Ziel von „Manufacturing-X", als einer branchenübergreifenden industriepolitischen Initiative, ist die Entwicklung und der Aufbau einer dezentral organisierten Datenökonomie für die deutsche und europäische Industrie. Manufacturing-X profitiert von der international anerkannten Marke „Industrie 4.0“ und kann auf bereits geschaffenen Grundlagen, wie beispielsweise Gaia-X, aufbauen.

Angestoßen von der Plattform Industrie 4.0 wurde in den letzten Jahren intensiv an Themen wie interoperablen und sicheren Datenschnittstellen und -kommunikation, sichere und vertrauensvolle Dateninfrastruktur, Möglichkeiten und Chancen von neuen, datenbasierten Geschäftsmodellen sowie rechtlichen Aspekten bei der (kollaborativen) Nutzung von Daten gearbeitet. Mit dem sog. „Verwaltungsschalen-Standard“ für Industrie 4.0, der europäischen Initiative „Gaia-X“ oder dem „Leuchtturmprojekt Catena-X“ zur Digitalisierung und Optimierung der Lieferketten in automobilen Wertschöpfungsketten sind grundlegende Bausteine und Prototypen für einen Datenraum Industrie 4.0 entstanden (Plattform Industrie 4.0 2022).

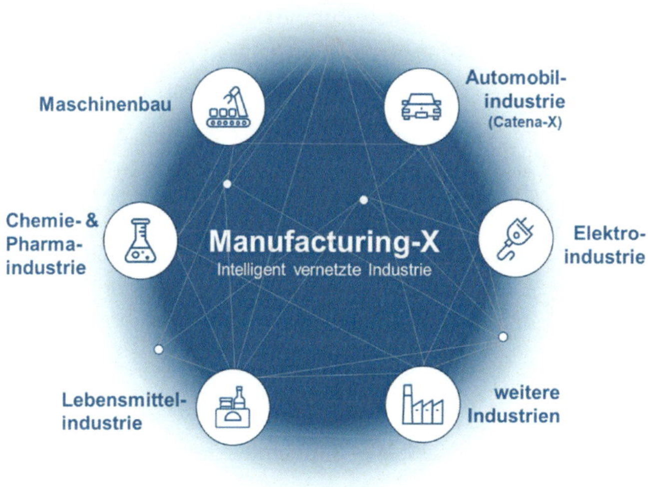

Bild 4.2 Manufacturing-X: Intelligent vernetzte Industrie (Plattform Industrie 4.0, 2022)

Dabei fokussiert sich Manufacturing-X auf die digitale Transformation der Industrie in deren Tiefe und Breite und definiert bzw. beschreibt die zugehörigen Wertschöpfungsprozesse in der Industrie neu, da jedes einzelne Unternehmen oder auch einzelne Fachverbände dies nicht allein umsetzen können (Bild 4.2).

Manufacturing-X ist daher weit mehr als die Summe vieler Einzelprojekte. Es ist eine breite Allianz aus Unternehmen, Verbänden und Politik, die als öffentlich-private Innovationspartnerschaft für branchenübergreifende digitale Daten-Ökosysteme aktiv mit dem Ziel agiert, skalierbare und allgemein zugängliche Lösungen, d. h. Tools, Methoden und Beschreibungen für konkrete Herausforderungen, in den in Bild 4.2 dargestellten Leitindustrien bereitzustellen.

Herausforderungen, die als geeignete Anwendungsbeispiele in (Plattform Industrie 4.0 2022) genannt werden, sind:

- Early Warning System – Lieferengpasserkennung: Wie können mögliche Engpassbauteile bzw. Bündelrisiken in den Lieferketten erkannt und gelöst werden, z. B. durch verbesserte Kenntnis der Materialzusammensetzung und/oder der Herkunft eines Bauteils?
- Design und Entwicklung neuer Komponenten: Wie können Daten und Informationen aus dem Laufzeitverhalten von Assets zur Entwicklung verbesserter Komponenten beitragen?
- Verbesserte Produktionsprozesse: Wie können, insbesondere bei bestehenden Anlagen, vereinfachte bzw. abgesicherte Anwendungen bei Fertigungs- und Montageprozessen Möglichkeiten zur Energieeinsparung, Produktivitätssteigerung oder optimierten Automatisierung aufzeigen, oder sogar abgesicherte Fertigungs- und Montageprozesse mit erleichterter Bedienung ohne Expertenwissen ermöglichen?
- Inbetriebsetzung und Betrieb: Wie unterstützen wir die sichere und automatisierte Inbetriebnahme, das Condition Monitoring oder integrative Service-Anwendungen?
- Reduzierung von Teilhabehürden: Wie schaffen wir eine Art „Treiber-Datenbank“ auch für ältere Maschinen, damit die Vernetzung hier gerade für KMU machbar und bezahlbar wird?
- CO_2-Fußabdruck auf Knopfdruck: Wie kann die Vorkalkulation bzw. Mitkalkulation des CO_2-Fußabdrucks eines Produkts, z. B. bei einem Stück Käse oder bei einer Fertigungsanlage, generiert werden?
- Recycling: Wie können klimapositive Verpackungen aussehen und produziert werden?
- Digitaler Maschinen- bzw. Komponentenpass: Wie wird eine eindeutige und sichere Identität erstellt und hinterlegt?
- Produkt- bzw. Gefahrstoffdatenbank: Wie kann ein allgemein zugänglicher Service geschaffen werden?

- „Equipment as a Service“: Wie kann eine technisch und rechtlich nutzbare, sichere und faire Grundlage zum skalierbaren und weltweiten Aufbau neuer Geschäftsmodelle generiert werden?
- Parallel zur Entwicklung der ersten Umsetzungsbausteine müssen die notwendigen Strukturen zur Organisation entwickelt werden. Hierzu wird aus der Plattform Industrie 4.0 heraus eine Kerngruppe zentraler Stakeholder aus Unternehmen, Verbänden, Wissenschaft und öffentlicher Hand zusammengebracht, die als Nukleus den Aufbau einer Manufacturing-X Community verantwortet und vorantreibt (Plattform Industrie 4.0 2022) (Rauen 2024).

Manufacturing-X setzt an diesen Herausforderungen an. Es stellt ein Daten-Ökosystem für die Industrie zur Verfügung, das einerseits den vertrauensvollen, auf offenen Standards basierenden Datenaustausch zwischen Partnern eines Wertschöpfungssystems ermöglicht sowie andererseits den Systembeteiligten digitale Souveränität bietet. Dabei sollen die Mehrwerte digitaler Technologien, wie das Internet der Dinge (IoT), künstliche Intelligenz (KI) und maschinelles Lernen, noch besser nutzbar werden, um die Leistung der Produktion (Qualität, Zeit, Kosten, Ressourcen- und Energieeinsatz) für eine höhere Wettbewerbsfähigkeit zu verbessern. Damit hat der Datenraum Manufacturing-X eine enorme Bedeutung für einen wettbewerbsfähigen Industriestandort Europa sowie dessen Transformation hin zu Kreislaufwirtschaft und klimaneutraler Produktion (VDMA 2024). Damit wird nicht nur der digitale Wandel vorangebracht, sondern auch die Basis geschaffen für innovative Lösungen in Bereichen Carbon Footprint Management, Kreislaufwirtschaft oder Lieferkettenmanagement/Rückverfolgbarkeit und speziell in Condition Monitoring und Qualitätsdatenanalyse, wie beispielsweise der Remote-Zugriff auf Daten aus dem Betrieb oder von Fahrzeugen, um prädiktive Wartung oder Vorhersagen von Ausfallwahrscheinlichkeiten von Bauteilen zu ermöglichen.

Insbesondere können kleine und mittlere Unternehmen (KMU) künftig im Rahmen von Manufacturing-X ihre Daten leichter austauschen und gleichberechtigt mit Wertschöpfungspartnern teilen. Souveränität und Sicherheit der Daten bleiben dank Manufacturing-X gewahrt. Auch die Umsetzung der zunehmenden regulatorischen Anforderungen – beispielsweise die des Data Act oder die des Digitalen Produktpasses – wird durch standardisierte und rechtssichere Ansätze für KMUs erleichtert (VDMA 2024).

Dabei werden die etablierten Prozesse der Plattform Industrie 4.0 genutzt, um im gemeinsamen Dialog tragfähige Management-Strukturen für Manufacturing-X zu legen und das Anwendungsspektrum sukzessive zu erweitern. Damit sind die Voraussetzungen geschaffen, die im weiteren Verlauf der Entwicklung und des Betriebs des Datenraums Industrie 4.0 als öffentlich-private Innovationspartnerschaft notwendige Koordinierung der Manufacturing-X Community sicherzustellen (Plattform Industrie 4.0 2022) (Rauen 2024).

Literatur

Catena-X Automotive Network (2023): *Catena-X Operating Model*. Whitepaper. Oktober 2023.

Gaia-X (2022): „Gaia-X European Association for Data and Cloud AISBL (2022): About Gaia-X: A Federated and Secure Data Infrastructure“, *https://gaia-x.eu/what-is-gaia-x/about-gaia-x*, zuletzt am 30. 07. 2024 abgerufen.

Lindow, K. R. (2023): „Von Rohdaten zur raffinierten Ressource“, in: *Futur – Das Magazin aus dem Produktionstechnischen Zentrum Berlin*, 2/2023.

Plattform Industrie 4.0 (2022): *Whitepaper „Manufacturing-X“*. November 2022.

Plattform Industrie 4.0 (2024): „Der Datenraum Industrie 4.0, Positionspaper“, *https://www.plattform-i40.de/IP/Redaktion/DE/Downloads/Publikation/PositionPaper-DataSpace.pdf?__blob=publicationFile&v=1*, zuletzt am 30. 07. 2024 abgerufen.

Rauen, H. (2024): *Manufacturing-X: Datenraum für den digitalen Wandel in Europa. Digital Manufacturing*. WIN-Verlag.

VDMA (2024): „Manufacturing-X: Datenraum für Industrie 4.0“, *https://www.vdma.org/viewer//v2article/render/84844498*, zuletzt am 30. 07. 2024 abgerufen.

Teil B – Intelligente Methoden und Lösungen für das digitale Qualitäts-management

5 Kausale KI: Neue Paradigmen in der Qualitätswissenschaft

Bernhard Conzelmann

Künstliche Intelligenz (KI) bietet revolutionäre Werkzeuge in vielen Bereichen. Das vorliegende Kapitel beschreibt das Potenzial von kausalen KI-Methoden in den Qualitätswissenschaften. Während traditionelle statistische Verfahren auf assoziativen Zusammenhängen beschränkt sind, ermöglicht die kausale Inferenz die Identifizierung von Ursache-Wirkungsbeziehungen. Dies ist von entscheidender Bedeutung, weil damit fehlerhafte Prozesse systematisch analysiert und verbessert werden, was zu einer höheren Produktqualität und einer gesteigerten Kundenzufriedenheit führt.

Sie erfahren mehr über:

- Grundlagen der Kausalen KI
- Aktueller Überblick über die verschiedenen Ansätze in Bezug auf die Qualitätswissenschaft
- Anwendung von Kausalen KI-Methoden in der modernen Qualitätswissenschaft

5.1 Einleitung

Die Qualitätswissenschaften haben sich über die Jahre hinweg stetig weiterentwickelt. Traditionelle Methoden, wie statistische Prozesskontrolle (SPC) und Six Sigma, haben zwar zu erheblichen Verbesserungen in der Produkt- und Prozessqualität geführt, stoßen jedoch in komplexen, datenreichen Umgebungen an ihre Grenzen. Die rasante Entwicklung der Künstlichen Intelligenz (KI) bietet hier neue und vielversprechende Möglichkeiten.

KI-Technologien, von maschinellem Lernen bis hin zu Deep Learning, revolutionieren zahlreiche Bereiche. In den Qualitätswissenschaften können sie dazu beitragen, große Datenmengen effizient zu analysieren und komplexe Muster zu erkennen. Ein zentraler Vorteil von KI liegt in ihrer Fähigkeit, nichtlineare Zusammenhänge und Interaktionen zwischen verschiedenen Faktoren zu identifizieren.

Während traditionelle statistische Methoden oft Korrelationen aufdecken, ist für die gezielte Verbesserung von Prozessen und Produkten das Verständnis von kausalen Zusammenhängen entscheidend. Nur wenn wir wissen, *warum* ein bestimmtes Ereignis eingetreten ist, können wir gezielte Maßnahmen ergreifen. Kausalität ist jedoch schwer zu beweisen und erfordert oft spezielle statistische Methoden.

Die zentrale Forschungsfrage lautet: Inwiefern können kausale KI-Methoden dazu beitragen, die Herausforderungen der Qualitätswissenschaften zu bewältigen und neue Erkenntnisse zu gewinnen? Konkret geht es darum zu untersuchen, wie kausale KI-Modelle dabei helfen können,

- Wurzelursachen von Qualitätsproblemen zu identifizieren,
- Prozesse zu optimieren und
- die Vorhersagekraft von Modellen zu verbessern.

Weiterführende Überlegungen:

- Welche spezifischen kausalen KI-Methoden sind für die Qualitätswissenschaften besonders geeignet?
- Welche Herausforderungen sind bei der Anwendung von kausalen KI-Methoden zu erwarten (z. B. Datenqualität, Interpretierbarkeit von Modellen)?
- Wie können kausale KI-Methoden bestehende Qualitätsmethoden erweitern und generell angewendet werden?

5.2 Grundlagen der Kausalität

Es gibt vielfältige Perspektiven auf Kausalität. Das Konzept der statistischen Kausalität betrachtet Kausalität als eine probabilistische Beziehung zwischen Ereignissen (Eells 2008).

> **Intuitive Definition**
>
> Kausalität beschreibt ein Ursache-Wirkungs-Verhältnis, bei dem eine Veränderung einer Variable (Ursache) zu einer Veränderung einer anderen Variable (Wirkung) führt.

Formale Definition

In der Statistik gibt es verschiedene formale Definitionen von Kausalität, die oft auf kontrafaktischen Aussagen basieren. Vereinfacht gesagt: Eine Variable X verursacht eine Variable Y, wenn sich der Wert von Y verändert hätte, wenn wir den Wert von X experimentell verändert hätten.

Die Bedeutung der Kausalität in der Wissenschaft beruht auf drei wesentlichen Aspekten:

- Erklärung von Phänomenen: Kausale Zusammenhänge erlauben es uns, zu verstehen, warum bestimmte Ereignisse eintreten. So können wir beispielsweise erklären, warum ein Objekt fällt, wenn wir es loslassen (Schwerkraft).
- Vorhersage von Ereignissen: Durch die Kenntnis kausaler Zusammenhänge können wir zukünftige Ereignisse prognostizieren. Wettervorhersagen, epidemiologische Modelle und wirtschaftliche Prognosen basieren auf der Annahme kausaler Beziehungen.
- Manipulation von Prozessen: Das Verständnis von Kausalität ermöglicht gezielte Eingriffe in natürliche und technische Prozesse. In der Medizin beispielsweise wird versucht, Krankheiten durch Beeinflussung ihrer Ursachen zu behandeln.

Warum ist Kausalität nicht gleich Korrelation?

Korrelation bedeutet, dass zwei Variablen zusammenhängen und gemeinsam variieren. Sie sagt jedoch nichts darüber aus, ob eine Variable die andere verursacht. Es könnte eine dritte, unbeobachtete Variable geben, die beide beeinflusst (z. B. ein Störfaktor).

Beispiel: Der Konsum von Eiscreme und die Anzahl der Ertrunkenen hängen oft positiv zusammen. Dies bedeutet jedoch nicht, dass Eiscreme-Konsum zu Ertrinken führt. Vielmehr ist die Jahreszeit (ein Störfaktor) die wahrscheinliche Ursache für beide.

5.2.1 Statistische Kausalität

In der Statistik legten frühe Arbeiten von Sir Ronald A. Fisher und Sewall Wright wichtige Grundlagen (Rosenbaum 2017). Fisher entwickelte Methoden und experimentelle Designs, die helfen sollten, kausale Schlussfolgerungen zu ziehen (Fisher 1935). Wright führte Pfadanalysen und Strukturgleichungsmodelle ein, die Vorläufer moderner kausaler Modelle waren (Wright 1921).

Zu den bedeutenden Meilensteinen in der Entwicklung der kausalen KI gehören:

- **1973:** Einführung des Rubin Causal Model (RCM) von Donald Rubin, das die Grundlage für viele moderne kausale Inferenztechniken bildet (Rubin 1974).
- **1986:** Veröffentlichung von Judea Pearls Buch „Heuristics“, das den Einsatz von Heuristiken in der KI diskutiert und Vorarbeiten zur kausalen Inferenz enthält (Pearl 1984).
- **1995:** Veröffentlichung von Pearls „Causal Diagrams for Empirical Research“, das die Anwendung von kausalen Graphen in der empirischen Forschung popularisierte (Pearl 1995).
- **2000:** Pearls bahnbrechendes Buch „Causality: Models, Reasoning, and Inference“, das umfassende theoretische Grundlagen und Methoden zur kausalen Inferenz bietet (Pearl 2009).
- **2011:** Veröffentlichung von „Counterfactuals and Causal Inference“ von Stephen Morgan und Christopher Winship, das kontrafaktische Methoden zur kausalen Analyse detailliert beschreibt (Winship 2014).

Was ist Kausale KI?

Kausale Künstliche Intelligenz (KI) ist ein Bereich der KI, der sich auf eben jenes kausale Verständnis und die Modellierung von Ursache-Wirkungs-Beziehungen konzentriert.

Die Integration kausaler Methoden in die Künstliche Intelligenz begann in den 2000er-Jahren, als Forscher erkannten, dass traditionelle, korrelationsbasierte Modelle oft unzureichend waren, um tiefergehende kausale Zusammenhänge zu verstehen (Pearl 2001).

Ein wichtiger Schritt war die Anwendung kausaler Inferenz in maschinellen Lernalgorithmen, um robustere und interpretierbarere Modelle zu entwickeln. Beispiele hierfür sind kausale Entscheidungsbäume und kausale neuronale Netze, die kausale Beziehungen direkt in ihre Architektur integrieren.

Grafische Modelle zur Darstellung kausaler Zusammenhänge

Ein bedeutender Fortschritt in der kausalen Inferenz gelang durch die Entwicklung formaler Methoden von Judea Pearl in den 1980er- und 1990er-Jahren. Pearl führte kausale Graphen, auch bekannt als gerichtete azyklische Graphen (DAGs) (Pearl 1995), ein, die es ermöglichen, komplexe Ursache-Wirkungs-Beziehungen zu modellieren und zu analysieren. Diese Graphen bieten eine visuelle und mathematische Struktur, um kausale Zusammenhänge zu verstehen und Interventionen zu simulieren.

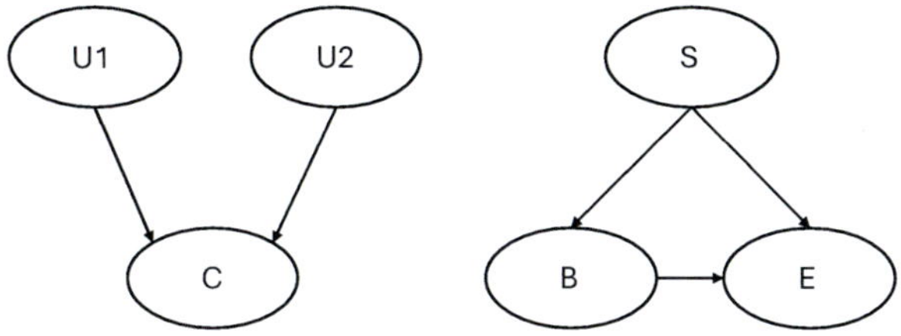

Bild 5.1 Zwei Beispiele für DAGs mit Störfaktor und Collider

Knoten im Graph repräsentieren Variablen, während gerichtete Kanten die Richtung der kausalen Beziehung anzeigen und einen funktionalen Charakter haben können.

Die Interpretierbarkeit von Directed Acyclic Graphs (DAGs) ermöglicht nicht nur einen Diskurs über wesentliche Modellannahmen, sondern dient auch als Dokumentation dieser Annahmen. Darüber hinaus bieten DAGs weitergehende Möglichkeiten der Graphmanipulation, wie beispielsweise das Backdoor-Kriterium oder andere Anpassungen. Aufgrund dieses Potenzials haben DAGs in der Qualitätswissenschaft die Fähigkeit, bekannte, jedoch unterlegene Fischgrätendiagramme zu ersetzen.

Kausalitätsleiter

Unterschiedliche Ebenen der kausalen Analyse können mithilfe der Kausalitätsleiter (Causal Ladder) nach Judea Pearl verdeutlicht werden (Pearl 2018). Die Stufen der Leiter, dargestellt in Bild 5.2, sind: Assoziation, Intervention und Kontrafaktisch.

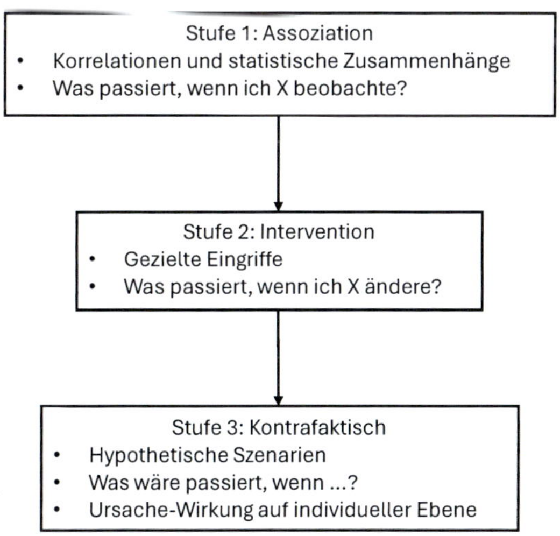

Bild 5.2 Kausalitätsleiter nach Judea Pearl (2018)

Interventionen

Kausale KI ermöglicht es, die Auswirkungen von Eingriffen oder Veränderungen in einem System, sogenannten Interventionen, vorherzusagen. Durch den Einsatz von Modellen, die kausale Beziehungen abbilden, kann simuliert werden, was passieren würde, wenn eine bestimmte Variable geändert wird, anstatt nur zu beobachten, wie sich die Variablen gemeinsam ändern.

Pearl entwickelte auch den Do-Kalkül (Pearl 2018), ein formales System, um die Effekte von Interventionen in kausalen Modellen zu berechnen. Dies wird formal durch den Do-Operator ($do(X = x)$) dargestellt, der beschreibt, was passiert, wenn eine Variable X auf einen bestimmten Wert gesetzt wird.

Kontrafaktisches Denken

Ein weiteres Schlüsselelement der kausalen KI sind kontrafaktische Aussagen. Dies beinhaltet die Analyse von Szenarien, die nicht tatsächlich eingetreten sind, um zu verstehen, was hätte passieren können, wenn die Bedingungen anders gewesen wären. Diese Fähigkeit ist besonders wichtig für Entscheidungsprozesse und die Entwicklung von Strategien zur Fehlervermeidung und Optimierung.

Kontrafaktische Analysen sind Untersuchung von hypothetischen Szenarien, die nicht tatsächlich eingetreten sind, und helfen, alternative Realitäten zu vergleichen und zu bewerten.

> Beispiel: „Wenn ich gestern nicht dieses Medikament genommen hätte, wäre ich jetzt krank."

Kontrafaktische Aussagen sind die Grundlage für die Beurteilung von kausalen Effekten. Durch den Vergleich von beobachteten und kontrafaktischen Zuständen kann man Rückschlüsse auf kausale Zusammenhänge ziehen.

Warum sind kontrafaktische Aussagen wichtig?

- Kausale Inferenz: Sie helfen uns, kausale Zusammenhänge zu verstehen und zu bewerten.
- Entscheidungsfindung: Sie unterstützen uns bei der Bewertung von Entscheidungen und ihren möglichen Konsequenzen.
- Hypothesenbildung: Sie dienen als Ausgangspunkt für wissenschaftliche Untersuchungen und Theorien.

Wichtig zu beachten:

- Nicht überprüfbar: Kontrafaktische Aussagen sind per Definition nicht direkt überprüfbar, da die nicht eingetretene Alternative nicht beobachtet werden kann.
- Abhängigkeit von Annahmen: Die Gültigkeit einer kontrafaktischen Aussage hängt von den zugrunde liegenden Annahmen ab.

5.2.2 Kausale KI-Methoden

Kausale Künstliche Intelligenz (KI) bietet eine Vielzahl von Methoden zur Identifizierung und Modellierung kausaler Zusammenhänge.

Folgende übersichtliche Auflistung dient als grobe Einteilung der unterschiedlichen Methoden:

Überwachtes Lernen

Überwachte Lernmethoden benötigen generell beschriftete Daten. Das bedeutet, es müssen Informationen über das Ergebnis (beispielsweise über die Statistische Prozesskontrolle und mittels geeigneter Messmethoden) vorhanden sein.

Zwei populäre Schätzmethoden sind:

- Causal Forest: (Athey 2019)

  Der Causal Forest ist eine Methode, die den Random Forest modifiziert, um kausale Effekte zu schätzen. Diese Technik nutzt die große Feature-Menge, die für Big Data charakteristisch ist, und abstrahiert die inhärente Heterogenität in den Behandlungseffekten.

- Doppelt robuste Schätzer: (Hernán 2020)

  Diese Schätzer kombinieren Modellierungs- und Gewichtungsverfahren, um konsistente und effiziente Schätzungen der kausalen Effekte zu erzielen, selbst wenn eines der Modelle falsch spezifiziert ist. Dies führt zu robusteren Ergebnissen im Vergleich zu traditionellen Methoden.

Verstärkendes Lernen

Das verstärkende Lernen ist eine Methode des maschinellen Lernens, bei der ein Agent durch Belohnungen und Bestrafungen aus Interaktionen mit seiner Umgebung lernt, um langfristig optimale Handlungsstrategien zu entwickeln.

- Q-Learning und seine kausalen Implikationen (Bareinboim 202) (Molina 2020)

  Q-Learning ist eine Methode des verstärkenden Lernens, die zur Optimierung von Entscheidungsprozessen verwendet wird. In kausalen Kontexten hilft es, die langfristigen Auswirkungen von Handlungen zu modellieren und zu verstehen, wie verschiedene Strategien die Ergebnisse beeinflussen.

  Beispiele für die Optimierung von Prozessen mithilfe von verstärkenden Lernalgorithmen umfassen die Anpassung von Produktionsparametern in Echtzeit, um Fehlerquoten zu minimieren und die Effizienz zu maximieren. Dies wird oft durch kontinuierliche Beobachtung und Anpassung der Maschinensteuerungen erreicht, basierend auf den Algorithmen des verstärkenden Lernens.

Strukturelle Kausalmodelle

- Strukturelle Kausalmodelle (Englisch: Structural Causal Model, SCM) (Peters 2017)

  Strukturelle Kausalmodelle bieten erhebliche Vorteile bei der Analyse komplexer Systeme. Sie ermöglichen eine klare Darstellung der kausalen Beziehungen zwischen Variablen und unterstützen dabei, sowohl direkte als auch indirekte Effekte zu identifizieren und zu quantifizieren. Diese Modelle sind besonders nützlich in Bereichen, in denen tiefere Einsichten in die Mechanismen zu gewinnen sind, die den beobachteten Daten zugrunde liegen.

Abgrenzung zu Erklärbarer KI

Während Kausale KI die Grundlage für tiefere Einblicke in die Wirkmechanismen von Systemen bieten kann, konzentriert sich Erklärbare KI (Englisch: Explainable AI, XAI) (Holzinger 2018) darauf, Entscheidungsprozesse von KI-Modellen transparent und nachvollziehbar zu machen, ohne unbedingt die kausalen Mechanismen zu verstehen.

Beide Ansätze können sich ergänzen. Ein besseres Verständnis der kausalen Beziehungen kann zu besseren und fundierteren Erklärungen führen, die im Rahmen von XAI genutzt werden können. Gleichzeitig kann XAI dazu beitragen, die Ergebnisse kausaler Modelle zu erklären und deren Entscheidungen verständlicher zu machen.

Als Beispiel sind zwei gebräuchliche Methoden – LIME (Local Interpretable Model-Agnostic Explanations) (Ribeiro 2016), SHAP (SHapley Additive exPlanations) (Lundberg 2017) – genannt, die erklären, warum ein bestimmtes Modell eine bestimmte Vorhersage für einen einzelnen Datenpunkt oder im Durchschnitt trifft. Kausale Inferenz geht einen Schritt weiter und versucht zu verstehen, ob eine Veränderung in einer Variablen eine Veränderung in einer anderen verursacht. Dabei können LIME und SHAP auf beliebige Modelle angewendet werden, während kausale Inferenzmethoden spezifische Annahmen über die Daten erfordern (Tabelle 5.1).

Tabelle 5.1 Vergleich von LIME, SHAP und kausaler Inferenz

Methode	Ziel	Anwendung
LIME	Lokale Erklärung für singuläre Modellvorhersagen	Verständnis einzelner Fälle, Erkennen von Bias
SHAP	Globale Erklärung für Modellvorhersagen	Identifizierung wichtiger Modellmerkmale
Kausale Inferenz	Identifizierung kausaler Zusammenhänge	Entscheidungsfindung, Entwicklung von Interventionen

Werkzeuge und Softwarelösungen

Es gibt eine Vielzahl von Werkzeugen und Softwarelösungen, die die Implementierung und Anwendung kausaler Methoden unterstützen.

> **Werkzeuge und Softwarelösungen**
>
> Es gibt eine Vielzahl von Werkzeugen und Softwarelösungen, die die Implementierung und Anwendung kausaler Methoden unterstützen.
>
> Die Programmiersprachen R, Python und Omega bieten umfangreiche quelloffene Bibliotheken und Pakete für kausale Inferenz, wie „causalImpact" (Brodersen 2015) in R, OMEGAc (AS. 2021) in Julia oder „DoWhy" (Sharma 2020), „whynot" (Hardt 2020), „y0" (Parent 2021), „pgmpy" (Ankan 2015) und „pyro" (Goodman 2018) in Python.
>
> TETRAD (B. 2023): Eine Softwareplattform speziell für kausale Inferenz, die Werkzeuge für Strukturlernalgorithmen und kausale Modellierung bietet.
>
> GeNIe und SMILE: Diese Tools unterstützen die Modellierung und Analyse von bayesschen Netzwerken und kausalen Graphen (BayesFusion 2024).
>
> Causal Discovery Toolbox: Ein in Python entwickeltes Toolkit, das eine Sammlung von Algorithmen für die kausale Strukturentdeckung (bspw. sogenannte Interventional Markov Equivalence Class) und Effektabschätzung umfasst (R. 2020).

5.3 Anwendung von Kausalen KI-Methoden in den Qualitätswissenschaften

Die Kausalität spielt eine zentrale Rolle im Qualitätsmanagement und in der Qualitätssicherung, da sie die Grundlage für das Verständnis und die Verbesserung von Prozessen und Produkten bildet. Durch die Identifikation kausaler Zusammenhänge können Unternehmen gezielt Maßnahmen ergreifen, um die Qualität ihrer Produkte und Dienstleistungen zu steigern. Ohne ein klares Verständnis der Ursache-Wirkungs-Beziehungen besteht die Gefahr, dass Maßnahmen ergriffen werden, die entweder keine Wirkung zeigen oder sogar schädlich sind.

Kausale Methoden helfen, die tatsächlichen Ursachen von Qualitätsproblemen zu identifizieren und nicht nur die Symptome zu behandeln. Dies führt zu nachhaltigeren Verbesserungen und effizienteren Prozessen. In der Qualitätssicherung sind kausale Analysen besonders wichtig, um die Effektivität von Kontrollen und Tests zu bewerten und zu optimieren.

Kausalanalysen in Qualitätsprozessen umfassen die systematische Untersuchung von Prozessdaten, um Ursache-Wirkungs-Beziehungen zu identifizieren. Dies erfolgt häufig in mehreren Schritten:

1. Datenaufnahme und -vorbereitung: Sammlung relevanter Daten aus Produktionsprozessen, Qualitätskontrollen und Feedbackschleifen. Die Daten müssen gereinigt und aufbereitet werden, um zuverlässige Analysen zu ermöglichen.
2. Modellbildung: Entwicklung von Modellen, die die vermuteten kausalen Zusammenhänge abbilden. Hier kommen kausale Graphen und Strukturgleichungsmodelle (SEM) zum Einsatz.
3. Interventionsanalyse: Untersuchung der Auswirkungen gezielter Eingriffe in den Prozess. Dies ermöglicht die Validierung der kausalen Modelle und die Bewertung der Wirksamkeit von Maßnahmen.
4. Kontrafaktische Analysen: Durchführung von Analysen, um hypothetische Szenarien zu bewerten und zu verstehen, welche Maßnahmen unter verschiedenen Bedingungen am effektivsten sind.

Die Anwendung kausaler Methoden in den Qualitätswissenschaften ist vielfältig. Hier werden drei zentrale Anwendungsszenarien vorgestellt, bei denen traditionelle Methoden wie beispielsweise Shainin oder klassische statistische Versuchsplanung (Englisch: design of experiments, DoE) (Tigas 2022) systematisch und datengetrieben unterstützt werden können:

Fehlerursachenanalyse

Bei der Fehlerursachenanalyse geht es darum, die zugrunde liegenden Ursachen von Qualitätsproblemen zu identifizieren. Kausale Methoden bieten hier präzise Werkzeuge, um systematische und zufällige Fehler zu unterscheiden und die wahren Ursachen zu ermitteln.

> Beispiel: In einem Produktionsprozess tritt regelmäßig ein bestimmter Fehler auf. Durch die Anwendung kausaler Graphen kann festgestellt werden, dass der Fehler durch eine spezifische Maschineneinstellung verursacht wird, die von einem bestimmten Rohstoffparameter beeinflusst wird. Durch Anpassung der Maschineneinstellung kann der Fehler nachhaltig behoben werden.

Prozessoptimierung

Prozessoptimierung zielt darauf ab, die Effizienz und Effektivität von Produktions- und Geschäftsprozessen zu steigern. Kausale Methoden helfen, die entscheidenden Stellschrauben zu identifizieren, deren Anpassung den größten Einfluss auf die Prozessleistung hat.

Beispiel: Ein Unternehmen möchte die Durchlaufzeit eines Produktionsprozesses verkürzen. Durch kausale Analysen wird festgestellt, dass Verzögerungen hauptsächlich durch Warteschlangen an einer bestimmten Maschinenstation verursacht werden. Durch eine Umstrukturierung des Arbeitsflusses und eine optimierte Maschinenbelegung kann die Durchlaufzeit signifikant reduziert werden.

Vorhersage und Prävention von Qualitätsproblemen

Die Vorhersage und Prävention von Qualitätsproblemen ist entscheidend, um proaktiv Maßnahmen zu ergreifen, bevor Probleme auftreten. Kausale Modelle ermöglichen es, potenzielle Schwachstellen im Prozess frühzeitig zu identifizieren und präventive Maßnahmen zu planen.

Beispiel: In einem produzierenden Unternehmen soll die Qualität eines Produkts sichergestellt werden. Durch die Anwendung kausaler Modelle wird erkannt, dass die Temperatur im Lagerraum einen entscheidenden Einfluss auf die Prozessmittel hat. Durch die Implementierung eines Temperaturüberwachungssystems und die Anpassung der Lagerbedingungen können Qualitätsprobleme vermieden werden.

5.4 3D-Druck als konkretes Beispiel aus der Praxis

Die folgende Fallstudie bietet einen direkten Bezug zur Qualitätswissenschaft und zeigt die Anwendung kausaler KI-Methoden in einem realitätsnahen Fertigungsszenario. Am Beispiel des 3D-Drucks soll die Identifizierung der Ursache für erhöhte Ausschussraten in einem Produktionsprozess mithilfe eines Kausalen KI-Modells verdeutlicht werden.

Ein Structural Causal Model für einen 3D-Druckprozess, bei dem Fehler eines Produkts durch unterschiedliche Druckparameter definiert sind, lässt sich anhand eines Beispiels mit einer dünnen Wand darstellen. Hierbei sind Druckausrichtung, Perimetereinstellung und Materialauswahl entscheidend für die Festigkeit. Ein SCM hilft dabei, die kausalen Beziehungen zwischen den Variablen zu modellieren und zu verstehen, wie Veränderungen in den Eingabevariablen (Druckparametern) die Ausgabevariablen (Produktfehler) beeinflussen.

Vereinfacht werden folgende Komponenten des SCM identifiziert:

- Eingangsvariablen (Ursachen):
  - X1: Druckausrichtung
  - X2: Perimetereinstellung
  - X3: Materialauswahl

- Zwischenvariablen:
  - M: Druckqualität
  - T: Wandstärke
- Ausgangsvariablen (Effekte):
  - Y: Produktfehler (z. B. Festigkeitsprobleme, strukturelle Defekte)

Kausale Beziehungen können in einem SCM entsprechend Bild 5.3 dargestellt werden.

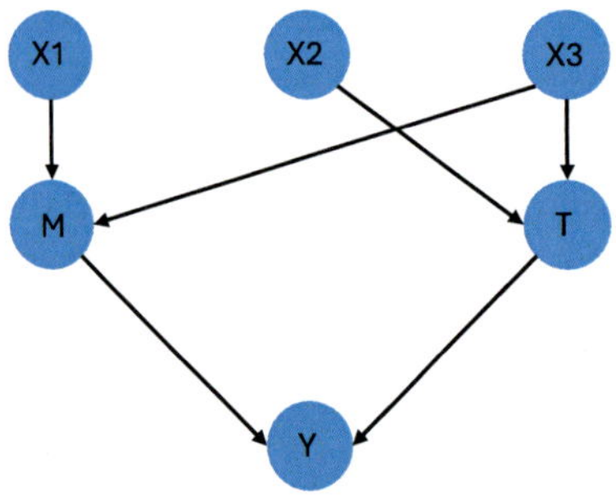

Bild 5.3
Structural Causal Model (SCM) für 3D-Druckprozess (vereinfacht)

1. **Druckausrichtung (X1):**

   Die Druckausrichtung beeinflusst direkt die Druckqualität (M). Eine optimale Ausrichtung kann zu einer besseren Haftung der Schichten und einer gleichmäßigeren Verteilung des Materials führen, was die Druckqualität erhöht und die Wahrscheinlichkeit von Fehlern verringert.

2. **Perimetereinstellung (X2):**

   Die Perimetereinstellung beeinflusst direkt die Wandstärke (T). Eine höhere Anzahl von Perimeterlinien kann die Wandstärke und damit die strukturelle Integrität des gedruckten Objekts erhöhen, was die Wahrscheinlichkeit von strukturellen Fehlern reduziert.

3. **Materialauswahl (X3):**

   Die Materialauswahl beeinflusst sowohl die Druckqualität (M) als auch die Wandstärke (T). Verschiedene Materialien haben unterschiedliche physikalische Eigenschaften (z. B. Festigkeit, Elastizität), die die Druckqualität und die Fähigkeit beeinflussen können, stabile Wände zu drucken.

4. **Produktfehler (Y):**

   Die Produktfehler werden durch die Kombination von Druckqualität (M) und Wandstärke (T) bestimmt. Eine hohe Druckqualität und eine ausreichende Wandstärke reduzieren die Wahrscheinlichkeit von Produktfehlern wie Festigkeitsproblemen oder strukturellen Defekten.

Das SCM kann auch durch eine Reihe von strukturellen Gleichungen beschrieben werden:

1. $M = f1(X1, X3, U1)$
2. $T = f2(X2, X3, U2)$
3. $Y = f3(M, T, U3)$

wobei U1, U2, und U3 unbeobachtete Störvariablen (exogene Einflüsse) sind.

Es wird außerdem davon ausgegangen, dass der Graph empirisch überprüft ist, d.h. Assoziationen in den Daten widerspiegelt.

Als Datengrundlage können reale Daten für die Druckparameter (Druckausrichtung, Perimetereinstellung, Materialauswahl), die Druckqualität, die Wandstärke und die Messfehler herangezogen werden. Als Datenvorbereitung wird die Materialauswahl in einen binären Indikator umgewandelt (Material1 = 1, Material2 = 0).

Anschließend wird in „dowhy“ obiger kausale Graph definiert, um die kausalen Effekte unter Verwendung von dowhy zu identifizieren und den Durchschnittseffekt der Materialauswahl auf die Ausschussrate unter der Annahme der Unverfälschtheit (Unconfoundedness) zu schätzen.

Schließlich wird eine Refutation des geschätzten Effekts durchgeführt, um die Robustheit der Schätzung zu überprüfen.

Als Schätzung könnte der Average Treatment Effect (ATE) herangezogen werden, der den durchschnittlichen Effekt der Behandlung (Materialauswahl) über die gesamte Population misst. Dies gibt eine allgemeine Aussage darüber, wie die Materialauswahl im Durchschnitt die Ausschussrate beeinflusst.

Als vereinfachtes kausales Modell wird beispielweise ein linearer Zusammenhang angenommen:

$$b: a \sim m + m * p + m * d$$

Diese Formel zeigt das geschätzte kausale Modell, das zur Schätzung des Effekts der Materialauswahl auf die Ausschussrate verwendet wird.

- a: Ausschussrate (Outcome-Variable)
- m: Materialauswahl (Treatment-Variable)
- p: Perimetereinstellung (eine der Kovariaten)
- d: Druckausrichtung (eine der Kovariaten)

Die Formel zeigt, dass die Ausschussrate **a** als Funktion der Materialauswahl **m** modelliert wird, wobei auch Wechselwirkungen mit den Kovariaten **p** (Perimetereinstellung) und **d** (Druckausrichtung) berücksichtigt werden.

- **m**: direkter Effekt der Materialauswahl auf die Ausschussrate
- **m * p**: Wechselwirkungseffekt zwischen der Materialauswahl und der Perimetereinstellung
- **m * d**: Wechselwirkungseffekt zwischen der Materialauswahl und der Druckausrichtung

Konditionale Schätzungen zeigen, wie der Effekt der Materialauswahl auf die Ausschussrate je nach Bereich der Perimetereinstellung und Druckausrichtung variiert.

Eine Refutation durch bspw. eine Placebo-Behandlung zeigt, ob der geschätzte Effekt robust ist. Ist ein neuer Effekt nahe null und der p-Wert hoch, so deutet dies beispielsweise darauf hin, dass der ursprüngliche geschätzte Effekt nicht durch zufällige Variationen verursacht wurde.

Diskussion

Während der ATE nützlich ist, um eine Gesamtbewertung zu erhalten, kann er individuelle Unterschiede in der Wirkung verbergen. Einige Subpopulationen könnten stärkere oder schwächere Effekte erfahren, was durch den ATE nicht erfasst wird. Durch diese Fokussierung auf den durchschnittlichen Effekt können wichtige Unterschiede zwischen verschiedenen Subgruppen übersehen werden. Wenn z.B. bestimmte Kombinationen von Druckparametern besonders vorteilhaft oder schädlich sind, wird dies durch den ATE möglicherweise nicht ausreichend reflektiert.

Wird die Schätzung des ATE ohne spezifische parametrische Form benutzt, bedeutet dies, dass keine Annahmen über die genaue Form der Verteilung der Effekte gemacht werden. Dies ermöglicht eine flexiblere und oft realistischere Modellierung. Es kann jedoch auch zu weniger präzisen Schätzungen führen, wenn spezifische Formen tatsächlich vorhanden sind und nicht berücksichtigt werden.

Solch einfache Implementierung und Interpretation der linearen Regression macht sie zu einem guten Ausgangspunkt, aber für genauere Analysen könnten fortschrittlichere Methoden wie nichtparametrische Modelle oder Machine-Learning-basierte Ansätze (A. 2023) erforderlich sein.

5.5 Herausforderungen, Ausblick und Zusammenfassung

Die Integration von maschinellem Lernen und kausaler Inferenz bietet großes Potenzial. Forschung in diesem Bereich zielt darauf ab, die Stärken beider Ansätze zu kombinieren, um robustere und präzisere Modelle zu entwickeln. Dies umfasst beispielsweise die Nutzung tiefen Lernens zur Identifikation komplexer kausaler Strukturen.

Allerdings sind praktische Hürden nicht von der Hand zu weisen.

Methodische und praktische Hürden

Die Modellierung kausaler Beziehungen ist häufig komplex und erfordert ein tiefes Verständnis sowohl der Domäne als auch der kausalen Inferenztechniken. Die Identifikation und Validierung der richtigen kausalen Modelle können zeitaufwendig und ressourcenintensiv sein.

Die Qualität und Verfügbarkeit von Daten sind entscheidend für die Genauigkeit kausaler Analysen. In vielen Fällen sind die notwendigen Daten unvollständig, verrauscht oder nicht verfügbar, was die Modellierung und Analyse erschwert. Fehlende Daten und ungenaue Messungen können zu fehlerhaften Schlussfolgerungen führen.

Die Anwendung kausaler Methoden auf große und komplexe Datensätze stellt eine Herausforderung dar. Skalierbare Algorithmen und effiziente Rechenressourcen sind notwendig, um umfangreiche Analysen durchzuführen. Die Implementierung solcher Algorithmen kann jedoch aufwendig sein und erfordert spezialisiertes Wissen. Erfolgreiche kausale Analysen erfordern zudem die Zusammenarbeit von Experten aus verschiedenen Bereichen, einschließlich Datenwissenschaft, Qualitätsmanagement und spezifischen Domänen. Die Koordination und Kommunikation zwischen diesen Disziplinen kann insbesondere im Unternehmenskontext eine Herausforderung darstellen.

Zukünftige Forschungsperspektiven

Die kontinuierliche Weiterentwicklung von Modellen und Algorithmen zur kausalen Inferenz ist ein zentrales Forschungsthema. Dies umfasst die Entwicklung neuer Methoden zur besseren Identifikation und Quantifizierung kausaler Effekte sowie die Verbesserung bestehender Algorithmen hinsichtlich Skalierbarkeit und Effizienz.

Die wichtigsten Punkte in Kürze

- Kausale KI-Methoden bieten neue Möglichkeiten in den Qualitätswissenschaften.
- Eine Vielzahl an quelloffenen Werkzeugen ermöglichen eine tiefergehende Analyse von komplexen Zusammenhängen und können traditionelle Qualitätsmethoden wertvoll ergänzen.
- Trotz der bestehenden Herausforderungen und Grenzen zeigen die bisherigen erfolgreichen Implementierungen das Potenzial dieser Methoden.
- Zukünftige Forschungen sollten sich auf die Weiterentwicklung der Modellierungs- und Skalierungstechniken, die Automatisierung der Prozesse und die Etablierung von Rahmenbedingungen konzentrieren.

Literatur

A., M. (2023): *Causal Inference and Discovery in Python: Unlock the secrets of modern causal machine learning with DoWhy, EconML, PyTorch and more*. Birmingham: Packt Publishing.

Ankan, A. A. (2015): „pgmpy: Probabilistic Graphical Models using Python“, in: *Proceedings of the 14th Python in Science Conference*, 14 (10.25080/majora-7b98e3ed-001), e1516.

AS., T. Z. (2021): „A Language for Counterfactual Generative Models“, in: *Proceedings of the 38th International Conference on Machine Learning*, S. 139.

Athey, S. A. (2019): „Generalized Random Forests“, in: *Annals of Statistics*, 47(2), S. 1148 – 1178.

B., R. J. (2023): „Py-Tetrad and RPy-Tetrad: A New Python Interface with R Support for Tetrad Causal Search“, in: *Proceedings of Machine Learning Research*.

Bareinboim, E. A. (2020): „An Introduction to Causal Reinforcement Learning“, in: *Columbia CausalAI Laboratory, Technical Report (R-65)*. New York.

BayesFusion, L. (27. 04. 2024): *GeNIe Modeler User's Manual*. Abgerufen am 10. 05. 2024 von *https://support.bayesfusion.com/docs/GeNIe.pdf*

Eells, E. (2008): *Cambridge studies in probability, induction and decision theory: Probabilistic causality*. Cambridge, England: Cambridge University Press.

Fisher, S. R. (1935): *The design of experiments*. New York: Hafner Press.

Goodman, E. B. (2018): „Pyro: Deep Universal Probabilistic Programming“, in: *CoRR*, abs/1810.09538 *(http://arxiv.org/abs/1810.09538)*.

Hardt, J. M. (2020): „WhyNot“, in: *Zenodo (https://doi.org/10.5281/zenodo.3875775)*.

Hernán, M. A. (2020): *Causal Inference: What If*. Boca Raton: Chapman & Hall/CRC.

Holzinger, A. (2018): „Explainable AI (ex-AI)“, in: *Informatik-Spektrum*, 41(1), S. 138 – 143.

K. H. Brodersen, F. G. (2015): „Inferring causal impact using Bayesian structural time-series models“, in: *The Annals of Applied Statistics*, 9(1).

Kalainathan, D. (2020): „Causal Discovery Toolbox: Uncovering causal relationships in Python“, in: *Journal of Machine Learning Research*, 21, S. 1 – 5.

Lundberg, S. A.-I. (2017): „A unified approach to interpreting model predictions“, in: *Advances in Neural Information Processing Systems*.

Molina, A. A. (2020): „Causal Based Q-Learning“, in: *Research in Computing Science*, 149, S. 95 – 104.

P. Tigas, Y. A. (2022): „Interventions, Where and How? Experimental Design for Causal Models at Scale“, in: *Conference on Neural Information Processing Systems*.

Parent, C. T.-A. (2021): „y0-causal-inference/y0“, in: *Zenodo (https://doi.org/10.5281/zenodo.4950768)*.

Pearl, J. (1984): *Heuristics*. New York, NY: Addison Wesley Longman Publishing.

Pearl, J. (1988): *Probabilistic Reasoning in Intelligent Systems*. San Mateo, CA: Morgan Kaufmann.

Pearl, J. (1995): „Causal Diagrams for Empirical Research“, in: *Biometrika*, 82(4), S. 669 – 710.

Pearl, J. (2001): „Direct and indirect effects“, in: *Proceedings of the Seventeenth conference on Uncertainty in artificial intelligence*, 01, S. 411 – 420.

Pearl, J. (2009): *Causality: Models, Reasoning, and Inference*. Cambridge, England: Cambridge University Press.

Pearl, J. (2018): „The Seven Tools of Causal Inference with Reflections on Machine Learning“, in: *Communications of Association for Computing Machinery*, 1(1), S. 1 – 6.

Pearl, J. (2018): *The Book of Why: The new science of cause and effect*. London, England: Basic Books.

Peters, J. (2017): *Elements of causal inference: foundations and learning algorithms*. London, England: MIT Press.

Ribeiro, M. A. (2016): „Why should I trust you? Explaining the predictions of any classifier“, in: *Proceedings of the 22nd ACM SIGKDD international conference on knowledge discovery and data mining*, 22, S. 1135 – 1144.

Rosenbaum, P. R. (2017): *Observation and experiment. An introduction to causal inference*. London, England: Harvard University Press.

Rubin, D. (1974): „Estimating Causal Effects of Treatments in Randomized and Nonrandomized Studies“, in: *Journal of Educational Psychology*, 66(5), S. 688 – 701.

Sharma, A. A. (2020): „DoWhy: An End-to-End Library for Causal Inference“, in: *arXiv preprint (https://arxiv.org/abs/2011.04216)*.

Winship, S. L. (2014): *Analytical methods for social research: Counterfactuals and causal inference: Methods and principles for social research*, 2nd ed. Cambridge, England: Cambridge University Press.

Wright, S. (1921): „Correlation and causation“, in: *Journal of Agricultural Research*, 20, S. 557 – 585.

6 Einbindung von Data Analytics in den Produktentstehungsprozess (PEP)

Ingo Vincent Dietz von Bayer

Kleine und mittlere Unternehmen (KMU) sind entscheidend für die deutsche Wirtschaft, stellen sie doch über 99 % der deutschen Unternehmen (Zimmermann 2023, S. 20). Um auch weiterhin die Wettbewerbsfähigkeit zu erhalten, müssen sie sich jedoch den Herausforderungen stellen, welche sich zum einen aus dem digitalen Wandel und zum anderen aus der Globalisierung der Märkte ergeben (Mesloh 2021, S. 461). Trotz der hohen Bedeutung der Digitalisierung zeigt der jährlich erscheinende Digital Economy and Society Index (DESI) der Europäischen Union, dass die deutsche Wirtschaft im Bereich der Integration von Digitaltechnik innerhalb von Unternehmen im EU-Vergleich unterdurchschnittlich abschneidet (Europäische Union 2023, S. 3 – 4). Weniger als 90 % der deutschen KMU verfügen über eine grundlegende digitale Intensität (Europäischen Union 2023, S. 4).

Innerhalb der KMU, die bereits Digitalisierungsmaßnahmen abgeschlossen haben, nimmt das Forschung und Entwicklung (FuE)-intensive verarbeitende Gewerbe eine Spitzenposition ein. Insgesamt haben 45 % (Zimmermann 2023, S. 6) der verarbeitenden KMU bereits Digitalisierungsmaßnahmen abgeschlossen. Hieraus folgt, dass verarbeitende KMU zwar relativ zu anderen KMU weiter entwickelt sind, aber dennoch mehrheitlich das Potenzial der Digitalisierung nicht nutzen.

Indem KMU proaktiv ihre digitalen Strategien anpassen und erweitern, können sie nicht nur ihre Position im globalen Markt stärken, sondern auch langfristig ihre Innovationskraft und Wettbewerbsfähigkeit sichern.

In diesem Kapitel erfahren Sie mehr über:

- Den Produktentstehungsprozess (PEP) und seine Rolle für verarbeitende KMU
- Data-Analytics-Lösungen
- Die Nutzung intelligenter Data-Analytics-Lösungen im Rahmen des PEP von KMU

Um die Anwendung von Data Analytics im PEP näher zu erläutern, wird zunächst ein Überblick über die Vielfalt der Produktentstehungsmodelle in der Literatur und Praxis gegeben und anschließend werden die Phasen und Aktivitäten innerhalb der Produktentstehung am Beispiel des Referenzmodells des Forschungsprojekts „SAPEQ“ detailliert beschrieben (FQS – Forschungsgemeinschaft Qualität e.V. 2023). Nachfolgend wird der Begriff *Data Analytics* näher beleuchtet und konkretisiert. Abschließend werden Anwendungen von Data Analytics im PEP aufgezeigt.

6.1 Produktentstehungsprozess

Zu den Kernaufgaben von produzierenden Unternehmen gehören auch das Entwickeln und/oder das Vertreiben von Produkten. Unternehmen müssen in diesem Zusammenhang die Kundenwünsche bestehender und potenzieller Klienten erfüllen. Daraus ergibt sich ihre Aufgabe, die Kundenerwartungen zu befriedigen (Ehrlenspiel & Meerkamm 2017). Teilweise investieren Unternehmen bis zu 20 % ihrer Umsätze in die Forschung und Produktentwicklung. Daran lässt sich die Wichtigkeit des PEP für verarbeitende KMU erkennen (Westkämper 2006).

Der Lebenszyklus eines jeden Produkts beginnt mit dem Prozess der Produktentstehung (Westkämper 2006). Die Entstehung eines Produkts erstreckt sich nicht allein über einen einzigen großen, sondern über zahlreiche kleine Vorgänge, für welche sowohl eine detaillierte inhaltliche Beschreibung als auch die Beschreibung ihrer Schnittstellen erforderlich ist (Feldhusen & Grote 2013). Der Begriff *Prozess* beschreibt dabei die Folge von Arbeitsvorgängen (DIN EN ISO 9000:2005). Unter der Bezeichnung *Produktentstehungsprozess* ist somit die Summe aller Prozessschritte von der ersten Idee für ein Produkt bis zu dessen Fertigstellung zu verstehen (Feldhusen & Grote 2013). Es handelt sich um einen Kernprozess, welcher dazu dient, Ideen für Produkte zu entwickeln und zu verwirklichen (REFA Consulting AG o. J.). Ein besonderes Kennzeichen ist die Informationsverarbeitung als Basis der Entscheidungsfindung (Anderl 2020). Das Ziel des PEP besteht in der Schaffung von Innovationen, die für die Sicherung der Wettbewerbsfähigkeit erforderlich sind. Diese Innovationen beziehen sich sowohl auf das Produkt als auch auf die Prozesse innerhalb des PEP (Urbanec et al. 2015).

Für eine weitere Betrachtung des PEP werden die Projektergebnisse des Vorhabens 20889 N der Industriellen Gemeinschaftsforschung (IGF) mit dem Titel „Smart Data Analytics in der Produktentstehung zur Sicherstellung der Qualität bei KMU“ (SAPEQ) herangezogen (FQS – Forschungsgemeinschaft Qualität e.V. 2023). Das in SAPEQ erarbeitete Referenzmodell PEP ist eine idealisierte, generalisierte Darstellungsform von aufeinanderfolgenden Phasen mit hierarchischer Struktur. Der PEP ist hierbei in die Phasen Produktplanung, Produktentwicklung, Realisierung, Produktion und Nutzung untergliedert, denen weitere Arbeitsschritte und Aktivitäten in zweiter und dritter Ebene zugeordnet sind (vgl. VDI 2221 Blatt 1, S. 28). Das Referenzmodell ist in Bild 6.1 in erster und zweiter Ebene einschließlich seiner Zwischenergebnisse veranschaulicht.

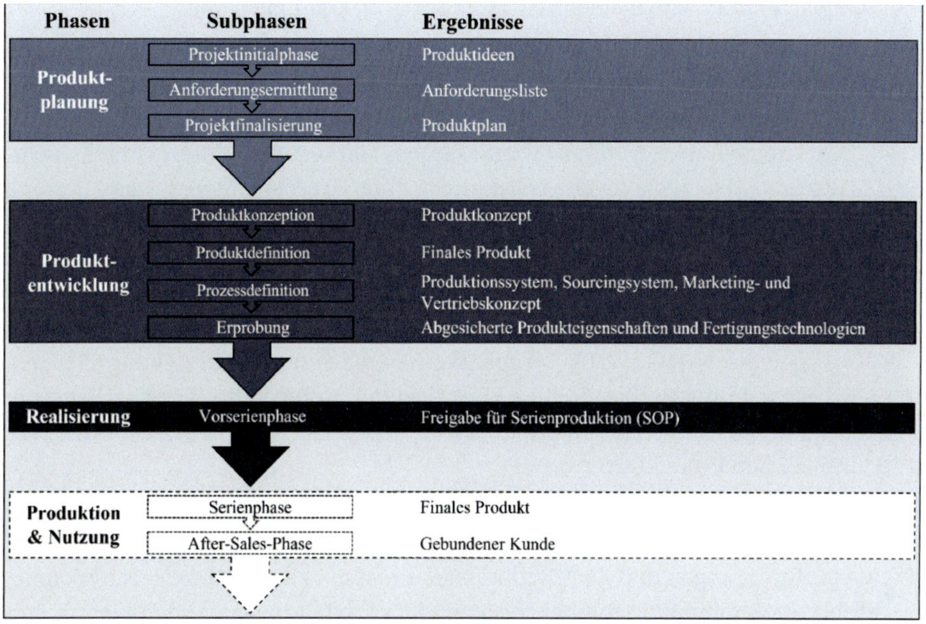

Bild 6.1 Phasenmodell der Produktentstehung mit Zwischenergebnissen nach dem Forschungsprojekt SAPEQ (vgl. Bayer et al. 2022, S. 22)

Die Ergebnisse des SAPEQ-Forschungsprojekts zeigen einerseits, dass bei produzierenden KMU, die gewöhnlich auf die Herstellung von Halbfabrikaten in kleineren Serien spezialisiert sind, auch die Produktionsphase bis zur Fertigstellung des finalen Produkts dem PEP zugeordnet werden kann. Andererseits endet der PEP bei Großunternehmen, die in der Regel in Großserien herstellen, mit dem Beginn der Serienproduktion. Für den weiteren Verlauf dieser Arbeit wird das Ende des PEP mit der Beendigung der Realisierungsphase und demnach mit dem Erreichen des Start of Production (SOP) festgelegt. Die anknüpfenden Phasen der Produktion und Nutzung sind in Bild 6.1 entsprechend gekennzeichnet.

Nachfolgend werden die einzelnen Arbeitsschritte und Aktivitäten im PEP beschrieben. Die Ergebnisse beziehen sich in erster Linie auf die Forschungsergebnisse des Projekts SAPEQ.

6.1.1 Produktplanung

Die Produktplanung gliedert sich in die Projektinitialisierung, Anforderungsermittlung sowie Projektfinalisierung. Als Impuls bedarf es hierzu eines konkreten Kundenwunsches bzw. Marktbedürfnisses. Das Ergebnis der Produktplanung ist ein finaler Produktplan einschließlich einer vollständigen Projektorganisation.

In der Projektinitialphase werden zunächst Vorstudien zur Analyse der gegenwärtigen Rahmenbedingungen durchgeführt. Im Fokus stehen hier insbesondere Faktoren wie Markt (Entwicklung, Volumen, Eintrittsbarrieren, Innovationen, Produktportfolio), Marktteilnehmer (Wettbewerber, Kunden, Marken- und Unternehmenswerte) und Marktumfeld (Stakeholder). Erforderliche Daten werden entweder im Sinne der Primärerhebung mittels Befragungen und Experimenten oder in Form einer Sekundärerhebung aus bereits vorhandenen Datenbeständen wie Studien, Statistiken, Befragungen und Social Media gewonnen. Basierend auf der Analyse der gegenwärtigen Rahmenbedingungen werden zahlreiche Produktideen entwickelt und anschließend hinsichtlich der Umsetzbarkeit in Machbarkeitsstudien unter Einbeziehung aller relevanten Fachabteilungen (Produktion, Entwicklung, Controlling, Vertrieb, Logistik, Marketing) bewertet. Als Ergebnis der Projektinitialphase ergibt sich eine Sammlung von umsetzbaren Produktideen.

In der Phase der Anforderungsermittlung wird der Zielorientierungsrahmen des Unternehmens, der bspw. den Businessplan, die Unternehmensstrategie, aber auch Produktanforderungen und -konfigurationen umfasst, in einen Anforderungskatalog überführt. In Kombination mit den gesammelten Produktideen werden hierauf konkrete Produktspezifikationen im Sinne eines Lastenhefts entwickelt.

Im Weiteren wird das ausgewählte, spezifizierte Produkt in das Geschäftsmodell und den Businessplan integriert und ein Produktplan mit allen relevanten Informationen, bspw. über das Produkt, den Wettbewerb und Markt oder auch die Finanzierung, erstellt. Die Projektfinalisierung schließt neben dem Produktplan ebenfalls die Planung des gesamten Projekts mit ein. Hierzu gehören unter anderem die Termin-, Kosten- und Ressourcenplanung.

6.1.2 Produktentwicklung

Die Produktentwicklung setzt sich aus den Subphasen Produktkonzeption, Produktdefinition, Prozessdefinition und Erprobung zusammen. Das Resultat der Produktentwicklung beinhaltet neben abgesicherten Produkteigenschaften die Ausarbeitung aller benötigten Fertigungstechnologien.

Auf Grundlage des Produktplans wird in der Produktkonzeption ein erster Produktentwurf erstellt, mit dem bereits ausgearbeiteten Anforderungskatalog abgeglichen, durch die beteiligten Fachabteilungen bewertet, ggf. optimiert und angepasst und letztendlich in einem finalen Produktkonzept mit entsprechenden Anforderungen und Merkmalen festgehalten.

Im Weiteren wird das Produktkonzept in der Produktdefinitionsphase zu einem abgesicherten Produkt entwickelt. Hierzu bedarf es zunächst einer Zerlegung des konzipierten Produkts in Module und deren anschließender Gestaltung entsprechend den Anforderungen und Merkmalen. Bezüglich der Module gilt es, Make-or-buy-Entscheidungen zu treffen. Als Informationsgrundlage dienen vor allem Daten aus Primär- und Sekundärerhebungen. Schließlich werden die ausgestalteten Module zu einem integrierten Produkt zusammengesetzt und somit wird ein erster Gesamtentwurf generiert, mit allen relevanten Informationen zur Produktrealisierung wie technische Zeichnungen und CAD-Modelle (vgl. VDI 2221 Blatt 1, S. 40).

In der Prozessdefinitionsphase steht die Festlegung des Produktionssystems, des Sourcing-Systems sowie des Marketing- und Vertriebskonzepts im Fokus. Das Produktionssystem umfasst unter anderem die Prozesslayout- und Kapazitätsplanung. Im Rahmen der Definition des Sourcing-Systems sind geeignete Lieferanten zu identifizieren, zu bewerten, auszuwählen und in den Produktionsprozess zu integrieren.

Mit Beendigung der Erprobungsphase liegen zum einen abgesicherte Produkteigenschaften durch die virtuelle und physische Überprüfung und Verifizierung des Prototyps vor, zum anderen auch erprobte Fertigungstechnologien durch die Simulation der zuvor erarbeiteten Produktions- und Sourcing-Systeme.

6.1.3 Realisierung

Mit Abschluss der Produktentwicklung beginnt in Form der Phase der Realisierung die Vorserienphase. In der Vorserie werden zur Überprüfung der Prozessfähigkeit Prozessvorläufer mit den Serienfertigungsanlagen produziert. Nach der Auswertung und Optimierung werden Vorserienprodukte zur endgültigen Feinabstimmung von Produkt und Prozessen hergestellt. Der PEP endet mit dem Erreichen des SOP, also der Freigabe zur Serienproduktion (Bayer et al. 2022, S. 22).

6.2 Data Analytics

Data Analytics besteht in der Auswahl und Anwendung datengestützter Methoden zur intelligenten Nutzung und Entscheidungsfindung. Zur konkreten Beschreibung der mit Smart Data verbundenen Prozessschritte und Aktivitäten existieren zahlreiche Vorgehensmodelle. Um eine möglichst einfache Darstellung zu ermöglichen, wird in diesem Forschungsvorhaben ein Vorgehensmodell bestehend aus den drei Hauptphasen zur systematischen Analyse von Daten verwendet (Tan et al. 2014) (Bigus

1996) (Küstner 2020). Bild 6.2 gibt eine Übersicht über die drei Hauptphasen sowie die spezifischen Aktivitäten jeder Phase. Die erste Phase „Pre-Processing“ ist für die Aggregation der einzelnen Datenbestände, die Datenaufbereitung und die erste Vereinfachung des Datensatzes zuständig. Dies ist zumeist die arbeits- und zeitintensivste Phase, da sie manuell durchgeführt werden muss. Als Resultat werden strukturierte Daten erzeugt, die den spezifischen Qualitätsanforderungen der nachfolgenden Analysephase entsprechen.

Die strukturierten Daten werden in der zweiten Phase, „Processing“, analysiert. Dabei richten sich die eingesetzten Smart-Data-Techniken sowohl nach der Art der Daten wie auch dem Analyseziel bzw. der spezifischen Problemstellung. Im Rahmen dieses Forschungsvorhabens werden Klassifikationsprobleme, Clusteranalysen, Regressionsprobleme, Anomalieerkennungen sowie Assoziationsprobleme unterschieden. In den nachfolgenden Unterkapiteln wird auf die einzelnen Problemstellungen weiter eingegangen.

Schließlich befasst sich die dritte Phase, „Post-Processing“, mit der Bestätigung der gewonnenen Erkenntnisse sowie mit der Kommunikation der Resultate. Dies erfordert den Einsatz von zusätzlichen Interpretations- und Bewertungswerkzeugen.

Innerhalb von Bild 6.2 werden die drei Schritte exemplarisch mit konkreten Methoden hinterlegt und in den Ablauf der Datenanalyse gebracht.

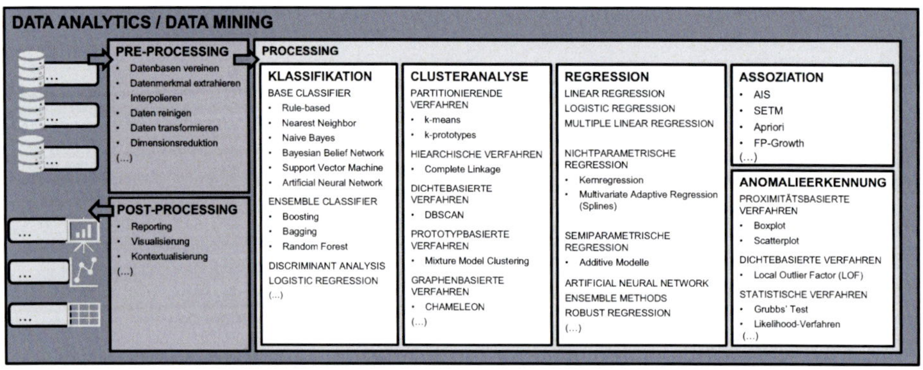

Bild 6.2 Übersicht von Smart-Data-Methoden in Anlehnung an (Bayer et al. 2022, S. 24)

Im Folgenden werden die fünf Dimensionen des Processing weiter aufgespannt.

6.2.1 Klassifikation

Die Klassifikation ordnet ein Beobachtungsobjekt mithilfe einer Zielfunktion einer zuvor bestimmten Klasse zu (Tan et al. 2014). Ziel der Klassifikation ist die qualitative Vorhersage von Merkmalswerten, auch bezeichnet als Zielgrößen, durch ein oder mehrere andere Merkmale. Eine Prämisse für die Anwendung von Klassifikationsalgorithmen ist, dass die Werte der Zielgrößen bekannt sein müssen (Hude 2020). Beispiele für Anwendungstechniken sind der Naive-Bayes-Algorithmus, lineare Diskriminanzanalyse, die Support-Vektor-Maschine, Nächste-Nachbarn-Klassifikatoren einschließlich des k-Nearest-Neighbour-Verfahrens, lernende Vektorquantifizierung und hierarchische Klassifikation mit Regressionsbäumen (Brühl 2019) (Cleve & Lämmel 2020) (Edgar und Manz 2017) (Runkler 2020b).

Im Kontext des maschinellen Lernens (ML) ist die Klassifikation den überwachten Lernverfahren zuzuordnen. Bei überwachten Lernverfahren erfasst ein Lernalgorithmus einen statistischen Zusammenhang zwischen unabhängigen Features und abhängigen Targets eines Datensatzes (Küstner 2020). Um die Zielfunktion (das Modell) zu trainieren, wird ein sogenannter Trainingsdatensatz verwendet (Zaki & Meira 2014).

6.2.2 Clusteranalyse

Bei der Clusteranalyse werden die Merkmale des Datenbestands mit einem Algorithmus auf Ähnlichkeit untersucht und in Segmente unterteilt (Ertel 2016). Im Gegensatz zu Klassifikationsverfahren werden die Daten nicht bestehenden Gruppen zugeordnet, sondern in neue Segmente mit ähnlichen Merkmalen unterteilt. Clustering kommt vor allem dann zum Einsatz, wenn zunächst Unklarheit über die Merkmalsverteilung eines Datenbestands herrscht (Bramer 2016) (Cleve & Lämmel 2020). Als Beispiel sei ein Fehlerdiagnoseverfahren beschrieben, in dem eine Gruppierung von elektrischen Fehlern nach den Werten bestimmter Schlüsselmerkmale erfolgt (Bramer 2016). Beispiele für Algorithmen im Bereich des Clustering sind das k-Means-Clustering, Hierarchical Clustering oder Density-based Spatial Clustering of Applications with Noise (DBSCAN) (Rebala et al. 2019) (Edgar & Manz 2017).

Weiterhin ordnet sich die Clusteranalyse im Kontext des maschinellen Lernens den unüberwachten Lernverfahren zu. Bei den unüberwachten Lernverfahren steht die Identifikation von Korrelationen, Zusammenhängen, Tendenzen und Strukturen in den Daten im Vordergrund (Küstner 2020). Nach der Gruppierung müssen die Klassen manuell bewertet und Erkenntnisse daraus abgeleitet werden.

Grundsätzlich wird bei der Clusteranalyse in partitionierende und hierarchische Verfahren unterschieden. Partitionierende Verfahren teilen den Datensatz in eine vorher festgelegte Anzahl von Clustern. Hierarchische Clusteranalysen ordnen die

Elemente dagegen zu ineinander verschachtelten Sub-Clustern, sodass eine hierarchische Baumstruktur entsteht (Tan et al. 2014).

Ein Anwendungsbeispiel für die Clusteranalyse ist die Bestimmung verschiedener Kundengruppen eines Unternehmens auf Basis ihres Einkaufsverhaltens, um diese durch spezifische Marketingkonzepte besser erreichen zu können (Tan et al. 2014).

6.2.3 Regression

Ziele von Regressionsverfahren sind die Aufdeckung und Schätzung der Art des funktionalen Zusammenhangs zwischen Merkmalen und deren gezielte Steuerung (Cleve & Lämmel 2020) (Runkler 2020b). Wie Klassifikationsverfahren sind auch Regressionsverfahren der Gruppe der vorhersagenden Methoden zuzuordnen, jedoch mit dem Unterschied, dass für einen Datensatz ein numerischer Wert statt einer Klasse vorhergesagt wird (Hude 2020). Die Begriffe *Regression* und *numerische Vorhersage* werden daher als Synonyme betrachtet (Bramer 2016). Als Anwendungstechniken werden in der Literatur lineare und logistische Regression, die gewöhnliche Methode der kleinsten Quadrate, Multivariate Adaptive Regression-Splines (Edgar & Manz 2017) sowie Support-Vektor-Maschine, neuronale Netze und Regressionsbäume (Rogalewicz & Sika 2016) genannt. Regressionsverfahren ordnen sich somit ebenfalls den überwachten Lernverfahren zu (Küstner 2020).

6.2.4 Assoziation

Die Assoziationsanalyse, ebenfalls bekannt als Affinitätsanalyse oder Warenkorbanalyse (Bramer 2016) (Larose 2014), generiert vorwiegend beschreibende Modelle (Cleve & Lämmel 2020), kann aber auch den vorhersagenden Data-Mining-Verfahren zugeordnet werden (Cleve & Lämmel 2020). Das Ziel besteht darin, Abhängigkeiten, Beziehungen oder Regelmäßigkeiten zwischen Attributen in einem zu analysierenden Datensatz aufzuzeigen, um hierauf gestützt Vorhersagen zu treffen. Zwischen den Abhängigkeiten besteht kein funktionaler Zusammenhang. Vielmehr beruhen sie auf der Koexistenz von Werten bestimmter Attribute (Rogalewicz & Sika 2016). Als typisches Beispiel sei das Kaufverhalten von Kunden genannt (Rogalewicz & Sika 2016). So wird untersucht, welche Produkte häufig gemeinsam gekauft werden, um diese den Kunden gezielt anzubieten (Cleve & Lämmel 2020). Beispiele für Anwendungstechniken sind das A-Priori-Verfahren, der Frequent-Pattern-Growth- (Cleve & Lämmel 2020) oder der Partitions-Algorithmus (Rogalewicz & Sika 2016).

6.2.5 Anomalieerkennung

Die Anomalieerkennung verfolgt das Ziel, Ausreißer und Ausnahmen innerhalb des Datensatzes zu finden. Die verschiedenen Ansätze der Anomalieerkennung bauen auf der Annahme auf, dass Anomalien ungewöhnlich und inkonsistent im Vergleich zu den restlichen Daten sind. Die Ursachen der Entstehung von Ausreißern werden mit den Methoden nicht untersucht (Tan et al. 2014).

Nach Küstner kann die Anomalieerkennung bspw. dazu benutzt werden, fehlerhafte Flugzeugturbinen in der Produktentwicklung zu erkennen. So kann durch die Analyse verschiedener Sensordaten ermittelt werden, ob das Verhalten einer Flugzeugturbine signifikant vom Durchschnittsverhalten anderer Flugzeugturbinen abweicht (Küstner 2020).

6.3 Data Analytics in der Produktentstehung

Einsatzbereiche und Anwendungsmöglichkeiten für Data Analytics sind nahezu unbegrenzt (Meier 2019, S. 893). Analysen umfangreicher Daten von Kunden, Vertriebs- und Marketingprozessen, Preisbildungen, Service, Finanzen, Risiken, Compliance oder Produktportfolios offenbaren Optimierungspotenziale zahlreicher Geschäftsprozesse (Runkler 2020a, S. 1). Einer Studie von „BearingPoint" zufolge mit mehr als 200 Automobilherstellern und Tier-1-Zulieferern in Deutschland sehen 94 % der Teilnehmer signifikante Einsparpotenziale in der Produktion durch schnelle Korrekturen. Insbesondere in der Produktanlaufphase wird die proaktive Ausfallerkennung von Maschinen hinsichtlich häufiger Fehlerursachen als weiterer relevanter Anwendungsfall dokumentiert (Landgrebe & Aicher 2021, S. 3, 8). In der Studie des Fraunhofer-Instituts für Produktionstechnik und Automatisierung werden Potenziale von Data-Mining-Anwendungen vor allem in den Gebieten des Qualitätsmanagements, der Produktionsoptimierung sowie in Logistik und Controlling gesehen (Weskamp et al. 2014, S. 34). Weiterhin werden in den Bereichen Marketing, Vertrieb, Entwicklung und Administration neue Chancen hinsichtlich Effizienz und Entwicklungsschnelligkeit erkannt (Biesel & Hame 2018, S. 35).

Im Rahmen der Produktentstehung können vor allem mit der Generierung von Ideen und Konzepten, dem Design und Engineering sowie dem Testen und der Markteinführung drei Hauptgebiete identifiziert werden, in denen Unterstützungspotenziale existieren (Zhan et al. 2018, S. 580). Die nachfolgenden Ergebnisse zeigen, dass auch die in späteren Lebenszyklusphasen anderer Produkte erhobenen und mittels Data-Analytics-Werkzeugen bearbeiteten Daten für die Entstehung neuer Produkte und deren Weiterentwicklung von großem Nutzen sind (Küstner et al., S. 50) (vgl. Breitsprecher et al. 2015, S. 744). Dies steht im Einklang mit dem heutigen Verständnis der

Produktentstehung, insofern Produkte in einer ganzheitlichen Sicht unter Berücksichtigung aller Phasen des Produktlebenszyklus entwickelt werden (Spath & Dangelmaier, S. 3).

Im Folgenden wird beschrieben, inwiefern Data-Analytics-Anwendungen in den Unternehmensbereichen Entwicklung, Marketing, Produktmanagement (PM) und Vertrieb, Produktion und Qualitätsmanagement, Logistik, Projektmanagement und Controlling im Kontext des PEP Mehrwert generieren und wirtschaftlichen Nutzen stiften. Weiterhin werden die im zentralen Fokus des Qualitätsmanagements stehenden Kundenanforderungen mit konkreten Einsatzmöglichkeiten von Data-Analytics-Applikationen adressiert. In Anlehnung an Küstner et al. (S. 34) sei darauf hingewiesen, dass die Auswahl der Werkzeuge insbesondere von den Daten aus dem Pre-Processing abhängt.

6.3.1 Entwicklung

Data-Analytics-Applikationen unterstützen in der Entwicklung neuer Produktgenerationen u.a. durch Social-Media-Analysen und Rückführung ausgewerteter Sensordaten über bereits in der Nutzung befindliche Produkte. Zur Identifizierung technologischer Trends und Bewertung von Lösungsansätzen werden mittels Text und Web Mining – als Erweiterungen des Data-Mining – relevante Themenfelder (bspw. Patentdatenbanken und Forschungsnetzwerke) analysiert und über statistische Auswertungen, Korrelationen und Clusterbildungen aktuelle technologische Schwerpunktthemen identifiziert (Otte et al. 2020, S. 330–332).

Optimierte Tests und Analysen von Messdaten bewirken verkürzte Entwicklungszeiten. Weitere Kostensenkungen sind durch Wiederverwendung früherer Designkonzepte im Rahmen von Korrelations- und Sensitivitätsanalysen möglich, die Zusammenhänge zwischen Designvarianten und Produkt- und Qualitätskosten modellieren (Otte et al. 2020, S. 333) (Bitkom 2012, S. 34) (Schön 2018, S. 415) (Biesel & Hame 2018, S. VI). Breitsprecher et al. beschreiben ein selbstlernendes Assistenzsystem, das erforderliches, konstruktionsrelevantes Fertigungswissen durch den Einsatz von Data-Mining-Werkzeugen bspw. aus Daten vorheriger Simulationen und Experimente erzeugt. Dieses Wissen unterstützt in der Berechnung relevanter Prozessgrößen (Umformkraft, Umformgrad etc.) für bestimmte Produktvarianten ohne Durchführung zeit- und kostenintensiver Simulationen (Breitsprecher et al. 2015, S. 745). Zur Auswertung der entsprechenden Informationen aus vorherigen Simulationen oder Experimenten eignen sich Klassifikationsverfahren wie Entscheidungsbäume oder k-Nearest Neighbour (Breitsprecher et al. 2015, S. 747–748). Zur automatisierten Prüfung der Simulationsergebnisse hinsichtlich der Plausibilität werden Künstliche Neuronale Netze (KNN) angewendet (Breitsprecher et al. 2015, S. 747–749).

6.3.2 Marketing, Produktmanagement und Vertrieb

Einige der am häufigsten verwendeten Data-Mining-Anwendungen finden sich in den Unternehmensbereichen Marketing und Vertrieb, da diese über große Datenmengen von potenziell hohem Wert verfügen (Witten et al. 2017, S. 26). Data-Analytics-Werkzeuge erleichtern Markt- und Wettbewerbsanalysen und unterstützen in der besseren Ausrichtung der Produkt- und Service-Angebote auf spezifische Kundenbedürfnisse. Trendanalysen verbessern Absatz- und Kundenverhaltensprognosen und ermöglichen ein besseres Reaktionsvermögen auf Marktveränderungen. Erkenntnisse aus Mustererfassungen im Reklamations- und Gewährleistungsbereich erschließen Potenziale für die Produktentstehung und für neue Geschäftsmodelle. Aus Korrelations- und Sensitivitätsanalysen von früheren Produktionen sind Produkteigenschaften sowie Einflussfaktoren auf die Preisbestimmung und Marketingaktivitäten ableitbar. Ferner werden Kostensenkungen und exaktere Vertriebsplanungen erzielt (Bitkom 2012, S. 34, 35) (Schön 2018, S. 414) (Otte et al. 2020, S. 334) (Bange & Janoschek 2014, S. 30–32) (Zeisel 2020, S. 25, 26).

6.3.3 Produktion und Qualitätsmanagement

Die klassischen und historisch ersten Anwendungsbereiche für Data-Mining finden sich in den Fachdisziplinen Produktion und Fertigung. Sie bieten hier über punktuelle Lösungen hinaus die Möglichkeit, zentral und unmittelbar auf die dynamische Anlagensteuerung Einfluss zu nehmen (Otte et al. 2020, S. 338). Hauptanwendungsgebiete von Data-Analytics-Applikationen sind Qualitätsanalysen und -verbesserungen wie auch Produktionsprozess- und -planungsoptimierungen (Bange & Janoschek 2014, S. 33).

Aspekte der Qualität umfassen insbesondere die Qualitätssicherung von gelieferten Anlagen sowie von Produktionsabläufen einschließlich der Aufdeckung von Störungen und Fehlern sowie Vermeidung von Ausfällen (Schön 2018, S. 415). Mittels Korrelationsanalysen ermittelbar sind Zusammenhänge zwischen den geometrischen Relationen eines Bauteils, seiner Material- und Oberflächenbeschaffenheit sowie Belastungsmerkmale in der Nutzungsphase über Lebenserwartung, Ausfälle und Qualitätskosten und folglich ist der Einfluss von Designvarianten auf zukünftig zu erwartende Qualitätskosten determinierbar (Otte et al. 2020, S. 340).

Ferner basieren Produktionsoptimierungen mittels Smart Data auf der Vernetzung von Anlagen, Maschinen und Produkten sowie der Erfassung und Verarbeitung von Sensordaten (Bitkom 2012, S. 38). Zum einen ermöglicht eine durchgehende Überwachung im laufenden Betrieb ein sofortiges Reaktionsvermögen, zum anderen sind Fehler und Störungen bei nachfolgenden Produktreihen durch die Berücksichtigung der Erkenntnisse und Trendanalysen prognostizierbar (Biesel & Hame 2018, S. 33) (Folmer et al. 2017, S. 60).

6.3.4 Logistik

Data-Analytics-Werkzeuge versprechen Potenziale in der Ermittlung optimaler Lagerbestände und Optimierung von Lieferketten, Logistikprozessen und -zielen wie Termintreue und Lieferfähigkeit. Lernende Systeme auf Grundlage u. a. von Sensordaten unterstützen in der Produktions-, Anlagen- und Bedarfsplanung und -steuerung. Verfahren der Predictive Analytics wie Regressionsanalysen ermöglichen frühzeitige Prognosen der Rohstoffpreisentwicklung (Bange & Janoschek 2014, S. 34) (Schön 2018, S. 415) (Bitkom 2012, S. 39) und werden zu Kostenstruktur- wie auch Einkaufspreisanalysen im Kontext von Make-or-buy-Entscheidungen herangezogen (Otte et al. 2020, S. 336). Zeisel beschreibt exemplarisch das Linear-Performance-Pricing, das funktionale Zusammenhänge zwischen technisch bestimmten Einflussfaktoren und den Preisen der Beschaffungsobjekte zu ermitteln versucht. Der Produktpreis wird hierbei auf eine oder mehrere wertmäßig darstellbare Faktoren des Beschaffungsobjekts bezogen. Die resultierenden Preis-Leistungs-Verhältnisse ermöglichen zum einen eine Prüfung der Preise auf Angemessenheit und zum anderen die Analyse von Einsparpotenzialen (Zeisel 2020, S. 16). In komplexeren Fällen, die bspw. auch spezifische Marktsituationen umfassen, eignen sich zur Analyse vor allem neuronale Netze (Otte et al. 2020, S. 336). Data-Analytics befähigt allgemein zur besseren Entscheidungsfindung durch optimierte Datenaufbereitungen in Form von automatisierten und visualisierten Analysen, ferner unterstützen Segmentierungs- und Klassifikationsanalysen im Rahmen von Lieferantenidentifizierungen, -bewertungen und -entwicklungen (Zeisel 2020, S. 5, 17, 18, 25, 26, 30).

6.3.5 Projektmanagement

Da Projekte üblicherweise auf die Umsetzung von Veränderungen oder die Entwicklung neuer Lösungen abzielen, adressieren Anwendungen der Data Analytics insbesondere die damit einhergehenden und meist unbekannten Risiken, die sich auf das Nichterreichen vorgegebener Projektziele hinsichtlich der Aspekte Zeit, Kosten und Qualität auswirken (Winter 2019, zitiert nach Auth et al. 2021, S. 150). Anwendungspotenziale eröffnen sich hierbei durch eine effektivere Risiko- und Komplexitätsbeherrschung zur Erhöhung der Zuverlässigkeit in der Erreichung der Projektziele (Auth et al. 2021, S. 150). Konkrete Beispiele sind zum einen die Unterstützung in Qualitätsbereichen im Kontext der Klassifizierung und Bewertung der Projektergebnisse zur Früherkennung und Vermeidung von Qualitätsproblemen (vgl. Auth et al. 2021, S. 155), zum anderen die Abschätzung und Prognose von Projektkosten auf Grundlage verschiedener Kostentreiber. Mittels linearer Regressionen sind Kostenabweichungen bei Änderungen von Projektumfang und -dauer vorhersagbar (Singh 2015, zitiert nach Auth et al. 2018, S. 32, 33). Ferner liegen Potenziale in inhaltlichen und zeitlichen

Aspekten wie der Unterstützung bei der Erstellung von Projektstrukturplänen sowie der Abschätzung und Prognose von Projektdauer und Länge der Projektphasen (vgl. Auth et al. 2021, 154) (Campana & Schott o.J., S. 4).

6.3.6 Controlling

Die Bereiche Controlling und Rechnungswesen bieten sich als Paradebeispiel für den Einsatz von ML und Analytics an, aufgrund der täglichen Erzeugung von großen Mengen strukturierter Daten (Eßwein et al. 2021, S. 305). Im Kontext des Digital Controlling erkennen Keimer und Egle Potenziale für strukturentdeckende Verfahren, Zusammenhänge von zuvor nicht offensichtlicher Charakteristik aufzuzeigen (Keimer & Egle 2020, S. 12).

Generische Anwendungen von Data Analytics im Controlling bestehen in beschreibenden und vorhersagenden Analysen monetärer (Umsatz, Kosten und andere Kennzahlen) wie nichtmonetärer (Reputation, Marke) Größen (Meier 2019, S. 895). Exemplarisch sei die Prognose des Zahlungsverhaltens von Kunden mittels Regressions- oder Entscheidungsbaumverfahren unter Berücksichtigung von Merkmalen wie historische Zahlungstätigkeiten oder Dauer der Kundenbeziehung genannt (Langmann 2019, S. 6, 7). Insbesondere im Kontext von Make-or-buy-Entscheidungen und Lieferantenbewertungen eröffnen maschinelle Lernverfahren Potenziale für Simulationen, Szenarienbildung, Risikobewertungen und folglich zur Entscheidungsunterstützung im Sinne von Handlungsempfehlungen (Bange & Janoschek 2014, S. 35) (Schön 2018, S. 410, 416) (Bitkom 2012, S. 41). Ebenso ist die bereits beschriebene Identifizierung von Trends und neuen Technologien für strategische Planungen des Controllings von hohem Stellenwert (Langmann 2019, S. 6).

6.3.7 Spezifische Anwendungspotenziale im Kontext der Herausforderung der Erfüllung von Kundenanforderungen

Die Herausforderung der Erfüllung von Kundenanforderungen ist ein heterogenes und dynamisches Gebiet. Im Rahmen der Marktforschung stellt sich u.a. die Frage nach den spezifischen Kunden, die mittels der Clusteranalyse meist in jeweils möglichst homogene und untereinander heterogene Gruppen unterteilt werden. Die am meisten Erfolg versprechenden Markt- und Kundensegmente sind über Korrelations- und Sensitivitätsmodelle identifizierbar. Unternehmen können durch das Anpassen ihrer Produkt- und Serviceangebote auf die entsprechenden Kundensegmente Kosten senken und die Kundenattraktivität erhöhen (Meier 2019, S. 891) (Homburg 2020, S. 106, 107) (Biesel & Hame 2018, S. VI) (Runkler 2020a, S. 2) (Otte et al. 2020, S. 348). Im Kontext der sich stets wandelnden Kundenbedürfnisse sieht Rainsberger große

Potenziale in deren schneller Erfassung mittels Methoden der Künstlichen Intelligenz KI (2021, S. 23). Als vorteilhaft erweisen sich die Werkzeuge der Predictive Analytics zur Vorhersage des Kauf-, Verkaufs-, Besuchs-, Zahlungs- und Ausfallverhaltens der Kunden. Das Prognosemodell basiert meist auf einer Teilmenge historischer Kundendaten. Exemplarisch wird jedem Kunden eine Punktzahl im Verständnis einer Kaufwahrscheinlichkeit zugewiesen. Anhand dieser wird eine Kundensortierung vorgenommen und die Reihenfolge der Kundenansprache festgelegt, bis die Grenzkosten der Ansprache eines weiteren Kunden den zu erwartenden Ertrag übersteigen (Paczkowski 2020, S. 52).

In Zeiten der Globalisierung und Dynamisierung der Märkte gilt es zur Erhaltung der Wettbewerbsfähigkeit, Markt- und Wettbewerbsbeobachtungen durchzuführen und frühzeitig Trends zu erkennen (Biesel & Hame 2018, S. 28, 33) (Mühlroth et al. 2021, S. 257). Mühlroth et al. beschreiben ein Vorgehensmodell, wie Data-Analytics-Methoden die Suche nach Trends und Technologien unterstützen (vgl. Meier 2019, S. 893), die im Rahmen von Vorstudien einen entscheidenden Input für den PEP liefern. Hierzu betrachten sie ein hochautomatisiertes Umfeldscanningsystem, das u. a. Data-Mining-Verfahren kombiniert einsetzt und aus den drei Stufen der Themenerkennung, Trenderkennung und Trendbeobachtung besteht (2021, S. 257, 258, 265). Hinsichtlich der Themenerkennung bildet zunächst ein relevantes Suchfeld die Grundlage, das durch einen oder mehrere Suchbegriffe beschrieben wird. Mittels dieser werden zweckmäßige Dokumente aus einer zentralen Datenbank gefiltert und in einem sogenannten „Dokumentenkorpus“ zusammengefasst. Das notwendige Hinzufügen von aktuellen Daten in die zentrale Datenbank erfolgt mithilfe von Programmierschnittstellen automatisiert und kontinuierlich. Datenquellen sind exemplarisch wissenschaftliche Zeitschriftenartikel, Patentdatenbanken, News- und Blogwebseiten sowie Texte in sozialen Medien (vgl. Biesel & Hame 2018, S. 27). Zur Erkennung von abstrakten Themen wird der Algorithmus Latent Dirichlet Allocation (LDA) verwendet, der basierend auf den Häufigkeiten der Wörter in den Dokumenten ein Wahrscheinlichkeitsmodell generiert. Definitionsgemäß stellen hierbei die Menge aller Wörter das Vokabular des Korpus und ein Thema die Wahrscheinlichkeitsverteilung über das Vokabular dar (Mühlroth et al. 2021, S. 264, 265). Im Folgenden sind zur Erkennung von Trends innerhalb eines spezifischen Themas wiederholt Daten mit einer erweiterten Suchanfrage zu erfassen, wobei die Texte der Dokumente in Wörter aufgeteilt und deren Häufigkeit gezählt wird. Im Unterschied zur vorhergehenden Anwendung des LDA-Algorithmus ist das Ziel nunmehr die Erkennung von sich über die Zeit anhäufenden Mustern. Angewendet werden hierzu zum einen mehrstufige Cluster-Algorithmen zur Generierung von Mengen inhaltlich ähnlicher Dokumente und zum anderen das Verfahren der linearen Regression zur Bestimmung des zeitlichen Trendverlaufs (Mühlroth et al. 2021, S. 265, 266). Zur anschließenden Beobachtung der identifizierten Trends werden die zentralen Datenbanken fortlaufend nach neuen Dokumenten mittels aus Suchfeld, Themen und Trends kombinierter Suchbegriffe durchsucht (Mühlroth et al. 2021, S. 266).

Die Bestimmung der subjektiven Qualität, die als ein entscheidendes Kaufkriterium angesehen wird, ist von hoher Bedeutung. Einerseits kann diese aus aktiven Kundenbefragungen abgeleitet (Carl et al. 2017, S. 67) (Paetzold 2021, S. 161), andererseits reaktiv über Produktrezensionen ermittelt werden. Produktrezensionen enthalten relevante Informationen über die Kundenwahrnehmung hinsichtlich verwendeter Materialien und Farben, der Passform oder des Designs, die für die Generierung neuer Produktideen und Anforderungsermittlung im Rahmen der Entwicklung neuer Produkte herangezogen werden können (vgl. Zhan et al. 2018, S. 590). Sowohl die Entwicklungs- als auch Marketing- und Vertriebsabteilungen können durch die Bündelung verschiedener Datenbanken mit Kundenbewertungen zu Produkten und die anschließende systematische Auswertung von Schwächen und Meinungen gewinnbringenden Input für die Produktentstehung ableiten (Götz et al. 2021, S. 95, 96) (Biesel & Hame 2018, S. 28). Da die Daten meist in semi- und unstrukturierter Form vorliegen, eignen sich zur Analyse insbesondere Methoden des Natural-Language-Processing (NLP) und des Text Mining. Während NLP die Extraktion von Bedeutungsinhalten der natürlichen Sprache in Form von syntaktischen und semantischen Analysen fokussiert, zielt Text Mining auf die Erkennung von Mustern in Textinhalten ab (Götz et al. 2021, S. 97) (Haddara et al. 2020, S. 255) (Baars & Kemper 2021, S. 245, 247) (Biesel & Hame 2018, S. 27). Beide Verfahren können um Methoden des überwachten und unüberwachten ML erweitert werden (Götz et al. 2021, S. 99). Exemplarisch beschreiben Tetzner et al. die Fähigkeiten von Deep-Learning-Netzen, die über die Verarbeitung umfangreicher Datenbestände hinaus die Analyse von Meinungen in Texten (Sentiment-Analyse) ermöglichen (2021, S. 236).

Der Bedarf an Unterstützung durch Data-Analytics Methoden offenbart sich insbesondere in Marketing und Vertrieb in weiteren zahlreichen Aspekten (vgl. Boßow-Thies et al. 2020a, S. 13) (Otte et al. 2020, S. 347). Nach Boßow-Thies et al. (Boßow-Thies et al. 2020b, S. 14) können u. a. entlang der Customer-Journey, die die „Interaktion eines Endkunden mit einem Unternehmen über verschiedene Phasen und Kontaktpunkte hinweg“ beschreibt (Zinkann & Mahadevan 2018, S. 158), Einsatzmöglichkeiten identifiziert werden. Die Customer-Journey umfasst neben direkten Kundenkontaktpunkten mit einer Marke, einem Produkt oder einem Mitarbeitenden, die vom Händler unmittelbar beeinflusst werden können, auch indirekte Kundenkontaktpunkte in Form von Meinungen Dritter (Rezensionen etc.), auf die nicht unmittelbar Einfluss genommen werden kann (Homburg 2020, S. 308). Kontaktpunkte können ferner digitaler (Social Media, Apps, Website etc.) wie auch physischer Natur (Printkataloge, Messen etc.) sein (Zinkann & Mahadevan 2018, S. 160). In der Literatur wird die Customer-Journey phasenbasiert betrachtet und meist in die Vorkauf-, Kauf- und Nachkaufphase gegliedert, die entsprechend vielfältige Kundenkontaktpunkte und demzufolge auch Datentypen und -mengen umfassen (Zinkann & Mahadevan 2018, S. 160) (Puccinelli 2009, zitiert nach Boßow-Thies et al. 2020a, S. 14). Data-Analytics-Anwendungen ermöglichen hierbei das Aufzeigen von Schwachstellen im Schnittstellenmanagement von Marketing und Vertrieb, wodurch Handlungsempfehlungen abgeleitet und die Kontaktpunkte individuell auf konkrete Anforderungen der Kunden angepasst werden können (Boßow-Thies et al. 2020a, S. 14) (Hiemeyer & Stumpp 2020, S. 70). Die im Rahmen der Customer-Journey gesammelten Daten bewirken ferner die kontinuierliche Vergrößerung der bestehenden Datenbasis und die Optimierung künftiger Aktivitäten (Boßow-Thies et al. 2020a, S. 14), zugleich sind sie für die Produktentstehung von großer Bedeutung, für die sie herangezogen werden können (Biesel & Hame 2018, S. 148). Denkbar ist die Erzeugung von Wissen, das in die Generierung neuer Produktideen und in die Ermittlung und Priorisierung der Anforderungen einfließt (vgl. Paetzold 2021, S. 154). Zhan et al. verweisen bezüglich des Sammelns großer Kundendaten auf die Entdeckung zuvor unerkannter Kundenbedürfnisse oder Kombinationen von Bedürfnissen, die helfen, First-Mover-Marktanteile zu erzielen (2018, S. 590).

Im Kontext der Digitalisierung und Industrie 4.0 eröffnen sich für produzierende Unternehmen neue Möglichkeiten. Die Automatisierung und Steuerung industrieller Prozesse gehen einher mit der Erfassung, Speicherung und Verarbeitung einer Flut an Daten und folglich einer Vielzahl an Anwendungsfeldern von Data-Analytics-Werkzeugen (Runkler 2020a, S. 1) (Deuse et al. 2021, S. 560). Insbesondere im Bereich der Produktion sind Produktoptimierungen hinsichtlich der Qualität und der Entwicklungs- und Produktionszeit möglich (Bachmann 2014, zitiert nach Hoeren & Uphues 2020, S. 117). Weitere Potenziale ergeben sich in der Gestaltung und Optimierung von Produktionssystemen und -prozessen, Verbesserung der Produktionsplanung und Analyse von Fehlerbildern und -ursachen (Deuse et al. 2021, S. 560). Hinsichtlich der Optimierung des Produktionsprogramms ist nach Weskamp et al. die Anwendung der Assoziationsanalyse vorteilhaft. In Analogie zu dem bereits beschriebenen typischen Anwendungsfall des häufig gemeinsamen Erwerbs mehrerer Produkte können durch den entsprechenden Erkenntnisgewinn Produktionsreihenfolgen angepasst sowie Rüstzeiten und Lagerbestände verringert werden (2014, S. 15). Weiterhin profitiert die Produktentstehung von einer frühzeitigeren Erhöhung des Produktwissens (Eigner & Stelzer 2009, S. 18) durch zusätzlich gewonnene Informationen über Interessen, Anforderungen und Bedürfnisse der Kunden.

Entlang des Produktlebenszyklus erfassen Sensortechnologien große Datenmengen in Echtzeit, die zur Überwachung und Optimierung von Prozessen herangezogen werden können, wobei es bei deren Verwendung die Aspekte der Datenverfügbarkeit, des Datenschutzes und der Verwertungsrechte bereits in der Produktkonzeptions- und Produktentwicklungsphase zu berücksichtigen gilt (Biesel & Hame 2018, S. 33, 35) (Spath & Dangelmaier, S. 5). Über den gesamten Produktlebenszyklus hinweg erfreuen sich Anwendungen der Predictive Analytics immer größerer Beliebtheit, deren Erkenntnisgewinn in die Produktentstehung rückgeführt werden kann. Ein Beispiel aus dem Gebiet der Produktion stellt die Predictive Maintenance dar, die auf die Ermittlung des optimalen Zeitpunkts zur Wartung von Maschinen oder zum Austausch von Komponenten aus über einen längeren Zeitraum erhobenen Daten (Leistung,

Verschleiß, Temperatur etc.) abzielt (Hoening et al. 2021, S. 7) (Gadatsch & Landrock 2017, S. 13, 42, 43) (Hoeren & Uphues 2020, S. 116). Rückführbare Potenziale für die Produktentstehung eröffnen sich insbesondere im Kontext von Maschinen, die bis zum Ausfall betrieben und deren Komponenten im Sinne einer reaktiven Instandhaltungsstrategie erst bei Auftreten einer Störung getauscht werden. So sind neue, angepasste Generierungen von Produktkonzeptionen denkbar wie auch verbesserte Logistikprozesse und Materialbedarfsplanungen und in späteren Produktlebensphasen die Vermeidung ungeplanter Betriebsunterbrechungen (Stockinger et al. 2016, S. 72) (vgl. Hoening et al. 2021, S. 7). Hieran thematisch gekoppelt sind datenbasierte Qualitätsprognosen, die dem Qualitätsmanagement neue Potenziale ermöglichen. Mittels der durch Predictive Analytics gewonnenen Erkenntnisse sind Prozess- und Qualitätsabweichungen prognostizierbar. Exemplarisch sei die Ursachenanalyse einer erhöhten Ausschussrate beschrieben, auf deren Grundlage Prozesse in der Produktentstehung zielgerichtet beeinflusst, Qualitätseinbußen proaktiv vermieden und folglich auch Anforderungen der Kunden erfüllt werden können (Schmitt et al. 2020, 505). Die Auswertung von Messdaten und deren Abgleich mit Bestandsdaten aus vergangenen Erprobungen befähigen die Produktentwicklung zur Analyse von situationsbedingten Auffälligkeiten und ermöglichen im Ergebnis die Reduzierung von Fehlern und Vermeidung von Rückrufaktionen (Bitkom 2013, S. 19).

Literatur

Anderl, R. (2020): „Virtuelle Produktentstehung", in: Beate Bender und Dietmar Göhlich (Hrsg.): *Dubbel Taschenbuch für den Maschinenbau*. 26., überarbeitete Auflage. Berlin, Heidelberg: Springer Vieweg, S. 117–141.

Auth, G., Dürk, C. & Jokisch, O. (2018): „Per Autopilot zum Projekterfolg? Einsatzpotenziale Künstlicher Intelligenz im Projektmanagement", in: Martin Mikusz, Alexander Volland, Martin Engstler, Masud Fazal-Baqaie, Eckhart Hanser und Oliver Linssen (Hrsg.): *Projektmanagement und Vorgehensmodelle 2018. Der Einfluss der Digitalisierung auf Projektmanagementmethoden und Entwicklungsprozesse*. Düsseldorf, 15. und 16. Oktober 2018. Gesellschaft für Informatik. Bonn: Gesellschaft für Informatik (Lecture Notes in Informatics (LNI)), S. 27–40.

Auth, G., Jöhnk, J. & Wiecha, D. A. (2021): „Künstliche Intelligenz im Projektmanagement – Ein Ordnungsrahmen zur Potenzialabschätzung und Lösungskonzeption", in: Thomas Barton und Christian Müller (Hg.): *Künstliche Intelligenz in der Anwendung. Rechtliche Aspekte, Anwendungspotenziale und Einsatzszenarien*. Wiesbaden: Springer (Angewandte Wirtschaftsinformatik), S. 149–173.

Baars, H. & Kemper, H.-G. (2021): *Business Intelligence & Analytics – Grundlagen und praktische Anwendungen. Ansätze der IT-basierten Entscheidungsunterstützung*. 4. Aufl. Wiesbaden: Springer.

Bange, C. & Janoschek, N. (2014): *Big Data Analytics. Auf dem Weg zur datengetriebenen Wirtschaft*. Hg. v. BARC-Institut. Würzburg (BARC Research Study).

Bayer, I. V. Dietz von, Ohlig, J., Leyendecker, B., Jochem, R. & Cao, P. D. A. (2022): „Entwicklung eines IT-basierten Assistenzsystems zur Anwendung von Smart Data Analytics im PEP von KMU zur Sicherstellung der Qualität", in: Ralf Woll und Christine Goldmann (Hrsg.): *Trends und Entwicklungstendenzen im Qualitätsmanagement*. Wiesbaden: Springer Fachmedien Wiesbaden, S. 20–40.

Biesel, H. & Hame, H. (2018): *Vertrieb und Marketing in der digitalen Welt. So schaffen Unternehmen die Business Transformation in der Praxis*. Wiesbaden: Springer.

Bigus, J. P. (1996): *Data mining with neural networks. Solving business problems from application development to decision support*. New York: McGraw-Hill (Computing McGraw-Hill).

Bitkom (2012): *Big Data im Praxiseinsatz – Szenarien, Beispiele, Effekte*. Hrsg. v. Bundesverband Informationswirtschaft, Telekommunikation und neue Medien e. V. Berlin.

Bitkom (2013): *Management von Big-Data-Projekten. Leitfaden*. Hrsg. v. Bundesverband Informationswirtschaft, Telekommunikation und neue Medien e. V. Berlin.

Boßow-Thies, S., Hofmann-Stölting, C. & Jochims, H. (2020a): „Das Öl des 21. Jahrhunderts – Strategischer Einsatz von Daten im Marketing", in: Silvia Boßow-Thies, Christina Hofmann-Stölting und Heike Jochims (Hg.): *Data-driven Marketing. Insights aus Wissenschaft und Praxis*. Wiesbaden: Springer, S. 3 – 26.

Boßow-Thies, S., Hofmann-Stölting, C. & Jochims, H. (Hg.) (2020b): *Data-driven Marketing. Insights aus Wissenschaft und Praxis*. Wiesbaden: Springer.

Bramer, M. (2016): *Principles of Data Mining*. 3rd ed. 2016. London, s. l.: Springer London (Undergraduate Topics in Computer Science).

Breitsprecher, T., Kestel, P., Küster, C., Sprügel, T. & Wartzack, S. (2015): „Einsatz von Data-Mining in modernen Produktentstehungsprozessen. Ganzheitliche Forschung für Ingenieure von morgen", in: *Zeitschrift für wirtschaftlichen Fabrikbetrieb*, 110(11), S. 744 – 750. DOI: 10.3139/104.111423.

Brühl, V. (2019): *Big Data, Data Mining, Machine Learning und Predictive Analytics. Ein konzeptioneller Überblick*. Frankfurt am Main, Germany (CFS working paper series). Online verfügbar unter *http://hdl.handle.net/10419/191736*.

Campana & Schott (o. J.): *Predictive Analytics im Projektmanagement. Probleme verhindern, bevor sie entstehen*. Online verfügbar unter *https://www.campana-schott.com/media/user_upload/Downloads/Case_Studies/DE/CS_Best_Practice_Predicitve_Analytics.pdf*, zuletzt aktualisiert am 06. 12. 2021, zuletzt geprüft am 06. 12. 2021.

Carl, N., Fiedler, R., Jórasz, W. & Kiesel, M. (2017): *BWL kompakt und verständlich. Für Studierende von Ingenieurs- und IT-Studiengängen sowie für Fach- und Führungskräfte ohne BWL-Studium*. 4., überarbeitete und aktualisierte Auflage. Wiesbaden: Springer Vieweg.

Cleve, J. & Lämmel, U. (2020): *Data Mining*. 3. Auflage. Berlin, Boston: De Gruyter (De Gruyter Studium). Online verfügbar unter *https://www.degruyter.com/isbn/9783110676273*.

Deuse, J., Dombrowski, U., Hermann, M., Karl, A., Krenkel, P., Reiswich, A. et al. (2021): „Weiterentwicklungen des Produktionsmanagements", in: Uwe Dombrowski und Philipp Krenkel (Hg.): *Ganzheitliches Produktionsmanagement. Strategischer Rahmen und operative Umsetzung*. Berlin: Springer Vieweg, S. 515 – 598.

DIN EN ISO 9000:2005, 2005: *DIN EN ISO 9000*. Online verfügbar unter *http://docplayer.org/79431693-En-iso-9000-2005-d-e-f.html*, zuletzt geprüft am 02. 12. 2021.

Edgar, T. W. & Manz, D. O. (2017): „Machine Learning", in: Thomas W. Edgar und David O. Manz (Hg.): *Research Methods for Cyber Security: Syngress*, S. 153 – 173. Online verfügbar unter *https://www.sciencedirect.com/science/article/pii/B9780128053492000066*.

Ehrlenspiel, K. & Meerkamm, H. (2017): *Integrierte Produktentwicklung*. 6. Aufl. München: Hanser.

Eigner, M. & Stelzer, R. (2009): *Product-lifecycle-Management. Ein Leitfaden für Product Development und Life-cycle-Management*. 2., neu bearb. Aufl. Berlin, Heidelberg: Springer (VDI).

VDI 2221 Blatt 1, 2019: *Entwicklung technischer Produkte und Systeme – Modell der Produktentwicklung*.

Ertel, W. (2016): *Grundkurs Künstliche Intelligenz. Eine praxisorientierte Einführung*. 4., überarbeitete Auflage. Wiesbaden: Springer Vieweg (Computational Intelligence).

Eßwein, M., Martorana, D., Reinersmann, M. & Chamoni, P. (2021): „Akzeptanz und Nutzung von maschinellem Lernen und Analytics im Rechnungswesen und Controlling", in: Detlev Frick, Andreas Gadatsch, Jens Kaufmann, Birgit Lankes, Christoph Quix, Andreas Schmidt und Uwe Schmitz (Hg.): *Data Science. Konzepte, Erfahrungen, Fallstudien und Praxis*. Wiesbaden: Springer, S. 305 – 319.

Europäische Union (2023): *Index für die digitale Wirtschaft und Gesellschaft (DESI) 2022*. Online verfügbar unter *https://digital-strategy.ec.europa.eu/en/policies/desi*, zuletzt geprüft am 28. 12. 2023.

Feldhusen, J. & Grote, K.-H. (Hrsg.) (2013): *Konstruktionslehre. Methoden und Anwendung erfolgreicher Produktentwicklung*. 8., vollständig überarbeitete Auflage. Berlin, Heidelberg: Springer Vieweg.

Folmer, J., Kirchen, I., Trunzer, E., Vogel-Heuser, B., Pötter, T., Graube, M. et al. (2017): „Big und Smart Data. Herausforderungen in der Prozessindustrie", in: *atp magazin – Automatisierungstechnische Praxis*, 59(01 – 02), S. 58 – 69. DOI: 10.17560/atp.v59i01-02.623.

FQS – Forschungsgemeinschaft Qualität e. V. (2023): *Smart Data Analytics in der Produktentstehung zur Sicherstellung der Qualität bei KMU*. Online verfügbar unter *https://www.aif.de/foerderangebote/igf-industrielle-gemeinschaftsforschung/igf-projektdatenbank.html?tx_igf_search%5Baction%5D=detail&tx_igf_search%5Bcontroller%5D=Search&tx_igf_search%5Bitem%5D=11489&tx_igf_search%5Bterm%5D=SAPEQ&cHash=f98e47d02c594489fd36a1916e171d0d*, zuletzt aktualisiert am 03. 05. 2023, zuletzt geprüft am 03. 05. 2023.

Gadatsch, A. & Landrock, H. (2017): *Big Data für Entscheider. Entwicklung und Umsetzung datengetriebener Geschäftsmodelle*. Wiesbaden: Springer Vieweg (essentials).

Götz, R., Piazza, A. & Bodendorf, F. (2021): „Entscheidungsunterstützung im Online-Handel", in: Sara D'Onofrio und Andreas Meier (Hrsg.): *Big data analytics. Grundlagen, Fallbeispiele und Nutzungspotenziale*. Wiesbaden: Springer Vieweg (Edition HMD), S. 95 – 114.

Haddara, M., Hsieh, J., Fagerstrøm, A., Eriksson, N. & Sigurðsson, V. (2020): „Exploring customer online reviews for new product development: The case of identifying reinforcers in the cosmetic industry", in: *Managerial and Decision Economics*, 41(2), S. 250 – 273. DOI: 10.1002/mde.3078.

Hiemeyer, W.-D. & Stumpp, D. (2020): *Integration von Marketing und Vertrieb. Ein konzeptioneller Ansatz für ein erfolgreiches Schnittstellenmanagement*. Wiesbaden: Springer Gabler (Springer eBooks).

Hoening, C., Esch, M. & Wald, A. (2021): *Big Data, Business Intelligence und Business Analytics: Bedeutung, Nutzen und Mehrwert für die Unternehmenssteuerung*. Haufe Finance Office Premium Online. Online verfügbar unter *https://www.haufe.de/finance/haufe-finance-office-premium/big-data-business-intelligence-und-business-analytics-zusammenfassung_idesk_PI20354_LI9164188.html*, zuletzt aktualisiert am 09. 04. 2021, zuletzt geprüft am 26. 04. 2021.

Hoeren, T. & Uphues, S. (2020): „Big Data in Industrie 4.0", in: Walter Frenz (Hrsg.): *Handbuch Industrie 4.0: Recht, Technik, Gesellschaft*. Berlin, Heidelberg: Springer, S. 113 – 131.

Homburg, C. (2020): *Grundlagen des Marketingmanagements. Einführung in Strategie, Instrumente, Umsetzung und Unternehmensführung*. 6. Aufl. Wiesbaden: Springer.

Hude, M. von der (2020): *Predictive Analytics und Data Mining. Eine Einführung mit R*. Wiesbaden: Springer Fachmedien Wiesbaden; Imprint Springer Vieweg (Springer eBook Collection).

Keimer, I. & Egle, U. (2020): „Digital Controlling – Grundlagen für den erfolgreichen digitalen Wandel im Controlling", in: Imke Keimer und Ulrich Egle (Hrsg.): *Die Digitalisierung der Controlling-Funktion. Anwendungsbeispiele aus Theorie und Praxis*. Wiesbaden: Springer, S. 1 – 16.

Küstner, C. (2020): *Assistenzsystem zur Unterstützung der datengetriebenen Produktentwicklung*. Erlangen: FAU University Press (FAU Studien aus dem Maschinenbau, Band 353). Online verfügbar unter *https://opus4.kobv.de/opus4-fau/frontdoor/index/index/docId/14597*.

Küstner, C., Franke, J., Hanenkamp, N., Merklein, M., Schmidt, M. & Wartzack, S.: *Assistenzsystem zur Unterstützung der datengetriebenen Produktentwicklung*. Dissertation. Friedrich-Alexander-Universität Erlangen-Nürnberg (FAU), Erlangen.

Landgrebe, C. & Aicher, C. (2021): *Big Data & Analytics in der Automobilindustrie. Vom Wunschdenken zur Realität?* Studie. Hg. v. BearingPoint. Frankfurt a. M.

Langmann, C. (2019): *Digitalisierung im Controlling*. Wiesbaden: Springer.

Larose, D. T. (2014): *Discovering Knowledge in Data. An Introduction to Data Mining*. 2. Auflage. New York, NY: John Wiley & Sons (Wiley Series on Methods and Applications).

Meier, A. (2019): „Überblick Analytics: Methoden und Potenziale", in: *HMD*, 56(5), S. 885 – 899. DOI: 10.1365/s40702-019-00540-7.

Mesloh, M. (2021): „Digitale Integration – Chancen für kleine und mittelständische Unternehmen in Deutschland", in: *Wirtschaftsdienst*, 2021(6), S. 461 – 465. Online verfügbar unter *https://www.wirtschaftsdienst.eu/inhalt/jahr/2021/heft/6/beitrag/digitale-integration-chancen-fuer-kleine-und-mittelstaendische-unternehmen-in-deutschland.html*.

Mühlroth, C., Kölbl, L., Wiser, F., Grottke, M. & Durst, C. (2021): „Intelligente Bots für die Trendforschung – Eine explorative Studie", in: Sara D'Onofrio und Andreas Meier (Hrsg.): *Big data analytics. Grundlagen, Fallbeispiele und Nutzungspotenziale*. Wiesbaden: Springer Vieweg (Edition HMD), S. 257 – 275.

Otte, R., Wippermann, B., Schade, S. & Otte, V. (2020): *Von Data Mining bis Big Data. Handbuch für die industrielle Praxis inklusive Small Data und Mind Data*. München: Hanser.

Paczkowski, W. R. (2020): *Deep Data Analytics for New Product Development*. Milton: Routledge.

Paetzold, K. (2021): „Nutzerbedürfnisse", in: Bender, Gericke (Hrsg.): *2021 – Pahl/Beitz Konstruktionslehre. Methoden und Anwendungen erfolgreicher Produktentwicklung*. 9. Auflage. Berlin: Springer Vieweg. S. 137 – 167.

Rainsberger, L. (2021): *KI – die neue Intelligenz im Vertrieb. Tools, Einsatzmöglichkeiten und Potenziale von Artificial Intelligence*. Wiesbaden: Springer.

Rebala, G., Ravi, A. & Churiwala, S. (2019): *An Introduction to Machine Learning*. Cham: Springer International Publishing; Springer.

REFA Consulting AG (o. J.): *Produktentstehungsprozess (PEP)*. Online verfügbar unter *https://refa-consulting.de/refa-lexikon/p/produktentstehungsprozess-pep*, zuletzt aktualisiert am 02. 12. 2021.

Rogalewicz, M. & Sika, R. (2016): „Methodologies of Knowledge Discovery from Data and Data Mining Methods in Mechanical Engineering", in: *Management and Production Engineering Review*, 7(4), S. 97 – 108. DOI: 10.1515/mper-2016-0040.

Runkler, T. (2020a): *Data Analytics. Models and Algorithms for Intelligent Data Analysis*. 3. Auflage. Wiesbaden: Springer Vieweg.

Runkler, T. (2020b): *Data analytics. Models and algorithms for intelligent data analysis*. Third edition. Wiesbaden, Germany: Springer Vieweg (Lehrbuch).

Schmitt, R. H., Ellerich, M., Schlegel, P., Ngo, Q. H., Emonts, D., Montavon, B. et al. (2020): „Datenbasiertes Qualitätsmanagement im Internet of Production", in: Walter Frenz (Hrsg.): *Handbuch Industrie 4.0: Recht, Technik, Gesellschaft*. Berlin, Heidelberg: Springer, S. 489 – 516.

Schön, D. (2018): *Planung und Reporting im BI-gestützten Controlling. Grundlagen, Business Intelligence, Mobile BI und Big-Data-Analytics*. 3., erweiterte Auflage. Wiesbaden: Springer Gabler.

Spath, D. & Dangelmaier, M. (2016): „Produktentwicklung Quo Vadis", in: Udo Lindemann (Hrsg.): *Handbuch Produktentwicklung*. München: Hanser, S. 3 – 8.

Stockinger, K., Stadelmann, T. & Ruckstuhl, A. (2016): „Data Scientist als Beruf", in: Daniel Fasel und Andreas Meier (Hrsg.): *Big data. Grundlagen, Systeme und Nutzungspotenziale*. Wiesbaden: Springer Vieweg (Praxis der Wirtschaftsinformatik), S. 59 – 81.

Tan, P.-N., Steinbach, M. & Kumar, V. (2014): *Introduction to data mining*. First edition, Pearson new international edition. Harlow: Pearson.

Tetzner, A., Kühne, T., Gluchowski, P. & Pfoh, M. (2021): „Künstliche Neuronale Netze – Aufbau, Funktion und Nutzen", in: Detlev Frick, Andreas Gadatsch, Jens Kaufmann, Birgit Lankes, Christoph Quix, Andreas Schmidt und Uwe Schmitz (Hg.): *Data Science. Konzepte, Erfahrungen, Fallstudien und Praxis*. Wiesbaden: Springer, S. 225 – 239.

Urbanec, J., Aschenbrücker, A. & Mueller, O. (2015): „Nachhaltiges Wissensmanagement durch die Implementierung eines Anreizsystems", in: Albert Albers und Mischa Seiter (Hrsg.): *Ergebnisbericht des BMBF Verbundprojektes IN^2 – Von der INformation zur INnovation. Innovationen systematisch entwickeln durch Methoden- und Wissensmanagement*. 1. Auflage. Berlin: epubli GmbH, S. 20. Online verfügbar unter *https://www.researchgate.net/publication/283080596_Nachhaltiges_Wissensmanagement_durch_die_Implementierung_eines_Anreizsystems*.

Weskamp, M., Tamas, A., Wochinger, T. & Schatz, A. (2014): *Einsatz und Nutzenpotenziale von Data Mining in Produktionsunternehmen*. Hrsg. v. Fraunhofer-Institut für Produktionstechnik und Automatisierung IPA. Stuttgart.

Westkämper, E. (2006): *Einführung in die Organisation der Produktion*. Berlin, Heidelberg: Springer Berlin Heidelberg; Imprint Springer (Springer-Lehrbuch).

Witten, I. H., Frank, E., Hall, M. A. & Pal, C. J. (2017): *Data Mining. Practical machine learning tools and techniques*. 4. Auflage. Cambridge: Morgan Kaufmann.

Zaki, M. J. & Meira, W. (2014): *Data mining and analysis. Fundamental concepts and algorithms*. New York, NY: Cambridge Univ. Press.

Zeisel, S. (2020): *Big Data und Data Science in der strategischen Beschaffung. Grundlagen – Voraussetzungen – Anwendungschancen*. Wiesbaden: Springer.

Zhan, Y., Tan, K. H., Li, Y. & Tse, Y. K. (2018): „Unlocking the power of big data in new product development", in: *Annals of Operations Research*, 270(1 – 2), S. 577 – 595. DOI: 10.1007/s10479-016-2379-x.

Zimmermann, V. (2023): *KfW-Digitalisierungsbericht Mittelstand 2022*. Hrsg. v. KfW Bankengruppe. Online verfügbar unter *https://www.kfw.de/PDF/Download-Center/Konzernthemen/Research/PDF-Dokumente-Digitalisierungsbericht-Mittelstand/KfW-Digitalisierungsbericht-2022.pdf*, zuletzt geprüft am 28. 12. 2023.

Zinkann, R. & Mahadevan, J. (2018): „Zukünftige Customer Journeys und deren Implikationen für die Unternehmenspraxis", in: Manfred Bruhn und Manfred Kirchgeorg (Hrsg.): *Marketing Weiterdenken. Zukunftspfade für eine marktorientierte Unternehmensführung*. Wiesbaden: Springer, S. 157 – 169.

7 Felddatenanalyse

Florian Pasch

In der heutigen äußerst wettbewerbsintensiven Wirtschaftswelt stehen Unternehmen vor der ständigen Herausforderung, Produkte zu entwickeln und zu verbessern, die den sich wandelnden Anforderungen und Erwartungen der Verbraucher gerecht werden. Die systematische Analyse von Felddaten kann einen wesentlichen Beitrag leisten, dieser Herausforderung als Unternehmen zu begegnen. Die Felddaten, die direkt aus dem Einsatz der Produkte im realen Betriebsumfeld stammen, spielen eine entscheidende Rolle bei der Bewertung der Produktqualität und -zuverlässigkeit sowie der Identifizierung von Verbesserungspotenzialen gemäß den Standards der ISO 9001. Das vorliegende Kapitel beschreibt daher eine mögliche Ausgestaltung der Felddatenanalyse bei komplexen Produkten im Sinne eines datenorientierten Qualitätsmanagements.

In diesem Kapitel wird eine praxisorientierte Umsetzung zur Felddatenanalyse im datenorientierten Qualitätsmanagement gegeben. Dabei wird insbesondere auf die folgenden Fragestellungen eingegangen:

- Welche Bedeutung hat die Felddatenanalyse für Unternehmen und das Qualitätsmanagement?
- Wie können Feldprobleme der Produkte durch Daten beschreibbar gemacht werden?
- Welche Herausforderungen bestehen bei der Analyse von Felddaten?
- Wie sieht eine praxisorientierte Felddatenanalyse unter Verwendung moderner Datenanalysemethoden aus?
- Welche Herausforderungen bestehen zukünftig für die Felddatenanalyse?

7.1 Bedeutung der Felddatenanalyse

Die Analyse von Felddaten ist kein reiner Selbstzweck für Unternehmen, sondern dient dazu, der gesetzlichen Verpflichtung der Produktbeobachtung nachzukommen. Die Produktbeobachtungspflicht leitet sich nach (Meyna et al. 2023) aus § 823 BGB her und ist ein grundlegendes Element des Gesetzgebers, das Unternehmen dazu verpflichtet, die Leistung und Zuverlässigkeit ihrer Produkte in realen Einsatzszenarien zu überwachen sowie etwaigen Auffälligkeiten nachzugehen.

Durch die Erfassung und Analyse von Felddaten können Unternehmen dieser Verpflichtung nachkommen, indem die tatsächliche Nutzung ihrer Produkte verstanden, potenzielle Schwachstellen erkannt und gezielte Verbesserungen vorgenommen werden. Lassen sich die potenziellen Schwachstellen früh entdecken, können auch Garantie- und Kulanzkosten vermieden werden. So können Unternehmen frühzeitig Muster von Produktfehlern erkennen und entsprechende Maßnahmen ergreifen, um kostspielige Rückrufaktionen oder Reparaturen zu vermeiden. Zudem können die betroffenen Umfänge besser prognostiziert, Ersatzteilbedarfe vorgehalten und Rückrufaktionen gezielter umgesetzt werden. Dies trägt nicht nur zur Kosteneinsparung bei, sondern stärkt auch das Vertrauen der Kunden in das Unternehmen.

Die Steigerung der Kundenzufriedenheit ist ein zentraler Bestandteil jedes erfolgreichen Geschäftsmodells und Kerngedanke im Qualitätsmanagement. Durch die Analyse von Felddaten können Unternehmen ein besseres Verständnis für die Bedürfnisse und Anforderungen ihrer Kunden entwickeln indem die tatsächliche Nutzung und die unterschiedlichen Kundenkreise durch die gezielte Analyse der Felddaten sichtbar gemacht werden können. Dies ermöglicht es Unternehmen, maßgeschneiderte Lösungen anzubieten, die den Erwartungen der Verbraucher entsprechen und langfristige Kundenbindungen fördern.

Neben der Reaktion auf aktuelle Kundenbedürfnisse ermöglicht die Felddatenanalyse auch eine proaktive Produktoptimierung. Durch kontinuierliches Monitoring und die Auswertung von Felddaten können Unternehmen Trends identifizieren und Innovationen vorantreiben, um ihre Produkte kontinuierlich zu verbessern und sich einen Wettbewerbsvorteil zu sichern.

Insgesamt lässt sich sagen, dass die Felddatenanalyse eine unverzichtbare Rolle im datenorientierten Qualitätsmanagement einnimmt, indem sie Unternehmen dabei unterstützt, ihre Produkte effektiv zu überwachen, Kosten zu minimieren, die Kundenzufriedenheit zu steigern und die Produktqualität kontinuierlich zu verbessern.

Nachfolgend wird ein praxisorientierter Ansatz zur erfolgreichen Umsetzung der Felddatenanalyse vorgestellt, der vor allem die Analyse der Zuverlässigkeit von Produkten in den Fokus setzt. Es werden systematische Feldprobleme über Daten beschreibbar gemacht, deren Auswirkungen über die Nutzungsdauer prognostiziert und damit die Priorisierung von Feldmaßnahmen für die Abstellung ermöglicht.

7.2 Beschreibung von Feldproblemen mit Daten

Ein häufiger Fehler bei der Felddatenanalyse ist es, sich in einem Meer von Daten zu verlieren, ohne einen klaren Fokus zu haben. Damit eine systematische Feldbeobachtung für eine große Anzahl von komplexen Produkten im Markt anhand von Daten gelingt, empfiehlt es sich daher, diesen klaren Fokus zu definieren und ein theoretisches Modell als Ordnungsrahmen für die Datenauswertung heranzuziehen. Ein solches Modell soll in diesem Kontext dazu dienen, eine grundsätzliche Systematik zur Auswertung von Daten zu beschreiben und somit die Flut der Daten systematisch auswertbar zu machen.

Für die Felddatenanalyse von komplexen Produkten wird an dieser Stelle das *Stress-Strength-Modell* herangezogen, was zur Beschreibung der Zuverlässigkeit im Rahmen des kompletten Lebenszyklus eines technischen Produkts verwendet werden kann.

Das von (Pasch, Hartewieg & Jochem 2017) beschriebene Stress-Strength-Modell zur Felddatenanalyse beinhaltet drei wesentliche Elemente:

- die Verteilung der Beanspruchung für die Produkte durch bspw. die Kundennutzung,
- die Verteilung der tatsächlich ertragbaren Beanspruchbarkeit der Produkte durch dessen Qualitätsstand und
- die Verteilung der Ausfälle der Produkte als Ergebnis der Überschneidung der vorherigen Verteilungen.

Die Beanspruchung der Produkte stellt dabei sämtliche Belastung dar, die auf die Produkte einwirkt. Das können beispielsweise Nutzungsverhalten wie Fahrverhalten oder Ladezyklen und -arten bei Elektroautos, aber auch Umweltbedingungen wie beispielsweise bestimmte Klimazonen oder Umweltbedingungen, unter denen das Produkt betrieben wird, sein. Dabei bildet die Kombination der unterschiedlichen Belastung die Beanspruchung der Produkte. Diese unterliegt, auf die Gesamtheit der Produkte gesehen, einer statistischen Verteilung und ist in Bild 7.1 vereinfacht als normalverteilt dargestellt.

Die tatsächliche Beanspruchbarkeit der Produkte stellt die ertragbare Belastung dar und wird hier als Qualitätsstand des Produkts definiert. Dieser wird prinzipiell in der Produktentstehung durch beispielsweise Auslegung der Bauteile in der Entwicklung festgelegt, wird aber auch durch Schwankungen in der Produktion beeinflusst. Die Summe der Ausprägungen der Qualitätsmerkmale des Produkts bildet entsprechend den Qualitätsstand ab. Dieser unterliegt wie die Beanspruchung auf die Gesamtheit aller Produkte gesehen einer statistischen Verteilung und wird in Bild 7.1 ebenso vereinfacht als normalverteilt dargestellt.

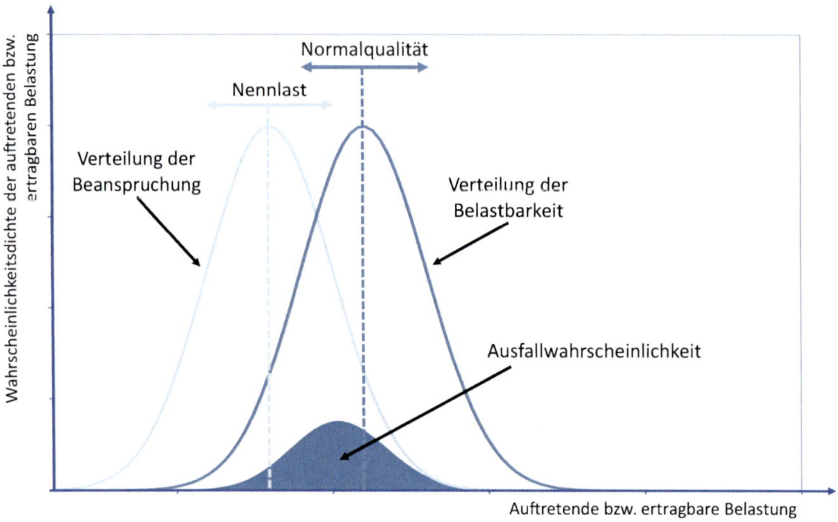

Bild 7.1 Zusammenhang zwischen auftretender und ertragbarer Belastung und der daraus resultierenden Ausfallwahrscheinlichkeit anhand des Stress-Strength-Modells

Ein Ausfall wird nach der IEC als die Beendigung der Funktionsfähigkeit eines Produkts definiert (IEC 60050-192-03-01 2016 – International Electrotechnical Commission). Dieser entsteht in dem Stress-Strength-Modell nur dann, wenn die Beanspruchung höher ist als die tatsächliche Beanspruchbarkeit. Schlussfolgernd unterliegt der Ausfall einer gewissen Wahrscheinlichkeit, die maßgeblich durch eine höhere Beanspruchung und einer tatsächlich geringeren Beanspruchbarkeit bestimmt wird. Vereinfacht wird die Ausfallwahrscheinlichkeit in Bild 7.1 als Ergebnis der Überlagerung der normalverteilten Beanspruchungs- und Beanspruchbarkeitsverteilungen normalverteilt dargestellt.

Mit der Dauer von Belastungen erfolgt eine gewisse zeitliche ansteigende Schädigung, die zum Ausfall erst nach einer gewissen Belastungsdauer führen kann. Entsprechend unterliegt die statistische Verteilung der Beanspruchbarkeit einer zeitlichen Veränderung, was durch die Zunahme der Belastungen zu einer höheren Ausfallhäufigkeit bezogen auf die Gesamtpopulation der Produkte über die Nutzungszeit führt. Der Grund für die höhere Ausfallwahrscheinlichkeit über die Zeit liegt darin, dass der Qualitätsstand nach der Produktion inhärent ist und nur durch Eingreifen in die Produkte geändert werden kann. Die zeitliche Veränderung der Belastung und der damit verbundene Anstieg der Ausfallhäufigkeit werden in Bild 7.2 visualisiert.

Orientiert man sich für die Felddatenanalyse an diesem Modell, besteht das Interesse darin, dass man die Belastung sowie Belastbarkeit bei den erlittenen Ausfällen über Daten beschreibbar macht. Dabei kann die Belastung wie oben schon beschrieben durch sehr hoch aggregierte kategoriale Merkmale wie beispielsweise Auslieferungsländer, Nutzungsdauer pro Zeitintervall oder Klimazonen bis hin zu Daten von Sensoren wie Betriebstemperaturen, Verwendungshäufigkeit bestimmter Funktionen oder Drehzahlen bei Motoren erfolgen. Die Belastbarkeit wird über inhärente Merkmale der Produkte beschrieben, dabei kann die Beschreibung wie bei der Belastung durch hoch aggregierte kategoriale Merkmale wie Produktvariante über Bauteile von bestimmten Herstellern und Produktionschargen bis hin zu metrischen Merkmalen wie konkreten physikalischen Materialeigenschaften wie Steifigkeit und Festigkeit erfolgen. Um die unterschiedlichen Ausfallmechanismen bei den Produkten unterscheiden und diese in Beziehung zu der Belastung und Belastbarkeit setzen zu können, müssen auch die Ausfälle über Daten beschrieben werden. Dies kann ebenso über sehr unterschiedliche Merkmale erfolgen wie beispielsweise anhand von Kundenaussagen über typische Reparaturen und Einbau von Ersatzteilen in den Werkstätten bis hin zu Fehlerdescodes bei eigendiagnosefähigen Produkten.

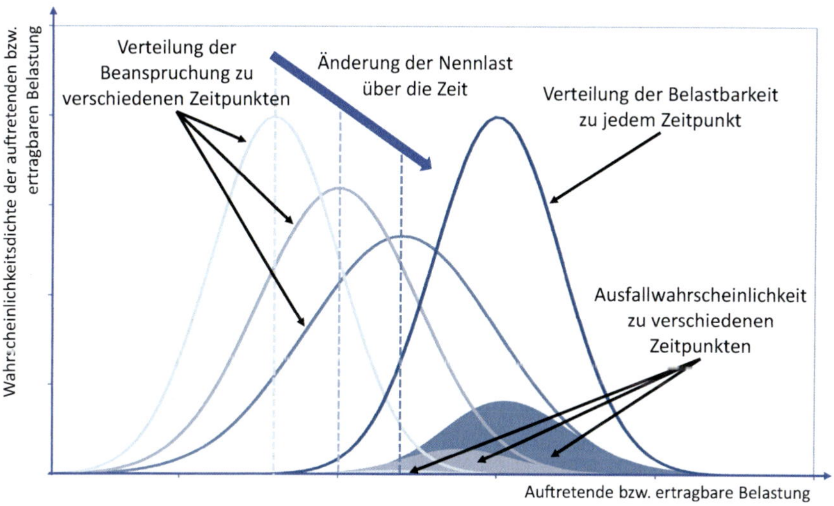

Bild 7.2 Zeitliche Abhängigkeit der Ausprägung der Beanspruchungsverteilung und der damit steigenden Ausfallwahrscheinlichkeit im Stress-Strength-Modell

Werden die Ausfälle, die Belastung und Belastbarkeit über Daten beschrieben, lassen sich daraus Muster ableiten, die helfen können, weitere potenziell betroffene Produkte zu identifizieren und somit die Auswirkungen der Feldprobleme durch Prognose der Anzahl der betroffenen Produkte über die Nutzungsdauer quantifizierbar zu machen. Zudem lassen sich anhand der Daten gezielt technische Ursachenanalysen einleiten und Abstellmaßnahmen entwickeln.

Welche Daten konkret genutzt werden können, hängt stark vom Produkt sowie vom Ausbau der Datenerfassung zum Beispiel durch den Kundendienst des jeweiligen Unternehmens ab. Prinzipiell gibt es bei vielen Produkten und Unternehmen aber schon aufgrund der Produktbeobachtungspflicht eine Vielzahl von Daten für Rückrufe sowie die Garantie- und Kulanzabrechnungen. Hinzu kommt durch die zunehmende Digitalisierung auch die Fähigkeit der Eigendiagnose von Produkten. Im Rahmen des hier vorgestellten Modells müssen diese Daten den drei Kategorien Belastbarkeit, Belastung oder Ausfall bzw. Fehlercharakteristik zugeordnet werden. Ausschlaggebend für den erfolgreichen Einsatz der Felddatenanalyse unter Verwendung des Stress-Strength-Modells sind dabei die Verknüpfung der verfügbaren Daten aus den verschiedenen Quellen, aber auch die vorhandene Qualität der Daten sowie der IT-Infrastruktur und des Technologiestacks zur Verarbeitung und Analyse, was im nachfolgenden Unterkapitel detaillierter beschrieben wird.

7.3 Datenverarbeitung und -eigenschaften von Felddaten

Felddaten können aus verschiedenen Quellen generiert werden, darunter aus Werkstätten- und Kundendienstberichten, Echtzeit-Diagnosedaten von Produkten, Kundenfeedback aus dem Internet und mobilen Apps sowie Daten von Behörden für Rückrufaktionen. Diese heterogenen Datenquellen bieten ein reichhaltiges, aber auch komplexes Informationsfeld, das durch die Zusammenführung und Anreicherung durch Produktstamm-, Produktions- und Lieferantendaten das Fundament für die Felddatenanalyse bilden.

Jedoch stellt die Errichtung dieses Fundaments viele Unternehmen vor große Herausforderungen (Jauw & Vassiliou 2000). So existiert eine hohe Datenheterogenität zwischen den verschiedenen Datenquellen, was oftmals der Art und Weise der Erhebung geschuldet ist. So werden Daten aus den Werkstätten/Kundendiensten häufig manuell z. B. durch Kundenaussagen erfasst, wohingegen Eigendiagnosedaten wie Fehlerspeicher-Codes der Produkte automatisiert ausgelesen und zum Teil bereits online an den Hersteller übermittelt werden. Dies erschwert die Zusammenführung und Integration der Felddaten zur Analyse und Auswertung. An dieser Stelle kann auch die Datenqualität sehr unterschiedlich sein. Sie kann durch manuelle Erhebung deutlich stärker beeinflusst werden als durch automatisierte Prozesse. Zudem müssen in Zukunft große Datenmengen in Echtzeit mit der stärkeren Verbreitung der Eigendiagnosefähigkeit von Produkten verarbeitet werden, was die Datenverarbeitungskapazitäten der IT-Infrastruktur der Unternehmen belasten kann. Dabei muss auch die Einhaltung der Datenschutz- und Sicherheitsaspekte gewährleistet sein, welche eine sorgfältige Handhabung sensibler Daten erfordern. Insbesondere sind dabei personenbezogene Informationen zu schützen, die im Zusammenhang mit dem Produkt wie Name und Anschrift der Produkteigentümer stehen. Hierzu gibt es bereits gesetzlich mehrere Initiativen wie die Datenschutzgrundverordnung (DSGVO) als auch der Europäische Data Act im Rahmen der Europäischen Datenstrategie (European Commission 2024).

Entsprechend sind schon bei der Erhebung der Felddaten verschiedene Strategien erforderlich, um eine spätere sinnvolle Nutzung und Analyse zu ermöglichen. Insbesondere ist auf folgende Punkte zu achten:

- die Standardisierung von Datenformaten und -strukturen,
- die Datenbereinigung und -verarbeitung in einer geeigneten IT-Infrastruktur,
- der Einsatz von Datenqualitätstools und -technologien sowie
- die Einhaltung von Datenschutz und Compliance-Richtlinien

Durch die Standardisierung können Daten effizienter integriert und analysiert werden. Die Datenbereinigung ist wichtig, um Fehler und Inkonsistenzen zu beseitigen, die die Analyseergebnisse verfälschen könnten. Dazu muss die IT-Infrastruktur auch auf die Art und Menge der Datenverarbeitung ausgelegt sein. Datenqualitätstools und -technologien können helfen, die Datenqualität kontinuierlich zu überwachen und zu verbessern. Datenschutz- und Compliance-Richtlinien müssen eingehalten werden, um das Vertrauen der Kunden zu wahren und rechtliche Anforderungen zu erfüllen.

Ein zentraler Aspekt neben der Strategie zur Erhebung der Daten ist das Zusammenführen der Daten in einem geeigneten logischen Datenmodell, wie es beispielsweise im (VDA Band 3 Teil 3 2017 – Verband der Automobilindustrie e. V.) beschrieben ist sowie auch die Wahl der IT-Infrastruktur. Insbesondere ist es wichtig, wie die Daten gespeichert und der Zugriff zur Analyse ermöglicht wird. Dabei gibt es zwei zentrale Ansätze: die Speicherung der Daten in einem Data-Warehouse-Ansatz oder nach dem Data-Mesh-Prinzip. Während ein Data Warehouse eine zentrale Datenbank für die Speicherung und Analyse von Felddaten bietet, betont das Data-Mesh-Prinzip die Verteilung von Daten und Analysefähigkeiten über dezentrale Einheiten im Unternehmen. Die Entscheidung hängt von verschiedenen Faktoren ab, darunter die Skalierbarkeit, Flexibilität und die Komplexität der Analyseanforderungen. Des Weiteren muss betrachtet werden, wo die Daten gespeichert werden sollen: in einer unternehmenseigenen IT-Infrastruktur (On-Premises) oder in einer cloud-basierten IT-Infrastruktur, was insbesondere Einfluss auf die Skalierbarkeit bei hohem Datenwachstum hat. Weitere Ausführungen insbesondere zum Data-Mesh-Prinzip siehe bei (Dehghani 2022).

Neben den Aspekten zur Erhebung und Verarbeitung der Felddaten sowie der verfügbaren IT-Infrastruktur, bestehen bei der eigentlichen methodischen Analyse große Herausforderungen aufgrund der inhärenten Eigenschaften von Felddaten. So ist oft die Menge der fehlerhaften Produkte im Verhältnis zu den in den Markt gebrachten Produkten gering. Zudem existiert eine potenziell hohe Anzahl an möglichen Merkmalen bei der Datenerhebung als auch eine starke Interaktion dieser zur datentechnischen Beschreibung von Beanstandungsursachen. So sind beispielsweise in einem Fahrzeug die Steuergeräte untereinander vernetzt. Kommt es bei einem Steuergerät zu einem Problem und ist dies nicht mehr erreichbar, melden die anderen Steuergeräte ebenfalls Probleme. So können in sehr kurzer Zeit viele Fehlerspeicher entstehen, wovon aber nur einige wenige für die tatsächliche Problemursache relevant sind. Dies erschwert aus statistischer Sicht das Identifizieren von signifikanten Effekten zur Beschreibung und Abgrenzung von Beanstandungsschwerpunkten mit Felddaten.

Bei Fehlerursachen, die durch bestimmte Belastungen ausgelöst werden, ist die Datenanalyse herausfordernd. Belastungsdaten werden häufig nur in aggregierter Form als Daten erfasst wie beispielsweise durch Verkaufsmärkte oder Anzahl von Nutzungszyklen. Dabei ist eine Detaillierung der tatsächlichen Belastung selten möglich. Weitere Ausführungen dazu sind bei (Meyna et al. 2023) zu finden. Diese Situation könnte sich aber ebenfalls in Zukunft durch die Erhebung von echtzeitfähigen Online-Daten ändern.

Eine weitere Schwierigkeit bei der Datenanalyse besteht in der zeitlichen Verfügbarkeit der Felddaten. So sind Felddaten üblicherweise nicht direkt zum zeitlichen Produktausfall verfügbar, sondern erst bei der Erfassung durch die Werkstatt bzw. Kundendienst. Des Weiteren nimmt die Verfügbarkeit der Daten zu Produktausfällen außerhalb der Gewährleistung ab, da Kunden sich nicht unbedingt an den Hersteller zur Reparatur wenden, sondern zu günstigeren Alternativen zur Fehlerbehebung greifen (Delonga 2007). Auch diese Aspekte könnten sich mit der Verfügbarkeit von direkt online übermittelten Daten der Produkte an den Hersteller relativieren. Neben diesen beschriebenen Herausforderungen gibt es noch weitere, die beispielsweise bei (Wu 2012) und (Wu 2013) beschrieben werden.

Wie angeführt kann durch online übermittelte Daten direkt aus den Produkten eine Vielzahl an aktuellen Herausforderungen bei der Felddatenanalyse behoben werden. Jedoch wird weiterhin trotz der online verfügbaren Daten die Problematik bestehen, dass zum Analysezeitpunkt nicht von allen Fahrzeugen der Ausfallzeitpunkt bis dato beobachtet werden konnte. Diese Problematik wird im Allgemeinen als Zensierung der Daten beschrieben. Dabei gibt es verschiedene Arten der Zensierung, wobei Felddaten einer sogenannten multiplen Zensierung unterliegen (Nelson 2005). So gelangen die Produkte zu unterschiedlichen Zeitpunkten in den Markt und besitzen zu einem bestimmten Auswertezeitpunkt (Zensierungszeitpunkt) unterschiedliche Einsatzzeiten. Dabei entspricht die gemessene Einsatzzeit entweder der Zeit bis zum Ausfall (Feldausfall) oder der Zeit bis zum Zensierungszeitpunkt (bis dato kein Feldausfall).

Der Sachverhalt der multiplen Zensierung wird im Bild 7.3 dargestellt. Dabei zeigt die linke Grafik die Einsatzzeit der Produkte entlang der Kalenderzeit und die rechte Grafik die reine Einsatzzeit in Jahren aufsteigend geordnet nach deren Dauer. Anhand der Kalenderzeit ist zu erkennen, dass die Produkte zu unterschiedlichen Zeitpunkten in den Markt kamen und daher zum Zensierungszeitpunkt unterschiedliche Einsatzzeiten aufweisen. Einige Produkte erlitten in dem Beobachtungszeitraum einen Feldausfall, dabei geht nur dessen Einsatzzeit bis zum Ausfall in die Betrachtung ein. Anhand der rechten Grafik im Bild 7.3 ist gut zu erkennen, wie die tatsächliche Einsatzzeit der Produkte und deren Rangordnung bis zum Zensierungszeitpunkt ausgeprägt ist. Dabei liegen die Einsatzzeiten von einigen zensierten Produkten noch unter denen der Produkte mit Ausfällen. Entsprechend könnten diese über den Zensierungszeitpunkt hinaus noch einen Ausfall mit einer geringeren Einsatzzeit als die bisherigen Feldausfälle aufweisen und somit die Analyseergebnisse beeinflussen.

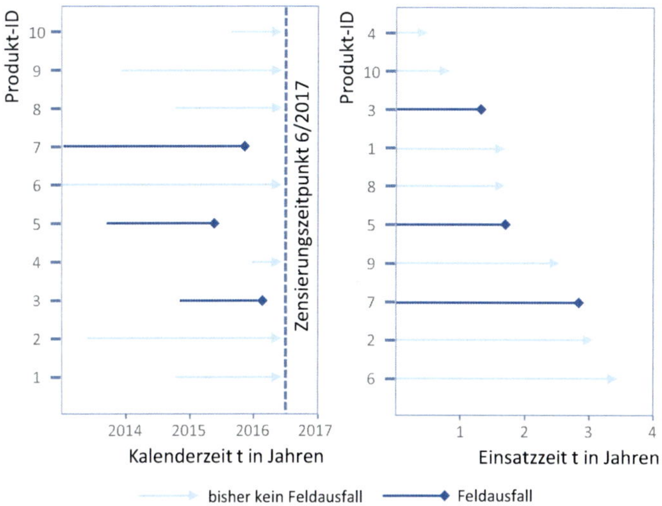

Bild 7.3 Prinzip der multiplen Zensierung von Felddaten nach Kalenderzeit sowie Einsatzzeit visualisiert

Diese Problematik der multiplen Zensierung ist ein wesentlicher Aspekt, mit dem Datenanalysemethoden für Felddaten umgehen können müssen. Im nachfolgenden Kapitel werden dazu Methoden aus der Lebensdaueranalyse, insbesondere die Weibullanalyse, vorgestellt.

7.4 Weibullanalyse mit Felddaten

Für die Analyse der Felddaten unter Berücksichtigung der multiplen Zensierung hat sich vor allem in der Praxis die sogenannte Weibullanalyse etabliert. Die Weibullanalyse abstrahiert das Ausfallverhalten von Produkten über die Zeit anhand einer statistischen Verteilungsfunktion, der Weibullverteilung. Sie ermöglicht es, schon anhand weniger Ausfälle statistische Aussagen über das Ausfallverhalten der potenziell betroffenen Produkte treffen zu können, und kann damit die Zuverlässigkeit über die Lebensdauer von Produktpopulationen modellieren.

Als Ausgangspunkt jeder Felddatenanalyse im Rahmen der Weibullanalyse werden die Ausfälle und zensierten Produkte nach Lebenszeit (Nutzungsdauer beim Kunden)

geordnet. Nun kann die Ausfallwahrscheinlichkeit bereits direkt über nichtparametrische Verfahren unter Verwendung der Rangstatistik geschätzt werden. Dazu gibt es in der Literatur verschiedene nichtparametrische Schätzverfahren wie beispielsweise das Verfahren nach (Kaplan & Meier 1958) oder (Johnson 1950). Diese Schätzung hat aber den Nachteil, dass nur für die beobachteten Ausfallzeitpunkte eine Schätzung der Ausfallwahrscheinlichkeit möglich ist. Um Prognosen für zukünftige Ausfälle tätigen zu können, kann die auf den Daten basierende Weibullverteilung geschätzt werden. Dies geschieht über die Schätzung der Parameter der Weibullverteilung:

- Formparameter *b*,
- Lageparameter *T* und
- ggf. eine ausfallfreie Zeit t_0.

Dazu werden in der Literatur das Verfahren der Medianrang-Regression oder die Maximum-Likelihood-Schätzung empfohlen. Es existieren verschiedene Ansichten, welches Verfahren besser geeignet ist. Ein ausführlicher Vergleich ist bei (Genschel & Meeker 2010) zu finden. Sowohl zu den Parametern als auch zu den geschätzten Ausfallwahrscheinlichkeiten durch die Weibullverteilung lassen sich Konfidenzintervalle angeben. Die Konfidenzintervalle für die Weibullverteilung lassen sich anhand der Betaverteilung oder Deltamethode aufbauen (Abernethy 2006). Ist die Weibullverteilung geschätzt, werden die Ergebnisse üblicherweise in einem Weibullplot visualisiert, welcher beispielhaft im nachfolgenden Bild 7.4 zu sehen ist.

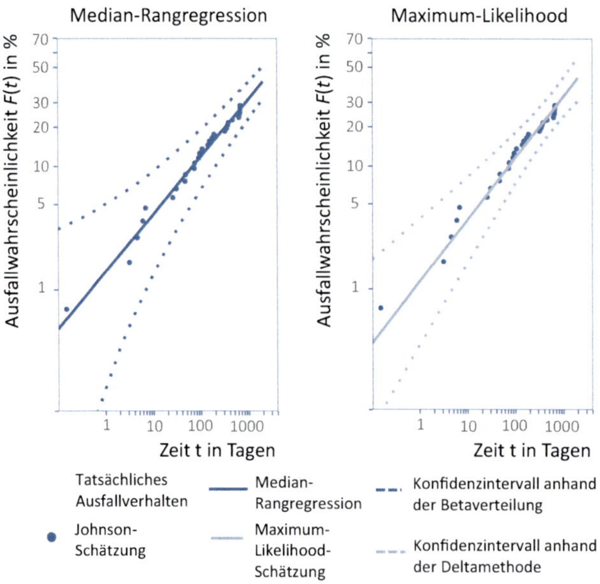

Bild 7.4 Visualisierung der Ergebnisse der Weibullanalyse im Wahrscheinlichkeitsnetz mit der Medianrang-Regression und der Maximum-Likelihood-Methode

Der Weibullplot besteht aus einem Wahrscheinlichkeitsnetz, welches durch Achsentransformation die Weibullverteilungen als lineare Funktion darstellen lässt. Die Punkte sind die Ausfallzeiten mit den dazugehörigen Ausfallwahrscheinlichkeiten, geschätzt über ein nichtparametrisches Schätzverfahren. Im Bild 7.4 wurde der Johnson-Schätzer verwendet. Die durchgezogene Linie ist die geschätzte Weibullverteilung und die gestrichelten Linien sind die dazugehörigen Konfidenzintervalle. In der linken Grafik im Bild 7.4 wurden zur Schätzung der Parameter der Weibullverteilung die Rangregression und für die Konfidenzintervalle die Betaverteilung verwendet. In der rechten Grafik im Bild 7.4 wurden zur Schätzung der Parameter der Weibullverteilung die Maximum-Likelihood-Methode und für die Konfidenzintervalle die Deltamethode verwendet. In diesem Beispiel wurde die Weibullanalyse an simulierten zensierten Daten durchgeführt, die auch tatsächlich einer Weibullverteilung folgen. Entsprechend liefern beide Schätzverfahren visuell kaum unterscheidbare Ergebnisse. Eine ausführliche Beschreibung zu den Berechnungsmethoden, Aufbau der Visualisierung und Anwendung der Weibullanalyse findet sich aus statistischer Sicht bei (Meeker & Escobar 1998) und aus ingenieurswissenschaftlicher Perspektive bei (Abernethy 2006).

Die Schätzung des Formparameters b lässt auch abhängig von der Ausprägung eine schnelle technische Interpretation des Fehlermechanismus zu. So können z. B. Ausfallmechanismen mit einem $b < 1$ (sinkende Ausfallrate) als Frühausfall, mit einem $b = 1$ (konstante Ausfallrate) als Zufallsausfall und mit einem $b > 1$ (steigende Ausfallrate) als Alterungsausfälle (z. B. Verschleiß) klassifiziert werden (Abernethy 2006).

Die Visualisierung der Schätzung im Weibullplot lässt eine weitere schnelle Interpretation der Ergebnisse zu. So kann theoretisch anhand der Verteilung zu jedem Zeitpunkt t die dazugehörige Ausfallwahrscheinlichkeit $F(t)$ bestimmt werden, aber auch anders herum für jede Ausfallwahrscheinlichkeit $F(t)$ kann die Zeit t bestimmt werden. Der zweite Fall wird hauptsächlich bei der Erprobung in der Entwicklung angewendet, um eine gewisse Mindestzuverlässigkeit nachzuweisen. Der erste Fall ist die klassische Anwendung in der Felddatenanalyse und lässt die Abschätzung der Ausfallwahrscheinlichkeit beispielsweise bei Garantiezeitende nach zwei oder vier Jahren zu oder für eine Abschätzung der Bevorratung von Ersatzteilen über die gesamte Lebenszeit der Produkte.

Die gängigsten Softwareprogramme zur Zuverlässigkeitsanalyse, wie z. B. Minitab, Weibull++ oder Visual-XSel, haben die Verfahren zur Schätzung der Weibullparameter sowie die Konfidenzintervalle anhand von Felddaten implementiert. Um jedoch diese in einer Programmiersprache als Open-Source-Projekt verfügbar zu machen, wurde am Fachgebiet Qualitätswissenschaft der TU Berlin das R-Paket *weibulltools* entwickelt (Hensel 2018). Es nutzt die Logarithmischen-Lage-Skalen-Familie zur Parametrisierung der statistischen Verteilungsmodelle, sodass neben der Weibullverteilung auch weitere Verteilungen zur Analyse der Felddaten verwendet werden können. Die Verfügbarkeit der klassischen Methoden zur Felddatenanalyse in der *Programmiersprache R* ermöglicht zudem die Einbindung der Verfahren auf Big-Data-Systeme wie beispielsweise Apache Spark und somit die Entwicklung von (teil-)automatisierten Verfahren zur Felddatenanalyse auf große Datenmengen.

Für die Prognosen von Garantie- und Kulanzfällen auf Basis der Felddaten wird nicht direkt die Ausfallwahrscheinlichkeit $F(t)$ aus der Weibullverteilung für den Zeitpunkt t als Kennzahl verwendet, sondern diese wird in Schadensfälle umgerechnet. Entsprechend wird die Ausfallwahrscheinlichkeit mit der Anzahl der potenziell betroffenen Produkte multipliziert und je nach Menge der Produkte noch auf tausend Produkte skaliert. Das ergibt die Kennzahl *Schadensfälle pro tausend Produkte*.

Zur Felddatenanalyse wird die Kennzahl in einem sogenannten Schichtliniendiagramm visualisiert. Das Schichtliniendiagramm bringt die Ergebnisse der Weibullanalyse in Verbindung mit dem oben benannten Stress-Strength-Modell, indem die Schadensfälle pro tausend Produkte über die Produktionsmonate (Belastbarkeitsdimension im Stress-Strength-Modell) visualisiert wird. Dabei werden die *Schadensfälle pro tausend Produkte* über die Einsatzzeit (Month in Service *(MIS)*) pro Produktionsmonat visualisiert. Wird pro Produktionsmonat eine Weibullanalyse durchgeführt, lassen sich auch potenzielle Prognosen für noch nicht beobachtete *MIS*-Bereiche pro Produktionsmonat aufbauen. Das Bild 7.5 zeigt ein beispielhaftes Schichtliniendiagramm. Dabei ergeben sich die charakteristischen Abfälle der MIS-Bereiche, da die Fahrzeuge aus früheren Produktionsmonaten prinzipiell älter sind als Fahrzeuge aus den jüngeren Produktionsmonaten. Neben der Visualisierung der Schadensfälle pro tausend Produkte werden auf der zweiten y-Achse noch die Produktionsmenge und verkaufte Fahrzeuge abgebildet. Das hat den Hintergrund, die Schadensfälle pro tausend Produkte in Bezug zu den absolut verkauften Fahrzeugen zu setzen. Eine detaillierte Beschreibung und Anwendung der Schichtliniendiagramme sind im (VDA Band 3 Teil 3 2017 – Verband der Automobilindustrie e. V.), bei (Bracke 2022) sowie (Meyna et al. 2023) zu finden.

In der Denkweise des Stress-Strength-Modells stehen die Produktionsmonate für die verschiedenen Qualitätsstände, entsprechend wird dadurch die Belastbarkeit charakterisiert. Wird die Darstellung des Schichtliniendiagramms durch beliebige Merkmale der Belastbarkeit wie eine Kombination aus Produktvarianten und Produktionsmonaten auf der x-Achse verallgemeinert und werden auf der z-Achse zusätzlich Belastungsmerkmale aufgetragen, kommt man zur sogenannten Manhattan-Grafik. Diese ermöglicht das Visualisieren von Feldschwerpunkten im Sinne des Stress-Strength-Modells und ermöglicht das detailliertere Eingrenzen der betroffenen Produkte.

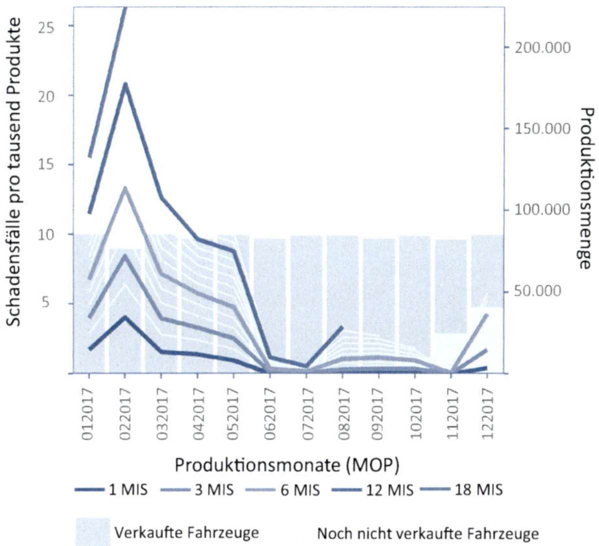

Bild 7.5 Schichtliniendiagramm mit der Visualisierung der Schadensfälle pro tausend Produkte über die Einsatzzeit (Month in Service/MIS) für verschiedene Produktionsmonate unter Angabe der Produktions- und Verkaufsmengen

Neben den Schadensfällen ist der Kostenfaktor, insbesondere die anfallenden Reparaturkosten für Garantie- und Kulanzfälle, in der Felddatenanalyse relevant. Eine Visualisierung der Feldschwerpunkte über Schadensfälle pro tausend Produkte mit durchschnittlichen Reparaturkosten ermöglicht das Isokostendiagramm, welches in dem nachfolgendem Bild 7.6 beispielhaft aufgezeigt wird.

Das Isokostendiagramm stellt den Zusammenhang zwischen den Schadensfällen pro tausend Produkten auf der Abszisse und den durchschnittlichen Reparaturkosten pro Schadensfall auf der Ordinate dar. Die durchschnittlich zu erwartenden Reparaturkosten pro Produkte werden als Konturlinien in dem Diagramm visualisiert. Zusätzlich können die Beanstandungsschwerpunkte auf Basis der absoluten geschätzten Kosten pro Beanstandungsschwerpunkt direkt visuell vergleichbar und priorisierbar gemacht werden. Dazu wird die Menge der potenziell betroffenen Produkte bspw. über den Garantiezeitraum von zwei Jahren prognostiziert und mit den durchschnittlichen Kosten multipliziert. Die sich daraus ergebenen absoluten Kosten der Beanstandungsschwerpunkte werden im Isokostendiagramm durch die Größe der Punkte vergleichbar gemacht, wie es auch in Bild 7.6 dargestellt ist. Dies ermöglicht die einfache Priorisierung von Maßnahmenumsetzungen zur Behebung von Beanstandungsschwerpunkten unter technischer sowie wirtschaftlicher Sichtweise. Eine detaillierte Beschreibung der Berechnung und Anwendung des Isokostendiagramms ist bei (Pasch, Miazga & Hartewieg 2019) zu finden.

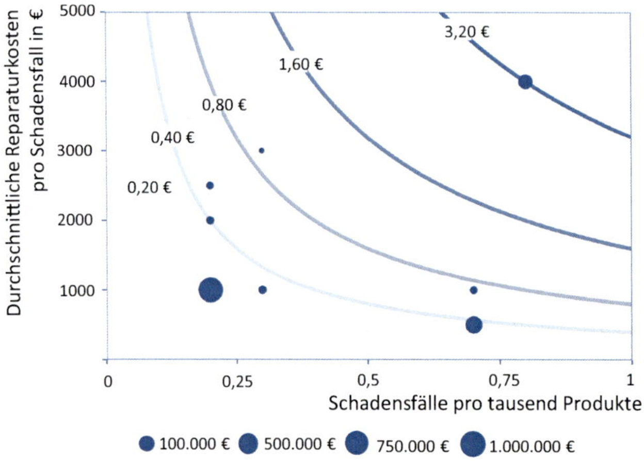

Bild 7.6 Isokostendiagramm zur Priorisierung von Feldschwerpunkten über die Kennzahlen Schadensfälle pro tausend Produkte und durchschnittliche Reparaturkosten pro Schadensfall

Alle beschriebenen Grafiken sind wesentliche Bestandteile innerhalb des Reportings für die Felddatenanalyse. Zentraler Bestandteil ist die Kennzahl Schadensfälle pro tausend Produkte, die aus der Ausfallwahrscheinlichkeit ermittelt werden kann. Entsprechend haben sich in der Literatur jede Menge Ansätze und Methoden entwickelt, die die Schätzung der Ausfallwahrscheinlichkeit trotz der im letzten Kapitel gezeigten Herausforderungen bei der Analyse von Felddaten ermöglichen. Beispielsweise ist im Automobilbau nicht immer die reine Nutzungszeit für die Ausfälle relevant, sondern die Fahrstrecke über die Zeit. Allerdings lässt sich bis dato die Fahrstrecke der zensierten Fahrzeuge nicht immer direkt messen, sondern sie wird erst beim Werkstattbesuch ausgelesen. Schätzer der Ausfallwahrscheinlichkeit bei fahrstreckenabhängigen Problemen ohne direkte Kenntnis der Fahrstrecke der zensierten Fahrzeuge sind beispielsweise durch (Eckel 1977) entwickelt worden. Die Berücksichtigung von Verkaufs- und Meldeverzügen für die Lebensdauer bei den zensierten Produkten zur Schätzung der Ausfallwahrscheinlichkeit sind bei (Meyer 2003) sowie bei (Sauer 2017) zu finden. Eine Übersicht von Schätzern beim Vorliegen von nur aggregierten Daten bezogen auf die Nutzungszeit wird beispielsweise bei (Delonga 2007) vorgestellt. All diese Schätzer dienen dazu, die tatsächliche Nutzungszeit besser annähern zu können, um eine realitätsnahe Schätzung der Ausfallwahrscheinlichkeiten zu ermöglichen. Mit zunehmender Vernetzung und Datenverfügbarkeit der Produkte sollten Daten für die reale Nutzungsdauer bis zum Ausfall sowie der zensierten Produkte verfügbar sein, die die Schätzverfahren zur Annäherung an die tatsächliche Nutzungsdauer überflüssig machen und somit die Anwendung der Weibullanalyse direkt auf die vorhandenen Daten ermöglichen. Jedoch setzt die Weibullanalyse voraus, dass eine homogene Grundgesamtheit existiert, d. h., dass alle betrachteten Produkte einem gleichen Ausfallverhalten folgen. Jedoch ist davon nicht immer auszugehen. So kommt es nach (Tarum 1999) häufig vor, dass Ausfalldaten verschiedener Fehlermechanismen bewusst oder unbewusst gemeinsam zur Schätzung einer Weibullverteilung zur Bestimmung des Ausfallverhaltens verwendet werden. Dadurch ergeben sich nach (Klein 2013) nicht befriedigende Übereinstimmungen zwischen den Ausfalldaten und dem angenommenen Verteilungsmodell. Dies ist häufig auch direkt in der grafischen Darstellung der Ausfallpunkte in einem Weibullpapier durch z. B. Steigungswechsel erkennbar, wie es in der linken Grafik im Bild 7.7 dargestellt ist.

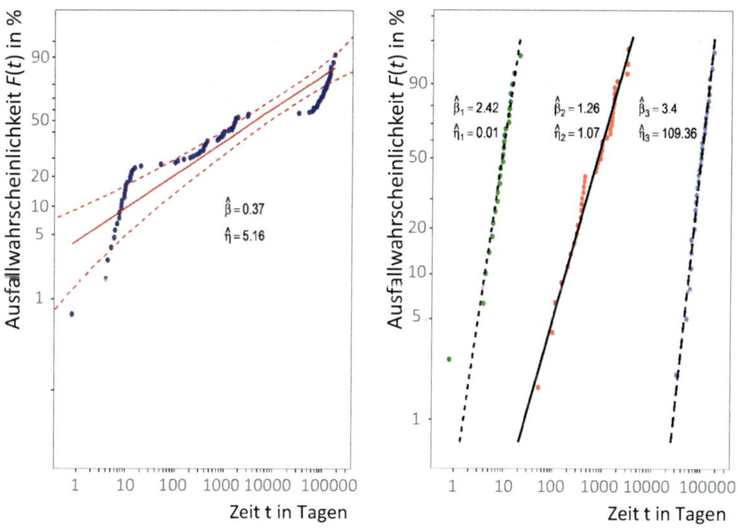

Bild 7.7 Gemeinsame sowie getrennte Weibullauswertung für Daten von unterschiedlichen technischen Fehlermechanismen im Wahrscheinlichkeitsnetz

Im Bild 7.7 wurden Ausfalldaten mit drei unterschiedlichen Ausfallverhalten ausgewertet. In der linken Grafik wurden alle Ausfalldaten durch eine Weibullverteilung approximiert. Die Abweichungen zwischen den Ausfallpunkten sowie der geschätzten Geraden sind sofort ersichtlich und die drei Unterverteilungen sind grafisch gut trennbar. In der rechten Grafik wurden die Ausfalldaten nach ihren drei Ausfallverhalten getrennt und für jede Klasse eine eigene Weibullgerade geschätzt. Hier ist die deutlich bessere grafische Anpassung der Geraden an die Ausfallpunkte gut zu erkennen. Entsprechend sollten die Daten nach ihrem Ausfallverhalten klassifiziert und getrennt werden, um mit der Weibullverteilung als unimodalem Ausfallmodell eine sinnvolle Abschätzung des Ausfallverhaltens zu ermöglichen. Wie das anhand der reinen Betrachtung und Analyse von Felddaten gelingen kann, wird im nachfolgenden Unterkapitel anhand eines praxisorientierten Modells zur Felddatenanalyse mit sogenannten Fehlerfingerprints vorgestellt.

7.5 Felddatenanalyse mit Fehlerfingerprints

Startpunkt für jede Felddatenanalyse ist das Auftreten unbekannter Produktprobleme im Feld. Diese werden anhand von aufbereiteten Daten aus der Datenbank beispielsweise durch Toplisten identifiziert. Die Toplisten enthalten beispielsweise unbekannte Probleme aus Garantie- und Kulanzanträgen oder unbekannte Fehlerspeichereinträge, was als Startinformation zur Abgrenzung des Feldproblems dient. Basierend auf dieser Information wird die Beschreibung der Fehlercharakteristik für das Feldproblem geschärft. Dazu werden alle verfügbaren Informationen zu Garantie- und Kulanzanträgen, Kundenbeanstandungen sowie Fehlerspeichereinträge verwendet, um das Problem möglichst genau über die Daten abgrenzen zu können. So werden beispielsweise typische Reparaturen, verwendete Ersatzteile oder häufig bei diesem Problem vorkommende Fehlerspeichereinträge in den Daten markiert. Anhand dieser werden dann alle Produkte identifiziert, bei denen das Problem bisher aufgetreten ist oder aufgetreten sein könnte. Im nächsten Schritt werden die relevanten Belastbarkeitsmerkmale aus den Produktdaten und Belastungsmerkmale aus den Kundendaten bestimmt. Dies geschieht unter Verwendung von modernen Datenanalysemethoden, die vor allem die Lebensdauer und deren beeinflussenden Merkmale in den Daten analysieren. Sind nun die relevanten Merkmale und deren Ausprägungen für die Fehlercharakteristik, die Belastbarkeit und die Belastung bekannt, kann der Fehlerschwerpunkt über die Felddaten eindeutig beschrieben werden. Diese Beschreibung des Fehlerschwerpunkts über Daten wird als Fehlerfingerprint bezeichnet, denn die Ausprägung der Merkmale und deren Kombination über die Fehlercharakteristik, Belastbarkeit und Belastung ermöglicht eine eindeutige Charakterisierung des Feldproblems in den Daten, ist also quasi ein Fingerabdruck in den Daten. Auf Basis des Fehlerfingerprints kann die betroffene Produktpopulation abgegrenzt und eine Weibullanalyse durchgeführt werden. Daraus lassen sich wie beschrieben relevante Kennzahlen über die Zeit sowie Visualisierungen wie das Isokostendiagramm zum Reporting über die Fehlerfingerprints erzeugen. Neben der Möglichkeit zum Reporting dienen die Fehlerfingerprints auch als Wissensspeicher über bekannte Feldprobleme im Unternehmen. So können diese auch verwendet werden, um Klassifikationsmodelle zu trainieren, die es dann wiederum erlauben, eine (teil-)automatisierte Erkennung von bekannten oder neuen Feldproblemen in den täglich eintreffenden Garantie- und Kulanzeinträgen umzusetzen. Damit kann die Anzahl der zu analysierenden Feldproblemen für die Datenanalysten reduziert werden. Das Modell mit den einzelnen Schritten wird im Bild 7.8 dargestellt.

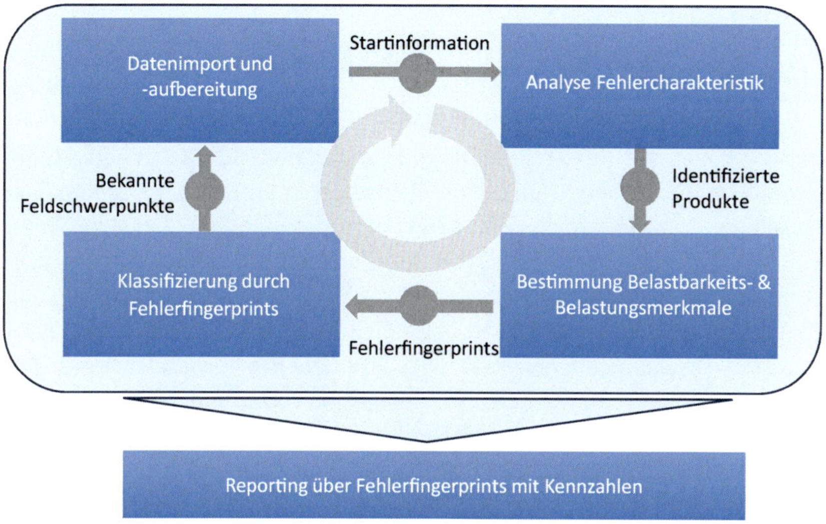

Bild 7.8 Modell zur Felddatenanalyse mit Fehlerfingerprints

In den nachfolgenden Abschnitten werden die einzelnen Schritte des Modells detaillierter erklärt und hilfreiche Umsetzungstipps gegeben.

7.5.1 Datenimport- und aufbereitung

Ausgangspunkt für die Felddatenanalyse bilden die Garantie- und Kulanzdaten, Produkt- inkl. Bauteil- und Softwaredaten und falls vorhanden Kundendaten. Im ersten Schritt sollte eine Datenstandardisierung und -normalisierung in der Datenbank stattfinden, um eine schnelle und standardisierte Datenauswertung auf einer gemeinsamen Datenlage zu ermöglichen. Dazu werden alle verfügbaren Datenquellen zu Garantie- und Kulanzdaten bezogen auf das jeweilige Produkt verknüpft. Beispielsweise gibt es im Automobilbau unterschiedliche Datenquellen wie Abrechnungsdaten zu Garantie- und Kulanzanträgen aus den Werkstätten, Kundenbeanstandungen z.B. aus Call-Centern oder auch aus den Werkstätten sowie Fehlerspeichereinträge direkt aus den Fahrzeugen. Diese können dann anhand des Fahrzeugs in den Zusammenhang gebracht werden.

Liegen die Informationen verknüpft vor, ist es an dieser Stelle sinnvoll, eine erste Datenaufbereitung vorzunehmen. So sollten die vorliegenden Informationen verdichtet werden. Unterstützen können dabei Large-Language-Modelle, die beispielsweise Kunden- und Werkstattaussagen übersetzen sowie verschlagworten. Damit wird eine

Klassifizierung der Beanstandungen erreicht. An dieser Stelle sind auch statistische Verfahren sinnvoll, die beispielsweise zeitliche Anomalien bei Fehlerspeichereinträgen ermitteln und somit eine Klassifizierung auf Basis der erkannten Muster in den Daten ermöglichen.

Neben der Verdichtung der Merkmale zur Fehlercharakteristik sollten in der Datenbank die Merkmale zur Lebensdaueranalyse vorberechnet werden. Zu jedem Ausfall wird die Zeit vom Nutzungsbeginn bis zum Ausfall ermittelt.

Neben den Merkmalen zur Fehlercharakteristik sollten dem Stress-Strength-Modell folgend auch die Daten zur Beschreibung der Belastbarkeit aufbereitet werden. Dazu gehören Produktdaten wie beispielsweise Produktionsdatum und -ort, die verbauten Bauteile mit Angaben zum Hersteller und Herstellungszeitpunkt sowie wesentliche Produkteigenschaften wie z. B. Softwarestände von Steuergeräten. Zusätzlich sollte auch hier eine Aggregation der Daten zu beispielsweise Produktfamilien, etc. erfolgen. Zudem bietet es sich an, die Lebenszeit der Produkte pro vorhandenem Ausfallzeitpunkt in der Datenbank für die Lebensdaueranalyse vorauszuberechnen. Zusätzlich können hierbei auch Verkaufs- und Meldeverzüge berücksichtigt werden. Dazu eignet sich die Monte-Carlo-Simulation, wie sie beispielsweise bei (Sauer 2017) beschrieben wird.

Neben den Merkmalen zur Belastbarkeit sollten auch die Merkmale zur Belastung in der Datenbank vorhanden und aufbereitet sein. Dazu zählen Verkaufsmärkte, typische Nutzungszeit oder auch Umweltbedingungen. Auch hier bietet sich die Aggregation von Kundenprofilen zur einfachen Klassifikation an. Im Automobilbau können diese beispielsweise Pendler, Stadtfahrer, Taxifahrer etc. sein.

Bei einer Vielzahl von Produkten und Ausfallzeitpunkten bietet sich die Speicherung in einer zeitreihenorientierten Datenbank an, wie beispielsweise (Timescale 2024), oder einer Big-Data-Datenbank wie (Apache Druid 2024), um die benötigte Performance bei der Auswertung zu garantieren. Das dahinterliegende Datenmodell und welche Merkmale genau abgespeichert werden, hängt von den individuellen Produkten und Rahmenbedingungen des Unternehmens ab. Jedoch sollten Daten vorhanden sein, die die drei Kategorien Fehlercharakteristik, Belastbarkeit und Belastungen des Stress-Strength-Modells repräsentieren, um eine sinnvolle Analyse der Felddaten hinsichtlich der Zuverlässigkeit von Produkten im Rahmen des hier vorgestellten Frameworks zu ermöglichen.

7.5.2 Analyse der Fehlercharakteristik

Ausgangspunkt jeder Felddatenanalyse ist das Auftreten neuer und noch unbekannter Ausfälle im Feld. Dazu wird aus den Daten eine neue Startinformation benötigt. Diese können beispielsweise eine neue Garantieabrechnung mit noch nicht bekannten Fehlerbeschreibungen oder noch nicht aufgetretene Fehlerspeichereinträge aus dem Feld sein. An dieser Stelle ist es wichtig, die Fehlercharakteristik über möglichst viele Datenquellen eindeutig beschreibbar zu machen. Das ist oft nicht ganz eindeutig, da eine technische Ursache beispielsweise unterschiedliche Fehlerspeicher bzw. eine unterschiedliche Sequenz von Fehlerspeichern verursachen kann oder in Werkstätten unterschiedliche Reparaturen wie Tausch des ganzen Moduls oder nur Tausch des defekten Teils erfolgen kann. Somit beschreiben die Daten zur Fehlercharakteristik oft nur das Fehlersymptom und nicht die technische Ursache und unterliegen somit einer gewissen Varianz in den Daten. Zur genauen und detaillierten Abgrenzung der Fehlercharakteristik ist eine technische Analyse des Problems unabdingbar, allerdings kann das sehr zeitaufwendig sein und bei vielen Produkten im Markt zu einer hohen Anzahl an Garantie- und Kulanzfällen führen, bis Ergebnisse der technischen Analyse vorliegen.

Aber es gibt auch die Möglichkeit, über intelligente Datenanalyseverfahren die Fehlerschwerpunkte über die Fehlersymptome schon vorab abzugrenzen. Dazu muss mit der Unsicherheit in den Daten umgegangen werden und versucht werden, diese beschreibbar zu machen. Dazu kann beispielsweise das Ermitteln von Assoziationsregeln in den Daten dienen. Dazu wird analysiert, welche Merkmalsausprägungen mit der gegebenen Startinformation statistisch signifikant häufig vorkommen. Als Beispiel kommt eine neue Garantieabrechnung aus einer Werkstatt, wo ein bestimmtes Teil getauscht wurde. Nun kann in den Daten ermittelt werden, welche Fehlerspeicher das Produkt hatte. Kommen nun mehr Abrechnung mit dem gleichen getauschten Teil hinzu, lassen sich die Fehlerspeicher auf signifikante Häufungen untersuchen und so auf die für das Problem relevanten Fehlerspeicher eingrenzen. Werden nun die Fehlerspeicher als Startinformation verwendet, können umgekehrt signifikante häufig durchgeführte Reparaturen oder Teiletauschvorgänge ermittelt werden und Fehlerschwerpunkte in den Daten abgegrenzt werden. Die Anwendung von Assoziationsregeln bei Garantie- und Kulanzdaten im Automobilbau ist bei (Buddhakulsomsiri et al. 2006) dargestellt und die Anwendung von Mustererkennung bei den Garantie- und Kulanzdaten im Automobilbau ist bei (Buddhakulsomsiri & Zakarian 2009) beschrieben. Für die Anwendung solcher Assoziationsregeln oder allgemeiner Mustererkennung in den Garantie- und Kulanzdaten gibt es unterschiedliche Algorithmen, die alle auf sogenannte Transaktionen zurückgreifen. Transaktionen bedeuten, dass für jedes Produkt zu der jeweiligen Startinformation wie beispielsweise einem bestimmten Teiletausch, die dazugehörigen Merkmalsausprägungen der anderen Merkmale wie Fehlerspeichereinträge verknüpft sind. Für jeden Fehlerschwerpunkt sollten die entsprechenden Transaktionen in einer Datenbank abgelegt werden. Mit der Zeit nimmt die Anzahl der Transaktionen zu. Werden trotz neuer Transaktionen durch die Algorithmen keine neuen Regeln generiert, kann man mit hoher Wahrscheinlichkeit davon ausgehen, dass der Fehlerschwerpunkt über die vorhandenen Garantie- und Kulanzdaten bzw. Fehlerspeichereinträge gut abgegrenzt ist.

Aufbau und auch die Speicherung von Transaktionen in einem bestimmten Datenformat aus den Rohdaten können beispielsweise mit dem *R*-Package *arules* (Hahsler, Grün & Hornik 2005) umgesetzt werden. Dieses beinhaltet dann auch verschiedene Algorithmen zur Generierung der Assoziationsregeln in der Programmiersprache *R*.

7.5.3 Bestimmung der Belastbarkeits- und Belastungsmerkmale

Basierend auf der abgegrenzten Fehlercharakteristik müssen im Sinne des Stress-Strength-Modells die Merkmale der Belastbarkeit und Belastung identifiziert werden, die von dem Fehlerschwerpunkt betroffen sind. Dadurch können die betroffene Fahrzeugmenge, die darauf basierenden Prognosen des Ausmaßes sowie die technische Analyse des Feldproblems präziser gestaltet werden. Aufgrund der zeitlichen Abhängigkeit des Auftretens der Feldprobleme (Lebensdauerabhängigkeit) bieten sich hierfür statistische Methoden sowie Methoden des Maschinellen Lernens an, die für die Analyse von Lebensdauerdaten unter Berücksichtigung von Covariablen entwickelt worden sind. Die Covariablen sind die Merkmale der Belastbarkeit sowie der Belastung, die einen wesentlichen Einfluss auf die Lebensdauer der Produkte haben.

Für die Anwendung der Verfahren müssen im ersten Schritt alle Produkte, die die Fehlercharakteristik aufzeigen, mit dem Ausfall in einem Datensatz gekennzeichnet werden. Üblicherweise wird ein Merkmal mit der Bezeichnung „Status" eingeführt, das die Ausprägung „1" für ausgefallen bekommt. Zusätzlich muss die Lebensdauer bis zum Ausfall beispielsweise in Tagen angeben werden. Zudem werden die Covariablen hinzugefügt, die die möglichen Belastbarkeiten sowie Belastungen repräsentieren und aus den Produkt- sowie Kundendaten gewonnen werden können. Optimalerweise kann auf Basis von Erfahrungen schon eine Selektion der möglichen Einflussparameter vorgenommen werden, um die Vielzahl der Covariablen vorab zu begrenzen. Zudem ist die a priori Einschränkung der potenziell betroffenen Produkte von Vorteil für die Datenanalyse. Beispielsweise können bei Problemen, die ein Schiebedach von Fahrzeugen betreffen, die Menge der potenziell betroffenen Fahrzeuge auf die Fahrzeuge mit Schiebedach eingeschränkt werden. Diese beiden Maßnahmen erhöhen die Güte der Ergebnisse der Analysemethoden. Neben den Produkten, die die Ausfallcharakteristik ausweisen, müssen in den Datensatz die potenziell betroffenen Produkte hinzugefügt werden. Das können prinzipiell alle anderen Produkte sein, sollte aber wie eben beschrieben vorab eingeschränkt werden. Bei den bisher nicht ausgefallenen Produkten wird das Merkmal „Status" auf „0" gesetzt. Die Lebenszeit entspricht der bisherigen Nutzungszeit abzüglich möglicher Verkaufs- und Meldeverzüge.

Basierend auf diesem Datensatz können nun die Modelle zur Analyse von Lebensdauerdaten unter Verwendung der Covariablen angewendet werden. Zielgrößen sind der Status sowie die Lebenszeit, d. h. zweidimensional. Als Modelle können hier lineare Regressionsmodelle wie das semiparametrische Proportional-Hazards-Modell nach (Cox 1972) oder das nichtlineare Modell aus dem Umfeld des Maschinellen Lernens wie die rekursive Partitionierung, auch bekannt als survival trees, angewendet werden.

Bei den survival trees gibt es nicht das optimale Modell für jeden Anwendungsfall, wie (Bou-Hamad, Larocque & Ben-Ameur 2011) aufzeigen. Nach bisherigen Erfahrungen liefert das Verfahren von (LeBlanc & Crowley 1993) für Felddaten gute Ergebnisse und es kann durch das *R*-Package *rpart* (Therneau et al. 1997) einfach angewendet werden.

Anhand der Modellbildung kann der Einfluss der Ausprägungen der Covariablen auf die Zielgröße abgeleitet werden. So können beispielsweise aus der Implementierung des survival tree im *R*-Package *rpart* direkt die Gruppen der Merkmalskombinationen der Covariablen mit unterschiedlichen Ausfallverhalten ermittelt werden. Für diese Gruppen wird im nachfolgenden Schritt jeweils eine Weibullanalyse wie in Abschnitt 7.5.2 beschrieben durchgeführt und visualisiert.

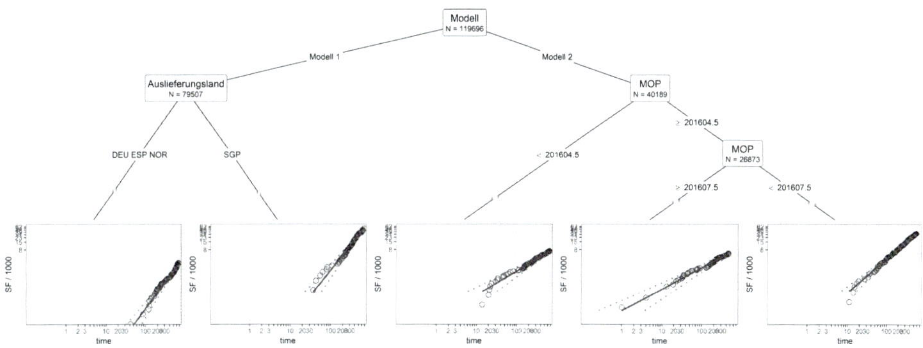

Bild 7.9 Survival tree mit der Visualisierung der Weibullanalyse pro identifizierte Gruppe in den Blättern des Baums

Bild 7.9 visualisiert das Ergebnis eines survival tree mit einer Weibullanalyse für jede Gruppe anhand eines Beispieldatensatzes. Jeder Ast vom Ausgangsknoten bis zum Blatt repräsentiert eine Gruppe mit einem eigenständigen Ausfallverhalten. So besteht die Gruppe des ganz linken Asts aus den Merkmalen *Modell 1 & Auslieferungsland DEU, ESP, NOR* und deren Ausfallverhalten wird im Blatt mit der dazugehörigen Weibullverteilung dargestellt.

Ergeben sich zwischen den Gruppen nicht signifikante Unterschiede im Ausfallverhalten auf Basis der Weibullverteilung, müssen diese Gruppen vor der Interpretation der Ergebnisse zusammengeführt und die Weibullanalyse erneut durchgeführt werden. Lässt eine visuelle Darstellung die Beurteilung der Signifikanz nicht zu, können an dieser Stelle auch nichtparametrische Signifikanztests angewendet werden. Die

Anwendung für Lebensdauerdaten werden bei (Colak et al. 2017) und im speziellen für Felddaten bei (Dall, Wißler & Woll 2018) beschrieben.

Die Ergebnisse der Weibullanalyse für Gruppen mit signifikant unterschiedlichen Ausfallverhalten werden bezogen auf die Belastbarkeits- und Belastungsmerkmale wie folgt interpretiert:

1. Ergeben sich für Gruppen nicht signifikante Unterschiede im Formparameter $b = 1$, sind diese nicht relevant für den Fehlerschwerpunkt, da sie einem zufälligen Ausfallverhalten folgen.
2. Ergibt sich nur eine Gruppe mit einem b-Wert, der signifikant unterschiedlich zu $b = 1$ ist, ist diese Gruppe relevant für den Fehlerschwerpunkt.
3. Ergeben sich mehrere identifizierte Gruppen mit nicht signifikanten Unterschieden im Formparameter b (aber signifikant unterschiedlich zu $b = 1$) und ist der Unterschied in den Gruppen bei den Belastungsmerkmalen zu finden, handelt es sich auch hier um für den Fehlerschwerpunkt relevante Gruppen. Das Auftreten des Fehlers wird nur durch die unterschiedlichen Belastungsmerkmale beschleunigt.
4. Ergeben sich Gruppen mit signifikanten Unterschieden im Formparameter b und sind diese signifikant unterschiedlich zu $b = 1$, ist der Fehlerschwerpunkt anhand der Fehlercharakteristik noch nicht klar genug beschrieben und beinhaltet eine Mischung von verschiedenen Schwerpunkten. An dieser Stelle sollten durch mehr Daten oder weitere Datenanalyse die Fehlercharakteristik geschärft und Analysen wiederholt werden. Die Belastungs- und Belastbarkeitsmerkmale sind an dieser Stelle noch nicht eindeutig beschrieben.

Sind nun neben den Merkmalen zur Fehlercharakteristik auch die relevanten Belastbarkeits- und Belastungsmerkmale für den Fehlerschwerpunkt identifiziert, wird dieser eindeutig durch die Daten beschreibbar gemacht. Dieses wird wie bereits beschrieben als Fehlerfingerprint bezeichnet.

> Der Fehlerfingerprint, bestehend aus den Merkmalen der Fehlercharakteristik, der Belastbarkeit und Belastung, sollte in einer Datenbank mit einem entsprechenden Datenmodell abgespeichert werden. Durch den Fehlerfingerprint lassen sich dann Kennzahlen wie Schadensfälle pro tausend Produkte zu bestimmten Zeitpunkten oder die absolute Anzahl der betroffenen Produkte ermitteln und im Datenmodell integrieren. Der Fehlerfingerprint kann auch im Laufe der Zeit durch weitere Information angereichert werden. Zum Beispiel können dort Ergebnisse der technischen Analyse oder auch Feldmaßnahmen hinzugefügt sowie Detaillierungen zu den charakteristischen Merkmalen des Fehlerfingerprints vorgenommen werden. Die Fehlerfingerprints dienen als Wissen zu den Feldfehlerschwerpunkten des Unternehmens, beschrieben durch Daten. Sie sind so eine wichtige Basis für Anwendungsfälle von künstlicher Intelligenz basierend auf Felddaten.

7.5.4 Reporting anhand Fehlerfingerprints

Sind die Fehlerfingerprints identifiziert, lassen sich für diese problemlos die Kennzahlen Schadensfälle pro tausend Produkte über die geschätzte Weibullverteilung zu jedem beliebigen Zeitpunkt ermitteln. Etwas komplizierter wird der Fall, wenn der Fehlerschwerpunkt durch Belastungen beschleunigt wird. Entsprechend werden für jede Ausprägung der Belastungen, die eine Auswirkung auf das Ausfallverhalten haben, im Fehlerfingerprint eine separate Weibullverteilung und separate Schadensfälle pro tausend Produkte zum beliebigen Auswertezeitpunkt ermittelt. Diese werden dann gewichtet über die Anteile der Produkte an der Gesamtpopulation im Fehlerfingerprint summiert und ergeben somit die Gesamtkennzahl für den Fehlerfingerprint. Dies wird in der Literatur als Subpopulationsmodell bezeichnet. Weitere Ausführungen und Berechnungen dazu sind beispielsweise bei (Meyer 2003) zu finden.

Sind die Schadensfälle pro tausend Produkte ermittelt, lassen sich daraus Toplisten für die Fehlerfingerprints erzeugen. Dabei können die Kennzahl Schadensfälle pro tausend Produkte um durchschnittliche Garantie- und Kulanzkosten pro Schadensfall, pro Produkt und die absolute Anzahl der betroffenen Produkte sowie absolute Höhe der Garantie- und Kulanzkosten ermittelt werden. Auf Basis dieser Topliste können die Abarbeitung der Feldmaßnahmen zur Behebung der Probleme priorisiert sowie die Bevorratung von Ersatzteilen geplant werden. Eine geeignete Visualisierung stellt das vorgestellte Isokostendiagramm mit den ermittelten Kennzahlen aus der Topliste dar.

7.5.5 Klassifizierung neuer Felddaten durch Fehlerfingerprints

Der Vorteil von gespeicherten Fehlerfingerprints liegt auch darin, dass diese auf täglich neu eintreffende Garantie- und Kulanzanträge angewendet werden können. Dies ist besonders wertvoll, wenn ein Unternehmen eine Vielzahl von Produkten weltweit im Einsatz hat und täglich eine hohe Anzahl an Garantie- und Kulanzanträgen gestellt werden. So kann automatisiert identifiziert werden, welche Anträge schon zu bekannten Fehlerfingerprints gehören, und die oft geringe Analysekompetenz im Unternehmen kann auf die eingeschränkte Anzahl an Garantie- und Kulanzanträgen fokussiert werden, die keinem bekannten Fehlerfingerprint zuordenbar sind und somit potenziell neue Fehlerschwerpunkte bilden könnten.

Die Identifizierung von bereits bekannten Fehlerfingerprints in den täglich eintreffenden Garantie- und Kulanzanträgen kann durch einfaches Filtern erfolgen. So werden einfach die Ausprägungen der Merkmale zur Beschreibung der Fehlercharakteristik, der Belastbarkeiten und Belastungen auf die Produkte, für die diese Anträge gestellt worden sind, angewendet. Ergibt sich eine Übereinstimmung, kann der Antrag dem Fehlerfingerprint zugeordnet werden.

Das reine Filtern muss jedoch nicht immer zielführend sein, da Fehlerfingerprints, basierend auf wenigen bekannten Ausfällen, eine hohe Unsicherheit bezogen auf die charakteristischen Merkmale des Fehlerbildes haben können. Um dieser Unsicherheit zu begegnen, können für die Fehlerfingerprints auch Klassifikationsmodelle mit den Merkmalen der Fehlercharakteristik, Belastungen, Belastbarkeiten sowie Ausfallwahrscheinlichkeiten trainiert werden. Dazu können wieder Methoden der rekursiven Partitionierung, logistische Regressionsmodelle oder Neuronale Netze verwendet werden. Wichtig bei der Modellbildung ist jedoch, dass Merkmale berücksichtigt werden, die die Lebensdauer der Produkte und die dazugehörige Ausfallwahrscheinlichkeit im Kontext des Fehlerfingerprints repräsentieren. Nur so kann sichergestellt werden, dass auch die Lebenszeit in der Klassifikation berücksichtigt werden kann.

Die Methode der Klassifikationsmodelle benötigt im Gegensatz zur strikten Filterung deutlich erhöhte Rechnerleistung, geht also mit höheren Kosten einher. Sind entsprechend viele Fehlerfingerprints in der Datenbank, gibt es entsprechend viele Klassifikationsmodelle, die auf jeden neuen Garantie- und Kulanzantrag angewendet werden müssen. Die Modelle geben nur eine Wahrscheinlichkeit aus, dass der jeweilige Garantie- und Kulanzantrag zu dem jeweiligen Fehlerfingerprint gehört. Ist die Wahrscheinlichkeit nicht eindeutig, muss der Garantie- und Kulanzantrag separat analysiert werden. Entsprechend sollte eine Kosten-Nutzen-Analyse durchgeführt werden, ob eine strikte Filterung an dieser Stelle nicht ausreichend ist. Vorstellbar sind auch gemischte Varianten. Dies bedeutet, bei altbekannten und sicheren Fehlerfingerprints, die beispielsweise durch eine technische Analyse gesichert sind, kann eine strikte Filterung erfolgen. Bei noch ungesicherten, auf wenigen Ausfällen basierenden Fehlerfingerprints kann das Trainieren eines Klassifikationsmodells sinnvoll sein.

7.6 Zukünftige Herausforderungen in der Felddatenanalyse

Die Felddatenanalyse wird in der Zukunft eine zentrale Rolle in der Technologieentwicklung spielen, besonders im Bereich des autonomen Fahrens und der vernetzten Produkte. Diese Entwicklungen bieten enorme Potenziale, stellen Unternehmen jedoch auch vor erhebliche Herausforderungen in Bezug auf die Felddatenanalyse. Der Übergang zu autonomen Fahrzeugen erfordert eine fortschrittliche Analyse großer Datenmengen, die kontinuierlich von einer Vielzahl von Sensoren gesammelt werden. Diese Daten müssen in Echtzeit verarbeitet werden, um es dem Fahrzeug zu ermöglichen, sicher und effizient zu navigieren. Die Herausforderung besteht darin, nicht nur die schiere Menge der Daten zu bewältigen, sondern auch ihre Geschwindigkeit und Vielfalt. Dies erfordert leistungsstarke Algorithmen und umfangreiche Rechenressourcen, um die Datenströme in nutzbare Informationen umzuwandeln.

Ein entscheidender Aspekt des autonomen Fahrens ist die Sicherheit. Die kontinuierliche Überwachung und Analyse der Felddaten sind unerlässlich, um potenzielle Gefahren frühzeitig zu erkennen und zu reagieren. Hierbei muss beispielsweise beim Auftreten von Fehlerspeichereinträgen der Abgleich mit den Fehlerfingerprints des Unternehmens ermöglicht werden. Damit ist der virtuelle Fahrer in der Lage auf das Wissen des Unternehmens zuzugreifen und gefährliche Situationen in Echtzeit zu identifizieren und zu bewerten. Optimalerweise kann der virtuelle Fahrer auch direkt Gegenmaßnahmen einleiten, indem er das Fahrverhalten anpasst. Gleichzeitig muss aber auch die IT-Infrastruktur so gestaltet sein, dass sie in der Lage ist, diese Datenmengen sicher und effizient zu verarbeiten. Dies schließt auch die Entwicklung robuster Sicherheitsmechanismen ein, um die Fahrzeuge vor Cyberangriffen zu schützen und die Integrität der Daten zu gewährleisten.

Parallel dazu wird das Internet der Dinge (IoT) immer bedeutender. Vernetzte Produkte, die in Haushalten, in der Industrie und im urbanen Raum eingesetzt werden, erzeugen enorme Datenmengen. Diese Daten bieten wertvolle Einblicke in das Verhalten und die Leistung der Geräte, ermöglichen vorausschauende Wartung und verbessern die Betriebseffizienz. Doch die Analyse dieser Daten bringt auch große Herausforderungen mit sich. Ein zentrales Problem ist die Interoperabilität der verschiedenen Systeme. Unterschiedliche Hersteller nutzen oft unterschiedliche Standards und Protokolle, was die Integration erschwert. Die Felddatenanalyse muss in der Lage sein, diese heterogenen Datenquellen zu verarbeiten und sinnvoll zu integrieren, um einheitliche Fehlerfingerprints generieren zu können.

Weitere wesentliche Elemente der Felddatenanalyse sind die Speicherung und Verwaltung der Daten. Datenbanken und die IT-Infrastruktur spielen eine zentrale Rolle, da sie es Unternehmen ermöglichen, große Datenmengen effizient zu speichern und zu analysieren. Die Herausforderungen sind vielfältig. Zum einen müssen die Datenbanken skalierbar sein, um mit dem Wachstum der Datenmengen Schritt zu halten. Zum anderen müssen sie leistungsfähig genug sein, um die Analyse in Echtzeit durchzuführen, was besonders im Kontext des autonomen Fahrens und der Echtzeitüberwachung von IoT-Geräten von entscheidender Bedeutung ist. Zudem müssen die Datenbanken sicher und zuverlässig sein, um den Schutz der gesammelten Daten zu gewährleisten und gleichzeitig den Zugriff auf relevante Informationen zu erleichtern.

Die immer schnelle Identifikation und Dokumentation von Fehlerschwerpunkten unter Verwendung von Fehlerfingerprints bilden eine weitere zukünftige Herausforderung. Durch die Fehlerfingerprints können Unternehmen wiederkehrende Probleme erkennen und gezielte Maßnahmen zur Behebung dieser Probleme ergreifen. Zur Erstellung der Fehlerfingerprints bedarf es nicht nur fortschrittlicher Datenanalysemethoden wie beschrieben, sondern auch einer effektiven Datenmanagementstrategie. Unternehmen müssen in der Lage sein, die Daten aus verschiedenen Quellen immer schneller zu aggregieren, zu analysieren und zu verbessern. Zudem müssen die gewonnenen Erkenntnisse in die Entwicklungsprozesse integriert werden. Dies erfordert nicht nur technische Kompetenz, sondern auch eine enge Zusammenarbeit zwischen Datenanalysten, Ingenieuren und IT-Spezialisten.

Die zukünftige Entwicklung der Felddatenanalyse wird zudem durch technologische Fortschritte in der Künstlichen Intelligenz und dem Maschinellen Lernen beeinflusst. Diese Technologien ermöglichen es, komplexe Muster und Zusammenhänge in großen Datenmengen zu erkennen, die mit traditionellen Analysemethoden schwer zu identifizieren sind. Sie können dazu beitragen, die Effizienz der Datenanalyse zu steigern, indem sie automatisierte Analysetools bereitstellen, die in der Lage sind, eigenständig Fehlerfingerprints zu erzeugen und sogar eigenständig Feldmaßnahmen für identifizierte Fehlerschwerpunkte zu entwickeln. Diese Technologien werden nicht nur die Geschwindigkeit und Genauigkeit der Datenanalyse verbessern, sondern auch neue Möglichkeiten zur Optimierung von Prozessen und zur Entwicklung innovativer Produkte eröffnen.

Ein weiteres bedeutendes Thema ist die Weiterentwicklung der IT-Infrastruktur. Die steigende Menge an Felddaten erfordert kontinuierliche Verbesserungen in der Datenspeicherung, -verarbeitung und -übertragung. Unternehmen müssen in moderne Datenzentren und leistungsfähige Netzwerkinfrastrukturen investieren, um eine schnelle und zuverlässige Datenübertragung zu gewährleisten. Dies umfasst auch die Entwicklung neuer Datenprotokolle und -standards, die die Interoperabilität und Sicherheit der vernetzten Systeme verbessern.

Die Felddatenanalyse wird in den kommenden Jahren eine Schlüsselrolle spielen, um beispielsweise die Potenziale des autonomen Fahrens und des IoT voll auszuschöpfen. Unternehmen, die in der Lage sind, die damit verbundenen Herausforderungen zu meistern, werden ihre Produkte und Dienstleistungen signifikant verbessern, ihre Effizienz steigern und sich in einem zunehmend wettbewerbsorientierten Markt erfolgreich behaupten. Die fortlaufende Innovation in der Datenanalyse, die Integration fortgeschrittener Technologien, die Entwicklung robuster Infrastrukturen und das Speichern des Wissens über Fehlerschwerpunkte anhand von Daten in Fehlerfingerprints werden entscheidend dafür sein, wie gut diese Herausforderungen gemeistert werden. Die Felddatenanalyse wird somit nicht nur zur Optimierung bestehender Prozesse beitragen, sondern auch neue Wege für Innovation und Wachstum eröffnen und bildet einen zentralen Bestandteil des datenorientierten Qualitätsmanagements.

Literatur

Abernethy, R. B. (2006): *The new Weibull handbook* (5th ed. Ausg.). North Palm Beach, Fla.: R. B. Abernethy.

Apache Druid, A. (2024): *Apache Druid | Apache® Druid*. Abgerufen am 28. 07. 2024 von *https://druid.apache.org*

Bou-Hamad, I., Larocque, D. & Ben-Ameur, H. (2011): „A review of survival trees", in: *Statistics Surveys*, 5(0), S. 44 – 71.

Bracke, S. (2022): *Technische Zuverlässigkeit*. Berlin, Germany: Springer Vieweg.

Buddhakulsomsiri, J. & Zakarian, A. (2009): „Sequential pattern mining algorithm for automotive warranty data", in: *Computers & Industrial Engineering*, 57(1), S. 137 – 147.

Buddhakulsomsiri, J., Siradeghyan, Y., Zakarian, A. & Li, X. (2006): „Association rule-generation algorithm for mining automotive warranty data", in: *International Journal of Production Research*, 44(14), S. 2749 – 2770.

Colak, E., Ozen, H., Emir, B. & Oner, S. (2017): „Pairwise Multiple Comparison Adjustment Procedure for Survival Functions with Right-Censored Data", in: *Computational and Mathematical Methods in Medicine*, 2017, S. 1 – 8.

Cox, D. R. (1972): „Regression models and life-tables, in: *Journal of the Royal Statistical Society*, 2(34), S. 187 – 220.

Dall, D., Wißler, F. & Woll, R. (2018): „Datenbasierte Früherkennung im Bereich Langzeitqualität", in: *Qualität und Zuverlässigkeit*, 63(9), S. 42 – 47.

Dehghani, Z. (2022): *Data mesh* (First edition Ausg.). Sebastopol, CA; ©2022: O'Reilly Media.

Delonga, M. (2007): *Zuverlässigkeitsmanagementsystem auf Basis von Felddaten* (Bd. 123). Stuttgart: Inst. für Maschinenelemente.

Eckel, G. (1977): „Bestimmung des Anfangsverlaufs der Zuverlässigkeitsfunktion von Automobilteilen", in: *Qualität und Zuverlässigkeit*, 22(9), S. 206 – 208.

European Commission (2024): *Shaping Europe's digital future: A European strategy for data*. Abgerufen am 14. 04. 2024 von *https://digital-strategy.ec.europa.eu/en/policies/strategy-data*.

Genschel, U. & Meeker, W. Q. (2010): „A Comparison of Maximum Likelihood and Median-Rank Regression for Weibull Estimation", in: *Quality Engineering*, 22(4), S. 236 – 255.

Hahsler, M., Grün, B. & Hornik, K. (2005): „arules – A Computational Environment for Mining Association Rules and Frequent Item Sets", in: *Journal of statistical software*, 14(15).

Hensel, T.-G. (2018): *weibulltools* (Fachgebiet Qualitätswissenschaft der TU Berlin, Hrsg.).

International Electrotechnical Commission (o. D.): *Internationales Elektrotechnisches Wörterbuch – Teil 192: Ausfall*. (IEV 192). Berlin.

Jauw, J. & Vassiliou, P. (2000): „Field data is reliability information", in: *IEEE*.

Johnson, L. G. (1950): „The median ranks of sample values in their population with an application to certain fatigue studies", in: *Bulletin of the American Mathematical Society*, 56(3).

Kaplan, E. L. & Meier, P. (1958): „Nonparametric Estimation from Incomplete Observations", in: *Journal of the American Statistical Association*, 53(282), S. 457.

Klein, B. (2013): *Numerische Analyse von gemischten Ausfallverteilungen in der Zuverlässigkeitstechnik* (Bd. 148). Stuttgart: IMA.

LeBlanc, M. & Crowley, J. (1993): „Survival trees by goodness of split", in: *Journal of the American Statistical Association*, 88(422), S. 457 – 467.

Meeker, W. Q. & Escobar, L. A. (1998): *Statistical methods for reliability data*. New York: Wiley.

Meyer, M. (2003): *Methoden zur Analyse von Garantiedaten für die Sicherheits- und Zuverlässigkeitsprognose von Komponenten und Baugruppen im Kraftfahrzeug*.

Meyna, A., Althaus, D., Braasch, A., Plinke, F. & Schlummer, M. (2023): *Sicherheit und Zuverlässigkeit technischer Systeme*. München: Carl Hanser Verlag.

Nelson, W. B. (2005): *Applied Life Data Analysis* (Bd. v. 577). Hoboken: John Wiley & Sons Inc.

Pasch, F., Hartewieg, W. & Jochem, R. (2017): „Datenorientiertes Zuverlässigkeitsmanagement als zukünftige Herausforderung für die Qualitätswissenschaft, in: H. Otten, J. Götz & S. Pollak: *Heutige und zukünftige Herausforderungen an die Qualitätswissenschaft in Forschung und Praxis*, S. 57 – 84. Erlangen: FAU University Press.

Pasch, F., Miazga, A. & Hartewieg, W. (2019): „Zuverlässigkeitszielbetrachtung durch Isokostendiagramme“, in: *Qualität und Zuverlässigkeit*.

Sauer, J. (2017): „Prognose des Ausfallverhaltens in der Nutzungsphase mit Monte Carlo“, in: *Qualität und Zuverlässigkeit*, 62(9), S. 32 – 38.

Tarum, C. D. (1999): *Classification and Analysis of Weibull Mixtures*. SAE International400 Commonwealth Drive, Warrendale, PA, United States.

Therneau, T. M., Atkinson, E. J. & others (1997): *An introduction to recursive partitioning using the RPART routines*.

Timescale (2024). *PostgreSQL ++ for time series and events | Timescale*. Abgerufen am 28. 07. 2024 von *https://www.timescale.com*.

Verband der Automobilindustrie e. V. (o. D.): *Case Studies im Zuverlässigkeitsregelkreis* (3.3), 1.

Wu, S. (2012): „Warranty Data Analysis“, in: *Quality and Reliability Engineering International*, 28(8), S. 795 – 805.

Wu, S. (2013): „A review on coarse warranty data and analysis“, in: *Reliability Engineering & System Safety*, 114, S. 1 – 11.

8 Intelligente Algorithmen zur prädiktiven Prozessfähigkeitsmessung

Jan Mayer

Echtzeit-Sensoriksysteme bieten wertvolle Möglichkeiten, die Prozessfähigkeit in Produktionsprozessen zu optimieren. Durch die kontinuierliche Erfassung von Prozessdaten in Echtzeit können prädiktive Algorithmen präzise Vorhersagen über mögliche Qualitätsabweichungen treffen und rechtzeitige Korrekturmaßnahmen ermöglichen. Dies führt zu einer signifikanten Reduzierung von Ausschuss und Nacharbeit und trägt somit zur Steigerung der Gesamtqualität bei.

In diesem Kapitel erfahren Sie mehr über:

- Die Vorteile der Integration von Echtzeit-Sensorik in Produktionsprozesse
- Den Einsatz prädiktiver Algorithmen zur Qualitätssicherung
- Praktische Anwendungsbeispiele zur Reduzierung von Ausschuss und Verbesserung der Produktionsqualität

8.1 Prädiktive statt deskriptiver Kontrolle

Die Einhaltung von steigenden Kundenansprüchen und stetigem Verbesserungsmanagement stellt produzierende Unternehmen vor die Aufgabe, robuste und effiziente Fertigungsprozesse zu etablieren (Goshime et al. 2019). Können die daraus entstehenden Anforderungen nicht eingehalten werden, muss in den Prozess physisch eingegriffen werden, was die Stabilität der Produktionsprozesse gefährdet. Als Entscheidungsunterstützung wird hierfür der Indikator der Prozessfähigkeit ermittelt, der zur Aussage über die strukturelle Einhaltung von numerischen Qualitätsgrenzen befähigt. Um die Prozessfähigkeit bestimmen zu können, müssen vordefinierte inhärente Qualitätskriterien von bereits produzierten Produkten dokumentiert werden. Diese Messungen werden sukzessive während des Produktionsprozesses durchgeführt und in einen zeitlichen Zusammenhang gestellt. Für die anschließende Berechnung der Prozessfähigkeit, welche sich der Methoden aus der deskriptiven Statistik bedient, werden die Verteilung der Qualitätskriterien und deren Überschreiten der Qualitätsgrenzen interpretiert. Dabei wird aufgrund der statistischen Lageparameter der Stichprobe eine Kennzahl berechnet, die auf die Anzahl der skalierten Schlechtteile und damit der generellen Prozessqualität rückschließen lässt. Im Allgemeinen lassen sich diese und weitere Methoden unter dem Begriff der Statistischen Prozesskontrolle (SPK) zusammenfassen (Tsung et al. 2008).

Im Zuge der voranschreitenden Digitalisierung und der damit einhergehenden Sensorisierung von Produktionsbeständen verändern sich analog die Automatisierungsmöglichkeiten und Entscheidungsstrukturen im Qualitätsmanagement von produzierenden Unternehmen (S. M. Lee et al. 2019). Als wesentlicher Einfluss gilt hierbei der andauernde Fortschritt in der Datenverarbeitung, v. a. im Bereich des Maschinellen Lernens (ML). Der Einfluss dieser Entwicklung gilt als Begünstigung für prädiktive Entscheidungsfindungen, da die Güte der statistischen Vorhersagealgorithmen mit der ansteigenden Datenverfügbarkeit positiv korreliert (Dhamija & Bag 2020). Des Weiteren besteht der technologische Fortschritt nicht nur bei der Datenerfassung, sondern auch bei der Datenübertragung. Technologien, welche dabei als Befähiger gelten, verfügen über Funktionalitäten, welche die Datenverarbeitung in Echtzeit durchführen können (Zhang et al. 2015). Der Einsatz einer Echtzeitverarbeitung kann die kontinuierliche Überwachung der Prozessqualität und damit der Einhaltung der Kundenanforderungen nicht nur gewährleisten, sondern auch die Prozessqualität nachhaltig verbessern (Das et al. 2015).

Diese Entwicklungen stehen konträr zur Durchführung der Überwachung von Kennzahlen der Prozessqualität. Der Einsatz der SPK ist vor allem bei der Anlaufphase einer Maschine nach dem Ende der Konzeptionsphase zur Einstellung der Maschinenparameter ein wichtiges Hilfsmittel. Dadurch können nach dem Start der Serienproduktion (englisch: Start of Production (SOP)) kontinuierlich Qualitätsanforderungen überwacht werden (Dombrowski et al. 2018). Während der Serienproduktion können aufgrund der deskriptiven Charakteristik und der Entnahme randomisierter Stichproben ausschließlich statistisch signifikante Aussagen über die Vergangenheit getroffen werden (Tsung et al. 2008).

Bild 8.1 zeigt die zeitliche Einordnung der SPK und die Auswirkung bei einer sinkenden Anzahl an Gutteilen, die in direktem Zusammenhang mit der Prozessqualität stehen. Während der Anlaufphase wird die Prozessqualität stetig bis zu dem gewünschten Toleranzniveau gesteigert. An diesem Zeitpunkt beginnen die Serienfertigung und das Sammeln von Stichproben für die SPK. Bei der zweiten Durchführung der SPK liegt die rückliegende Anzahl an Gutteilen in einem Bereich, der die Prozessqualität unter das gewünschte Toleranzniveau sinken lässt. Diese Erkenntnis verursacht den physischen Prozesseingriff, der zu einer Steigerung der Gutteile und damit einer höheren Prozessqualität führt. Jedoch ist ersichtlich, dass durch den rückblickenden Betrachtungszeitraum die SPK zu einer reaktionären Entscheidung führt und somit vermeidbare Fehlteile produziert werden. Diese Vermeidbarkeit ist vor allem durch industrielle ML-Anwendungen zu begründen, die mithilfe von Sensordaten eine Vorverlagerung der Entscheidungsunterstützung verursachen. Dadurch können im Kontext der zukünftigen Produkt- und Prozessqualität gezielte Aussagen getroffen werden. Beispielsweise werden durch prädiktive Algorithmen Vorhersagen über Produktionsprozesse getroffen oder Produkte in verschiedene Qualitätsgruppen eingeordnet. Dadurch entstehen nachhaltige Unterstützungsprozesse zur Einhaltung der geforderten Qualitätskriterien (Guh 2003) (Wuest et al. 2014).

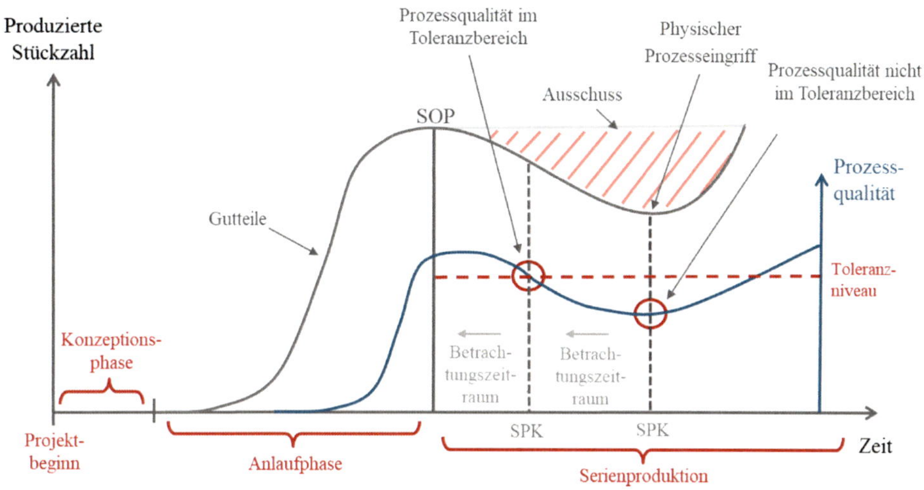

Bild 8.1 Zeitliche Einordnung der SPK in der Serienfertigung

8.2 SPK-Erweiterung zur prädiktiven Prozesskontrolle

Bisherige Anwendung

Da sich die hauptsächliche Funktion der SPK auf statistisch signifikante Evidenzen der gesamten Fertigung anhand eines inhärenten Qualitätskriteriums bezieht, werden prozessspezifische Merkmale für die Berechnung der Prozessqualität definiert. Dabei ist das Qualitätskriterium an individuelle Toleranzgrenzen (Obere Toleranzgrenze (OTG), Untere Toleranzgrenze (UTG)) gebunden, die das gefertigte Werkstück bei Über- oder Unterschreiten als Nacharbeit oder Ausschuss klassifizieren (S. J. Lee & Amin 2000). Um bei einer Serienfertigung eine kostenintensive 100 %-Qualitätskontrolle zu umgehen, werden deskriptive Indizes wie das Prozesspotenzial (C_p) und die Prozessleistung (C_{pk}) aus gezogenen Stichproben berechnet, um die erzeugten Produkte in Bezug auf das Qualitätsmerkmal zu bewerten. Dadurch können statistisch signifikante Aussagen über eine Einhaltung der Toleranzgrenzen auf die Grundgesamtheit übertragen werden. Jedoch liegen bei unterschiedlichen Stichprobengrößen angepasste Aussagen über die Einflüsse, wie Mensch, Material, Methode und Mitwelt, auf den Prozess vor (Sharma & Rao 2014). Wird eine Stichprobengröße von 50 zur Befähigung herangezogen, ist die definierte Kennzahl die Maschinenfähigkeit (C_{mk}) und das Maschinenpotenzial (C_m). Dabei wird das Potenzial jeweils als Vergleich der Toleranzgrenzen und der Streubreite interpretiert. Die Fähigkeitsindizes übertragen die Streubreite ferner auf statistische Lageparameter. Dadurch können sowohl die Prozessverteilung als auch die produzierten Schlechtteile bestimmt werden (Kane 1986).

Eine Unterscheidung der determinierten Kennzahl liegt nach Dietrich & Conrad dabei in der zeitlichen Entnahme der Stichprobe und deren Größe. Bild 8.2 stellt die Indikatoren und die Konfidenz zur Befähigung in eine zeitliche Relation.

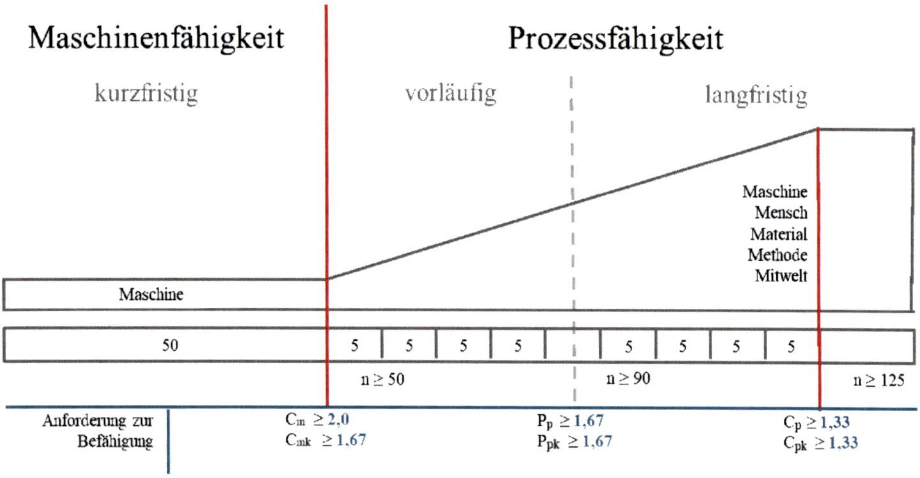

Bild 8.2 Einordnung und Charakterisierung der Fähigkeitsindizes, in Anlehnung an Dietrich & Conrad (2022)

SPK in Kombination mit ML

Da sich die Fähigkeitsindizes anhand eines einzelnen gemessenen Qualitätsmerkmals bestimmen lassen und ML-Algorithmen mit einer einzelnen abhängigen Variablen erstellt werden, können bisherige deskriptive Fähigkeitsindizes zu prädiktiven Fähigkeitsindizes umgewandelt werden.

Um die SPK-Erweiterung mithilfe von ML-Algorithmen umsetzen zu können, muss die Anpassung an die Voraussetzungen von ML erfolgen. Welche Arten von ML mit der SPK kombiniert werden, wird in Tabelle 8.1 anhand einer Vergleichsmatrix dargestellt. Dabei werden die unterschiedlichen Ausprägungen durch das Lernverhalten von ML laut Rashidi et al. (2019) herangezogen. Diese werden fachlich in überwachtes

Lernen, unüberwachtes Lernen und bestärkendes Lernen unterteilt (siehe auch Kapitel 3). Als Gegenstand der Vorhersage soll ein Fähigkeitsindikator aus der SPK dienen. Da sich beide vorgestellten Indizes anhand des gemessenen Qualitätskriteriums berechnen lassen, können sowohl das Qualitätskriterium als auch der Fähigkeitsindex als Vorhersagewert betrachtet werden. Durch die uni- oder multivariate Berechnung der ML-Algorithmen lassen sich mehrere Kombinationen für eine Untersuchung der prädiktiven Prozessfähigkeit ableiten. Ferner kann die abhängige Variable kontinuierlich (z. B. als Messwert oder Index) als Regression oder in eingeteilten Gruppen als Klassifikation (z. B. Prozess „fähig" oder „nicht fähig") berechnet werden.

Tabelle 8.1 Vergleichsmatrix geeigneter Untersuchungsgegenstände zwischen SPK und ML

		Überwacht		Unüberwacht	Bestärkend	
		Univariat	**Multivariat**	**Multivariat**	**Univariat**	**Multivariat**
Qualitätsmerkmal	**Regression**	✓	✓	✗	✗	✗
	Klassifikation	✗	✓	(✓)	✗	✓
Fähigkeitsindex	**Regression**	✓	✓	✗	✗	✗
	Klassifikation	✗	✓	(✓)	✗	✓

Da sich überwachte Algorithmen anhand historischer Daten dem bisherigen Verhalten der abhängigen Variablen anpassen, kann durch die Ausdehnung der beschreibenden Variablen durch Sensorwerte das Lernverhalten optimiert werden. Jedoch können durch autoregressive Modelle auch univariate Vorhersagen getroffen werden. Infolge der überwiegenden Anwendung zur Mustererkennung unüberwachter Algorithmen, sind zwar Klassifikationen anhand definierter Cluster möglich, jedoch bilden diese keine konkrete Zugehörigkeit, sondern weisen auch auf andere Abhängigkeiten innerhalb eines Clusters hin (Hastie et al. 2009). Diese Interpretationsschwäche schränkt die Anwendung der prädiktiven Prozesskontrolle ein. Analog zum überwachten Lernen, kann das bestärkende Lernen mithilfe historischer Daten darauffolgende Ereignisse vorhersagen. Jedoch sind durch die Optimierung der Entscheidungsstrukturen bestärkende Algorithmen in Kombination mit der SPK lediglich zu Klassifikationen nützlich.

8.2.1 Bisherige Anwendungsgebiete

Um die aktuelle Forschungslandschaft besser zu verstehen und aufschlussreiche Trends und Einsichten zu gewinnen, werden die qualitativen Ergebnisse zusammengefasst. Der Fokus liegt auf drei übergeordneten Kategorien, die den derzeitigen Forschungsschwerpunkt bilden: 1) Methodik und Technologie (welche Algorithmen werden umgesetzt und welche theoretischen Erkenntnisse können abgeleitet werden), 2) Anwendung und Praxis (Besonderheiten während der Umsetzung) und 3) Begrenzungen und Herausforderungen (was wurde in der Literatur als Limitation bezeichnet). Die nachfolgenden Abschnitte präsentieren eine detaillierte Analyse jeder Kategorie, indem sie relevante Studien hervorheben und die Schlüsselinformationen aus diesen Arbeiten zusammenfassen.

Methodik und Technologie

Wuest et al. (2014) schlagen vor, ML-Verfahren zur Generalisierung und zur automatisierten Entscheidungsunterstützung bei der Klassifizierung von Qualitätskriterien anzuwenden. Sie untersuchen allerdings nur bedingt die Prozessqualität, da sie sich auf die Klassifizierung von Produktzuständen konzentrieren. Abbasi (2009) liefert die relevante Information, dass für die Vorhersage der Prozessqualität keine bestimmte Verteilung vorliegen muss. Anstatt die üblichen Annahmen zu treffen, können diese vernachlässigt werden, indem die Perzentilmethode oder eine präzise Schätzung angewendet wird.

In einer Arbeit von Krauß (2020) liegt das Ziel auf der Vorhersage der Produktqualität nach dem letzten Prozessschritt. Schäfer et al. (2019) verfolgen einen ähnlichen Ansatz, indem sie prädiktive Komponenten in bestehende Six-Sigma-Analysen implementieren und so etablierte Methoden des Qualitätsmanagements mit neuartigen Befähigern aus dem ML-Bereich kombinieren. Cheng et al. (2014) vertiefen den Kenntnisstand der Prozessverantwortlichen über die Ursachen und Zusammensetzung der abhängigen Parameter im Prozess, die zur optimalen Qualität führen, indem sie die Problemstellung wiederholt untersuchen.

Anwendung und Praxis

Teinemaa et al. (2019) fokussieren zwar das Prozessmonitoring als Ganzes, jedoch werden lediglich einzelne Prozessschritte evaluiert und nicht deren Einfluss auf das Qualitätskriterium. In einem stark industriegeprägten Anwendungsfall konnten Mishra & Rane (2019) die chemische Zusammensetzung von Stahlprodukten mit der Vorhersage von Qualitätskriterien optimieren. Ismail et al. (2021) empfehlen zur Bewertung der Prozessindikatoren industrielle ML-Anwendungen, da Qualitätsunterschiede innerhalb der additiven Fertigung nicht spezifisch nachverfolgt werden können.

Begrenzungen und Herausforderungen

Wuest et al. (2014) weisen darauf hin, dass eine Erweiterung der Analyse zur Rückschlussbildung auf eine größere Anzahl von Produkten nicht gegeben ist. Trotz der Erfolge von Mishra & Rane (2019) lässt sich ihr Verfahren nicht auf mehrere Prozesse oder Produktgruppen anwenden. Abbasi (2009) kritisiert die mangelnde Fähigkeit der Arbeit, die Ursachen und Bedingungen für die Güte der Prozessfähigkeit in der Realität zu repräsentieren.

Zusätzlich machen Afrasiab & Khodaygan (2016) darauf aufmerksam, dass durch die fehlende Untersuchung der Prozessverteilungen die Ergebnisse nicht verallgemeinert und auf andere Prozesse angewendet werden können. Ein weiteres Problem stellen Teinemaa et al. (2019) fest: Obwohl ML-Verfahren als Unterstützung des Entscheidungsträgers dienen, fehlt in der Studie eine Evaluierung der Prozessparameter, die zur Entscheidungsfindung führen.

8.2.2 Auswirkungen der prädiktiven Prozesskontrolle auf implizites Prozesswissen

Da die SPK klassischerweise von Prozessverantwortlichen durchgeführt wird, entsteht hier ein hoher impliziter Wissensstand über die Prozesseigenschaften und Interdependenzen. Hinsichtlich der Interpretation der Analyseergebnisse gelten besonders Lerneffekte der verantwortlichen Mitarbeitenden als prozessverbessernder Einfluss. Das langfristige Ziel ist, die Lernkurve analog zum Anteil der Gutteile zu verfestigen. Dabei variieren jedoch die Lernkurven je nach Entscheidungsverantwortlichen und die damit verbundenen Kosten und die Zeit zur Wiederaufnahme der Produktion (Glock & Grosse 2015). Das Speichern der Analyseinputs, wie z. B. Messungen und Sensordaten, bereits am Anfang der Anlaufphase kann daher als wichtige Grundlage für ML-Anwendungen dienen. Dadurch werden die Lerneffekte in den digitalen Raum transferiert und mithilfe der angewandten Algorithmen standardisiert (Weichert et al. 2019). Die Prozessverantwortlichen bleiben dennoch direkte Ansprechpartner der Analyseergebnisse.

Laut Evans (2015) ist bei der Einbindung unterstützender Entscheidungsmaßnahmen die visuelle Kommunikation und Interaktion mit Prozessverantwortlichen eines der effektivsten Instrumente. Dabei soll vor allem die Ursachenbeschreibung thematisiert werden, um mögliche Zusammenhänge schnell erfassen zu können. Diese bestehen bei der Prozessanalyse aus Maschinenparametern, die den aktuellen Zustand über die berücksichtigten Sensordaten beschreiben (Köksal et al. 2011). Zusätzlich können kohärente Informationen zu produktspezifischen Umgebungen den Interpretationsspielraum erweitern, da durch das Erkennen von bestimmten Verhaltensstrukturen Fertigungsprozesse effizienter angepasst werden können (Senoner et al. 2021).

- Prädiktive Überwachung ermöglicht es, proaktiv Maßnahmen zu ergreifen, um die Prozessstabilität zu gewährleisten.
- Fortschritte in der Sensortechnologie ermöglichen eine umfassendere und genauere Datenerfassung während des Produktionsprozesses.
- In Kombination führen ML und SPK zu einer nachhaltigen Verbesserung der Produktqualität und einer Reduktion von Produktionsfehlern.

8.3 Anforderungen an die Prädiktive Prozesskontrolle

Die Implementierung prädiktiver maschineller Lernanwendungen in der Produktionstechnik stellt eine komplexe Herausforderung dar, die sorgfältige Planung und spezifische Anforderungen erfordert. Dabei muss auf die wesentlichen Voraussetzungen und Bedingungen vorab eingegangen werden, die bei der Entwicklung solcher Anwendungen zu berücksichtigen sind. Dies umfasst sowohl technische Aspekte als auch organisatorische und methodische Überlegungen, die sicherstellen, dass die Anwendungen den praktischen Anforderungen gerecht werden und einen echten Mehrwert bieten.

8.3.1 User Stories und Anwendungsziele

Die im Vorherigen beschriebenen Rahmenbedingungen beeinflussen die Implementierung von prädiktiven ML-Anwendung. Die sich daraus ergebenden Anforderungen für die Applikation werden aus Sicht des Process Owner herausgearbeitet. Aufgrund der agilen Entwicklungen innerhalb der Produktionstechnik und Informatik werden Anforderungen häufig als User Stories beschrieben (Tabelle 8.2). Diese beinhalten zeitgleich die Anforderung an die jeweilige Anwendung sowie die Ziele der zukünftig arbeitenden Person. Hier werden zunächst übergeordnete Szenarien beschrieben, welche kleinere Aufgaben umfassen, die Schritte zur Umsetzung der jeweiligen User Story beschreiben. Diese unterteilen sich weiter in Form von Akzeptanzkriterien, welche die Bedingung zur Erfüllung der User Story beschreiben.

Unter Beachtung der oben genannten Ausprägungen lassen sich User Stories aus Sicht der Process Owner im Kontext der prädiktiven Prozesskontrolle herausarbeiten. User Stories folgen dabei folgendem Leitsatz (Kusay-Merkle 2021):

> Als [Rolle] will ich [Funktionalität], um [Begründung].

Die Akzeptanzkriterien können entweder in informeller, natürlicher Sprache formuliert werden oder im Gherkin-Format (Angenommen/Wenn/Dann) erfolgen. Das Gherkin-Format beschreibt, wie sich die Anwendung unter welchen Bedingungen verhalten soll, um die User Story zu erfüllen (Beck 2003) (Karagöz & Sözer 2017). Im Folgenden werden die User Stories aus Gründen besserer Nachvollziehbarkeit in natürlicher Sprache beschrieben, da die ML-Anwendungen und die damit verbundenen ML-Algorithmen im Voraus definiert und angenommen werden.

Tabelle 8.2 User Stories zur prädiktiven Prozesskontrolle aus Sicht des Process Owner

User Story	Akzeptanzkriterium
Als Process Owner möchte ich die wichtigsten Prozessvariablen aufgelistet haben, um die größten Einflüsse auf die Prozessfähigkeit zu erkennen.	Mithilfe der Variable Selektion listet das System alle Prozessvariablen auf, die den Prozess beeinflussen. Die Faktoren werden dabei nach Wichtigkeit angeordnet. Faktoren mit dem größten Einfluss auf die Prozessfähigkeit werden zuerst aufgelistet.
Als Process Owner möchte ich die die oberen und unteren Toleranzgrenzen festlegen, um Toleranzen individuell an die Werkstücke anzupassen.	Da für unterschiedliche Bauteile unterschiedliche Toleranzen gelten können, kann der Process Owner für die Messungen die Grenzwerte ändern. Dabei gibt der Process Owner an, um welches Bauteil vermessen wird. Dadurch kann das System Empfehlungen zu Grenzwerten geben und es benachrichtigt den Process Owner, sobald dieser nicht im empfohlenen Grenzbereich liegt.
Als Process Owner möchte ich die Kennwerte von Stichproben in einer Tabelle sehen, um Berechnungen nachvollziehen zu können.	Mit einem Select Button kann der Process Owner auswählen, ob die ganze Datentabelle angezeigt werden soll oder nur eine Auswahl.
Als Process Owner möchte ich benachrichtigt werden, sobald sich Einflussgrößen ändern, um ggf. frühzeitig auf den Prozess zu reagieren.	Sobald sich Einflussgrößen ändern, welche die Prozessfähigkeit deutlich beeinflussen, erscheint eine Benachrichtigung. Im besten Fall kann der Process Owner Faktoren wie die Maschinentemperatur ändern und falsche Berechnungen vermeiden.
Als Process Owner möchte ich eine Erklärung zu den Trends und Mustern erhalten, um das Prozessverhalten besser zu verstehen und ggf. einzugreifen.	Der Prozess Owner kann die entsprechenden Qualitätsregelkarten einsehen und Erklärungen zum Verlauf erhalten, indem eine Anzahl von Messpunkten einer Gruppe markiert werden.
Als Process Owner möchte ich Handlungsempfehlungen erhalten, wenn der Prozess prädiktiv unfähig sein wird, um auch ohne Erfahrungen richtig zu handeln.	Sobald der prädiktive C_{pk}-Wert unter 1,33 liegt, wird der Process Owner benachrichtigt, die Systeme zu prüfen. Beim Auftreten von Mustern ist ebenfalls zu einer Überprüfung des Produktionsprozesses zu raten (Jakoby 2022).

8.3.2 Visuelle Erweiterungen

Die traditionellen Visualisierungen im Rahmen einer statistischen Prozesskontrolle umfassen in der Regel unterschiedliche Regelkarten und Histogramme. Die Qualitätsregelkarten stellen die Messungen im Verlauf der Stichproben dar und sollen sicherstellen, dass die Messwerte die Toleranzgrenzen nicht übersteigen. Werden diese mit einer zeitlichen Vorhersage ergänzt, müssen Anpassungen getroffen werden, welche von den Endnutzern interpretiert werden.

Eine einfache Darstellung von Zeitreihenprognosen (Bild 8.3) ist die Darstellung von Konfidenzintervallen innerhalb des Prognosezeitraums. Das Konfidenzintervall zeichnet den Wertebereich, in dem die Daten unter einer bestimmten Wahrscheinlichkeit liegen werden, und kommt bei Zeitreihenprognosen häufig zum Einsatz (Fraschini & Axhausen 2001).

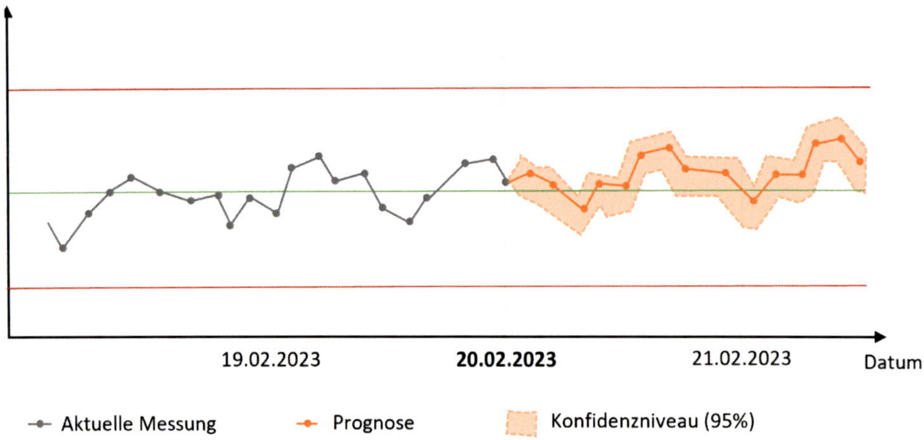

Bild 8.3 Zeitreihenvorhersage der Prozessfähigkeit mit Konfidenzintervall

Mittels der Berechnung von Feature-Importance-Methoden können Variablen identifiziert werden, welche den größten Einfluss auf das prädiktive Modell haben (Khan et al. 2020). Durch die Minimierung der Variablenanzahl kann das Modell einfacher interpretiert und somit verständlicher vermittelt werden. Gleichzeitig kann sich die Berechnungs- und Vorhersagezeit verringern. Bild 8.4 stellt beispielhaft die Relevanz der einzelnen Variablen in einem Balkendiagramm dar.

Obwohl Klassifizierungsalgorithmen intensiver im Qualitätsbereich untersucht werden, fehlt es den Endnutzern an Vertrauen in und Verständnis für neue Technologien. Ziel dieser Algorithmen ist es, die negativen und positiven Klassen richtig vorherzusagen. (Beauxis-Aussalet, Doorn & Hardman 2015) (Tercan & Meisen 2022). Die dabei enthaltenen Evaluationskennzahlen, wie die Konfusionsmatrix sowie komplexere Metriken wie Precision, Rcall oder F1-Score, sind für Nutzende oft schwierig nachzuvollziehen. Bild 8.4 zeigt eine Konfusionsmatrix mit einer Farbskala. Dementsprechend hoch sollten die Werte TN (wahre positive Werte) und TP (wahre negative Werte) sein. Die Farbskala ist dunkler, je höher die Werte sind.

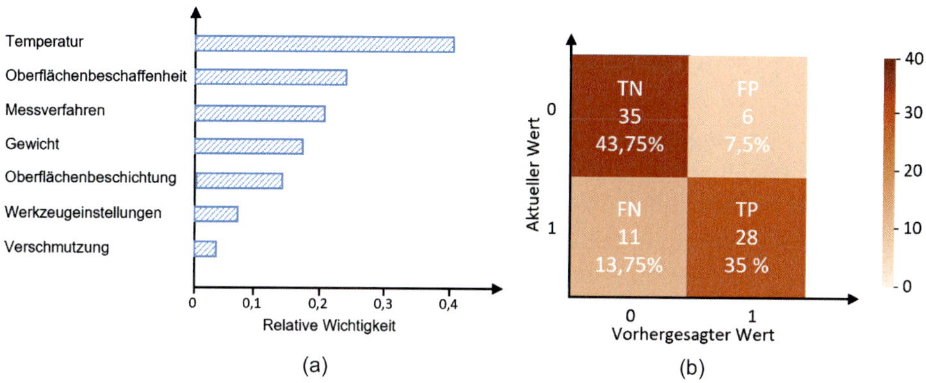

Bild 8.4 Feature-Importance- und Konfusionsmatrix

Zur Bewertung von Regressionsmodellen können die aktuell gemessenen Werte und die vorausgesagten Werte in einem Graph gezeichnet werden. Um das Regressionsmodell zu bewerten, werden analog zu den Klassifizierungsalgorithmen weitere Bewertungsmetriken bestimmt, welche die Abweichung der vorhergesagten und wahren Werte vergleichen. Eine mögliche Darstellung der Metriken sind Säulendiagramme innerhalb des Prognosegraphs. Je höher die Säulen, desto größer ist der Fehler der Prognose. Weitere Evaluationsmetriken wie MAPE, RMSE lassen sich ebenfalls als Säulendiagramm darstellen (Vandeput 2021).

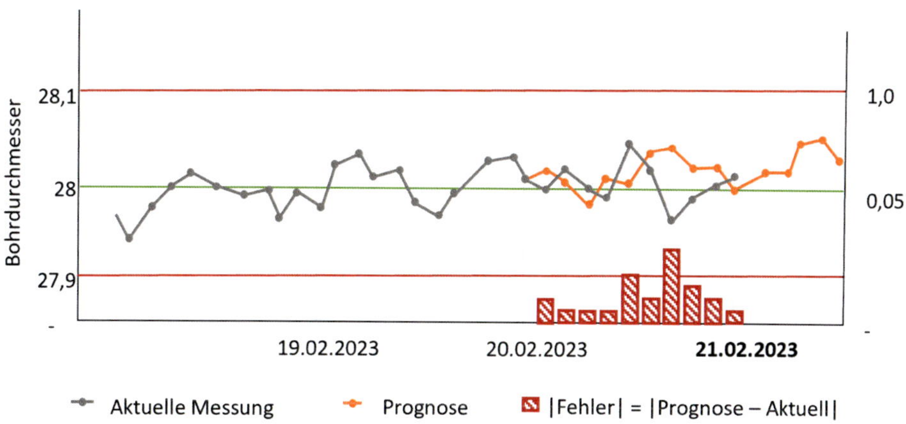

Bild 8.5 Zeitreihenvorhersage mit dargestelltem Fehler

8.4 Prädiktive Prozesskontrolle in der Anwendung

Als Grundlage für die prädiktive Prozesskontrolle dient ein mathematisches Modell des Prozesses unter Verwendung historischer Daten und Prozessmessungen wie Temperatur, Druck und Durchflussrate. Dieses Modell wird verwendet, um während der Anwendung Vorhersagen über das zukünftige Prozessverhalten basierend auf den aktuellen Bedingungen zu treffen. Das vorhergesagte Verhalten wird mit Sollwerten oder Zielwerten verglichen und alle Abweichungen werden genutzt, um in Echtzeit Korrekturmaßnahmen zu generieren (Hsu et al. 2020). Diese Closed-Loop-Regelstrategie ermöglicht eine schnelle und präzise Korrektur von Prozessabweichungen, was zu einer verbesserten Produktqualität und reduzierten Abfallmengen führt (Wang et al. 2015). Da die SPK branchenunabhängig eingesetzt wird, kann deren Erweiterung auf eine Vielzahl von Fertigungsprozessen einschließlich chemischer Verarbeitung, Automobil- sowie in der Lebensmittelindustrie angewendet werden. Darüber hinaus können Fertigungssysteme, welche die prädiktive Prozesskontrolle beinhalten, in bestehende Steuerungsinfrastrukturen integriert werden (Charles et al. 2020). Aufgrund der Komplexität des Designs und der Implementierung von ML in der Fertigung können mehrere begleitende Effekte, die erheblichen Einfluss auf erfolgreiche PPC-Systeme haben, aus Hou & Wang (2013), Zhang et al. (2019) und Jiang et al. (2022) abgeleitet werden.

Modellbasierte Regelung

Die Grundlage der prädiktiven Prozesskontrolle muss den zu steuernden Prozess abbilden. Dafür werden einfache lineare Regressionsmodelle bis hin zu komplexeren maschinellen Lernalgorithmen wie künstlichen neuronalen Netzen verwendet. Es dient dazu, Prognosen über das zukünftige Verhalten des Prozesses auf Basis der aktuellen Bedingungen zu erstellen. Diese Prognosen werden anschließend mit den festgelegten Soll- oder Zielwerten verglichen, um in Echtzeit Anpassungen vorzunehmen. Diese Closed-Loop-Regelung ermöglicht eine schnelle und präzise Behebung von Prozessabweichungen, was die Produktqualität verbessert und Abfallmengen reduziert.

Datengetriebene Regelung

Zusätzlich kann in der prädiktiven Prozesskontrolle der Input in das Modell interpretiert werden, um Vorhersagen und Regelungsentscheidungen zu treffen. Diese Daten können Prozessmessungen wie Temperatur, Druck und Durchflussrate sowie historische Daten umfassen, die zum Aufbau und zur Verfeinerung des Prozessmodells verwendet werden können. Die Verfügbarkeit von qualitativ hochwertigen, aktuellen Prozessdaten ist entscheidend für den Erfolg von PPC, da ungenaue oder unvollständige Daten zu falschen Vorhersagen und ineffektiven Regelungsmaßnahmen führen können.

Nichtlineares Prozessverhalten

Fertigungsprozesse unterliegen oft erheblicher Variabilität und nichtlinearem Verhalten, was eine genaue Vorhersage und Regelung erschweren kann. Dies kann insbesondere bei Prozessen mit mehreren Eingangsgrößen oder Prozessen, die plötzlichen Veränderungen oder Störungen unterliegen, auftreten. Um diese Herausforderung zu bewältigen, müssen Daten vorab analysiert werden und das Modell der prädiktiven Prozesskontrolle auf Nichtlinearität geprüft werden.

Implementierung und Integration

Die Implementierung der prädiktiven Prozesskontrolle kann komplex sein und erfordert einen erheblichen Einsatz von Zeit, Ressourcen und Fachwissen. Darüber hinaus kann auch die Integration in bestehende Systeme, wie Steuerungsinfrastrukturen und Datenquellen eine Herausforderung darstellen, da diese meist auf operativer Ebene angepasst sind und individuell gestaltet sind.

In Anbetracht der wechselseitigen Natur dieser Effekte muss die prädiktive Prozesskontrolle viele miteinander verbundene Faktoren berücksichtigen, was das Feld komplex und umfangreich macht. In der Anwendung selbst wird zusätzlich nach der abhängigen Variablen unterschieden, die entweder durch eine einzelne Qualitätskennzahl oder den umgerechneten Prozessfähigkeitsindex beschrieben wird. Durch eine umfassende Analyse der oben genannten Effekte können Fertigungsunternehmen unabhängig von ihrem Digitalisierungsgrad die Anwendung zur Vorhersage der Prozessqualität nutzen.

8.4.1 Verarbeitungsprozess von Qualitätsdaten

Der Ablauf zur Integration eines Vorhersagealgorithmus untergliedert einen integrativen Ansatz in drei Phasen: Herstellungsprozess, Datenbasis und Anwendung. Der Herstellungsprozess umfasst die Entwicklung des Produkts durch Schritte wie Simulation, Design und Produktion, wobei kontinuierlich Parameter und Qualitätsdaten erfasst werden. Diese Daten werden systematisch in Datenbanken gespeichert und bilden die Grundlage für die Modellbildung und Analyse. In der nächsten Phase werden diese Daten genutzt, um Modelle mit fortschrittlichen Algorithmen des ML zu trainieren und zu testen. Historische und aktuelle Daten sind entscheidend für die Modellbildung, die anschließend zur Echtzeitvorhersage und Optimierung in den Produktionsprozess integriert wird. Die letzte Phase umfasst die Bereitstellung und Anwendung der Modelle zur kontinuierlichen Vorhersage der Prozessfähigkeit und frühzeitigen Erkennung von Anomalien. Dies ermöglicht die proaktive Identifizierung und Behebung potenzieller Probleme, was zu höherer Produktqualität und Effizienz führt. Der Prozess wird durch kontinuierliche Rückkopplung dynamisch verbessert, was die Wettbewerbsfähigkeit und Produktqualität in der industriellen Fertigung steigert.

Herkunft und Struktur des Datensatzes

Als Grundlage der Vorhersage werden Datensätze von einer einzelnen Fertigungsmaschine oder ganzen Fertigungslinien verwendet. Der Datensatz wurde über einen längeren Zeitraum hinweg gesammelt, um eine breite Palette von Betriebsbedingungen und Variabilität abzudecken. Die Maschine(n), von der die Daten stammen, ist je nach Digitalisierungsgrad Teil eines hochautomatisierten Produktionsprozesses, der in mehreren Schichten und mit verschiedenen Materialtypen arbeitet. Dies gewährleistet, dass die Daten eine Vielzahl von Szenarien und potenziellen Herausforderungen in der Fertigung abbilden. Die Datensätze haben aufgrund der zeitlichen Verschiebung zwischen Qualitätskontrolle und der tatsächlichen Fertigung einen Versatz, der vorab berücksichtigt werden muss. Was ebenfalls eine Besonderheit darstellt, ist die Auswahl der kritischen Prozessvariablen bzw. die Eignung von Qualitätskriterien, welche eine gewisse Varianz aufweisen. Die beschreibenden Variablen sind zusätzlich mit regelmäßigen Mustern sowie durch die Sensorisierung der Produktionsanlage geprägt.

Die Auswahl dieses spezifischen Datensatzes erfolgte aufgrund seiner Relevanz und Anwendbarkeit auf reale Fertigungsprozesse. Die Daten müssen die tatsächlichen Betriebsbedingungen spiegeln, um eine robuste Basis für die Modellierung und Analyse zu bieten. Schlussendlich umfasst der Datensatz verschiedene Produktionsparameter, Sensorwerte und Qualitätsmetriken, die alle entscheidend für die genaue Vorhersage der Prozessfähigkeit sind.

8.4.2 Durchführung und Modelltraining

Datenvorverarbeitung

Die Vorverarbeitungsphase beinhaltet das Bereinigen und Formatieren der Rohdaten von Zeitreihen, um sicherzustellen, dass sie effektiv von den intelligenten Algorithmen verarbeitet werden können. Eine gängige Technik zur Vorverarbeitung von Zeitreihendaten ist die Normalisierung, die die Daten auf einen Standardbereich skaliert, um die Auswirkungen unterschiedlicher Skalen auf die Modellleistung zu mildern. Zusätzlich kann eine Sequenzauffüllung angewendet werden, um sicherzustellen, dass alle Eingabesequenzen die gleiche Länge haben, was eine effiziente Batch-Verarbeitung ermöglicht. Bei der Arbeit mit intelligenten Algorithmen ist es jedoch entscheidend, Zeitreihendaten so zu codieren, dass das Modell sie sinnvoll interpretieren kann. Die Einbeziehung von Positionsinformationen in die Eingabesequenz erleichtert das Lernen von zeitlichen Abhängigkeiten und verbessert so die Genauigkeit der Vorhersagen für bestimmte Algorithmen. Beispielsweise sind die Eingabesequenzen so konfiguriert, dass sie die nachfolgenden 60 Zeitschritte vorhersagen, wobei die vorhergehenden 1440 Zeitschritte als Trainingsdatensatz verwendet werden. Dies entspricht dem Sliding-Window-Ansatz, bei dem die Vorhersage der kommenden Stunde auf den letzten 48 Stunden basiert.

Modelldesign

Intelligente Algorithmen, die in modernen industriellen Anwendungen eingesetzt werden, beinhalten oft mehrere Mechanismen zur Optimierung der Vorhersagen. Diese Modelle bestehen aus Schichten, welche innerhalb des Optimierungsvorgangs unterschiedliche Werte annehmen. Bild 8.6 illustriert den gesamten Prozess von der Fertigung bis zur Vorhersage:

1. **Fertigungsprozess:** Der Fertigungsprozess beginnt mit der Simulation und dem Design und geht über in die Produktion, die von Experten und Systemen überwacht wird. In dieser Phase werden verschiedene Szenarien und Prozessparameter simuliert, um die bestmöglichen Produktionsbedingungen zu identifizieren. Die Designphase beinhaltet die Erstellung detaillierter Konstruktionspläne und die Auswahl geeigneter Materialien. Während der Produktion werden kontinuierlich Daten zu Prozessvariablen wie Temperatur, Druck und Durchflussrate erfasst, um eine präzise Steuerung und Optimierung des Fertigungsprozesses zu gewährleisten. Experten und automatische Überwachungssysteme spielen eine entscheidende Rolle bei der Sicherstellung der Produktqualität und der frühzeitigen Erkennung von Abweichungen.

2. **Datenbasis:** Die Datenbasis umfasst Designfaktoren, Sensordaten und Produktionsparameter, die gesammelt und in einer Datenbank gespeichert werden. Diese Daten bilden die Grundlage für die Analyse und die Modellierung. Designfaktoren beinhalten Spezifikationen und Toleranzen, die während der Konstruktionsphase festgelegt wurden. Sensordaten liefern Echtzeitinformationen über den Zustand und die Leistung der Maschinen, während Produktionsparameter die Betriebseinstellungen und Prozessbedingungen dokumentieren. Die Kombination dieser Datenquellen ermöglicht eine umfassende Analyse der Produktionsprozesse und die Identifizierung kritischer Einflussfaktoren auf die Prozessfähigkeit.

3. **ML und Deep Learning:** Historische und aktuelle Daten werden verwendet, um Modelle zu trainieren und zu testen. Diese Modelle sind darauf ausgelegt, Prozessfähigkeitsindizes vorherzusagen, indem sie die komplexen Abhängigkeiten und Beziehungen innerhalb der Daten verstehen und nutzen. ML kann Muster und Trends in den Daten erkennen, die für das menschliche Auge möglicherweise nicht sichtbar sind. Deep-Learning-Modelle, wie neuronale Netzwerke, können tiefere und nichtlineare Beziehungen innerhalb der Daten erfassen. Durch das Training dieser Modelle mit historischen Daten lernen sie, präzise Vorhersagen über die zukünftige Prozessfähigkeit zu treffen, was zu einer verbesserten Prozesssteuerung und Qualitätssicherung führt.

4. **Modelleinsatz und Vorhersage:** Die trainierten Modelle werden eingesetzt, um Vorhersagen zu treffen und die Prozessleistung in Echtzeit zu überwachen. Diese Vorhersagen helfen dabei, potenzielle Probleme frühzeitig zu erkennen und proaktive Maßnahmen zu ergreifen, um Prozessabweichungen zu vermeiden. Echt-

zeitüberwachungssysteme nutzen die Vorhersagen, um kontinuierlich die Leistung der Produktionsprozesse zu überwachen und Anpassungen vorzunehmen, um die Prozessfähigkeit zu optimieren. Durch die Integration der Modelle in das Produktionsumfeld können Unternehmen ihre Produktionsprozesse effizienter gestalten, die Produktqualität verbessern und Kosten reduzieren.

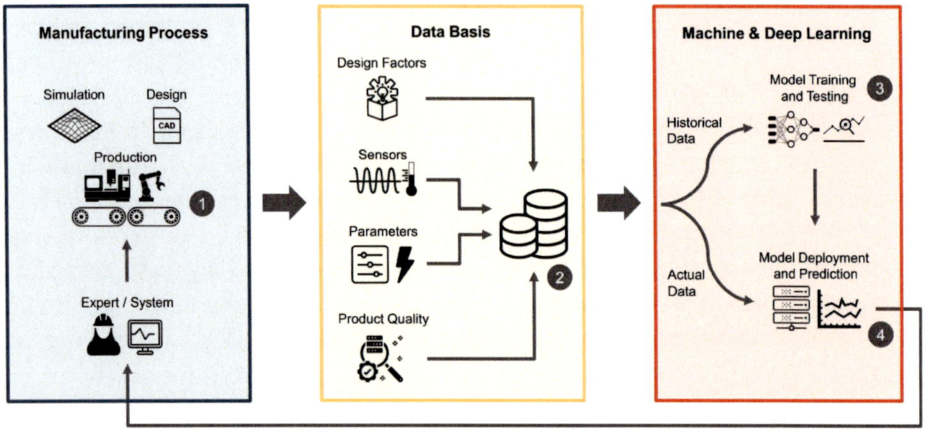

Bild 8.6 Ablauf zur Integration von prädiktiven Algorithmen in der Qualitätskontrolle (Tercan & Meisen 2022)

Ergebnisbeurteilung

Die Evaluation von Modellen ist ein entscheidender Schritt im maschinellen Lernen und in der Datenanalyse, insbesondere bei der Vorhersage von Zeitreihendaten der Prozessfähigkeit. Sie dient dazu, die Leistung eines Modells zu bewerten und sicherzustellen, dass es zuverlässig und genau ist. Eine gründliche Modellevaluation ermöglicht es, die Stärken und Schwächen eines Modells zu identifizieren, um fundierte Entscheidungen über dessen Einsatz in praktischen Anwendungen zu treffen. Ein grundlegender Aspekt der Modellevaluation ist die Aufteilung des Datensatzes in Trainings- und Testdaten. Das Modell wird auf den Trainingsdaten trainiert und anschließend auf den Testdaten evaluiert, um seine Fähigkeit zur Generalisierung auf unbekannte Daten zu prüfen. Dies ist besonders wichtig bei Zeitreihendaten, da diese typischerweise starke zeitliche Abhängigkeiten aufweisen und das Modell in der Lage sein muss, Muster und Trends korrekt zu erfassen.

Bild 8.7 zeigt eine grafische Darstellung der tatsächlichen und vorhergesagten Werte des Prozessfähigkeitsindex (PCI) eines kontinuierlichen Fertigungsprozesses, einschließlich eines 95 %-Konfidenzintervalls. Die blaue Linie repräsentiert die tatsächlichen Werte der Prozessfähigkeit, wie sie im Produktionsprozess gemessen wurden. Diese Linie zeigt die natürlichen Schwankungen und Muster, die typisch für den Betrieb einer hochautomatisierten Fertigungsmaschine sind. Der rote Bereich stellt das

95%-Konfidenzintervall der vorhergesagten Werte dar, was bedeutet, dass die Vorhersage mit einer Wahrscheinlichkeit von 95% innerhalb dieses Intervalls liegen sollte. Die Breite des Konfidenzintervalls ist ein Maß für die Unsicherheit der Vorhersagen: Ein schmaleres Intervall deutet auf eine höhere Genauigkeit hin. In der Grafik sind zudem die Summe und der Durchschnitt des Konfidenzintervalls angegeben. Die Summe beträgt 992,81, was die gesamte Bandbreite der Unsicherheitsbereiche über den gesamten Vorhersagezeitraum hinweg anzeigt. Der Durchschnitt des Konfidenzintervalls liegt bei 0,37, was ein Maß für die durchschnittliche Unsicherheit der Vorhersagen zu einem beliebigen Zeitpunkt ist.

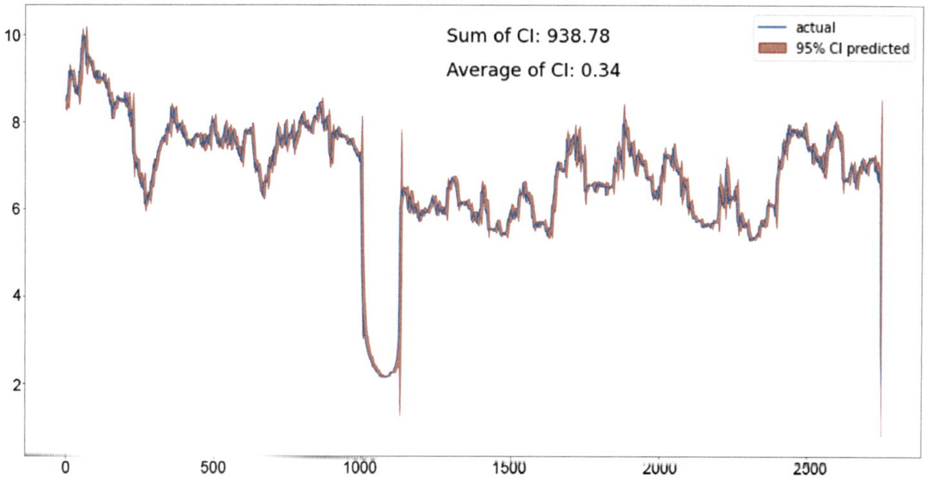

Bild 8.7 Darstellung einer an den Fertigungsprozess angepassten Vorhersage

8.5 Fazit

Die Erweiterung der SPK durch die Vorhersage der Prozessfähigkeit durch intelligente Algorithmen zeigt auf, wie Technologien in der modernen Produktion eingesetzt werden können, um die Prozessqualität zu verbessern. Traditionelle deskriptive Kontrollmethoden haben entscheidende Nachteile, welche durch prädiktive Ansätze ausgeglichen werden. In der heutigen Produktionslandschaft, die durch steigende Kundenanforderungen und kontinuierliches Verbesserungsmanagement gekennzeichnet ist, erreicht die prädiktive Prozesskontrolle die Steigerung effizienter Fertigungsprozesse. Der Einsatz von prädiktiven Algorithmen ermöglicht es, potenzielle Probleme frühzeitig zu erkennen und proaktive Maßnahmen zu ergreifen, um die Prozessqualität zu sichern und die Produktivität zu steigern. Intelligente Algorithmen, die aus umfangreichen historischen und aktuellen Daten lernen, bieten eine präzisere und zuverlässigere Methode zur Vorhersage der Prozessfähigkeitsindizes. Durch die Nutzung von Echtzeit-Sensordaten und fortschrittlichen ML-Methoden können Unternehmen ihre Entscheidungsfindung verbessern und die Prozessstabilität in Echtzeit überwachen. Diese Technologie ermöglicht es, Abweichungen frühzeitig zu erkennen und sofortige Korrekturmaßnahmen zu ergreifen, was die Gesamtqualität der Produktion erhöht und die Anzahl der Ausschussteile reduziert. Jedoch begleiten auch Herausforderungen die prädiktive Prozesskontrolle, die mit der Integration dieser Modelle in bestehende Produktionsprozesse verbunden sind. Dazu gehören die Notwendigkeit einer sorgfältigen Datenvorverarbeitung, die richtige Auswahl und Konfiguration der Algorithmen sowie die kontinuierliche Überwachung und Anpassung der Modelle, um deren Genauigkeit und Effizienz zu gewährleisten.

Die wichtigsten Punkte in Kürze

- **Prädiktive Prozessfähigkeitsmessung:** Traditionelle SPK wird durch prädiktive Algorithmen erweitert, um zukünftige Qualitätsprobleme frühzeitig zu erkennen und zu vermeiden.
- **Rolle der Digitalisierung:** Fortschritte in der Datenverarbeitung und Echtzeit-Sensorik ermöglichen eine verbesserte Überwachung und Steuerung von Produktionsprozessen, was zu einer höheren Produktqualität führt.
- **ML-Algorithmen in der Produktion:** ML wird eingesetzt, um anhand historischer Daten und Echtzeitinformationen Vorhersagen zu treffen und so die Entscheidungsfindung in der Prozesskontrolle zu unterstützen.
- **SPK-Erweiterung:** Durch die Kombination von SPK und ML können nicht nur vergangene Prozessdaten analysiert, sondern auch zukünftige Entwicklungen vorhergesagt werden, was eine proaktive Prozesssteuerung ermöglicht.
- **Herausforderungen und Chancen:** Die Implementierung prädiktiver Technologien erfordert sorgfältige Planung und Anpassung, bietet jedoch erhebliche Vorteile in Bezug auf Qualität, Effizienz und Kostenreduktion in der Produktion.

Literatur

Abbasi, B. (2009): „A neural network applied to estimate process capability of non-normal processes", in: *Expert Systems with Applications*, 36, S. 3093 – 3100, *https://doi.org/10.1016/j.eswa.2008.01.028*

Afrasiab, M., & Khodaygan, S. (2016): „Investigation of process distributions in quality control", in: *Quality and Reliability Engineering International*, 32(2), S. 245 – 260, *https://doi.org/10.1002/qre.1767*

Beauxis-Aussalet, E., Doorn, N., & Hardman, L. (2015): „Simplified confusion matrix visualization", in: *Proceedings of the 2015 IEEE Conference on Visual Analytics Science and Technology* (VAST), *https://doi.org/10.1109/VAST.2015.7347685*

Beauxis-Aussalet, E., & Hardman, L. (2014): „Evaluating and improving user experience with confusion matrix visualizations", in: *IEEE Transactions on Visualization and Computer Graphics*, 20(12), S. 2281 – 2290, *https://doi.org/10.1109/TVCG.2014.2346452*

Beck, K. (2003): *Test-Driven Development: By Example*. Addison-Wesley.

Carletti, M., Colomba, A., & Ferrara, G. (2019): „Explainable AI for predictive maintenance", in: *Proceedings of the IEEE International Conference on Industrial Engineering and Engineering Management* (IEEM), *https://doi.org/10.1109/IEEM.2019.8917436*

Charles, A., Zoller, R., & Sauter, W. (2020): „Integration of predictive quality control in manufacturing systems", in: *Journal of Manufacturing Systems*, 55, S. 24 – 34, *https://doi.org/10.1016/j.jmsy.2020.03.005*

Cheng, C., Deng, Y., & Huang, G. Q. (2014): „Predictive quality management with data mining", in: *Computers & Industrial Engineering*, 74, S. 46 – 52, *https://doi.org/10.1016/j.cie.2014.05.012*

Das, K., Abdollahi, M., & Milacic, M. (2015): „Real-time quality monitoring in manufacturing systems", in: *Procedia Manufacturing*, 1, S. 717 – 729, *https://doi.org/10.1016/j.promfg.2015.09.087*

Dhamija, P., & Bag, S. (2020): „Role of machine learning in quality control and predictive maintenance", in: *Journal of Manufacturing Processes*, 54, S. 866 – 877, *https://doi.org/10.1016/j.jmapro.2020.05.010*

Dietrich, E., & Conrad, A. (2022): *Statistical Process Control in Manufacturing*. Wiley.

Dombrowski, U., Hübner, S., & Reimer, M. (2018): „Implementation of predictive maintenance in smart factories", in: *Procedia CIRP*, 72, S. 1016 – 1021, *https://doi.org/10.1016/j.procir.2018.03.263*

Evans, J. R. (2015): *Quality & Performance Excellence: Management, Organization, and Strategy*. Cengage Learning.

Ghoshime, F., Hoonakker, P., & Carayon, P. (2019): *Human factors and ergonomics in manufacturing and service industries*. Wiley.

Glock, C. H., & Grosse, E. H. (2015): „The effect of learning on manufacturing processes", in: *International Journal of Production Economics*, 167, S. 310 – 322, *https://doi.org/10.1016/j.ijpe.2015.06.007*

Guh, R. S. (2003): „On-line identification and quantification of quality disturbances in manufacturing processes", in: *International Journal of Production Research*, 41(1), S. 7 – 28, *https://doi.org/10.1080/00207540210161728*

Hastie, T., Tibshirani, R., & Friedman, J. (2009): *The Elements of Statistical Learning: Data Mining, Inference, and Prediction*. Springer, *https://doi.org/10.1007/978-0-387-84858-7*

Hou, Z., & Wang, J. (2013): *Closed-Loop Quality Control Systems in Manufacturing Processes*. Springer, *https://doi.org/10.1007/978-1-4471-4363-9*

Hsu, P. Y., Tsai, C. H., & Chang, C. C. (2020): „Integration of predictive quality control in manufacturing", in: *Robotics and Computer-Integrated Manufacturing*, 63, S. 101938, *https://doi.org/10.1016/j.rcim.2019.101938*

Ismail, M. S., Law, K. H., & Chien, C. F. (2021): „Predictive maintenance and quality control in additive manufacturing", in: *Journal of Manufacturing Processes*, 68, S. 634 – 646, *https://doi.org/10.1016/j.jmapro.2021.04.014*

Jakoby, F. (2022): *Quality Control and Process Capability in Manufacturing*. Springer, *https://doi.org/10.1007/978-3-030-78175-7*

Jiang, Z., Li, Y., & Huang, J. (2022): „Real-time predictive quality control with machine learning", in: *Procedia CIRP*, 103, S. 453 – 458, *https://doi.org/10.1016/j.procir.2021.10.073*

Kane, V. E. (1986): „Process capability indices", in: *Journal of Quality Technology*, 18(1), S. 41 – 52, *https://doi.org/10.1080/00224065.1986.11978901*

Karagöz, T., & Sözer, H. (2017): *Agile methodologies in production engineering and informatics*. Wiley.

Khan, A. A., Ahmad, I., & Wani, M. A. (2020): „Feature importance techniques for explainable AI in predictive maintenance", in: *IEEE Access*, 8, S. 172912 – 172923, *https://doi.org/10.1109/ACCESS.2020.3024911*

Köksal, G., Batmaz, I., & Testik, M. C. (2011): „Machine learning applications in manufacturing", in: *Expert Systems with Applications*, 38(10), S. 13428 – 13436, *https://doi.org/10.1016/j.eswa.2011.04.031*

Krauß, J. (2020): *Predictive Quality Control: Methodologies and Applications*. Springer, *https://doi.org/10.1007/978-3-030-41825-7*

Kusay-Merkle, T. (2021): „User stories and agile development in manufacturing", in: *Journal of Systems and Software*, 180, S. 184 – 196, *https://doi.org/10.1016/j.jss.2021.110866*

Lee, S. J., & Amin, A. (2000): *Quality Control Methods in Manufacturing*. McGraw-Hill.

Lee, S. M., Lee, D., & Cho, M. (2019): „Digital transformation and predictive maintenance in smart manufacturing", in: *Journal of Manufacturing Systems*, 52, S. 2–16, *https://doi.org/10.1016/j.jmsy.2019.04.007*

Mishra, P., & Rane, S. (2019): „Predictive quality control in the steel industry", in: *Procedia Manufacturing*, 30, S. 120–127, *https://doi.org/10.1016/j.promfg.2019.02.018*

Rashidi, L., Mohandes, S. R., & Shariatmadari, M. (2019): „Machine learning approaches in predictive maintenance and quality control", in: *Journal of Intelligent Manufacturing*, 30(1), S. 1–17, *https://doi.org/10.1007/s10845-017-1357-5*

Senoner, P., Ebner, D., & Zoitl, A. (2021): „Integration of predictive quality control in industrial manufacturing", in: *Procedia CIRP*, 100, S. 219–224, *https://doi.org/10.1016/j.procir.2021.05.099*

Sharma, G. V. S. S., & Rao, C. S. (2014): „Process capability analysis in manufacturing", in: *International Journal of Production Research*, 52(1), S. 1–10, *https://doi.org/10.1080/00207543.2013.843795*

Teinemaa, I., Dam, H. K., & Sarunas, M. (2019): „Process monitoring and predictive quality control in industrial environments", in: *IEEE Transactions on Automation Science and Engineering*, 16(4), S. 1882–1893, *https://doi.org/10.1109/TASE.2019.2918046*

Tercan, H., & Meisen, T. (2022): „Machine learning and deep learning based predictive quality in manufacturing: A systematic review", in: *Journal of Intelligent Manufacturing*, 33(7), S. 1879–1905, *https://doi.org/10.1007/s10845-021-01821-0*

Tsung, F., Li, Y., & Jin, J. (2008): *Statistical Process Control: Monitoring and Diagnosis*. Springer, *https://doi.org/10.1007/978-0-387-77856-3*

Vandeput, N. (2021): *Forecasting and Predictive Analytics*. Springer, *https://doi.org/10.1007/978-3-030-59835-5*

Wang, K., Wang, H., & Wang, Y. (2015): „Predictive quality control and closed-loop regulation in manufacturing", in: *Journal of Intelligent Manufacturing*, 26(6), S. 1051–1063, *https://doi.org/10.1007/s10845-014-0953-9*

Weichert, F., Schel, D., & Kroll, A. (2019): „Machine learning and predictive maintenance in manufacturing", in: *Procedia Manufacturing*, 39, S. 257–264, *https://doi.org/10.1016/j.promfg.2020.01.112*

Wuest, T., Weimer, D., Irgens, C., & Thoben, K. D. (2014): „Machine learning in predictive quality control: Challenges and opportunities", in: *IFAC Proceedings Volumes*, 47(3), S. 1179–1184, *https://doi.org/10.3182/20140824-6-ZA-1003.01779*

Zhang, J., Li, Y., & Huang, J. (2019): „Real-time data processing and predictive quality control in smart manufacturing", in: *IEEE Transactions on Industrial Informatics*, 15(3), S. 810–819, *https://doi.org/10.1109/TII.2018.2854672*

Zhang, Z., Ding, Y., & Lee, J. (2015): „Real-time data processing and predictive quality control", in: *Journal of Manufacturing Science and Engineering*, 137(6), 061008, *https://doi.org/10.1115/1.4030442*

9 Smartes Fehlermanagementsystem in KMU

Turgut Refik Çağlar

Fehler in der Produktion sind ein bedeutendes Hindernis bei der Herstellung hochwertiger Produkte, da sie sowohl Kosten als auch Zeitaufwand verursachen und bei der Tolerierung von Fehlern zu einer Verringerung der Produktqualität führen. Ein wesentlicher Wettbewerbsfaktor zwischen erfolgreichen und weniger erfolgreichen Unternehmen besteht darin, wie sie das Wissen über Fehler nutzen und verwalten. In kleinen und mittleren Unternehmen (KMU) werden Fehler häufig in manuell geführten Fehlersammellisten oder in lokal gespeicherten Dateien dokumentiert. Dies erschwert den Aufbau einer systematischen Fehlerwissensbasis, die Durchführung einer datenbasierten Fehleranalyse und einen nachhaltigen Umgang mit Fehlern, obwohl eine gut gepflegte Wissensbasis das Herzstück eines intelligenten Fehlermanagementsystems bildet.

In diesem Kapitel erfahren Sie mehr über:

- Herausforderungen und Anforderungen zum Aufbau eines smarten Fehlermanagementsystems
- Anforderungen von Unternehmen an Fehlermanagementsysteme
- Aufbau und Umsetzung eines smarten Assistenzsystems im Shopfloor

9.1 Einleitung

Da Fehlerkosten in produzierenden Unternehmen etwa 2,8 % des Jahresumsatzes ausmachen, ergeben sich für ein produzierendes KMU mit einem Jahresumsatz von 50 Millionen Euro monatliche Fehlerkosten von etwas mehr als 115 000 Euro (Günther, Wangerow & Schmitt 2020). Allein die verarbeitenden KMU in Deutschland erzielten im Jahr 2020 einen Jahresumsatz von über 546 Milliarden Euro (Destatistis 2021). In diesem Fall verursachten Fehlerkosten in Deutschland bei verarbeitenden KMU, die nur einen Teil der produzierenden KMU ausmachen, mehr als 15 Milliarden Euro im Jahr 2020. Oft übersteigen Fehlerkosten 30 % der Herstellkosten (quality-engineering 2006). Daher ist der Aufbau eines intelligenten Fehlermanagementsystems von großer Bedeutung für produzierende Unternehmen, um die Qualitäts-, Fehler- und Herstellkosten zu senken (Ehrlenspiel et al. 2014).

In der Qualitätsmanagementnorm ISO 9001 wird Fehler als „Nichtkonformität: Nichterfüllung einer Anforderung" definiert (ISO 2015). Fehlermanagement umfasst sämtliche Schritte und Maßnahmen, die ergriffen werden, um nach dem Auftreten eines Fehlers schnell und effizient einen störungsfreien Zustand wiederherzustellen. Ziel ist es, durch gezielte Aktivitäten nicht nur den Fehler zu beheben, sondern auch die Systemstabilität zu sichern und zukünftige Fehler zu verhindern.

Ein smartes Fehlermanagementsystem bietet die Möglichkeit, Fehlerkosten in produzierenden Unternehmen durch korrekte und schnelle Behandlung von Fehlerereignissen zu minimieren, nachhaltige Wettbewerbsvorteile zu erlangen und einen datenbasierten sowie digitalisierten Reifegrad zu erreichen. Dies führt dazu, dass die Produktionsanlagen effektiver, fehlerfrei (ohne Nacharbeit und Ausschüsse), qualitativ hochwertiger und kostengünstiger gestaltet werden können. Neben den eingesparten Fehlerkosten, die sich aus den Ergebnissen dieses smarten Fehlermanagementsystems ergeben, sind zudem Einsparungen in Form von Zeit, Aufwand und Mitarbeiterausfall durch die Beschäftigung mit Fehlerbeseitigung, die Verringerung der Belastung und Beanspruchung von Mitarbeitenden im Fehlermanagementprozess sowie der Aufbau einer positiven Fehlerkultur bei KMU die Ziele.

Unsere in KMU durchgeführten Experteninterviews, Studien, Forschungs- und Industrieprojekte haben einen großen Bedarf an einem smarten Fehlermanagementsystem identifiziert. Laut einer im Rahmen des Forschungsprojekts *MIQFEM* (Mitarbeiterorientierte Qualitätsregelkreise in der Produktion zum smarten Fehlermanagement) durchgeführten Studie erfassen mehr als 70 % der Unternehmen ihre Fehlerdaten manuell. Für solche Unternehmen kommen der Aufbau einer Fehlerwissensbasis sowie die Analyse der Fehlerdaten nicht infrage, obwohl dies der Kernbestandteil eines Fehlermanagementsystems ist.

Ziel dieses Beitrags ist der Aufbau eines smarten Fehlermanagementsystems, welches die systematische Nutzung der Fehlerwissensbasis ermöglicht und sich dank der Interaktion mit den Mitarbeitenden in einem ständigen Lernprozess befindet. Dadurch erlernt es kognitive Problemlösungsfähigkeiten der Mitarbeitenden und ahmt sie nach. Das Fehlermanagementsystem kann zukünftige Fehlerereignisse vorhersagen, Fehlerzusammenhänge in der Produktion frühzeitig erkennen, mögliche Problemursachen identifizieren und geeignete Maßnahmen ableiten. Dieses Fehlermanagementsystem wird um den Berliner Problemlösungskreis und eine E-Learning-Plattform erweitert, um KMU bei der systematischen Problemlösung zu unterstützen.

9.2 Anforderungen aus Sicht der KMU

Ein „smartes Fehlermanagementsystem“ zielt darauf ab, Mitarbeitende an Arbeitsplätzen durch eine Benutzeroberfläche mit datenbasierten Algorithmen bei der Fehlererfassung, -analyse und Interpretation von Ergebnissen zu unterstützen. Darüber hinaus soll sich ein smartes Fehlermanagementsystem durch die Interaktion mit den Mitarbeitenden in einem kontinuierlichen Lernprozess befinden und auf diese Weise kognitive Problemlösungsfähigkeiten der Mitarbeitenden erlernen und nachahmen.

Ein Fehler wird als Problem definiert, wenn er negative Folgen nach sich zieht (Zapf, Frese & Brodebeck 1999). In diesem Kontext verfolgt das Fehlermanagement das Ziel, Fehler effizient, schnell und stressfrei zu korrigieren, um negative Konsequenzen zu vermeiden (Zapf, Frese & Brodebeck 1999). Zudem fordert das Lean Management die aktive Einbeziehung der Mitarbeitenden in die Problemlösungsprozesse (PLP) am Arbeitsplatz.

Mit der zunehmenden Individualisierung der Produktion wird eine flexiblere Fertigung erforderlich, was die Tätigkeiten und Anforderungen der Mitarbeitenden aufgrund der steigenden Variantenvielfalt komplexer gestaltet. Es ist daher nicht ausreichend, lediglich die Fehlerursachen eines Prozesses zu identifizieren. Jedes individuelle Produkt erfordert spezifische Prozessabläufe und kann somit produktspezifische Hauptfehlerursachen aufweisen, die zudem von den Wechselwirkungen zwischen den einzelnen Prozessen abhängen. Diese Aufgaben erhöhen die mentale Belastung der Mitarbeitenden.

Um dieser Belastung entgegenzuwirken, Fehler im Produktionsprozess zu minimieren und die Produktqualität zu verbessern, ist es notwendig, die Mitarbeitenden in die Lage zu versetzen, fundierte Entscheidungen mit einer geringeren Komplexität zu treffen. Diese Bedarfe bieten erhebliches Optimierungspotenzial für das Fehlermanagement auf dem Shopfloor. Dieses Potenzial kann durch den Einsatz der Methoden und Werkzeuge der Qualitätswissenschaft, innovativer Datenanalysemethoden wie Data Mining und Machine Learning sowie durch die systematische Nutzung des historischen Fehlerwissens ausgeschöpft werden.

> Beim Auftreten eines Fehlers sollen die Mitarbeitenden für die Beschreibung des Fehlers, die Bestimmung der Kernursachen sowie die Implementierung der entsprechenden Maßnahmen zur Behebung verantwortlich sein. Wenn die Kernursache des Fehlers unbekannt ist, soll ein systematischer Problemlösungsprozess eingeleitet werden.

Die durchgeführten Experteninterviews und die Umfrageergebnisse des *MIQFEM*-Projekts zeigen, dass KMU ein großes Interesse an dem Einsatz des smarten Fehlermanagementsystems haben. Jedoch stehen KMU dem Thema „smartes Fehlermanagementsystem“ aufgrund der hohen IT-Kosten, der begrenzten Personalkapazität und des fehlenden Know-hows überwiegend abwartend gegenüber.

Die Erfassung von Fehlern ist der erste Schritt in einem systematischen Fehlermanagementsystem. In KMU erfolgt diese Erfassung meist manuell, indem Fehlerbeschreibungen auf Papier oder in lokal gespeicherten Dateien wie Microsoft Excel eingetragen werden. Dieses Vorgehen ist jedoch nicht nur auf KMU beschränkt; auch große Unternehmen haben oft keine strukturierte Methode, um Fehlerbeschreibungen systematisch zu speichern. Ein zusätzliches Problem sind die häufig auftretenden Grammatik- und Rechtschreibfehler in den Fehlerbeschreibungen, die die systematische Analyse der Fehler erheblich erschweren. Eine systematische Speicherung und Analyse von Fehlerbeschreibungen ist jedoch essenziell, um mögliche Ursachen zu definieren und effektive Maßnahmen zur Fehlerbehebung und Prozessoptimierung zu ergreifen.

Nach der Fehlerbeschreibung sollen die möglichen Maßnahmen basierend auf der Kernursache festgelegt und abgeleitet werden. Wenn die Fehlerursache nicht bekannt ist, soll ein systematischer Problemlösungsprozess (PLP) durchgeführt werden, um mögliche Ursachen zu definieren und darauf aufbauend die Kernursache sowie geeignete Maßnahmen zur Behebung abzuleiten (Bild 9.1).

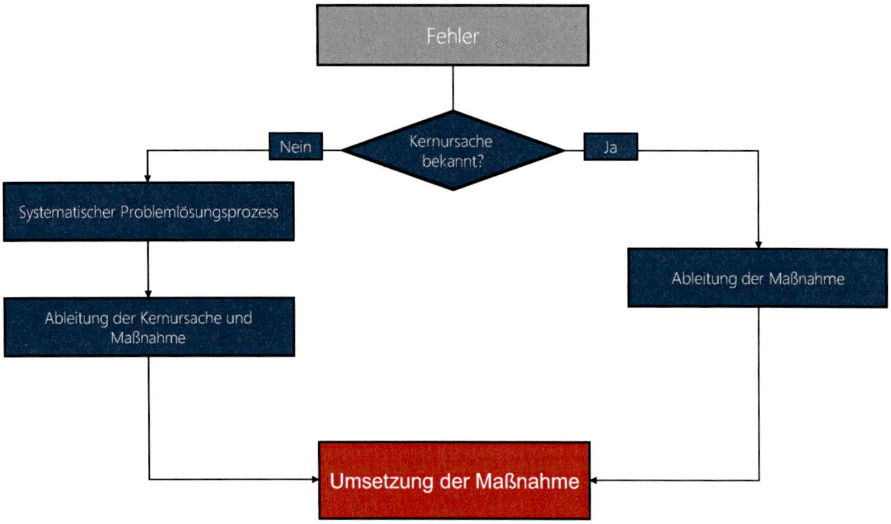

Bild 9.1 Allgemeine Vorgehensweise bei der Problemlösung

Im Falle einer unbekannten Kernursache sollte ein systematischer Problemlösungsprozess in Unternehmen etabliert werden, um die Mitarbeitenden in den kontinuierlichen Verbesserungsprozess (KVP) einzubeziehen (Peters 2009). Der Einsatz von Qualitätsmethoden ist für den Erfolg von KMU von zentraler Bedeutung und bildet einen wesentlichen Bestandteil des systematischen PLP. Trotz dieser Bedeutung wenden KMU solche Methoden jedoch nur selten oder mäßig an (Schober 2019).

Ein weiterer Bereich, in dem KMU hinterherhinken, ist die Nutzung datenbasierter Qualitätsmethoden und Data-Mining-Techniken (Schober 2019). Eine Umfrage zeigt, dass zwar 63 % der KMU mit der Qualitätsmethode „Six Sigma“ vertraut sind, aber nur 13 % diese tatsächlich anwenden. Dies ist besonders bemerkenswert, da ein durchschnittliches Six-Sigma-Projekt einen Net-Benefit von 125 000 Euro erzielen kann (Gricke & Keferstein 2011) (Töpfer 2002).

> In großen Unternehmen gibt es oft spezielle Qualitätsabteilungen, in denen Mitarbeitende für die statistische Analyse von Produktionsdaten zuständig sind. In KMU hingegen müssen diese Aufgaben häufig zusätzlich zu den regulären Tätigkeiten erledigt werden. Diese Situation stellt eine erhebliche Herausforderung dar, da die Vielzahl der zur Verfügung stehenden Problemlösungswerkzeuge selbst für Experten die Auswahl der besten Werkzeuge für eine bestimmte Situation erschwert. Eine falsche Wahl kann zu Fehlinterpretationen und zusätzlichen Kosten führen. Darüber hinaus gibt es mehrere Barrieren, die die Anwendung von Qualitätsmethoden in KMU erschweren. Zu Hauptbarrieren zählen mangelnde Kenntnisse über die Methoden, unzureichende oder missverständliche Schulungen, fehlende oder unklare Methodenbeschreibungen und -anleitungen sowie Fehler bei der Umsetzung der Methoden.

Diese Herausforderungen verdeutlichen, dass KMU Unterstützung benötigen, um Qualitätsmethoden effektiv einzusetzen. Weiterbildungsprogramme, klare und umfassende Methodenbeschreibungen sowie gezielte Methodenbegleitung könnten helfen, die Anwendung solcher Methoden in KMU zu steigern und somit ihren Erfolg zu fördern. KMU haben häufig nicht die notwendigen Ressourcen und das erforderliche Fachwissen, um ein systematisches Weiterbildungsmanagement für ihre Fachkräfte effektiv umzusetzen. In diesem Kontext kann der Einsatz digitaler Lernmethoden, wie beispielsweise Fallstudien in Form von Gamification, eine innovative und zukunftsweisende Bildungsalternative darstellen.

Digitale Weiterbildungsangebote bieten Unternehmen die Möglichkeit, erhebliche Einsparungen sowohl bei den direkten als auch bei den indirekten Kosten zu erzielen. Zu den direkten Kosten zählen Teilnahmegebühren für Schulungen und Seminare. Indirekte Kosten umfassen Reisekosten, Verpflegung sowie Produktionsausfälle, die durch die Abwesenheit der Mitarbeitenden während der Weiterbildung entstehen. Diese Einsparungen machen digitale Lernmethoden besonders attraktiv für KMU, die oft mit begrenzten Budgets operieren.

Ein weiterer wichtiger Vorteil digitaler Lernplattformen liegt in der Flexibilität und Anpassungsfähigkeit der Schulungsinhalte. Mitarbeitende können individuell und in ihrem eigenen Tempo lernen, was zu einer höheren Effizienz und besseren Integration des Gelernten in den Arbeitsalltag führt. Darüber hinaus ermöglicht die Qualifizierung der Mitarbeitenden durch problemorientierte Methoden, die auf spezifische betriebliche Herausforderungen zugeschnitten sind, eine gezielte und praxisnahe Weiterbildung. Dies kann die Problemlösungsfähigkeiten und die Innovationskraft der Belegschaft signifikant steigern.

Die Einführung einer digitalen Lernplattform kann somit ein bedeutendes Optimierungspotenzial für KMU darstellen. Sie unterstützt nicht nur die kontinuierliche Weiterbildung der Fachkräfte, sondern trägt auch dazu bei, die Wettbewerbsfähigkeit und Anpassungsfähigkeit der Unternehmen in einem dynamischen Marktumfeld zu verbessern. Durch die Integration moderner Lernmethoden können KMU langfristig ihre Effizienz steigern und sich besser auf zukünftige Herausforderungen vorbereiten.

9.3 Systematische Entwicklung des smarten Assistenzsystems

Ziel des Forschungsprojekts *MIQFEM* ist die Entwicklung eines smarten Assistenzsystems, welches die in Abschnitt 9.2 abgeleiteten Anforderungen und Bedarfe von KMU erfüllt. Dieses Assistenzsystem besteht aus den drei Hauptkomponenten „E-Learning-Plattform", „Systematischer Problemlösungsprozess" und „Smartes Fehlermanagementsystem" (Bild 9.2). Im Rahmen der Umsetzung des gesamten Assistenzsystems wird der Fokus auf Open-Source-Software gelegt, die von der EU empfohlen wird (Beckert et al. 2017). Open-Source-Software ist kostenlos, ermöglicht Eigenschaftserweiterungen, Optimierungen des Quellcodes, Anpassungen der bestehenden Software für andere mögliche Einsatzbereiche und erhöht die Datensicherheit durch unabhängige Audits und offene Überprüfung von Algorithmen (Beckert et al. 2017). An diesem Punkt bietet *MIQFEM* einen kostenfreien Lösungsansatz für den Einsatz eines smarten Assistenzsystems und schafft den Transfereffekt in andere Unternehmen, Produktionsbereiche und Projektvorhaben.

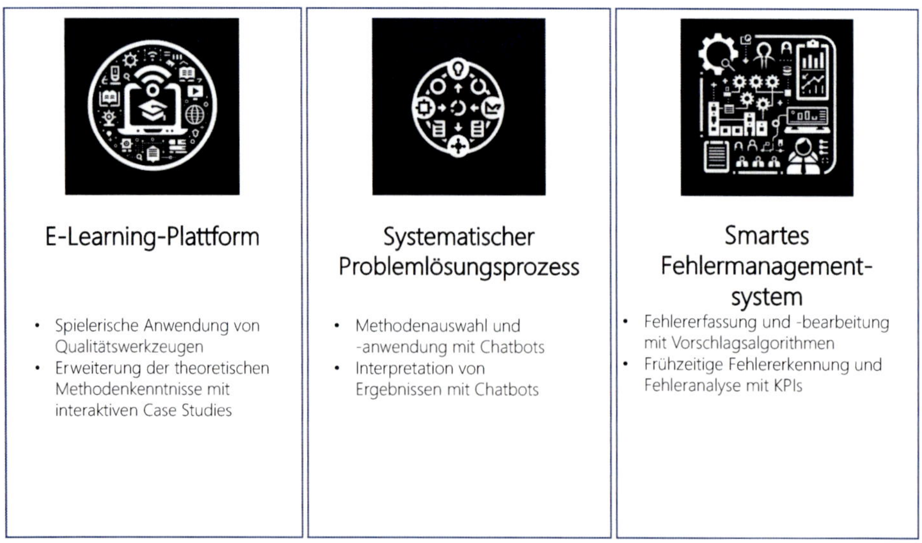

Bild 9.2 Bestandteile des smarten Assistenzsystems

9.3.1 Aufbau der E-Learning-Plattform

Das Angebot von *MIQFEM* umfasst auch eine digitale Lernplattform, über die Problemlösungskompetenzen durch die benutzerfreundliche Anwendung problemorientierter Qualitätsmethoden spielerisch erworben werden können. Der Aufbau der digitalen E-Learning-Plattform dient zudem der Einsparung von direkten und indirekten Weiterbildungskosten, wie etwa Reisekosten und Teilnahmegebühren. Zu diesem Zweck wurden mithilfe einer Umfrage und durchgeführter Experteninterviews die Hauptanforderungen an eine E-Learning-Plattform ermittelt: die Vermittlung theoretischer Kenntnisse (mit Videos und Beschreibungen), die Vermittlung praktischer Fähigkeiten (mit Fallstudien) sowie die interaktive und spielerische Anwendung der Methoden (Bild 9.3).

Bild 9.3 Benutzeroberfläche für das Ishikawa-Diagramm auf der E-Learning-Plattform

9.3.2 Aufbau des systematischen Problemlösungsprozesses

Der zweite Bestandteil des smarten Assistenzsystems ist der systematische PLP. Um die in Abschnitt 9.2 abgeleiteten Herausforderungen und Bedarfe der KMU zu erfüllen, verknüpft das Projekt *MIQFEM* Methoden und Werkzeuge der Qualitätswissenschaft und des Data Mining in einem wissensbasierten Expertensystem, um einen systematischen PLP im Falle eines unbekannten Fehlerereignisses zu ermöglichen. Zu diesem Zweck wurde ein systematisches Modell zur Auswahl von Methoden innerhalb des Berliner Problemlösungskreises entwickelt. Der Berliner Problemlösungskreis ist ein strukturierter Ansatz zur Problemlösung, der aus mehreren spezifischen Phasen besteht (Caglar & Jochem 2023). Um ein umfassendes Verständnis zu gewinnen, wurde mithilfe einer Umfrage, Literaturrecherchen, Brainstorming und Interviews untersucht, welche Unterphasen der Berliner Problemlösungskreis umfasst und welche Werkzeuge und Methoden in diesen einzelnen Phasen eingesetzt werden können (Bild 9.4).

Der Berliner Problemlösungskreis zielt auf die digitalisierte und dialogbasierte Unterstützung der Fachkräfte bei der Methodenauswahl, -durchführung und Ergebnisinterpretation ab. Zu diesem Zweck wurden zunächst die Werkzeuge der Qualitätswissenschaft mit den Phasen des Plan-Do-Check-Act (PDCA)-Zyklus und den Methoden des Data Mining aus dem CRISP-DM-Zyklus zusammengeführt, welcher die Phasen Business Understanding (Geschäftsverständnis), Data Understanding (Datenverständnis), Data Preparation (Datenvorbereitung), Modeling (Modellierung), Evaluation (Evaluierung) und Deployment (Bereitstellung) umfasst.

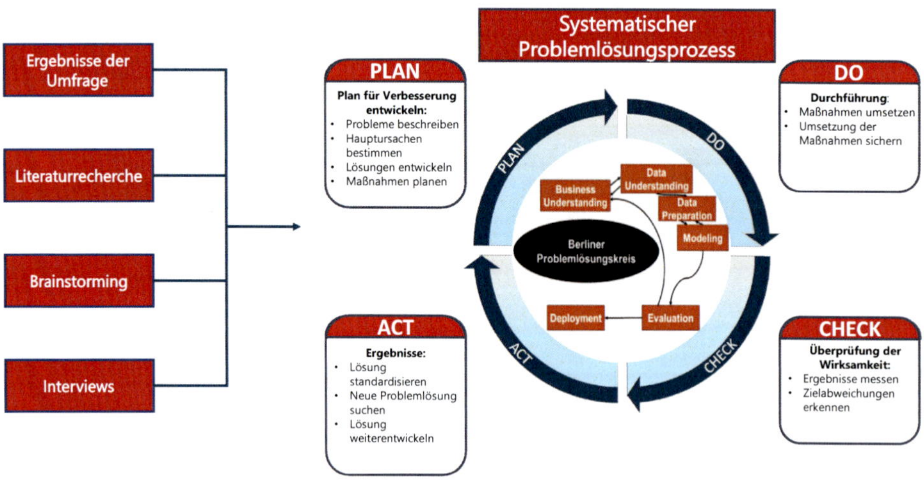

Bild 9.4 Methodische Vorgehensweise zur Auswahl von Problemlösungswerkzeugen und ihre Zuordnung in Phasen des Berliner Problemlösungskreises

Im nächsten Schritt wurde der Berliner Problemlösungskreis in seine einzelnen Unterphasen zerlegt. Jede dieser Unterphasen stellt einen spezifischen Schritt im gesamten Problemlösungsprozess dar und erfordert den Einsatz unterschiedlicher Methoden und Werkzeuge. In diesem Schritt wurden die einzelnen Werkzeuge und Methoden des Berliner Problemlösungskreises anhand verschiedener abgeleiteter Kriterien miteinander verglichen und Vorgänger-Nachgänger-Beziehungen zwischen den Werkzeugen erstellt (Bild 9.5).

			Mitarbeitende		Programmierer		
			Komplexität der Methode/ Schwierigkeitsgrad	Vorkenntnisse	Daten-intensität	Verbesserungspotenzial durch Digitalisierung	Zeitaufwand für Digitalisierung
PLAN – Business Understandig	Problem definieren/identifizieren	Fehlersammelkarte/ Fehlersammelliste	◔	Grundlegende Qualitätskenntnisse	▮▮▯▯	▮▮▮▮	▮▯▯▯
		Qualitätsregelkarte	◑	Statistische Grundkenntnisse	▮▮▮▯	▮▮▮▯	▮▮▯▯
		7W-Fragen (5W2H)	◔	Grundlegende Analysefähigkeiten	▮▯▯▯	▮▮▮▯	▮▯▯▯
		FMEA	●	Technisches und Prozessverständnis	▮▮▯▯	▮▮▮▯	▮▮▯▯
		Pareto-Diagramm	◑	Grundkenntnisse in Datenanalyse	▮▮▮▯	▮▮▯▯	▮▯▯▯
		Mindmap	◔	Kreativität, keine spezifischen Vorkenntnisse	▮▯▯▯	▮▯▯▯	▮▮▯▯
		FTA	◕	Technisches und analytisches Verständnis	▮▮▮▯	▮▮▮▮	▮▮▮▯

Bild 9.5 Ein exemplarischer Auszug der Bewertungsmatrix zur Auswahl und Zuordnung von Werkzeugen in Phasen des Berliner Problemlösungskreises

Der Berliner Problemlösungsprozess soll die Mitarbeitenden bei der Auswahl und Durchführung der richtigen Werkzeuge unterstützen. Jede der Phasen des Berliner Problemlösungskreises stellt einen spezifischen Schritt im gesamten Problemlösungsprozess dar und erfordert den Einsatz unterschiedlicher Methoden und Werkzeuge. Dies bedeutet, dass das System Anleitungen und Empfehlungen bietet, welche Werkzeuge und Methoden in den verschiedenen Phasen des Problemlösungsprozesses angewendet werden sollen. Zum Beispiel könnte eine Phase die Erfassung der möglichen Ursachen umfassen, die durch die benutzerfreundliche Anwendung eines Chatbots unterstützt wird (Bild 9.6). Im nächsten Schritt wurde der Berliner Problemlösungskreis in einem wissensbasierten Expertensystem (ES) integriert, um Mitarbeitende bei unbekannten Fehlerereignissen im Rahmen des Fehlermanagements zu unterstützen (Bild 9.7).

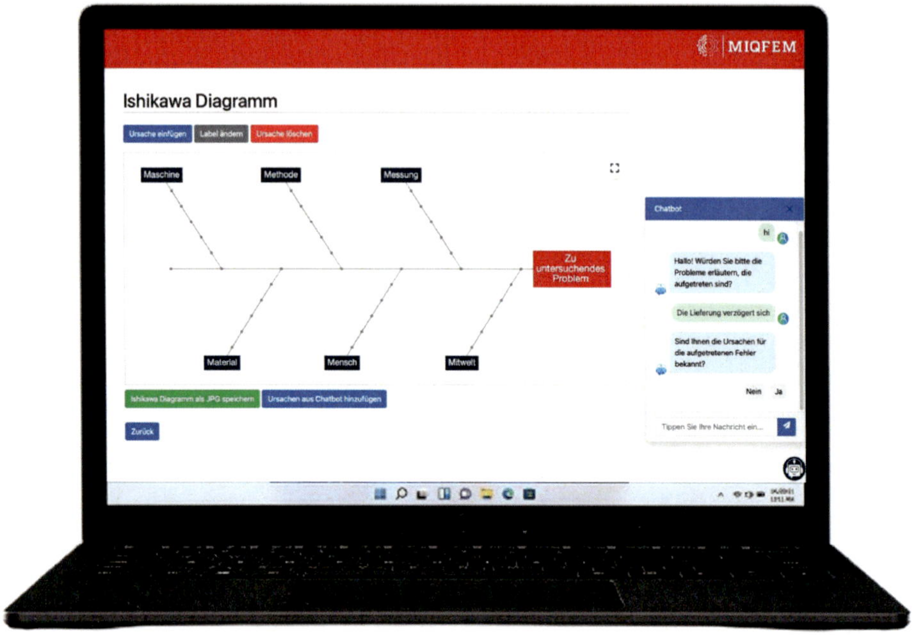

Bild 9.6 Darstellung der Anwendung des Ishikawa-Diagramms im Berliner Problemlösungsprozess mit Chatbot-Unterstützung

9.3.3 Aufbau des smarten Fehlermanagementsystems

Das smarte Fehlermanagementsystem ist der Hauptbestandteil des Assistenzsystems und wird durch die Integration des Berliner Problemlösungskreises in Bild 9.7 dargestellt. Das Fehlermanagementsystem optimiert sich durch die kontinuierliche Interaktion mit den Mitarbeitenden. Es ist darauf ausgelegt, die kognitiven Problemlösungsfähigkeiten der Mitarbeitenden zu erlernen und nachzuahmen, wodurch es in der Lage ist, kausale Zusammenhänge auf dem Shopfloor zu erkennen und zu erklären. Diese Fähigkeit ermöglicht die frühzeitige Prognose von Fehlerereignissen und die Implementierung geeigneter Gegenmaßnahmen.

Durch die Integration dieser strukturierten Herangehensweise in das Expertensystem sollen die Effizienz und Effektivität der Problemlösungsprozesse im Unternehmen erheblich gesteigert werden. Mitarbeitende erhalten klare Anleitungen, Werkzeuge und Unterstützungen mit Chatbots, die ihnen helfen, Probleme systematisch zu analysieren, Ursachen zu identifizieren und geeignete Maßnahmen zur Behebung der Probleme zu ergreifen. Dies führt letztlich zu einer Optimierung der Produktionsprozesse, einer Reduktion von Fehlern und einer Verbesserung der Produktqualität.

Die während der Methodenauswahl und -anwendung gewonnenen Daten, wie etwa die Analyse möglicher Problemursachen mithilfe eines Ishikawa-Diagramms, werden in einer umfassenden Problemlösungswissensbasis gespeichert (Bild 9.7). Diese Informationen können bei zukünftigen, ähnlichen, aber unbekannten Problemlagen als Empfehlungen genutzt werden. Zur Aneignung der erforderlichen theoretischen Methodenkenntnisse steht den Mitarbeitenden eine E-Learning-Plattform zur Verfügung.

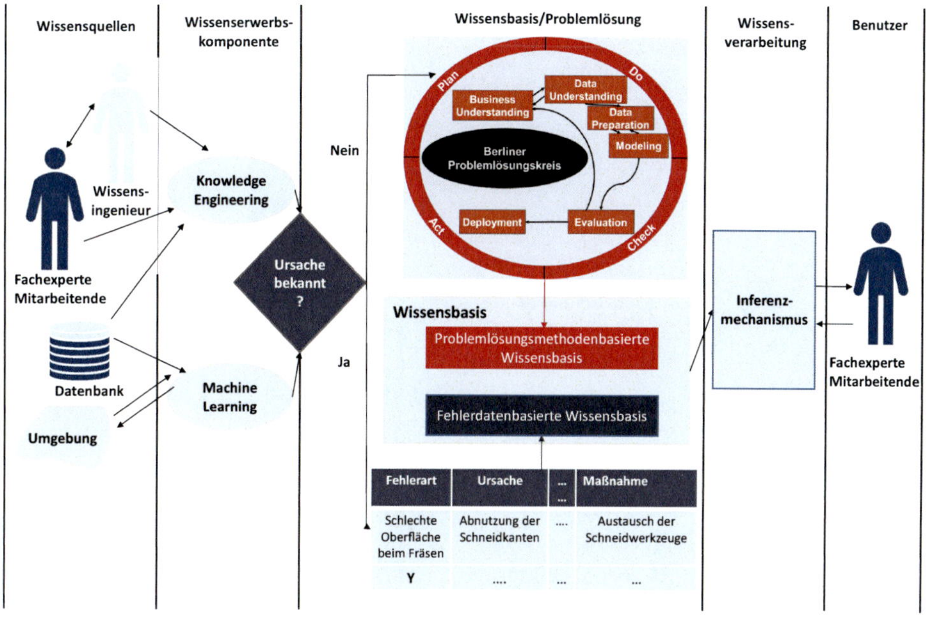

Bild 9.7 Aufbau des smarten Fehlermanagementsystems mit dem Berliner Problemlösungskreis in einem ES; eigene Darstellung in Anlehnung an (Ertel 2021)

9.4 Umsetzung des Fehlermanagementsystems

Der erste Schritt in einem smarten Fehlermanagementsystem ist die Fehlererfassung. Beim Auftreten eines Fehlers sollen die Mitarbeitenden die Fehler mit entsprechenden Informationen (z. B. Fehlerort und Fehlerdatum) über eine Eingabemaske in das digitale System eintragen (Bild 9.8). Anschließend muss kontrolliert werden, ob das beschriebene Fehlerbild in der Fehlerwissensdatenbank vorhanden ist. Nach der Eingabe einer Fehlerbeschreibung über eine spezialisierte Anforderungsmaske können die entsprechenden Problemlösungstools angewendet werden. Für bekannte Probleme, die in der Fehlerwissensbasis dokumentiert sind, fungiert das Fehlermanagementsystem als umfassender Katalog für Fehlerursachen und Abstellmaßnahmen. Bei neuartigen oder unbekannten Fehlerbildern wird der Berliner Problemlösungskreis initiiert. Hierbei können durch eine dialogbasierte und benutzerfreundliche

Methodenauswahl und -anwendung die Ergebnisse mithilfe von Chatbots interpretiert werden.

Bild 9.8 Benutzeroberfläche für die Fehlererfassung

Nachdem der Mitarbeitende das Problem am Arbeitsplatz erfasst hat, kommuniziert das Fehlermanagementsystem mit der Wissensbank und prüft, ob das erfasste Problem Ähnlichkeiten mit bereits bekannten Problembeschreibungen aufweist. Diese Kommunikation erfolgt über einen KI-basierten Inferenzmechanismus, wie in Bild 9.7 dargestellt.

Wenn das Problem bereits bekannt ist, können mögliche Ursachen und Maßnahmen direkt aus der Wissensdatenbank abgeleitet werden. Handelt es sich jedoch um ein unbekanntes Problem, so kann der Berliner Problemlösungskreis als strukturierter Ansatz zur systematischen Problemlösung herangezogen werden. Dieser Ansatz ermöglicht es dem Problemlösungsteam, auch neuartige Probleme effektiv zu analysieren und geeignete Lösungsstrategien zu entwickeln.

9.4.1 Problemlösungstool für bekannte Probleme

Wenn ein bekanntes Problem in der Wissensbasis identifiziert wird oder Ähnlichkeiten mit anderen Problemarten aufweist, werden spezifische Problemlösungstools bereitgestellt. Diese Tools beinhalten mögliche Ursachen und Maßnahmen, die jeweils mit Wahrscheinlichkeiten versehen sind. In einem solchen Fall hat der Mitarbeitende die Möglichkeit, aus dem vorgeschlagenen Katalog eine Auswahl zu treffen oder eine neue Ursache oder Maßnahme hinzuzufügen. Dies wird durch den Einsatz von KI ermöglicht, die die Erweiterung der zugrundeliegenden Wissensbasis mit neuen Informationen erlaubt. Außerdem ermöglicht die KI die automatisierte Aktualisierung der Wahrscheinlichkeitsalgorithmen basierend auf erhaltenem Feedback.

Durch die Implementierung des KI-basierten Expertensystems befindet sich das Assistenzsystem in einem kontinuierlichen Lernprozess, der durch die Interaktion mit den Anwendern unterstützt wird. Der kontinuierliche Lernprozess des Systems beruht auf der Fähigkeit der KI, aus den von den Anwendern bereitgestellten Daten zu lernen. Jedes Mal, wenn ein Mitarbeitender eine Ursache oder Maßnahme auswählt oder eine neue einträgt, wird diese Information verwendet, um die Wissensbasis des Systems zu erweitern. Die KI analysiert diese neuen Daten und passt die Wahrscheinlichkeitsalgorithmen entsprechend an, um zukünftige Vorhersagen und Vorschläge präziser zu gestalten.

Dieser dynamische Lernmechanismus stellt sicher, dass das Expertensystem stets aktuell bleibt und sich an neue Problemlösungen anpasst. Durch die fortlaufende Integration von Feedback und neuen Informationen verbessert das System kontinuierlich seine Fähigkeit, präzise und relevante Lösungsvorschläge zu bieten. Dies führt zu einer erhöhten Effizienz und Effektivität bei der Problemlösung, da das System nicht nur auf historische Daten angewiesen ist, sondern auch aktuelle und spezifische Informationen der Anwender einbezieht.

Darüber hinaus fördert die Interaktion mit dem System die Beteiligung der Mitarbeitenden an der kontinuierlichen Verbesserung des Expertensystems. Indem sie ihre eigenen Erfahrungen und Erkenntnisse einbringen, tragen sie aktiv zur Wissensbasis bei und profitieren gleichzeitig von den fortlaufenden Optimierungen, die durch die KI ermöglicht werden. Dies schafft eine symbiotische Beziehung zwischen den Nutzern und dem System, in der beide Parteien voneinander lernen und profitieren.

Im nächsten Schritt wird eine detaillierte Analyse der abgeschlossenen Fehlerfälle durchgeführt, um Muster und Zusammenhänge aufzudecken. Dies umfasst unter anderem die Anwendung von deskriptiven und diagnostischen Analysemethoden, wie der Korrelationsanalyse und der Erstellung von Laufdiagrammen (Run Charts). Das Ziel dieser Analyse ist es, zu bestimmen, welche Arten von Fehlern zu welchen Zeiten und wie häufig auftreten sowie welche spezifischen Prozessschritte besonders anfällig für bestimmte Fehlerarten sind.

Ein weiterer wichtiger Aspekt ist die Untersuchung, wie Mitarbeiterpräferenzen bei der Übergabe an den KI-basierten Inferenzmechanismus ausgewertet werden. Dabei wird beispielsweise analysiert, welche Ursachen von den Mitarbeitenden aus einem vorgeschlagenen Katalog bevorzugt ausgewählt werden. Neue, dabei entdeckte Zusammenhänge werden in die Wissensbasis des Systems aufgenommen, um das Fehlermanagement kontinuierlich zu verbessern.

Zusätzlich werden statistische Modelle entwickelt, um Fehler frühzeitig vorhersagen zu können. Hierbei kommen modifizierte Regressionsverfahren oder Zeitreihenanalysen zum Einsatz. Das Ziel dieser Modelle ist es, zukünftige Fehlerereignisse präzise zu prognostizieren. Basierend auf diesen Prognosen können dann gezielte, reaktive Maßnahmen ergriffen werden, um die vorhergesagten Fehlerbilder zu vermeiden und die Qualität der Prozesse zu verbessern.

9.4.2 Problemlösungstools für unbekannte Probleme

Im Falle eines neuartigen Problems, das in der bestehenden Wissensbasis nicht dokumentiert ist, bietet das Assistenzsystem den Mitarbeitenden oder dem Problemlösungsteam die Möglichkeit, den PLP systematisch durchzuführen. Dabei können geeignete Problemlösungsmethoden ausgewählt werden, die den verschiedenen Phasen des Berliner Problemlösungskreises zugeordnet sind.

Der Berliner Problemlösungskreis stellt einen strukturierten Ansatz dar, der den Problemlösungsprozess in verschiedene Phasen unterteilt, wie etwa Problemanalyse, Ursachenidentifikation, Lösungsentwicklung und Implementierung. Durch die systematische Anwendung dieser Phasen wird sichergestellt, dass das Problem umfassend und methodisch angegangen wird.

Zur Unterstützung der Auswahl, Durchführung und Interpretation der Problemlösungsmethoden werden digitalisierte und dialogbasierte Benutzeroberflächen in das Assistenzsystem integriert (Bild 9.9). Diese Oberflächen dienen nicht nur als Schnittstelle zwischen dem Nutzer und dem System, sondern auch als interaktive Werkzeuge, die den Problemlösungsprozess erleichtern. Sie bieten gezielte Anleitungen, strukturierte Eingabemöglichkeiten und automatisierte Analysefunktionen, um den Anwender bei jedem Schritt des Prozesses zu unterstützen. Zum Erwerb der benötigten theoretischen Methodenkenntnisse kann von der E-Learning-Plattform des Assistenzsystems profitiert werden.

Die digitale und dialogbasierte Natur dieser Benutzeroberflächen ermöglicht eine intuitive und effiziente Interaktion, die es dem Problemlösungsteam erleichtert, methodische Entscheidungen zu treffen und den Prozess zu dokumentieren. Darüber hinaus können diese Oberflächen Echtzeit-Feedback geben, das auf den eingegebenen Daten und den zugrunde liegenden Problemlösungsmethoden basiert, wodurch die Qualität der Problemlösung erhöht und die Entscheidungsfindung optimiert wird.

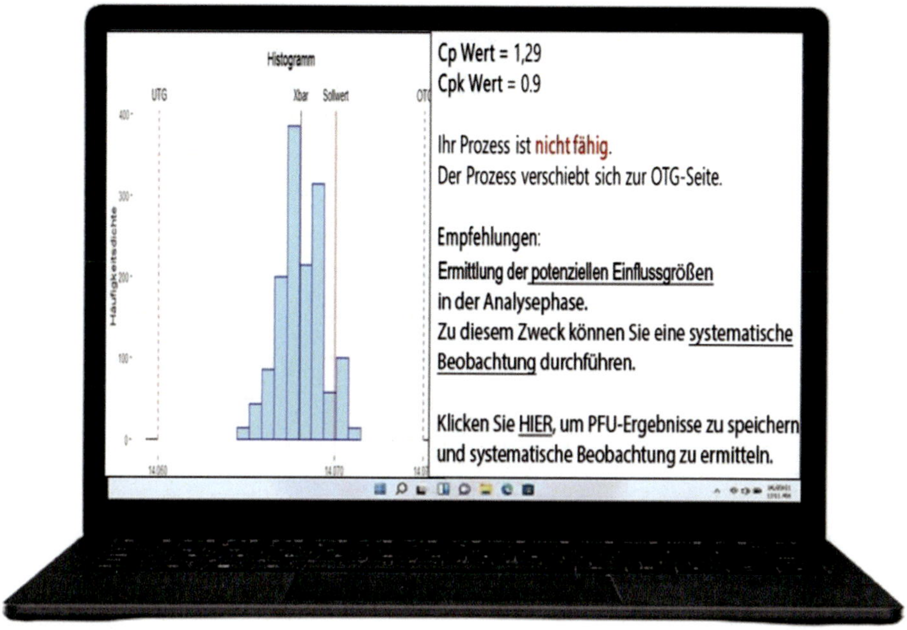

Bild 9.9 Darstellung der Unterstützungseigenschaft des smarten Fehlermanagementsystems bei der Methodenanwendung und -interpretation

Diese integrierten Benutzeroberflächen sind so gestaltet, dass sie flexibel und anpassungsfähig sind, um den spezifischen Anforderungen unterschiedlicher Problemstellungen gerecht zu werden. Sie bieten eine nahtlose Integration von Problemlösungsmethoden und eine direkte Unterstützung bei der praktischen Anwendung, was zu einer verbesserten Problemlösungsfähigkeit und einer höheren Effizienz im Umgang mit unbekannten Problemen führt.

9.5 Fazit

In diesem Kapitel wurde die zentrale Bedeutung eines smarten Fehlermanagementsystems für KMU herausgestellt. Die Herausforderungen, mit denen KMU im Bereich des Fehlermanagements konfrontiert sind, wurden ausführlich beleuchtet und es wurden praktikable Lösungsansätze zur Überwindung dieser Hindernisse präsentiert. Dabei standen die Entwicklung und Implementierung eines intelligenten Assistenzsystems im Mittelpunkt, das darauf abzielt, Fehlerkosten zu reduzieren, die Produktqualität zu steigern und die Effizienz der Produktionsprozesse zu verbessern.

Ein wesentliches Ergebnis dieser Arbeit ist die Erkenntnis, dass die Digitalisierung und Automatisierung des Fehlermanagements für KMU nicht nur eine Möglichkeit zur Effizienzsteigerung, sondern eine Notwendigkeit darstellen, um wettbewerbsfähig zu bleiben. Traditionelle, manuelle Methoden zur Fehlererfassung und -analyse reichen in einer zunehmend komplexen Produktionsumgebung nicht mehr aus. Ein smartes Fehlermanagementsystem ermöglicht es, Fehlerdaten systematisch zu erfassen, zu analysieren und durch den Einsatz von Machine Learning und Data Mining wertvolle Erkenntnisse zu gewinnen, die für die Fehlervermeidung und Prozessoptimierung genutzt werden können.

Die enge Verknüpfung eines solchen Systems mit den Mitarbeitenden ist ebenfalls von entscheidender Bedeutung. Durch die Interaktion mit den Anwendern lernt das System kontinuierlich und entwickelt kognitive Problemlösungsfähigkeiten, die es ihm ermöglichen, zukünftige Fehler vorherzusagen und geeignete Gegenmaßnahmen zu entwickeln.

Für KMU bedeutet die Implementierung eines smarten Fehlermanagementsystems, dass sie in der Lage sind, Fehler systematisch zu dokumentieren und zu analysieren, wodurch sie langfristig die Produktionsqualität verbessern und Kosten senken können. Die im Buch vorgestellten Methoden und Werkzeuge, wie der Berliner Problemlösungskreis und die E-Learning-Plattform, bieten praxisnahe Ansätze, um die Mitarbeitenden in diesen Prozess zu integrieren und ihre Fähigkeiten gezielt weiterzuentwickeln.

Da das Assistenzsystem vollständig auf Open-Source-Software basiert und speziell auf die Bedürfnisse von KMU zugeschnitten ist, können Unternehmen das gesamte System kostenfrei implementieren. Darüber hinaus ermöglicht die flexible Architektur des Systems einfache und kostenfreie Anpassungen an firmenspezifische Anforderungen, ohne dass erheblicher Aufwand oder teure externe IT-Unterstützung notwendig ist.

Die wichtigsten Punkte in Kürze

- KMU stehen hohen Fehlerkosten gegenüber, die ihre Wettbewerbsfähigkeit beeinträchtigen.
- Ein smartes Fehlermanagementsystem hilft KMU, Fehlerkosten zu senken und die Produktionsqualität zu verbessern, indem es Fehlerdaten systematisch erfasst und analysiert.
- Das vorgeschlagene Assistenzsystem basiert auf Open-Source-Software, die kostenfrei implementiert werden kann, wodurch KMU die Digitalisierung ihres Fehlermanagements kosteneffizient umsetzen können.

Förderhinweis

Das IGF-Vorhaben 22530 N (Bewilligungszeitraum: 01. 01. 2023 – 31. 12. 2024) „*MIQFEM* – Mitarbeiterorientierte Qualitätsregelkreise in der Produktion zum smarten Fehlermanagement" der Forschungsvereinigung Forschungsgemeinschaft Qualität e. V. (FQS), August-Schanz-Straße 21A, 60433 Frankfurt am Main wurde über den DLR-PT im Rahmen des Programms zur Förderung der industriellen Gemeinschaftsforschung (IGF) vom Bundesministerium für Wirtschaft und Klimaschutz (BMWK) aufgrund eines Beschlusses des Deutschen Bundestages gefördert.

Literatur

Beckert, B., Schleife, K., Dupuis, D., Wydra, S. & Niemann, F. (2017): *The economic and social impact of software & services on competitiveness and innovation*. Directorate-General for Communications Networks, Content and Technology (European Commission).

Caglar, T. & Jochem, R. (2023): „A System Approach for Creating Employee-Oriented Quality Control Loops in Production for Smart Failure Management System in SMEs", in: Tareq Ahram, Waldemar Karwowski, Pepetto Di Bucchianico, Redha Taiar, Luca Casarotto and Pietro Costa (eds.): *Intelligent Human Systems Integration (IHSI 2023): Integrating People and Intelligent Systems*. AHFE (2023) International Conference. AHFE Open Access, vol 69. AHFE International, USA, *http://doi.org/10.54941/ahfe1002835*.

Destatistis (2021): *Produzierendes Gewerbe: Betriebe, Tätige Personen und Umsatz des Verarbeitenden Gewerbes sowie des Bergbaus und der Gewinnung von Steinen und Erden nach Beschäftigtengrößenklassen*. Fachserie 4 Reihe 4.1.2. URL: *https://www.destatis.de/DE/Themen/Branchen-Unternehmen/Industrie-Verarbeitendes-Gewerbe/Publikationen/Downloads-Struktur/betriebe-taetige-personen-2040412207004.pdf*, zuletzt abgerufen 10. 07. 2024.

Ehrlenspiel, K., Kiewert, A., Lindemann, U. & Mörtl, M. (2014): „Einflüsse auf die Herstellkosten und Maßnahmen zur Kostensenkung", in: Ehrlenspiel, K.; Kiewert, A.; Lindemann, U.; Mörtl, M. (eds.): *Kostengünstig Entwickeln und Konstruieren*. Springer, Berlin.

Ertel, W. (2021): *Grundkurs Künstliche Intelligenz, Computational Intelligence, Eine praxisorientierte Einführung*. 5., überarbeitete Auflage, Springer Vieweg, Wiesbaden. *https://doi.org/10.1007/978-3-658-32075-1*.

Gericke, J. & Keferstein, C. (2011): *Qualitätsmanagement im Mittelstand: Eine Studie zur Akzeptanz von Qualitätsmanagement-Systemen im Mittelstand*, Bd. No. 20, MV Wissenschaft, Münster: Verl.-Haus Monsenstein und Vannerdat, Münster.

Günther R., Wangerow K. & Schmitt R. (2020): „Fehlermanagement 4.0: Effiziente Fehlerabstellung und -vermeidung mittels Künstlicher Intelligenz", in: Qualität und Zuverlässigkeit (QZ), 12.

ISO (2015): *ISO 9000:2015: Quality Management Systems – Basics and Terms*. Beuth, Berlin.

Peters, R. (2009): *Shopfloor Management. Führen am Ort der Wertschöpfung*. LOG_X Verlag, Stuttgart.

quality-engineering (2006): *Fehlermanagement in Ausnahmesituationen*. URL: *https://quality-engineering.industrie.de/allgemein/fehlermanagement-in-ausnahmesituationen*, zuletzt abgerufen 10. 07. 2024.

Schober, J. (2019): *Systematische Methodenanwendung im dynamischen Qualitätsmanagement bei KMU*. Diss., TU Berlin, Fraunhofer Verlag Stuttgart.

Töpfer, A. (2002): *Ansatz und Nutzen von Six Sigma. Business Excellence. Wie Sie Wettbewerbsvorteile und Wertsteigerung erzielen*.

Zapf, D., Frese, M. & Brodebeck, F. C. (1999): „Fehler und Fehlermanagement", in: Frey, D.; Graf Hoyos, C.; Stahlberg, D. (eds.): *Arbeits- und Organisationspsychologie*. Beltz, Weinheim.

10 Fingerprints of Quality

Roland Jochem, Tra Bui Thi Thanh, Jan Mayer,
Bernhard Conzelmann

Förderhinweis

Das Projekt „Fingerprints of Quality – Qualität 4.0 bei KMU" wurde im Rahmen der Industriellen Gemeinschaftsforschung (IGF-Vorhaben Nr. 21675 N) des BMWK gefördert.

10.1 Zielsetzung

Im Zuge der Digitalisierung stehen kleinen und mittleren Unternehmen (KMU) im industriellen Fertigungsbereich sowie großen produzierenden Unternehmen umfangreiche Daten aus ihren Produktionssystemen zur Verfügung (Neugebauer 2018). Diese Daten bieten das Potenzial für anschließende Analysen, bei denen die erfassten Prozess- und Produktdaten mithilfe von Sensorik miteinander in Beziehung gesetzt werden können. Um dies zu ermöglichen, sind vernetzte Produktionsprozesse, verbesserte end-of-line und in-line Prüfprozesse sowie datengetriebene Simulationen von entscheidender Bedeutung.

Weiterhin stehen Produktionsunternehmen vor der Aufgabe, ihre Produktion dynamisch zu gestalten, um neben der Realisierung einer hohen Produktionsvariabilität auch zeitveränderliche oder individuelle Nachfragen zu bedienen (Koller 2020) (Sonnenberg 2020) (Tolio 2009). Gleichzeitig steigt die Komplexität der zu beherrschenden Produktionsprozesse aufgrund modernster Fertigungsverfahren wie der additiven Fertigung (engl. Additive Manufacturing) (Sonnenberg 2020) (Bracke 2016) (Galantucci et al. 2019). Trotz des zunehmenden Trends zur Individualisierung in der Produktion ist es nach wie vor von großer Bedeutung, die Produkt- und Prozessqualität kosteneffizient zu optimieren. Diese Herausforderungen, die zugleich Möglichkeiten für innovative und individualisierte Qualitätskontrolle bieten, können mithilfe moderner Datenanalysemethoden bewältigt werden (Wuest, Irgens & Thoben 2013). Im Fokus des Projekts steht die Analyse von Daten, die während der Fertigungsprozesse generiert werden. Diese Prozesse sind in dynamische Produktionsabläufe integriert und spiegeln komplexe physikalische Wirkmechanismen wider. Die Identifizierung dieser Mechanismen wird durch verschiedene Einflussfaktoren, sowohl bekannte als auch unbekannte, erleichtert und erschwert. Unter Berücksichtigung der Informationstheorie von Shannon und Weaver (1976) können diese Zusammenhänge als Prozesse betrachtet werden, die Daten generieren und nur über rauschhafte Signalaufnahmen beobachtet werden können. Die Beobachtung dieser Zusammenhänge erfolgt daher indirekt. Um die hohe Qualität von Produkten und Prozessen sicherzustellen, ist es unerlässlich, die Fähigkeit der Fertigungsprozesse zu gewährleisten. Dies erfordert jedoch ein tiefgreifendes Verständnis der kausalen Wirkmechanismen.

Hier setzt „Fingerprints of Quality" (FPQ) mit der Bereitstellung eines datengetriebenen Vorgehens zum Aufbau eines ganzheitlichen Produkt- und Prozessverständnisses zur Qualitätsabsicherung am Beispiel von Kleinserien und Unikaten bei KMU an. Realisiert wird dies durch die Auswahl und Implementierung intelligenter Algorithmen aus dem Bereich des Maschinellen Lernens und der kausalen Inferenz. Mit FPQ werden bestehende Methoden aufgegriffen, überarbeitet und neue Ansätze unter Qualitätsaspekten entwickelt und validiert. Über ein Qualitäts-Assistenzsystem (AS) wird der Bediener durch die methodischen Schritte geführt, die es ihm ermöglichen, Versuchs- und Prozessdaten auszuwerten und in Beziehung zu setzen, Simulationen mit gerichteten Zusammenhängen durchzuführen, sein (a priori) Prozesswissen algorithmisch in die Modellbildung einfließen zu lassen und die erhaltenen Analyseresultate zu kommunizieren. Das gesamtheitliche Ergebnis bildet die Grundlage zur iterativen Maßnahmenableitung, sodass die Produktqualität als Ergebnis der Prozessqualität bewahrt oder verbessert wird.

10.2 Stand der Forschung und Entwicklung

Die neuartigen Herausforderungen der modernen Fertigung lassen sich mit implementierter digitaler Produktion und statistischer Datenanalyse mit Lernalgorithmen bewältigen (Wuest et al. 2016). Das aus Analysesicht aktuell zur Beschreibung der Umsetzung von Industrie 4.0 verwendete Reifegradmodell teilt die unterschiedlich tiefgreifenden Datenanalyseschritte in deskriptiv, diagnostisch, prädiktiv und präskriptiv ein (Acatech 2017) (Elsner, Heutmann, Lindemann & Schmitt 2018). In den komplexen Produktionssystemen werden diese Methoden vermehrt eingesetzt, da „keine vollständige (physikalische) Modellierung der Systeme möglich ist" (Pinnow & Schäfer 2015) und eine datengetriebene Modellbildung statt einer Programmierung mit festen Regeln angestrebt wird. Prinzipiell bieten die steigende Verfügbarkeit und geeignete Auswahl potenziell nützlicher (qualitätsrelevanter) Daten aus der Produktion die Möglichkeit, die Prozess- und Produktqualität nachhaltig zu verbessern, während die Produktionssysteme komplexer und aufgrund der steigenden Dynamik schwieriger zu beherrschen sind (Wuest et al. 2016). Das Ziel ist dabei, eine (künstliche) Generierung von „gültig[em] (im statistischen Sinne), bisher unbekannt[em] und potentiell nützlich[em]“ (Ester & Sander 2000) Wissen aus Erfahrung (Broy 2010). Das statistische Lernen aus Daten zur Abstrahierung und Generalisierung von Zusammenhängen ist ein weitgefasster und intensiv untersuchter Forschungsbereich. Nachfolgende Erläuterungen beschränken sich auf die Einordnung des Projekts in den aktuellen Forschungsstand probabilistischer Verfahren zur statistischen Inferenz kausaler Zusammenhänge.

Grundsätzlich ist die statistische Versuchsplanung ein geeignetes und etabliertes nichtheuristisches Mittel, Ursache-Wirkungs-Beziehungen systematisch zu planen und auszuwerten. Im Kontext der Fertigungsprozesse hat die Design of Experiments (DoE) das Ziel, mit Einzelexperimenten kausale Wirkzusammenhänge zwischen unabhängigen und abhängigen (Zufalls-)Variablen zu untersuchen (Siebertz, van Bebber & Hochkirchen 2017). Wie bereits erläutert, ist eine Anwendbarkeit einer DoE auf globale Effekte limitiert, da hochdimensionale oder temporale Zusammenhänge mit ihr nur begrenzt analysiert werden können. Eine klassische DoE ignoriert dynamische Effekte gänzlich oder kann temporale Ursache-Wirkungs-Prinzipien nur über eine komplizierte Erweiterung abbilden, die bspw. die Berücksichtigung von künstlich diskretisierten Zeitfaktoren vorsieht. Kausale Markovsche Annahmen (Wronski 2014) (Pearl 2003) (Pearl, Glymour & Jewell 2016) sind nicht realisierbar, weshalb die klassische Versuchsplanung ungeeignet ist, um komplexe physikalische Zusammenhänge zu identifizieren und zu analysieren. Außerdem werden eine systematische Aufarbeitung von Konfundierungseffekten und eine generelle statistische Identifizierbarkeit (Zhang et al. 2013) nicht methodisch sichergestellt, was einen wesentlichen Einfluss auf die Planung und Durchführung von Experimenten und deren Aussagekraft hat.

Für eine teilespezifische Prädiktion zeigt das sog. Transfer Learning (TL) mit dessen statistischen Modellen und Methoden bereits vielversprechende Möglichkeiten, traditionelle und bedingt anwendbare Methoden auf globaler wie auch lokaler Ebene zu verbessern (Tsung et al. 2018) (Pan & Qiang 2010). Prinzipiell fußt das Transfer Learning auf dem Konzept einer Domäne und einer Aufgabe. Ziel ist es, Daten mehrerer Domänen zu vereinen und den Transfer von vorherig gewonnenen Informationen in eine aufgabenbezogene neue Domäne zu ermöglichen (Weiss, Khoshgoftaar & Wang 2016). Daraus folgt unmittelbar, dass Informationen aus anderen Domänen genutzt werden können, um die Modellperformance in der Zieldomäne zu steigern. Die Lernmethodik grenzt sich demzufolge vom Maschinellen Lernen insofern ab, als dass Stichprobendaten nicht mehr aus demselben Merkmalsraum entstammen müssen.

Grundsätzlich wird das Übertragen der Informationen beim Transfer Learning auf folgende unterschiedliche Arten in der Literatur aufgeführt (Pan & Qiang 2010): 1) Instance Transfer, 2) Feature Transfer und 3) Parameter Transfer. Diese Varianten unterscheiden sich fundamental in den getroffenen Annahmen (Bengio 2012) (Wang, Huan & Zhu 2019) (Kumagai 2016).

Die Einschränkung, dass keine Aussage über Produktabweichungen bei unterschiedlichen Maschinen- oder Prozesskonfigurationen getroffen werden kann, ist ein ingenieurswissenschaftliches, einschlägiges Phänomen, das in der sog. Ursacheäquivalenz (engl. effect equivalence) untersucht wird (Wang, Huang & Katz 2006). In (Shao et al. 2017) und (Ren, Wang & Jin 2017) ist ein Vorhersagemodell beschrieben, das die Bewertung der Qualität eines CNC-Bearbeitungsprozesses durch das Verfahren Engineering Effect Equivalence (EEE) untersucht. Mithilfe von verfahrenstechnischem Know-how und Transfer Learning wurde bewiesen, dass die Vorhersagegüte variierender Fertigungsprozesse verbessert werden kann. Ausschlaggebend ist die reichhaltige Informationslage über einen Prozess, dessen physikalische Faktoren ähnliche Effekte hervorrufen, wie der datenarme, unbekannte Zielprozess, in den das Wissen über einen gemeinsamen (transformierten) Grundprozess transferiert wird (Ren, Wang & Jin 2017) (Wang & Huang 2007).

In (Sabbaghi & Huang 2018) werden diese Transfer-Learning-Modelle mit einem Bayesschen Ansatz wesentlich ergänzt, um unterschiedliche Prozesse, die unter dem Einfluss von eindeutig zuordnungsbaren Störfaktoren stehen, berücksichtigen zu können und somit den Informationsübergang bei Prozesskonfigurationsänderungen zu verbessern. Ein wesentliches Defizit dieser Meta-Learning-Modelle ist, dass Repräsentationen aus Beobachtungen generiert werden, ohne dabei kausale Aspekte einzubeziehen, und demzufolge auch nicht zwangsläufig physikalisch begründet sind. Bayessche Erweiterungen machen zwar A-priori-Wissen implementierbar und kommen aus jenem Grund prinzipiell mit weniger Daten aus, können aber natürliche kausale Mechanismen (physikalische Zusammenhänge der Parameter) nicht explizit darstellen (Sabbaghi, Huang & Dasgupta 2018).

Heutige Verfahren des Maschinellen Lernens (ML) sind prinzipiell geeignet, um Muster in mehreren Prozessverläufen (statistisch) zu erkennen (Ismail et al. 2019). Werden diese Informationen zusammengeführt, liefern derzeitig eingesetzte ML-Verfahren korrelative Aussagen. Ein kausaler Zusammenhang lässt sich darüber aber nicht ableiten, weshalb kein tiefgreifendes Prozessverständnis aufgebaut wird. Ebenso kann vorhandenes A-priori-Wissen (z.B. über physikalische Gesetzmäßigkeiten) nur bedingt in ein Modell überführt werden (Tagasovska & Lopez-Paz 2019).

Methodische Ansätze aus dem ML, u.a. beschrieben in (Wuest et al. 2016) (Pan & Qiang 2010) (Bengio 2012) (Nguyen et al. 2019) (Zhu et al. 2018), lassen sich mit Methoden der kausalen Inferenz und symbolischen Verfahren verknüpfen (hybride kognitive Systeme) und dienen als vielversprechende Forschungsgrundlage, um statistische kausale Zusammenhänge datenbasiert (iterativ) über strukturierte kausale Modelle

(Rubenstein et al. 2018) (Rubenstein et al. 2017) zu ermitteln (Peters, Janzing & Schölkopf 2017) (Pearl, Glymour & Jewell 2016) (Schölkopf 2019). Veröffentlichungen zu diesen Forschungsbestreben beschränken sich bisher auf fertigungsentfernte Gebiete, bspw. Physik (Suter et al. 2019) (Zhang, Gong & Schölkopf 2015) oder Bioinformatik (Weichwald et al. 2014). Die Anwendung der Methoden ist jedoch aufgrund der prinzipiell ähnlichen Anforderungen an die Datenanalyse sowie der deckungsgleichen Problemstellung und Anwendbarkeit gegeben und bietet zudem einen vielversprechenden Ausgangspunkt bei der Entwicklung des FPQ. Anknüpfend an die vorgestellten Forschungszwischenstände bietet der 3D-Druck eine geeignete Grundlage zur Entwicklung neuer statistischer Methoden und Modelle für die erläuterten Herausforderungen. Begründen lässt sich dies erstens damit, dass 3D-Druck-spezifische physikalische Gesetzmäßigkeiten hinlänglich studiert und damit bereits zum Projektstart verfügbar sind. Zweitens bietet der 3D-Druck eine überschaubare Anzahl von Variablen und deren abschätzbare Verteilungsausprägungen, sodass Simulationen und die konkrete Modellerstellung übersichtlich bleiben und der Fokus auf einer sauberen methodischen Erarbeitung des FPQ und des Qualitäts-Assistenzsystem liegen kann. Erleichtert wird dadurch eine Einbindung der assoziierten Partner und schlussendlich eine Generalisierbarkeit auf andere Fertigungsverfahren. Aus diesen Gründen soll im Folgenden der Forschungsstand spezifisch zu oben genannten Themen im Bereich des 3D-Drucks kurz umrissen werden.

Die proprietären Programme PrintRite3D INSPECT® und TEP, TEP Sigma IPQM und der TED-Algorithmus von SigmaLabs Inc. bieten die Möglichkeit, am Beispiel des Selektiven Laserschmelzens (SLM) einen geschlossenen Regelkreis in Fast-Echtzeit zu realisieren (Machinedesign.com 2018). Ein optimales Prozessfenster wird dabei über gemessene Prozesszustandsdaten in Verbindung mit Produktzustandsdaten bestimmt (Cola et al. 2018) (Betts & Jacquemetton 2018) (Betts, Jacquemetton & Piltch 2019). Der aktuelle Forschungsstand dieser Algorithmen basiert, wie in (Delli & Chang 2018) (Straub 2015) (Winn 2019) beschrieben, auf sogenannten überwachten Lernalgorithmen, die einerseits beschriftete Daten und andererseits auch eine hohe Wiederholung an ähnlichen Konfigurationen erfordern. Damit ist deren Einsatz nur punktuell innerhalb derselben Domäne möglich und löst nicht die Probleme bei der Ermittlung von kausalen Zusammenhängen, insb. bei der Kleinserie.

Die Anwendbarkeit der Transfer-Learning-Modelle auf die additive Fertigung wurde in unterschiedlichen produktionsfernen Forschungsvorhaben untersucht (Ferguson et al. 2018) (Tercan et al. 2018) (Ren, Wang & Jin 2017). Grundlegende Forschungsergebnisse zur zweidimensionalen Formabweichung bei 3D-Druck-Produkten sind in (Zhu et al. 2018) (Zhu et al. 2014) (Cheng, Tsung & Wang 2017) (Luan & Huang 2017) bereits vorhanden. In (Jin, Qin & Huang 2016) (Huang et al. 2015) (Huang et al. 2014) wird anhand des Qualitätskriteriums der Formtreue gezeigt, dass sich Geometriemerkmale in einen geeigneten höherdimensionalen Raum transformieren lassen und somit eine Aussage über die Produktqualität bisher unbekannter Formen getroffen werden kann. Diese Herangehensweise ermöglicht einen Vergleich unterschiedlicher Produktformen, birgt allerdings eine Herausforderung bei der Adaption in den dreidimensionalen Raum, die innerhalb des Forschungsvorhabens zu explorieren ist (Jin, Qin & Huang 2016) (Peter the Great Saint-Petersburg Polytechnic University 2018). Die Anwendung dieser Lernmodelle ist limitiert auf deren ausgelegte spezifische Prozesskonfiguration und leitet keine umfassenden kausalen Zusammenhänge ab.

10.3 Konzeptansatz

Durch das Methoden-Set FPQ wird eine systematische Datenanalyse ermöglicht, die fertigungsrelevante kausale Wirkzusammenhänge innerhalb des Prozessverlaufs identifiziert. Dieses Prozessverständnis wird über das zu entwickelnde Qualitäts-Assistenzsystem zur Qualitätsabsicherung für den Ingenieur nutzbar. Als Ergebnis werden Entscheidungsunterstützungen resultierend aus kausalen Modellen zur Optimierung oder Beibehaltung der Qualität über ein Assistenzsystem bereitgestellt.

Das Assistenzsystem bringt in neuartiger Form das Wissen der Qualitätswissenschaft mit den Technologien der Industrie 4.0, den hard- und softwaretechnischen IT-Infrastrukturen der voranschreitenden Digitalisierung und den Methoden und Algorithmen des Gebiets Data Science zusammen. Das Feld der Qualitätswissenschaft gibt hierbei das Wissen um die systematische, kontinuierliche Verbesserung der Prozessschritte und damit der produzierten Qualität vor. Zur Auswertung der Daten werden bestehende Ansätze zusammengeführt und mit dem Ziel der Qualitätsoptimierung weiterentwickelt.

Zur Umsetzung dieses Verfahrens wurde ein FPQ-Prozess am Beispiel des Fused Deposition Modeling (FDM) entwickelt. Als Qualitätskriterien sollen insbesondere die Form- und Maßgenauigkeit sowie Oberflächengüte im dreidimensionalen Raum und deren jeweilige kausalen Mechanismen untersucht werden. Das Assistenzsystem ist in die laufende Produktion integriert und verbessert iterativ das Wissen um Prozess und Produkt. Dazu werden im andauernden Produktionsprozess alle relevanten Daten in Form von Zeitreihen aufgenommen und in Nah-Echtzeit zur Sicherung der Produktqualität auf bekannte oder abgeleitete Fehlermuster überprüft. Hierbei werden bis zum Abschluss des Produktionsschritts Informationen um den Prozess generiert. Nach der Produktion findet die Auswertung der Produktqualität statt. Der Qualitätsregelkreis erlernt den „Fingerabdruck“ (ein kausaler Ursache-Wirkungs-Mechanismus) des Fertigungsprozesses mit jedem gefertigten Produkt, sodass eine präzise Vorhersage der zu erwartenden Produktqualität möglich ist. Die methodische Durchführung zur Erlangung des Prozessverständnisses wird in das intuitive Assistenzsystem eingebunden, um FPQ in der industriellen Praxis bei produzierenden KMU anzuwenden.

Die Bearbeitung des Projekts setzt Software und Hardware voraus, die durch Einsatz des Quality Science Laboratory (QSL) bei der Forschungsstelle im wesentlichen Umfang vorhanden waren und während des Projekts sukzessiv erweitert werden. Dazu gehören einerseits eine quelloffene IT-Infrastruktur inklusive Data Warehouse, Hadoop-Cluster und ein Methodenset für die produktionstypische Verarbeitung von Daten-Streams. Andererseits wurde eine abstrahierte Fertigungslinie, bestehend aus einem 3D-Drucker mit zusätzlicher Sensorik und einem 3D-Scanner, aufgebaut. Beim Aufbau und Betreiben der Fertigungslinie wurden Kompetenzen und Expertise hinsichtlich des Fertigungsverfahrens, IKT-Anwendungen und Data Science aufgebaut, die für das interdisziplinäre Vorhaben notwendig sind und auf die während des Projekts zurückgegriffen werden kann. Bild 10.1 zeigt die von der Forschungsstelle im QSL aufgebaute Infrastruktur, im Sinne einer exemplarischen Smart Micro Factory (SMF), zur systematischen Zusammenführung von Prozessdaten aus der Fertigung und Qualitätsdaten (Seiffert, Jochem & Pasch 2016). Diese erlaubt es, Regelkreise durch den Einsatz von Cyber-physischen Produktionssystemen (CPPS) steuerbar zu machen (Kiem 2016) (Gierej 2017).

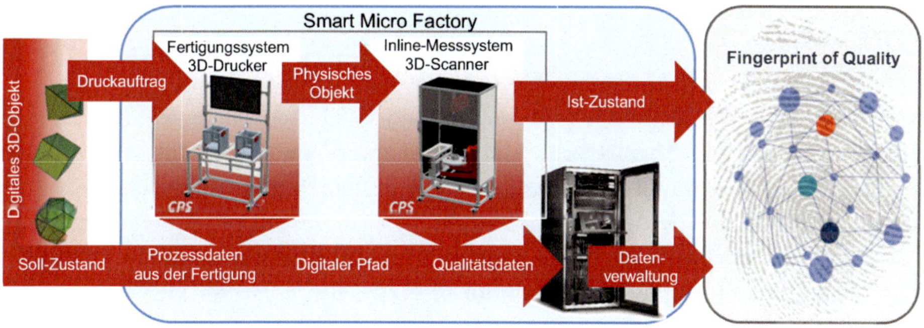

Bild 10.1 Vorhandene Infrastruktur im QSL und Einordnung des zu erarbeitenden Fingerprints

In Verknüpfung mit dem projektbegleitenden Ausschuss (PA) bietet das Quality Science Laboratory mit seiner modularen Smart Micro Factory eine ideale Basis für die exemplarische Methodenauslegung und -validierung des FPQ-Prozesses.

In Bild 10.2 ist die modulare Architektur des im Rahmen des Forschungsvorhabens entwickelten Qualitäts-Assistenzsystem schematisiert. Als Webanwendung konzipiert, umfasst das Assistenzsystem die Schritte der Datenaufnahme, der Datenintegration und -aufbereitung, der Datenanalyse und -modellierung sowie der Nutzbarmachung erhaltener Analyse- und Modellierungsergebnisse in Form eines umfassenden Reports.

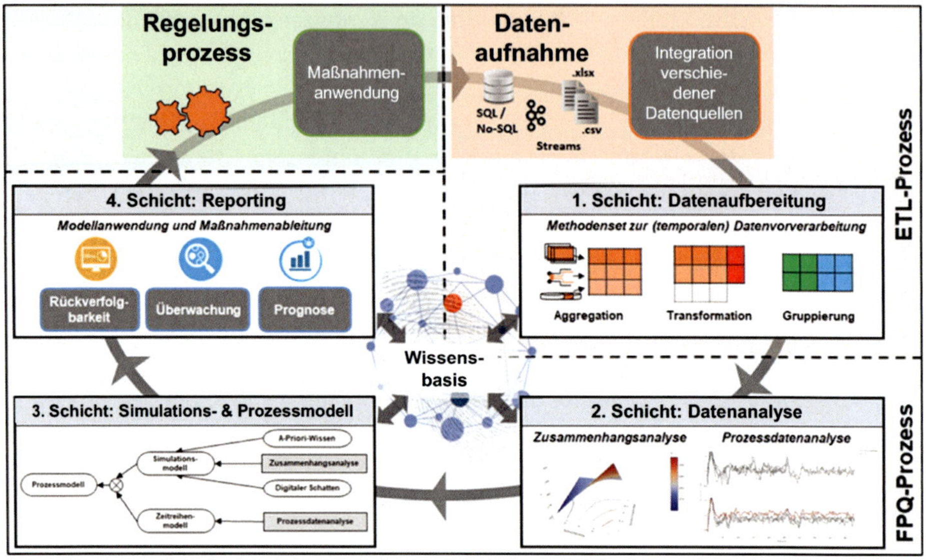

Bild 10.2 Architektur des Assistenzsystems und eingebetteter Regelungsprozess

Dem FPQ-Prozess ist ein ETL-Prozess (Extract, Transform, Load) vorangestellt, der die benötigten Versuchs- und Prozessdaten aus unterschiedlichen Frameworks importieren und aufbereiten kann. Der FPQ-Prozess umfasst die Schichten zwei bis vier. Der Schwerpunkt bei der softwaretechnischen Umsetzung liegt auf dem generischen Charakter der zu implementierenden Assistenz, sodass der Output des FPQ-Prozesses auf Basis der dedizierten Fertigungsprozessdaten gelernt und angewendet werden kann. Mit dem FPQ-Modell, das neben der Beschreibung von Wechselwirkungen im Prozess auch zeitvariante Prozessparametereinflüsse berücksichtigt, lassen sich Maßnahmen entwickeln, die gezielt Anpassungen bei schwankenden Prozessbedingungen vornehmen. Das Vorgehen und die Entwicklung des FPQ-Modells orientieren sich generell am industrieüblichen Verfahren Cross Industry Standard Process for the development of Machine Learning applications with Quality assurance methodology (CRISP-ML(Q)) (Studer et al. 2021), um eine anforderungsgerechte und industrialisierbare ML-Lösung sicherzustellen.

10.4 Vorgehensweise

Zum exemplarischen Fused-Deposition-Modeling-Prozess wurden zunächst domänenspezifisches Fachwissen, methodisches Wissen über Methoden des Maschinellen Lernens und Methoden der kausalen Inferenz aufgebaut, ohne dass eine effektive Inbetriebnahme unmöglich wäre.

Darauffolgend konzentrierte sich die Arbeit auf die Zeitreihenmodellierung und den Test von Methoden des Maschinellen Lernens. Hierfür war es jedoch zunächst notwendig, Daten aus dem Produktionsprozess zu erheben. Die Durchführung dieser Datenerhebung gestaltete sich äußerst aufwendig. Um einen realitätsnahen und wissenschaftlich fundierten Anwendungsfall abzubilden, musste das bestehende Setup im Quality Science Laboratory durch eine Sensorik-Erweiterung erweitert werden. Zusätzlich war die Entwicklung von entsprechender Hardware und Software sowie die Bereitstellung einer geeigneten Infrastruktur erforderlich, um die von dieser Sensorik erzeugten Daten zu erfassen und zu speichern.

Anschließend wurden zunächst die Anforderungen an das zu entwickelnde Tool zu erfasst. Die Umsetzung und Programmierung dieses Tools stellten eine anspruchsvolle Aufgabe dar, die nicht nur ein tiefes Verständnis der Geschäftsanforderungen aus den vorherigen Phasen erforderte, sondern auch Programmierkenntnisse auf hohem Niveau. Die Programmierung selbst war ein iterativer und zeitintensiver Prozess.

Das Vorgehen entspricht grundsätzlich der namensgleichen CRISP-ML(Q)-Phase. Darauf aufbauend erfolgt eine Ermittlung von Anforderungen an den ETL-Prozess (Extract, Transform, Load) bzgl. der vorliegenden fertigungsspezifischen Daten. Mithilfe des Datenverständnisses werden technisch geeignete Open-Source-Lösungen zur Datenaufnahme und -aufbereitung ausgewählt und evaluiert.

Zur Ermittlung der Anforderungen wird eine Literaturrecherche durchgeführt und der ETL-Prozess für die Qualitätssicherung bei der additiven Fertigung, genauer des Fused Deposition Modeling, wird beschrieben. Hier bietet die DIN SPEC 17071:2019 (DIN Deutsches Institut für Normung e. V. 2019) Informationen zu qualitätsrelevanten Prozessschritten. Die Norm betont, dass bei industriell hergestellten Bauteilen durch additive Fertigungsverfahren ein Nachweis erbracht werden muss, dass sie den festgelegten Anforderungen entsprechen. Daher müssen der Prozess und die Umgebung so gestaltet werden, dass eine gleichbleibende und reproduzierbare Prozess- und Produktqualität gewährleistet ist. Die qualitätsrelevanten Schritte dieses Verfahrens sind Datenvorbereitung, anlagenbezogene Prozessvorbereitung und Prozessführung. Bei der Datenvorbereitung geht es primär um die Erstellung des 3D-Modells des Bauteils und die Generierung von Schichtdaten. Die anlagenbezogene Prozessvorbereitung beinhaltet wichtige Vorbereitungsmaßnahmen, um einen erfolgreichen Druckprozess zu gewährleisten. Schließlich überwacht die Prozessführung den tatsächlichen Druckvorgang (Bild 10.3).

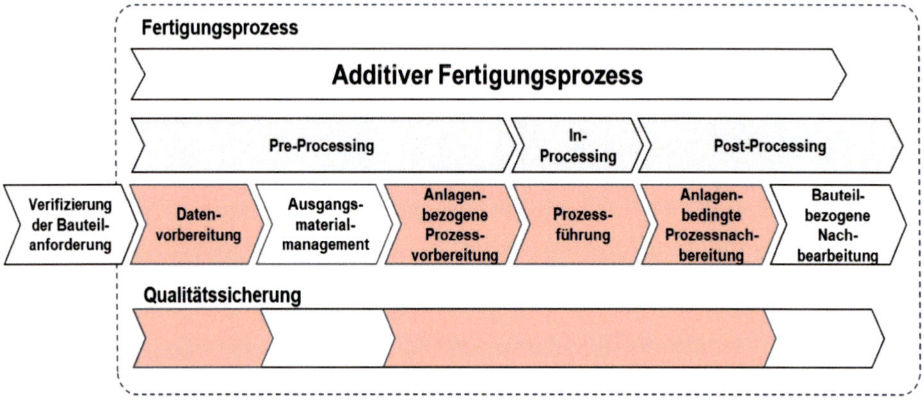

Bild 10.3 Qualitätsrelevante Prozessschritte

Für eine qualitätsgesicherte Produktion ist eine klare Definition der angestrebten Qualitätsziele entscheidend. Diese Ziele fungieren als Referenzpunkte, anhand derer die erzeugten Bauteile beurteilt werden. Aus der Literaturrecherche sowie Gesprächen mit dem projektbegleitenden Ausschuss ergeben sich Qualitätsziele unterschiedlicher Kategorien, darunter geometrische, mechanische und wirtschaftliche Anforderungen, sowie Anforderungen an die Oberfläche. Diesen Qualitätskategorien wurden anschließend spezifische Qualitätsmerkmale und zugehörige Messgrößen zugeordnet. Allerdings sind nicht alle identifizierten Messgrößen im Rahmen des Projekts messbar. In Tabelle 10.1 wird begründet, wie die Auswahl geeigneter Messgrößen erfolgt ist.

Tabelle 10.1 Auswahl geeigneter Messgrößen

Qualitätskategorie	Messbarkeit im Rahmen des Projekts	Auswahlbegründung
Geometrie	Messsystem für die nachgelagerte Qualitätskontrolle am FG vorhanden	▪ nachgelagerte Vermessung ist bereits umsetzbar ▪ (bildgebende) Inline-Prüfkonzepte sind umzusetzen
Oberfläche	taktile/optische Oberflächenmessgeräte stehen im Versuchsfeld des IWF zur Verfügung (Verwendung wäre zu prüfen)	▪ teilweise beim Slicing beeinflussbar (aktive Glättung, Z-Naht) ▪ nachgelagerte Oberflächenveredelungsprozesse

Qualitätskategorie	Messbarkeit im Rahmen des Projekts	Auswahlbegründung
Mechanische Eigenschaften	Materialprüfmaschinen stehen im Versuchsfeld des IWF zur Verfügung (Einweisung)	▪ materialabhängig ▪ teilweise durch Slicing- und Ablagestrategie beeinflussbar (Kraftübertragung in Baurichtung)
Zuverlässigkeit	beschleunigte Lebensdauertests und Felddatenanalyse nicht umsetzbar	▪ abhängig vom Bauteileinsatzbereich
Wirtschaftlichkeit	messbare Größen sind Produktionszeit und Materialmenge	▪ Prozessabbruch bei der Detektion fataler Fehler wünschenswert
Geometrie	Messsystem für die nachgelagerte Qualitätskontrolle am FG vorhanden	▪ nachgelagerte Vermessung ist bereits umsetzbar ▪ (bildgebende) inline-Prüfkonzepte sind umzusetzen
Oberfläche	taktile/optische Oberflächenmessgeräte stehen im Versuchsfeld des IWF zur Verfügung (Verwendung wäre zu prüfen)	▪ als immanente Zielgröße zu berücksichtigen ▪ Oberflächenvergleichsmuster heranziehen
Wirtschaftlichkeit	messbare Größen sind Produktionszeit und Materialmenge	▪ Prozessabbruch bei der Detektion fataler Fehler wünschenswert
Mechanische Eigenschaften	Materialprüfmaschinen stehen im Versuchsfeld des IWF zur Verfügung (Einweisung)	▪ materialabhängig ▪ Dichte (relative Bauteildichte) als vergleichsweise einfache Messgröße berücksichtigen

Die Qualitätsziele sind oft vielschichtig und können miteinander in Konflikt stehen (Bild 10.4). Dies bedeutet, dass Verbesserungen in einem Aspekt möglicherweise gleichzeitige Verschlechterungen in einem anderen Aspekt zur Folge haben könnten. Ein Beispiel hierfür könnte der Konflikt zwischen Druckgeschwindigkeit und Oberflächengüte sein: Eine schnellere Druckgeschwindigkeit könnte die Fertigungszeit verkürzen, jedoch könnte dies zu einer geringeren Oberflächengüte der Bauteile führen.

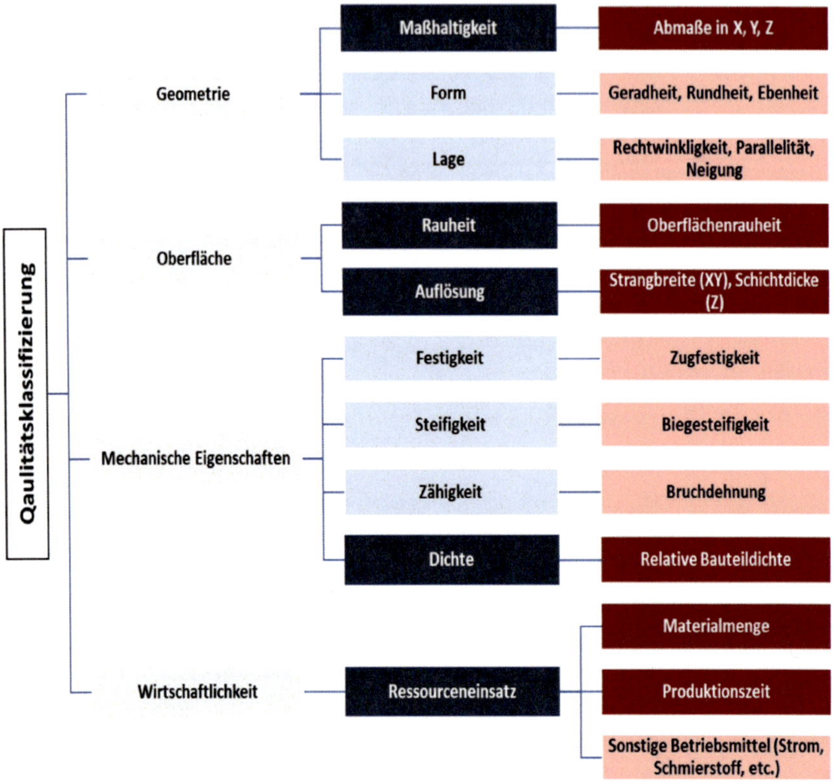

Bild 10.4 Qualitätsziele des Projekts

Daraus ergibt sich ein multikriterielles Optimierungsproblem. Die Erreichung eines gewünschten mehrdimensionalen Qualitätsziels benötigt ein tiefes Verständnis der komplexen Wechselwirkungen zwischen den verschiedenen Einflussfaktoren (Bild 10.5).

$$f: X \longmapsto F$$

$$f: (x_1, \ldots, x_n) \longmapsto (f_1(x_1, \ldots, x_n), \ldots, f_m(x_1, \ldots, x_n))$$

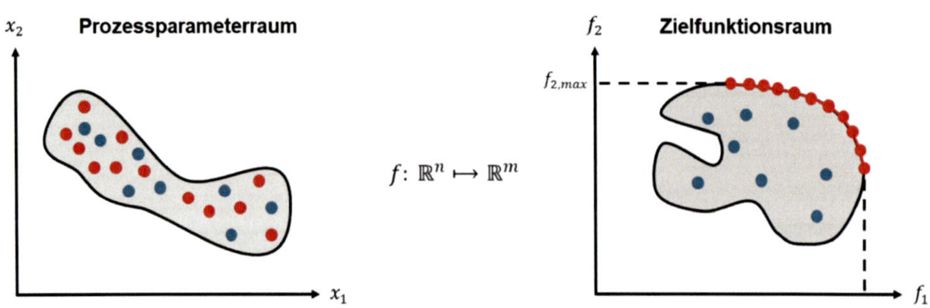

Bild 10.5 Veranschaulichung Prinzip der multikriteriellen Optimierung

Zur Erreichung des benötigten Prozessverständnisses wird eine Wirkungsanalyse der Prozessparameter im Fused-Deposition-Modeling-Verfahren durchgeführt (Bild 10.6). Hierbei werden die aus der Literaturrecherche gewonnenen Erkenntnisse genutzt, um die Wechselwirkungen zwischen verschiedenen Prozessparametern zu verstehen. Diese Analyse bildet eine Grundlage für das spätere Entwickeln von kausalen Modellen, die die Beziehungen zwischen den Parametern besser verständlich machen. Daraus entstand das Wirkungsdiagramm (Bild 10.6) mit Fokus auf die Optimierung der Oberflächenqualität.

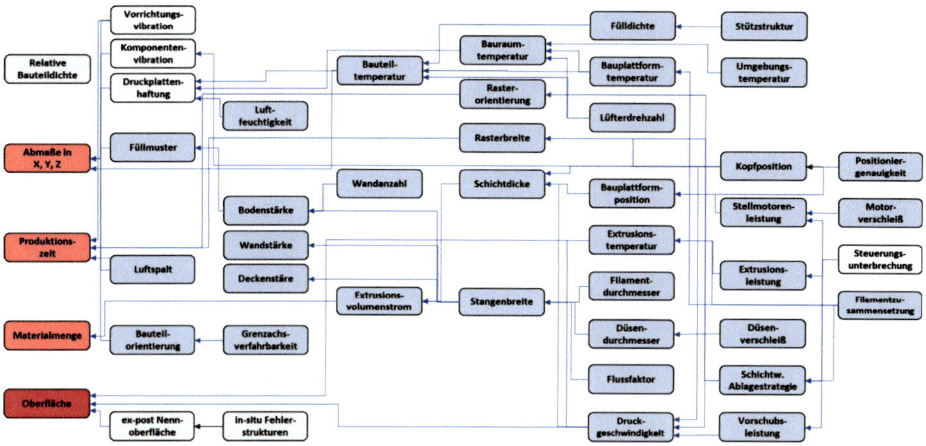

Bild 10.6 Wirkungsdiagramm

Im Anschluss wird das experimentelle Setup, welches in Bild 10.7 dargestellt ist, erweitert, sodass relevante Daten erhoben und analysiert werden können. Dazu gehört das Verständnis des Druckersystems, die Ermittlung von Schnittstellen zum Zugang in das System sowie die Untersuchung der Softwarearchitektur. Auf Basis dieses Wissens wurde die Druckerfirmware modifiziert.

Ein entscheidender Schritt im Projekt ist die hardwaremäßige Integration von Sensorik. In dieser vorbereitenden Maßnahme werden Sensoren für die spätere Datenerfassung in den Versuchsaufbau integriert und mit den relevanten Prozessparametern verbunden. Bild 10.8 zeigt die Modifizierung und Nachrüstung.

Mit der Modifikation und Erweiterung des Systems zur Datenerfassung schließt Phase 1 ab.

Phase 2 umfasst drei Teile: Erstens die Versuchsdurchführung, zweitens das FPQ-Konzept und drittens die Anwendung des Konzepts auf die Beispieldaten aus den Versuchen. Bei der Entwicklung des Konzepts wurde zudem das Ziel verfolgt, eine Übertragbarkeit auf andere Produktionsprozesse zu ermöglichen.

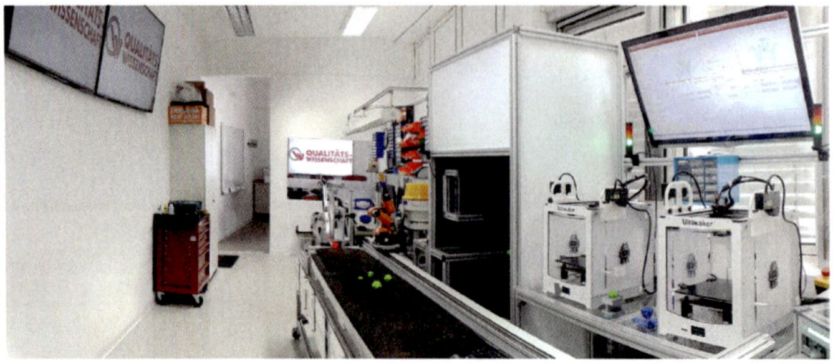

Bild 10.7 Das Quality Science Lab als experimentelles Setup

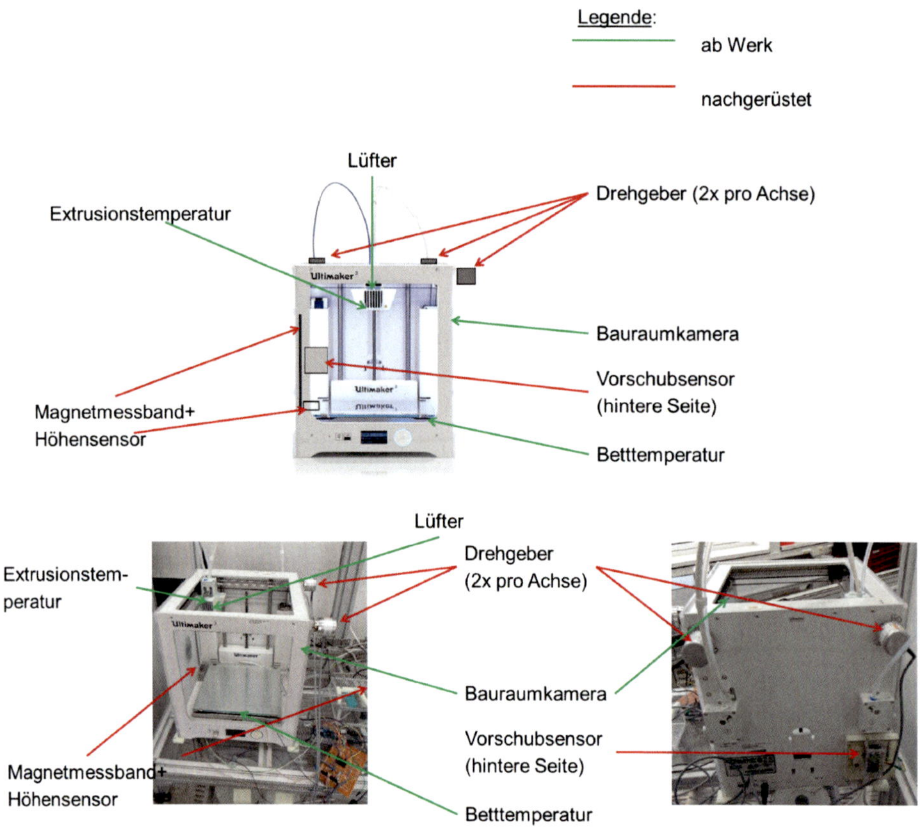

Bild 10.8 Erweiterung des Druckersystems

10.5 Entwicklung eines Assistenzsystems für Fingerprints of Quality

Die nächste Phase umfasst die Validierung und Nutzbarmachung des FPQ-Modells und beinhaltet das Umsetzen der Lösungsansätze in einem Qualitäts-Assistenzsystem als Demonstrator für Unternehmen sowie eine adressatengerechte Ergebnisdarstellung (Reporting-Schicht). Eine zugängliche Dokumentation des FPQ-Prozesses ermöglicht das Deployment sowie Monitoring und Maintenance.

Die Ableitung und Übersetzung der Anforderungen eines definierten typischen Systembenutzers an das System wurden mithilfe unterschiedlicher Stakeholder im projektbegleitenden Ausschuss erarbeitet. Die konkreten Anforderungen an das Graphic User Interface sind:

- Anforderung 1: Modellierung von Kausalgraphen
- Anforderung 2: Abgleich des modellierten Graphen mit gegebenen Daten
- Anforderung 3: Spezifikation der Kantenfunktionen
- Anforderung 4: Simulation & Ziehen von Stichproben
- Anforderung 5: Anwendung von Interventionen
- Anforderung 6: Ursachenidentifikation bei Verteilungsänderungen
- Anforderung 7: Entdeckung der kausalen Zusammenhänge
- Anforderung 8: Modellierung zeitabhängiger Graphen
- Anforderung 9: Verbindung mit externen Datenquellen

Entsprechend der erhobenen Anforderungen wird eine grafische Oberfläche konzipiert und die Elemente des User Interface und der User Experience werden definiert. Im Anschluss erfolgt die Programmierung des Assistenztools.

10.5.1 Funktion Anomaliedetektion

Entsprechend den Anforderungen und den Vorarbeiten besteht im Qualitäts-Assistenzsystem die Möglichkeit, Messdaten (Einfluss und Steuergrößen sowie Qualitätskennzahlen) als csv-Datei zu importieren (siehe Bild 10.9).

Die Daten (hier die Filamentflussdaten sowie der Scan der Oberfläche) werden zunächst visualisiert (Bild 10.10). Das Assistenzsystem wurde aktuell mit erhobenen Daten trainiert, sodass eine Anomaliedetektion für dieses Anwendungsbeispiel bereits implementiert ist.

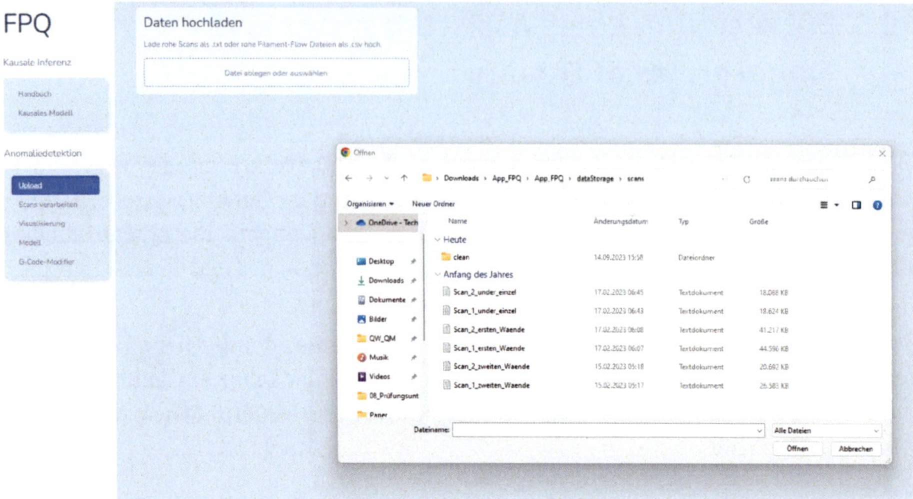

Bild 10.9 Datenimport im Assistenzsystem

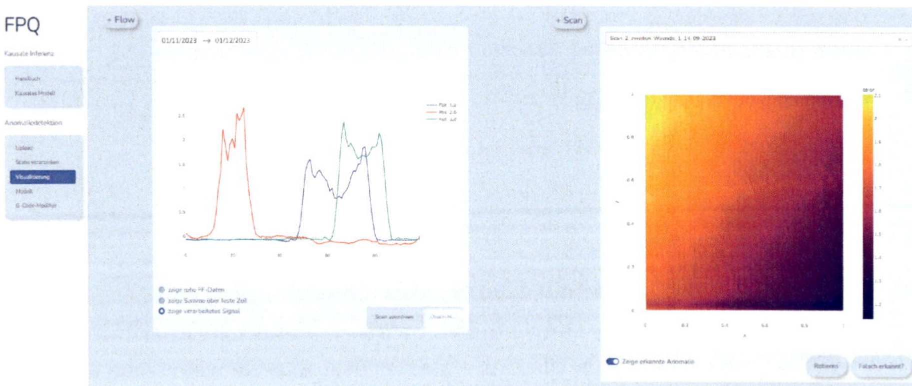

Bild 10.10 Zeitreihenmodell für die Anomaliedetektion im Assistenzsystem

Ein erneutes Trainieren der Anomaliedetektion mit anderen Filamentfluss- und Oberflächendaten wird durch das Assistenzsystem gewährleistet (Bild 10.11).

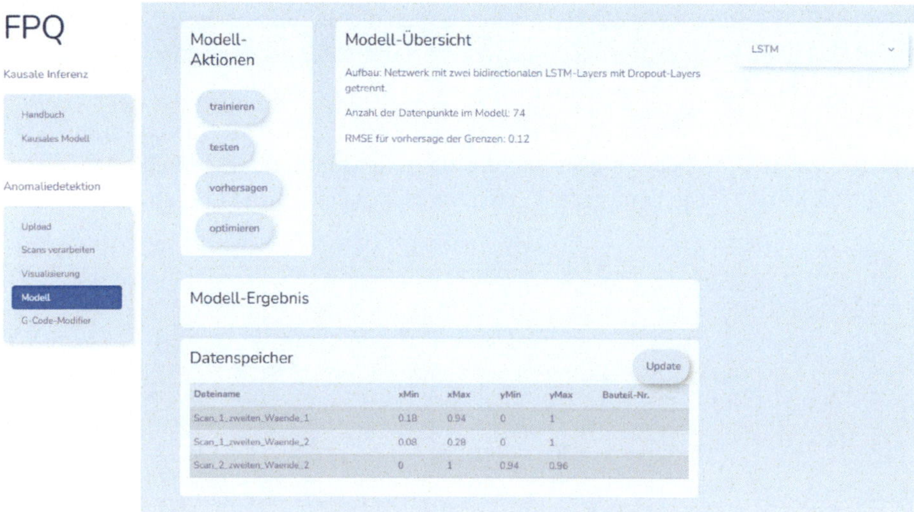

Bild 10.11 Trainieren, Testen und Prognose im Assistenzsystem

10.5.2 Funktion Kausale Inferenz

Bei der Funktion der kausalen Inferenz im Assistenzsystem können Daten aus der Produktion als csv-Datei importiert, visualisiert und analysiert werden. Die auf Basis der Daten modellierten und gerichteten Graphen bieten einen Einblick in die Wirkzusammenhänge der Produktion und unterstützen bei der Identifikation von möglichen Ursachen im Fall von Problemen. Die Umsetzung der kausalen Inferenz kann dem Bild 10.12 entnommen werden. Oben links befindet sich ein Anwendungsbeispiel des Kausalgraphen. Unten links werden die importierten Daten als Zeitreihe dargestellt.

Das Assistenzsystem bietet als Unterstützung für den Benutzer ein Handbuch an, in welchem die Funktionen erläutert werden und Hilfen für die Interpretation der Daten geboten werden.

Der Quellcode des Assistenzsystems wurde veröffentlicht und ist interessierten Parteien zugänglich.

10.6 Zusammenfassung

Die Entwicklung hin zu individuelleren und zuverlässigeren Produkten bei gleichbleibenden finanziellen Aufwendungen hat die Fertigung von Massenproduktion über kundenspezifische Massenfertigung bis hin zur Losgröße 1 vorangetrieben (Modrak & Soltysova 2018). Insbesondere hochspezialisierte kleine und mittlere Unternehmen (KMU) stehen vor der Herausforderung, die Qualität bei geringen Losgrößen sicherzustellen, ohne von den Skaleneffekten der Massenproduktion zu profitieren.

FPQ bietet innovative Lösungen für diese Probleme. Es ermöglicht die Überwachung und Steuerung von Kleinserienprozessen, selbst wenn eine Vielzahl von Produktvarianten vorliegt. Dies ist besonders wichtig, da in der kundenindividuellen Massenfertigung oft keine ausreichend große Datenmenge aus derselben Population vorhanden ist.

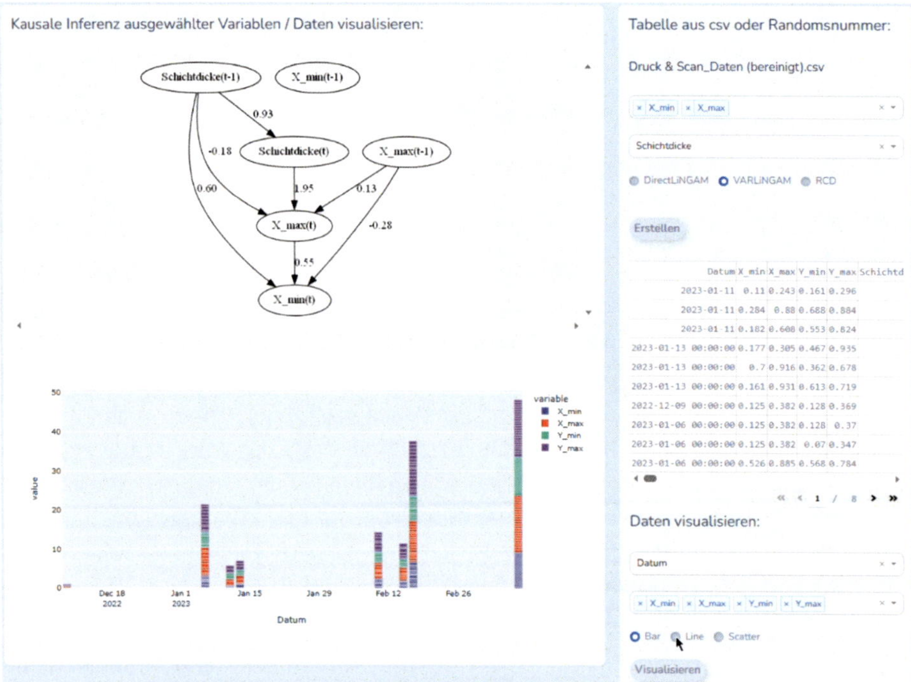

Bild 10.12 Kausale Inferenz im Assistenzsystem

Traditionelle Methoden wie die Prozessfähigkeitsanalyse und die statistische Prozesskontrolle stoßen bei kleinen Losgrößen und zeitlichen Einflüssen an ihre Grenzen (Greipel, Nottenkämper & Schmitt 2020) (Wiederhold et al. 2016) (Del Castillo & Quesenberry 1999) (Estler 2018). FPQ nutzt Cyber-physische Systeme (CPS), um eine präzise Überwachung bis auf die Ebene physikalischer Mechanismen zu ermöglichen. Kausale Modelle werden betont, da sie die Qualität für neue Konfigurationen über den experimentellen Geltungsbereich hinaus bestimmen können (Crawford 2018).

Ein weiterer wichtiger Aspekt ist die Notwendigkeit von Expertenwissen in der Datenanalyse, das bei vielen KMU fehlt (Buxmann & Schmidt 2017). FPQ zielt darauf ab, dieses Wissen in die Entwicklung von Algorithmen einzubringen, um KMU dabei zu unterstützen, ihre Daten effektiv zu nutzen.

Schließlich betont FPQ die Bedeutung von quelloffener Software (Nguyen et al. 2019), stellt jedoch fest, dass Anpassungen notwendig sind, um diese Lösungen effektiv in KMU einzuführen (Christ & Litzke 2013). Das Projekt bietet somit eine umfassende Lösung für die Herausforderungen, denen KMU in der modernen Fertigungslandschaft gegenüberstehen. Es verbessert die Produktqualität und die Wettbewerbsfähigkeit von KMU in den Bereichen kundenindividuelle Massenfertigung und Kleinserienproduktion durch die Integration von CPS, kausalen Modellen und Expertenwissen in die Qualitätssicherung.

Für kleine und mittlere Unternehmen (KMU) schafft FPQ eine niedrigschwellige Möglichkeit zur eigenständigen Umsetzung von Qualität (Bischoff 2015) (VDMA Forum 2015). Mitarbeitende können Datenanalysen durchführen und Erkenntnisse im Unternehmen nutzen, ohne von externen Beratungsdienstleistungen abhängig zu sein.

Ein zentraler Nutzen liegt in der Steigerung des Prozessverständnisses durch datengetriebene Analysen. FPQ entwickelt Methoden, die auf umfangreichen Datenanalysen basieren und das bisherige Know-how des Personals erheblich erweitern. Dies ermöglicht es den Mitarbeitenden, fortschrittliche Data-Science-Algorithmen eigenständig anzuwenden. Darüber hinaus bietet FPQ die Möglichkeit zur Optimierung von Fertigungsprozessen. Durch die kontinuierliche Aufzeichnung von Fertigungsprozessen und die Anwendung statistischer Modelle können Unternehmen die zugrunde liegenden Wirkmechanismen ableiten. Dies eröffnet Chancen zur Effizienzsteigerung, Kostenreduktion und Qualitätsverbesserung der Fertigung. Das erworbene Wissen kann außerdem auf verschiedene Fertigungsverfahren angewendet werden und trägt zur Entwicklung von Innovationen bei. Unternehmen können verfahrenstechnische Neuerungen bei bestehenden Prozessen entwickeln.

FPQ ermöglicht auch erhebliche Einsparungen und eine Reduzierung der Qualitätskosten. Die Bewertung und Analyse der Produktqualität während des Fertigungsprozesses erlauben eine Anpassung der Qualitätsprüfstrategie, was zur Einsparung teurer Prüfgeräte und zur Reduzierung der Prüfzeiten führen kann (Shao, Jin & Hu 2017). Die Optimierung von Qualitätsregelkreisen kann zu erheblichen Kosteneinsparungen führen.

Schließlich eröffnet FPQ neue Geschäftsfelder und Potenziale auf Grundlage von Datenanalysen und es fördert das Interesse an Weiterbildungen im Bereich Data Science. Unternehmen werden attraktiver für zukunftsorientierte Entwicklungen und stärken ihre Wettbewerbsfähigkeit im Zeitalter der Digitalisierung.

Die Datenanalyse erfordert spezielle Fähigkeiten und Kenntnisse in Bereichen wie Statistik, Programmierung und Datenvisualisierung. KMU verfügen häufig nicht über spezialisierte Datenanalysten, um diesen Kompetenzbedarf abzubilden. Die Analysemethoden der kausalen Inferenz und des Maschinellen Lernens, welche in diesem Projekt Anwendung finden, erfordern allerdings genau diese Expertise.

Das Assistenzsystem, das im Rahmen des Projekts entwickelt wird, unterstützt die Bediener bei der Analyse von Versuchs- und Prozessdaten. Dies erleichtert die Anwendung der selbstlernenden Algorithmen und ermöglicht es den Mitarbeitenden, selbst ohne umfangreiche Datenanalysekenntnisse qualitätsrelevante Erkenntnisse zu gewinnen.

Das Besondere der hier implementierten Algorithmen ist die Anwendbarkeit bei kleinen Datenmengen, was gerade bei Fused-Deposition-Modeling-Prozessen häufig der Fall ist. Diese zeichnen sich durch Kleinserien oder als Unikate aus, was die Qualitätssicherung oft komplexer macht als bei Massenproduktion. FPQ bietet speziell angepasste Ansätze und Werkzeuge, um die Qualität in diesen Kontexten zu gewährleisten.

Literatur

Bengio, Y. (2012): „Deep learning of representations for unsupervised and transfer learning", in: *JMLR: Workshop and Conference Proceedings*, 27, S. 17–37.

Betts, S. & Jacquemetton, L. (2018): „In-situ Melt pool ‚Thermal Signature' defect detection of recoater failure using co-Axial Planck Thermometry", 2018, *https://sigmalabsinc.com/wp-content/uploads/2018/11/In-situ-Melt-Pool-Thermal-Signature-Defect-Detection-Recoater-Failure-Using-Co-Axial-Planck-Thermometry-2018.pdf*. [Zugriff am 18. Juli 2024].

Betts, S., Jacquemetton, L. & Piltch, M. (2019): „The relationship between In-Process Quality Metrics & Computational Tomography", 2019, *https://sigmalabsinc.com/wp-content/uploads/2019/02/TEPCT-correlation-Sigma-Labs-Quality-Assurance.pdf*. [Zugriff am 18. Juli 2024].

Bischoff, J. (2015): „Studie – „Erschließen der Potentiale der Anwendungen von Industrie 4.0 im Mittelstand", Studie im Auftrag des BMWi, Berlin, *http://www.zenit.de/fileadmin/Downloads/Studie_im_Auftrag_des_BMWi_Industrie_4.0_2015_agiplan_fraunhofer_iml_zenit_Langfassung.pdf*. [Zugriff am 18. Juli 2024].

Bracke, S. (2016): *Prozessfähigkeit bei der Herstellung komplexer technischer Produkte. Statistische Mess- und Prüfdatenanalyse*. Wuppertal: Springer-Verlag Berlin Heidelberg.

Broy, M. (2010): *Cyber-Physical Systems: Innovation durch Software-Intensive Eingebettete Systeme*. Berlin, Heidelberg: Springer Verlag.

Buxmann, P. & Schmidt, H. (2017): „Ökonomische Effekte der Künstlichen Intelligenz", in: Buxmann P., Schmidt H. (Hrsg.): *Künstliche Intelligenz*. Berlin: Springer Gabler.

Cheng, L., Tsung, F. & Wang, A. (2017): „A Statistical Transfer Learning Perspective for Modeling Shape Deviations in Additive Manufacturing", in: *IEEE Robotics and Automation Letters*, 2(4), S. 1988–1993.

Christ, O. & Litzke, M. (2013): „Cloud computing: massgeschneiderte Lösungen sind noch Mangelware", in: *KMU-Magazin, https://www.kmumagazin.ch/ict-technik/massgeschneiderte-loesungen-sind-noch-mangelware*. [Zugriff am 18. Juli 2024].

Cola, M., Madigan, R., Beckett, D. P., Jacquemetton, L. A., Aguirre, O. E. & Tenorio, A. T. (2018): „Process Mapping for Metal Additive Manufacturing Using In-Process Quality Metrics – A Gateway to Closed Loop Melt Pool and Process Control", *https://sigmalabsinc.com/wp-content/uploads/2018/09/process mapping-metal-additive-manufacturing.pdf*. [Zugriff am 18. Juli 2024].

Crawford, M. (2018): „How to Optimize 3D Printing. The American Society of Mechanical Engineers", in: *ASME, https://www.asme.org/engineering-topics/articles/manufacturing-design/*. [Zugriff am 18. Juli 2024].

Del Castillo, E. & Quesenberry, C. P. (1999): „SPC Methods for Quality Improvement", in: *Technometrics*, 41(2).

Delli, U. & Chang, S. (2018): „Automated Process Monitoring in 3D Printing Using Supervised Machine Learning", in: *Procedia Manufacturing*, 26, S. 865–870.

DIN Deutsches Institut für Normung e. V. (2019): *DIN SPEC 17071 Additive Fertigung – Anforderungen an qualitätsgesicherte Prozesse für additive Fertigungszentren.*

Elsner, H., Heutmann, T., Lindemann, M. & Schmitt, R. (2018): „Hellsehen in vier Schritten – Data Analytics für das Qualitätsmanagement“, in: *Qualität und Zuverlässigkeit*, 63(2), S. 31 – 33.

Ester, M. & Sander, J. (2000): *Knowledge Discovery in Databases*. Berlin: Springer Verlag.

Estler, M. (2018): *Einwandfrei ab Losgröße 1 – Wie Digitalisierung das Qualitätsmanagement revolutioniert.* München: Carl Hanser Verlag.

Fawaz, H. I., Forestier, G., Weber, J., Idoumghar, L. & Muller, P.-A. (2019): „Deep learning for time series classification: a review“, in: *Data Mining and Knowledge Discovery*, 33, S. 917 – 963.

Ferguson, M. K., Ronay, A., Lee, Y. T. & Law, K. H. (2018): „Detection and Segmentation of Manufacturing Defects with Convolutional Neural Networks and Transfer Learning“, in: *Smart Sustainable Manufacturing Systems*, 2(1).

Galantucci, L., Guerra, M., Dassisti, M. & Lavecchia, F. (2019): „Additive Manufacturing: New Trends in the 4th Industrial Revolution“ in: *Proceedings of the 4th International Conference on the Industry 4.0 Model for Advanced Manufacturing*, Springer International Publishing, S. 153 – 169.

Gantner, G. J., Glück, N. & Simon, S. R. H. (2020): „Comparison of grouping algorithms to increase the sample size for statistical process control“, in: *SN Applied Sciences*.

Gierej, S. (2017): „The Framework of Business Model in the Context of Industrial Internet of Things“, in: *Procedia Engineering*, 182, S. 206 – 212.

Huang, Q., Nouri, H., Xu, K. & Chen, Y. (2014): „Statistical predictive modeling and compensation of geometric deviations of three-dimensional printed products“, in: *Journal of Manufacturing Science and Engineering (ASME)*, 136(6).

Huang, Q., Zhang, J., Sabbaghi, A. & Dasgupta, T. (2015): „Optimal offline compensation of shape shrinkage for 3d printing processes“, in: *IIE Transactions on Quality and Reliability*, 47(5), S. 431 – 441.

Jin, Y., Qin, J. & Huang, Q. (2016): „Offline Predictive Control of Out-of-Plane Geometric Errors for Additive Manufacturing“, in: *Journal of Manufacturing Science and Engineering*, 138(12).

Kiem, R. (2016): *Qualität 4.0 – QM, MES und CAQ in digitalen Geschäftsprozessen der Industrie 4.0*. München: Carl Hanser Verlag.

Kumagai, W. (2016): „Learning Bound for Parameter Transfer Learning“, in: *NIPS*.

Luan, H. & Huang, Q. (2017): „Statistical process control of in-plane geometric deviations for 3d printed freeform products“, in: *IEEE Transactions on Automation Science and Engineering*, 14(1), S. 73 – 82.

Meier, W., Gantner, G. J., Ott, R. & Simon, S. R. (2016): „Clustering of similar processes for the application of statistical process control in small batch and job production“, in: *International Journal of Metrology and Quality Engineering*, 7(4).

M, S. (2018): „Machine Learning ‚Fixes‘ 3D-Printed Metal Parts – Before They're Built. Neural networks and advanced algorithms use realtime video to analyze build quality and advise on how to improve it“, machinedesign.com, *https://www.machinedesign.com/3d-printing/machine-learning-fixes-3dprinted-metal-parts-they-re-built*. [Zugriff am 18. Juli 2024].

Modrak, V. & Soltysova, Z. (2018): „Process modularity of mass customized manufacturing systems: principles, measures and assessment“, in: *Procedia CIRP*, 67, S. 36 – 40.

Nguyen, G., Dlugolinsky, S., Bobák, M., Tran, V., López García, Á., Heredia, I., Malík, P. & Kluchý, L. (2019): „Machine Learning and Deep Learning frameworks and libraries for large-scale data mining: a survey“, in: *Artificial Intelligence Review*, 52(1), S. 77 – 124.

N, T. & D, L.-P. (2019): „Single-Model Uncertainties for Deep Learning“, in: *33rd Conference on Neural Information Processing Systems (NeurIPS 2019)*, Vancouver, Canada.

Neugebauer, R. (2018): *Digitalisierung – Schlüsseltechnologien für Wirtschaft & Gesellschaft*. Heidelberg: Springer Verlag.

o. A. (2020): „Mehr Flexibilität in der Produktion. Koller Formenbau bewältigt die ständig steigenden Herausforderungen im Werkzeug- und Formenbau mit modularer Nullpunktspanntechnik von AMF“,

Zerspanungstechnik.de, 05. Mai 2020, *https://www.zerspanungstechnik.de/blog/2020/05/05/mehr-flexibilitaet-in-der-produktion*. [Zugriff am 18. Juli 2024].

Pan, S. & Yang, Q. (2010): „A Survey on Transfer Learning", in: *IEEE Transactions on Knowledge and Data Engineering*, 22(10), S. 1345 – 1359.

Pearl, J. (2003): „Causality: Models, Reasoning, and Inference", in: *Econometric Theory, Cambridge University Press*, S. 675 – 685.

Pearl, J., Glymour, M. & Jewell, N. (2016): *Causal Inference in Statistics: A Primer*. New York: John Wiley & Sons.

Peter, S., Glymour, C. & Scheines, R. (2000): *Causation, Prediction, and Search*, 2. Aufl. Cambridge, MA: MIT Press.

Peters, J., Janzing, D. & Schölkopf, B. (2017): *Elements of Causal Inference: Foundations and Learning Algorithms*. Cambridge: MIT Press.

Peter the Great Saint-Petersburg Polytechnic University (2018): „Scientists develop neural network for 3D printing of metal products", 13. November 2018, *https://www.eurekalert.org/news-releases/539626*. [Zugriff am 18. Juli 2024].

Pinnow, C. & Schäfer, S. (2015): *Industrie 4.0 – Grundlagen und Anwendungen – Branchentreff der Berliner Wissenschaft und Industrie*. Berlin: Beuth Verlag.

Ren, J., Wang, H. & Jin, X. (2017): „Engineering Effect Equivalence Enabled Transfer Learning" in: *2017 13th IEEE Conference on Automation Science and Engineering (CASE)*, Xi'an, China, S. 1174 – 1179.

Rubenstein, P. K., Bongers, S., Schölkopf, B. & Mooij, J. M. (2018): „From deterministic ODEs to dynamic structural causal models", in: *Proceedings of the 34th Conference on Uncertainty in Artificial Intelligence (UAI)*, Monterey, California.

Rubenstein, P. K., Weichwald, S., Bongers, S., Mooij, J. M., Janzing, D., Grosse-Wentrup, M. & Schölkopf, B. (2017): „Causal consistency of structural equation models", in: *Proceedings of the Thirty-Third Conference on Uncertainty in Artificial Intelligence*.

Sabbaghi, A. & Huang, Q. (2018): „Model transfer across additive manufacturing processes via mean effect equivalence of lurking variables", in: *Ann. Appl. Stat.*, 12(4), S. 2409 – 2429.

Sabbaghi, A., Huang, Q. & Dasgupta, T. (2018): „Bayesian Model Building from Small Samples of Disparate Data for Capturing In-Plane Deviation in Additive Manufacturing", in: *Technometrics*, 60(4), S. 532 – 544.

S, B. (2019): „Causality for Machine Learning", in: *Probabilistic and Causal Inference*.

Seiffert, K., Jochem, R. & Pasch, F. (2016): „Traditionelles neu gedacht: Das Katapult als Lernzeug für die Qualität in der Industrie 4.0", in: *Qualitätsmanagement 4.0 – Status Quo! Quo vadis? – Bericht zur GQW-Jahrestagung 2016 in Kassel*, Kassel, Deutschland, Kassel university press GmbH, S. 43 – 60.

Shao, C., Jin, J. & Hu, J. (2017): „Dynamic Sampling Design for Characterizing Spatiotemporal Processes in Manufacturing", in: *Journal of Manufacturing Science and Engineering*, 139(10).

Shao, C., Ren, J., Wang, H. & Hu, S. J. (2017): „Improving Machined Surface Variation Prediction by Integrating Multi-Task Gaussian Process Learning with Cutting Force Induced Surface Variation Modeling", in: *Journal of Manufacturing Science and Engineering*, 139(1).

Shannon, C. & Weaver, W. (1976): *Mathematische Grundlagen der Informationstheorie*. München: Oldenbourg Verlag.

Siebertz, K., van Bebber, D. & Hochkirchen, T. (2017): *Statistische Versuchsplanung – Design of Experiments (DoE)*, 2. Aufl. Berlin: Springer Vieweg.

Sonnenberg, V. (2020): „Studie: Covid drängt zu mehr Flexibilität in der Produktion", *https://www.blechnet.com/covid-draengt-zu-mehrflexibilitaet-in-der-produktion-a-949767/*. [Zugriff am 18. Juli 2024].

Suter, R., Miladinovic, D., Schölkopf, B. & Bauer, S. (2019): „Robustly Disentangled Causal Mechanisms: Validating Deep Representations for Interventional Robustness", in: *Proceedings of the 36th International Conference on Machine Learning*, Long Beach, California, PMLR 97.

Straub, J. (2015): „Initial Work on the Characterization of Additive Manufacturing (3D Printing) Using Software Image Analysis", in: *Machines*, 3, S. 55 – 71.

Studer, S., Bischl, B., Dengel, C., Dürr, O., Widmann, P., Schmid, P. & Müller, K.-R. (2021): „Towards CRISP-ML(Q): A Machine Learning Process Model with Quality Assurance Methodology“, in: *Machine learning & knowledge extraction*, 3, S. 392 – 413.

Su, S., Wang, A., Huang, Q. & Tsung, F. (2014): „Shape deviation modeling for fused deposition modeling processes“, in: *IEEE International Conference on Automation Science and Engineering*, CASE 2014, Taipei, S. 758 – 763.

Tercan, H., Guajardo, A., Heinisch, J., Thiele, T., Hopmann, C. & Meisen, T. (2018): „Transfer-Learning: Bridging the Gap between Real and Simulation Data for Machine Learning in Injection Molding“, in: *Procedia CIRP*, 72, S. 185 – 190.

Tolio, T. (2009): *Design of Flexible Production Systems – Methodologies and Tools*. Berlin: Springer.

Tsung, F., Zhang, K., Cheng, L. & Shi, Z. (2018): „Statistical transfer learning: A review and some extensions to statistical process control“, in: *Quality Engineering*, 30(1), S. 115 – 128.

VDMA Forum (2015): „Leitfaden Industrie 4.0. Orientierungshilfe zur Einführung in den Mittelstand“, Broschüre des VDMA, Frankfurt a. M., *http://www.vdmashop.de/refs/VDMA_Leitfaden_I40_neu.pdf*. [Zugriff am 18. Juli 2024].

Wahlster, H. (2017): „Industrie 4.0 Maturity Index Studie Acatech“, UTZ Verlag, München, *http://www.acatech.de/fileadmin/user_upload/Baumstruktur_nach_Website/Acatech/root/de/Publikationen/Projektberichte/acatech_STUDIE_Maturity_Index_WEB.pdf*. [Zugriff am 18. Juli 2024].

Wang, H., Huang, Q. & Katz, R. (2006): „Multi-Operational Machining Processes Modeling for Sequential Root Cause Identification and Measurement Reduction“, in: *Journal of Manufacturing Science and Engineering*, 127, S. 512 – 521.

Wang, H. & Huang, Q. (2007): „Using error equivalence concept to automatically adjust discrete manufacturing processes for dimensional variation control“, in: *Journal of Manufacturing Science and Engineering (ASME)*, 129(3), S. 644 – 652.

Wang, T., Huan, J. & Zhu, M. (2019): „Instance-Based Deep Transfer Learning“, in: *Proceedings – 2019 IEEE Winter Conference on Applications of Computer Vision (WACV)*, Waikoloa Village, United States, S. 367 – 375.

Weichwald, S., Schölkopf, B., Ball, T. & Grosse-Wentrup, M. (2014): „Causal and anti-causal learning in pattern recognition for neuroimaging (PRNI) IEEE“, in: *4th International Workshop on Pattern Recognition in Neuroimaging*.

Weiss, K., Khoshgoftaar, T. M. & Wang, D. (2016): „Transfer Learning Techniques“, in: *Big Data Technologies and Applications, Springer International Publishing*, S. 53 – 99.

Winn, Z. (2019): „A 3-D printer powered by machine vision and artificial intelligence“, 2019, *http://news.mit.edu/2019/inkbit-3dprinter-0604*. [Zugriff am 18. Juli 2024].

Wronski, L. (2014): *Reichenbach's Paradise*. Warschau: De Gruyter Open Poland.

Wuest, T., Irgens, C. & Thoben, K.-D. (2013): „An approach to monitoring quality in manufacturing using supervised machine learning on product“, in: *Journal of Intelligent Manufacturing*, 25(5), S. 1167 – 1180.

Wuest, T., Weimer, D., Irgens, C. & Thoben, K.-D. (2016): „Machine learning in manufacturing: advantages, challenges, and applications“, in: *Production & Manufacturing Research*, 4(1), S. 23 – 45.

Zhang, K., Gong, M. & Schölkopf, B. (2015): „Multi-source domain adaptation: A causal view“, in: *Proceedings of the 29th AAAI Conference*, S. 3150 – 3157.

Zhang, K., Schölkopf, B., Muandet, K. & Wang, Z. (2013): „Domain adaptation under target and conditional shift“, in: *Proceedings of the 30th International Conference on Machine Learning (ICML)*, S. 819 – 827.

Zhu, Z., Anwer, N., Huang, Q. & Mathieu, L. (2018): „Machine Learning in Tolerancing for Additive Manufacturing“, in: *CIRP Annals*, 67(1), S. 157 – 160.

11 Hohe Qualität trotz hoher Komplexität

Alexander Frisch

Qualität und Komplexität sind zwei Größen, die häufig zusammen aufgeführt werden. Eine hohe Komplexität stellt ein wesentliches Risiko für die Qualität als wichtigste Größe des klassischen Zieldreiecks dar. In der Literatur wird deshalb oftmals eine Reduzierung der objektiven Komplexität empfohlen. Dadurch bleiben jedoch wesentliche Wettbewerbsvorteile einer hohen und beherrschten Komplexität ungenutzt.

Durch eine sinnvolle Zusammenführung von Ansätzen aus Qualität- und Komplexitätsmanagement ist es möglich, auch in Systemen hoher Komplexität eine hohe Qualität sicherzustellen.

In diesem Kapitel erfahren Sie mehr über:

- Herausforderungen und Ziele im Zusammenspiel zwischen Qualität und Komplexität
- Neues Vorgehensmodell für ein qualitätsorientiertes Komplexitätsmanagement
- Anwendung des Modells in der Praxis unter Zuhilfenahme digitaler Tools und Methoden

11.1 Vergleich von Qualität und Komplexität

11.1.1 Begriffsdefinition

Zuerst werden die Begriffsdefinitionen der Qualität und Komplexität miteinander verglichen. Beide Begriffe sind per se neutral, aber die Wahrnehmung von Qualität und Komplexität ist unterschiedlich. Während Qualität einen positiven Bezug im Sprachgebrauch hat (Zech 2015), wird Komplexität stattdessen mit negativen Eigenschaften in Verbindung gebracht (Lasch & Gießmann 2009).

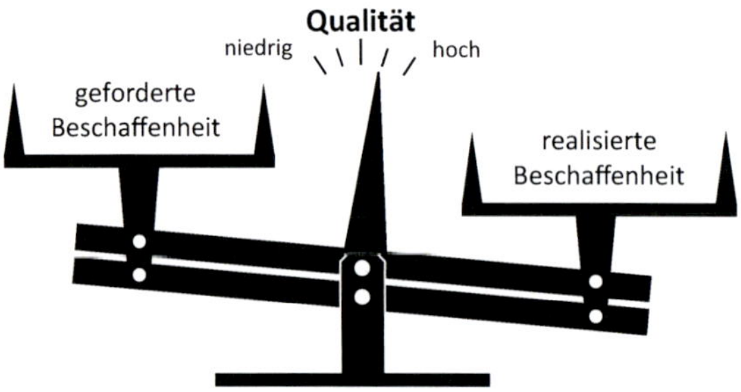

Bild 11.1 Der Qualitätsbegriff als Waage (Geiger & Kotte 2008)

Beide Begriffe können sowohl objektiv als auch subjektiv betrachtet werden. Qualität ist objektiv der Grad, in dem ein Satz inhärenter Merkmale Anforderungen erfüllt (Geiger & Kotte 2008) und somit das Ergebnis eines Soll-Ist-Vergleichs (siehe Bild 11.1). Der Begriff Komplexität wird dagegen objektiv über die Systemtheorie definiert. Weist ein System eine hohe strukturelle Komplexität und eine hohe Dynamik auf und ist seine Systemgrenze offen zur Umwelt, gilt es als äußerst komplex (Ulrich & Probst 1995) (Spies 2011). Die Grenze zu nicht komplexen Systemen ist fließend und wird vor allem durch die dynamischen Merkmale komplexer Systeme bestimmt (Kirchhof 2003).

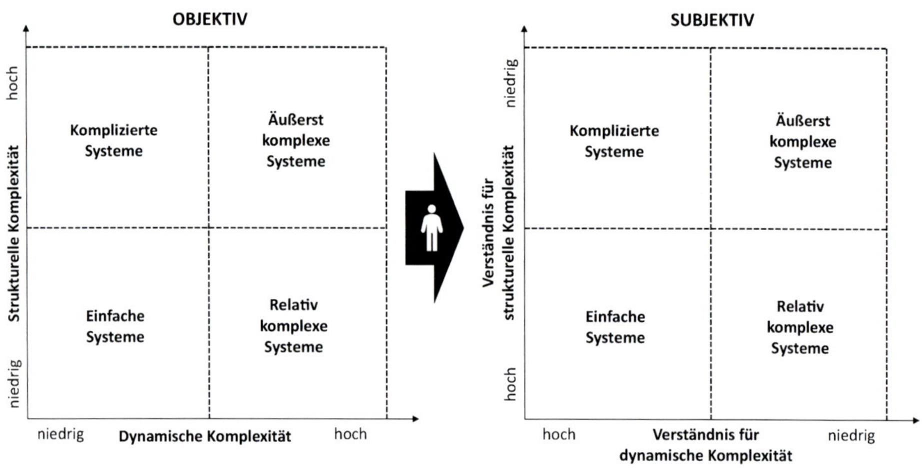

Bild 11.2 Abstufungen der objektiven und subjektiven Qualität (Ulrich & Probst 1995)

Die beiden Begriffe sind auch von der menschlichen Sichtweise abhängig und somit subjektiv. Der Mensch bewertet die Qualität, indem er die gestellten Anforderungen mit den gegebenen Merkmalen vergleicht (Geiger & Kotte 2008). Die Komplexität hängt dagegen von der betrachtenden Person des zugehörigen Systems ab. Je nachdem, über welches Verständnis die betrachtende Person in Bezug auf die benötigte Informationsmenge für das System verfügt und welche Fähigkeiten sowie Erfahrungen sie dazu besitzt, wird die Komplexität jeweils unterschiedlich wahrgenommen. Bild 11.2 verdeutlicht diesen Zusammenhang.

Beide Begriffe sind darüber hinaus mehrdimensional und lassen sich nicht auf eine einzige Größe herunterbrechen. So existieren verschiedene Qualitätsmerkmale, anhand derer die Gesamtqualität als Erfüllungsgrad der Anforderungen bestimmt werden kann (Lasch & Gießmann 2009). Die Komplexität besteht aus den vier wesentlichen Dimensionen Systemgrenze, strukturelle Komplexität, dynamische Komplexität und Systemwahrnehmung (Ulrich & Probst 1995) (Spies 2011). Die letzten drei Dimensionen lassen sich in viele weitere Teilmerkmale unterteilen. Zum Beispiel wird die strukturelle Komplexität durch die Vielzahl und Vielfalt der Systemelemente und -relationen bestimmt (Schoeneberg 2014).

Zur Mehrdimensionalität kommt erschwerend hinzu, dass beide Zielgrößen einer Dynamik unterliegen. Bei der Qualität zeigt sich diese beispielsweise am Kano-Modell (Kesper 2012), welches die Veränderung von Begeisterungsmerkmalen zu Grundmerkmalen im Verlauf der Zeit thematisiert. Komplexe Systeme haben per Definition eine offene Grenze, wodurch eine hohe Dynamik des Systems durch den Austausch mit der Umwelt entsteht (Spies 2011) (Allen 2011). Beide Begriffe müssen folglich regelmäßig neu bewertet werden.

11.1.2 Das optimale Qualitäts- und Komplexitätslevel

Das Optimum an Qualität ergibt sich, wie bereits in Bild 11.1 dargestellt, durch die vollständige Realisierung der geforderten Beschaffenheit. Um die Kundenbedürfnisse zu befriedigen, sind die Qualitätsforderungen des Unternehmens folglich an die der Kunden anzupassen. Dabei ist zu beachten, dass eine Untererfüllung von Qualitätsmerkmalen von den Kunden hart bestraft wird, während eine Übererfüllung nur geringfügig belohnt wird (Brüggemann & Bremer 2015).

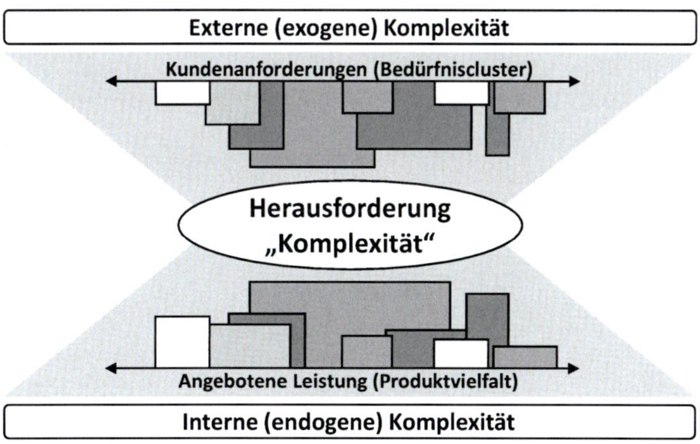

Bild 11.3 Interne und externe Komplexität (Schuh 2014)

Der optimale Komplexitätsgrad lässt sich durch den Vergleich von unternehmensexterner und -interner Komplexität bestimmen (siehe Bild 11.3) (Schuh 2014) (Maurer 2017). Die externe Komplexität stellt einen Komplexitätsbedarf dar, auf den ein Unternehmen mit einer internen Komplexität als Komplexitätsangebot reagieren sollte (Thiebes & Plankert 2014). Idealerweise sind interne und externe Komplexität im Gleichgewicht (Schuh 2014) (Jäger et al. 2014). Ziel ist es folglich, wertvernichtende Komplexität zu reduzieren oder zu vermeiden. Die wertstiftende Komplexität sollte dagegen erhöht werden (Budde & Friedli 2017) (Maurer 2017), denn eine hohe interne und an die externe Umwelt angepasste Komplexität stellt einen großen Wettbewerbsvorteil dar. Beispielweise kann eine Differenzierungsstrategie mit einem großen und individuellen Produktportfolio zu Abgrenzungen zum Wettbewerb, Alleinstellungsmerkmalen und der Erschließung neuer Märkte und Nischen führen (Maurer 2017) (Budde & Friedli 2017). Außerdem kann eine hohe interne Komplexität vor Kostenführungs- und Nachahmerstrategien schützen, da für das Kopieren eines innovativen Produkts auch die dafür notwendigen hochkomplexen Prozesse aufzubauen sind (Dalhöfer & Prieß 2012). Voraussetzung für diese Wettbewerbsvorteile ist, dass die interne Komplexität stets beherrscht wird (Maurer 2017).

Zu beachten ist dabei, dass unternehmerische Nachteile drohen, wenn die Balance aus interner und externer Komplexität nicht erreicht wird. Dalhöfer (2012) sieht nur in dem Punkt optimaler Komplexität eine maximale Effizienz des Unternehmens erreicht. Liegt dagegen eine zu geringe oder zu hohe interne Komplexität vor, führt dies zu Effizienzverlusten. Oft wird Komplexität per se als negativ angesehen und es wird deshalb versucht, diese intern zu reduzieren (Maurer 2017). Dadurch können jedoch Marktchancen ungenutzt bleiben, was negative Auswirkungen auf das Unternehmen haben kann (Maurer 2017). Eine zu hohe interne Komplexität, zum Beispiel in Form einer zu hohen Produkt- oder Prozessvielfalt, hat dagegen unnötig hohe Komplexitätskosten zur Folge, wodurch alle Unternehmensbereiche negativ beeinflusst werden (Schuh 2014).

Unternehmen müssen sowohl die interne Qualität als auch die interne Komplexität an den Kundenanforderungen ausrichten. Eine Unter- oder Übererfüllung kann negative Folgen haben.

11.1.3 Wechselwirkung zwischen Qualität und Komplexität

Die Qualität steht als wichtigster Bestandteil des klassischen Zieldreiecks in starker Wechselwirkung mit Zeit und Kosten (Rothlauf 2014). In der Literatur lassen sich aber auch bei der Komplexität Einflüsse auf das Zieldreieck feststellen, welche im Folgenden vorgestellt werden. Der Fokus liegt dabei auf der Wechselwirkung zwischen Qualität und Komplexität.

Eine experimentelle Untersuchung zwischen den beiden Größen liefern Fast-Berglund, Fässberg et al. (2013), welche den Zusammenhang von Qualität und Komplexität an verschiedenen Stationen in der Montage untersucht haben. Die Komplexität wurde anhand der Auswahlkomplexität bestimmt. Komplexitätstreiber waren die Anzahl und Vielfalt der Aufgaben sowie Ungewissheiten aufgrund neuer Werkzeuge und Bauteile. Die Qualität wurde dagegen durch die Anzahl und Art der Montagefehler ermittelt. In dem durchgeführten Experiment konnte eine positive Korrelation zwischen der Auswahlkomplexität und der Anzahl der Fehler aufgezeigt werden. Die Komplexität beeinflusst die Qualität folglich auf negative Art und Weise.

Wendehals (2000) führt frühere Untersuchungen im Montageumfeld auf, welche auf ähnliche Ergebnisse kommen. So erkannte man bei Toyota ebenfalls einen linearen Zusammenhang zwischen der Teilevielfalt und der Fehlerquote in der Montage (Wendehals 2000). Bei der italienischen Firma Olivetti (Bürogeräte) führte eine Verringerung der Teileanzahl zu einer Qualitätsverbesserung (Wendehals 2000). Als Gründe sieht Wendehals (2000) sowohl die hohe Anzahl unterschiedlicher Montagevorgänge als auch die schwierigere Qualitätsabsicherung bei einer hohen Anzahl an Produktmerkmalen.

Zhu et al. (2008) untersuchten die Komplexität im automobilen Produktionsprozess, da die hohe Produkt- und Ausstattungsvielfalt hohe Anforderungen an die Produktion stellt. Sie fanden heraus, dass die Fehlerrate mit der Anzahl der Montagemöglichkeiten als Komplexitätsgröße anstieg.

Falck et al. (2017) führten ebenfalls eine Studie im automobilen Produktionsprozess zu Komplexität und Qualität durch. Eine lineare Abhängigkeit zwischen der Aufgabenkomplexität und der Fehleranzahl konnte nicht festgestellt werden. Es zeigte sich jedoch, dass die durchschnittlichen Kosten der Fehlerbehebung und Nacharbeit mit steigender Aufgabenkomplexität zunahmen.

Brinzer und Schneider (2020) untersuchten den Einfluss der steigenden Produktkomplexität auf die Montageprozesse in vier verschiedenen Werken. Im Fokus stand dabei die subjektiv wahrgenommene Komplexität, welche mithilfe eines Fragebogens ermittelt wurde. Als Ergebnis konnte eine starke positive Korrelation zwischen der subjektiv wahrgenommenen Komplexität und verschiedenen negativen Effekten ermittelt werden. Die negativen Effekte setzten sich aus Prozess- und Qualitätsabweichungen, Demotivation und Überforderung zusammen.

Lasch und Gießmann (2009) betonen, dass sowohl die strukturelle wie auch die dynamische Komplexität negative Auswirkungen auf die Qualität haben können. Wie die genannten Studien im Montageumfeld warnen sie auch vor einem negativen Einfluss durch eine zu hohe Varietät an zu steuernden Prozessen und Systembestandteilen auf die menschliche Arbeitsleistung. Gleichzeitig erschweren eine hohe Verschiedenartigkeit und Intransparenz zusätzlich ein nachhaltiges Qualitätsmanagement. Sie sehen andersherum jedoch auch Qualitätsdefizite als möglichen Komplexitätstreiber, auch wenn dieser Effekt bisher nur geringfügig dargestellt wurde. So können neu eingeführte Prozesse oder Maßnahmen für Qualitätsverbesserungen zu einer steigende Prozesskomplexität führen, da beispielweise die Anzahl und Vielfalt der Arbeitsschritte sowie die Schnittstellen zu IT-Systemen und Prozesspartnern erhöht werden. Gleichzeitig stellen solche reaktiven Maßnahmen aufgrund ihrer geringen Planbarkeit einen hohen Unsicherheitsfaktor dar (Lasch & Gießmann 2009).

Komplexität und Qualität beeinflussen sich auf objektiver wie auch auf subjektiver Ebene. Eine Steigerung der Komplexität hat einen negativen Einfluss auf die Qualität. Eine Qualitätserhöhung kann auch ein Komplexitätstreiber sein, wenn zum Beispiel die Prozesskomplexität durch Qualitätsmaßnahmen steigt.

11.1.4 Zusammenspiel von Qualität und Komplexität im Unternehmenskontext

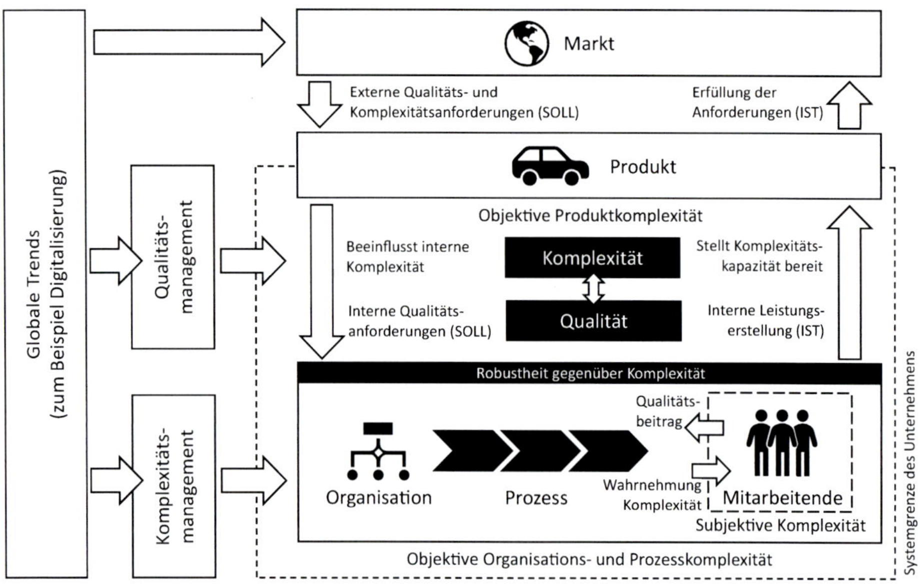

Bild 11.4 Das Unternehmen als offenes System

Betrachtet man ein Unternehmen als offenes System, kann es in die drei unternehmensinternen Bereiche Produkt, Prozess und Organisation aufgeteilt werden (siehe Bild 11.4). Außerhalb der Systemgrenze existiert der Markt als Systemumwelt, welcher unter anderem die Kunden, den Wettbewerb sowie Gesetze und Regularien umfasst.

Im Markt existieren vielfältige und dynamische Kundenwünsche sowie Gesetze und Regularien, deren Erfüllung Markteintrittschancen und Wettbewerbsvorteile bieten. Der Markt stellt somit Komplexitäts- wie auch Qualitätsanforderungen, die das Unternehmen für einen steigenden Unternehmenserfolg zu erfüllen hat. Der Erfüllungsgrad spiegelt sich im Produkt wider, welches vom Unternehmen produziert und verkauft sowie vom Markt bewertet und gegebenenfalls angenommen wird. Die Anforderungen werden über das Produkt in das Unternehmen hineinprojiziert und beeinflussen maßgeblich den Wertschöpfungsprozess und die darin beteiligten Organisationen.

Damit Organisation und Prozess möglichst wenig von der steigenden Komplexität beeinflusst werden, sollten diese eine hohe Robustheit gegenüber der Komplexität aufweisen. Nur dadurch ist eine interne Leistungserstellung sichergestellt, welche die gestellten Qualitätsanforderungen erfüllen kann. Die Arbeitskraft nimmt eine wesentliche Rolle ein, da sie sowohl die Komplexität subjektiv wahrnimmt als auch einen wesentlichen Qualitätsbeitrag liefert. Ziel des Qualitäts- wie auch des Komplexitätsmanagements sollte es sein, die internen Produkte, Prozesse und Organisationen so zu verbessern, dass diese trotz der hohen Komplexität eine hohe Qualität erzielen können. Dabei sind auch globale Trends wie die Digitalisierung im Lösungsraum zu beachten. Deshalb wurden verschiedene existierende Ansätze des Qualitäts- und Komplexitätsmanagements ausgewählt, welche im Folgenden hinsichtlich ihrer Eignung bewertet werden.

Die Herausforderung von Unternehmen ist es, geeignete Ansätze anzuwenden, um trotz steigender Komplexität eine hohe Qualität bei der Leistungserstellung sicherstellen zu können. Dafür ist eine Mischung aus Ansätzen des Qualitäts- wie auch des Komplexitätsmanagements erforderlich.

11.2 Vorgehensmodell für ein qualitätsorientiertes Komplexitätsmanagement

11.2.1 Aktuelle Ansätze des Komplexitäts- und Qualitätsmanagements

	Zielgröße Qualität	Zielgröße Komplexität	Chancen Komplexität	Komplexitätswahrnehmung	ganzheitlicher Ansatz			Entwicklungsprozess	Digitale Methoden	Evaluierung in der Praxis
					Produkt	Prozess	Organisation			
Six Sigma	●	○	○	○	◕	●	◑	◕	◔	●
Lean Six Sigma	●	◔	○	○	◕	●	◑	◕	◔	●
Complexity Manager von Schuh & Company	○	●	◕	○	●	◑	◑	●	◑	●
Strukturelles Komplexitätsmanagement von Lindemann, Maurer et al.	○	●	◔	○	◑	◑	◑	●	◔	●
Komplexitätsmanagement-Modell von Budde und Friedli	◔	●	●	○	◕	◑	◔	●	◔	◔
Reifegradmodell für das Komplexitätsmanagement von Kluth, Jäger et al.	○	●	●	◔	◑	◑	◑	●	○	○
Ganzheitliches Komplexitätsmanagement von Kirchhof	○	●	●	◕	●	●	●	●	○	○
Deming-Zyklus für das Komplexitätsmanagement von Lasch und Gießmann	◔	●	●	○	◑	◑	◑	●	○	○
Quality Science Laboratory der TU Berlin	●	○	○	○	◕	●	○	○	●	◕

Legende: ○ – kein Erfüllungsgrad ◔ – gering ◑ – mittel ◕ – hoch ● – vollständig

Bild 11.5 Übersicht der Kriterien und Bewertungen der ausgewählten Ansätze

Die ausgewählten Ansätze umfassen den im Qualitätsmanagement bewährten Six-Sigma-Ansatz (Jochem et al. 2015) sowie dessen Erweiterung Lean Six Sigma (Töpfer & Günther 2009). Ansätze aus dem Komplexitätsmanagement waren der Complexity Manager von Schuh und Company (2020), das strukturelle Komplexitätsmanagement (Lindemann et al. 2009), das Komplexitätsmanagement-Modell von Budde und Friedli

(2017), das Reifegradmodell für das Komplexitätsmanagement (Kluth et al. 2014) sowie das ganzheitliche Komplexitätsmanagement von Kirchhof (Kirchhof 2003). Der Deming-Zyklus für das Komplexitätsmanagement von Lasch und Gießmann (2009) stellt eine Synergie aus Qualitäts- und Komplexitätsmanagement dar. In den bereits vorgestellten Ansätzen ist oft ein Mangel an digitalen Methoden aus der Industrie 4.0 zu erkennen. Deshalb wurde das Quality Science Laboratory am Fachgebiet Qualitätswissenschaft der TU Berlin unter der Leitung von Prof. Dr.-Ing. Roland Jochem (Jochem et al. 2016) ebenfalls als Ansatz aufgenommen.

Es wurden verschiedene Bewertungskriterien auf Basis der vorgestellten Herausforderungen in der Praxis und des Zusammenspiels zwischen Qualität und Komplexität definiert, um die bestehenden Ansätze hinsichtlich ihrer Eignung zu bewerten. Erstens sollte der Ansatz sowohl die Qualität als auch die Komplexität als Zielgröße verbessern. Des Weiteren sollte der Ansatz die Chancen der Komplexität anerkennen und nutzen, da Komplexität oft per se negativ gesehen und reduziert wird. Eine an die Marktkomplexität angepasste und beherrschte Komplexität bietet jedoch große Wettbewerbsvorteile und Chancen. Bei der Komplexität sollte analog zur Qualität auch die subjektive Wahrnehmung berücksichtigt werden.

Darüber hinaus sollte der Ansatz ganzheitlich auf alle internen Komplexitätsfelder des Unternehmens wirken: Produkt, Prozess und Organisation. Da der Ansatz im Entwicklungs- und Konfigurationsmanagementprozess eines Automobilkonzerns angewendet werden soll, ist eine Eignung für diese Art des Prozesses notwendig. Im automobilen Entwicklungs- und Konfigurationsmanagementprozess werden viele verschiedene Daten erzeugt und verwaltet. Die digitalen Ansätze der Industrie 4.0 bieten dafür Chancen einer verbesserten Qualität sowie einer verringerten Komplexität (Jäger et al. 2016) (Kohr et al. 2017) und sollten deshalb in sinnvoller Weise Anwendung finden. Da es das Ziel ist, den Ansatz im komplexen Umfeld des automobilen Konfigurationsmanagementprozesses anzuwenden, sollte sich der Ansatz idealerweise bereits erfolgreich in der Praxis bewährt haben.

Das Ergebnis der Bewertung ist in Bild 11.5 dargestellt. Zum Nachlesen der ausführlichen Bewertung und der Vorstellung der Ansätze wird auf Frisch (2023) verwiesen. Es zeigt sich, dass kein Ansatz alle Kriterien erfüllt. Pro Zeile ist mindestens einer der Harvey-Balls leer, was einen fehlenden Erfüllungsgrad eines Kriteriums darstellt. Jedes Kriterium und damit jede Spalte haben jedoch mindestens einen Harvey-Ball, der einen hohen Erfüllungsgrad darstellt. Somit gilt es, die Ansätze auf sinnvolle Weise zu kombinieren, um alle Kriterien erfüllen zu können.

Dabei zeigt sich insbesondere in folgenden Punkten ein Verbesserungspotenzial: Keiner der Ansätze hat sowohl die Qualität als auch die Komplexität in hohem Maße als Zielgröße. Darüber hinaus berücksichtigt nur das ganzheitliche Komplexitätsmanagement von Kirchhof (2003) in hohem Maße die subjektive Wahrnehmung von Komplexität. Des Weiteren zeigt sich, dass moderne digitale Methoden noch nicht Bestandteil etablierter Ansätze aus Qualitäts- und Komplexitätsmanagement sind, sondern erst in neueren Ansätzen Berücksichtigung finden. Im Automobilbereich befinden sich neue digitale Ansätze vor allem im Produkt (zum Beispiel das autonome Fahren) und im Produktionsprozess (zum Beispiel die Predictive Maintenance) in der Anwendung und Weiterentwicklung. Die Potenziale einer Anwendung im Entwicklungsprozess sind dagegen bisher nur geringfügig untersucht.

Im nächsten Kapitel soll deshalb ein Vorgehensmodell erläutert werden, welches die Vorteile der jeweils vorgestellten Ansätze bündelt und die drei identifizierten Verbesserungspotenziale abdeckt.

11.2.2 Das neue Vorgehensmodell für ein qualitätsorientiertes Komplexitätsmanagement

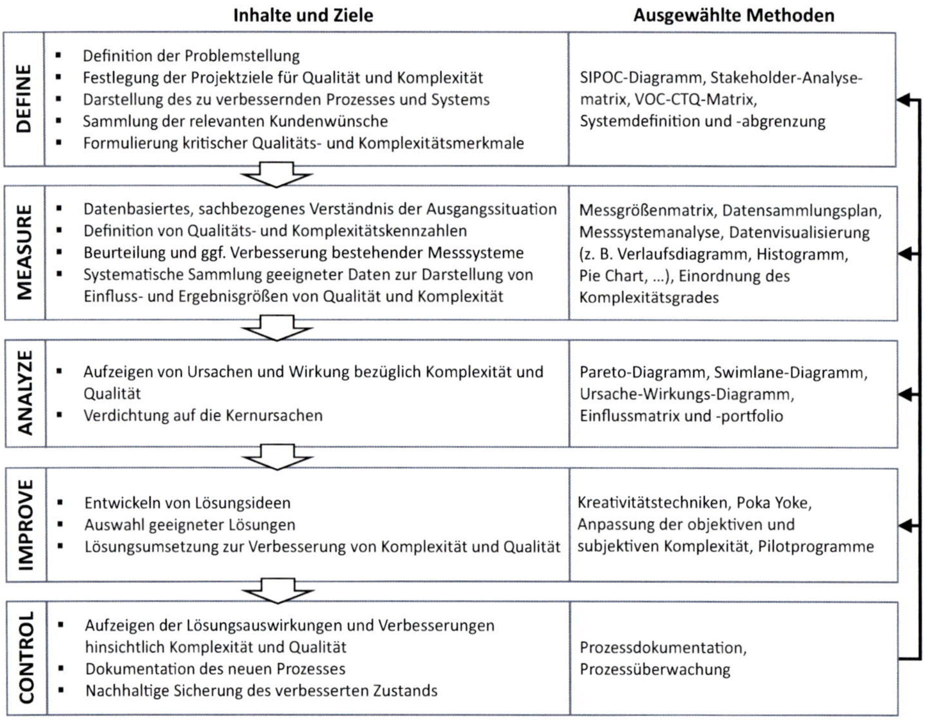

Bild 11.6 Vorgehensmodell für ein qualitätsorientiertes Komplexitätsmanagement (Frisch 2023)

Bild 11.6 zeigt das vollständige Vorgehensmodell für ein qualitätsorientiertes Vorgehensmodell (Frisch 2023), welches die zuvor identifizierten Anforderungen in Bezug auf eine Qualitäts- und Komplexitätsverbesserung abdeckt. Die Konzeption orientierte sich dabei methodisch am Münchner Methodenmodell (Lindemann 2009). Das Grundmodell des Ansatzes ist der DMAIC-Zyklus, wofür es mehrere Gründe gibt.

Erstens hat sich der Ansatz im Qualitätsmanagement bewährt und er stellt eine Weiterentwicklung des klassischen PDCA-Zyklus dar (Koch 2015). Zweitens liegt der Fokus des DMAIC-Zyklus auf der Datenanalyse, da in fast jedem Schritt Daten gesammelt werden (George et al. 2007). Dies eignet sich folglich für die Anwendung im automobilen Konfigurationsmanagement, da dort eine Vielzahl und Vielfalt an Daten zur Verfügung stehen. Drittens wurde der DMAIC-Zyklus im Lean-Six-Sigma-Ansatz durch Methoden des Lean Managements angereichert (Töpfer & Günther 2009). Dies unterstreicht die Möglichkeit, den DMAIC-Zyklus um weitere Ansätze und Methoden aus anderen Managementdisziplinen sinnvoll erweitern zu können. Da sowohl Qualität als auch Komplexität gemeinsam in einem einzigen Modell betrachtet und optimiert werden sollen, ist eine Adaptierbarkeit des Ansatzes eine notwendige Voraussetzung. Viertens soll das Potenzial des ganzheitlichen Komplexitätsmanagements von Kirchhof (2003) genutzt werden. Es bietet als einziger Ansatz aus dem Komplexitätsmanagement das hohe Potenzial, sowohl Produkte, Prozesse als auch Organisationen gesamthaft zu verbessern. Da sein Modell hohe Gemeinsamkeiten zu den DMAIC-Phasen aufweist, aber noch nicht in der Praxis evaluiert wurde, wird folglich der DMAIC-Zyklus als Grundmodell verwendet und um das ganzheitliche Komplexitätsmanagement von Kirchhof (2003) und die weiteren Ansätze angereichert.

Das Vorgehensmodell wird beginnend mit der Define-Phase nacheinander bis zur Control-Phase durchlaufen. Das Modell lässt auch Rücksprünge auf vorherige Schritte zu. Dies kann beispielsweise notwendig sein, wenn in einer Phase neue oder vertiefte Informationen aus der vorherigen Phase notwendig sind und diese noch nicht vorliegen.

Dem neu erstellten Modell sind ausgewählte Methoden pro Phase zur Unterstützung zugeordnet. Bild 11.6 zeigt die Methoden, welche tatsächlich bei der Praxisanwendung des Vorgehensmodells in Abschnitt 11.3 verwendet wurden. Die dargestellten Methoden stellen lediglich eine Auswahl dar und können unter Berücksichtigung der jeweils vorliegenden Rahmenbedingungen ausgelassen oder durch alternative Methoden ersetzt werden. Eine detaillierte Übersicht zu möglichen Methoden mit Fokus auf der Qualität bieten beispielweise Jochem et al. (2015), Lunau (2007) und Freisinger et al. (2022). Kirchhof (2003) thematisiert dagegen Methoden für die Komplexität. Im nächsten Kapitel wird das neue Vorgehensmodell für ein qualitätsorientiertes Komplexitätsmanagement in der Praxis am Beispiel des automobilen Konfigurationsmanagementprozesses angewendet und anschließend evaluiert.

11.3 Anwendung und Evaluierung in der Praxis

Der automobile Konfigurationsmanagementprozess eignet sich für die Anwendung des neu erstellten Vorgehensmodells, da hohe Qualitätsziele sowie eine hohe Komplexität vorliegen. Des Weiteren ist er Teil des automobilen Entwicklungsprozesses, in dem Qualität und Komplexität im Gegensatz zum Produktionsprozess bisher nur geringfügig zusammen erforscht wurden. Ziel der Anwendung ist es, auch in Systemen hoher Komplexität eine Qualitätssteigerung herbeizuführen. Die Ziele und Ergebnisse der einzelnen Phasen des Vorgehensmodells werden im Folgenden erläutert. Für eine ausführliche Erläuterung der Phasen und Ergebnisse wird auf Frisch (2023) verwiesen.

11.3.1 Define-Phase

Ein wesentlicher Inhalt der Define-Phase war die Vorstellung des zu verbessernden Prozesses und Systems. Dies wurde methodisch sowohl mithilfe eines SIPOC-Diagramms als auch mit einer Systemdefinition und -abgrenzung durchgeführt. Es zeigte sich, dass die Systemdarstellung einen Überblick über die unternehmensexternen und -internen Einflussgrößen und Systemelemente bot, welcher detaillierter als in der SIPOC-Darstellung ausfiel. Die Einflussgrößen wurden darauf aufbauend näher in der Analyze-Phase untersucht (siehe Abschnitt 11.3.3). In der SIPOC-Darstellung standen dagegen der grobe Prozessablauf sowie die Stakeholder und Kunden im Fokus. Somit ergänzten sich beide Darstellungen, um in der Define-Phase einen Überblick über den zu verbessernden Prozess aus Qualitäts- wie auch Komplexitätssicht zu erlangen. Des Weiteren wurden auf Basis der Stakeholder-Anforderungen mehrere Zielgrößen für die Qualität und Komplexität mithilfe einer VOC-CTQ/CTC-Matrix abgeleitet.

Zusammenfassend zeigte sich, dass das Konfigurationsmanagement eine Gemeinschaftsleistung ist, da viele Bereiche des Unternehmens als Inputgeber und auch als Kunde auftreten. Dies verdeutlicht die organisatorische Komplexität im Prozess. Das SIPOC-Diagramm eignete sich als Methode, um diesen Zustand aufzeigen zu können. Des Weiteren wirken eine Vielzahl an unternehmensexternen und -internen Einflüssen auf das Konfigurationsmanagement. Dies wurde durch eine Systemdarstellung ersichtlich. Diese Einflüsse können die über eine VOC-CTQ/CTC-Matrix ermittelten Qualitäts- und Komplexitätsziele gefährden. Deshalb wurden der aktuelle Prozesszustand sowie mögliche äußere Einflüsse auf diesen in den nächsten Phasen des Vorgehensmodells datenbasiert untersucht.

11.3.2 Measure-Phase

Inhalt der Measure-Phase war die datenbasierte Detaillierung des Problemverständnisses. Dazu wurden im ersten Schritt die Fehleranzahl und -art, die Termintreue sowie die objektive und subjektive Komplexität als wesentliche Messgrößen aus den gesammelten Kundenanforderungen mithilfe einer Messgrößenmatrix abgeleitet. Anschließend wurden zwei bereits existierende Messsysteme im Konfigurationsmanagement hinsichtlich ihrer Eignung bewertet. Alle drei qualitätsbezogenen Messgrößen wurden durch die bestehenden Messsysteme abgedeckt. Die Anforderungen der Messsystemanalyse bezüglich Wiederholbarkeit und Reproduzierbarkeit wurden auch erfüllt. Dadurch war die Grundlage zur Sammlung qualitäts- und komplexitätsbezogener Daten gegeben. Dennoch konnten Verbesserungspotenziale für die Messsysteme ermittelt werden, da die bisherige Datensammlung keine Darstellung auf Tagesniveau sowie keinen individuellen Überblick über die Fehlerarten und -verteilung und auch keine Unterstützung bei der Ursachenanalyse und Ableitung von effektiven Qualitätsmaßnahmen bot. Die Komplexität des bestehenden Messsystems war nicht an die vorliegende Komplexität der Fehlerlandschaft angepasst. Sowohl die strukturelle Komplexität (mehr Informationen zu individuellen Fehlerschwerpunkten und Ursachen) als auch die dynamische Komplexität (Auswertung auf Tagesbasis) mussten folglich systemseitig erhöht werden, um im Gleichgewicht mit der Komplexität der Fehlerlandschaft sein zu können.

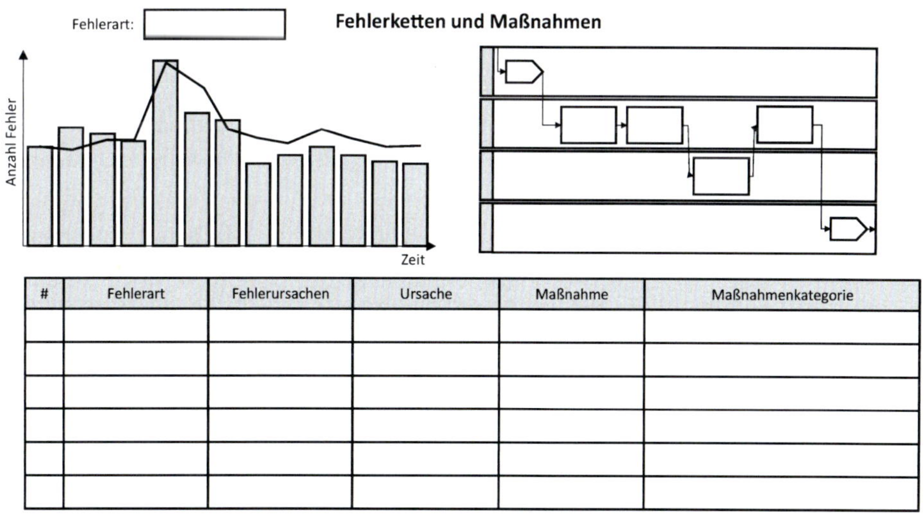

Bild 11.7 Schematische Darstellung einer der SQAN-Ansichten

Auf Basis der drei datenbasierten Verbesserungspotenziale wurde deshalb das interaktive Qualitätsdashboard SQAN neu entwickelt und implementiert. Es bietet dem Anwender die Möglichkeit, sich interaktiv auf Basis individueller Interessen über den aktuellen Qualitätszustand oder die Qualitätshistorie zu informieren. Dies unterstützt die Transformation der klassischen Fachkraft hin zum „Augmented Worker" (Freisinger et al. 2022). Um den Anwender durch die gesteigerte Anzahl an Informationen nicht zu überfordern, wurden die Informationen vor allem mithilfe von Visualisierungen an den Anwender kommuniziert. Visualisierungen sind allgemein ein geeignetes Hilfsmittel, um eine hohe Komplexität beherrschen zu können (Schoeneberg & Pein 2014).

Ziel war es, die hohe strukturelle Komplexität der Fehlerlandschaft so zu vermitteln, dass diese subjektiv als gering wahrgenommen wurde. Dafür standen in SQAN verschiedene Ansichten zur Verfügung, welche unterschiedliche Sichtweisen auf die Qualität ermöglichen und individuell auf den verantworteten Umfang gefiltert werden können. Bild 11.7 zeigt schematisch eine der verfügbaren Ansichten. Die Ansichten bauten jeweils aufeinander auf und ergaben dadurch eine methodische Führung und Unterstützung für den Anwender. Sie boten dem Anwender Informationen über die produkt-, prozess- sowie organisationsbezogenen Fehlerschwerpunkte, -arten, -entstehung und -maßnahmen und deckten damit alle drei Komplexitätsfelder innerhalb eines Unternehmens ab.

Bei der Auswertung der Termintreue zeigte sich, dass diese bereits auf einem sehr hohen sowie stabilen Niveau lag und der Ampelstatus der letzten betrachteten Monate durchgängig grün war. Die Ist-Situation der Termintreue bot somit keine Notwendigkeit zur Verbesserung. Im Gegensatz dazu zeigten die Auswertungen der gemeldeten Stücklistenfehler, dass das Qualitätsniveau im Allgemeinen zwar hoch war, aber auch Schwankungen aufwies. Somit sollten die Stücklistenfehler in den nächsten Phasen analysiert und verbessert werden, um ein hohes Qualitätsniveau stabil und nachhaltig aufrechterhalten zu können.

Nach Sammlung der qualitätsbezogenen Daten galt es, das Konfigurationsmanagementsystem auch hinsichtlich des Komplexitätsgrades einzuordnen. Im betrachteten automobilen Konfigurationsmanagement existierte bisher noch kein Messsystem zur Erfassung der objektiven und subjektiven Komplexität. Dies ist nicht verwunderlich, da die Komplexität kein Bestandteil des klassischen Zieldreiecks aus Qualität, Zeit und Kosten darstellt (Rothlauf 2014). Allerdings stehen Qualität und Komplexität in einer starken Wechselwirkung zueinander (siehe Abschnitt 11.1.3). Um deshalb die Risiken einer potenziell hohen Komplexität auf die Qualität einschätzen und minimieren zu können, wurde die vorherrschende Komplexität datenbasiert untersucht. Dafür wurden pro objektivem Komplexitätsfeld mehrere Variablen definiert und ausgewertet. Produktseitig wurden unter anderem die Anzahl der Fahrzeugmodelle, Sonderausstattungen und Regeländerungen untersucht. Prozessseitig wurden dagegen die Anzahl der Stücklistenänderungen, Meilensteine und Änderungsaufträge sowie organisationsseitig die Anzahl der beschäftigten Personen, Entwicklungsteams und Montageländer gemessen.

Die Ergebnisse zeigten, dass alle drei Komplexitätsfelder einen hohen strukturellen wie auch dynamischen Komplexitätsgrad aufwiesen. Vor allem die Produktkomplexität ist über die letzten Jahre deutlich angestiegen. So gab es 2021 179 % mehr Fahrzeugmodelle als 2001. Im gleichen Zeitraum stiegen die Motorenvarianten um 94 % und die Fahrzeugtypen um 300 %. Die Anzahl der Sonderausstattungen stieg von 2004 bis 2021 sogar um 800 %. Dies hatte zur Folge, dass mehr als 10^{40} Fahrzeugkonfigurationen unter Beachtung von 70 Millionen Konfigurationsregeln mit den korrekten Bauteilen versorgt werden müssen. Die Variablen der Organisationskomplexität zeigten ebenfalls eine Steigerung. Beispielweise stiegen die Anzahl der beschäftigten Personen um 26 % und die Anzahl der Montageländer um 33 % im Vergleich zum Jahr 2006. Die Variablen der Prozesskomplexität sind dagegen in den letzten Jahren nahezu konstant auf einem hohen Level von beispielweise 80 000 Stücklistenänderungen pro Jahr und 15 000 jährlichen Änderungsaufträgen geblieben.

Die strukturelle Komplexität war folglich sehr hoch ausgeprägt, wobei das System auch subjektiv in Experteninterviews als komplex wahrgenommen wurde. Des Weiteren hatte der Komplexitätsmanagementprozess eine offene Systemgrenze, was demnach einen weiteren Indikator äußerst komplexer Systeme erfüllt. Auch die dynamische Komplexität ist durch die steigende Anzahl an beschäftigten Personen und deren Selbstorganisation und Eigendynamik sehr hoch ausgeprägt. Außerdem weist das System des Konfigurationsmanagements eine Instabilität und Sensitivität auf äußere Einflüsse auf. Wie die gesammelten und dargestellten Komplexitätsvariablen zeigten, waren alle Komplexitätsfelder einem stetigen Wandel und oft sprunghaften Änderungen ausgesetzt, was zur Erhöhung oder Reduzierung der Variablen führte. Das Konfigurationsmanagementsystem wies zusammenfassend eine hohe strukturelle und dynamische Komplexität auf und war deshalb ein nichttriviales, sondern äußerst komplexes System. Dies stellte ein Risiko für das Qualitätsmanagement dar und unterstrich die Wichtigkeit, Qualität und Komplexität parallel zu betrachten. Deren Betrachtung wurde deshalb in der folgenden Analyze-Phase detailliert, um in der darauffolgenden Improve-Phase geeignete Maßnahmen ansetzen zu können.

11.3.3 Analyze-Phase

Ziele der Analyze-Phase waren eine Detaillierung des Systemverständnisses sowie die Identifizierung der wesentlichen Ursachen und Einflüsse in Hinblick auf Qualität und Komplexität. Zur Untersuchung der Qualität wurden mehrere Ansichten des in der Measure-Phase (siehe Abschnitt 11.3.2) vorgestellten Qualitätsdashboards SQAN angewendet. Im Fokus standen die Freigabefehler, da dort in der Measure-Phase Schwankungen im Qualitätsniveau festgestellt wurden.

Die Auswertung der SQAN-Daten sowie Durchführung von Experteninterviews ergaben, dass die Bauteilsteuerung in Form von booleschen Bedingungen eine hohe Kritikalität hinsichtlich der Qualität wie auch der subjektiven Komplexitätswahrnehmung aufwies. Mithilfe eines in SQAN hinterlegten Swimlane-Diagramms wurde der betroffene Prozessabschnitt visualisiert und transparent gemacht. Darauf aufbauend wurde im zweiten Schritt zusammen mit Fachkräften ein Ishikawa-Diagramm für das Fehlerbild einer falschen Bauteilsteuerung erstellt. Als Kategorien wurden dabei der Mensch, die Maschine, das Management sowie die Methode ausgewählt. Das fertige Ishikawa-Diagramm zeigte, dass die Kernursachen für eine falsche Bauteilsteuerung ein hoher manueller Arbeitsanteil in der Erstellung und Prüfung, eine unzureichende methodische Unterstützung, eine fehlende Auftragsklarheit sowie eine hohe strukturelle Datenkomplexität und -dynamik waren.

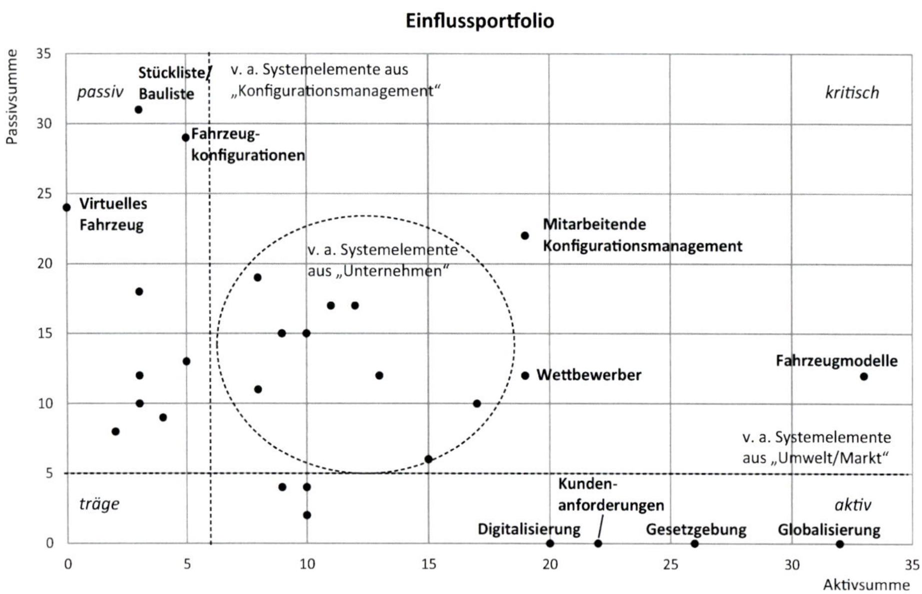

Bild 11.8 Einflussportfolio der Systemelemente

Um nach der Qualität auch die Zusammenhänge der Systemkomplexität besser verstehen und die Hauptreiber der Komplexität identifizieren zu können, wurden als Methoden eine Einflussmatrix sowie ein Einflussportfolio ausgewählt. Im Fokus der Untersuchung waren dabei die Teilsysteme Umwelt/Markt, Unternehmen und das Konfigurationsmanagement als Teilprozess der Fahrzeugentwicklung. Das Ergebnis der Einflussmatrix ist in Bild 11.8 dargestellt. Die beiden kritischsten Elemente waren die Fahrzeugmodelle sowie die beschäftigten Personen im Konfigurationsmanagement. Es zeigte sich, dass die Fahrzeugmodelle als wesentlicher Bestandteil der Produktkomplexität die Balance aus externer und interner Komplexität bildeten. Sie wurden in hohem Maße von den externen Treibern beeinflusst und haben gleichzeitig selbst einen hohen Einfluss auf alle drei unternehmensinternen Komplexitätsfelder.

Die Elemente der Systeme Umwelt/Markt und Unternehmen ließen sich aber aus dem Subsystem Konfigurationsmanagement heraus nicht oder nur gering beeinflussen. Die Komplexitätstreiber innerhalb des Subsystems Konfigurationsmanagement eigneten sich dagegen für eine aktive Verbesserung in der Improve-Phase. Im Fokus stand die angestellte Fachkraft, da sie mit Abstand den kritischsten Einflussfaktor des Subsystems darstellte. In diesem Zusammenhang sollte deshalb auch die subjektive Komplexität untersucht und verbessert werden. Ziel der Improve-Phase war es folglich, Lösungen zu entwickeln, welche die angestellten Fachkräfte bei der Komplexitätsbeherrschung unterstützen und die Robustheit des Konfigurationsmanagements gegenüber den Komplexitätstreibern steigern.

11.3.4 Improve-Phase

In der Improve-Phase wurden mehrere neue Tools entwickelt und erfolgreich evaluiert. Im Folgenden werden zwei ausgewählte Lösungen näher vorgestellt.

Eine Herausforderung im Konfigurationsmanagementprozess war es, frühzeitig für vollständige Auftragsklarheit zu sorgen und neben der Primärauswirkung von Bauteiländerungen auch die Sekundärauswirkungen zu identifizieren. Aufgrund der vielen Systemelemente und geometrischen, funktionalen oder konfigurationsseitigen Relationen innerhalb des Fahrzeugs, welches durchgängig von vielen Organisationseinheiten unter Beachtung interner und externer Anforderungen weiterentwickelt wurde, war dies eine komplexe Aufgabe. Verfügten die verantwortlichen Fachkräfte nicht über das notwendige Verständnis für dieses komplexe System, war das Risiko hoch, dass nicht alle betroffenen Bauteilumfänge vollständig und korrekt angepasst wurden. Dies stellte ein frühes und hohes Qualitätsrisiko wie auch eine Kernursache für die kritischen Fehler in der Bauteilsteuerung aufgrund fehlender Auftragsklarheit dar.

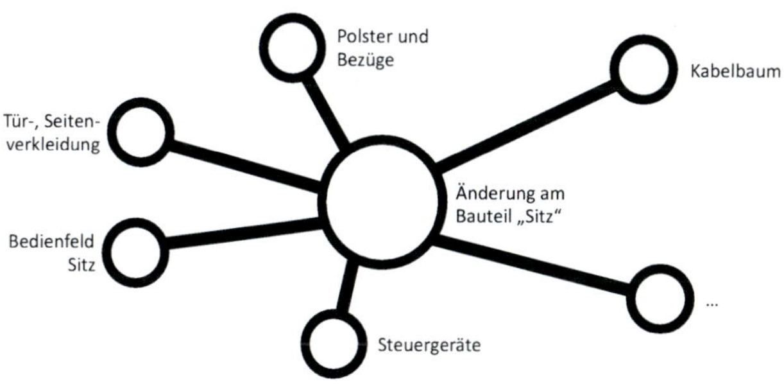

		vorhergesagt	
		betroffen	nicht betroffen
tatsächlich	betroffen	1324	60
	nicht betroffen	4438	41.173

Balanced Accuracy: 93,0 %
Recall: 95,7 %

Bild 11.9 Abhängigkeiten am Beispiel des Fahrzeugsitzes und Ergebnisse der KI in der Auftragsanalyse

Deshalb wurde die Webapplikation Auftragsanalyse konzeptioniert und implementiert, um die Menschen bei der Beherrschung der hohen strukturellen Komplexität des Gesamtfahrzeugsystems bei gleichzeitig hoher Änderungsdynamik unterstützen zu können. Die App bestand aus zwei Teilen. Erstens wurden die Daten historischer Änderungen ausgewertet und als Baumgraph dargestellt, um das menschliche Verständnis für die Primär- und Sekundärauswirkungen durch visuelle Hilfe zu verbessern.

Die zweite Funktion der Auftragsanalyse umfasste eine automatische Freitextanalyse der Änderungsaufträge mithilfe von künstlicher Intelligenz. Pro Organisation wurde ein neuronales Netz auf Basis von mehr als 70000 historischen Daten trainiert. Die grundlegende Architektur bildete das Hierarchical Attention Network (Yang et al. 2016), da es sich in der Literatur bei der Klassifikation von Texten mehrfach bewährt hatte. Ziel war es, eine möglichst genaue Prädiktion zu erhalten, ob die einzelnen Organisationen jeweils von der mit Freitext beschriebenen Änderung betroffen waren oder nicht. Die Ergebnisse der künstlichen Intelligenz sind in Bild 11.9 dargestellt. Das KI-Modell wurde bewusst auf eine möglichst hohe Sensitivität auf Kosten der Präzision trainiert, um gemäß dem Fail-Safe-Prinzip tendenziell zu viele als zu wenige betroffene Organisation anzuzeigen. Außerdem kontrollierte der Mensch als finalen Schritt die Ergebnisse der KI. Somit wurde im Zusammenspiel Mensch und Maschine eine höhere Qualität bei der Auftragsklarheit im Vergleich zur rein menschlichen Arbeit erreicht.

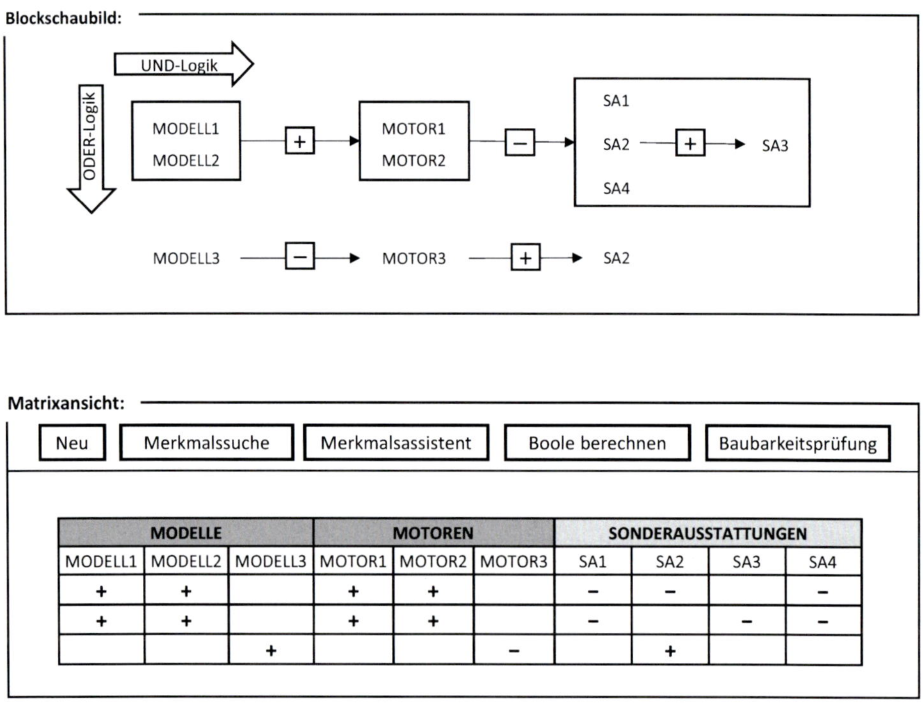

MODELLE			MOTOREN			SONDERAUSSTATTUNGEN			
MODELL1	MODELL2	MODELL3	MOTOR1	MOTOR2	MOTOR3	SA1	SA2	SA3	SA4
+	+		+	+		–	–		–
+	+		+	+		–		–	–
		+			–		+		

Bild 11.10 Schematische Skizze des Blockschaubilds und der Matrixansicht von Boole Tool

Wie in der Analyze-Phase identifiziert, stellte die Bauteilsteuerung eine kritische Fehlerquelle innerhalb des Konfigurationsmanagements dar. Wesentliche Ursachen waren das fehlende Verständnis für boolesche Terme sowie keine einheitliche Erstellungsmethodik. Als Lösung wurde deshalb die Webapplikation Boole Tool entwickelt und implementiert. Sie bot verschiedene Visualisierungsmöglichkeiten, um die Logik der booleschen Terme für den Menschen transparent zu machen (Bild 11.10). Des Weiteren konnten in der Matrixansicht durch Änderung der Plus- und Minuszeichen automatisch einheitliche boolesche Terme erzeugt werden. Zudem wurden durch diese automatische Berechnung Syntaxfehler und falsche boolesche Operatoren zum Beispiel aufgrund von Rechtschreibfehlern vermieden, wodurch der Gedanke *first time right* toolseitig unterstützt wird. Des Weiteren konnten in der Variantenmatrix die korrekte boolesche Steuerung der gesamten Bauteilvarianz bereits in einer frühen Phase des Änderungsprozesses überprüft und sichergestellt werden.

Somit wurden viele der in der Analyze-Phase identifizierten Ursachen für eine fehlerhafte Bauteilsteuerung in der Improve-Phase mithilfe der digitalen Tools Auftragsanalyse und Boole Tool verbessert. Dies wurde bei der Webapplikation Boole Tool mit zwei Studien belegt, wobei auch die aus der Measure-Phase noch ausstehende Messung der subjektiven Komplexität durchgeführt werden konnte.

In der ersten Studie wurden von fünfzehn Probanden drei Aufgaben mit und ohne Toolunterstützung durchgeführt. Die subjektive Komplexität wurde mithilfe des NASA Task Load Index-Fragebogens ermittelt (Cao et al. 2009). Die objektive Qualität wurde anhand des Erfüllungsgrads der Aufgaben bestimmt. Das subjektive Qualitätsempfinden wurde über einen Fragebogen ermittelt. Im Durchschnitt fiel der NASA TLX mit Toolunterstützung um 57 % geringer aus. Die Aufgaben konnten bei Toolunterstützung mit durchschnittlich 51 % mehr Punkten abgeschlossen werden. Die subjektive Komponente der Qualität konnte ebenfalls verbessert werden. So bewerteten die Probanden die eingeschätzte Qualität bei Toolunterstützung fast doppelt so hoch wie im Fall ohne Unterstützung. Zusammenfassend führte die toolbasierte Reduzierung der subjektiven Komplexität bei gleichbleibender Systemkomplexität gesamthaft zu einer verbesserten objektiven wie auch subjektiven Qualität.

Die zweite Studie bestand aus einer freiwilligen, zweiwöchigen Online-Umfrage mit 39 Anwendern von Boole Tool, was einer Rücklaufquote von 15,6 % entsprach. Inhalt der Umfrage war die subjektive Bewertung, ob sich mithilfe von Boole Tool Qualität sowie Komplexität verbessern konnten. Die Bauteilsteuerung wurde von den Teilnehmern überwiegend als subjektiv komplexe Aufgabe eingestuft. Die Studie ergab außerdem, dass mit Toolunterstützung alle Aufgabenbereiche der Bauteilsteuerung um 35,6 % verbessert werden konnten. Der Bereich Qualitätsprüfung wies mit 43,6 % die höchste Verbesserung durch Boole Tool auf. Dies ist sehr positiv, da innerhalb der Analyze-Phase eine unzureichende Prüfung als eine der Top-Fehlerursachen für eine falsche Bauteilsteuerung identifiziert werden konnte. Des Weiteren konnten aus Sicht der Anwender sowohl die Qualität als auch die Komplexität gesamthaft auf subjektiver Basis verbessert werden. Die Verbesserungen der beiden Zielgrößen weisen mit einem Korrelationskoeffizienten nach Pearson von 0,6 eine starke Korrelation auf. Beide Studien bestätigen somit die positive Auswirkung der subjektiven Komplexitätsreduzierung durch geeignete digitale Tools auf die Zielgrößen Qualität und Komplexität.

Auch in Systemen hoher objektiver Komplexität ist es möglich, eine Qualitätsverbesserung mithilfe geeigneter Methoden und Lösungen herbeizuführen. Die objektive Komplexität muss dafür nicht verringert werden. Eine Reduzierung der subjektiven Komplexitätswahrnehmung der Fachkräfte kann auch bei gleichbleibender objektiver Komplexität die Qualität steigern.

11.3.5 Control-Phase

Alle in der Define-Phase identifizierten Anforderungen der Stakeholder konnten durch Anwendung des neuen Vorgehensmodells erfüllt werden. Ebenso konnten die zwei vorgestellten sowie weitere entwickelte Lösungen nachhaltig im Unternehmenskontext verankert werden. Durch den Abschluss der Control-Phase wurden alle fünf Phasen des neu entwickelten Vorgehensmodells für ein qualitätsorientiertes Komplexitätsmanagement erfolgreich abgeschlossen. Im nächsten Kapitel werden die erzielten Erkenntnisse zu Qualität und Komplexität zusammengefasst.

11.4 Schlussfolgerungen für Qualität und Komplexität

Qualität und Komplexität sind zwei wesentliche Größen für den Unternehmenserfolg. Sie weisen in der Begrifflichkeit viele Gemeinsamkeiten auf und müssen beide idealerweise im Gleichgewicht mit den Kundenanforderungen und der Unternehmensumwelt sein. Qualität und Komplexität beeinflussen sich in negativer Art und Weise. Eine rein objektive Komplexitätsreduzierung unterhalb des von der Unternehmensumwelt geforderten Niveaus führt jedoch zu unternehmerischen Nachteilen. Es müssen deshalb geeignete Ansätze gefunden werden, um auch in Unternehmen mit äußerst hoher Komplexität eine hohe Qualität erzielen zu können. Ziel muss es sein, die internen Produkte, Prozesse und Organisationen robust gegenüber der Komplexität aufzustellen, wobei Qualität und Komplexität parallel betrachtet und verbessert werden müssen. Die meisten aktuellen Ansätze des Qualitäts- und Komplexitätsmanagements fokussieren sich aber nur auf eine der beiden Zielgrößen und vernachlässigen darüber hinaus die subjektive Komplexitätswahrnehmung sowie die Chancen digitaler Methoden.

Deshalb wurde ein neues Vorgehensmodell für ein qualitätsorientiertes Komplexitätsmanagement konzeptioniert und in der Praxis angewendet, welches diese Defizite behebt und die Stärken der bisherigen Ansätze kombiniert. Am Beispiel des automobilen Konfigurationsmanagementprozesses konnte erfolgreich gezeigt werden, dass trotz gleichbleibend hoher oder steigender objektiver Systemkomplexität eine Qualitätssteigerung durch Reduzierung der subjektiven Komplexität erreicht werden kann. Eine hohe objektive Komplexität sollte folglich nicht nur reduziert werden. Stattdessen können mithilfe des neuen Vorgehensmodells die Wettbewerbsvorteile einer hohen, an den Markt angepassten, beherrschten Komplexität ohne negative Auswirkungen auf die Qualität genutzt werden.

Die wichtigsten Punkte in Kürze

- Qualität und Komplexität weisen hohe Gemeinsamkeiten auf und müssen beide auf das vom Markt geforderte Niveau angepasst werden, um einen Unternehmenserfolg sicherzustellen.
- Äußerst komplexe Systeme können das klassische Zieledreieck negativ beeinflussen. Eine reine Reduzierung der objektiven Komplexität führt jedoch zu Unternehmensnachteilen und vergebenen Marktchancen. Unternehmen müssen folglich robust gegenüber einer hohen Komplexität aufgestellt werden, um die hohen Qualitätsziele trotzdem erreichen zu können.
- Aktuelle Ansätze des Qualitäts- und Komplexitätsmanagements werden dieser Anforderung nicht gerecht. Es wurde deshalb ein neues Vorgehensmodell entwickelt, das die bisherigen Defizite behebt und durch methodische Reduzierung der subjektiven Komplexität auch in Systemen hoher Komplexität eine hohe Qualität sicherstellt.

Literatur

Allen, P. M. (2011): „Complexity and Management", in: *Philosophy of Complex Systems*. Elsevier, S. 783 – 808.

Brinzer, B. & Schneider, K. (2020): „Complexity assessment in production: linking complexity drivers and effects", in: *Procedia CIRP*, 93, S. 694 – 699.

Brüggemann, H. & Bremer, P. (2015): *Grundlagen Qualitätsmanagement. Von den Werkzeugen über Methoden zum TQM*. 2. Aufl. Wiesbaden: Springer Fachmedien Wiesbaden.

Budde, L. & Friedli, T. (2017): „Komplexitätsmanagement in Zeiten von Industrie 4.0 und wachsender Digitalisierung", in: *Wirtsch Inform Manag*, 9(2), S. 28 – 39.

Cao, A., Chintamani, K. K., Pandya, A. K. & Ellis, R. D. (2009): „NASA TLX: software for assessing subjective mental workload", in: *Behavior research methods*, 41(1), S. 113 – 117.

Dalhöfer, J. & Prieß, M. (2012): „Führung im Komplexitätsmanagement", in: *ZWF*, 107(1 – 2), S. 87 – 93.

Falck, A.-C., Örtengren, R., Rosenqvist, M. & Söderberg, R. (2017): „Basic complexity criteria and their impact on manual assembly quality in actual production", in: *International Journal of Industrial Ergonomics*, 58, S. 117 – 128.

Fast-Berglund, Å., Fässberg, T., Hellman, F., Davidsson, A. & Stahre, J. (2013): „Relations between complexity, quality and cognitive automation in mixed-model assembly", in: *Journal of Manufacturing Systems*, 32(3), S. 449 – 455.

Freisinger, G., Jöbstl, O., Kögler, B., Lipp, J. & Strohrmann, M. (2022): *Die digitale Transformation des Qualitätsmanagements. Potenzial nutzen, Strategie entwickeln, Qualität optimieren*. München: Carl Hanser.

Frisch, A. (2023): *Qualitätsorientiertes Komplexitätsmanagement am Beispiel des automobilen Konfigurationsmanagementprozesses*. Stuttgart: Fraunhofer Verlag (Berichte aus dem Produktionstechnischen Zentrum Berlin).

Geiger, W. & Kotte, W. (2008): *Handbuch Qualität. Grundlagen und Elemente des Qualitätsmanagements: Systeme, Perspektiven*. 5., vollständig überarbeitete und erweiterte Auflage. Wiesbaden: Friedr. Vieweg & Sohn Verlag | GWV Fachverlage GmbH Wiesbaden (Praxis und Studium).

George, M. L., Kastle, B. & Rowlands, D. (2007): *Was ist Lean Six Sigma?* Berlin: Springer

Jäger, J., Kluth, A., Schatz, A. & Bauernhansl, T. (2014): „Complexity Patterns in the Advanced Complexity Management of Value Networks", in: *Procedia CIRP*, 17, S. 645 – 650.

Jäger, J., Schöllhammer, O., Lickefett, M. & Bauernhansl, T. (2016): „Advanced Complexity Management Strategic Recommendations of Handling the ‚Industrie 4.0' Complexity for Small and Medium Enterprises", in: *Procedia CIRP*, 57, S. 116 – 121.

Jochem, R., Herklotz, H., Giebel, M. & Geers, D. (Hrsg.) (2015): *Six Sigma leicht gemacht. Ein Lehrbuch mit Musterprojekt für den Praxiserfolg*. 2., vollst. überarb. Aufl. Düsseldorf: Symposion.

Jochem, R., Seiffert, K. & Drange, P. (2016): *Qualität 4.0 am Beispiel Katapult Quality Science Lab*. Online verfügbar unter *https://docplayer.org/36358546-Qualitaet-4-0-am-beispiel-katapult-quality-science-lab.html*.

Kesper, H. (2012): *Gestaltung von Produktvariantenspektren mittels matrixbasierter Methoden*. Dissertation. Technische Universität München, München. Fakultät für Maschinenwesen.

Kirchhof, R. (2003): *Ganzheitliches Komplexitätsmanagement*. Wiesbaden: Deutscher Universitätsverlag.

Kluth, A., Jäger, J., Schatz, A. & Bauernhansl, T. (2014): „Evaluation of Complexity Management Systems – Systematical and Maturity-based Approach", in: *Procedia CIRP*, 17, S. 224 – 229.

Koch, S. (2015): *Einführung in das Management von Geschäftsprozessen. Six Sigma, Kaizen und TQM*. 2. Aufl. Berlin, Heidelberg: Springer Berlin Heidelberg.

Kohr, D., Budde, L. & Friedli, T. (2017): „Identifying Complexity Drivers in Discrete Manufacturing and Process Industry", in: *Procedia CIRP*, 63, S. 52 – 57.

Lasch, R. & Gießmann, M. (2009): „Qualitäts- und Komplexitätsmanagement – Parallelitäten und Interaktionen zweier Managementdisziplinen", in: Reinhard Hünerberg und Andreas Mann (Hrsg.): *Ganzheitliche Unternehmensführung in dynamischen Märkten*. Wiesbaden: Gabler, S. 93 – 124.

Lindemann, U. (2009): *Methodische Entwicklung technischer Produkte*. Berlin, Heidelberg: Springer Berlin Heidelberg-

Lindemann, U., Maurer, M. & Braun, T. (2009): *Structural Complexity Management. An Approach for the Field of Product Design*. Berlin, Heidelberg: Springer Berlin Heidelberg.

Lunau, S. (2007): *Six Sigma+Lean Toolset. Verbesserungsprojekte erfolgreich durchführen*. 2. Aufl. Berlin, Heidelberg: Springer Berlin Heidelberg.

Maurer, M. (2017): *Complexity management in engineering design – a primer*. Berlin, Heidelberg: Springer Berlin Heidelberg.

Rothlauf, J. (2014): *Total Quality Management in Theorie und Praxis. Zum ganzheitlichen Unternehmensverständnis*. Oldenbourg: De Gruyter.

Schoeneberg, K.-P. (2014): „Komplexität – Einführung in die Komplexitätsforschung und Herausforderungen für die Praxis", in: Klaus-Peter Schoeneberg (Hrsg.): *Komplexitätsmanagement in Unternehmen. Herausforderungen im Umgang mit Dynamik, Unsicherheit und Komplexität meistern*. Bd. 2. Wiesbaden: Springer Gabler, S. 13 – 27.

Schoeneberg, K.-P. & Pein, J. (2014): „Entscheidungsfindung mit Big Data – Einsatz fortschrittlicher Visualisierungsmöglichkeiten zur Komplexitätsbeherrschung betriebswirtschaftlicher Sachverhalte im Unternehmen", in: Klaus-Peter Schoeneberg (Hrsg.): *Komplexitätsmanagement in Unternehmen. Herausforderungen im Umgang mit Dynamik, Unsicherheit und Komplexität meistern*. XI. Wiesbaden: Springer Gabler, S. 309 – 335.

Schuh, G. (2014): *Produktkomplexität managen. Strategien; Methoden; Tools*. 1. Aufl.: Carl Hanser Fachbuchverlag.

Schuh & Company (2020): *Complexity Manager*. Online verfügbar unter *www.complexitymanager.de/de/edition-2020*.

Spies, T. (2011): *Generische Architektursichten. Erzeugung und Visualisierung kontextspezifischer Sichten am Beispiel serviceorientierter Architekturen*. Zugl.: Duisburg-Essen, Univ., Diss., 2010. 1. Aufl. Wiesbaden: Gabler (Gabler Research).

Thiebes, F. & Plankert, N. (2014): „Umgang mit Komplexität in der Produktentwicklung – Komplexitätsbeherrschung durch Variantenmanagement", in: Klaus-Peter Schoeneberg (Hrsg.): *Komplexitätsmanagement in Unternehmen. Herausforderungen im Umgang mit Dynamik, Unsicherheit und Komplexität meistern*. Wiesbaden: Springer Gabler, S. 165 – 185

Töpfer, A. & Günther, S. (2009): „Mehrere Wege zu verschwendungsfreien Prozessen und Null-Fehler-Qualität: Einführung und Überblick über die Beiträge", in: Armin Töpfer (Hrsg.): *Lean Six Sigma*. Berlin, Heidelberg: Springer Berlin Heidelberg, S. 3 – 23.

Ulrich, H. & Probst, G. J. B. (1995): *Anleitung zum ganzheitlichen Denken und Handeln. Ein Brevier für Führungskräfte*. 4., unveränd. Aufl. Bern: Haupt.

Wendehals, M. (2000): „Qualität", in: Marion Wendehals (Hg.): *Kostenorientiertes Qualitätscontrolling. Planung – Steuerung – Beurteilung*. Zugl.: Paderborn, Univ., Diss., 2000. Wiesbaden: Dt. Univ.-Verl. (Gabler-Edition Wissenschaft), S. 4 – 38.

Yang, Z., Yang, D., Dyer, C., He, X., Smola, A. & Hovy, E. (2016): „Hierarchical Attention Networks for Document Classification", in: Kevin Knight, Ani Nenkova und Owen Rambow (Hg.): *Proceedings of the 2016 Conference of the North American Chapter of the Association for Computational Linguistics: Human Language Technologies. Proceedings of the 2016 Conference of the North American Chapter of the Association for Computational Linguistics: Human Language Technologies*. San Diego, California. Stroudsburg, PA, USA: Association for Computational Linguistics, S. 1480 – 1489.

Zech, R. (2015): *Qualitätsmanagement und gute Arbeit*. Wiesbaden: Springer Fachmedien Wiesbaden.

Zhu, X., Hu, S. J., Koren, Y. & Marin, S. P. (2008): „Modeling of Manufacturing Complexity in Mixed-Model Assembly Lines", in: *Journal of Manufacturing Science and Engineering*, 130(5), Artikel 051013.

12 Kundenspezifische Dienstleistungen im Blick

Phillip Miersch

Die Zufriedenheit von Kunden stellt auch Dienstleistungsunternehmen vor Herausforderungen. Dienstleistungen gibt es in verschiedenen Ausprägungen. Die Qualität solcher Angebote stellt sich folglich über unterschiedliche Merkmale dar. Ein adaptives und durchgängiges Verfahren kann die individuelle Analyse, Planung, Prüfung und Maßnahmenableitung sicherstellen. In diesem Kontext sind Daten erforderlich, um relevante Qualitätsmerkmale zu identifizieren und gezielte Aktivitäten durchzuführen.

In diesem Kapitel erfahren Sie mehr über:

- Herausforderungen von Dienstleistungen aufgrund ihrer verschiedenen Ausprägungsformen
- Erkenntnisse für die Unternehmenspraxis zur Identifikation der Qualitätsmerkmale
- Ablauf und Aktivitäten im Qualitätsmanagementprozess

12.1 Herausforderungen in der Welt der Dienstleistungen

Gemessen an der Bruttowertschöpfung ist der Dienstleistungssektor der bedeutendste Wirtschaftsbereich in Deutschland. Neue Geschäftsmodelle, innovative Dienstleistungen und die Gründung von Unternehmen im Dienstleistungssektor treiben diese Entwicklung sogar kontinuierlich an (Bullinger 2006). Es gibt eine Vielzahl von Dienstleistungsanbietern und ein breites Portfolio an Dienstleistungsangeboten. Wettbewerbsfähige Unternehmen müssen unter Innovationsdruck effizient und schnell ein kundengerechtes Angebot entwickeln können (Leimeister 2020). Dabei gibt es dienstleistungsspezifische Herausforderungen insbesondere in der Entwicklungs- und Erprobungsphase eines solchen Angebots. Die begrenzte Reproduzierbarkeit, der hohe

Aufwand und die schwierige quantitative Analyse erschweren ein strukturiertes und systematisches Vorgehen. Um die Qualitätssicherung zu gewährleisten, sollten Unternehmen ihre Kunden frühzeitig und entlang des gesamten Lebenszyklus der Dienstleistung befragen (Leimeister 2020).

Das Spektrum der Dienstleistungsangebote ist vielfältig. Es gibt traditionelle physische Dienstleistungen, wie beispielsweise Leistungen des Handwerks. Mittlerweile wird jedoch auch eine Vielzahl von Dienstleistungen teilweise oder auch ausschließlich digital erbracht. Darüber hinaus werden Produkte und Dienstleistungen verschieden kombiniert. Daraus entstehen Leistungsbündel als Absatzobjekte, die den bloßen Verkauf eines Produkts als Geschäftsmodell ersetzen (Leimeister 2020). Zudem schafft das Fortschreiten der Digitalisierung und der Globalisierung Anreize für die Unternehmen, ihre Wertschöpfung in Kooperationen, Allianzen und Netzwerken zu erbringen (Friese 1998). Dies führt zur Zerlegung der Gesamtdienstleistung in Module und begünstigt eine Besinnung auf die jeweiligen Kernkompetenzen. Zudem bestehen viele Dienstleistungen (und damit auch ihre Module) aus Teilleistungen, die durch spezifische Teilqualitätsmerkmale gekennzeichnet sind (Güthoff 1995) (Zielke 2004). Durch die Distanz der einzelnen Teilleistungserbringenden zum Endkunden wird es jedoch schwieriger, die Bedürfnisse und das Feedback der Kunden kontinuierlich zu erfassen und den jeweiligen Leistungsverantwortlichen zuzuordnen. Dennoch hängt der Markterfolg entscheidend von den Planungen und der Prüfung zur Qualität einer Dienstleistung ab und das regelmäßige Kundenfeedback ist in jeder Lebensphase einer Dienstleistung wichtig (Bruhn 2008) (Töpfer 2008). Infolgedessen können Bedürfnisse erkannt sowie bestehende Qualitätslücken zügig identifiziert und geschlossen werden (Bruhn 2019) (Bruhn et al. 2017).

Folglich steht und fällt der Erfolg von Qualitätsmessungen mit einem konzeptionellen und methodischen Vorgehen, das eine Qualitätsplanung voraussetzt und die Ergebnisse daraus integriert. Dadurch erst wird ein Regelkreis im Sinne eines durchgängigen Qualitätsmanagementprozesses möglich. Für die erfolgreiche Umsetzung von Erkenntnissen der Wissenschaft sind Unternehmen auf konkrete Handlungsempfehlungen und Verfahren angewiesen. Ein spezifisches Verfahren, das auf relevanten Informationen basiert, unterstützt Unternehmen dabei, den Qualitätsmanagementprozess zu optimieren und fundierte Entscheidungen zu treffen. Durch die Implementierung eines solchen Verfahrens können Unternehmen ihre Ressourcen effizienter nutzen und gleichzeitig eine höhere Kundenzufriedenheit und Wettbewerbsfähigkeit erreichen.

Herausforderung

Die entscheidende Frage ist: „Wie haben Dienstleistungsunternehmen von Anfang an die für Kunden relevanten Qualitätsmerkmale im Blick?"

Das Verfahren muss Unternehmen das notwendige Know-how vermitteln, um die für die Qualität relevanten Qualitätsdimensionen und Qualitätsmerkmale in Bezug auf ein vorgesehenes Leistungsangebot reproduzierbar abzuleiten. Dadurch werden eine effektive und effiziente Zielfestlegung und Messung ermöglicht. Das Verfahren muss mit den Lebensphasen einer Dienstleistung verknüpft sein und über Iterationszyklen die kontinuierliche Verbesserung gewährleisten. Für die Unternehmen ist es essenziell, dass sie die Einflussparameter zur Optimierung kennen. Ebenfalls sollten stets aktuelle Informationen zum Status der Kundenzufriedenheit vorliegen. Das erfordert regelmäßige und gezielte Kundenbefragungen zum Einholen von Feedback. Dadurch kann die Erfüllung dieser Qualitätsmerkmale iterativ und zügig vorangetrieben werden.

Der Markt an Software für Kundenbefragungen ist groß. Die meisten Anbieter stellen jedoch meist nur die technische Schnittstelle zu Kunden bereit und bieten in einigen Fällen nur allgemeingültige Muster an Fragebögen. Der daraus resultierende Mehrwert ist meist sehr gering. Eine wissenschaftlich fundierte sowie individuell auf die Dienstleistung und ihre Qualitätsmerkmale abgestimmte Auswahl an Fragen ist nicht vorzufinden.

12.2 Qualitätsmerkmale von Dienstleistungen managen

12.2.1 Abschnitte einer Dienstleistung festlegen

Ausgehend von einer Geschäftsidee erfordert die Entwicklung von Dienstleistungen zunächst die Definition des Gesamtsystems, gefolgt von der schrittweisen operativen Entwicklung der einzelnen Bestandteile. Für die Kunden können sich bei einer Dienstleistung möglicherweise unterschiedliche Wahrnehmungseinheiten ergeben. Daher ist es sinnvoll, die Qualitätsurteile bezüglich einzelner Teilleistungen isoliert zu betrachten (Zielke 2004). Dies bedeutet, dass homogene, zeitlich abgrenzbare Abschnitte einer Dienstleistung identifiziert werden müssen. Es stellt sich jedoch die Frage, wie die Existenz von Abschnitten erkannt werden kann und sich diese voneinander abgrenzen lassen. Dies führt dazu, dass geprüft werden muss, ob eine Dienstleistung in Teilleistungen dekomponiert werden muss.

> Die grundlegende Frage lautet: „Wann treten im zeitlichen Verlauf einer Dienstleistung Qualitätsdimensionen/-merkmale wiederholt auf und beziehen sich dabei auf unterschiedliche Objekte oder Vorgänge?"

Angenommen wird, dass eine Dienstleistung entweder in Anwesenheit oder Abwesenheit der Kunden erbracht wird. Ein Wechsel zwischen diesen Zuständen führt zu einer Änderung der Wahrnehmbarkeit der Leistungserstellung (sichtbar/unsichtbar) für die Kunden. Dies bedeutet, dass sich das Verhältnis der Kunden zur Leistung im Verlauf ändern kann. Dabei kann vorher und nachher ein Objekt der Kunden Empfänger der Leistung sein. Sind jedoch die Kunden selbst Empfänger der Leistung, kann kein Wechsel der Wahrnehmbarkeit erfolgen, da diese selbstverständlich nur in

Anwesenheit die Leistung erhalten können. Das bedeutet, dass ein Wechsel zwischen Sichtbarkeit und Unsichtbarkeit gleichbedeutend mit einem Wechsel der Dienstleistungsempfänger von einer Person zu einem Objekt oder umgekehrt ist oder aber ein Objekt kontinuierlich Empfänger ist. Es macht einen Unterschied, ob Kunden den Leistungserstellungsprozess mitverfolgen oder ausschließlich das Ergebnis erhalten. Da das Erlebnis für die Kunden durch den fehlenden Prozessbezug ausbleibt, wird dies Auswirkungen auf die wahrgenommenen Aspekte der Qualität haben.

Betrachtet man nun die Seite der Dienstleistenden, ergibt sich eine weitere Feststellung. Tritt der Fall ein, dass die Ausführenden oder Empfangenden wechseln, wird die Leistungserstellung von jemand anderem übernommen. Spielt sich die Leistungserstellung ohne die Kunden vor Ort ab, hat dies keine Auswirkungen auf die Wahrnehmung. Sind jedoch die Kunden vor Ort, wird die Veränderung wahrgenommen und es erfolgt eine Unterteilung (Zielke 2004).

Durch den Wechsel der Ausführenden und Empfangenden besteht auch die Möglichkeit, diesen umzukehren und zu einer bereits begonnenen Konstellation zurückzukehren. Wenn diese Tatsache für die Kunden erkennbar ist, verschmilzt die weitere Erfahrung mit der bereits gemachten Erfahrung. Wenn ein begonnener Prozess unterbrochen und dann zurückgekehrt wird, wobei der Ablauf in einem nicht zeitkritischen Bereich liegt, wiederholen sich die Qualitätsdimensionen/-merkmale und beziehen sich nicht auf unterschiedliche Objekte oder Vorgänge. Diese Überlegungen führen zur Zusammenfassung von Kriterien zur Identifizierung von Teilleistungen.

1. Wird die Linie der Wahrnehmbarkeit überschritten?
2. Wechseln Ausführende/Empfangende im Dienstleistungsprozess?
3. Wird ein bereits begonnener Pfad im Dienstleistungsprozess fortgeführt bzw. dahin zurückgekehrt?

12.2.2 Qualitätsmerkmale für Teilleistungen identifizieren

Eine systematische Literaturanalyse zeigt, dass verschiedene Autoren Konstrukte zur Dienstleistungsqualität in unterschiedlichen Anwendungsfeldern vorschlagen. Es stellen sich insgesamt drei Anwendungsfelder heraus, zu denen sich Konstrukte zuordnen lassen:

1. Traditionelle Dienstleistung
2. E-Service
3. Mobile E-Service

In Tabelle 12.1 sind die relevantesten Konstrukte mit ihren jeweiligen Qualitätsdimensionen chronologisch sortiert aufgeführt. Neben dem Autor werden auch der Name des Konstrukts, das zugehörige Anwendungsfeld sowie die Qualitätsdimensionen dargestellt. Die Qualitätsmerkmale wurden nicht genannt. Diese können in der Literatur eingesehen werden.

Tabelle 12.1 Konstrukte aus der Literatur zur Dienstleistungsqualität

Nr.	Autor (Jahr)	Qualitätsdimensionen
1	**SERVQUAL** (Parasuraman et al. 1988) Traditionelle Dienstleistung	Einfühlung Entgegenkommen Materielles Souveränität Zuverlässigkeit
2	**WebQual** (Loiacono et al. 2002) E-Service	Entertainment/Unterhaltung Ease of Use/Einfachheit der Nutzung Usefulness/Nützlichkeit Complimentary Relationship/Beziehung
3	**E-S-QUAL** (Parasuraman et al. 2005) E-Service	Efficiency/Effizienz System Availability/Systemerreichbarkeit Privacy/Privatsphäre Fulfillment/Leistungserfüllung
4	**E-Servicequalität** (Bauer et al. 2006) E-Service	Erlebnisqualität Funktionale Qualität Technische Potenzialqualität Sicherheit Qualität der Kerndienstleistung
5	**M-S-QUAL** (Huang et al. 2015) Mobile E-Service	Efficiency/Effizienz Privacy (Only for virtual products) Fulfillment/Leistungserfüllung Responsiveness/Reaktionsfähigkeit Contact/Kontakt
6	**MASQ** (Wulfert 2019) Mobile E-Service	Design Information Performance Responsiveness Security and Privacy Technical reliability Responsiveness

Die Autoren haben jedes Konstrukt auf Basis einer konkreten Dienstleistung entwickelt. Jedes Konstrukt weist eigene Zusammenstellungen von Qualitätsdimensionen und Qualitätsmerkmalen auf. Es kann jedoch zu Überschneidungen zwischen den Konstrukten kommen.

12.2.3 Qualitätsmerkmale operationalisieren

Das Leistungsangebot wird zielgerichtet definiert, indem die empfohlenen Dimensionen der Qualitätsmerkmale berücksichtigt werden. Um die Ziele zu erreichen, müssen die Merkmale operationalisiert werden. Dabei ist es wichtig, einen konkreten, eindeutigen und bestimmten Merkmalswert festzulegen. Ein Beispiel zur Zielfestlegung eines Qualitätsmerkmals ist in Bild 12.1 dargestellt.

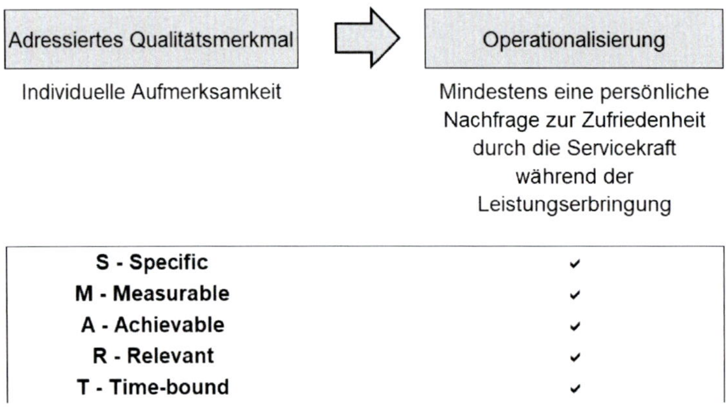

Bild 12.1 Operationalisierung von Qualitätsmerkmalen

Die SMART-Kriterien können bei der Festlegung von Zielen unterstützen.

SMART steht für die fünf Anforderungen:

1. **Specific (S):** Eine eindeutige und spezifische Zieldefinition ist notwendig, damit alle Beteiligten die gleiche Zielvorstellung besitzen.
2. **Measurable (M):** Das Ziel muss messbar sein. Die Messbarkeit bezieht sich entweder direkt oder indirekt auf einen Sachverhalt.
3. **Achievable (A):** Die Zielerreichung muss von allen Beteiligten zumindest als erreichbar betrachtet werden. Die Beteiligten müssen sich mit der Zielerreichung identifizieren können.
4. **Relevant (R):** Die festgelegten Ziele müssen in der zur Verfügung stehenden Zeit und mit den zur Verfügung stehenden Ressourcen erreicht werden können.
5. **Time-bound (T):** Die Zielvorgabe muss terminiert werden, damit der Zeitpunkt der Messung der Zielerreichung gegeben ist.

Die Ziele für die Teilleistung werden von den Verantwortlichen festgelegt und leiten sich aus Erfahrungen, Marktanalysen sowie Wettbewerbsbetrachtungen ab. Die zu erreichenden Ausprägungen werden diskutiert, gegebenenfalls erprobt und in Form einer Liste von teilleistungsbezogenen Qualitätszielen dokumentiert.

12.2.4 Navigieren durch den Qualitätsmanagementprozess

Die vier Phasen – Analyse, Planung, Prüfung und Maßnahmenableitung – müssen funktional miteinander verbunden und zur einfachen Anwendung aggregiert werden. Zur Navigation durch den Prozess empfiehlt sich eine Applikation, die auch umgesetzt wurde. Diese enthält die zuvor entwickelten Erkenntnisse. Die Applikation interagiert entlang des Prozesses mit den Anwendern durch das Ausfüllen von Eingabefeldern, woraufhin Handlungsempfehlungen ausgegeben werden. Das ermöglicht es den Anwendern, über die jeweilige Auswahl und Umsetzung zu entscheiden. Der Ablauf des Verfahrens orientiert sich an einem Regelkreis, der dem Qualitätsmanagementprozess folgt.

Analyse der Dienstleistung

In dieser Phase stellt sich die Frage, ob ein modellierter Prozess für die Qualitätsbetrachtung und die Berücksichtigung von Verantwortlichkeiten in Teilprozesse unterteilt werden muss. Die Gesamtqualität der Dienstleistung besteht in solch einem Fall nicht aus leistungsübergreifenden Dimensionen, sondern aus Einzelbewertungen der Teilleistungen. Bei der Eintragung der identifizierten Prozessschritte werden jeweils die Prüfkriterien abgefragt. Eine nähere Beschreibung der Prüfkriterien erfolgt durch Klicken auf das Feld. Treffen diese Kriterien zu, setzen Anwendende einen Haken. Im Unterstützungssystem werden die Eingaben geprüft und in der Hinweisspalte die Vermutung auf Teilprozesswechsel ausgegeben. In der letzten Spalte wird durch Anwendende die Entscheidung über die Teilprozesseinteilung getroffen. Die Ansicht zur Umsetzung zeigt Bild 12.2.

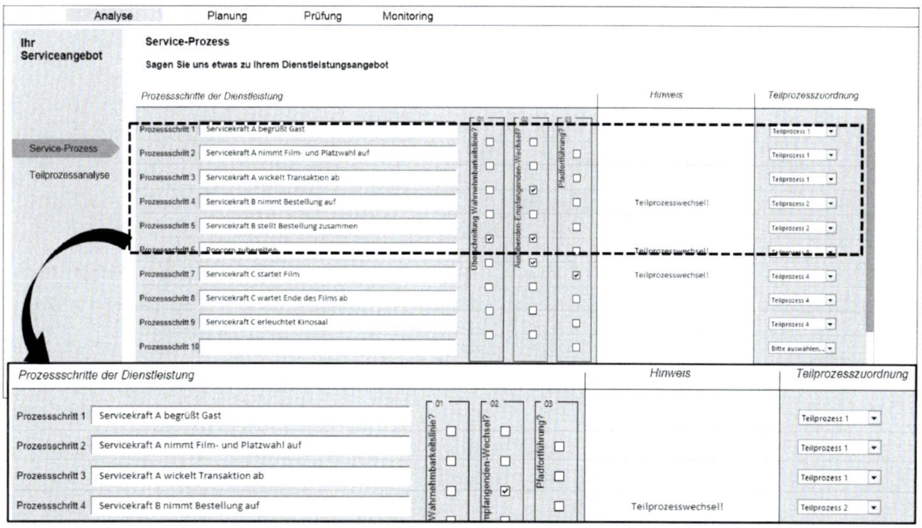

Bild 12.2 Dekomposition des Dienstleistungsprozesses

In der nächsten Ansicht kommen Anwendende zur Teilprozessanalyse. Durch die identifizierte Anzahl der Teilprozesse schalten sich ebenso viele Zeilen zur Analyse frei. Bild 12.3 enthält die zugehörige Ansicht.

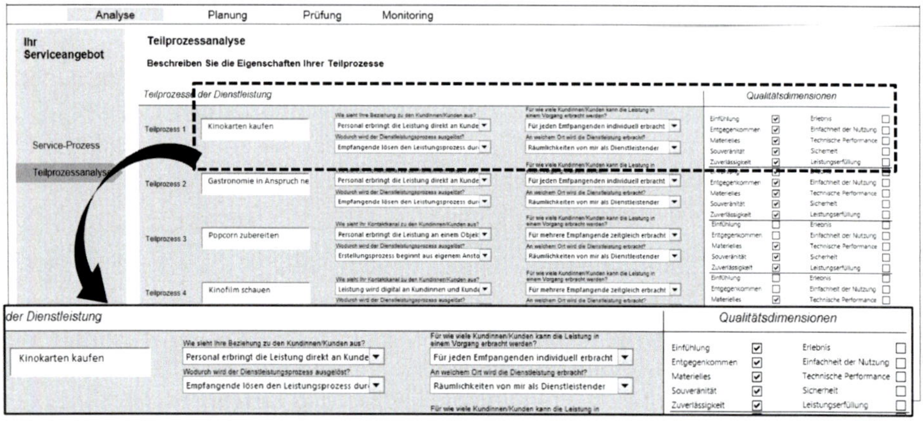

Bild 12.3 Charakterisierung der Teilleistungen

Die Teilleistungen sind darin einzeln zu benennen und die Verantwortlichkeit ist festzustellen. Die folgenden teilleistungsbezogenen Tätigkeiten können daher entweder in der Verantwortung des federführenden Unternehmens liegen oder in der Verantwortung der ausführenden Unternehmen selbst. Die Teilleistungen sind entsprechend zu charakterisieren (Benkenstein 1996). Dazu gibt es einen Bereich mit Drop-down-Listen für Merkmale mit wählbaren Ausprägungen. Für die folgende Phase der Planung werden bereits die zur Anwendung vorgeschlagenen Qualitätsdimensionen durch entsprechende Häkchen kenntlich gemacht.

Planung der Dienstleistungsqualität

Einzeln für jede Teilleistung wurde nun die Ableitung der Qualitätsdimensionen auf Basis der Ausprägungen der charakterisierenden Merkmale durchgeführt. Es wird zur darauffolgenden Ansicht übergeleitet. Bild 12.4 zeigt die Darstellung im Unterstützungssystem. Darin bietet sich für jede Teilleistung separat die Liste der Qualitätsdimensionen mit den aus dem Gesamtkonstrukt anwendbaren Qualitätsmerkmalen. Für jede Teilleistung gibt es einen Button, über den die spezifische Liste angezeigt wird. Anwendende tragen die Verantwortung für die Teilleistungen ein. Danach müssen diese die für die Teilleistung spezifische Liste durchgehen und zutreffende Qualitätsmerkmale auswählen bzw. das Häkchen bei nichtzutreffenden Qualitätsmerkmalen entfernen. Das Vorgehen entspricht einem Plausibilitätscheck, bevor die Operationalisierung und damit die Zielfestlegung erfolgen. Die Erläuterung zu den SMART-Vorgaben wird bei Bedarf und einem Klick auf den Hinweis angezeigt. Die festgelegten Qualitätsziele müssen mit den Dienstleistungsausübenden abgestimmt und von Ihnen eingesehen werden können. Dabei kann es sein, dass unterschiedliche Personen oder Objekte für die Erfüllung von Zielen hinsichtlich der Qualitätsdimensionen oder Qualitätsmerkmale zuständig sind. Die Verantwortlichkeit der Umsetzung wird dokumentiert.

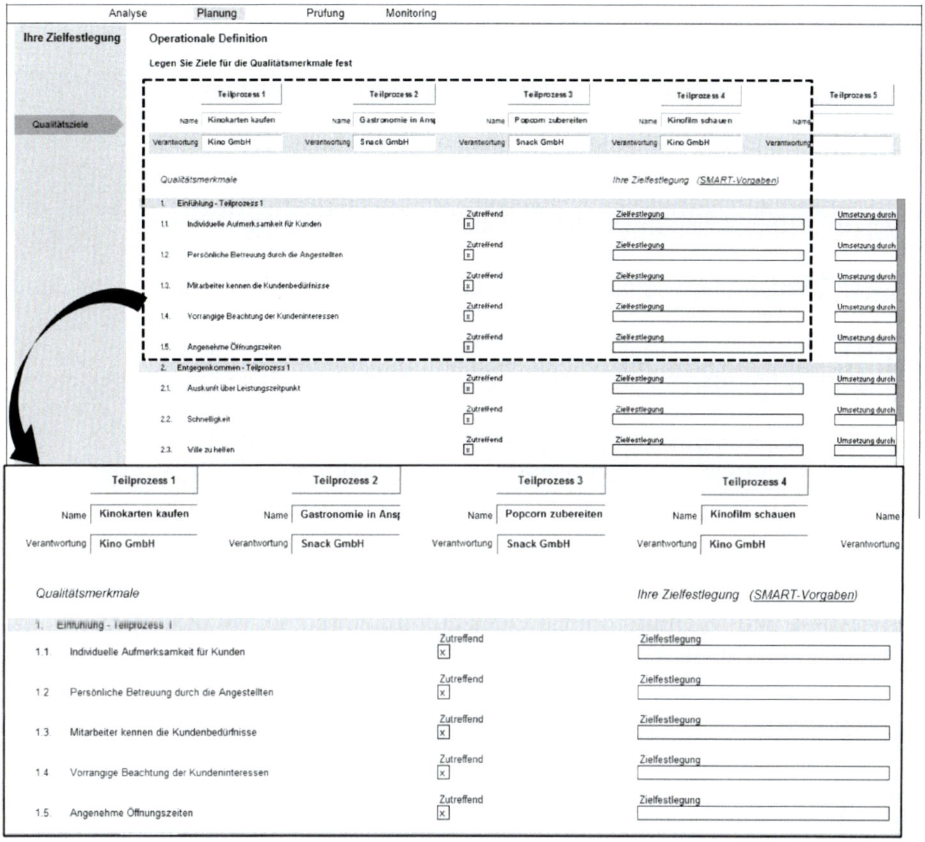

Bild 12.4 Qualitätsplanung der Dienstleistung

Prüfung der Dienstleistungsqualität

Die Prüfung der Dienstleistungsqualität muss vor der tatsächlichen Erbringung einer Dienstleistung bereits vorbereitet werden. Vom verantwortlichen Unternehmen wird das Feedback-Instrument ausgewählt. Die Kriterien, nach denen die Auswahl erfolgen soll, werden bei Bedarf durch einen Klick auf den Hinweis angezeigt. Damit das Feedback-Instrument effizient eingesetzt werden kann, werden Items zu dem vorgeschlagenen Set von Qualitätsdimensionen und Qualitätsmerkmalen bereitgestellt und die Routing-Logik sowie die Priorität dargestellt. Die Items können in jedes Instrument übertragen werden. Jede Qualitätsdimension wird durch ein übergeordnetes Item adressiert, jedes Qualitätsmerkmal durch ein untergeordnetes Item. Das Itemset wird aus einem Pool von 60 Items generiert, der in zwei Ebenen unterteilt ist. Die erste Ebene enthält bis zu elf Items und befasst sich mit der Zufriedenheit des Dienstleistungsempfängers auf Ebene der Qualitätsdimensionen sowie der Gesamtzufriedenheit. Ein Beispiel dieser Ansicht zeigt Bild 12.5.

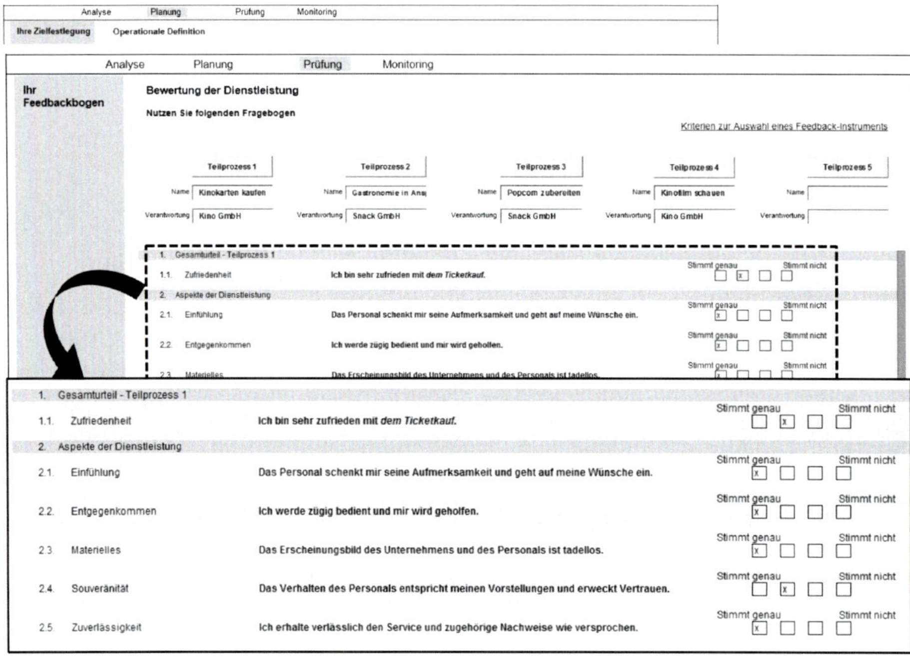

Bild 12.5 Qualitätsprüfung der Dienstleistung auf Ebene der Dimensionen

In dem Beispiel sind sechs Items aktiv. Teilnehmende bewerten die Aussagen auf einer vierstufigen Skala. Die zweite Ebene bezieht sich auf die Ebene der Qualitätsmerkmale. Hierfür wird auf einen Pool von 49 Items zurückgegriffen. Die Auswahl der Items der ersten Ebene sind analog zur Phase der Planung der Dienstleistungsqualität auf die charakteristischen Merkmale der Dienstleistung bzw. der Teilleistung abgestimmt. Die Items der zweiten Ebene repräsentieren die in der Planungsphase als zutreffend identifizierten Qualitätsmerkmale und werden individuell auf Basis der Antworten von Teilnehmenden zu den Items der ersten Ebene sichtbar. Die Ansicht mit den sich anschließenden Items, die auf Basis der in Bild 12.5 gezeigten Antworten folgen, ist in Bild 12.6 dargestellt.

Auf diese Weise wird unnötiges Feedback vermieden. Das Unterstützungssystem zeigt durch diese Vorlagen den Ablauf der Befragung. Die Erhebung der Feedbacks sollte sich an jeden nun folgenden Dienstleistungserstellungsprozess bzw. jede abgeschlossene Kundenkontaktsituation anschließen. Teilnehmende sollten vom Unternehmen zur Abgabe von Feedback aufgefordert werden.

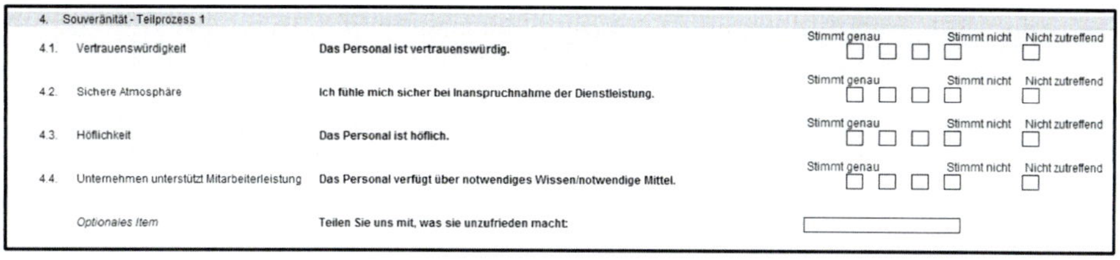

Bild 12.6 Qualitätsprüfung der Dienstleistung auf Ebene der Merkmale

Maßnahmenableitung

Die Maßnahmenableitung geschieht auf der Basis der erhaltenen Feedbacks. Dazu müssen teilleistungsbezogene Auswertungen sowohl auf der Ebene der Qualitätsdimensionen als auch auf der Ebene der Qualitätsmerkmale stattfinden. Die Ergebnisse sollten transparent mit allen kooperierenden Unternehmen besprochen werden. Die Art der Ansicht zeigt Bild 12.7. Darin ist jede Teilleistung über den Button erreichbar und enthält die gleiche Art der Visualisierung.

Bild 12.7 Darstellung des Erfüllungsgrads der Qualitätsmerkmale über Kundenzufriedenheitsbewertungen

Mit den erhaltenen Antworten können die kooperierenden Unternehmen eine Bewertung der Kundenzufriedenheit und damit die Analyse zur Qualitätszielerreichung für die erbrachte Leistung durchführen und geeignete Maßnahmen ableiten. Dazu gehören beispielsweise die Überprüfung der Zielerreichung im Dienstleistungsprozess oder das Anpassen der Zielfestlegungen.

12.3 Schlussfolgerungen zum Verfahren

Mit dem Verfahren kann eine beliebige zu betrachtende Dienstleistung anhand des Vorgehens zur Analyse teilleistungsbezogen charakterisiert werden. Dafür werden dann mithilfe der weiteren Phase die potenziell relevanten Qualitätsmerkmale abgeleitet. Diese sind dort geeignet strukturiert und basieren auf bekannten Konstrukten der Dienstleistungsqualität. Insgesamt sind im Verlauf der Arbeit 49 potenziell relevante Qualitätsmerkmale identifiziert worden. Diese Phase stellt eine gute Ausgangsbasis für die folgende Phase der Prüfung der Dienstleistungsqualität dar. Mit dem erhaltenen Konstrukt gelingt die Messung. Mit den Ergebnissen der Messung können zielgerichtet Maßnahmen abgeleitet werden. Der Regelkreis wird dadurch geschlossen.

Das hier vorgestellte Verfahren unterliegt einigen Limitationen. In der Weiterentwicklung von Dienstleistungen steckt erhebliches Zukunftspotenzial. Das heterogene Spektrum von Dienstleistungen wird weiter zunehmen und es handelt sich um keine abschließbare Menge. Das technische Niveau und der Reifegrad künstlicher Intelligenz sind bis heute erst gering ausgeprägt. Zukünftig könnten die Dienstleistungen kontextbasiert und in Echtzeit autonom ausgeführt werden. Das hat zur Folge, dass mit der zukünftigen Entwicklung der Dienstleistungen auch Prinzipien angepasst werden müssen. Es können in Zukunft weitere Anforderungen gelten, welche die in dieser Arbeit aufgestellten Anforderungen ergänzen oder substituieren.

Die wichtigsten Punkte in Kürze

- Die Entwicklung von Dienstleistungen erfordert eine klare Definition des Gesamtsystems und eine schrittweise operative Entwicklung der einzelnen Bestandteile.
- Es ist sinnvoll, die Qualität bezüglich einzelner Leistungen isoliert zu betrachten, da die Kunden Teilleistungen unbewusst wahrnehmen.
- Die Identifizierung von homogenen Abschnitten einer Dienstleistung ist entscheidend, um ein integriertes Teilleistungsmodell zu erstellen.
- Die Qualitätsdimensionen für Teilleistungen richten sich nach dem Anwendungsfeld, dem diese Leistung zuzuordnen ist.
- Bei der Auswertung von Kundenfeedback ist auf eine angemessene Methodik und statistische Validität zu achten, um verlässliche und aussagekräftige Erkenntnisse zu gewinnen.

Literatur

Alpar, P. (1999): „Satisfaction with a web site: Its measurement, factors and correlates", in: *Electronic Business Engineering: 4. Internationale Tagung Wirtschaftsinformatik 1999*, S. 271.

Babakus, E. & Boller, G. W. (1992): „An empirical assessment of the SERVQUAL scale", in: *Journal of Business Research*, 23(3), S. 253 - 268.

Bauer, H. H., Falk, T. & Hammerschmidt, M. (2004): „Messung und Konsequenzen von Servicequalität im E-Commerce: eine empirische Analyse am Beispiel des Internet-Banking", in: *Marketing-Zeitschrift für Forschung und Praxis*, 26 (Spezial), S. 45 - 57.

Barnes, S. J. & Vidgen, R. T. (2002): „An integrative approach to the assessment of ecommerce quality", in: *Journal Electron. Commerce Res.*, 3(3), S. 114 - 127.

Bayraktaroglu, G. & Atrek, B. (2010): „Testing the Superiority and Dimensionality of SER-VQUAL vs. SERVPERF in Higher Education", in: *The Quality Management Journal*, 17(1), S. 47 - 59.

Beier, N., Weber, M. & Sturm, H. (Hrsg.) (2016): „Weiterentwicklung eines bestehenden Fragebogens zur Erhebung der Kundenzufriedenheit", in: *Journal of Master Sales Marketing*.

Benkenstein, M. & Güthoff, J. (1996): „Typologisierung von Dienstleistungen", in: *Zeitschrift für Betriebswirtschaft*, 66(12), S. 1493 - 1510.

Brady, M. K., Cronin Jr, J. J. & Brand, R. R. (2002): „Performance-only measurement of service quality: A replication and extension", in: *Journal of Business Research*, 55(1), S. 17 - 31.

Bruhn, M. (2008): *Qualitätsmanagement für Dienstleistungen*. Berlin, Heidelberg: Springer Berlin Heidelberg.

Bruhn, M. (2019): *Qualitätsmanagement für Dienstleistungen. Handbuch für ein erfolgreiches Qualitätsmanagement. Grundlagen - Konzepte - Methoden*. Berlin, Heidelberg.

Bruhn, M./Hadwich, K. (Hrsg.) (2017): *Dienstleistungen 4.0. Geschäftsmodelle - Wertschöpfung - Transformation*. Band 2. Forum Dienstleistungsmanagement, Wiesbaden.

Bullinger, H.-J. & Scheer, A.-W. (Hrsg.) (2006): *Service Engineering. Entwicklung und Gestaltung innovativer Dienstleistungen*. Springer, Dordrecht.

Buttle, F. (1996): „SERVQUAL: review, critique, research agenda", in: *European Journal of Marketing*, 30(1), S. 8 - 32.

Carman, J. M. (1990): „Consumer Perceptions Of Service Quality: An Assessment Of T", in: *Journal of Retailing*, 66(1), S. 33.

Carr, C. L. (2007): „The FAIRSERV Model: Consumer Reactions to Services Based on a Multidimensional Evaluation of Service Fairness", in: *Decision Sciences*, 38(1), S. 107 - 130.

Corsten, H. (1985): *Die Produktion von Dienstleistungen. Grundzüge einer Produktionswirtschaftslehre des tertiären Sektors*. Betriebswirtschaftliche Studien, 51, Erich Schmidt Verlag, Berlin.

Cronin Jr, J. J. & Taylor, S. A. (1994): „SERVPERF versus SERVQUAL: reconciling performance-based and perceptions-minus-expectations measurement of service quality", in: *Journal of marketing*, 58(1), S. 125 - 131.

DGQ (2020): *Weltqualitätstag 2020: Deutsche verbinden digitale Serviceangebote mit Innovation und Qualität, https://www.dgq.de/aktuelles/news/weltqualitaetstag-2020-deutsche-verbinden-digitale-service angebote-mit-innovation-und-qualitaet/*, abgerufen am 04. 10. 2021.

Doll, W. J., Xia, W. & Torkzadeh, G. (1994): „A confirmatory factor analysis of the end-user computing satisfaction instrument", in: *MIS quarterly*, S. 453 - 461.

Firdaus, A. (2006): „Measuring service quality in higher education: HEdPERF versus SERVPERF", in: *Marketing Intelligence & Planning*, 24(1), S. 31 - 47.

Friese, M. (1998): *Kooperation als Wettbewerbsstrategie für Dienstleistungsunternehmen*. Deutscher Universitätsverlag, Wiesbaden.

Güthoff, J. (1995): *Qualität komplexer Dienstleistungen. Konzeption und empirische Analyse der Wahrnehmungsdimensionen*. Deutscher Universitätsverlag (Marketing und Innovations-management), Wiesbaden.

Haller, S. (2017): *Dienstleistungsmanagement. Grundlagen – Konzepte – Instrumente*. Wiesbaden.

Homburg, C. (2016): *Grundlagen des Marketingmanagements Christian Homburg Einführung in Strategie, Instrumente, Umsetzung und Unternehmensführung*. Springer, Wiesbaden.

Leimeister, J. M. (2020): *Dienstleistungsengineering und -management. Data-driven Service Innovation*. 2. Aufl., Berlin, Heidelberg.

Lin, J.-S. C. & Hsieh, P.-L. (2011): „Assessing the Self-service Technology Encounters: Development and Validation of SSTQUAL Scale", in: *Journal of Retailing*, 87(2), S. 194.

Loiacono, E. T., Watson, R. T. & Goodhue, D. L. (2002): „WebQual: A measure of website quality", in: *Marketing theory and applications*, 13(3), S. 432 – 438.

Meffert, H., Bruhn, M. & Hadwich, K. (2018): *Dienstleistungsmarketing. Grundlagen – Konzepte – Methoden*. 9. Aufl., Wiesbaden.

Miersch, P. & Jochem, R. (2021): *Festlegung und Messung der Qualität verschiedener Produkt-Service-Systeme. In: Qualitätsmanagement in den 20er Jahren – Trends und Perspektiven*. Springer Berlin Heidelberg.

O'Connor, S. J., Trinh, H. Q. & Shewchuk, R. M. (2001): „Perceptual gaps in understanding patient expectations for health care service quality", in: *Quality Management in Healthcare*, 9(2), S. 26 – 42.

Parasuraman, A. P., Zeithaml, V. A. & Berry, L. L. (1988): „SERVQUAL: A multiple- Item Scale for measuring consumer perceptions of service quality", in: *Journal of Retailing*, 64(1), S. 12 – 40.

Parasuraman, A. P., Zeithaml, V. A. & Malhotra, A. (2005): „E-S-QUAL. A Multiple-Item Scale for Assessing Electronic Service Quality", in: *Journal of Service Research*, 7(3), S. 213 – 233.

Park, S.-J., Yi, Y. & Lee, Y.-R. (2020): „Heterogeneous dimensions of SERVQUAL", in: *Total Quality Management and Business Excellence*, S. 1 – 27.

Pfeifer, T. & Schmitt, R. (Hrsg.) (2014): *Masing Handbuch Qualitätsmanagement*. 6., überarbeitete Auflage. München, Carl Hanser Verlag, Wien.

Rieck, A. (2011): *Qualität komplexer Dienstleistungsbündel Operationalisierung und empirische Analysen der Qualitätswahrnehmung am Beispiel des Tourismus*. Dissertation am KIT, Institut für Technologie, Karlsruhe. Gabler Verlag, Springer Fachmedien, Wiesbaden.

Stauss, B. & Hentschel, B. (1991): „Dienstleistungsqualität", in: *Wirtschaftswissenschaftliches Studium*, 20(5), S. 235 – 244.

Stauss, B. & Seidel, W. (2007): *Beschwerdemanagement: Kundenbeziehungen erfolgreich managen durch Customer Care*. 4. Auflage, München 2007.

Tate, M. & Evermann, J. (2010): „The End of ServQual in Online Services Research: Where to from here?", in: *e-Service Journal*, 7(1), S. 60.

Töpfer, A. (2008): *Handbuch Kundenmanagement: Anforderungen, Prozesse, Zufriedenheit, Bindung und Wert von Kunden*. Springer-Verlag, Berlin Heidelberg.

Wolfinbarger, M. & Gilly, M. C. (2003): „eTailQ: Dimensionalizing, measuring and predicting etail quality", in: *Journal of retailing*, 79(3), S. 183 – 198.

Yoo, B. & Donthu, N. (2001): „Developing a scale to measure the perceived quality of an Internet shopping site (SITEQUAL)", in: *Quarterly journal of electronic commerce*, 2(1), S. 31 – 45.

Zeithaml, V. A., Berry, L. L. & Parasuraman, A. (1996): „The behavioral consequences of service quality", in: *Journal of marketing*, 60(2), S. 31 – 46.

Zeithaml, V. A., Parasuraman, A. & Malhotra, A. (2000): *A conceptual framework for understanding e-service quality: Implications for future research and managerial practice*. Marketing Science Institute.

Zielke, K. (2004): *Qualität komplexer Dienstleistungsbündel. Operationalisierung und empirische Analysen der Qualitätswahrnehmung am Beispiel des Tourismus*. Gabler Edition Wissenschaft. Deutscher Universitätsverlag (Marketing und Innovationsmanagement), Wiesbaden.

13 Kognitives Assistenzsystem für Erfahrungswissen im Qualitätsmanagement

Marcel Randermann

Das Wissen einer Organisation ist inzwischen ein wichtiger Produktionsfaktor und führt zu entscheidenden Wettbewerbsvorteilen im globalen Markt. Besonders wertvoll ist für Unternehmen das Erfahrungswissen, das kontextabhängig entsteht und situationsbedingt abgerufen werden muss. Die effektive Anwendung von Methoden des Qualitätsmanagements ist von Erfahrungswissen abhängig, denn unstrukturierte Probleme lassen sich häufig nur erfahrungsgeleitet lösen. Darüber hinaus ist das Erfahrungswissen die Urquelle jeglicher Kreativität, die im Problemlöseprozess zwingend erforderlich ist.

In diesem Kapitel erfahren Sie mehr über:

- den Zusammenhang von Qualitätsmanagement und Erfahrungswissen
- Methoden zum Abruf von Erfahrungswissen
- Kognitive Assistenzsysteme zum kontextbezogenen Einsatz von Erfahrungswissen

13.1 Erfolgsfaktor Erfahrungswissen

Das Wissen innerhalb einer Organisation ist heutzutage ein entscheidender Produktionsfaktor und verschafft im globalen Markt bedeutende Wettbewerbsvorteile. Während früher Faktoren wie die effiziente Verarbeitung von Materialien und Betriebsmitteln, der gewinnbringende Einsatz finanzieller Ressourcen oder der geografische Standort maßgeblich für den Unternehmenserfolg waren, ist heute der wichtigste Erfolgsfaktor das Humankapital, insbesondere das Wissensmanagement (Lehner 2021). Ein Wettbewerbsvorteil wird demnach nicht mehr daraus begründet, wie viel man von den herkömmlichen Faktoren besitzt, sondern wie viel man weiß und wie man dieses Wissen bestmöglich nutzt (Ruddy 2000).

Die Produktivität einer Organisation hängt demnach davon ab, wie man neues Wissen schaffen und daraus „smartes“ Handeln erzeugen kann (Tzortziak & Mihiotis 2014). Eine wesentliche Herausforderung stellt dabei das immense Datenaufkommen dar, aus dem Wissen generiert werden kann. Insbesondere die Industrie 4.0 ermöglicht es, kontinuierlich Informationen zu erzeugen und daraus Wissen zu schaffen. Informationen und Daten werden an vielen Stellen erfasst und die Menge steigt jährlich rapide an, sodass viele Unternehmen Informationssysteme zur Analyse und Interpretation der riesigen Daten- und Informationsmengen implementieren (Šárka 2014). Ein hoher Wissensstand kann dabei für die effektive Wertschöpfung hinderlich sein, wenn das für die wirksame Umsetzung der Unternehmensprozesse erforderliche Wissen nicht gefunden oder eingesetzt werden kann. Demnach ist nicht die Wissenserfassung, sondern die Nutzbarmachung des Wissens die größte Herausforderung (Pfeifer & Schmitt 2014). Weiterhin führen die Trends der digitalen Transformation, der demografische Wandel und die Entwicklung von Wertschöpfungsnetzwerken zu veränderten Anforderungen, wie Wissen erzeugt und Kompetenzen erworben werden.

Der arbeitssoziologische Wissensbegriff beruht im Allgemeinen auf den Entwicklungen der Informations- und Wissensgesellschaft (Schilcher 2006) und steht in dieser Interpretation an der Spitze einer Begriffshierarchie (siehe Bild 13.1). Auf der untersten Ebene der Begriffshierarchie sind Daten vorzufinden, die für sich genommen noch nicht interpretierbar sind. Erst durch die Herstellung eines Bezugs gewinnt der Datensatz an Bedeutung und wird zu einer Information. Durch die Vernetzung mit anderen aktuellen oder in der Vergangenheit gespeicherten Informationen gewinnt diese neue Information an Wert und wird so zu handlungsrelevantem Wissen (Chaffey & Wood 2005).

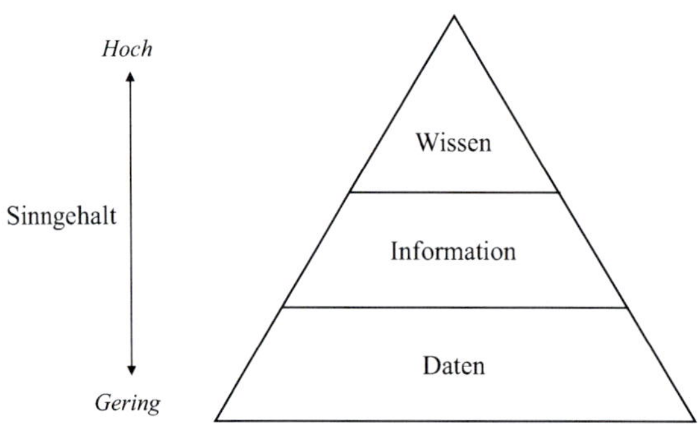

Bild 13.1 Daten, Information und Wissen (Chaffey & Wood 2005)

Vereinzelt wird das Konzept der Wissenspyramide um das Element Intelligenz erweitert (Liwe 2013), die wiederum zu einer Handlungskompetenz führen kann. Die internationale Norm für Wissensmanagementsysteme DIN ISO 30401 definiert den Wissensbegriff als *„personales oder organisationales Asset, das wirksame Entscheidungen und Handlungen im Rahmen des Kontextes ermöglicht“*. Hieraus lässt sich schließen, dass die kontextspezifische Anwendung einer Wissensressource zu einer Handlungsfähigkeit führt, die wiederum als Wettbewerbsvorteil in die organisatorische Wertschöpfungskette eingebracht werden kann.

Vom allgemeinen Wissensbegriff kann insbesondere das *Erfahrungswissen* als besondere Wissensform abgegrenzt werden. Dieses Wissen entsteht im Wesentlichen aus der Wahrnehmung von Ereignissen, die sich während der Bewältigung von Arbeitsaufgaben und vorwiegend im Umgang mit dem Arbeitsumfeld ergeben (Böhle 2005). Das so erworbene Wissen befähigt Individuen auf Basis ihrer Erfahrungswerte, neue Situationen zu meistern. Insbesondere bei der Bewältigung von Unwägbarkeiten oder nicht planbaren Aufgaben kommt es auf diese Wissensform an, da dort gemachte Erfahrungen genutzt und neue Erfahrungen integriert werden (Schilcher 2006). Dieses Erfahrungswissen bietet somit die Grundlage und Voraussetzung für die Anwendung komplexer Kompetenzen und Fähigkeiten. Es soll den Akteuren ermöglichen, situationsbezogene Entscheidungen zu treffen und wertschöpfende Handlungen auszuführen.

Das Erfahrungswissen lässt sich grundlegend in zwei verschiedene Wissensarten unterscheiden: explizites und implizites Wissen (siehe Tabelle 13.1). Explizites Wissen lässt sich leicht dokumentieren sowie einfach verbalisieren. Implizites Wissen hingegen ist nur latent in einer Organisation vorhanden und häufig schwer zugänglich, da es durch den Wissensträger erfahrungsbasiert entsteht und nur schwierig wiedergegeben werden kann (Katenkamp 2011).

Tabelle 13.1 Merkmale von implizitem und explizitem Wissen (Lehner 2021)

Explizites Wissen	Implizites Wissen
Formal, artikulierbar in grammatikalischen Sätzen	Nicht ohne weiteres sprachlich artikulierbar
Enthalten in technischen Daten und Handbücher	Nur personenbezogen vorhanden
Verstandsbasiertes Wissen	Erfahrungsbasiertes Wissen
Kontextfreie Theorie	Kontextspezifisches Wissen
Faktenbasiert durch bewährte Methoden	Kreatives, flexibles und divergentes denken
Organisierte Aufgaben	Spontane und improvisierte Aufgaben
Linear	Unvorhersehbar

Der größte Teil des im Unternehmen zur Verfügung stehenden Wissens ist allerdings implizit (Katenkamp 2011) und kann im Gegensatz zum expliziten Wissen nicht in Worte gefasst werden, da es sich der formalen Erfassung entzieht (Lehner 2021). Es beruht auf der Wahrnehmung von Personen, die ihre Beurteilungs-, Entscheidungs- und Handlungsprozesse nicht selbst oder nicht vollständig explizieren können (Porschen 2008). Ein Großteil dieses Wissens ist daher als kognitive Dimension in mentalen Modellen, Überzeugungen und unterbewussten Automatismen abgespeichert und gilt daher als untrennbar mit dem Wissensträger verbunden (Nonaka 2008).

Da das implizite Wissen durch subjektives Wahrnehmen entsteht und personenbezogen existiert, ist es ein zentraler Bestandteil des Erfahrungswissens (Erlach, Orians & Reisach 2013). Allerdings ist eine große Menge impliziten Wissens nur eine notwendige, aber noch keine hinreichende Voraussetzung für das Erfahrungswissen (Gruber 1999).

Erfahrungswissen begründet sich dementsprechend durch praktische Tätigkeiten und über das Nachdenken über frühere Fehler und Erfolge und kann daher im arbeitswissenschaftlichen Kontext nur über langjährige Ausübungen des Berufs gesammelt werden (Turki 2014). Eine Studie konnte zeigen, dass ca. 10 000 akkumulierte Handlungsstunden über einen Zeitraum von zehn Jahren notwendig sind, um Erfahrungswissen zu erlangen (Ericsson, Krampe & Tesch-Römer 2013). Der Aufbau von Erfahrungswissen ist daher ein zeitintensiver Prozess (siehe Bild 13.2), dessen Wissensbasis sich im Laufe der Berufsjahre entwickelt.

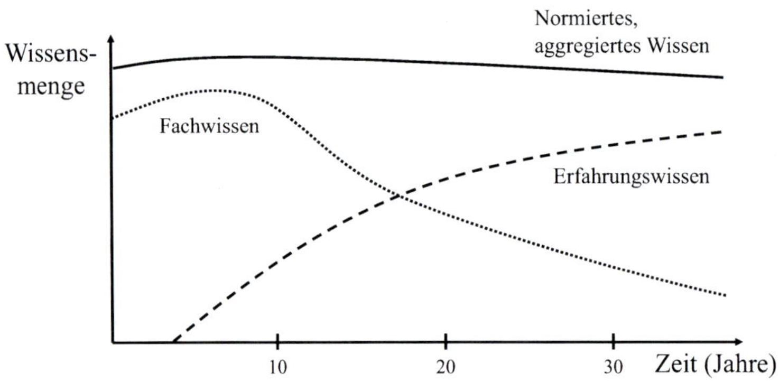

Bild 13.2 Wissensmenge im Lauf der Jahre (Scholz & Stein 2006)

Durch die zunehmend komplexer werdenden Arbeits- und Produktionssysteme besteht die Gefahr, dass Kompetenzen, die konventionell durch langjährige Erfahrung erworben werden, nun nicht mehr schnell genug erlernt werden, um in dynamischen Marktsituationen den schnell wechselnden Kundenanforderungen gerecht zu werden. Die Umsetzung der Industrie 4.0 schafft daher nicht nur neue Herausforderungen an die berufliche und akademische Aus- und Weiterbildung, sondern insbesondere auch an die Nutzung der aufzubauenden Wissensbasis und des umzusetzenden Wissensmanagements (Kagermann, Wahlster & Helbig 2013). Die Veränderungen der Märkte sowie die wachsenden Kundenanforderungen erfordern darüber hinaus zur Sicherstellung der Wettbewerbsfähigkeit wissensintensive Prozesse sowie qualitätsgerechte Produkte, was den skizzierten Problematiken diametral gegenübersteht (Hannola et al. 2017).

Dementsprechend muss dem zugrunde liegenden Erfahrungswissen angesichts der Veränderungen der Arbeitswelt auch weiterhin eine hohe Bedeutung beigemessen werden. Die Implementierung eines kognitiven Assistenzsystems stellt dabei eine geeignete Lösung dar, um insbesondere im Qualitätsmanagement die kontextbasierte Erfassung und Nutzbarmachung von Erfahrungswissen zu ermöglichen.

13.2 Erfahrungswissen im Qualitätsmanagement

Im Qualitätsmanagement, in dem es nicht nur auf das Fachwissen, sondern auf den ständigen Umgang mit Unwägbarkeiten ankommt, ist Erfahrungswissen daher besonders von Bedeutung. Untersuchungen haben gezeigt, dass die häufigste Anwendung von erfahrungsgeleitetem Wissen im Problemlöseprozess zu finden ist (Leonard & Sensiper 1998). Das Analysieren von nichtlinearen Ursache-Wirkungs-Beziehungen ist beispielsweise von einem hohen Anteil an Erfahrungswissen geprägt. In diesem Vorgang werden prozessuale Fähigkeiten angewandt, ohne dass der Anwender seine Entscheidungswege klar artikulieren kann. Darüber hinaus gilt das Erfahrungswissen als Urquelle für jegliche Kreativität, die bei der Lösungssuche von komplexen Problemen unumgänglich ist (Spender 2007).

Organisationen, die ein Qualitätsmanagementsystem gemäß der Norm DIN EN ISO 9001 betreiben, müssen sich mit dem Umgang mit Wissen auseinandersetzen. In der Norm heißt es, dass sich die Organisation vor dem Verlust von Wissen schützen muss. Ein Wissensverlust kann beispielsweise aufgrund von Mitarbeiterfluktuationen oder durch Fehler beim Erfassen und beim Austausch von Informationen auftreten. Darüber hinaus soll das Wissen im Hinblick auf das Erreichen der Ziele der Organisation angewendet und ausgetauscht werden.

Damit stellen die Normanforderungen einen direkten Bezug zum wettbewerbsorientierten Wissensbegriff her, definieren allerdings nur niederschwellige Bedingungen an das Wissensmanagement (siehe Bild 13.3). Demnach haben Organisationen Prozesse und Methoden festzulegen, um Wissen zu ermitteln, aufrechtzuerhalten, zur Verfügung zu stellen, und sie müssen Möglichkeiten finden, benötigtes Wissen zu erlangen (North, Brandner & Steininger 2016). Neben dem Umgang mit dem Wissen der Organisation wird der Umgang mit Kompetenzen gefordert, da das Wissen als Grundvoraussetzung für die Handlungsfähigkeit einen direkten Einfluss auf die Kompetenzbildung nimmt (Brecht 2016). Dabei ist die Bewertung des Ist-Zustands des Wissens zum Soll-Zustand wesentlich, um bei Abweichungen Maßnahmen zur Beseitigung der Kompetenzlücke definieren zu können. Ebenso soll die erwartete Wirkung der Maßnahmen überprüft werden, um die Wirksamkeit feststellen zu können (Brecht 2016).

Bild 13.3 Normanforderung an das Wissen der Organisation nach DIN EN ISO 9001

Auch die Umsetzung von Total Quality Management im Sinne des EFQM-Modells zur Erreichung von Business Excellence erfordert die Anerkennung des Wissens als wichtige Ressource für die Leistungsfähigkeit. Das Modell fordert daher im Kriterienkatalog, dass Daten, Informationen und Wissen wirksam eingesetzt werden. Die Analyse der Daten soll so erfolgen, dass handlungsrelevantes Wissen daraus abgeleitet werden kann, um einerseits entscheidungsfähig zu sein und andererseits ein Lernen und Verbessern in der Organisation zu ermöglichen (Moll 2020).

Generell sind prozessbasierte Tätigkeiten eher von implizitem als von explizitem Wissen geprägt (Binney 2001), sodass ein prozessorientiertes Qualitätsmanagement eine starke Abhängigkeit zum Erfahrungswissen aufweist und daher wissensbasiert bewältigt werden sollte (Mendes 2017). Bereits Deming bezeichnete das „profound knowledge" als einen Grundpfeiler für Qualität und hebt damit die Bedeutung des Wissens für diesen Aufgabenbereich hervor (Loke 2011). Der Problemlöseprozess gilt als häufigstes Anwendungsfeld von implizitem Wissen, insbesondere wegen des hohen Bedarfs an Kreativität (Leonard & Sensiper 1998).

Eine Literaturstudie von Randermann und Jochem konnte diesen Zusammenhang ebenfalls zeigen. In dieser Untersuchung wurden 51 QM-Methoden hinsichtlich ihrer Kompetenzanforderungen analysiert und es wurde festgestellt, dass 64,6% der QM-Methoden zur wirksamen Anwendung eine Wissensbasis erfordern, die überwiegend oder hauptsächlich implizites Wissen aufweist (Randermann & Jochem 2021). Tabelle 13.2 zeigt auf, welche QM-Methoden tendenziell auf Kompetenzen beruhen, die einen expliziten oder impliziten Wissensanteil erfordern.

Tabelle 13.2 Wissensbasis von QM-Methoden

QM-Methoden mit hauptsächlich explizitem Wissensanteil	QM-Methoden mit expliziten und impliziten Wissensanteilen	QM-Methoden mit hauptsächlich implizitem Wissensanteil
▪ Pareto-Analyse ▪ Multi-Vari-Analyse ▪ Korrelations- und Regressionsanalyse ▪ Fehlerbaumanalyse ▪ Hypothesentest	▪ Statistische Versuchsplanung ▪ Messsystemanalyse ▪ Prozessflussanalyse	▪ Audit ▪ Affinitätsdiagramm ▪ FMEA ▪ Ishikawa-Diagramm ▪ 5-Why-Analyse ▪ Poka Yoke

Auch Wennemer kommt in seiner Untersuchung zu qualitätstechnischem Wissen im Produktentwicklungs- und Produktionsprozess zu dem Schluss, dass trotz zahlreicher Ansätze im Wissensmanagement ein gesonderter Erfahrungswissenstransfer erforderlich ist (Wennemer 2013). Diese Forderung kommt im Qualitätsmanagement besonders zum Tragen, da es nicht nur auf explizites Fachwissen ankommt, sondern der Umgang mit Unwägbarkeiten bewältigt werden muss. Unwägbarkeiten entstehen durch zufällige oder systematische Einflüsse die zu nicht planbaren Ereignissen führen und erfahrungsgeleitetes Handeln erfordern (Böhle 2005). Erfahrungsbasiertes Wissen ist in akuten Situationen effektiver als eine rationale Überlegung, da oftmals schnell gehandelt werden muss. Diese Problemsituationen bzw. das Auflösen von Problemen sind dadurch gekennzeichnet, dass sie häufig unstrukturiert auftreten.

13.3 Kontextbezogene Nutzung von Erfahrungswissen

Erfahrungswissen hat als handlungsbefähigendes Wissen immer einen Kontextbezug. Den Nutzen von Kontextinformationen zur besseren Verwendung von qualitätsrelevantem Wissen haben auch Kohlegger und Ploder erkannt. Sie schlagen vor, dass im Rahmen von KVP-Prozessen die dokumentierten Lessons Learned mit Metainformationen angereichert werden sollen, um sie besser wiederverwenden zu können (Kohlegger & Ploder 2018). Als geeignete Metainformationen können der Produkttyp, einzelne Komponenten, verwendete Materialien oder die verwendete Produktionsanlage berücksichtigt werden. Damit würde eine integrierte Sicht auf das dokumentierte Wissen entstehen, statt zusammenhangslos zu existieren.

Der Kontext ist daher für die Anwendung von Erfahrungswissen von zentraler Bedeutung, da er die spezifischen Rahmenbedingungen und Anforderungen des jeweiligen Arbeitsumfelds definiert. Ein tiefgehendes Verständnis des Kontexts ermöglicht es, die spezifischen Herausforderungen, Bedürfnisse und Dynamiken zu erkennen, die die Anwendung von Erfahrungswissen beeinflussen. Für die effektive Anwendung eines kognitiven Assistenzsystems muss daher zunächst ein detailliertes Kontextmodell des Arbeitsumfelds gestaltet werden. Das Kontextmodell dient dazu, die relevanten Faktoren und Zusammenhänge systematisch zu erfassen und zu analysieren, die die Wissensanwendung und -weitergabe prägen. Dazu gehören unter anderem organisatorische Strukturen, Kommunikationswege, technische Infrastruktur sowie kulturelle Aspekte und Arbeitsprozesse. Durch die präzise Abbildung dieser Elemente können passgenaue und praxisnahe Lösungen entwickelt werden, die sicherstellen, dass das vorhandene Erfahrungswissen optimal genutzt und in den Arbeitsalltag integriert werden kann. Kontextbezug: Erfahrungswissen hat als handlungsbefähigendes Wissen immer einen Kontextbezug.

Das Schichtmodell für die kontextbezogene Informationsgewinnung und -wiederbeschaffung von Ingwersen und Järvelin ist beispielsweise ein geeignetes Metamodell (siehe Bild 13.4). Es stellt die unterschiedlichen Kontextarten vom größtmöglichen historisch-kulturellen Kontext bis zur intraobjekten Struktur in Form von Zeichen und Symbolen in jeweils einzelnen Schichten dar (Ingwersen & Järvelin 2011). Wenn ein Informationsobjekt zu anderen Informationsobjekten eine Beziehung aufweist, dann kann das als interobjekter Kontext bezeichnet werden. Dies können beispielsweise Dokumentenverweise oder Weblinks sein, die wiederum auf andere Dokumente oder Webseiten verweisen. Die höchste Ebene des Schichtmodells definiert den historisch-kulturellen Kontext, der die kollektive Wertvorstellung der Systemnutzer definiert. Weiterhin kann der ökonomische, technologische und gesellschaftliche Kontext bestimmte Erwartungen der Systemnutzer und Rahmenbedingungen der Systemnutzung beschreiben.

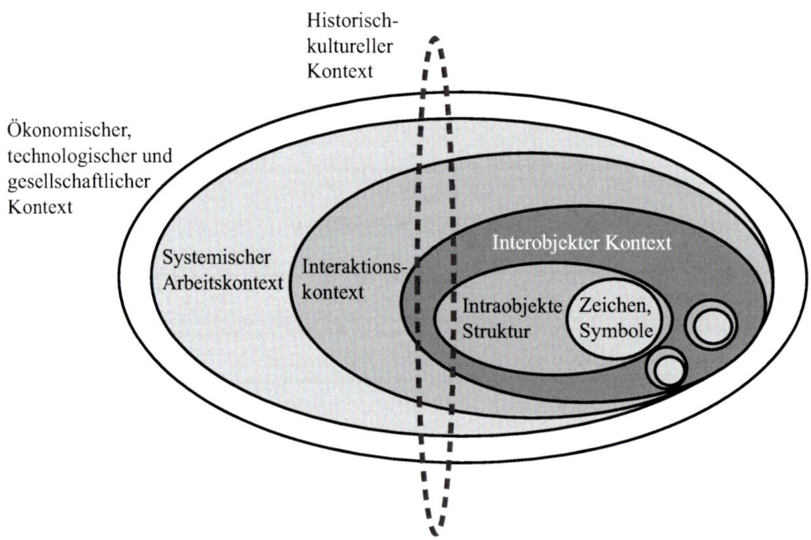

Bild 13.4 Schichtenmodell für kontextbezogene Informationsgewinnung und -wiederbeschaffung (Ingwersen & Järvelin 2011)

Im Sinne der Nutzung eines kognitiven Assistenzsystems zur Unterstützung des Arbeitsprozesses sind allerdings die zwischengelagerten Schichten dieses Metamodells von größerem Interesse. Diese beschreiben einerseits den systemischen Arbeitskontext und andererseits auch den Interaktionskontext der Systemnutzung. Der systemische Arbeitskontext kann alle Kontextinformationen enthalten, die aus organisatorischen oder sozio-technischen Rahmenbedingungen entstehen. Dies kann die Prozessumgebung mit entsprechenden Arbeits- und Betriebsmitteln sein oder aber auch die Schnittstelle zwischen Mensch und Maschine. Weiterhin beschreibt der Interaktionskontext alle relevanten Kontextinformationen, die sich in situ aus der konkreten Benutzung des Informationssystems ergeben. Dies kann beispielsweise der Zugriffszeitpunkt und -ort oder auch die Art der Suchanfrage sein.

Eine weitere Spezifizierung des Arbeitskontexts ermöglicht die konkrete Ausgestaltung eines kognitiven Assistenzsystems. Die Kontextinformationen bilden sich dabei vorrangig aus der Aktivität des Arbeitsprozesses sowie der Interaktion zwischen dieser Aktivität und der Umgebung. Darüber hinaus sind die Personen und Gruppen, die die Aktivität ausführen, als Kontextinformationen relevant, sodass sich drei Kategorien für eine Modelldefinition ergeben (Nunes, Santoro & Borges 2009):

- Kontextinformationen, die durch eine Aktivität entstehen oder vorliegen (bspw. externe Daten, Verfahren, Artefakte oder Prozesse),
- Kontextinformationen über Personen und Gruppen, die diese Aktivität ausführen, sowie die Beziehung oder Interaktionen zwischen ihnen (Akteur, Rolle, Kompetenz, persönliche Attribute oder Interaktionen),
- Kontextinformationen über die Interaktion zwischen der Aktivität und der Umgebung (Ressource, Rechnersystem, Umgebung oder Zeit).

13.4 Kognitive Assistenzsysteme

Im zunehmenden Maße werden Assistenzsysteme zur arbeitsorganisatorischen Gestaltung der Interaktion und Vernetzung zwischen Mensch und Technik eingesetzt. Unter einem Assistenzsystem wird ein System verstanden, welches Menschen bei der Durchführung einer Aufgabe unterstützt, wobei die Art der Systemunterstützung physischer oder informatorischer Natur sein kann (Hinrichsen, Riediger & Unrau 2017). Ein informatorisches Assistenzsystem soll einerseits die mentale Belastung des Menschen reduzieren, aber vor allen Dingen im Zuge der gestiegenen Komplexität von Wertschöpfungsprozessen die Informationsbereitstellung gewährleisten und Entscheidungsprozesse vereinfachen. In der Serienmontage werden dazu beispielsweise über digitale Assistenzsysteme Fertigungspläne und Montageanweisungen auf Bildschirmen am Arbeitsplatz zur Verfügung gestellt, zum Teil auch über Augmented Reality als Arbeitsplatzprojektionssysteme (Kuhlmann, Splett & Wiegrefe 2018).

Kognitive Assistenzsysteme unterstützen den Menschen, indem sie eine passgenaue Informationsbereitstellung gewährleisten und darüber hinaus Hinweise auf korrekte Arbeitsabläufe geben oder eine Überprüfung der ausgeführten Arbeitsschritte ermöglichen (Bovenschulte 2020). Kognitive Assistenzsysteme treffen menschenähnliche Entscheidungen, indem sie durch Datenanalyseverfahren humankognitive Prozesse imitieren. Kognitive Prozesse umfassen *„rückbezügliche und situationsabhängige Verhaltensweisen“*, die durch Wahrnehmung und Schlussfolgern, aber auch durch Lernen und Planen gekennzeichnet sind (Zäh et al. 2007).

Häufig sind diese kognitiven Assistenzsysteme in technischen Systemen eingebettet und sie reagieren für die situationsbezogenen Verhaltensweisen in Echtzeit mit der realen Umgebung über künstliche Sensoren und Aktoren (Bovenschulte 2020). Die Kontexterfassung und Informationsbereitstellung finden durch die Bedienung eines Menschen in der Arbeitsumgebung statt und folglich muss ein kognitives Assistenzsystem mit diesen Elementen interagieren und deren Anforderungen erfüllen. Ein kognitives Assistenzsystem kann menschenähnliche Entscheidungsprozesse imitieren sowie kontextbezogene Informationen bereitstellen. Damit kann es im Arbeitssystem den Menschen in seinen Wertschöpfungsprozessen unterstützen sowie als Fähigkeitsverstärker die Grenzen der menschlichen Kognition erweitern.

Die Grundlage für ein kognitives Assistenzsystem kann das sogenannte Case-Based Reasoning darstellen. Auf dessen Basis kann der Kontext einer konkreten Situation identifiziert und relevantes Erfahrungswissen aus einer Wissensbasis bereitgestellt werden. Das Case-Based Reasoning ist ein Verfahren der Künstlichen Intelligenz. In diesem Verfahren wird Erfahrungswissen in Form von Fällen formalisiert, die in einer Fallbasis als spezielle Form der Wissensbasis gespeichert werden. Das Case-Based Reasoning gründet auf der Annahme, dass, wenn zwei Fälle bzw. deren Voraussetzungen ähnlich sind, auch die Lösung dieser Fälle ähnlich sein muss (Bergmann et al. 2021). Das Verfahren verwendet daher als bestimmendes Schlussfolgerungsprinzip die Analogie zweier Fälle.

Das Prinzip des Schlussfolgerns aus vergangenen Ereignissen orientiert sich an der Erinnerungsfähigkeit des Menschen und der menschlichen Gedächtnisstruktur, die sich über die Zeit durch gemachte Erfahrungen kontinuierlich anpasst. Im Gegensatz zu regel- oder modellbasierten KI-Verfahren benötigt das Case-Based Reasoning kein umfassendes Wissen über die Problemlösung. Regelbasierte Systeme sind darauf angewiesen, eine formalisierte Wissensbasis zu besitzen, die sich aus Wenn-Dann-Regeln zusammensetzt. Diese Regeln stellen Bedingungen *(wenn)* auf, sodass bei Eintreten dieser Bedingung Lösungen *(dann)* ermittelt werden können. Der Aufwand zur Erstellung dieses allgemeinen Regelwissens ist enorm, da dafür ein induktiver Erkenntnisgewinn erforderlich ist.

Klassische Expertensysteme der 1980er- und 1990er-Jahre arbeiten auf Basis dieses generalisierten Wissens, sodass die notwendige Wissensakquisition und Regelbildung ein großes Hindernis bei der Entwicklung und Implementierung darstellt (Bergmann et al. 2021). Das Case-Based Reasoning hingegen benötigt dieses formalisierte Regelwissen nicht, da Erfahrungswissen zum Lösen neuer Probleme durch analoges Schließen verwendet werden kann.

Im Gegensatz zu Expertensystemen besteht die elementare Wissensbasis nicht aus formalisierten Regeln, sondern aus einer Sammlung von Fällen, in denen konkrete frühere Erfahrungen gespeichert sind. Ein neues Problem wird dann dadurch gelöst, dass ein ähnlicher Fall aus der Fallbasis ermittelt wird und dessen Ergebnis eine geeignete Lösung für das aktuelle Problem darstellen kann (siehe Bild 13.5). Case-Based-Reasoning-Systeme schließen daher auf Problemlösungen nicht durch die Anwendung von Regeln, sondern auf Basis eines vergangenheitsorientierten Prozesses, der dem menschlichen Erinnern ähnelt (Beierle & Kern-Isberner 2014).

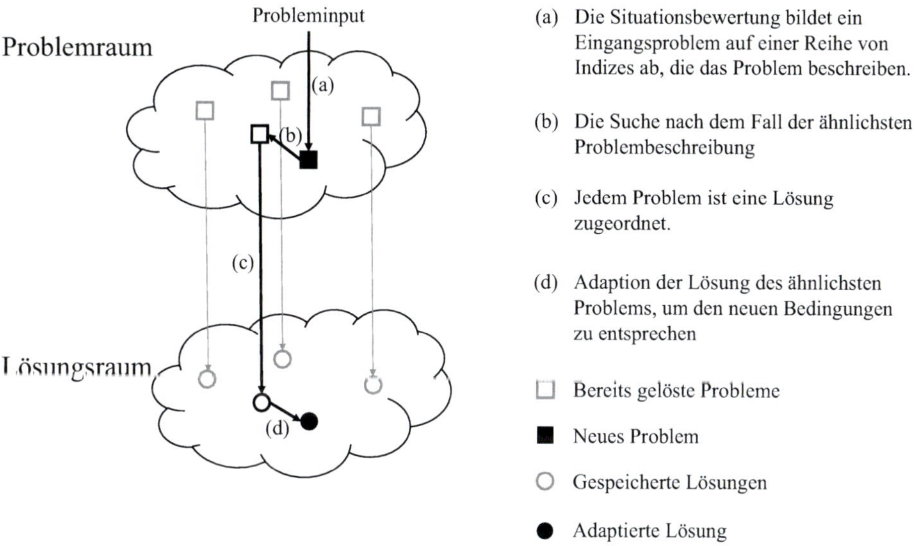

Bild 13.5 Problem- und Lösungsraum (Leake 1996)

Genau wie das menschliche Erfahrungswissen, nutzt ein kognitives Assistenzsystem auf Basis von Case-Based Reasoning das Wissen aus früheren Situationen und konkreten Ereignissen. Die hinterlegten Lösungen konnten Probleme in der Vergangenheit nachweislich bereits bewältigen und bieten sich daher als Ausgangspunkt für die Bewältigung eines neuen Problems an. Zwar ist fast jedes Problem an sich individuell, aber Problemtypen wiederholen sich und ein Lösungsvergleich wird dadurch grundsätzlich möglich. Genau wie das humankognitive Denken, erleichtert die wiederholte Konfrontation mit einem Problemtyp im Allgemeinen die Lösungssuche (Beierle & Kern-Isberner 2014).

Wenn ein neuer Problemfall auftritt, wird mit diesem Fall eine Anfrage an die Fallbasis gestellt. Es findet daraufhin ein paarweiser Vergleich mit allen gespeicherten

Fällen statt, mit dem dann eine jeweilige Ähnlichkeit zwischen zwei Fällen errechnet wird. Das Ergebnis ist eine Indexliste, in der alle Fälle in der Fallbasis hinsichtlich der Ähnlichkeit zum neuen Fall sortiert sind. Die erstplatzierten Fälle auf dieser Indexliste besitzen das größte Potenzial für eine Wiederverwendung (Bergmann et al. 2021). Gegebenenfalls muss die Lösung des Falls mit der größten Ähnlichkeit angepasst werden, damit das neue Problem mit dem gefundenen Wissen lösbar ist. Durch das Anpassen und Modifizieren der Lösungen entstehen neue Lösungsmöglichkeiten und damit eine potenzielle Erweiterung der Fallbasis. Demzufolge besitzt das Case-Based Reasoning entgegen regel- und modellbasierter Systeme eine Lernfähigkeit, während konventionelle Systeme nur durch einen aufwendigen Prozess manuell angepasst werden können (Pal & Shiu 2004).

Das Phasenmodell von Aamodt und Plaza teilt das Case-Based Reasoning in vier grundlegende Phasen: Retrieve, Reuse, Revise und Retain (siehe Bild 13.6). Diesen vier Phasen kann als weiterer Schritt die Problemformulierung vorangestellt werden, um den Anfragemechanismus an das Case-Based-Reasoning-System zu definieren (Aamodt & Plaza 1994). Oftmals wird die Problemformulierung als weitere fünfte Phase dem Zyklus-Modell vorangestellt.

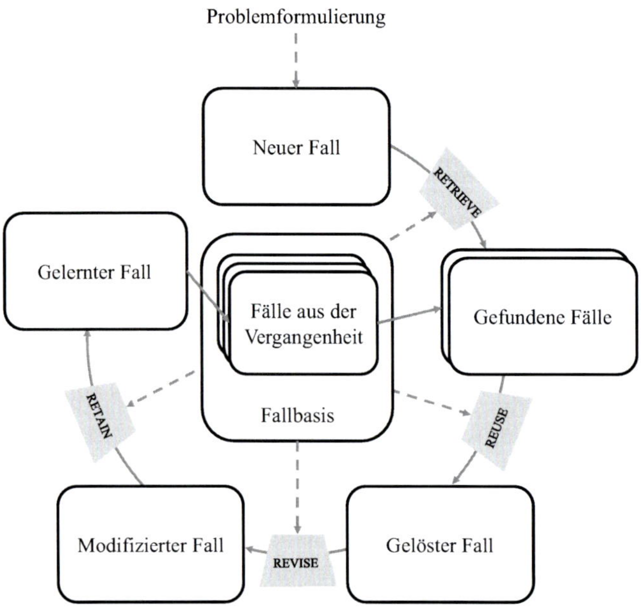

Bild 13.6 Case-Based-Reasoning-Zyklus (Aamodt & Plaza 1994)

Nach Bergmann et al. gestalten sich diese insgesamt fünf Phasen folgendermaßen:

Problemformulierung

In der ersten Phase des Case-Based-Reasoning-Zyklus muss die Anfrage so repräsentiert werden, dass das System sie verarbeiten kann, sei es in natürlicher Sprache oder mithilfe von Bildern. Das Problem wird eventuell in das Anfrageformat des Systems transformiert. Wenn der Benutzer das Problem nicht ad hoc formulieren kann, muss das System dies unterstützen, entweder durch eine automatisierte Erfassung oder durch einen interaktiven, iterativen Prozess.

Retrieve-Phase

Basierend auf der Problemformulierung wird ein geeigneter Fall in der Fallbasis gesucht, oft mithilfe einer Indexstruktur. Ein Ähnlichkeitsmaß wird berechnet, um die Ähnlichkeit zwischen den Fällen zu bestimmen.

Reuse-Phase

Der identifizierte Fall soll das neue Problem mithilfe einer bereits existierenden Lösung bewältigen. Falls erforderlich, wird die Lösung modifiziert.

Revise-Phase

Die gefundene Lösung wird getestet und bei Bedarf angepasst, um das Problem vollständig zu lösen.

Retain-Phase

Wenn die Lösung nicht ausreicht, wird sie modifiziert oder eine neue Lösung erstellt und der Fallbasis hinzugefügt. Dies verbessert das System kontinuierlich durch einen Lernprozess.

Dieses Modell beschreibt damit das Schlussfolgerungsprinzip des Case-Based Reasoning als kognitive Wirkungsweise des Assistenzsystems. Eine hinreichende Fallbasis ist allerdings Voraussetzung für eine wirksame Nutzung. Dementsprechend muss vor dem Einsatz dieses Prinzips eine Wissensakquisition zur Generierung der Fallbasis stattfinden. Dies bedeutet einerseits, dass Erfahrungswissen gesammelt und für die Wiederverwendung aufbereitet werden muss. Zudem muss allerdings auch die Fallstruktur definiert werden. Auf Basis dieser definierten Fallstruktur kann eine Ähnlichkeitsbewertung zwischen dem neuen Fall und der Fallbasis stattfinden.

Eine zentrale Herausforderung für die Entwicklung eines kognitiven Assistenzsystems auf Basis von Case-Based Reasoning ist daher nicht nur die Identifizierung und Aufbereitung des Erfahrungswissens an sich, sondern insbesondere die Erstellung der als Fallstruktur hinterlegten Kontextmerkmale. Diese dienen der Ähnlichkeitsbewertung und entsprechen daher dem Erinnerungsvermögen kognitiver Prozesse eines Menschen.

Die wichtigsten Punkte in Kürze

- Die effektive Anwendung von Qualitätsmanagementmethoden ist von Erfahrungswissen abhängig.
- Erfahrungswissen ist kontextabhängig und muss situationsbedingt abgerufen und eingesetzt werden können.
- Ein kognitives Assistenzsystem mittels Case-Based Reasoning kann die Nutzung von Erfahrungswissen im Arbeitsprozess unterstützen.

Literatur

Aamodt, A. & Plaza, E. (1994): „Case-Based Reasoning. Foundational Issues, Methodological Variations, and System Approaches", in: *AI Communications* 7(1), S. 39 – 59.

Beierle, C. & Kern-Isberner, G. (2014): *Methoden wissensbasierter Systeme*. Wiesbaden: Springer Fachmedien.

Bergmann, R., Minor, M., Bach, K. & Althoff, K.-D. (2021): „Fallbasiertes Schließen", in: G. Görz, U. Schmid & T. Braun: *Handbuch der künstlichen Intelligenz*, S. 343 – 394. Berlin, Boston: De Gruyter Oldenbourg.

Binney, D. (2001): „The knowledge management sepctrum – understanding the KM landscape.", in: *Journal of Knowledge Management*, 5(1), S. 33 – 42.

Böhle, F. (2005): „Erfahrungswissen hilft bei der Bewältigung des Unplanbaren", in: *Zeitschrift Berufsbildung in Wissenschaft und Praxis* (5), S. 9 – 13.

Bovenschulte, M. (2020): *Kognitive Assistenzsysteme. Themenprofil Nr. 38. Büro für Technikfolgen-Abschätzung beim Deutschen Bundestag (TAB)*.

Brecht, A. (2016): *Wissensmanagement in der Norm ISO 9001:2015. Praktische Orientierung für Qualitätsmanagementverantwortliche*. Frankfurt/Main: Deutsche Gesellschaft für Qualität (DGQ).

Chaffey, D. & Wood, S. (2005): *Business information management. Improving performance using information systems*. Harlow: Financial Times Prentice Hall.

DIN EN ISO 9001 (2015): *Qualitätsmanagementsysteme, Anforderungen*. Berlin: Beuth Verlag GmbH.

DIN ISO 30401 (2021): *Wissensmanagementsysteme, Anforderungen*. Berlin: Beuth Verlag GmbH.

Ericsson, K. A. & Krampe, R. T.-R. (1993): „The role of deliberate practice in the acquisition of expert performance", in: *Psychological Review*, 100(3), S. 363 – 406.

Erlach, C., Orians, W. & Reisach, U. (2013): *Wissenstransfer bei Fach- und Führungskräftewechsel. Erfahrungswissen erfassen und weitergeben*. München: Carl Hanser Fachbuchverlag.

Gruber, H. (1999): *Erfahrung als Grundlage kompetenten Handelns*. Bern, Göttingen, Toronto, Seattle: Huber.

Hannola, L., Richter, A., Richter, S. & Stocker, A. (2017): „Empowering production workers with digitally facilitated knowledge processes – a conceptual framework", in: *International Journal of Production Research*, 56(14), S. 4729 – 4743.

Hinrichsen, S., Riediger, D. & Unrau, A. (2017): „Entwicklung und Auswahl von Montageassistenzsystemen", in: *Soziotechnisches Gestaltung des digitalen Wandels – kreativ, innovativ, sinnhaft*, S. 1 – 6.

Ingwersen, P. & Järvelin, K. (2011): *The turn. Integration of information seeking and retrieval in context*. Dordrecht, London: Springer Verlag.

Katenkamp, O. (2011): *Implizites Wissen in Organisationen. Konzepte, Methoden und Ansätze im Wissensmanagement*. Wiesbaden: VS Verlag für Sozialwissenschaften.

Kohlegger, M. & Ploder, C. (2018): „Data Driven Knowledge Discovery for Continuous Process Improvement", in: K. North, R. Maier & O. Haas: *Knowledge Management in Digital Change*, S. 65 – 82. Cham: Springer International Publishing.

Kuhlmann, M., Spleit, B. & Wiegrefe, S. (2018): „Montagearbeit 4.0? Eine Fallstudie zu Arbeitswirkungen und Gestaltungsperspektiven digitaler Werkerführung", in: *WSI Mitteilungen*, 71(3), S. 182–188.

Lehner, F. (2021): *Wissensmanagement. Grundlagen, Methoden und technische Unterstützung*. München: Hanser Verlag.

Leonard, D. & Sensiper, S. (1998): „The Role of Tacit Knowledge in Group Innovation", in: *California Management Review*, 40(3), S. 112–132.

Liwe, A. (2013): „DIKIW: Data, Information, Knowledge, Intelligence, Wisdom and their Interrelationships", in: *Business Management Dynamics*, 2(10), S. 49–62.

Loke, S.-P., Downe, A. G., Sambasivan, M., Kalid, K. & Ooi, K.-B. (2011): „Integrating Total Quality Management and Knowledge Management to Supply Chain Learning: A Structural Approach", in: *International Conference on Financial Management and Economics*, S. 1–12.

Mendes, L. (2017): „TQM and knowledge management. An integrated approach towards tacit knowledge management", in: *Handbook of research on tacit knowledge management for organizational success*, S. 236–263.

Moll, A. (2020): „Das Kriterienmodell 2020", in: A. Moll & S. Khayati: *Excellence-Handbuch. Grundlagen und Anwendung des EFQM Modells 2020*, S. 57–85. Kissing: WEKA MEDIA GmbH & Co. KG.

Nonaka, I. (2008): *The Knowledge-Creating Company*. Boston: Harvard Business Review Press.

North, K., Brandner, A. & Steininger, T. (2016): *Wissensmanagement für Qualitätsmanager*. Wiesbaden: Springer Fachmedien.

Nunes, V. T., Santoro, F. M. & Borges, M. R. (2009): „A context-based model for Knowledge Management embodied in work processes", in: *Information Sciences*, 179(15), S. 2538–2554.

Pal, S. K. & Shiu, S. C. (2004): *Foundations of Soft Case-Based Reasoning*. Hoboken: John Wiley & Sons.

Pfeifer, T. & Schmitt, R. (2014): *Masing Handbuch Qualitätsmanagement*. München: Carl Hanser Fachbuchverlag.

Porschen, S. (2008): *Austausch impliziten Erfahrungswissens. Neue Perspektiven für das Wissensmanagement*. Wiesbaden: VS Verlag für Sozialwissenschaften/GWV Fachverlage GmbH.

Randermann, M. & Jochem, R. (2021): „Literaturanalyse zur Determinierung des Bedarfs an Erfahrungswissen für QM-Methoden", in: B. Leyendecker: *Qualitätsmanagement in den 20er Jahren – Trends und Perspektiven*, S. 84–99. Berlin, Heidelberg: Springer Verlag.

Ruddy, T. (2000): „Taking Knowledge from heads and putting it into hands", in: *Knowledge and Process Management*, 7(1), S. 37–40.

Šárka, H. (2014): „Tools of Internal Communication from Knowledge Transfer Perspective", in: *Journal of Competitiveness*, 6(4), S. 50–62.

Schilcher, C. (2006): *Implizite Dimensionen des Wissens und ihre Bedeutung für betriebliches Wissensmanagement*. Darmstadt.

Scholz, C. & Stein, V. (2006): „Wissensrelevanz in der Humankapitalmessung", in: *CoPers Computer und Personal*, S. 30–32.

Turki, T. (2014): *Bedeutung von Erfahrungswissen in der Produktentwicklung und Ansätze zu dessen Evaluierung und Transfer am Beispiel studentischer Gruppen*. Karlsruhe.

Tzortzaki, A. M. & Mihiotis, A. (2014): „A Review of Knowledge Management Theory and Future Directions", in: *Knowledge and Process Management*, 21(1), S. 29–41.

Wennemer, J. (2013): *Entwicklung eines Wissenstransfermodells zur nachhaltigen Behebung von Qualitätsdefiziten im Produktentwicklungs- und Produktionsprozess*. Aachen: Shaker Verlag.

Zäh, M. F., Wiesbeck, M., Engstler, F., Friesdorf, F., Bannat, A. & Wallhoff, F. (2007): „Kognitive Assistenzsysteme in der manuellen Montage. Adaptive Montageführung mittels zustandsbasierter, umgebungsabhängiger Anweisungsgenerierung", in: *wt Werkstatttechnik online*, 79(9), S. 644–650.

Teil C – Zukünftige Entwicklung des Qualitätsmanagements

14 Datenbasierte Planung der Qualitätsorganisation

Falk Behmer

Nichts ist so beständig wie der Wandel (HERAKLIT). Um fortlaufend anforderungsgerechte Produkte und Dienstleistungen anbieten zu können, müssen Unternehmen daher ihre qualitätsgerichteten Prozesse, Organisationsstrukturen und Instrumente – kurze die Qualitätsorganisation – an den Wandel anpassen. Damit dieser Wandel geordnet im Rahmen eines systematischen Gestaltungsprozesses abläuft, bedarf es einer vorausschauenden Planung. Für eine effektive Durchführung stehen heute eine Vielzahl an Qualitätssensoren und Datenpunkten zur Verfügung, die von wettbewerbsstarken Unternehmen bereits gezielt genutzt werden.

In diesem Kapitel erfahren Sie mehr über:

- Herausforderungen im Zusammenhang mit der Planung der Qualitätsorganisation
- Eine datengetriebene Methode, die auf die Planung der Qualitätsorganisation abgestimmt ist
- Potenzielle Quellen sowie exemplarische Daten für die Verwendung im Planungsprozess

14.1 Herausforderungen bei der Planung der Qualitätsorganisation

Das Schaffen idealer organisatorischer Rahmenbedingungen für die Umsetzung geplanter Qualität ist eine elementare Managementaufgabe: So hebt die DIN EN ISO 9004, die einen Leitfaden für den nachhaltigen Erfolg einer Organisation darstellt, bereits seit 2015 die Erfordernis einer adäquaten Organisationsplanung ausdrücklich hervor (vgl. International Organization for Standardization 2018). Die Planung der Qualitätsorganisation (Q-Org.) ist kritisch für den nachhaltigen Unternehmenserfolg (Bild 14.1).

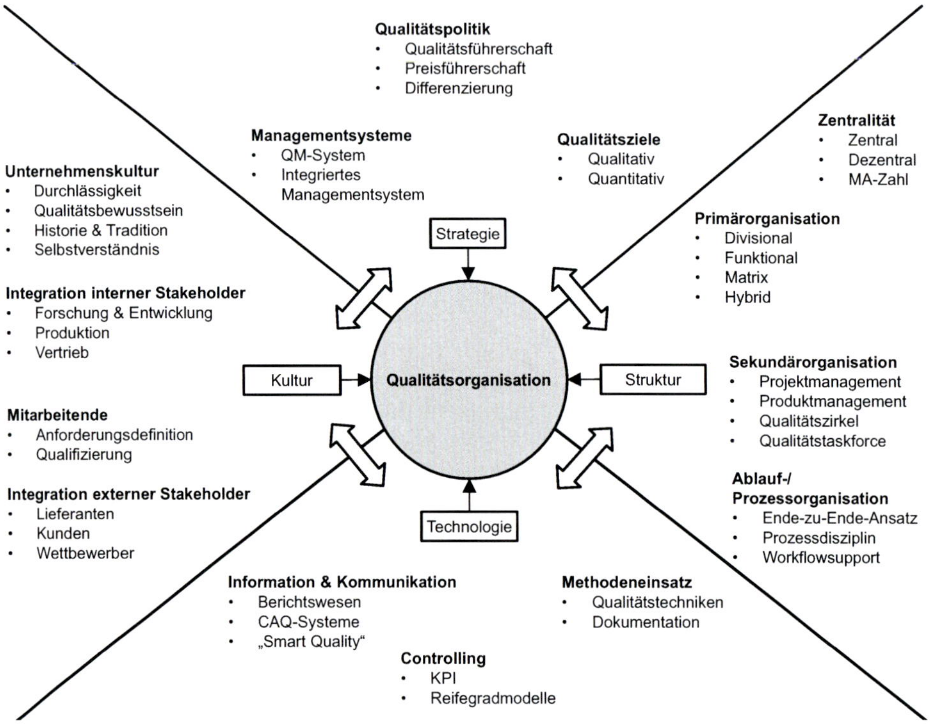

Bild 14.1 Merkmalsbeispiele für die holistische Planung der Qualitätsorganisation (Behmer 2018, S. 34)

Organisatorische Gestaltungsempfehlungen der einschlägigen Normenreihen sowie der zahlreich am Markt verfügbaren Fachbücher sind mit Blick auf eine universelle Anwendbarkeit jedoch generisch formuliert und erlauben keine direkte Übertragbarkeit. Die Umsetzung bedarf stets der Berücksichtigung des unternehmerischen Kontexts und eben hier fehlt es oft an geeigneten Anhaltspunkten (vgl. Schmitt et al. 2014, S. 52).

Im unternehmerischen Alltag führt auch dieser Umstand dazu, dass qualitätsbetreffende Strategien häufig in blumigen Worten beschrieben, die organisatorischen Voraussetzungen zur Umsetzung der postulierten Ziele aber nicht geschaffen werden. Die Gründe dafür sind vielfältig: einseitige Fokussierung auf einzelne Unternehmensaspekte, fehlende Abstimmung mit angrenzenden Fachbereichen oder auch mangelnde Ressourcenausstattung – um nur eine Auswahl zu nennen. Die Konsequenz kann plakativ als organisatorische Lücke beschrieben werden (vgl. Vahs 2015, S. 597), ein Auseinanderklaffen von Ambition und Umsetzungsvermögen (Bild 14.2).

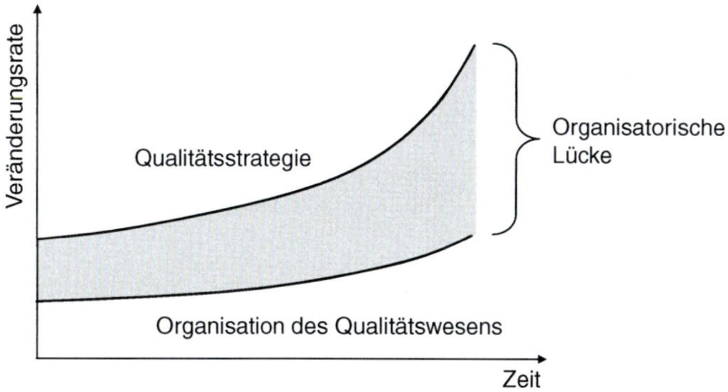

Bild 14.2 Organisatorische Lücke nach Vahs, übertragen auf das Qualitätsmanagement (Behmer 2018, S. 3)

Eine geeignete Planungsmethode muss in der Lage sein, das Entstehen dieser organisatorischen Lücke zu verhindern. Folgende Anforderungen können dafür zusammengefasst werden (vgl. Behmer 2018, S. 42 ff.):

- Berücksichtigung des engen Zusammenspiels mit anderen Unternehmensbereichen – Qualitätsmanagement ist eine Querschnittsdisziplin
- Systematische Identifikation von zukünftigen Anforderungen an die Qualitätsorganisation
- Eingrenzung von qualitätsbezogenen Entwicklungsfeldern
- Ableiten von Maßnahmen und deren Priorisierung nach angemessenen Kriterien
- Schaffung von Transparenz und Übersicht zur Verbesserung der Kommunikation und Sichtbarkeit im Unternehmen

14.2 Methode zur datengetriebenen Planung der Qualitätsorganisation

Für eine anforderungsgerechte Planung der Qualitätsorganisation wird nachfolgend eine aus sechs Phasenabschnitten bestehende Methode vorgestellt (Behmer 2018, S. 79 ff.) (Bild 14.3).

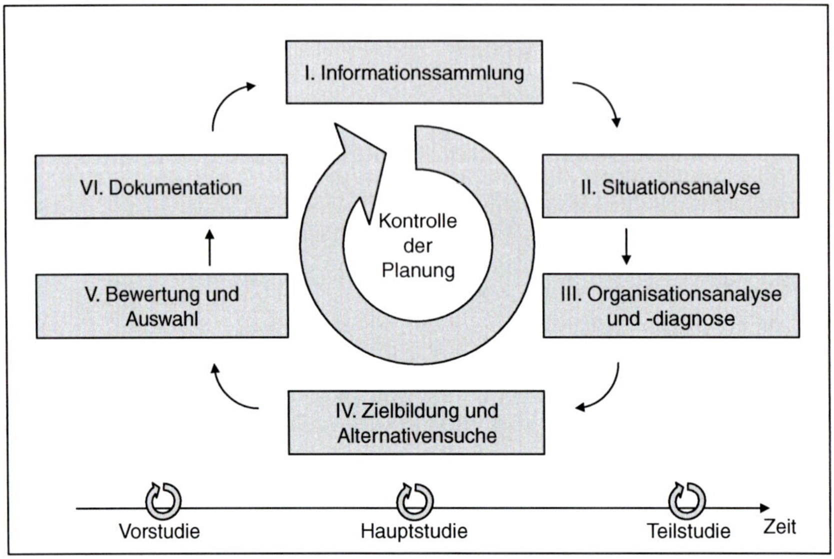

Bild 14.3 Vorgehensmodell der Planungsmethode (Behmer 2018, S. 80, angelehnt an Vahs 2015)

Phase I umfasst die systematische Erfassung aller für die Organisationsplanung relevanten Informationen. Dies schließt vor allem Kontextinformationen zur Gesamtstrategie sowie zum Umfeld und zu bestehenden Abhängigkeiten ein.

In *Phase II* erfolgt im Zuge der Situationsanalyse die Definition organisatorischer Anforderungen und die Ermittlung der gegenwärtigen Stärken und Schwächen, basierend auf den zuvor gesammelten Daten.

Phase III widmet sich der detaillierten Ausarbeitung der aktuellen Entwicklungspotenziale innerhalb der Organisation sowie der internen und externen Beziehungen. Ferner werden die kritischen Erfolgsfaktoren identifiziert und die sie unterstützenden organisatorischen Merkmale festgestellt.

Phase IV beinhaltet die Festlegung von Entwicklungszielen und die Identifikation adäquater Handlungsoptionen, um diese Ziele zu erreichen. Die generierten Ideen werden nach spezifischen Kriterien bewertet und in Phase V für die Umsetzung ausgewählt.

Die finale *Phase VI* dokumentiert die ausgewählten Handlungsbereiche, wodurch der fundamentale Plan für die Entwicklung der Qualitätsorganisation, im Einklang mit der übergeordneten Strategie, entsteht. Dieser Plan bildet die Basis für die weiterführende Ausarbeitung und dient als Referenz, um den Fortschritt der Organisationsentwicklung zu überwachen.

Die vorgestellten sechs Abschnitte des Vorgehens sind für eine systematische Bearbeitung jeweils durch geeignete Methoden unterlegt. Diese wurden basierend auf den eingangs zusammengefassten Anforderungen ausgewählt (vgl. Behmer & Jochem 2016).

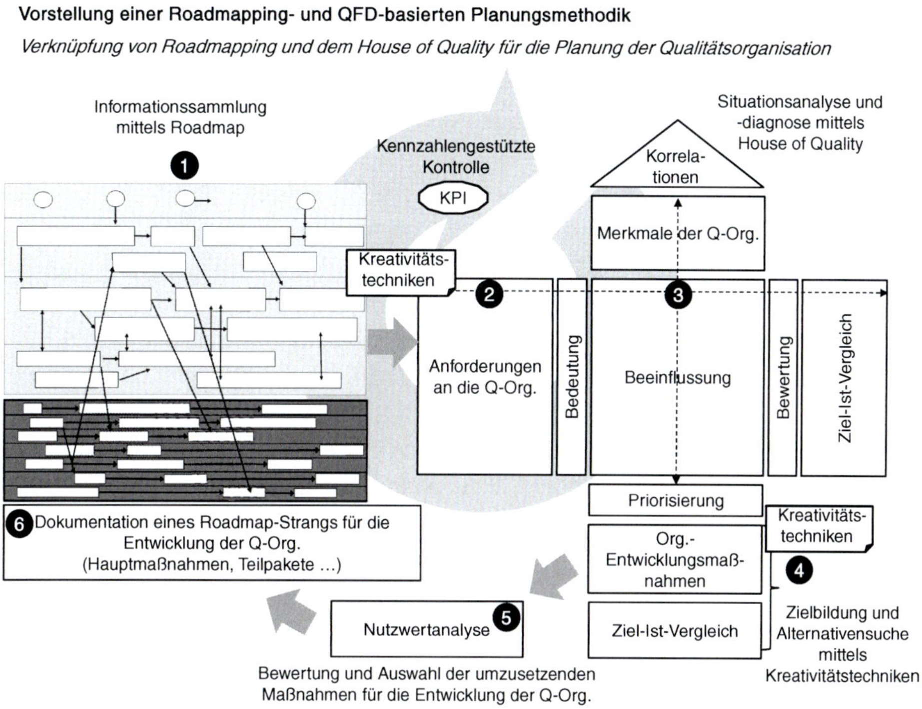

Bild 14.4 Schematischer Ablauf der Planung inkl. ausgewählter Qualitätsmethoden (Behmer 2018, S. 99)

Bild 14.4 zeigt den schematischen Ablauf der Planung inkl. der gewählten Methoden. Die Inhalte werden nachfolgend zusammengefasst beschrieben (vgl. Behmer & Jochem 2019, S. 683 f.):

Phase I: Das Produkt- und Technologie-Roadmapping, eine etablierte Methode zur Förderung der strategischen und langfristigen Planung, wird in dieser Phase genutzt, um einen Überblick über zukünftige Ereignisse zu erhalten, die die benötigten Kompetenzen der Qualitätsorganisation beeinflussen könnten. Die Zusammenhänge zwischen diesen Ereignissen werden visuell durch Pfeile dargestellt.

Phase II: Die in der Roadmap erfassten Kontextinformationen bilden die Basis für die Festlegung der Anforderungen an die Qualitätsorganisation. Diese Anforderungen werden in die linke Spalte des House of Quality (HoQ) eingetragen und priorisiert. (Diese Matrix ist eine aus dem Quality Function Deployment im Qualitätsmanagement verbreitete Darstellungsform.) Der aktuelle Erfüllungsgrad der Anforderungen wird bewertet, gefolgt von der Festlegung der Zielwerte für das Ende des Planungszeitraums in der rechten Spalte.

Phase III: Die relevanten Merkmale der Q-Org werden in der obersten Zeile des HoQ aufgeführt. Die Beziehungen zwischen den Anforderungen und den ausgewählten Merkmalen sowie zwischen den Merkmalen selbst werden analysiert.

Phase IV: Die Ausrichtung für die Optimierung der Q-Org.-Merkmale wird bestimmt (Minimierung vs. Maximierung). Im unteren Bereich des HoQ werden die wichtigsten Merkmale anhand des Produkts aus Korrelation und Gewichtung der Anforderungen identifiziert. Jedes Merkmal wird durch spezifische Organisationsentwicklungsmaßnahmen, die die Optimierungsrichtung berücksichtigen, konkretisiert. Es wird überprüft, in welchem Umfang diese Maßnahmen bereits umgesetzt sind und welches Zielniveau am Ende des Planungszeitraums erreicht werden soll.

Phase V: Für die Nutzwertanalyse werden Bewertungskriterien festgelegt und gewichtet. Die in Phase IV definierten Entwicklungsmaßnahmen werden bewertet. Das abschließende Ranking berücksichtigt sowohl die Position im HoQ als auch die Bewertung nach den Nutzenkriterien. Dieses Ranking dient als Entscheidungsgrundlage für die Auswahl der umzusetzenden Maßnahmen.

Phase VI: Die ausgewählten Maßnahmen werden mit konkreten Aktionspunkten versehen, deren Detaillierungsgrad dem Planungskontext angepasst ist. Jeder Aktionspunkt wird mit einem Start- und Enddatum versehen und in die Roadmap integriert. Die Implementierung der Entwicklungsmaßnahmen für die Qualitätsorganisation und deren Erfolg müssen kontinuierlich überwacht werden. Qualitätsbezogene Leistungsindikatoren (KPIs) können diesen Prozess systematisch unterstützen.

Die hier dargestellte Planungsmethode wurde für eine Pilotierung in eine webbasierte Anwendung überführt. Vorteile dieser Webapplikation liegen in einer plattformunabhängigen Anwendbarkeit und einfachen Bedienung mittels GUI (Graphical User Interface). Eine händische Umsetzung mittels herkömmlichem Workshopmaterial (Anwendung physisch, vor Ort) oder mittels verbreiteter Office-Programme (Anwendung digital, virtuell/hybrid) ist jedoch mit entsprechender Vorbereitung problemlos möglich.

14.3 Daten als Eingangsgröße der Planung

Für die Entwicklung eines Konzepts für die Gewinnung und Nutzung geeigneter Daten für die eingeführte Planungsmethode soll der Begriff der „Qualitätssensoren" in einen breiteren Kontext gestellt werden. Diese internen oder externen Sensoren stellen Daten bereit, die im Rahmen des Planungsprozesses in organisatorische Anforderungen überführt werden können. Dies bildet die Grundlage für die Ableitung konkreter Organisationscharakteristika und die Operationalisierung in Form von Entwicklungsmaßnahmen. Gleichzeitig können diese Sensoren auch Informationen über Unzulänglichkeiten der Organisation in Form von Qualitätsabweichungen liefern.

Elementar für diese Sensoren ist die Anknüpfung zu angrenzenden Unternehmensbereichen, denn Qualitätsmanagement ist eine Querschnittsdisziplin. Eine sinnvolle

Planung kann daher nur unter Berücksichtigung aller wesentlichen Einflussgrößen durchgeführt werden. Dies spiegelt sich in der nachfolgend aufgeführten Auswahl potenzieller Sensoren wider:

Interne Sensoren (Auswahl):

a) Technologie- und Produktplanung

b) Standortplanung

c) Qualitätspolitik und -strategie

d) Feldbeobachtung

e) Mitarbeiterbefragungen

Externe Sensoren (Auswahl):

f) Benchmarks mit Wettbewerbern

g) Aktuelle Kunden

h) Potenzielle Kunden

i) Kapitalmarkt

Der hauptsächliche Einsatzzeitpunkt der aus diesen Sensoren gewonnenen Daten im Rahmen der vorgestellten Planungsmethode ist in Tabelle 14.1 dargestellt.

Tabelle 14.1 Nutzung der Qualitätssensoren entlang der Planungsphasen

I. Informationsgewinnung	II. Situationsanalyse	III. Organisationsanalyse und -diagnose	IV. Zielbildung und Alternativensuche	V. Bewertung und Auswahl	VI. Dokumentation
a, b, d, e	b, c, e,i	c, d, e, f, g, h,	c, d, e, f, h, i	c, e, g, h, i	a, c

a) Für die internen Sensoren berücksichtigt die Technologie- und Produktplanung (Roadmapping) die Entwicklung des Unternehmens oder einzelner Organisationseinheiten im Zusammenhang mit der Entwicklung des relevanten Umfelds. Im Mittelpunkt stehen das geplante Leistungsangebot und die dafür erforderlichen Technologien (vgl. Piller & Appelhoff 2013, S. 150).

   Für die Planung der Qualitätsorganisation kann dieser Sensor insbesondere folgende Daten liefern:

   - Erwartete Zeitpunkte des Einsatzes neuer Technologien
   - Einführungszeitpunkte neuer Produkte und Dienstleistungen
   - Entwicklung des organisatorischen Rahmens, z. B. Regulatorik

b) Die Standortplanung muss für eine effektive organisatorische Anbindung der Qualitätseinheiten frühzeitig berücksichtigt werden. Gerade auf die Zertifizierungsstrategie und sowie die Gestaltung qualitätsgerichteter Prozesse ist diese ein wichtiger Faktor:

- Art neuer, qualitätsabzusichernde Standorte (Neugründungen (Greenfield) oder Bestehende (Brownfield))
- Erforderlicher Zertifizierungsstandard
- Aktuelle Prozessreife

c) Die Qualitätspolitik und -strategie bilden das Fundament der Qualitätsorganisation, da diese einen bindenden Handlungsrahmen festlegen. Die Politik beschreibt mittels einer zukunftsbezogenen Vision und einer gegenwartsbezogenen Mission qualitätsbezogene Leitbilder. Die Qualitätsstrategie hingegen legt langfristige Ziele fest, um die formulierte Vision zu erreichen. (vgl. Schmitt & Pfeiffer 2010, S. 57)

Aus Planungssicht sind insbesondere folgende Datenpunkte relevant:

- Visionsbild als übergeordnete Entwicklungsrichtung der Qualitätsorganisation
- Im Rahmen der Strategie festgelegte und idealerweise messbare Qualitätsziele
- Übersicht der zu beteiligenden Interessenspartner im Planungsprozess

d) Die Sammlung und Auswertung von Felddaten ermöglichen die Rückkopplung von Verbrauchern zu dem Hersteller. Ein dazu geeignetes System greift primär auf Daten bzgl. Gewährleistungen, Informationen des Service-Bereichs zurück. Aus rechtlicher Sicht sind Hersteller verpflichtet, das Verhalten von in Verkehr gebrachten Produkten aktiv zu beobachten und bei erkennbaren Risiken Gegenmaßnahmen einzuleiten (vgl. Schmitt & Pfeiffer 2010, S. 258 f.). In diesem Kontext einzubeziehen sind in jedem Fall auch die Kundenbetreuungs- und Servicemitarbeiter.

So gesammelte und ausgewertete Daten sind auch für die Planung der Qualitätsorganisation relevant:

- Erfüllungsgrad von Qualitäts- und Zuverlässigkeitsanforderungen
- Anhaltspunkte bzgl. zusätzlich erforderlicher oder auch obsoleter Absicherungsmaßnahmen
- Daten bzgl. der Effektivität umgesetzter organisatorischer Entwicklungsmaßnahmen

e) Durch Mitarbeiterbefragungen lassen sich die übergeordnete Einstellung in Bezug auf Qualitätsthemen und ebenso Rückmeldungen zu relevanten Detailthemen erfassen. Da die Qualifikation und Einstellung der Mitarbeitenden ein kritischer Faktor bei der Umsetzung qualitätsbezogener Organisationsmaßnahmen sind, verdient dieser Sensor im Kontext der Planung eine besondere Aufmerksamkeit:

- Akzeptanz definierter Qualitätsprozesse
- Verständnis von Qualitätsvision und -politik
- Verbesserungspotenziale

f) Durch den Vergleich mit Unternehmen der eigenen oder auch fremden Branchen (Benchmark) anhand konkreter qualitätsbezogener Kennzahlen (z. B. Q-Kosten/Umsatz, Q-Mitarbeiterzahl, Ausschussquoten etc.) können überlegene Prozessabläufe und Organisationsansätze identifiziert und Anhaltspunkte für die Entwicklung der vergleichenden Organisation gesammelt werden. Dazu gehören auch „weiche" Faktoren wie das Schaffen einer qualitätsorientierten Unternehmenskultur.

Aus Benchmarks können damit für die Planung der Qualitätsorganisation insbesondere folgende Daten genutzt werden:

- Werte der qualitätsbezogenen KPI führender Wettbewerber als Orientierung für die Entwicklung der eigenen Organisation
- Übernahme von Gestaltungsmerkmalen von als überlegen befundenen Prozessen (inkl. Qualitätsmethoden) oder der Aufbauorganisation
- Einsatz von technischen Ansätzen im Kontext von „Smart Quality" (vor allem Big Data und KI-gestützte Qualitätsmethoden)

g) Der bestehende Kundenstamm kann als wertvollste Datenquelle angesehen werden: Vertrautheit mit dem Leistungsangebot der Organisation, Erfahrung mit den kundengerichteten Prozessen sowie die unmittelbare Aussagefähigkeit bzgl. der Anforderungen („Voice of the Customer") machen Kunden zu einer unverzichtbaren Datenquelle.

Für die Planung der Entwicklung der Qualitätsorganisation lassen sich kundenseitig insbesondere folgende Daten abgreifen:

- Erwartungshaltung gegenüber kundengerichteten Prozessen sowie Zufriedenheit mit diesen
- Anforderungen vor allem auch gegenüber dem Leistungsangebot, die es über entsprechende Q-Strukturen und Prozesse abzusichern gilt
- Konkrete Verbesserungsvorschläge basierend auf Erfahrungswerten

h) Potenzielle, zukünftige Kunden sind deshalb ein relevanter externer Sensor, der wertvolle Daten für die Planung liefern kann, weil diese Gruppe oftmals Anforderungen stellt, die das Unternehmen in der Vergangenheit noch nicht erfüllen, überzeugend kommunizieren oder gegen den Wettbewerb vertreten konnte. Somit können an dieser Stelle Daten für die zielgerichtete Entwicklung der Qualitätsorganisation gewonnen werden:

- Informationen bzgl. bisher unzureichender Anforderungserfüllung (qualitätsbezogen) bei potenziellen Kunden

- Konkrete Hinweise zu organisatorischen Entwicklungspotenzialen, bspw. auf Basis von Kundenentscheidungen für Wettbewerber in der Vergangenheit
- Neue Anforderungen an die Q-Organisation (z. B. spezielle Zertifizierungen oder Umsetzung von Anforderungen aus Qualitätssicherungsvereinbarungen)

i) Auch der Kapitalmarkt kann mit Blick auf die Planung und Entwicklung der Qualitätsorganisation einen guten Sensor darstellen. Studien haben gezeigt, dass Firmen mit einem effektiven Total Quality Management langfristig höhere Kurssteigerungen erzielen als solche ohne ein entsprechendes QM-System (Hendricks & Singhal 2001, S. 359 ff.). Neben der positiven Entfaltung eines effektiven QMs innerhalb des Unternehmens kann nach außen durch entsprechende Zertifizierungen oder auch den Gewinn von Qualitätspreisen (z. B. dem japanischen Deming-Preis, dem Malcolm Baldrige National Quality Award der USA oder auch dem China Quality Award) ein sichtbares Signal an Aktionäre gesendet werden, dass qualitätsorientierte Prozesse und Strukturen in der Organisation verankert sind. Anteilseigner und Analysten liefern wiederum für die Planung relevante Daten:

- Rückmeldung bzgl. der externen Wahrnehmung (Qualität spielt nach wie vor eine Schlüsselrolle für die Wettbewerbsfähigkeit und damit die Bewertung am Kapitalmarkt)
- Anforderungen bzgl. Berichterstattung und Ausweis von Kennzahlen
- Kursentwicklung kann Argumentation der Wirksamkeit von Entwicklungsmaßnahmen der Qualitätsorganisation unterstützen (oder auch auf Entwicklungspotenziale hinweisen).

> Eine Organisationsplanung liefert stets nur Ergebnisse entsprechend der Güte ihrer Eingaben. Dazu wurden in diesem Abschnitt unterschiedliche interne und externe Qualitätssensoren exemplarisch vorgestellt, die Daten für die einzelnen Schritte der eingeführten Planungsmethode liefern können.
>
> Verfahren zur Analyse großer Datenmengen (Data Analytics) im Zusammenspiel mit KI-gestützten Methoden zur konzeptionellen Lösungsfindung können auch die Planung der Qualitätsorganisation zukünftig effizienter machen und eine bessere Nachverfolgbarkeit der Wirksamkeit organisatorischer Entwicklungsmaßnahmen in diesem Bereich ermöglichen.

Literatur

Behmer, F. J. (2018): *Ganzheitliche Planung der Qualitätsorganisation in produzierenden Unternehmen*, Fraunhofer Verlag.

Behmer, F. J. & Jochem, R. (2019): „Organizational planning for quality management in the digital age", in: *Business Process Management Journal*, Vol. 26, No. 3, S.679 – 693.

Behmer, F. & Jochem, R. (2016): „Planning the Quality Management Organization: Development of a Roadmapping oriented QFD Approach", in: International Conference on Quality Engineering and Management (Hrsg.): *Proceedings book of the 2nd International Conference on Quality Engineering and Management*. 1. Auflage. Guimarães, Portugal. International Conference on Quality Engineering and Management.

Hendricks, V. R. & Singhal (2001): „The Long-Run Stock Price Performance of Firms with Effective TQM Programs", in: *Management Science*, Vol 47, No. 3, S. 359 – 368.

International Organization for Standardization (2009): *DIN EN ISO 9004: Leiten und Lenken für den nachhaltigen Erfolg einer Organisation – Ein Qualitätsmanagementansatz (ISO 9004:2009)*, Dreisprachige Fassung EN ISO 9004:2009. Berlin, Beuth Verlag.

Piller, F. T. & Appelhoff, D. (Hrsg.) (2013): *Praxishandbuch Technologietransfer: Innovative Methoden zum Transfer wissenschaftlicher Ergebnisse in die industrielle Anwendung*. 1. Auflage. Düsseldorf, Symposion Publishing.

Schmitt, R., Pfeifer, T. & Beaujean, P. (2014): „Qualitätsgerechte Organisationsstrukturen", in: Pfeifer, T. & Schmitt, R.(Hrsg.): *Masing Handbuch Qualitätsmanagement*. 6. Auflage. München, Wien, Hanser Verlag, S. 52 – 65.

Schmitt, R. & Pfeifer, T. (2010): *Qualitätsmanagement: Strategien, Methoden, Techniken*. 4., überarbeitete Auflage, München, Hanser Verlag.

Vahs, D. (2015): *Organisation: Ein Lehr- und Managementbuch*. 9. Auflage. Stuttgart, Schäffer-Poeschel Verlag.

15 Synergien im Produktentstehungsprozess

Michael Dunst

Einleitung

Wie viel Integration und Interdisziplinarität (v)erträgt ein erfolgreicher Produktentstehungsprozess (PEP), der sowohl durch eine hohe Entwicklungsgeschwindigkeit als auch durch eine hohe Neuproduktqualität gekennzeichnet ist? Sehr viel, wie die deutschlandweite IQS-Studie des Instituts für Change Management und Innovation (CMI) der Hochschule Esslingen und dem Fachgebiet Qualitätswissenschaften der Technischen Universität Berlin aufzeigt. Die interdisziplinäre Zusammenarbeit zwischen der Innovations- und der Qualitätsfunktion im PEP birgt einige vielversprechende Vorteile, auf die kein Unternehmen verzichten sollte.

In diesem Kapitel erfahren Sie mehr über:

- Die Notwendigkeit zu mehr Zusammenarbeit im Produktentstehungsprozess
- Wesentliche Studienergebnisse und Erkenntnisse für die Unternehmenspraxis
- Wie Synergien systematisch ausgebaut und gefördert werden können

15.1 Die Notwendigkeit zu mehr Zusammenarbeit im Produktentstehungsprozess

15.1.1 Potenziale in einer gemeinsamen Zusammenarbeit im PEP

Sowohl Innovation als auch Qualität sind für deutsche Unternehmen entscheidende Erfolgsfaktoren. Aufgrund des steigenden Wettbewerbsdrucks und der schnell wachsenden Märkte muss der Innovationsprozess immer effizienter gestaltet werden, um die Markteinführungszeit für neue Produkte und Geschäftsmodelle bei gleichzeitig hoher Leistungsqualität zu verkürzen. Es gibt wohl kein Unternehmen, das nicht auf die beiden Erfolgsfaktoren Innovation und Qualität setzt. Im Zusammenwirken der Innovations- und der Qualitätsfunktion entwickelt sich jedoch zunehmend ein Spannungsfeld zwischen einer schnellen Markteinführung innovativer Produkte und einem hohen Qualitätsanspruch. Die IQS-Studie verfolgte deshalb die Frage, welche Einflussfaktoren einen positiven Effekt auf die Zusammenarbeit der beiden Funktionsbereiche ausüben und wie sich eine intensive Kollaboration der Innovations- und der Qualitätsfunktion auf die Performance neuer Produkte auswirkt. Die Ergebnisse der empirischen Forschung und abgeleiteten Modelle machen auf die Relevanz eines leistungsfähigen Produktentstehungsprozesses unter Einbindung des Qualitätsmanagements aufmerksam und heben die Bedeutung einer erfolgreichen Zusammenarbeit der beiden Funktionsbereiche hervor. Der Erfolg einer Produktneuentwicklung hängt naturgemäß von zahlreichen Faktoren ab. Die aktuelle IQS-Studie gibt Hinweis darauf, dass dem gemeinsamen Qualitätsverständnis während des Produktentstehungsprozesses (PEP) eine besondere Bedeutung zukommt. In der Zusammenarbeit zwischen den an der Produktentwicklung beteiligten Funktionsbereichen Innovations- und Qualitätsmanagement liegen große Potenziale zur Steigerung der Neuproduktperformance, die es unbedingt zu verstehen und zu nutzen gilt (Dunst 2023).

15.1.2 Untrennbar: Innovations- und Qualitätsfunktion im Produktenstehungsprozess

Das Streben nach Gründlichkeit und Perfektion, verbunden mit Ideenreichtum und Erfindergeist bilden gemeinsam die Grundpfeiler für den internationalen Erfolg deutscher Unternehmen (Staufen 2018). Im Zusammenspiel dieser beiden Disziplinen entstehen seit Jahrzehnten Produkte, die hinsichtlich ihrer Qualität und zugleich auch ihrer Neuartigkeit einzigartig sind. So konnten sich deutsche Unternehmen unter dem Qualitätssiegel „Made in Germany“ international überaus erfolgreich platzieren und in vielen Segmenten die Weltmarktspitze anführen (DGQ 2015). Innovationen sind aber nicht nur ein wichtiger Wettbewerbsfaktor für Unternehmen – Innovationen schaffen und sichern auch den Wohlstand ganzer Nationen. So ist es kaum verwunderlich, dass sich die Forschung seit vielen Jahren intensiv und ungebrochen mit der Entstehung von innovativen Produkten, Dienstleistungen oder Geschäftsmodellen auseinandersetzt. Joseph Alois Schumpeter beschreibt den Innovationsbegriff recht einfach mit einer schöpferischen Zerstörung, welche alte Strukturen auflöst, um neue zu erschaffen (Stögner 2011) (Schumpeter 2020). In einer immer komplexeren und dynamischeren Welt erscheint die Beschreibung des Vaters der Innovation fast schon etwas zu einfach.

In heutigen Unternehmen hat die systematische und geplante Weiter- und Neuentwicklung von Produkten Einzug gehalten und findet sich im Produktentstehungsprozess (PEP) wieder. In diesen Prozessbeschreibungen wird der kreative Moment des Erfindens in kleinteilige Arbeitsschritte und Arbeitspakete unterteilt. Ziel der Unternehmen ist es, die knappen Entwicklungsressourcen möglichst gewinnbringend einzusetzen und von Beginn an die richtigen Produkte voranzutreiben, die einen hohen Markterfolg versprechen (Feldhusen & Grote 2013).

Im Fokus steht dabei der Kundennutzen, der über den gesamten Entwicklungsprozess hinweg berücksichtigt werden sollte. Kunden erwarten ständige Verbesserungen und Innovationen, einhergehend mit der gewohnten exzellenten Qualität. Auch der internationale Wettbewerbsdruck verstärkt den Innovationsanspruch und die Abgrenzung über eine hohe Produktqualität. Unternehmen stehen damit vor der Herausforderung, zum einen innovative Produkte immer schneller zur Marktreife zu führen und auf der anderen Seite, den hohen externen wie auch intern auferlegten Qualitätsansprüchen gerecht zu werden (Geschka et al. 2013). Hier entsteht ein Spannungsfeld, das Unternehmen zu neuen Methoden und zu neuen Wegen in der Produktentwicklung zwingt.

Henry Ford sagte einst: **„Der größte Feind der Qualität ist die Eile."** Mit diesem Ausspruch hatte er nicht unrecht. Viele Fehler auch im Produktentstehungsprozess entstehen nicht zuletzt aufgrund von hohem Zeitdruck und überhasteten Entscheidungen und Forderungen.

Doch der hohe Wettbewerbsdruck macht es mittlerweile zu einer kompromisslosen Notwendigkeit, Entwicklungszeiten zu verkürzen und Produkte möglichst schnell zur Marktreife zu bringen. Abhängig von der Branche kann dieser Druck unterschiedlich stark ausgeprägt sein und für enorme Herausforderungen sorgen. Für Unternehmen bedeutet dies, den Produktentstehungsprozess so zu gestalten, dass beide Anforderungen erfüllt werden.

Herausforderung

Die entscheidende Frage ist: „Wie schaffen es Unternehmen, systematisch die beiden Erfolgsfaktoren sinnvoll miteinander zu vereinen?"

Eine erfolgsversprechende Möglichkeit besteht in der Nutzung von Synergiepotenzialen basierend auf einer engen Zusammenarbeit zwischen der Innovations- und der Qualitätsfunktion während der Entwicklung neuer Produkte. Jüngste Studien weisen darauf hin, dass die Neuproduktperformance wesentlich durch die Neuproduktgeschwindigkeit und die Neuproduktqualität bestimmt wird (Wu et al. 2020). Durch eine systematische Verzahnung der Funktionsbereiche Innovation und Qualität können Synergien freigesetzt werden, die die Neuproduktperformance signifikant zu steigern vermögen (Bourke & Roper 2017). Deutsche Unternehmen verstehen sich auf beide Disziplinen, getrennt voneinander betrachtet, sehr gut.

15.1.3 Unternehmen im Spannungsfeld

Deutsche Unternehmen investieren stark in Forschung und Entwicklung – die Schornsteine der Denkfabriken rauchen auf Hochtouren. Aktuelle Daten des Statistischen Bundesamtes belegen, dass Unternehmen nie zuvor mehr Geld für Innovationen ausgegeben haben (Statistisches Bundesamt 2023). Andererseits nehmen Qualitätsprobleme in der deutschen Wirtschaft ebenso rasant zu. Besonders im Automobilsektor kämpfen Unternehmen mit traurigen Rekorden in Sachen Rückrufaktionen (Pankow 2017). Innovation und Qualität sind jedoch ausschlaggebende Wettbewerbsfaktoren (Cauchick-Miguel 2007) (Anttila & Jussila 2018). Die gleichzeitige Erfüllung beider Anforderungen stellt für zahlreiche Unternehmen offensichtlich eine Herausforderung dar. Aufgrund des zunehmenden Wettbewerbsdrucks und der schnell wachsenden Märkte muss der Innovationsprozess immer effizienter gestaltet werden, um die Markteinführungszeit für neue Produkte und Geschäftsmodelle bei gleichzeitig hoher Leistungsqualität zu verkürzen. Dieses Spannungsfeld rückt verstärkt in den Fokus von Unternehmen (Morgan et al. 2001).

Ein funktionierendes Qualitätsmanagement galt lange Zeit als wesentlicher Faktor für einen nachhaltigen Unternehmenserfolg. Für viele Unternehmen ist ein umfassendes Qualitätsmanagement heute jedoch zu einem Standard geworden (Riillo 2014).

Gute Qualität allein reicht folglich nicht mehr aus, um sich vom Marktumfeld abzuheben (Prajogo & Ahmed 2007). Die schnelle Anpassung an Kundenanforderungen und ein erhöhter Wettbewerbsdruck bei einer immer komplexeren und variantenreicheren Produktlandschaft stellen Unternehmen vor große Herausforderungen (Jochem 2019). Die Fähigkeit zur schnellen Anpassung und Veränderung ist für Unternehmen existenzentscheidend (Calantone et al. 2014) (Santos-Vijande et al. 2016). Zur Steigerung der Wettbewerbsfähigkeit ist daher die Innovationsperformance deutlich stärker ins Blickfeld der Unternehmen und auch in den Fokus der empirischen Forschung gerückt (Escrig-Tena et al. 2018) (Blank & Naveh 2014) (Bourke & Roper 2017). Aber innovative Produkte allein sind nun mal auch kein Garant für einen nachhaltigen Unternehmenserfolg. Denn die Erfüllung von Qualitätsmerkmalen hat sich zu einem

Hygienefaktor entwickelt, der nicht außer Acht gelassen werden darf (Vahs & Dunst 2021). Unternehmen stehen somit immer öfter vor einem Balanceakt zwischen Kreativität, Geschwindigkeit und Perfektion. Genau an dieser Stelle geraten Unternehmen immer häufiger an die Grenzen ihrer organisationalen Leistungsfähigkeit. Neue Konzepte und Methoden in der Produktentwicklung, wie beispielsweise SCRUM, AGILE und Design Thinking, versuchen die Entwicklungsprozesse noch flexibler und damit auch schneller zu machen.

> *„Die klassischen Qualitätsmanagementansätze sind in und für Zeiten stabiler Prozessorganisationen entstanden. Innovationsmanagement und Qualitätsmanagement gelten als inkompatibel. In der Welt häufigerer, tiefer gehender und schneller um sich greifender Veränderung gilt es, die Balance zwischen notwendiger Stabilität und notwendiger Veränderung neu zu finden."*
>
> Sommerhoff 2021, S. 31

Der Wettlauf um die Zukunft hat nicht erst begonnen – er ist bereits in vollem Gange! Aufstrebende Unternehmen vor allem aus Fernost setzen längst nicht mehr nur auf die Neuproduktgeschwindigkeit und eine hohe Schlagzahl neuer Innovationen. Auch der Qualitätsgedanke rückt immer stärker in den Vordergrund ihrer Strategien. „Die ‚Made in China 2025'-Strategie formuliert es deutlich: Das Siegel soll nicht mehr für billige Massenware, sondern für Innovation und Effizienz auf Qualitätsniveau stehen" (DGQ 2017), kommentiert Christoph Pienkoß, Geschäftsführendes Vorstandsmitglied der Deutschen Gesellschaft für Qualität e. V. (DGQ), diese Herausforderung.

> *Innovation und Qualität sind mehr denn je die beiden Top-Erfolgsfaktoren deutscher Unternehmen im globalen Wettbewerb – „Wer sie harmonisiert und wirksam einsetzt, gewinnt das Spiel!"*
>
> Vahs & Dunst 2021, S. XIV

Es gibt wohl kein Unternehmen, das nicht auf die beiden Erfolgsfaktoren Innovation und Qualität setzt. Hierbei kommen vielseitige Managementkonzepte zum Einsatz, um diese beiden Erfolgsfaktoren zu stärken und kontinuierlich auszubauen. Ob TQM, ISO-Zertifizierung, Six Sigma, Kaizen, SCRUM, Agile Management oder Design Thinking; die Liste der Methoden, um Unternehmen zur „Business Excellence" zu führen, ist lang (vgl. Brown & Wyatt 2010). Im Zusammenwirken der Innovations- und der Qualitätsfunktion entwickelt sich damit zunehmend auch ein Spannungsfeld zwischen Ideenreichtum und Perfektion (Bild 15.1).

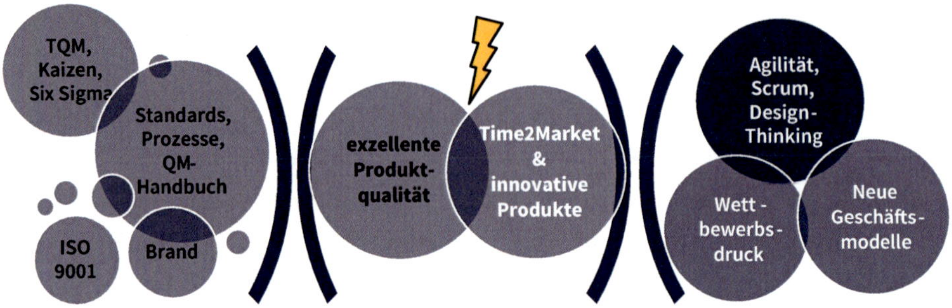

Bild 15.1 Spannungsfeld Innovation und Qualität (Quelle: Dunst 2023, S. 4)

Die IQS-Studie leistet genau hier einen Beitrag zur Untersuchung einer engeren Einbindung der Qualitätsfunktion in den Produktentstehungsprozess und liefert Hinweise auf deren Wirkung. In vielen Konzernen werden Synergien nicht genutzt. Der Grund: „Viele Führungskräfte haben ein verengtes Synergieverständnis und verfügen nicht über die notwendigen Kompetenzen" (Müller-Stewens & Brauer 2010). Aber gerade das Zusammenspiel der Innovations- und der Qualitätsfunktion ist ein entscheidender Erfolgsfaktor für die Leistungsfähigkeit von Neuprodukten. Robert Cooper und Elko Kleinschmidt stellen fest, dass Unternehmen mit einem „high-quality new product process" wesentlich erfolgreicher sind als andere und eine wirksame crossfunktionale Kooperation den Entwicklungsprozess positiv unterstützt (Voss 1994) (Cooper & Kleinschmidt 2007) (Calantone & Di Benedetto 2012). Die Anforderungen an den Produktentstehungsprozess (PEP) sind dabei klar: eine schnelle Entwicklung von qualitativ hochwertigen Produkten zu möglichst geringen Kosten (Cauchick-Miguel 2007) (Wang et al. 2017) (Wu et al. 2017).

15.2 Wesentliche Erkenntnisse und Ergebnisse für die Unternehmenspraxis

15.2.1 Gewinnbringende Zusammenarbeit zwischen Innovations- und der Qualitätsfunktion

Die IQS-Studie hat unter anderem untersucht, wie sich Unternehmen, die eine intensive Zusammenarbeit im PEP pflegen, von Unternehmen unterscheiden, die eben genau dies nicht tun. Die Ergebnisse belegen: Ein hohes Maß an Zusammenarbeit zwischen der Innovations- und der Qualitätsfunktion macht neue Produkte nicht nur qualitativ ausgereifter, sondern sie beschleunigt sogar noch den Entwicklungsprozess. Ein deutliches Unterscheidungsmerkmal zeigt sich auch im gemeinsamen Qualitätsverständnis. So ist zu beobachten, dass die Intensität der Zusammenarbeit beider

Funktionsbereiche stark positiv auf das gemeinsame Mindset in Sachen Qualitätsverständnis wirkt (Bild 15.2).

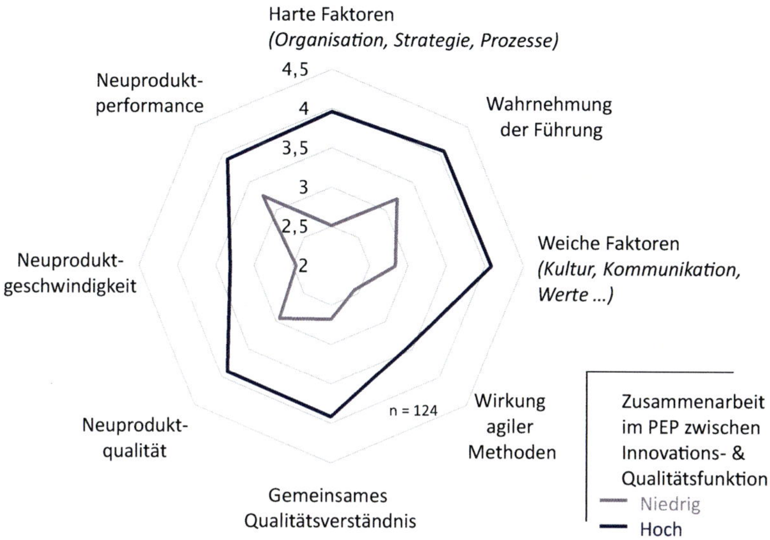

Bild 15.2 Netzdiagramm – Zusammenarbeit zahlt sich aus (Quelle: Dunst 2023, S. 156)

Unternehmen, in denen die beiden Bereiche nur wenig zusammenarbeiten, weisen hingegen starke Defizite im Bereich der Organisation, der Strategie und der Prozesse auf. Oftmals fehlt es diesen Unternehmen an einer interdisziplinär entwickelten Produktstrategie, einem Entwicklungsprozess mit klaren Quality-Gates oder einer gezielten Einbettung des Qualitätsmanagements in den PEP.

Durch die Implementierung von Quality-Gates werden Teams dazu angehalten, zusammenzuarbeiten, um sicherzustellen, dass alle Aspekte des Produkts die erforderlichen Standards erfüllen. Dies fördert die Kommunikation und Zusammenarbeit zwischen verschiedenen Teams, einschließlich Entwicklung, Qualitätssicherung, Design und anderen relevanten Bereichen.

15.2.2 Keine Überschätzung agiler Managementmethoden

Gleich vorweg die gute Nachricht: Der Einsatz von agilen Managementmethoden wirkt grundsätzlich positiv auf die Zusammenarbeit zwischen der Innovations- und der Qualitätsfunktion. Es gilt jedoch einiges zu berücksichtigen, wenn es darum geht, die Wirkung des Einsatzes agiler Methoden zu bewerten. Die statistische Auswertung belegt, dass agile Managementmethoden einen erheblichen Einfluss auf die Einbindung der Qualitätsfunktion in den Produktentstehungsprozess haben. In Unternehmen, in denen vorwiegend agile Managementmethoden zum Einsatz kommen, pflegt der Entwicklungsbereich eine deutlich intensivere Zusammenarbeit mit dem Qualitätsmanagement.

> „Agile Methoden bedeuten nicht immer automatisch besser oder schneller, aber dafür intensiver!"

Besonders stark fallen die Unterschiede hinsichtlich der frühzeitigeren Einbindung der Qualitätsfunktion in den PEP sowie der Regelmäßigkeit der Zusammenarbeit auf. Die statistische Auswertung gibt zudem Aufschluss darüber, dass der Umsetzungsgrad von agilen Methoden dabei eine sehr große Rolle zu spielen scheint. So treten die positiven Effekte vor allem in Unternehmen auf, die bereits eine sehr hohe Durchdringung mit agilen Methoden und einem agilen Mindset aufweisen. Eine Auswertung der Expertengespräche macht deutlich, dass agile Methoden in den meisten Fällen zwar die Zusammenarbeit verbessern, jedoch nicht immer direkt auch positive Effekte auf die Entwicklungszeit oder die Neuproduktqualität haben müssen (Bild 15.3). Der Einsatz agiler Methoden wird oftmals überschätzt, denn nicht allen Unternehmen gelingt es gleichermaßen, die Potenziale agiler Arbeitsweisen auch tatsächlich zu nutzen.

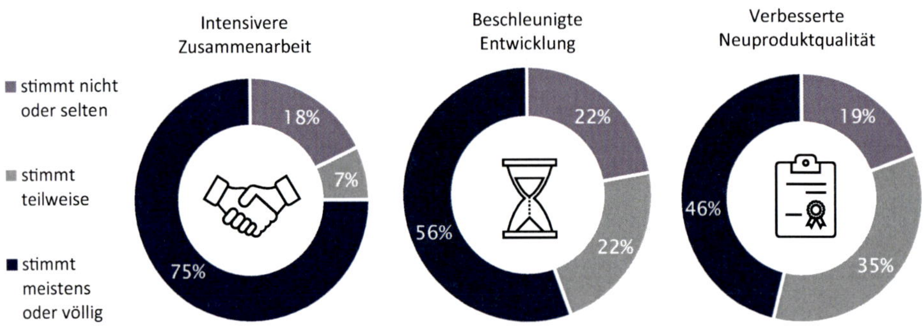

Bild 15.3 Agiles Arbeiten fördert die Zusammenarbeit (Quelle: Dunst et al. 2023, S. 35)

In Unternehmen, in denen jedoch bereits überwiegend agile Methoden zum Einsatz kommen, brachten Gespräche zum Ausdruck, dass agile Managementmethoden die Zusammenarbeit durch ihre betonte Flexibilität, Offenheit für Veränderungen und die enge Einbindung aller Teammitglieder fördern. In agilen Ansätzen, wie zum Beispiel Scrum oder Kanban, steht die regelmäßige Kommunikation im Vordergrund. Durch kurze, wiederkehrende Meetings wie Daily Stand-ups bleibt das Team stets informiert und kann Hindernisse unverzüglich angehen. Die iterative Natur agiler Methoden erlaubt es, schnell auf Feedback zu reagieren und Anpassungen vorzunehmen, was die Zusammenarbeit verbessert. Zudem wird eine kollaborative Arbeitsweise gefördert, indem die Verantwortung auf das gesamte Team verteilt wird. Agile Methoden schaffen eine Umgebung, in der Teammitglieder aktiv Ideen austauschen, das resultierende Teamgefühl trägt dazu bei, dass die Zusammenarbeit effektiver und zielgerichteter erfolgt.

15.2.3 Wirksames Qualitätsverständnis

In einer erweiterten Datenanalyse konnte mithilfe eines Strukturgleichungsmodells nachgewiesen werden, dass die Zusammenarbeit von Innovations- und Qualitätsfunktion positiv auf das gemeinsame Qualitätsverständnis wirkt. Ein gemeinsames Qualitätsverständnis im Produktentstehungsprozess wirkt im Strukturgleichungsmodell als wahrer „Booster" für die Qualität und die Geschwindigkeit von Neuproduktentwicklungen. Dies kann den hochsignifikanten Pfadkoeffizienten des Kausalmodells entnommen werden (Bild 15.4). Die Neuproduktqualität kann demzufolge durch die Weiterentwicklung des gemeinsamen Qualitätsverständnisses nachhaltig verbessert werden.

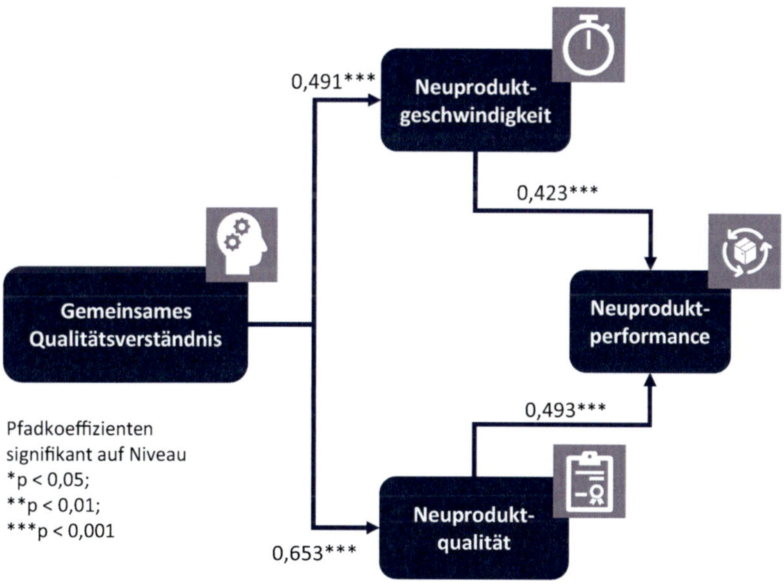

Bild 15.4 Kausalmodell – gemeinsames Qualitätsverständnis wirkt positiv (Quelle: Dunst et al. 2023, S. 37)

Besonders erfreulich ist auch die positive Wirkung eines übereinstimmenden Mindsets im Hinblick auf die Geschwindigkeit des PEP. Dies dürfte Argumente gegen eine stärkere Integration der Qualitätsfunktion in den PEP zugunsten der Entwicklungsgeschwindigkeit entkräften. Der höhere Abstimmungsaufwand wird durch die gemeinsame Zielabstimmung überkompensiert. Die Ergebnisse der Studie zeigen, dass vor allem Entscheidungen bei notwendigen Entwicklungsänderungen deutlich schneller getroffen werden können, wenn ein hohes Maß an Zusammenarbeit und ein gemeinsames Qualitätsverständnis vorherrschen. Dies kommt der Prozessgeschwindigkeit direkt zugute.

In Entwicklungsteams ist es daher essenziell, ein gemeinsames Qualitätsbewusstsein zu haben, da dies die Grundlage für eine effektive und erfolgreiche Zusammenarbeit bildet. Ein gemeinsames Ziel schafft Klarheit und Ausrichtung, indem es alle Teammitglieder auf einen gemeinsamen Zweck fokussiert. Dies fördert nicht nur die Motivation, sondern auch die Zusammengehörigkeit im Team. Durch ein gemeinsames Verständnis zur Neuproduktqualität werden individuelle Anstrengungen koordiniert und aufeinander abgestimmt. Jedes Teammitglied versteht, wie sein Beitrag zum Gesamterfolg beiträgt, was die Effizienz steigert und Redundanzen vermeidet. Zudem schafft es eine gemeinsame Sprache und einen gemeinsamen Bezugspunkt, was die Kommunikation innerhalb des Entwicklungsteams verbessert.

Darüber hinaus stärkt ein gemeinsames Qualitätsverständnis die Identifikation der Teammitglieder mit der Arbeit des Teams und fördert ein Gefühl der Zugehörigkeit. Dies wiederum erhöht die Bereitschaft zur Zusammenarbeit, zum Wissensaustausch und zur Unterstützung untereinander. Insgesamt tragen die Festlegung und Verfolgung des Qualitätsziels dazu bei, die Leistungsfähigkeit des Entwicklungsteams zu maximieren, und ermöglichen es dem Team, erfolgreich und effektiv gemeinsame Herausforderungen zu bewältigen. Die IQS-Studie belegt damit einmal mehr, wie sehr es auf die Quality-Awareness der Mitarbeitenden ankommt und wie wichtig dieser Faktor letztendlich für den Unternehmenserfolg ist.

15.2.4 Gründe für mangelnde Zusammenarbeit

Zusammenarbeit und ein daraus resultierendes Qualitätsverständnis und -bewusstsein zahlen sich also aus! Und dennoch werden die Potenziale einer intensiven und fruchtbaren Kooperation in der Unternehmenspraxis immer noch viel zu wenig ausgeschöpft, wie die Expertengespräche ergeben haben. In über der Hälfte der Unternehmen fehlt es an einer breiten Bereitschaft zur Zusammenarbeit der beiden Bereiche (Bild 15.5). Nur ein Drittel der Unternehmen spricht von einem ausgeprägten Willen zur „gemeinsamen Sache" im Produktentstehungsprozess. Betrachtet man den Zeitpunkt der Qualitätsbeteiligung, so binden lediglich 30 % der Unternehmen die Qualitätsfunktion bereits frühzeitig in den PEP ein. Die Unternehmen sehen zahlreiche Gründe für die späte Einbindung der Qualitätsfunktion: Es würde oftmals schlichtweg die nötige Zeit und Mitarbeiterkapazität fehlen, um sich von Beginn an im Produktentstehungsprozess zu engagieren. Teilweise würde die Qualitätsfunktion jedoch ganz bewusst erst spät involviert, da man diese als *„bremsend und kreativitätsbehindernd“* ansieht.

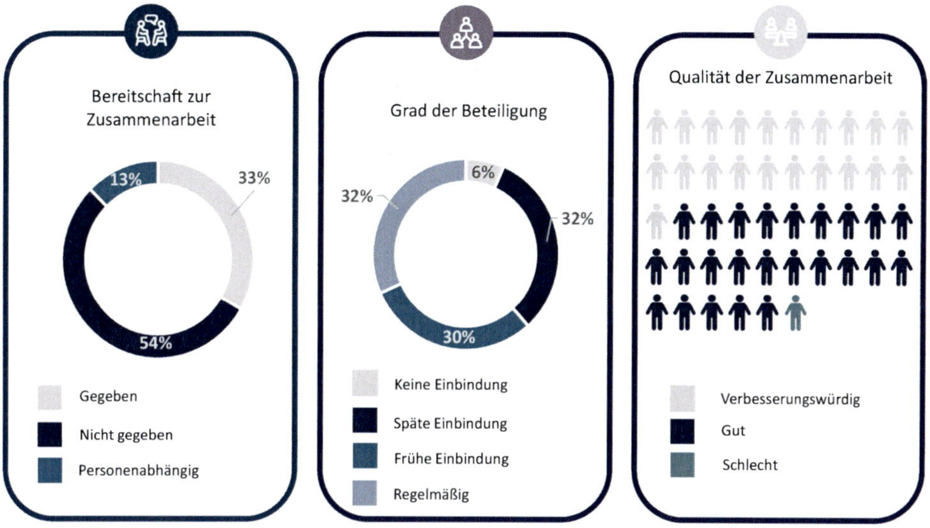

Bild 15.5 Expertenmeinungen zur Zusammenarbeit im PEP (Quelle: Dunst 2023, S. 121 modifiziert)

Die Gespräche machten auch deutlich, dass die Qualität der Zusammenarbeit zwischen der Innovations- und der Qualitätsfunktion in vielen Fällen verbesserungsbedürftig ist. So wird die Qualitätsfunktion während der Zusammenarbeit oftmals als störend wahrgenommen.

> *„Ich wünsche mir eine frühzeitige Zusammenarbeit im Prozess, um Kosten und Fehler zu vermeiden“*

Häufig wurde auch erwähnt, dass der Mehrwert der Zusammenarbeit nicht klar zu erkennen ist und die kulturellen Gepflogenheiten des Unternehmens, wie beispielsweise ein übertriebener Drang zu Harmonie, einer konstruktiv-kritischen Zusammenarbeit im Wege stehen.

> Vertrauen ist ein wesentlicher Bestandteil von Zusammenarbeit. Die Beteiligten müssen darauf vertrauen können, dass ihre Partner ihre Verpflichtungen erfüllen und zur Erreichung der gemeinsamen Ziele beitragen.

15.2.5 Wunsch nach mehr Kooperation

Trotz der identifizierten Defizite im Hinblick auf eine engere Zusammenarbeit der beiden so wichtigen Unternehmensbereiche wird das Thema in den allermeisten Unternehmen erkannt. Eine überwältigende Mehrheit der Befragten (85 %) wünscht sich einen deutlichen Ausbau der Zusammenarbeit zwischen der Innovations- und der Qualitätsfunktion im PEP (Bild 15.6).

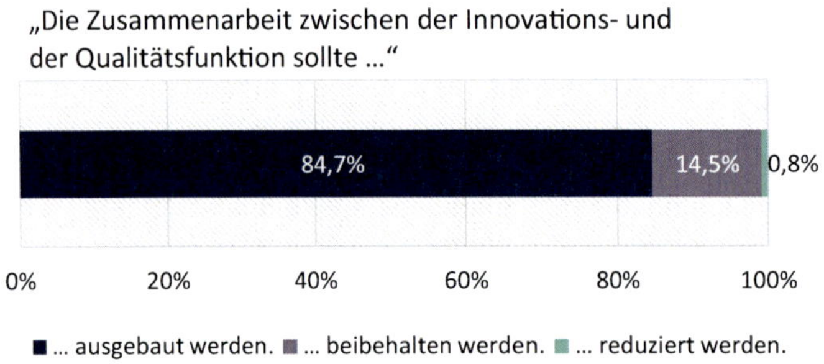

Bild 15.6 Wunsch nach mehr Zusammenarbeit (Quelle: Dunst 2023, S. 157)

Neben dem Ausbau der Zusammenarbeit wünschen sich viele Befragte auch eine spürbar frühere Einbindung in den Produktentstehungsprozess (62 %). Die interdisziplinäre Zusammenarbeit rückt damit im Produktentstehungsprozess immer stärker in den Fokus der Unternehmen (Bild 15.7). Firmen begegnen den steigenden Anforderungen nicht zuletzt auch durch neue Entwicklungsmethoden wie beispielsweise eine agile Produktentwicklung.

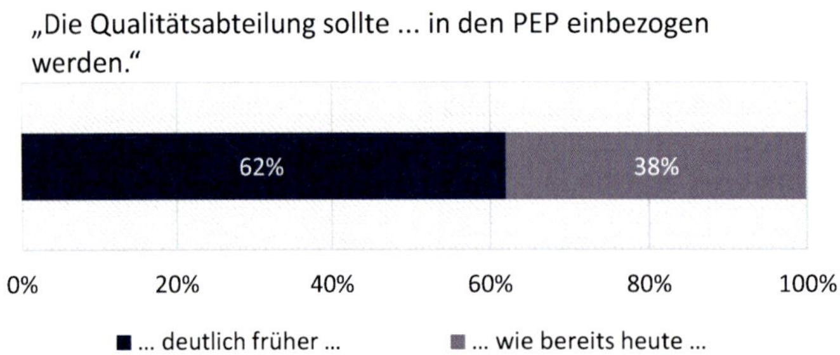

Bild 15.7 Wunsch einer deutlich früheren Einbindung (Quelle: Dunst 2023, S. 158)

> Eine wesentliche Herausforderung, die sich daraus für die Qualitätsfunktion ergibt, besteht im neuen **Rollenverständnis des Qualitätsmanagers**, welches sich an die agile Arbeitsweise und die neuen Projektstrukturen anpassen und teilweise sogar neu erfinden muss.

15.2.6 Neuprodukte entsprechend der Qualitätsanforderungen

Ein weiteres Ergebnis der Kausalanalyse zeigt, dass die Performance neuer Produkte vor allem durch die Neuproduktqualität bestimmt wird. Die beiden Faktoren Qualität und Geschwindigkeit liefern sich dabei jedoch häufig ein Kopf-an-Kopf-Rennen. Letztlich bleibt somit das Spannungsfeld zwischen einer schnellen und zunehmend agilen Produktentwicklung einerseits und hohen Qualitätsanforderungen andererseits bestehen. Eine zentrale Fragestellung wird daher in Zukunft noch häufiger als bislang schon sein: **Wann ist „gut“ „gut genug“?** Ab welchem Qualitätsniveau können zugunsten von Time-to-Market und Kostenentwicklung „Qualitätslücken“ in Kauf genommen werden. Ein möglicher Weg, den die IQS-Studie aufzeigt, liegt in der gezielten Integration der Qualitätsfunktion in den Produktentstehungsprozess und dem Ausbau der Zusammenarbeit. Dabei wird es vor allem darauf ankommen ein gemeinsames Verständnis der projektbeteiligten Mitglieder zu schaffen. Ein Verständnis, das sowohl die Qualitätsanforderung als auch den Innovations- und den Geschwindigkeitsanspruch an ein Neuprodukt berücksichtigt.

> Ein gemeinsames Mindset kann ein deutlicher Anschub für die Neuproduktperformance sein, wie die vorliegende Studie beweist. Wenn es Unternehmen also gelingt, aus einem vermeintlichen Spannungsfeld zwischen Innovations- und Qualitätsmanagement eine gemeinsame Zielausrichtung abzuleiten, dann ist dies die Grundlage für einen zielwirksamen Teamspirit.

15.3 Synergien systematisch erkennen und ausbauen

15.3.1 Ansatzpunkte zum Ausbau der Synergien

Die nutzbringenden Synergiepotenziale, die sich im Produktentstehungsprozess zwischen der Innovations- und der Qualitätsfunktion entfalten können, sollten in Unternehmen systematisch und fortschreitend analysiert und gefördert werden.

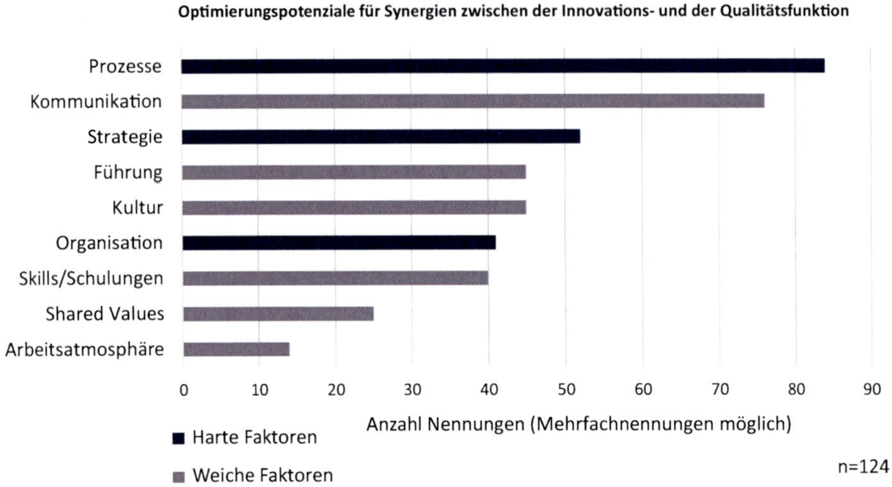

Bild 15.8 Optimierungspotenziale für Synergien (Quelle: Dunst 2023, S. 183)

Deshalb ist es für Unternehmen von besonderer Bedeutung, sich über mögliche Optimierungspotenziale in der Organisation Gedanken zu machen, um die Synergien zwischen den beiden Funktionsbereichen weiter zu fördern oder erst gar zu ermöglichen. Die IQS-Studie untersuchte aus diesem Grund auch die wichtigsten Ansatzpunkte zur organisatorischen Weiterentwicklung. In der Befragung wurden vor allem die bestehenden Prozesse sowie die Kommunikation und Strategie im PEP als besonders verbesserungswürdig eingestuft (Bild 15.8). Oftmals fehlt es Unternehmen an einem Entwicklungsprozess mit klaren Quality-Gates und einer gezielten Einbindung des Qualitätsmanagements in den PEP. Prozesse sehen so häufig keine klaren Schnittstellen und Zeitpunkte zur Integration der Qualitätsfunktion vor. Die Zusammenarbeit zwischen den Funktionen ist damit nur ungenügend in den PEP verankert und entsteht eher in Ausnahmefällen. Auch in der strategischen Ausrichtung und Entwicklung der Produktstrategie kommt die Interdisziplinarität gerne zu kurz.

Prozesse müssen stärker auf eine Zusammenarbeit ausgelegt werden!

Diese Punkte erschweren nicht nur die Zusammenarbeit, sondern stören auch die Kommunikation zwischen den am Produktentstehungsprozess beteiligten Funktionsbereichen. Das IQS-HELIX-Modell stellt die sechs Einflussfaktoren dar, die die größte Relevanz für die Entstehung und Ausschöpfung von Synergien zwischen der Innovations- und der Qualitätsfunktion im PEP haben (Bild 15.9).

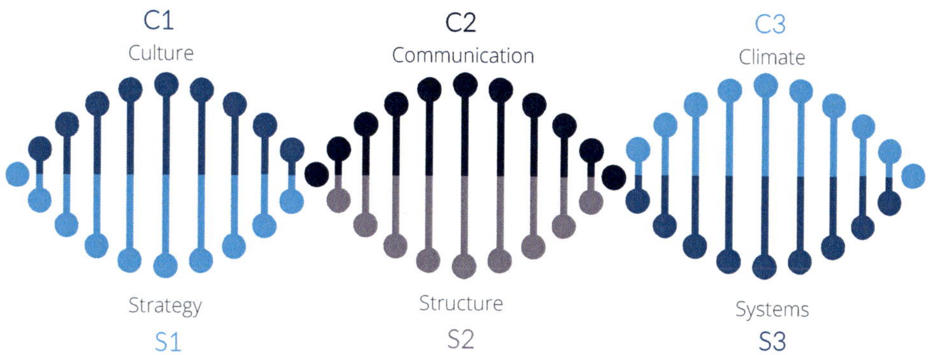

Bild 15.9 IQS-HELIX-Modell – Einflussfaktoren zur Zusammenarbeit
(Quelle: Dunst 2023, S. 243)

Unternehmen sollten sich beim systematischen Ausbau der Synergien vordergründig an diesen Aspekten orientieren und sich kritisch hinterfragen und analysieren. Innerhalb der weichen Faktoren sind dies die Unternehmenskultur, die Kommunikation sowie die Arbeitsatmosphäre bzw. das Arbeitsklima. Der Faktor **Culture** betrachtet, wie sehr die Unternehmenskultur die interdisziplinäre Zusammenarbeit ermöglicht. Von diesem Aspekt wird auch berücksichtigt, ob im Unternehmen gemeinsame Visionen, Werte und Ziele geteilt werden, die das interdisziplinäre Zusammenwirken fördern. Unter dem Faktor **Communication** wird berücksichtigt, wie stark die relevanten Aspekte des Austauschs zwischen den beiden Funktionsbereichen wie Offenheit, Transparenz, Qualität und Regelmäßigkeit der Kommunikation ausgeprägt sind. Der Faktor **Climate** bezieht sich auf die Art und Weise der Zusammenarbeit zwischen den beiden Bereichen und betrachtet insbesondere die Ausprägung der Aspekte Wertschätzung, Respekt, Spaß und Vertrauen. Unter den harten Faktoren finden sich die Strategie, Prozesse und die Organisation wieder. Der Faktor **Strategy** bezieht sich hierbei vor allem auf den Grad, mit dem strategische Ziele und Bereichsstrategien der beiden Funktionsbereiche aufeinander abgestimmt oder interdisziplinär entwickelt werden und ob diese dann auch allen Beteiligten bekannt sind. Die **Structure** bezieht sich auf die Schnittstellenregelungen zwischen der Innovations- und der Qualitätsfunktion. Betrachtet wird auch, wie sehr sich die Organisationsstruktur für eine interdisziplinäre Zusammenarbeit eignet und ob alle Verantwortlichkeiten und Entscheidungskompetenzen klar geregelt sind. Der Faktor **Systems** berücksichtigt zu guter Letzt den Reifegrad des PEP sowie den Grad und die Art und Weise, in dem die Qualitätsfunktion in den PEP einbezogen wird, um qualitativ hochwertige Produkte im Ergebnis erzielen zu können.

15.3.2 Handlungsempfehlungen für die Unternehmenspraxis

1. Gemeinsame Strategieentwicklung und strategische Abstimmung der Teilziele

Im Verlauf des Produktlebenszyklus häufen sich im Qualitätsmanagement wertvolle Rückmeldungen und Erfahrungen an, die in Form von Konfliktlösungen mit Kunden, Lieferanten sowie internen Abteilungen wie Produktion, Einkauf und Vertrieb auftreten. Die im Qualitätsmanagement zentral gesammelten Erkenntnisse sollten bei zukünftigen Strategien nicht ungenutzt bleiben.

Neben der Abstimmung der Innovations- und Qualitätsstrategien wird die gemeinsame Entwicklung als entscheidender Einflussfaktor für den Ausbau der Zusammenarbeit betrachtet. Ein Experte weist darauf hin, dass unterschiedliche und individuell gesteuerte Ziele zu Inkompatibilitäten zwischen Innovations- und Qualitätsstrategien führen können, was eine kontraproduktive Wirkung hat. Die konkrete Empfehlung für die Unternehmenspraxis ist es, den Teilnehmerkreis zur Entstehung und Abstimmung der Entwicklungsstrategie um Vertreter des Qualitätsmanagements zu erweitern. Auf diese Weise kann die Qualitätsfunktion effektiver in den Prozess der Strategieentwicklung integriert werden. Neben einer übergeordneten Produkt- und Entwicklungsstrategie sollten auch die auf Funktionsebenen heruntergebrochenen Teilstrategien sorgfältig aufeinander abgestimmt werden. Um Zielkonflikte zu vermeiden, wird auch hier eine interdisziplinäre Strategieentwicklung zur gezielten Integration in die Gesamtstrategie empfohlen.

2. Die Formalisierung der Zusammenarbeit und die Organisation der Schnittstellen sind von entscheidender Bedeutung

Es ist essenziell, klare Zuständigkeiten, Aufgaben, Kompetenzen und Rollenverständnisse zwischen der Innovations- und der Qualitätsfunktion festzulegen, um die Zusammenarbeit zu verbessern. Insbesondere im Produktentstehungsprozess ist die planmäßige Einbindung der Qualitätsfunktion von großer Bedeutung. In den meisten befragten Unternehmen wird das Qualitätsmanagement oft nur auf Zuruf und bei Bedarf in den Produktentstehungsprozess integriert. Dabei fehlt es an einer klaren, eindeutigen und strukturierten Organisation, die eine gemeinsame Zusammenarbeit der beiden Funktionsbereiche ermöglicht. Der Zeitpunkt der Einbindung, die Kompetenzen und die Aufgabenbereiche sind häufig nicht adäquat definiert. Schnittstellen werden oft unzureichend oder überhaupt nicht beschrieben. Zusätzlich fehlt es an einer durchgängigen Kommunikation und Abstimmung zwischen den Akteuren aus den Bereichen Innovation und Qualität, die am Produktentstehungsprozess beteiligt sind.

3. Nutzen und Erfolg der Zusammenarbeit transparent darstellen

Ein bedeutendes Ergebnis der Studie bezieht sich auf die Auswirkungen der Zusammenarbeit zwischen Innovations- und Qualitätsbereich im Produktentstehungsprozess. Eine intensive Kooperation dieser beiden Funktionsbereiche zahlt sich aus. Die positiven Effekte sind besonders deutlich im Hinblick auf die Qualität neuer Produkte und das gemeinsame Verständnis für Qualitätsstandards bei Neuprodukten. In den Unternehmen fällt jedoch auf, dass der Nutzen dieser Zusammenarbeit oft nicht deutlich dargelegt wird. Nach Abschluss eines Entwicklungsprojekts wird dem Projektteam nicht ausreichend verdeutlicht, welchen Wert die interdisziplinäre Zusammenarbeit hatte.

> Die Empfehlung lautet daher, Teamerfolge regelmäßig zu betonen und bewusst zu feiern oder zumindest positiv anzuerkennen. Dieser Ansatz trägt dazu bei, Akzeptanz für zukünftige interdisziplinäre Zusammenarbeit in weiteren Projekten zu schaffen.

4. Klares Rollenverständnis der Qualitätsfunktion in agilen Projektteams schaffen

In agilen Projektteams steht die Qualitätsfunktion vor der Herausforderung, sich in eine neue Rolle zu integrieren. In einem Expertengespräch mit einem Unternehmen, das bereits vollständig agil arbeitet, wurde festgestellt, dass Mitarbeitende aus dem Qualitätsbereich zwar von Anfang an in das Projektteam eingebunden sind, sich jedoch nicht immer als vollwertige Teammitglieder wahrnehmen. In einigen Fällen werden kritische Qualitätsaspekte erst spät und nur indirekt über die Meldung an die Qualitätsleitung angesprochen, anstatt Bedenken direkt im Team zu äußern. Dies deutet darauf hin, dass das Rollenverständnis nicht transparent ist und Aufgaben, Verantwortlichkeiten und Kompetenzen (AKV) nicht klar definiert sind.

> Die konkrete Empfehlung lautet daher, dass Unternehmen, die agile Managementmethoden im Produktentstehungsprozess anwenden oder dies planen, die AKV der Qualitätsfunktion an die neue Organisationsstruktur anpassen und einen kulturellen Wandel initiieren sollten.

5. Ausbau des gemeinsamen Qualitätsverständnisses

Ein gemeinsamer Kenntnisstand und Verpflichtung zum geforderten Qualitätsniveau bei neuen Produktentwicklungen wirken sich positiv auf die Qualität sowie die Geschwindigkeit der Produktentwicklung aus, wie die Ergebnisse der Kausalanalyse verdeutlichen. Daher ist es empfehlenswert, alle beteiligten Funktionen im Produktentstehungsprozess über die Anforderungen aufzuklären und in Einklang zu bringen. Dies fördert nicht nur die Zusammenarbeit und Harmonie der Projektteams, sondern stärkt auch die konsequente und zielgerichtete Umsetzung der gemeinsamen Ziele. Auf diese Weise können potenzielle Zielkonflikte im Keim erstickt werden, da es nicht mehr um die Abwägung von Geschwindigkeit gegen Qualität geht, sondern um die gemeinsame Verfolgung klar definierter Ziele und Vorhaben.

6. Zwischenmenschlichkeit fördern und Orte der Begegnung schaffen

Die Expertengespräche haben hinsichtlich der funktionsübergreifenden Zusammenarbeit gezeigt, dass oft zwischenmenschliche Beziehungen und Befindlichkeiten maßgeblich darüber entscheiden, ob und wie effektiv zusammengearbeitet wird. Die Interviewreihe verdeutlichte, dass persönliche Kontakte zwischen den Mitarbeitenden der verschiedenen Funktionsbereiche und räumliche Nähe positiv auf die Zusammenarbeit wirken. Das Element Vertrauen wurde ebenfalls mehrfach in den Interviews betont. Daraus ergeben sich konkrete Handlungsempfehlungen für die Unternehmenspraxis. Es ist ratsam, den abteilungsübergreifenden und informellen Austausch aktiv zu fördern. Neben der Nutzung informeller Begegnungsmöglichkeiten können Unternehmen auch auf formelle Formate setzen. Das Vertrauen untereinander kann beispielsweise durch regelmäßige Teilnahme an teaminternen Besprechungen des jeweils anderen Funktionsbereichs gestärkt werden.

15.3.3 Schlussfolgerungen der IQS-Studie

Die Forschungsarbeit macht auf die Relevanz eines leistungsfähigen Produktentstehungsprozesses unter Einbindung des Qualitätsmanagements aufmerksam und hebt die Bedeutung einer erfolgreichen Zusammenarbeit zwischen der Innovations- und der Qualitätsfunktion hervor. Die Studie zeigt eindeutig auf, dass ein hohes Maß an Zusammenarbeit positiv auf die Neuproduktperformance wirkt. Die Neuproduktqualität kann somit über den Ausbau des gemeinsamen Verständnisses zum geforderten Qualitätsniveau und zur Schaffung eines in der Organisation verankerten Qualitätsanspruchs nachhaltig verbessert werden. Letztlich bleibt das Spannungsfeld einer schnellen und zunehmend agilen Produktentwicklung unter hohen Qualitätsanforderungen bestehen. Eine wichtige Fragestellung wird daher noch häufiger als bislang sein: Wann ist „gut" „gut genug"? Ab welchem Qualitätsniveau können zugunsten der Markteinführungszeit und Kostenentwicklung „Qualitätslücken" in Kauf genommen werden?

Ein möglicher Weg, den die Forschungsarbeit aufzeigt, liegt in der gezielten Integration der Qualitätsfunktion in den Produktentstehungsprozess und dem Ausbau der Zusammenarbeit. Dabei wird es vor allem darauf ankommen, ein gemeinsames Verständnis der projektbeteiligten Mitglieder und Funktionsträger:innen zu schaffen. Ein Verständnis, dass sowohl die Qualitätsanforderung als auch den Innovations- und den Geschwindigkeitsanspruch an ein Neuprodukt berücksichtigt. Dieses gemeinsame Mindset kann ein deutlicher Anschub für die Neuproduktperformance sein, wie die vorliegende Studie beweist. Wenn es Unternehmen also gelingt, aus einem vermeintlichen Spannungsfeld zwischen Innovation und Qualität eine gemeinsame Zielorientierung und Vision abzuleiten, kann ein wirkungsvoller Teamspirit entstehen. Dieses neu geschaffene Mindset kann dabei unterstützen, den stetig steigenden Anforderungen erfolgreicher und wirksamer entgegenzutreten. Der Ansatz der agilen Produktentwicklung scheint hier bereits einige wesentliche Aspekte abzubilden. Die üblicherweise sehr interdisziplinäre Teamzusammensetzung agiler Projekte bildet eine vielversprechende Grundlage, in der die Qualitätsfunktion eine entscheidende Rolle einnehmen sollte. Denn nur, wer es beherrscht, innovative Produkte in hervorragender Qualität zu entwickeln, wird langfristig erfolgreich sein.

Die wichtigsten Punkte in Kürze

- Unternehmen stehen zunehmend in einem Spannungsfeld zwischen Time-to-Market und Neuproduktqualität. Das macht es erforderlich, den Produktentstehungsprozess neu zu denken.
- Eine intensive Zusammenarbeit zwischen den beiden Funktionsbereichen Innovation und Qualität wirkt sich stark positiv auf die Neuproduktperformance aus und sollte daher stärker gefördert werden.
- Ein gemeinsames Qualitätsverständnis im Produktentstehungsprozess ist hilfreich, um die Neuproduktgeschwindigkeit und Neuproduktqualität zu steigern.
- Eine frühe und regelmäßige Einbindung der Qualitätsfunktion in den Produktentstehungsprozess zahlt sich aus.
- Agile Managementmethoden fördern die Zusammenarbeit der Qualitäts- und der Innovationsfunktion, haben aber nicht immer einen unmittelbaren Einfluss auf die Verbesserung der Entwicklungsgeschwindigkeit oder die Qualität von Neuprodukten.

Literatur

Anttila, J. & Jussila, K. (2019): „Striving for benefits of sustainability from the interactivity of quality and innovation", in: *Journal of Cleaner Production*, 212(1), S. 409 – 419.

Blank, T.-H. & Naveh, E. (2014): „Do Quality and Innovation Compete Against or Complement Each Other? The Moderating Role of an Information Exchange Climate", in: *Quality Management Journal*, 21(2), S. 6 – 16.

Bourke, J. & Roper, S. (2017): „Innovation, quality management and learning. Short-term and longer-term effects", in: *Research Policy*, 46(8), S. 1505 – 1518.

Brown, T. & Wyatt, J. (2010): „Design Thinking for Social Innovation", in: *Stanford Social Innovation Review*, 8(1), S. 30 – 35.

Calantone, R. J. & Di Benedetto, C. A. (2012): „The role of lean launch execution and launch timing on new product performance", in: *Journal of the Academy of Marketing Science*, 40(4), S. 526 – 538.

Calantone, R. J., Randhawa, P. & Voorhees, C. M. (2014): „Breakeven Time on New Product Launches. An Investigation of the Drivers and Impact on Firm Performance", in: *Journal of Product Innovation Management*, 31(1), S. 94 – 104.

Cauchick-Miguel, A. P. (2007): „Innovative new product development. A study of selected QFD case studies", in: *The TQM Magazine*, 19(6), S. 617 – 625.

Cooper, R. G. & Kleinschmidt, E. J. (2007): „Winning Businesses in Product Development: The Critical Success Factors", in: *Research-Technology Management*, 50(3), S. 52 – 66.

Deutsche Gesellschaft für Qualität e. V. (DGQ) (2015): *DGQ-Studie: Vertrauen in „Made in Germany" ungebrochen*. Online verfügbar: *https://blog.dgq.de/dgq-studie-vertrauen-in-made-in-germany-ungebrochen*.

Deutsche Gesellschaft für Qualität e. V. (DGQ) (2017): *„Made in China" – Qualität aus dem Reich der Mitte?* Online verfügbar unter: *https://www.dgq.de/aktuelles/news/made-in-china-qualitaet-aus-dem-reich-der-mitte*.

Dunst, M. (2023): *Eine empirische Untersuchung zur Entstehung und Nutzung von Synergiepotenzialen zwischen der Innovations- und der Qualitätsfunktion im Produktentstehungsprozess*. Fraunhofer Verlag, Stuttgart.

Dunst, M., Vahs, D. & Jochem, R. (2023): „Wie reif müssen Neuprodukte wirklich sein? Warum ein gemeinsames Qualitätsverständnis den Produktentstehungsprozess erfolgreicher macht", in: *QZ – Qualität und Zuverlässigkeit*, 7/2023, S. 34 – 37.

Escrig-Tena, A. B., Segarra-Ciprés, M., García-Juan, B. & Beltrán-Martín, I. (2018): „The impact of hard and soft quality management and proactive behaviour in determining innovation performance", in: *International Journal of Production Economics*, 200, S. 1 – 43.

Feldhusen, J. & Grote, K.-H. (2013): *Pahl/Beitz Konstruktionslehre: Methoden und Anwendung erfolgreicher Produktentwicklung*. 8. Aufl. Springer-Verlag Berlin Heidelberg, Berlin Heidelberg.

Geschka, H., Cooper, R. & Kleinschmidt, E. J. (2013): *Erfolgsfaktor Markt: Kundenorientierte Produktinnovation*. Springer Verlag, Berlin/Heidelberg.

Jochem, R. (2019): *Was kostet Qualität? Wirtschaftlichkeit von Qualität ermitteln*. 2. Aufl. Carl Hanser Verlag, München.

Morgan, L. O., Morgan, R. M. & Moore, W. L. (2001): „Quality and Time-to-Market Trade-offs when there are Multiple Product Generations", in: *Manufacturing and Service Operations Management*, 3(2), S. 89 – 104.

Müller-Stewens, G. & Brauer, M. (2010): „Wie Synergiepotenzial optimal genutzt wird", in: *io new management*, 9, S. 30 – 33.

Pankow, G. (2017): „Rückrufe: Qualitätsmängel in der Autoindustrie? Paradigmenwechsel gefordert", in: *Verlag Moderne Industrie GmbH. Produktion – Technik und Wirtschaft für die deutsche Industrie, Landsberg*. Online verfügbar unter: *https://www.produktion.de/trends-innovationen/rueckrufe-qualitaetsmaengel-in-der-autoindustrie-278.html*.

Prajogo, D. I. & Ahmed, P. K. (2007): „The relationships between quality, innovation and business performance: an empirical study", in: *Int. J. Business Performance Management*, 9(4), S. 380 – 405.

Riillo, C. A. F. (2014): „Quality management and innovation: a review of quantitative studies", in: *International Journal Productivity and Quality Management*, 14(4), S. 441 – 456.

Santos-Vijande, M. L., López-Sánchez, J. Á. & Rudd, J. (2016): „Frontline employees' collaboration in industrial service innovation. Routes of co-creation's effects on new service performance", in: *J. of the Acad. Mark. Sci.*, 44(3), S. 350 – 375.

Schumpeter, J. (2020): *Kapitalismus, Sozialismus und Demokratie*. 10., vervollständigte deutschsprachige Auflage mit einer Einführung von Heinz D. Kurz. Uni-Taschenbücher (UTB), Narr Verlag, Tübingen.

Sommerhoff, B. (2021): *QM im Wandel: Personenzentriertes Innovations- und Qualitätsmanagement*. Carl Hanser Verlag, München.

Statistisches Bundesamt (2023): *Interne Ausgaben für Forschung und Entwicklung nach Sektoren in Millionen Eur*. Statistisches Bundesamt, Wiesbaden; Stifterverband Wissenschaftsstatistik, Essen. Stand: 6. Juli 2023.

Staufen (2018): „Wodurch unterscheidet sich Ihr Unternehmen von Ihren Wettbewerbern?" [Graph], in: *Statista*. Online verfügbar unter: *https://de.statista.com/statistik/daten/studie/945533/umfrage/erfolgsfaktoren-von-weltmarktfuehrenden-unternehmen-aus-deutschland*.

Stöger, R. (2011): *Innovationsmanagement für die Praxis: Neues zum Markterfolg führen*. Schäffer-Poeschel Verlag, Stuttgart.

Vahs, D. & Dunst, M. (2021): *Innovations- und Qualitätspotenziale optimal kombinieren: Wettbewerbsfähigkeit nachhaltig steigern*. Hanser Verlag, München.

Voss, C. A. (1994): „Significant Issues for the Future of Product Innovation", in: *Journal of Product Innovation Management*, 11(1), S. 460 – 463.

Wang, R.-K. & Hu, D. (2017): „Time-cost substitutability, early cutting threat, and innovation timing", in: *Economics Letters*, 156, S. 88 – 91.

Wu, L., Liu, H. & Su, K. (2020): „Exploring the dual effect of effectuation on new product development speed and quality", in: *Journal of Business Research*, 106(3), S. 82 – 93.

Wu, L., Liu, H. & Zhang, J. (2017): „Bricolage effects on new-product development speed and creativity: The moderating role of technological turbulence", in: *Journal of Business Research*, 70(3), S. 127 – 135.

16 Die Qualität von Morgen – oder gegen den Verlust an sozialer Vielfalt

Martin Menrath

Die Welt ist aus dem Gleichgewicht geraten: Neue Multipolarität, Klimawandel, unterbrochene Lieferketten usw. erfordern neben einem umfangreicheren Risikomanagement auch einen mehr werteorientierten Umgang mit den knapper werden Ressourcen. Es geht in Zukunft weniger um die Steigerung von Quantitäten im internationalen Handel, sondern mehr um die Sicherstellung gemeinsamer Werte in einer neuen multipolaren Welt (von Free Trade zu Fear Trade). Dies fordert von der Wirtschaft bzw. den Unternehmen ein neues, mehr an Werten, Normen und Moral orientiertes Handeln, d. h. aus Shareholdern müssen Stakeholder werden. Unternehmen müssen national und global mehr gesellschaftliche Verantwortung übernehmen und darüber auch ihr Verständnis von Qualität neu definieren.

Qualität wird in Zukunft nicht nur an objektiven Merkmalen gemessen werden können, sondern auch das Soziale und damit Ambivalente moralischer Normen und sozialer Wertvorstellungen wird mehr zu berücksichtigen sein, d. h., Beziehungen treten an die Stelle von wertneutralen Transaktionen. Damit wird der Qualitätsbegriff komplexer, wie das neue Lieferkettengesetz verdeutlicht, eine Herausforderung, die nicht nur über Technik gelöst werden kann. Es braucht soziale Arbeit in den Unternehmen und speziell auch vom Qualitätsmanagement, da sich das Soziale nicht durch das Technische ersetzen lässt. Dies betrifft besonders das algorithmische der digitalen Transformation, da Algorithmen über keine Absichten im menschlichen Sinne verfügen. Damit werden die sozialen Kompetenzen der Mitarbeitenden und die Vorbildfunktion des Managements zentral, will man nicht algorithmische Performance mit dem Verstehen menschlicher Lebenswelten verwechseln, d. h. nach Odo Marquard einen Abstraktionsschaden vermeiden (Marquard 2003).

Das Qualitätsmanagement muss seinen blinden Fleck, den Menschen, überwinden und von einer technisch-empirischen mehr zu einer sozialen Wissenschaft werden, wenn es in Zukunft neben dem digital unterstützten Qualitätsmanagement noch einen darüber hinausgehenden Beitrag zum Unternehmenserfolg leisten will. Der Einsatz von Künstlicher Intelligenz wird dabei nützlich sein, kann aber die menschliche Urteilskraft nicht ersetzen. Die mit Menschen verbundene Ambiguität ist dabei nicht schädlich, sondern ganz im Gegenteil notwendig, damit sich soziale Systeme – und das sind Unternehmen nun mal – über ihre Variabilität an die komplexer werdende Umwelt anpassen können (Bauer 2018).

16.1 Qualität – was ist Qualität?

Diese Frage ist insofern berechtigt, als sich der Begriff „Qualität" als gesellschaftliche Größe einer eindeutigen Konkretisierung entzieht und in der sozialen Praxis nur vage beschreibbar bleibt. Der Qualitätsbegriff stellt damit nur eine Rahmenorientierung dar, die in der Handlungspraxis „Abweichungen" sichtbar von einer Norm oder einem Erwartungsanspruch machen soll. Wünschenswerte Qualitätsmerkmale folgen dabei sozialen Orientierungen, welche sich in Normen, Erwartungen und Handlungen danach definieren, wie Produkte, Leistungen und deren Wirkungen beschaffen sein sollen. Die Qualität der unternehmerischen Tätigkeit manifestiert sich dabei in verschiedenen kontextuellen Zusammenhängen wie in Bild 16.1 dargestellt. Die Darstellungsform geht auf den Soziologen Dirk Beacker zurück und erfasst den gesamten Kontextbereich, in dem sich ein Unternehmen bewegt (Beacker 2017). Es ermöglicht es, die einzelnen Kontexte getrennt voneinander zu betrachten, vom Produkt bis hin zur Natur als dem äußeren Kontext, wobei die äußeren Kontexte für die Überlebensfähigkeit der Unternehmen entscheidend sind. Die Kontexte sind lose gekoppelt und stehen in einer orthogonalen, d.h. nicht kausalen Beziehung zueinander. Was die Geschäftsmodelle betrifft, so schließt die klassische Shareholder-Ökonomie die externalisierten Folgekosten für Gesellschaft, Mensch und Natur im Allgemeinen nicht in ihre Bilanzen mit ein. In einer heute von der Gesellschaft mehr und mehr geforderten werteorientierten Stakeholder- oder Werte-Ökonomie muss aber die Schädigung Dritter über ökologische, ethische und soziale Folgeabschätzungen, die oft mit Geld alleine nicht zu beziffern sind, politisch und unternehmerisch berücksichtigt werden. Dies bedeutet dann aber auch, dass der Qualitätsbegriff ganzheitlicher definiert werden muss, da aus einer gesellschaftlichen Perspektive die externalisierten Kosten als erweiterte „Costs of non Quality" zu betrachten sind.

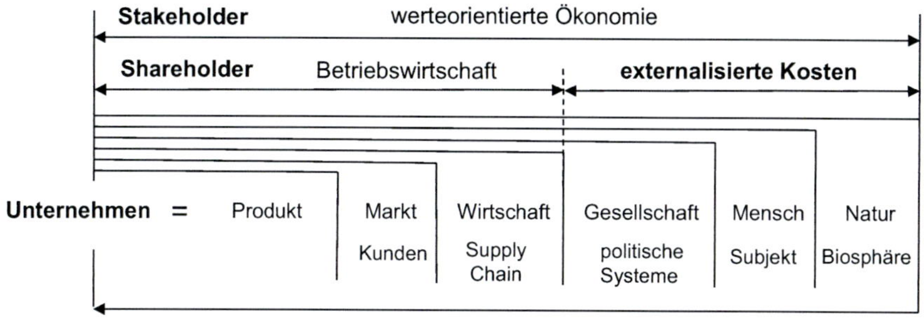

Bild 16.1 Der Kontext der unternehmerischen Tätigkeit

Aus kultureller Sicht bedeutet Qualität nach Platon: *„Ein gutes Leben in einer gerechten Gesellschaft"*, wobei Qualität als Tugend und Quantität als rechtes Maß zu verstehen ist, wobei das Sein die Existenz in einer Welt bedeutet, in der etwas in einem Zusammenhang steht und dieser sich über Eigenschaften beschreiben lässt (Zech 2019). Eigenschaften beschreiben, wie etwas ist, sind aber meist nicht vollständig quantitativ erfassbar, sondern können nur über subjektive Werturteile ganzheitlich beurteilt werden. Qualität ergibt sich im Rahmen eines Werturteils, indem Eigenschaften mit den damit verbundenen Erwartungen bzw. Anforderungen abgeglichen werden. Der Qualitätsbegriff ist daher immer relational und beschreibt die Beschaffenheit (lat. qualitas), wie etwas ist, über:

a) einen quantifizierbaren Anteil der Erfüllung von Anforderungen und

b) einen Erwartungsanteil, der nur mithilfe menschlicher Erfahrungen „gemessen" werden kann.

Dies bedeutet aber auch, dass Wissenschaft und Technik die Frage nach der Qualität einer subjektiven bzw. sozialen Eigenschaft nicht vollständig erfassen können. In Bild 16.2 sind die komplexen Zusammenhänge bzgl. der Qualitäten und Quantitäten, analog zu Bild 16.1, für den erweiterten Kontextbereich eines Unternehmens schematisch dargestellt.

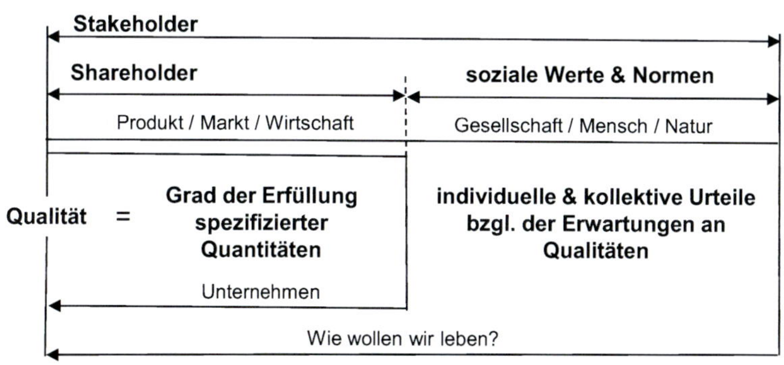

Bild 16.2 Zusammenhang zwischen Quantitäten und Qualitäten

Dabei lassen sich viele Quantitäten bzgl. Gesellschaft, Mensch und Natur, die nach einem guten Leben streben, nicht direkt, sondern nur über politische Zielsetzungen in Form von Gesetzen und Verordnungen festlegen. So sind die 1,5 Grad Celsius aus dem Pariser Klimaabkommen von 2015 ein globales politisches Ziel, sie bezeichnen aber keine physikalische Grenze für den Klimawandel, sondern eine angenommene soziale Grenze für die Anpassungsfähigkeit der Menschheit an die Erderwärmung.

Eine Stakeholder-Ökonomie bedeutet aber auch, dass in Zukunft neben „harten" Qualitätskriterien immer mehr „weiche" Faktoren zum Tragen kommen werden, denn je mehr Sinnzuschreibung (Ethik, Werte und Moral) in einer nachhaltigen Gesellschaft erforderlich werden, umso weniger hilft eine reine Rationalität, wie der Umgang mit der Klimakrise in den letzten Jahrzehnten gezeigt hat. Wenn dann von den Kunden und der Gesellschaft insgesamt, neben Investitionen in nachhaltige Innovationen, von den Unternehmen auch die Einhaltung sozialer bzw. moralischer Normen und Werte erwartet wird, diese Erwartungen aber nicht erfüllt werden, dann kommt es nach Shannon Vallor zu einem Vertrauensverlust in die Integrität der Unternehmen, einem sog. Moral Debt, was im Einzelnen bedeutet (Vallor 2016):

a) Die Bedrohung einer Gesellschaft und eines Unternehmens durch Technologie besteht darin, dass man sich bei der Kultivierung der Werte, Normen usw. auf technische Fortschritte als Ersatz für soziale bzw. moralische Fortschritte verlässt.

b) Wenn aber Werte außen vor bleiben, kommt es früher oder später zu einem Wertkonflikt, d. h. einer moralischen Schuld – Moral Debt –, einer Schuld, die nicht über Technologie beglichen werden kann.

c) Die Vorstellung, dass Technik führt und die Gesellschaft folgt, ist damit ein Irrglaube, um die unbequeme Verantwortung für soziale Arbeit nicht wahrnehmen zu müssen.

Das Thema Moral Debt ist sehr aktuell geworden und wurde auch auf globaler Ebene vom World Economic Forum (WEF) in Davos im Januar 2024 unter dem Motto: **„Wiederaufbau des Vertrauens"** aufgegriffen (WEF 2024). Aber auch hier gilt, Vertrauen als Beziehungsqualität kann nicht vorgegeben werden, sondern muss im Alltag von allen Akteuren über eine gemeinsame Nutzenerfahrung erlebbar gemacht werden. Ohne diese Alltagserfahrung sind nachhaltige Problemlösungen nur eingeschränkt machbar. Technologien wie die Digitalisierung, künstliche Intelligenz (KI), Kreislaufwirtschaft usw. können neue Problemlösungen ermöglichen, aber die Probleme selbst inhaltlich nicht lösen.

Boeing-Story

Ein tragisches Beispiel für Moral Debt auf Unternehmensebene sind auch die beiden Abstürze der Boeing 737-MAX-8 in den Jahren 2018 und 2019 mit insgesamt 346 Toten, die im Wesentlichen durch eine ausschließliche Fokussierung des Managements auf den Shareholder Value in den letzten Jahrzehnten verursacht wurde. Das hat im Ergebnis u. a. dazu geführt, dass die Beziehungs- und Fehlerkultur innerhalb des Unternehmens stark beschädigt worden ist, oder mit den Worten von Peter Robinson: „... how a broken corporate culture paved the way for catastrophe ..." (Robinson 2021). Das Unternehmen hat hierdurch viel Vertrauen in die Sicherheit ihrer Produkte eingebüßt, einen Schaden, der sich nur langfristig, über deutlich mehr Investitionen in soziale Arbeit, d. h. in Vertrauen und Kooperation im Unternehmen, mit den Kunden und der Gesellschaft insgesamt, beheben lässt.

16.2 Organisation als rekursive Form

Organisationen wie Unternehmen sind komplexe soziotechnische Systeme, die rein zweckorientiert agieren und im Allgemeinen Fähigkeiten besitzen, die unabhängig von einzelnen Mitgliedern sind und über deren Einzelfähigkeiten weit hinausgehen. Was ein Unternehmen tun oder nicht tun kann, wird primär von drei Faktoren bestimmt: seinen Ressourcen (Mitarbeitende, Technologien, finanzielle Mittel ...), seiner Organisationsstruktur und seiner daraus resultierenden Kultur. Die Strukturen der Vorderbühne sind Einschränkungen der Erwartungen in einem gegebenen Kontext. Organisationen handeln daher immer operativ geschlossen, d. h., sie folgen nur ihren über die Struktur verinnerlichten Zweckzuschreibungen und den daraus abgeleiteten Entscheidungsregeln. Entscheidungen können, je nach Kontextbereich, schlank, z. B. über die schrittweise Abarbeitung von Algorithmen, oder projektorientiert, über füllige Regeln in Verbindung mit menschlicher Urteilskraft, erfolgen. Die Fähigkeit, Kundenanforderungen in wertvolle Kundenlösungen umzusetzen, ist nicht nur von den eingesetzten Technologien, sondern primär von der gewählten Organisationsform und den daraus resultierenden Werten und Tugenden im Unternehmen abhängig. Damit werden Technologien zu „Enablern", Organisation und Kultur aber zu den „Game Winnern". Die Organisation selbst ist als ein abstrakt strukturierter kommunikativer Raum zu verstehen, der von seinen Zielsetzungen her rein zweckorientiert und damit operativ geschlossen handelt und sich dadurch von seiner Umwelt und auch den eigenen Mitarbeitenden abgrenzt, da Mitarbeitende nur über ihre Rollenzuschreibungen in der Organisation präsent sind (Luhmann 2013). Dadurch werden auch als Folge der Arbeitsteilung Mitarbeitende im Unternehmen austauschbar. Wie in Bild 16.3 dargestellt, bildet sich neben der formalen Struktur, der Vorderbühne, in der Organisation immer auch eine informelle soziale Struktur aus, die als Hinterbühne über ein hohes implizites Erfahrungswissen verfügt und einer formalen Beschreibung nur eingeschränkt zugänglich ist. Denn soziale Systeme funktionieren nur dadurch, dass viele Voraussetzungen für ihr Handeln unsichtbar bleiben. Aber gerade die Hinterbühne ermöglicht es Organisationen, aufgrund der Anpassungsfähigkeit der Mitarbeitenden über ihre Rollen hinaus, mit Unsicherheiten und Überraschungen umzugehen und damit Lösungen zu erarbeiten, die über die Vorderbühne alleine nicht zu haben sind (Simon 2007).

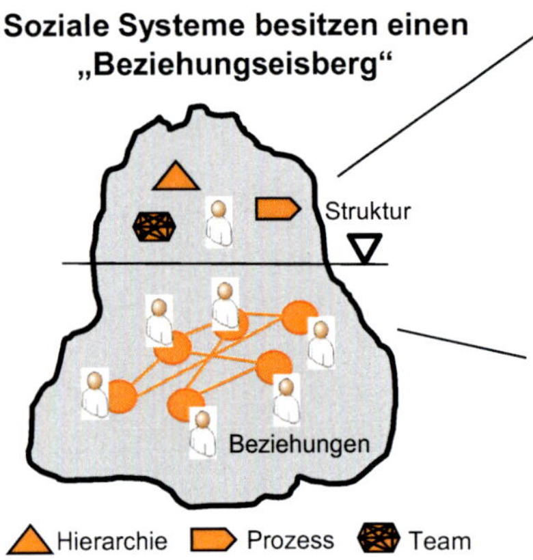

Vorderbühne

- Undifferenzierte Struktur mit klaren Regeln, Rollen, Verantwortungen etc.
- Handeln, Lernen und Problemlösung erfolgt über Strukturen.
- Der Einzelne wird ersetzbar, wenig Freiraum und damit Platz für Talente.
- Technik ermöglicht neue Strukturen und Regeln, löst aber nicht eigenständig Probleme.

Hinterbühne

- Differenziertes Beziehungsnetzwerk mit einer hohen Variabilität, d. h. spontaner Ordnung.
- Ermöglicht informelle Lösungen, die über Strukturen nicht zu haben sind.
- Die Hinterbühne ist daher immer agil, wenn die Struktur der Vorderbühne es zulässt.
- Die Hinterbühne stellt sich immer auf die Vorderbühne ein, d. h., neue Kultur braucht neue Struktur.

Bild 16.3 Das Zusammenspiel zwischen Vorder- und Hinterbühne

Mitarbeitende agieren in einer Organisation immer auf der Basis, dass auf der Vorderbühne nicht alles gesagt und geplant werden kann, da sonst keine Handlungsfreiheit möglich wäre. Damit beschreibt das Formale der Vorderbühne die Realität aber immer nur unvollständig und die angestrebten Ziele werden oft nur über das Implizite der Hinterbühne, d. h. über die Inkonsistenz im System selbst, erreicht, die die Mitarbeitenden zwingt, sich abweichend von der Vorderbühne, also aus Sicht des Qualitätsmanagements in brauchbarer illegaler Art und Weise, der aktuellen Situation bei der Leistungserbringung anzupassen. Erst die Festlegung der Vorderbühne durch das Management legt das uneindeutige Objekt der Hinterbühne bzw. die Kultur in einer Organisation fest. Die Kultur wird damit ebenfalls zu einer Entscheidungsprämisse, die die unentscheidbaren Entscheidungen trifft, d. h. Kultur wird immer dann wichtig, wo Probleme nicht über Anweisungen, sondern nur über Beziehungen gelöst werden können. Es ist wichtig zu betonen, dass die Hinterbühne zwar durch die Vorderbühne beeinflusst, aber nicht gezielt vom Management gesteuert werden kann, aufgrund der fehlenden Kausalität zwischen Ein- und Ausgangsgrößen eines sozialen Systems. Welche Kultur sich in einer Organisation im konkreten Fall auch immer einstellt, lässt sich nicht im Voraus bestimmen (analog zu Heisenbergs Unschärferelation). Die Hinterbühne wird damit zur „Vernunft im Chaos", die stets die operative agile Anpassung an die Realität im Korridor der verinnerlichten Qualitäts- und Werteorientierung ermöglicht, solange die Vorderbühne es über offene kreative Lücken im Ablaufschema ermöglicht (Menrath & Jochem 2018). Agilität setzt dabei auf den Menschen, seine Erfahrung und den gesunden Menschenverstand, wobei die Vorgabe agiler Prinzipien alleine die Ausbildung einer agilen Unternehmenskultur, wie in der Theorie zum agilen Management oft angenommen, nicht sicherstellen kann (Grubendorfer 2016). Die Ambivalenz der Hinterbühne ist auch der Grund dafür, dass der agile Wandel von den Führungskräften meist nur schwer zu beherrschen ist. Im Gegensatz dazu ergibt sich bei einem traditionell hohen Formalisierungsgrad des Qualitätsmanagements ein Qualitätsverständnis der Mitarbeitenden aufgrund der stringenten Arbeitsteilung. Wie die Erfahrung zeigt, bildet sich dadurch aber nur ein unterdurchschnittlicher Qualitätskonsens in der Organisation aus, da die Einhaltung der Qualitätsvorgaben primär über Kennzahlen und deren Kontrolle und nicht über eine persönliche Verantwortungsübernahme erfolgt. Was es in unsicheren Zeiten braucht, sind aber Personen, die gewillt und aufgrund ihrer Urteilsfähigkeit auch in der Lage sind, Verantwortung für das Ganze zu übernehmen, anstelle nur die Erfüllung ihrer eingeschränkten Rollenanforderungen zu verfolgen. Das heißt, es braucht neben Urteilskraft auch mehr von der Kultur geprägte Entscheidungen, die nicht über einfache „wenn-dann-Schemata", sondern über gelebte disziplinübergreifende Kooperationen im Unternehmen ermöglicht werden.

16.3 Qualität als Norm

Wenn man heute über Qualität spricht, dann erfolgt oft der Bezug auf das Regelwerk der ISO 9001:2015 als ein allgemein anerkanntes Standardmodell des Qualitätsmanagements, das eine weltweit einheitliche Norm für das Qualitätsmanagement von Organisationen, d.h. deren Produkte, Prozesse und Systeme, definiert. Dabei geht es um das Management der Leistungsprozesse, aber nicht um die erzeugte Leistung selbst, d.h., das Regelwerk kann alleine keine Qualität garantieren. Inwieweit sich die regelbasierte Qualitätsorientierung mit der Qualitätsrealisierung in der Praxis deckt, bleibt also offen. Es geht um eine einheitliche Norm, wie Qualität erzeugt werden kann, aber nicht um die Qualität der Leistung selbst. Seit der Revision der ISO 9001 in 2015 gilt aber auch für das Qualitätsmanagement: „output matters", d.h. die Ergänzung der Standardprozesse über agile Praktiken sind nun zertifizierungsfähig (Adam 2020). Dies bedeutet aber im Wesentlichen nur, dass das bislang Unsichtbare der Hinterbühne auf die Vorderbühne kommt und damit steuerbar, planbar und kontrollierbar wird. Die Vorteile, die die Ambiguität der Hinterbühne mit sich bringt, gehen damit aber verloren.

Dies ändert aber auch nichts an der genormten Definition von Qualität, die sich ausschließlich auf die Erfüllung definierter Merkmale und Merkmalswerte und die an sie gestellten Anforderungen bezieht. Spezifikationen übersetzten dabei die Bedürfnisse des Kunden in intern nutzbare Anforderungen. Ohne die Kenntnis dieser internen Anforderungen kann die Organisation keine Aussage zur Qualität ihrer Leistung treffen. Die finale Beurteilung der Qualität wird dabei aber unverändert auf den Kunden und dessen subjektive Bewertung abgewälzt. Wie die Erfahrungen aus dem industriellen Bereich zeigen, ist das ISO-Regelwerk erfolgreich anwendbar bei Regelprozessen und standardisierten Leistungsmerkmalen, da durch die Standardisierung der Produkte und Ablaufroutinen nur wenige Handlungsspielräume in einer Organisation offen bleiben, d. h. ein hoher Grad der Komplexitätsreduktion über die Vorderbühne möglich ist. Diese Verschlankung von Komplexität ist aber nur möglich, weil der Kontext der Problemlösung im Voraus festgelegt worden ist und damit die Variabilität weitgehend eingeschränkt wurde. Dies suggeriert den Eindruck, dass auch in anderen Bereichen Qualität ähnlich planbar, steuerbar und kontrollierbar und damit vorhersagbar ist, was aber speziell im sozialen Bereich nicht der Fall ist (Beckmann 2009).

Das Qualitätsmanagement der Vorderbühne kann immer nur die Struktur-, Methoden- und Kontroll-mechanismen bereitstellen, aber die Inhalte nicht ersetzen. Das Vorhandensein eines Managementsystems garantiert damit noch keine verbesserte Qualität, sondern entscheidend ist die gelebte Praxis. Da die Arbeitsverträge im Hinblick auf die zu erledigenden Aufgaben immer unvollständig sind, braucht die Organisation in puncto Leistungs- und Qualitätsbereitschaft daher immer die freiwillige Kooperation ihrer Mitarbeitenden. Dabei ist es wichtig zu verstehen, dass Menschen immer aufgrund ihrer gegenseitigen Beobachtungen reziprok handeln (gilt auch kulturübergreifend), positiv wie negativ und ihr bedingtes Verhalten an die Mitmenschen in ihrem Umfeld anpassen. Dabei sind die Motive und Intentionen der anderen, speziell des Managements, entscheidend, weniger die Konsequenzen. Die vom Management eingeforderten sozialen Normen sind dazu da, das Kooperationsproblem zu lösen, und machen es damit den Mitarbeitenden leichter, sich richtig zu verhalten, entweder dadurch, dass die Normen internalisiert werden, wie z. B. im Fall des Qualitätsbewusstseins, oder dass sie von anderen durchgesetzt werden über sozialen Druck oder hierarchische Sanktionierung. Damit sind das Qualitätsbewusstsein und alle anderen Normen und Werte sozial konstruiert, individuell über die (Qualitäts-)Kultur im Unternehmen, kollektiv über die Vorbildfunktion des Topmanagements. Das funktioniert aber nur dann, wenn Werte, Moral sowie Qualität und Sicherheit nicht am Verhalten und dessen Konformität gemessen werden (wie es heute im Qualitätsmanagement der Fall ist), sondern offizieller Teil der Zweckbestimmung und damit der Daseinsberechtigung eines Unternehmens werden. Qualität und Qualitätsbewusstsein brauchen die gelebte Praxis und Vorbilder, an denen sich Mitarbeitende orientieren können, der Schlüssel zu Qualitäts-Excellence und dem Anspruch, der Beste zu sein, liegt daher im sozialen und nicht im Regelwerk.

Boeing-Story

Qualitätsbewusstsein ist auch betriebswirtschaftlich eine Notwendigkeit, wie der Fall der 737-MAX-8 zeigt, da das Ignorieren von Qualität, Moral und Sicherheit auf der höchsten Führungsebene Boeing bis 2020 ca. US$ 21 Mrd. an direkten Kosten verursacht hat und zugleich mehr als 600 Bestellungen für die MAX storniert wurden, mit einem Listenpreis von insgesamt US$ 33 Mrd. Mit den Kosten für die fehlende Vorbildfunktion des Managements und den daraus resultierenden Cost-of-Non-Quality hätte von Boeing ein komplett neues Flugzeug mit einer deutlich besseren Zukunftspositionierung im Mittelstreckenbereich entwickelt werden können (Robinson 2021).

16.4 Qualität 4.0 – die Suche nach Eindeutigkeit

Das Narrativ unserer Zeit sind Daten und Fakten, d.h. das Quantitative, der Mensch wird dabei aber meist übersehen. Analog dazu setzt das Qualitätsmanagement heute in hohem Maße auf digitale Technologien, in der Hoffnung, über ein erweitertes Expertenwissen in Form von Data Analytics, digitalisiertem Methodenwissen und algorithmischen Auswertungen die Stellung der Qualitätsfunktion im Unternehmen zu verbessern. Das Schlagwort hierfür ist „Qualität 4.0“. Erwartet werden eine höhere Kundenzufriedenheit, niedrigere Kosten der Qualitätskontrolle, eine niedrigere Fehlerrate usw., wobei Verbesserungen von jeweils 15–20 % gegenüber dem aktuellen Status erwartet werden. Diese Verbesserungen, so die Annahme, sind im Wesentlichen auf den Einsatz neuer Technologien zurückzuführen. Die Erfolge sind aber bisher nach einer gemeinsamen Studie der Boston Consulting Group (BCG), der American Society for Quality (ASQ) und der Deutschen Gesellschaft für Qualität (DGQ) mit dem Titel: „Qualität 4.0 erfordert mehr als pure Technologie“ aus dem Jahr 2020 eher bescheiden ausgefallen (Studie BCG, ASQ & DGQ 2020). In der Studie wird darauf verwiesen, dass Technologie nur ein Teil der Qualitätstransformation ist, vielmehr müssen auch Mitarbeitende und deren Qualitätswissen berücksichtigt werden. Dies ist ein Hinweis, dass das fachliche und soziale Kapital der Mitarbeitenden und deren Ambiguitätstoleranz bislang bei der Qualität 4.0-Initiative vernachlässigt wurden. Viele Mitarbeitende im Qualitätsbereich stellen sich heute die Frage, ob ihr Wissen und ihre Erfahrung in Zukunft noch benötigt werden. Aber gerade die soziale Dimension der Digitalisierung erfordert eine Verteidigung des Menschen, denn durch Technologie alleine lässt sich kein Durchbruch bei der Qualität erzielen. Dabei ist zu berücksichtigen, dass die Entwertung der menschlichen Arbeit immer auch mit einem hohen Maß an Moral Debt verbunden ist, wie der Boeing Case anschaulich verdeutlicht hat. Wie die Studie ferner gezeigt hat, sind Menschen, die für die Qualität verantwortlich sind, auch in Zukunft dringend erforderlich, da sich bei der Digitalisierung nur das Aufschreibesystem, aber nicht die Dinge selbst verändern. Oft wird das, was digitalisiert wird, bereits als ideal verstanden, was aber nicht der Fall ist. Damit schafft die Digitalisierung im Qualitätsbereich nichts Neues, sondern erst der soziale Aushandlungsprozess zu Qualität 4.0 kann, wie in Bild 16.4 dargestellt, etwas Neues über den sozialen Wandel im Unternehmen schaffen, z. B. ein vertieftes Qualitätsbewusstsein und damit ein Verantwortungsgefühl der Mitarbeitenden für die Qualitätsergebnisse im Unternehmen. Dabei kann die digitale Technik unterstützen, sie darf aber nicht zum Selbstzweck werden. Sascha Friesike und Johanna Sprondel haben eindrücklich darauf hingewiesen, dass die reine Digitalisierung als solche zwar gut funktioniert, aber die digitale Transformation oft an den fehlenden sozialen Aushandlungsprozessen scheitert (Friesike & Sprodel 2022). Qualität 4.0 schafft ohne die soziale Integration daher nur Scheinlösungen ohne Verhaltensänderungen, da, wie bekannt, neue Einsichten aus der digitalen Welt keineswegs bereits Lösungen sind, die sich im Alltag bewähren. A. Bremer hat in ihrer Studie zur Diffusion des Internet der Dinge auf die mittlere Beschäftigungsebene auch die Notwendigkeit der sozialen Integration bei der Einführung digitaler Technologien für verschiedene Unternehmen und Branchen empirisch nachgewiesen (Bremer 2017).

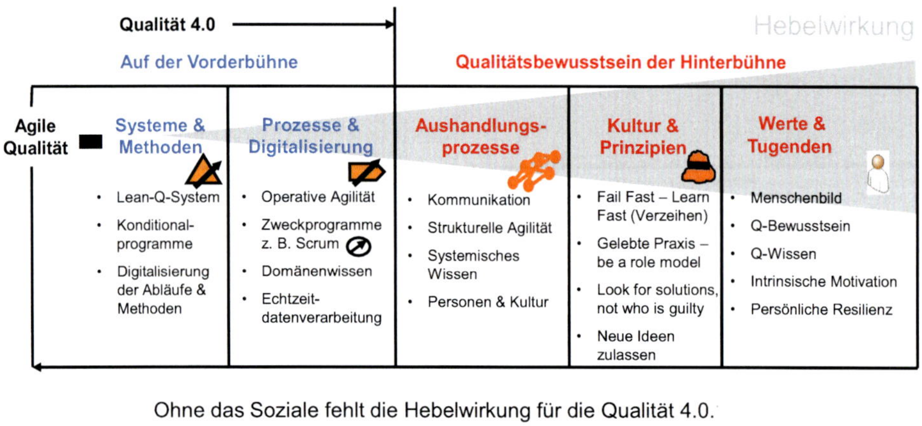

Bild 16.4 Qualität 4.0 – auf den Menschen kommt es an

Die digitale Technik verändert die Beziehung zwischen den Mitarbeitenden und dem Unternehmen, denn die menschliche Kommunikation verschwindet hinter Benutzeroberflächen und unsichtbaren Workflows, d. h. Nachvollziehbarkeit, Kontrollierbarkeit und damit Vertrauenswürdigkeit bekommen einen neuen Stellenwert. Dies kann dazu führen, dass der Beitrag von Fachkräften prekär wird und nur noch auf der Hinterbühne vorhanden bleibt. Entscheidungen ohne Aushandlungsprozess zwischen Mitarbeitenden und Management, die zu Beginn eines Digitalisierungsprojekts getroffen werden, können lange negative Nachwirkungen haben und ggf. schwer wieder rückgängig gemacht werden. Die vollständige Ersetzung des Menschen sollte daher kein überbordendes Ziel sein, nicht, wo menschliche Urteilkraft erforderlich ist. Die Digitalisierung muss von den Mitarbeitenden als legitim empfunden werden, sonst besteht die Gefahr von Moral Debt bzw. innerer Kündigung, falls vom Management primär die Effizienzsteigerung als Ziel verfolgt wird. Das Unternehmen entwickelt sich dann von einem sozialen zu einem primär technologiegetriebenem kybernetischen Verhalten mit einem Wechsel vom „Null-Fehler-“ hin zu einem „Null-Verantwortungs-Prinzip“, wenn die Diffusion von Verantwortung zwischen Mensch und Algorithmus nicht vermieden wird.

Die moderne Arbeitsteilung führt dabei zu einer zunehmenden Anwendung von Algorithmen in der Arbeitswelt, wobei Algorithmen als die schlankesten Regeln der Entscheidungsfindung eine schrittweise Berechnung bzw. Lösung von Problemen in einem definierten Kontext ermöglichen. Für ihre Effektivität und Effizienz benötigen Algorithmen aber ein stabiles Umfeld, denn sie agieren unabhängig vom realen Kontextgeschehen, d. h., sie funktionieren autark und explizit. Dies macht es notwendig, Algorithmen unter kontrollierten „Laborbedingungen“ zu betreiben, um Unwägbarkeiten auszuschließen, die die algorithmische Problemlösung obsolet machen könnten. Dies drückt sich auch anschaulich in den neuen Smart Factories aus, die über Lean Management und die Digitalisierung immer mehr wie Labore aussehen, im Gegensatz zu den traditionellen Produktionsstätten, die von Menschen bevölkert waren.

16.5 Qualitäten – ein humanistisches Projekt

Wie so oft wird auch im Qualitätsmanagement vom Angebot her gedacht und der Kunde mit seinen individuellen Erwartungen vernachlässigt. Ferner muss das, was das Unternehmen für Qualität hält, nicht notwendigerweise das sein, was der Kunde unter Qualität erwartet. In einer modernen ausdifferenzierten Gesellschaft erwarten die Kunden einen Nutzen nicht nur in der wirtschaftlichen bzw. technologischen Dimension, sondern das Produkt muss auch in der Sozialdimension als stimmig wahrgenommen werden. In einer Welt des Quantitativen wird es daher immer wichtiger, auch das Qualitative hochzuhalten, d. h. in einer Werte-Ökonomie das Zwischenmenschliche und damit das Soziale mehr zu berücksichtigen. Denn nur das Soziale kann sicherstellen, dass sich Organisationen mit ihren Stakeholdern und damit ihren Kunden über Beziehungen immer wieder neu begegnen und mit Innovationen gegenseitig überraschen können. Für die Kunden wird neben der Produktqualität die Nutzenerfahrung, d. h. der Kundennutzen als Differenzierungsmerkmal, immer wichtiger, da viele Geschäftsmodelle heute einen Leistungsanteil beinhalten. Der Kundennutzen ist dabei als ein zeitlich kumuliertes subjektives Maß für Qualität zu verstehen, da der Nutzen nur erlebt und nicht rational definiert werden kann. Leistungsvereinbarungen sind im Allgemeinen auf Langfristigkeit in den Kundenbeziehungen ausgelegt um wirtschaftlich sinnvoll zu sein. Damit wird, neben der Produktqualität, auch die langfristige Kooperation, d.h. die Zeit selbst, zu einem wichtigen Qualitätsfaktor. Das erfordert aber Vertrauen zwischen den Partnern, um sich immer wieder gegenseitig moralisch zu verschulden. In Bild 16.5 sind die Zusammenhänge zwischen den verschiedenen Dimensionen von Qualität dargestellt.

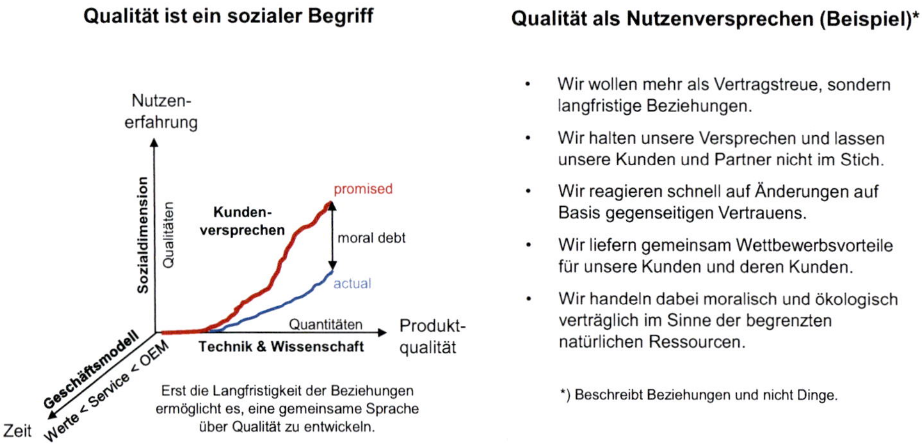

Bild 16.5 Qualität und ihre Ambivalenz

Aus Bild 16.5 wird ersichtlich, dass Qualität immer beides ist: etwas Relatives zu einem Standard oder einer sozialen Norm und etwas Subjektives, das die individuelle Sichtweise auf die Nutzenerfahrung beinhaltet. Inhärente Qualitätsanforderungen für technische Produkte lassen sich über objektivierte Merkmale wie die Funktionalität, Haltbarkeit, Langlebigkeit usw. eindeutig spezifizieren. Die zugeordneten Qualitätsmerkmale können aber meist nur in Bezug auf das ganze Produkt und dessen Anforderungen in einem sozialen Kontext festgelegt werden. Die Technik bzw. Wissenschaft werden dabei oft losgelöst von ihrer sozialen Einbettung und deren langfristigen Auswirkungen gesehen. Dies führte aber zu einer Alternativlosigkeit in den Geschäftsmodellen, d.h. zu einem alternativlosen Effizienzstreben, das u.a. die Risiken einer globalisierten Wirtschaft, wie etwa Versorgungssicherheit, Nachhaltigkeit und nicht zuletzt die Unverträglichkeit zu vorhandenen Normen und Werten, ausgeblendet hat. Prosperität und kurzfristige Gewinnpotentiale werden als wichtiger erachtet als die Langlebigkeit in den Kundenbeziehungen. Es wird auf die juristische Sicherheit in den Geschäftsbeziehungen fokussiert, aber keine gegenseitige moralische Verschuldung angestrebt. Das Nutzenversprechen ist kein Vertrag im herkömmlichen Sinne, sondern formuliert eine auf Werten und Moral basierende Beziehungsqualität (siehe Bild 16.5), die auf Qualitäten in Form von Tugenden basiert, die einer moralischen und nicht juristischen Bewertung unterliegen (siehe hierzu auch Barwise & Meehan 2011).

Das Bestreben des Qualitätsmanagements, den Kundennutzen messbar zu machen und dabei das Zwischenmenschliche zu ignorieren, führt meist zu einer unvollständigen Repräsentation der sozialen Wirklichkeit, da die Gefahr besteht, dass Messbarkeit wichtiger wird als der Nutzen selbst. Die Nutzenerfahrung in der Sozialdimension lässt sich klassifizieren (nicht messen) nach unterschiedlichen Beziehungsqualitäten wie: Beobachtung, Toleranz, Achtsamkeit, Anerkennung, Wertschätzung und Vertrauen. Ordnet man diese sozialen Quantitäten unterschiedlichen Geschäftsmodellen zu, dann ist der minimale Beziehungsstatus eines klassischen OEMs gekennzeichnet über Marktbeobachtung und Toleranz in der Produktvielfalt. Die eines Dienstleisters zusätzlich über Achtsamkeit in den Kundenbeziehungen und der Anerkennung individueller Kundenanforderungen und die eines Nutzenproviders darüber hinaus in der Wertschätzung der langfristigen Partnerschaft mit allen Stakeholdern, sowie der dafür erforderlichen Vertrauensbasis. Bei der Qualität von Morgen geht es weniger um technologische Innovationen und die Digitalisierung der bestehenden Geschäftsmodelle auf der Sachebene, sondern vielmehr um soziale Attribute, ausgedrückt über Quantitäten wie das Nutzenversprechen in der Sozialdimension. Das Soziale wird damit zum entscheidenden Differenzierungsmerkmal. Die Nutzenerfahrung ist das Ausmaß der vom Kunden wahrgenommenen Güte der Geschäftsbeziehung. Der Aufbau einer Nutzenreputation bedeutet langfristige Investitionen in gegenseitiges Vertrauen und damit soziales Kapital (Moral Credit).

Boeing-Story

Im Falle von Boeing hat genau diese Investition in soziales Kapital nicht stattgefunden, sondern der Aktienkurs stand im Mittelpunkt der Managementaktivität und das Flugzeug, die 737-MAX-8, wurde wie eine Commodity behandelt. Das Unternehmen ist damit von einer Ikone der Luftfahrt, der man vertraut hat, auf ein Unternehmen „abgestürzt", das die Achtsamkeit für das hier und jetzt und damit für die Sicherheit ihrer Flugzeuge verloren hat. Aus der Innensicht war der „Absturz" noch gravierender, da sich ausgehend von einer Vertrauenskultur, die es erlaubt hat, Probleme zu benennen und gemeinsam zu lösen, eine Kultur fehlender Achtsamkeit und Toleranz für die Hinweise der Mitarbeitenden auf vorhandene Qualitätsprobleme entwickelt hat. Die Vorderbühne wollte schnelle Ergebnisse und hat die Warnungen und Hinweise der Hinterbühne ignoriert und aus Gründen des Shareholder Value zusätzlich einen Personalabbau betrieben, was zu einem dramatischen Verlust an kollektivem Wissen und einer Kultur des Wegschauens und der Angst geführt hat.

16.6 Qualität braucht Leadership

Unternehmen müssen, wollen sie längerfristig überleben, die Fähigkeit besitzen, sich Änderungen in ihrer Umwelt anzupassen. Die Anpassung erfolgt dadurch, dass die Organisation die veränderte Umwelt intern als Irritation erlebt und darauf mit veränderten Regeln der Entscheidungsfindung reagieren muss, um sich der Umwelt neu anzupassen. Bei den Regulierungsmöglichkeiten lassen sich nach Lorraine Daston drei prinzipielle verschiedene Gruppen unterscheiden (Daston 2023):

a) Schlanke explizite Regeln, wie Algorithmen, die sich über Standardisierung, Wiederholbarkeit und die Zerlegung der Problemlösung in einfache Schritte auszeichnen, aber auf Stabilität des Umfelds angewiesen sind.

b) Füllige Regeln, bei denen der Menschen als Ersatz für explizite Vorgaben steht und damit eine Regel verkörpert, die über sich selbst hinausweist und so zum Vorbild bzw. Paradigma wird.

c) Gesetze, Vorschriften und Prinzipien

Historisch gesehen waren füllige Regeln weit verbreitet, z. B. die Meister-Schüler-Beziehung. Heute, im Zeitalter der Digitalisierung, ist die Regelbefolgung über Vorbilder aber aus der Mode gekommen. Vorbilder bzw. Paradigmen sind ihrem Wesen nach aber das genaue Gegenteil von Algorithmen. Heute ersetzen Algorithmen Paradigmen durch explizite Regeln, denn in einer Welt, die nach Eindeutigkeit strebt, erscheinen Paradigmen als rätselhaft, intuitiv und rational unzugänglich. Aber ohne die über Vorbilder verkörperte Lebensweise sind die Algorithmen nur eine Anhäufung von statistischen Handlungsfolgen, ohne Sinnbezug zum realen Kontext, d. h., der Sinnbezug erfolgt über den Beobachter, nicht über das System selbst. Eine komplexe Organisation braucht daher Führungspersönlichkeiten, die die Wiedersprüche und Zielkonflikte der Organisation in sich selbst aufnehmen und als füllige Regel bzw. Vorbild für den Rest der Organisation fungieren. Darauf hat auch bereits Wittgenstein hingewiesen, dass die Befolgung von Regeln in einer Organisation eher durch Beispiele als durch explizite Vorgaben gelehrt werden sollte (Pädagogik vor Technik).

Füllige Regeln wie Vorbilder sind also dazu da, mit Überraschungen und Irritationen aus der Umwelt umgehen zu können. Die Mehrdeutigkeit menschlicher Vorbilder ist hier ein Wesensmerkmal, das Variabilität ermöglicht, und kein Makel. Auch explizite Regeln wie Algorithmen benötigen immer die Unterstützung durch implizite Regeln, d. h. Ermessen und Urteilskraft auf Basis praktischer Erfahrung. Algorithmen erfordern daher eine unsichtbare Armee von menschlicher Überwachung, die ggf. die Lücke zum gewollten Ergebnis ausgleicht. Zu jeder schlanken Regel gehört daher eine füllige Regel, die hinter ihr aufräumt. Das gilt auch für die allermeisten QM-Methoden und insbesondere beim Einsatz der Künstlichen Intelligenz, deren Latenz dazu führt, dass Rechenleistung bzw. Performance mit menschlichem Verstehen der Situation und des Kontextes verwechselt werden. In Bild 16.6 ist der prinzipielle Unterschied zwischen fülligen und schlanken Regeln, am Beispiel einer Smart Factory im Vergleich zu einer konventionellen Produktion, dargestellt.

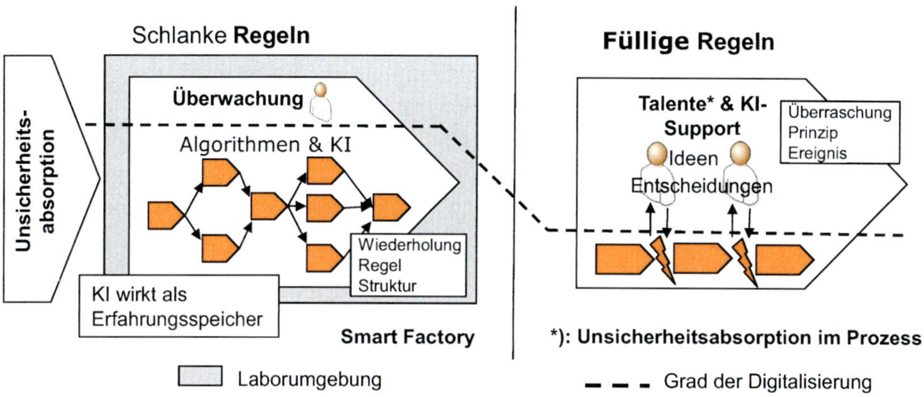

Bild 16.6 Anwendung schlanker vs. fülliger Regeln (siehe auch Wohland & Wiemeyer 2012)

Ersetzt man Menschen im direkten Produktionsablauf durch Algorithmen, dann bedarf es wegen der festen Kopplung der Prozessabfolge einer vorgelagerten Unsicherheitsabsorption, z. B. über Data Analytics, Modelle, Simulationen, Digitale Zwillinge usw., um ggf. auftretende Überraschungen, die bei der Auslegung der Algorithmen nicht berücksichtigt wurden, im operativen Betrieb frühzeitig zu erkennen. Es ist daher eine der wesentlichen Aufgaben der Mitarbeitenden in der Smart Factory, durch die kontinuierliche Echtzeitüberwachung der Prozessabläufe Unterbrechungen und Stillstände über präventive Maßnahmen im Vorfeld abzufangen. Treten trotz aller Prävention doch Störungen und Stillstände auf, dann werden für deren Behebung aber immer Menschen benötigt. Der Einsatz der verbleibenden Mitarbeitenden wird damit immer kritischer, je höher der Automatisierungsgrad wird, d. h. das Verhältnis zwischen Mensch und Maschine muss stets aufs Neue ausgehandelt werden (Hessler 2014). Nehmen aber in einem dynamischen Umfeld die externen Überraschungen zu, dann ist es sinnvoll, die Digitalisierung der Abläufe zu begrenzen und die Bearbeitung der Abweichungen den Menschen im Prozess zu übertragen, d. h. schlanke Regeln werden temporär durch füllige Regeln ersetzt und dann wird entschieden, wie mit den schlanken Regeln weitergemacht wird. Dazu braucht es Mitarbeitende, die über praktische Vernunft und Kreativität verfügen. Praktische Vernunft ist aber über Intelligenz alleine nicht zu haben, da auch die außersprachliche Wirklichkeit Teil des Vernunftbegriffs ist (Deutscher Ethikrat 2023). Dies ist letztlich auch der Grund, warum Künstliche Intelligenz (KI) in einem engen Kontextbereich auf Basis der Trainingsdaten zwar richtige Entscheidungen trifft, ein verantwortliches Handeln aber nicht gewährleisten kann. Aus einer schlanken Regel folgt eine Handlung, ohne dass eine Entscheidung notwendig wäre. Im Gegensatz dazu gelten Prinzipien immer, ohne dass daraus eine konkrete Handlung folgt. Prinzipien setzen nur einen Rahmen für kontextbezogene Entscheidungen, innerhalb dessen dann mit praktischer Vernunft gehandelt werden kann. Die Anwendung von Prinzipien erfordert aber die Übernahme von Verantwortung, da Entscheidungen auch immer falsch sein können. Daher ist der Erhalt der menschlichen Fähigkeiten gerade auch in einer digitalen Welt notwendig, um die Resilienz des Gesamtsystems über die menschliche Interventionsfähigkeit zu erhalten. Als Beispiel müssen Piloten, gerade wegen des hohen Automatisierungsgrads eines Flugzeugs, ihre Interventionsfähigkeit regelmäßig in einem Simulator unter Beweis stellen. Bei der digitalen Transformation ist daher in die Fähigkeit der Menschen mindestens ebenso viel zu investieren wie in digitale Technologien.

Weizenbaum und Dreyfus haben auf den Verlust der eigenen Fähigkeiten durch das Vertrauen in die perfekte Technik bereits frühzeitig hingewiesen (Dreyfus 1986). Oder wie es Hannah Arendt über die neuen „digitalen Entscheidungsträger" in den Organisationen ausgedrückt hat (Zitat):

> *„Sie beurteilen nicht, sondern sie berechnen … Ein äußerst irrationales Vertrauen in die Berechenbarkeit der Realität wurde zum Leitmotiv der Entscheidungsfindung."*

Aus „Die Macht der Computer und die Ohnmacht der Vernunft" von J. Weizenbaum (Weizenbaum 1978).

Boeing-Story

Die hohe Sicherheit in der Luftfahrt ist gegenüber allen anderen Transportsystemen ihr herausragendes Qualitätsmerkmal, das auf Vertrauen in die Organisationen beruht, die die Flugzeuge entwickeln und bauen. Im Fall der Boeing 737-MAX 8 wurde die Interventionsfähigkeit der Piloten auf tragische Weise beschnitten, da die Funktion des automatischen Trimmsystems MCAS (Maneuvering Characteristics Augmentation System) den Piloten nicht bekannt war und daher dessen Auswirkungen auf das Flugverhalten im Simulator auch nicht berücksichtigt wurde. Es standen wirtschaftliche Ziele im Vordergrund (Common Cockpit), die Sicherheit ist dabei auf der Strecke geblieben.

16.7 Warum Hidden Champions besser sind

Hidden Champions sind zum Großteil Familienunternehmen, in denen die Eigentümer in einer unternehmerischen Gesamtverantwortung stehen und durch eine familiäre Kultur geprägt sind. Sie handeln langfristig in ihren Risikoabschätzungen und sind nicht ausschließlich fokussiert auf eine Maximierung der Rendite. Die Hidden

Champions sind in vielen Bereichen besser als ihre schärfsten Wettbewerber, wie in Bild 16.7 dargestellt, aber besonders die deutlich bessere Produktqualität ist auffällig, d.h., das Streben nach Perfektion in der Ausführung, bei einer gleichzeitig hohen internen Wertschöpfungstiefe (Simon 2021). Qualität wird über ein ausgeprägtes Qualitätsbewusstsein internalisiert und damit Teil der Unternehmenskultur. Große Unterschiede zeigen sich aber auch bei den sozialen Aspekten der Qualität wie Customer Relations, Consulting, System Solutions usw., die alle aus Sicht der Kunden auf einer hohen Vertrauensbasis für die Nutzenmaximierung basieren.

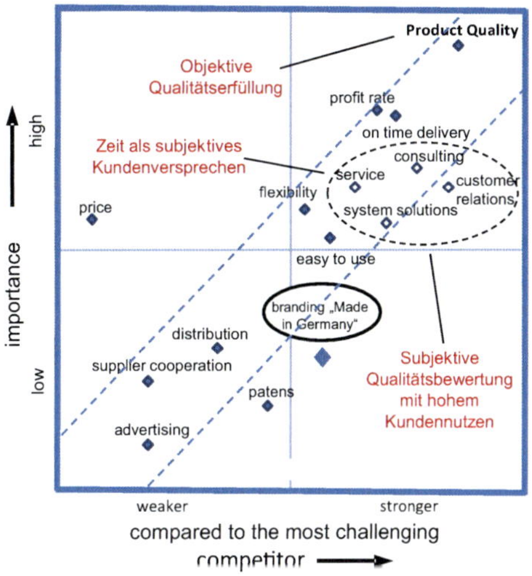

Leadership in Quality Excellence:

Hidden Champions – strikt in den Grundwerten (Qualitätsbewusstsein), partizipativ in der Ausführung

Konzerne – variabel in den Grundwerten (hohe Managementfluktuation), strikt in der Ausführung

Unterschiede	Hidden Champions	Konzerne
Kundenkontakte	ca. 38 %	ca. 8 %
Rollendefinition	weit	eng
Kultur	der Beste sein	Ziele erreichen
Kommunikation	direkt	indirekt
Lernumgebung	Kunde	Hierarchie

Bild 16.7 Hidden Champions und ihre schärfsten Wettbewerber (Simon 2014 & 2021)

Auffällig sind auch die Unterschiede in der Führung der Mitarbeitenden, was Werte und deren gelebte Praxis betrifft. Mitarbeitende sind an der Leistungsfähigkeit des gesamten Unternehmens orientiert, d.h., im Zweifel geht das Unternehmen vor. Im Fall der Hidden Champions werden Abweichungen in den kulturellen Werten, z.B. ein unzureichendes Qualitätsbewusstsein, streng sanktioniert, im Fall der Konzerne wird über eine starke Kontrolle in der Ausführung der einzelnen Arbeitsschritte nach Konformität gestrebt. Soziale Normen und Werte dienen ferner der Kooperationsbereitschaft im Unternehmen und bilden damit auch den Kompass für das Agieren und Anpassen in unsicheren Zeiten. Denn bei den Hidden Champions etabliert sich oft ein personenbezogenes Sozio-System, wo die Eigentümer als Führungspersonen und Vorbild einen bestimmenden Einfluss darauf haben, wie sich die Kultur im Unternehmen entwickelt. Der einzelne Mitarbeitende wird in seiner ganzen Persönlichkeit wahrgenommen, d.h., die Kommunikation ist mehr persönlich und informell. Daher kommen die Hidden Champions oft mit weniger formaler Struktur und einem geringeren Abstimmungsbedarf aus.

Im Gegensatz dazu findet man bei Konzernen oft ein rein rollenbezogenes soziales System, bei dem die Führung durch das Topmanagement von den Mitarbeitenden meist nur sehr indirekt und daher weniger kulturbildend erfahren wird. Einer der Gründe dafür sind die sehr unterschiedlichen Verweilzeiten des Topmanagements in ihren Führungspositionen. Während bei den Hidden Champions der CEO bzw. Eigentümer oft 20 Jahre und mehr in seiner Position verbleibt, wechselt das Management in Konzernen in einem Rhythmus von ca. fünf bis sechs Jahren, d.h., das Management kommt und geht, aber die Kultur bleibt dieselbe, da Mitarbeitende das Risiko der Anpassung an den jeweiligen Führungsstil als zu hoch einschätzen. Denn morgen kann, aufgrund der hohen Fluktuation, ggf. schon wieder alles anders sein. Aber auch in Konzernen können einzelne Personen im Topmanagement, speziell CEOs, als Vorbilder nachhaltige Veränderungen herbeiführen, wie das Beispiel von J. Welch bei GE gezeigt hat, aber nur, wenn sie lange genug in ihrer Position verbleiben. Da Organisationen sich nur von innen heraus verändern können, müssen Führungskräfte als interne „Störquellen" in die Entscheidungsprämissen der Organisation eingreifen, was immer auch mit Struktur und Kulturänderungen verbunden ist. J. Welch war zu seiner Zeit mit seinem einseitigen Fokus auf den Börsenwert aus Sicht der Shareholder von GE sehr erfolgreich, heute ist GE aber nur noch ein Schatten seiner selbst, die Ähnlichkeit in der Entwicklung zu Boeing ist nicht zu übersehen.

Was die Qualität im Allgemeinen betrifft, so ist auffällig, dass bei den Hidden Champions viel mehr die Mitarbeitenden einen direkten Kundenkontakt haben und sich damit am Kundennutzen und weniger an abstrakten Zielen in ihrer täglichen Arbeit orientieren, d.h., die Lernumgebung sind die Kunden und weniger die Hierarchie. Wichtige Produktmerkmale werden dadurch über persönliche Beziehungen und Erfahrungen mit dem Kunden sozialisiert, d.h. im Sinne der Kunden uminterpretiert, da alle Teile der Organisation den Kunden in ihrer funktionalen Dimension begegnen. Bei einem Vertrag sichert man sich gegenseitig juristisch ab, bei einem Nutzenversprechen setzt man vielmehr auf Vertrauen und baut so über die Zeit eine immer höhere gegenseitige moralische Verschuldung auf, die die Voraussetzung bildet, die gemeinsamen Herausforderungen der Zukunft besser und schneller als der Wettbewerb bewältigen zu können. Es geht nicht um ISO-Konformität, sondern um das Ziel, in allen drei Qualitätsdimensionen Produkt, Nutzen und Zeit besser zu sein als der schärfste Wettbewerber. Das Label „Made in Germany" steht dabei nicht nur für die Produktqualität, sondern auch für vertrauensvolle Herstellbedingungen und ist damit nicht zuletzt auch ein Nachhaltigkeitsversprechen.

16.8 Qualität und ihre Transzendenz

An dieser Stelle soll nochmals darauf hingewiesen werden, dass das klassische Qualitätsmanagement über Zielvereinbarungen nicht in der Lage ist, ein umfassendes Moral- und Qualitätsbewusstsein aufzubauen, da das Erreichen von Zielen aus Qualitätssicht nicht an ein notwendig vorhandenes Qualitätsbewusstsein gebunden ist. Individuelles Bewusstsein lässt sich nur über eine regelbasierte Ethik aufbauen, die auch im Kontext diffuser Verantwortung wirkmächtig ist, da sie nicht danach fragt, was die Konsequenzen sind, sondern danach, was aus Sicht der Qualität oder Moral richtig oder falsch ist. Für ein ethisch geprägtes systemisches Verhalten ist dabei wesentlich, dass jeder Mitarbeitende gleichwertig und gleichwürdig ist. Die Bedeutung von Qualität und Moral im Unternehmen muss auf der Vorderbühne von der obersten Führung klar, persönlich glaubhaft und mit emotionaler Entschlossenheit eingefordert und vom gesamten Management gelebt werden. Was ist nun aber das so oft zitierte und eingeforderte Qualitätsbewusstsein? Die DIN ISO 9000:2015 definiert das Qualitätsbewusstsein wie folgt:

Individuelle Ebene: *„Grundhaltung einer Person gegenüber Qualität, die auf Werten, Einschätzungen und Normen dieser Person beruht und deren qualitätsbezogenes Denken und Handeln beeinflusst".*

Kollektive Ebene: *„Qualitätsbewusstsein ist ein wesentlicher Bestandteil der Unternehmenskultur, der in der Art und Weise wirksam wird, wie der Qualitätsgedanke in einem Unternehmen für alle erkennbar gelebt wird".*

Die Definitionen sind sehr allgemein und für den praktischen Gebrauch nur eingeschränkt hilfreich, da meist davon ausgegangen wird, dass die Bewusstseinsbildung ein kognitiver Prozess ist und durch entsprechende Zielsetzungen im Unternehmen erreicht werden kann. Dabei ist aber nicht klar, was das Qualitätsbewusstsein eigentlich ist und wie es entwickelt werden kann. Maurice Merleau-Ponty u. a. haben in ihrer Phänomenologie zur Wahrnehmung sehr früh darauf hingewiesen, dass die Differenz des Körpers zur Umwelt die Voraussetzung dafür ist, damit sich ein persönliches Bewusstsein ausbilden kann (Merleau-Ponty 1976). Das bedeutet, dass die berühmte Aussage von Rene Descartes: „Ich denke, also bin ich" ersetzt werden müsste durch die Erfahrung, dass unser Bewusstsein nicht die Voraussetzung, sondern die Folge unserer Interaktion mit der Umwelt ist. Analog zu Descartes müsste man daher formulieren: „Ich handle, also werde ich". Pfeifer und Bongard haben die Wichtigkeit dieser Erkenntnis u. a. auch für die Entwicklung der Robotik in „How the body shapes the way we think" beschrieben (Pfeifer & Bongard 2007). Das Qualitätsbewusstsein erfordert „tactic knowledge", das aber nur über praktische Erfahrung während der Sozialisierung in der Berufsrolle gelernt und später verfeinert und vertieft werden kann. Qualitätsbewusstsein ist damit letztlich gekennzeichnet durch Urteilskraft im Gegensatz zur Anwendung von Methoden und Routinen. Alle Handlungen erscheinen dabei vor einem über einen langen Zeitraum eingeübten, nicht bewusst reflektierten und daher impliziten neuronalen Sinnfeld der kumulierten Qualitätserfahrungen, d.h., erst die verinnerlichten Erfahrungen geben den alltäglichen Handlungen ihren unbewussten Sinn für Qualität (Gabriel 2020). Karl Weck von der Michigan University hat ähnlich argumentiert (Zitat): *„How do you know what you think, before you see what you do?"* (Pfeifer & Bongard 2007). Mit anderen Worten lässt sich das Qualitätsbewusstsein auch als interne und selbstreferenzielle Beobachtung 2. Ordnung deuten, wobei die Beobachterposition eine implizite ist, d.h. unbewusst erfolgt. Bild 16.8 beschreibt in Anlehnung an (Beacker 2019) diese Bewusstseinsbildung in einer rekursiven polykontextualen Form, wobei die Abhängigkeiten der einzelnen Zustände komplex, d.h. implizierend als auch negierend sein können.

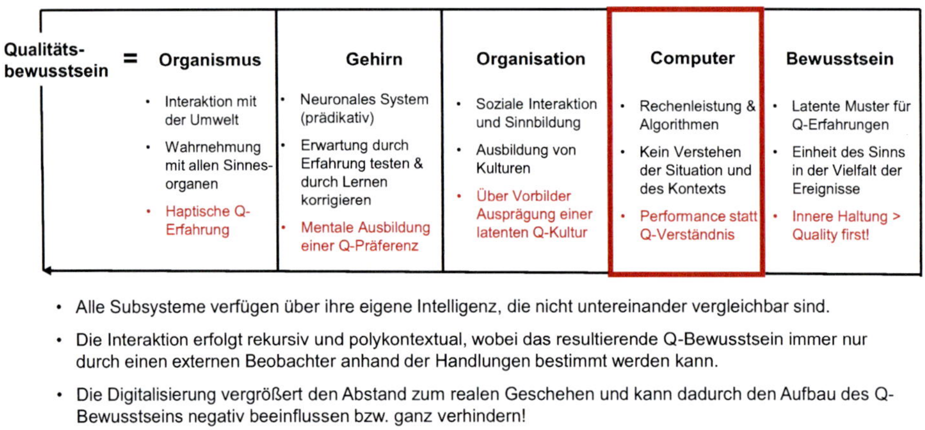

Bild 16.8 Interaktionskalkül für die Bildung des Qualitätsbewusstseins

Das Qualitätsbewusstsein braucht mithin Qualifikationen, die im digitalisierten Routinebetrieb nicht aufgebaut werden können, aufgrund der funktionalen und informellen Distanz zum realen Geschehen. So hat auch bereits Aristoteles in seiner Lehre der Tugenden darauf hingewiesen, dass das entscheidende Lernen gerade nicht vornehmlich intellektuell, sondern vielmehr durch Einüben erfolgt, d.h., moralisch wird man durch moralisches Handeln und analog entwickelt sich ein Qualitätsbewusstsein durch die Qualität der praktischen Arbeit. Handwerkliche Arbeit schult dabei alle Sinne, braucht aber Wiederholung, um Sinn, Verstand und Körper aufeinander abzustimmen. Individuelles Qualitätsbewusstsein ist damit induktiv, d.h. eine durch praktische Lernprozesse in der realen Welt erworbene Erfahrung, die als implizites Wissen dem Körper, dem Gehirn sowie als individuelle soziale Orientierung auch dem Bewusstsein zur Verfügung steht und von den jeweiligen sozialen Systemen bzw. Organisationen über die Hinterbühne verstärkt oder abgelehnt werden kann. Ein individuelles Qualitätsbewusstsein braucht daher eine Qualitätskultur im Unternehmen, damit die Sinnerfahrung für Qualität langfristig aufgebaut und stabilisiert werden kann.

Die kollektive Sinnerfahrung für Qualität braucht darüber hinaus ein Qualitätsethos im Unternehmen, das für alle Mitarbeitende Qualität als Basis ihrer Kooperation erfahrbar macht. Ein Ethos wirkt deduktiv, schließt also von einem Prinzip auf den Einzelfall, was sich aber vom Individuum aus betrachtet ohne entsprechende Beispiele bzw. Vorbilder im Unternehmen, denen man folgen kann, nur bedingt realisieren lässt. Genau hier kommt die Vorbildfunktion des Senior Managements zum Tragen, um ein qualitätsbewusstes Handeln in der Organisation sichtbar zu machen und damit aus Sicht der Mitarbeitenden persönliche Investitionen in die Qualität ihrer Handlungen zu entlasten. Das unterstützende Regelwerk, die ISO 9001, kann dabei helfen, die individuellen Erfahrungen der Mitarbeitenden zu systematisieren und zu erweitern, kann aber selbst das eingeübte individuelle Qualitätsbewusstsein nicht ersetzen. Es braucht daher beides, das deduktiv wirkende Vorbild des Managements, um ein kollektives Qualitätsbewusstsein zu ermöglichen, und ein über die tägliche Arbeit eingeübtes induktives Qualitätsbewusstsein der Mitarbeitenden, um die kreativen Lücken, die die Vorderbühne lässt, zu füllen. Bei einer unausgewogenen Digitalisierung werden aber immer mehr der fülligen Regeln durch Algorithmen ersetzt, wobei die Gefahr besteht, dass das individuelle Qualitätsbewusstsein verkümmert und auf das Monitoring von Quantitäten, d.h. implizites Wissen auf Konformität reduziert wird.

Boeing-Story

Im Falle der 737 ist bei Boeing der gegenteilige Prozess abgelaufen, d. h., ausgehend von einem sehr hohen Stand des Qualitäts- und Sicherheitsdenkens wurde dieses Bewusstsein vom Topmanagement, nach dem Merger von Boeing und McDonnell Douglas im Jahr 1997, nicht weiter kultiviert, sondern, im Gegenteil, aufgrund der neuen Shareholder-Orientierung als Kostentreiber und damit als Behinderung für den weiteren Unternehmenserfolg empfunden. Das hatte zur Folge, dass sich viele erfahrene Mitarbeitende innerlich immer weiter vom Unternehmen entfernten. Es wurden nur die Vorgaben des Managements bzgl. Effizienz und Produktivität umgesetzt, vielfach auch von Dienstleistern, was dazu geführt hat, dass die Bereitschaft vieler Mitarbeitenden, persönlich und moralisch die Verantwortung für die Arbeitsinhalte zu übernehmen, nur noch eingeschränkt vorhanden war. Das kollektive Gewissen, die Hinterbühne, hat darauf mit einer erodierten Kultur reagiert und sich von einer auf Qualität basierenden DNA hin zu einem Konformismus entwickelt, primär aufgrund fehlender Vorbilder und Investitionen in Moral und soziale Arbeit.

16.9 Qualität – digital und intelligent?

Die Rolle von KI im Unternehmen und die damit verbundenen Potenziale, auch für das Qualitätsmanagement, lassen sich, je nach Problemstellung, wie folgt klassifizieren:

a) eine instrumentelle Rolle > KI als Werkzeug,

b) eine reflexive Rolle > KI als Assistent mit relativer Entscheidungskompetenz und

c) eine transformative Rolle > KI als Partner für die Co-Evolution von Mensch und Maschine in einem soziotechnischen System.

Die instrumentelle Rolle von KI bezieht sich auf einfache Aufgabenstellungen, die im Gebrauch komfortabler, aber in der Nutzung oft unüberschaubarer werden und damit Abhängigkeiten erzeugen, da dem Benutzer keine Gelegenheit mehr bleibt, seine eigene Intelligenz und Erfahrung einzusetzen. Anwenden und aktives Lernen über eigenes Tun werden dadurch entkoppelt, d. h., es wird beim Benutzer nur ein gefühltes Wissen aufgebaut. Die Rolle von KI als Assistent unterstützt den Nutzer bei komplizierten und zum Teil auch bei komplexen Problemstellungen, die im Wesentlichen mit Wissen und Erfahrung bewältigt werden können. Im Vordergrund stehen Unterstützungskompetenzen, die zur Mengenbewältigung beitragen, meist mit dem Ziel der Mustererkennung und Effizienzsteigerung bzw. Optimierungen. Optimierungen sind aber nur dort möglich, wo ein vollständiges Wissen über die Arbeitsabläufe vorhanden ist. Komplexe Problemstellungen erfordern aber ein mehr lernorientiertes Handeln, das über Einübung erfolgt, wobei KI dann als Partner agiert und Mehrwert schafft, wenn kognitive und soziale Interaktionen gefördert und dadurch auch informelle Lösungen unterstützt werden. Die beschriebenen Zusammenhänge sind in Bild 16.9 in Form einer Stacey-Matrix dargestellt, wobei die wesentlichen Schritte des Design-Thinking-Prozesses ebenfalls mit enthalten sind.

Die Stacey-Matrix zeigt die vier unterschiedlichen Problemrealitäten in Form von a) einfachen Systemen, die nahe an der Gewissheit operieren und wo die Anforderungen klar sind, b) komplizierten Systemen, die noch mit Wissen und Erfahrung bearbeitet werden können, und schließlich c) komplexe und chaotische Systeme, deren erfolgreiche Bearbeitung vom Management klar vorgegebene Rahmenbedingungen voraussetzt (Gloger 2016). Wesentlich ist dabei, dass Menschen als Komplexitätsmanager alle Bereiche der Stacey-Matrix abdecken können, wobei die Stärken der KI im einfachen und komplizierten Problembereich liegen. Dabei müssen aber Fragen der Datenqualität & Passung vorab geklärt sein, um Bias und irreführende Analysen zu vermeiden (Technical Debt). Oft wird der Datenqualität von den KI-Entwicklern aber nicht die notwendige Aufmerksamkeit geschenkt, wie eine Analyse von Google ergeben hat (Google Research 2021). Die Autoren sind dabei zu dem Ergebnis gekommen (Zitat): „*Everyone wants to do the model work, not the data work*“, ein Paradox, da gerade die KI *data excellence* benötigt, aber oft nicht die dafür erforderliche Aufmerksamkeit bekommt.

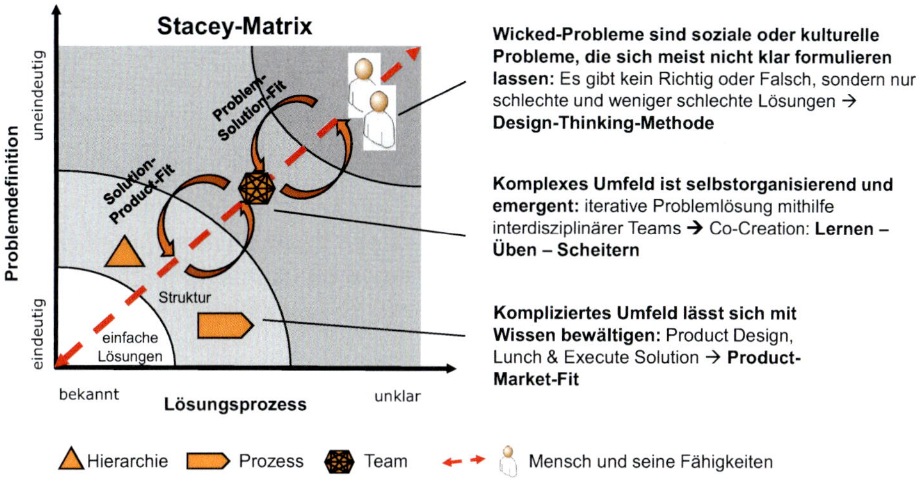

Bild 16.9 Stacey-Matrix mit integriertem Design-Thinking-Prozess

Menschen können dagegen mit ihrer Kreativität auch für Problemstellungen im komplexen und chaotischen Bereich, d.h. auch bei verzwickten WICKED-Problemen, Lösungsvorschläge erarbeiten, für die es Sinnhaftigkeit, ein weites Kontextverständnis, die Bereitschaft und Fähigkeit zu Kooperationen und ganz allgemein Lebenserfahrung braucht. Menschen sind gerade dadurch Menschen, weil sie nicht optimal Handeln, aber über Ansichten und Interessen verfügen, was die Qualität eines guten Lebens ausmacht. Algorithmen führen im Gegensatz dazu zu einem Weltbild in Zahlen, das berechnet und optimiert werden kann. Der damit verbundene Verlust an Ambivalenz bedeutet aber, dass soziale Problemlösungspotenziale nicht mehr oder nur noch eingeschränkt zur Verfügung stehen bzw. verloren gehen, da die Digitalisierung die Vorderbühne vereindeutigt und für die Hinterbühne keine kreativen Lücken mehr lässt. Was den Qualitätsbegriff betrifft, so ist die Annahme:

Qualität = Algorithmus?

nur ein symbolischer Platzhalter, der das Wesen von Qualität aber nicht erfasst, wenn Eindeutigkeit für den Qualitätsbegriff zur Norm erklärt wird. Dies führt dann meist nur zu einem over-selling im Qualitätsversprechen, wie das auch bei der Qualität 4.0 deutlich geworden ist. Das Ambivalente einer Organisation, d.h. die Hinterbühne, ist aber eine soziale Reserve, im Rahmen derer Menschen nicht ausschließlich nach funktionalen Effizienzgesichtspunkten agieren, sondern auch das Qualitative ihrer Umwelt erfassen. KI sollte daher keine Aufgaben übernehmen, die für Menschen notwendig sind, um vertrauensvoll zu kommunizieren, zu interagieren und daraus ein gemeinsames Mindset zu entwickeln, wie es bei multidisziplinären Teams für die Problembearbeitung erforderlich ist. Traditionelle Organisationsformen wie Hierarchie und Prozesse sind daher nicht der Ort, wo Komplexität erfolgreich bearbeitet werden kann.

Im Gegensatz dazu setzt das Management aber oft ausschließlich auf technische Innovationen, die einfacher als soziale Innovationen zu haben sind, da es in jeder Organisation ein starkes Festhalten an existierenden sozialen Strukturen gibt (soziale Trägheit). Dies kommt auch im Bericht der Staufen AG zum deutschen Industrie-4.0-Index für das Jahr 2018 zum Ausdruck (Staufen AG 2019), in dem es u. a. heißt (Zitat):

> *„… während Digitalisierung jedoch vor allem eine Kultur der horizontalen Vernetzung mit sich bringt, scheint die deutsche Industrie dem Silodenken verhaftet. Sie fokussiert auf die Vertikale und optimiert innerhalb der gewachsenen Systemgrenzen von Unternehmensbereichen …“.*

Das Zitat unterstreicht, dass Transformationsaufgaben nicht von Einzeldisziplinen gelöst werden können, sondern es erfordert eine interdisziplinäre, systemische Perspektive mit Blick auf das Ganze. Des Weiteren haben auch viele der in der Studie befragten Mitarbeitende auf die nicht zeitgemäßen Führungsmethoden und die damit verbundenen Akzeptanzprobleme bei der digitalen Transformation hingewiesen.

Werden die Digitalisierung und der Einsatz von KI als einziger Lösungsweg für die unternehmerische Wettbewerbsfähigkeit angesehen, dann wertet das den Menschen und das Soziale ab und damit die Möglichkeit, Zukunft gemeinsam gestalten zu können. Die KI kann die Grenze zwischen dem komplizierten und komplexen Bereich verschieben und darüber den Wissensbereich etwas vergrößern, den komplexen Bereich aber nur eingeschränkt erfassen, da sich komplexe Probleme nicht abschließend lösen lassen, weil in einem komplexen Umfeld Lösungen an einer Stelle wieder zu Problemen an einer anderen Stelle führen können. Es braucht daher immer eine politische Entscheidung, welcher Lösungsweg im konkreten Fall über den komplizierten Bereich realisiert wird. Die Frage, ob eine starke KI dazu jemals in der Lage sein wird, lässt sich derzeit nicht beantworten.

16.10 Ausblick

Digitalisierung und KI werden mehr und mehr zu einem Paradox: Digitale Maschinen lösen die Welt immer genauer auf, sind aber selbst höchst intransparent, d. h., wir tauschen menschliche Intransparenz in digitale Intransparenz ein. Dabei stellt die KI in Prozessen sicher, dass menschliche Kontingenz den Ablauf nicht stört. Was zählt, sind Verlässlichkeit und Effizienz, aber um den Preis der menschlichen Kreativität. Die Prozesse werden dadurch hoch produktiv, verlieren aber an Anpassungsfähigkeit und Resilienz, da die Gefahr besteht, dass wertvolle menschliche Fähigkeiten verloren gehen, wenn kein tragfähiges Menschenbild im Unternehmen vorhanden ist. Dies gilt auch für das Qualitätsmanagement, da die Digitalisierung qualitative Vorgänge des Lebens in abstrakte Quantitäten aus 0 und 1 übersetzt. Aber die Wirklichkeit in einer Kundenbeziehung ist komplexer und bedarf der menschlichen Sprache, um ein gemeinsames Verständnis von Qualität, z. B. über ein Nutzenversprechen, entwickeln zu können. Denn das, was Qualität ausmacht, wird letztlich in der realen und nicht in der virtuellen Welt von den Kunden beurteilt. Um aber die Qualitätserwartungen in der realen Welt beurteilen zu können, braucht es praktische menschliche Vernunft, die aber immer nur als leibliche Vernunft zu verstehen ist (Deutscher Ethikrat 2023). In einer rein virtuellen Welt, die ausschließlich aus Daten und deren semantischen Verknüpfungen aufgebaut ist, kann kognitives Wissen, aber keine menschliche Vernunft im praktischen Sinne, entwickelt werden, da Simulation die reale Welt zwar beschreiben, aber die physische Interaktion mit der Umwelt nicht ersetzen kann. Daher verfügt nach Bild 16.4 nicht die Digitalisierung bzw. neue Technologien, sondern das Soziale im Unternehmen über den größten Hebel, um das Qualitätsniveau einer Organisation zu erhöhen. Struktur und Kultur sowie das Menschenbild müssen im Vordergrund stehen, damit der soziale Aushandlungsprozess erfolgen kann, bevor mit einer großflächigen digitalen Transformation begonnen wird. Oder anders formuliert: Eine gute Qualität braucht eine gute Organisation, d. h., soziale Innovationen sind längerfristig wichtiger als der reine Fokus auf technische Neuerungen. Die vollständige Ersetzung des Menschen sollte daher kein unternehmerisches Ziel sein, da in jeder Organisation das informelle Wissen dominant ist, aber zu einem großen Teil nicht formal beschrieben werden kann. Implizites Wissen ist mit Menschen verbunden und wird über die Kultur im Unternehmen kollektiv verankert, d. h., Menschen werden durch die Vergangenheit konditioniert, aber nicht determiniert. Darauf haben die Existenzialisten wie Kierkegaard, Husserl und Sartre immer wieder hingewiesen (Peplin 2022). Das Potenzial der menschlichen Weiterentwicklung muss daher, parallel zur Nutzung neuer Technologien, auch vom Qualitätsmanagement genutzt werden. Dies trifft insbesondere auf die langfristige Entwicklung eines emotionalen Qualitätsethos in der Organisation zu. Wichtig ist dabei nicht das Wirken des Managements über Hierarchie, sondern was zählt, sind das Vorbild und die persönliche Anerkennung durch die Mitarbeitenden. Damit steht der Qualitätsanspruch über den Prozessen und Zielen, d. h. dem reinen rationalen Denken.

Das Qualitätsvermögen einer Organisation ergibt sich damit in Summe aus dem individuellen Qualitätsbewusstsein der Mitarbeitenden, auch ggf. unterstützt über Künstliche Intelligenz als Werkzeug und Assistent, dem kollektiven Qualitätsbewusstsein, ausgedrückt über die Kultur im Unternehmen, und dem Willen zu Excellence, ausgedrückt über Werte, Tugenden und das affektive Vertrauen in die Zukunft. Die Kultur und der Wille zu Excellence, d. h. der Beste sein zu wollen, braucht eine gemeinsam geteilte Erzählung zum Qualitätsanspruch im Unternehmen, d. h., der Qualitätsanspruch der Vorderbühne muss zum impliziten Qualitätskodex auf der Hinterbühne werden. Wie in Bild 16.4 dargestellt, verfügen die einzelnen Kontextbereiche über ihre eigene Intelligenz, sie sind lose gekoppelt, agieren rekursiv und beeinflussen sich dadurch auch gegenseitig, wobei der am weitesten außen liegende Kontext – Werte, Tugenden und Emotionen – die größte Hebelwirkung besitzt. Eine einseitige Veränderung der Spielregeln auf der Vorderbühne, z. B. über die Digitalisierung der Entscheidungsprozesse, kann über die Rückkopplungen zu einer Irritation in den sozialen Kontexten führen, was dann in Summe, trotz fortschrittlichster Technologie, zu einem reduzierten Qualitätsvermögen der gesamten Organisation führen kann. Die Balance zwischen Digitalisierung bzw. Automatisierung der Prozesse und dem Erhalt der menschlichen Fähigkeiten in der Arbeitswelt wird zu einer zunehmenden Herausforderung für die Unternehmen. Denn gerade das menschliche Urteilsvermögen wird noch wichtiger werden, um die von einer KI vorgeschlagenen Lösungen bewerten zu können, wobei der Mensch sicherstellen muss, dass die Technologie in Einklang mit den Unternehmenswerten und den Bedürfnissen der Stakeholder bleibt. Das agile Qualitätsmanagement weist hier den richtigen Weg (Sommerhoff & Wolter 2019), wenn in Zukunft der Umgang mit Qualität mehr bedeuten soll als Planen, Steuern und Kontrollieren. Stattdessen geht es darum, über den sozialen Aushandlungsprozess ins Gestalten der Zukunft zu kommen.

Die „Qualität von morgen“ muss sich viel mehr den Sinnfragen des 21. Jahrhunderts zuwenden, was Nachhaltigkeit, Ungleichheit der Lebensbedingungen und Auswirkungen des Klimawandels für die zukünftigen Generationen betrifft, d. h., die Qualitäten für *„Ein gutes Leben in einer gerechten Gesellschaft“*, so Platon, werden auch für die Unternehmen immer wichtiger werden (Menrath & Jochem 2020). Auf diese Weise gewinnen die fülligen Regeln im Unternehmen mehr an Bedeutung und damit werden auch Ethik und Moral einen höheren Stellenwert bekommen. Der Qualitätsbegriff wird dadurch ambivalenter, d. h., es braucht ein Mehr an individuellem und kollektivem Qualitätsbewusstsein im Unternehmen. Viele CEOs sehen aber heute in der Digitalisierung und der Anwendung der Künstlichen Intelligenz ihre wertvollsten Assets (Hühmayers 2019) und nicht in den Fähigkeiten ihrer Mitarbeitenden, um die Herausforderungen des 21. Jahrhunderts bewältigen zu können. Ganz im Gegensatz dazu haben aber Unternehmer der ersten Stunde, wie der Luftfahrtpionier C. Dornier, bereits vor mehr als 100 Jahren eine andere Erfahrung gemacht (Zitat):

> *„Es sind nicht das Kapital und die Technologie, die ein Unternehmen erfolgreich machen, sondern der Geist, der in ihm herrscht.“*

Daran wird sich auch im 21. Jahrhundert nichts ändern, denn was Unternehmen in einer gesellschaftlichen Transformation bestehen lässt, ist ihre Kultur, d. h. das Unsichtbare und nicht die Rationalität der Vorderbühne.

Literatur

Adam, P. (2020): *Agil in der ISO 9001*. Wiesbaden: Springer Gabler.

Barwise, P. & Mechan, S. (2011): *Beyond the Familiar*. Sussex/UK: John Wiley & Sons.

Bauer, T. (2018): *Die Vereindeutigung der Welt – über den Verlust an Mehrdeutigkeit und Vielfalt*. München: Reclam.

BCG, ASQ, DGQ (2020): „Qualität 4.0 erfordert mehr als pure Technologie", von qz-online 03/2020 abgerufen.

Beacker, D. (2017): *Produktkalkül*. Leipzig: Merve Verlag.

Beacker, D. (2019): *Intelligenz, künstlich und komplex*. Leipzig: Merve Verlag.

Beckmann, C. (2009): *Qualitätsmanagement und soziale Arbeit*. Wiesbaden: VS Verlag für Sozialwissenschaften.

Bremer, A. (2017): *Diffusion des Internet der Dinge auf die mittlere Beschäftigungsebene der Industrie*. Berlin: Bertelsmann Verlag.

Daston, L. (2023): *Regeln – Eine kurze Geschichte*. Berlin: Suhrkamp Verlag.

Deutscher Ethikrat (2023): *Mensch und Maschine – Herausforderungen durch Künstliche Intelligenz*. Berlin: *www.ethikrat.org*.

Dreyfus, H. (1986): *Mind over Machine*. New York: New York Free Press.

Friesike, S. & Sprodel, J. (2022): *Träge Transformation – Welche Denkfehler den digitalen Wandel blockieren*. Ditzingen: Reclam.

Gabriel, M. (2020): *Warum es die Welt nicht gibt*. Berlin: Ullstein Verlag.

Gloger, B. (2016): *Scrum – Produkte zuverlässig und schnell entwickeln*. München: Carl Hanser Verlag.

Grubendorfer, S. (2016): *Einführung in die systemischen Konzepte der Unternehmenskultur*. Heidelberg: Carl Auer Verlag.

Hessler, M. (2014): *Die Halle 54 bei Volkswagen und die Grenzen der Automatisierung*. Online-Ausgabe: *zeithistorische-forschungen.de*, Heft 1/2014.

Hühmayers, F. (2019): *Leadershipreport*. Frankfurt am Main: zukunftsinstitut.

Luhmann, N. (2013): *Soziale Systeme*. Bielefeld: Akademie Verlag.

Marquard, O. (2003): *Zukunft braucht Herkunft*. Ditzingen: Reclam.

Menrath, M. & Jochem, R. (2018): „Wege durch das Dickicht – Wie Komplexität entsteht und wie man sie in den Griff bekommt", in: *QZ-Zeitschrift*, 10/2018.

Menrath, M. & Jochem, R. (2020): „Warum in Zukunft Qualität mehr als Qualität sein muss", in: R. Schmitt: *Potentiale Künstlicher Intelligenz für die Qualitätswissenschaft*. Berlin: Springer Vieweg.

Merleau-Ponty, M. (1976): *Phänomenologie der Wahrnehmung*. Berlin: De Gruyter Verlag.

Peplin, C. (2022): *Kleine Philosophie der Begegnung*. München: Carl Hanser Verlag.

Pfeifer, R. & Bongard, J. (2007): *How the body shapes the way we think*. Boston: MIT press books.

Robinson, P. (2021): *Flying Blind – the 737 MAX Tragedy and the fall of Boeing*. New York: Doubleday.

Sambasivan N. et al. (2021): *Everyone wants to do the model work, not the data work*. Yokohama, Japan: CHI Conference on Human Factors in Computing Systems.

Simon, F. (2007): *Einführung in die systemische Organisationstheorie*. Heidelberg: Carl Auer Verlag.

Simon, H. (2014): *Hidden Champions – Vanguard of Globalia. China Manufacturing Management International Forum*. Tianjin: Abrain Consulting.

Simon, H. (2021): *Hidden Champions – Die neuen Spielregeln im chinesischen Jahrhundert*. Frankfurt am Main: Campus Verlag.

Sommerhoff, B. & Wolter, O. (2019): *Agiles Qualitätsmanagement*. München: Carl Hanser Verlag.

Staufen AG. (2019): *Deutscher Industrie 4.0 Index 2018*. Köngen: Staufen AG – Beratung.

Vallor, S. (2016): *Technology and the virtues*. Oxford: Oxford University Press.

Weizenbaum, J. (1978): *Die Macht der Computer und die Ohnmacht der Vernunft*. Frankfurt am Main: Suhrkamp Verlag.

Wohland, G. & Wiemeyer, M. (2012): *Denkwerkzeuge für Höchstleister*. Lüneburg: UNIBUCH Verlag.

World Economic Forum (2024): *54th Annual Meeting*. Davos: *www.weforum.org*.

Zech, R. (2019): *Qualitätsmanagement und gute Arbeit*. Wiesbaden: Springer Gabler.

Der Herausgeber

Prof. Dr.-Ing. **Roland Jochem** hat Maschinenbau an der Technischen Universität Berlin studiert und mit dem Diplom abgeschlossen. Anschließend war er Projektingenieur bei einem kleinen mittelständischen Maschinenbauunternehmen in Berlin, bevor er als wissenschaftlicher Mitarbeiter am Institut für Werkzeugmaschinen und Fabrikbetrieb (IWF) der TU Berlin tätig war.

Nach seiner Tätigkeit als Abteilungsleiter Prozessmanagement am Fraunhofer Institut für Produktionsanlagen und Konstruktionstechnik (IPK) in Berlin wechselte er als Prozessorganisator zur Bosch-Siemens-Hausgeräte GmbH.

Seine Promotion hat er am Institut für Werkzeugmaschinen und Fabrikbetrieb (IWF) der TU Berlin verfasst. Vor seiner Berufung als Universitätsprofessor für das Fachgebiet Qualitätswissenschaft an die Technische Universität Berlin war er als Universitätsprofessor verantwortlich für das Fachgebiet Qualitäts- und Prozessmanagement an der Universität Kassel. Er ist außerdem Extraordinary Professor for Quality Management der Universität Stellenbosch in Südafrika sowie Research Fellow INTI International University in Kuala Lumpur/Malaysia.

Er hat über 100 Publikationen verfasst, darunter zwölf Bücher als Herausgeber/Autor. Seine wissenschaftlichen Arbeiten wurden mehrfach auf internationalen Konferenzen ausgezeichnet.

Die Autorinnen und Autoren

Dr.-Ing. **Falk Behmer** studierte Wirtschaftsingenieurwesen an der Technischen Universität Berlin sowie an der University of Maryland, College Park, USA. Im Anschluss arbeitete er von 2013 bis 2018 als wissenschaftlicher Mitarbeiter am Fraunhofer Institut für Produktionsanlagen und Konstruktionstechnik (IPK) in Berlin. Seine Projekt- und Forschungsschwerpunkte in dieser Zeit waren die qualitätsorientierte Unternehmensgestaltung sowie Produktentwicklung. Seit 2018 ist er für eine internationale Unternehmensberatung tätig.

Tra Bui Thi Thanh studierte Wirtschaftsingenieurwesen an der Technischen Universität Berlin. Nach ihrem Abschluss war sie als wissenschaftliche Mitarbeiterin und später als Oberingenieurin am Fachgebiet Qualitätswissenschaft des Instituts für Werkzeugmaschinen und Fabrikbetrieb der Technischen Universität Berlin tätig.

Can Çağıncan erwarb seinen Bachelor-Abschluss in Physik und einen Master-Abschluss am Institut für Experimentalphysik der Freien Universität (FU) Berlin. Nach seinem Master-Abschluss arbeitete er als Forscher in der Experimentalphysik an der FU Berlin, wobei er sich auf die magneto-optischen Eigenschaften von Nanomaterialien spezialisierte. Mit einer weiteren Qualifikation im Bereich Data Science wechselte Can Çağıncan in eine Position als wissenschaftlicher Mitarbeiter am Lehrstuhl für Qualitätswissenschaft an der Technischen Universität (TU) Berlin. Neben seinen Forschungsarbeiten hat Can Çağıncan auch Lehrverpflichtungen an der TU Berlin, wo er Themen im Bereich Data Science unterrichtet. Seine Doktorarbeit betont die Anwendung von maschinellem Lernen in Industrie 4.0, insbesondere bei der Entwicklung von Empfehlungssystemen zur Optimierung industrieller Prozesse und zur Verbesserung der Betriebseffizienz.

Turgut Refik Çağlar studierte Wirtschaftsingenieurwesen mit Schwerpunkt Maschinenbau an der Technischen Universität Berlin (TU Berlin). Seit 2020 ist er als Wissenschaftlicher Mitarbeiter am Institut für Werkzeugmaschinen und Fabrikbetrieb (IWF) an der TU Berlin im Fachgebiet Qualitätswissenschaft tätig. Seine Schwerpunkte liegen in den Themen Data Science, Six Sigma und Lean Management. Seit 2023 ist er Oberingenieur und Doktorand am Fachgebiet Qualitätswissenschaft der TU Berlin. Im Rahmen seiner Doktorarbeit forscht er zum Einsatz von Methoden der Künstlichen Intelligenz in Shopfloor Management und Fehlermanagementsystemen.

Bernhard Conzelmann, M. Sc., ist Doktorand am Lehrstuhl Qualitätswissenschaft am Institut für Werkzeugmaschinen und Fabrikbetrieb (IWF) der Technischen Universität Berlin. Herr Conzelmann hat langjährige Erfahrung in der Anwendung von KI-Methoden in der Qualitätswissenschaft. Seine Forschungsschwerpunkte liegen in der Entwicklung und Implementierung prädiktiver und präskriptiver Modelle für komplexe Systeme in der Automobil- und Luftfahrtindustrie. Er ist derzeitig als Lead Data Scientist in der Luft- und Raumfahrtbranche tätig und verantwortet den Einsatz von Künstlicher Intelligenz im Bereich Systems Engineering.

Ingo Vincent Dietz von Bayer, M. Sc., ist Doktorand am Lehrstuhl Qualitätswissenschaft am Institut für Werkzeugmaschinen und Fabrikbetrieb (IWF) der Technischen Universität Berlin. Seine Schwerpunkte liegen in den Themen Qualitätssicherung, Data-Science, Six Sigma. Seit 2022 arbeitet Herr Dietz von Bayer als Operation Development Manager zu ASSA ABLOY und ist verantwortlich für Lean Manufacturing, Supply-Chain-Optimierung, Digitalisierung und Automatisierung von Fertigungsprozessen in der Central-Europe-Business-Area.

Dr.-Ing. **Michael Dunst** war zunächst nach seinem Wirtschaftsingenieurwesen- und Innovationsmanagement-Studium an der Hochschule Esslingen, der Kettering University of Michigan und der Saitama University in Tokio bei der Trumpf Werkzeugmaschinen GmbH in Ditzingen als technischer Projektleiter im Vertrieb tätig. Vor seinem Studium absolvierte er eine kaufmännische Ausbildung zum Industriekaufmann bei der Dr. Fritz Faulhaber GmbH & Co. KG, wo er anschließend für mehrere Jahre im Marketing und Business Development wirkte. Derzeit ist er wissenschaftlicher Projektleiter am Institut für Change Management und Innovation (CMI) der Hochschule Esslingen. Neben seinen Forschungen am CMI war er Doktorand an der Technischen Universität Berlin und promovierte zum Thema „Nutzung von Synergiepotenzialen im Produktentstehungsprozess".

Dr.-Ing. **Alexander Frisch** studierte Maschinenwesen an der Technischen Universität München (TUM). Anschließend promovierte er am Institut für Werkzeugmaschinen und Fabrikbetrieb (IWF) an der TU Berlin im Fachgebiet Qualitätswissenschaft zu den Themen Qualitäts- und Komplexitätsmanagement. Aktuell arbeitet er bei BMW und ist dort im Bereich Digitalisierung des Entwicklungsprozesses als Projektleiter für die Konfigurationsservices zuständig. Dabei spielt die digitale, präventive Qualitätssicherung eine wichtige Rolle.

Jan Mayer studierte International Information Systems an der Universität Bamberg mit quantitativem Schwerpunkt. Er konnte relevante praktische Erfahrungen bei technologisierten Firmen sammeln und spezialisierte sich in den Bereichen Data Science und Maschinelles Lernen. Seit Juni 2021 ist er wissenschaftlicher Mitarbeiter am Institut für Werkzeugmaschinen und Fabrikbetrieb der TU Berlin und arbeitet in mehreren Projekten an Methoden der prädiktiven Prozess- und Qualitätskontrolle.

Dr. **Martin Menrath**, geboren 1955 in München, hat von 1976 bis 1981 an der TU München Luft- und Raumfahrttechnik studiert, war im Anschluss als wissenschaftlicher Mitarbeiter am Lehrstuhl für Flugantriebe tätig und wurde 1989 promoviert. Danach folgten Tätigkeiten in verschiedenen Industriebereichen, immer auch als Mitglied der Geschäftsleitung, für global agierenden Unternehmen der Luftfahrt (Rolls-Royce Deutschland), der Wehrtechnik (Krauss-Maffei-Wegmann) und des Anlagenbaus (Bühler AG/Schweiz). Nach seinem Ausscheiden 2015 aus dem aktiven Berufsleben ist er weiterhin als Berater und als Lehrbeauftragter an der TU Berlin für das Fach „Globales Qualitätsmanagement und nachhaltige Unternehmensführung“ tätig. Er ist Autor mehrerer Veröffentlichungen zu Themen des globalen Qualitätsmanagements und den damit verbundenen Herausforderungen für eine erfolgreiche Unternehmensführung. Dies betrifft insbesondere aktuelle Fragestellungen zur digitalen Transformation der Unternehmen und den damit verbundenen sozialen und kulturellen Herausforderungen.

Phillip Miersch studierte Verkehrswesen mit Schwerpunkt Fahrzeugtechnik und Produktionstechnik an der Technischen Universität Berlin (TU Berlin). Er war als Wissenschaftlicher Mitarbeiter am Institut für Werkzeugmaschinen und Fabrikbetrieb (IWF) an der TU Berlin im Fachgebiet Qualitätswissenschaft tätig und forschte zur Qualität von Dienstleistungen und zum Einsatz von Methoden der künstlichen Intelligenz in der Qualitätsarbeit. Dort ist er derzeit externer Doktorand und verfasst seine Promotion.

Lennart Frederik Müller-Stein studierte Luft- und Raumfahrttechnik an der Technischen Universität Berlin. Während seines Bachelorstudiums verbrachte er zwei Studiensemester an der Universitat Politècnica de Catalunya in Spanien. Das anschließende Masterstudium war begleitet von einem Studiensemester am Technion in Israel und einem Praxissemester bei Airbus Defence and Space in Großbritannien. Im Anschluss an sein Studium arbeitete er zwei Jahre bei EUMETSAT in Darmstadt im Bereich der Qualitätssicherung für geostationäre Satellitenprogramme. Seit Juli 2023 ist er als wissenschaftlicher Mitarbeiter am Fachgebiet Qualitätswissenschaft des Instituts für Werkzeugmaschinen und Fabrikbetrieb der Technischen Universität Berlin angestellt und forscht dort zu Themen der Datenqualität, Datenanalyse und Smart Manufacturing.

Florian Pasch begann seine berufliche Laufbahn als wissenschaftlicher Mitarbeiter am Fachgebiet Qualitätswissenschaft der Technischen Universität Berlin. Dort trug er zur Forschung und Lehre bei, indem er innovative Methoden und Techniken im Bereich der Felddatenanalyse entwickelte und vermittelte. Anschließend wechselte Florian Pasch zur Volkswagen AG mit dem Aufgabenschwerpunkt Felddatenanalyse im Konzern. Seit Sommer 2024 ist er bei der PowerCo SE tätig.

Dr.-Ing. **Marcel Randermann** studierte Wirtschaftsingenieurwesen mit den Fachrichtungen Produktionstechnik und Maschinenbau an der Technischen Universität Berlin. Im Anschluss seines Studiums war er als Wissenschaftlicher Mitarbeiter am Institut für Werkzeugmaschinen und Fabrikbetrieb der Technischen Universität Berlin am Fachgebiet Qualitätswissenschaft tätig und forschte zum Themengebiet Erfahrungswissen im Qualitätsmanagement. Derzeit ist er als Unternehmensberater für Qualitätsmanagement und Informationssicherheit tätig.

Index

Symbole

A

B

C

D

E

F

G

H

I

P

Q

R

S

Z